Handbuch

des

formellen Grundbuchrechts.

Eine Anleitung

zur

Bearbeitung von Grundbuchsachen,

nach Reichsrecht und nach Preußischem Recht

von

Reinhart Foerster,

Landgerichtsrath in Stettin.

Berlin 1900.

Verlag von H. W. Müller.

(SW.) Luckenwalderstr. 2.

Vorwort.

Die nachfolgende Arbeit beschränkt sich auf eine Darstellung des Verfahrens in Grundbuchsachen nach Reichsrecht und nach Preußischem Recht und zieht das materielle Recht nur soweit in den Kreis der Betrachtung, als es zur Klarlegung der Vorschriften über das Verfahren dient. Dies deutet die Bezeichnung „Handbuch des formellen Grundbuchrechts“ an. Die Grundlage der Arbeit bildet die Reichs-Grundbuchordnung. Indem diese das Verfahren in Grundbuchsachen nur nach wenigen allgemein gültigen Grundsätzen gestaltet, stellt sie die Praxis vor die Schwierigkeit, aus den Grundgedanken, auf denen das Gesetz aufgebaut ist, die Folgerungen für den einzelnen Fall selbst zu finden. Bei dieser Aufgabe zu helfen, ist der Zweck des Handbuchs. In einem ersten Theile sind zunächst die Grundsätze des Gesetzes entwickelt; in einem zweiten Theile ist sodann die Anwendung der Grundsätze auf die einzelnen dinglichen Rechte dargelegt. Im Anschluß daran haben auch die Grundbucheintragungen eine Besprechung gefunden, welche durch die Zwangsvollstreckung in Grundstücke oder dingliche Rechte veranlaßt werden.

Mit der Darstellung des Reichsrechts ist die des Preußischen Landesgrundbuchrechts, wie es sich nach der neusten Gesetzgebung und den Ergänzungsbestimmungen gestaltet, verbunden worden. Ohne die Ergänzung durch das Recht eines Bundesstaates läßt sich heute bei den eingreifenden reichsgesetzlichen Vorbehalten für die Landesgesetzgebung eine in sich geschlossene Darstellung des geltenden formellen Grundbuchrechts überhaupt nicht geben. Die Arbeit umfaßt auch die grundbuchrechtlichen Normen Preußens über die Bahneinheit, Bergwerke, Familienfideikommisse, Rentengüter, Anerbengüter. Da hinsichtlich dieser Güterarten eine Bearbeitung der Vorschriften des neuen Grundbuchrechts, soweit bekannt, noch fehlt, hofft der Verfasser hiermit einem Bedürfnisse zu dienen.

Dem Ziele der Arbeit entsprechend, ein praktisches Hülfsbuch für die Bearbeitung von Grundbuchsachen zu schaffen, ist für die Darstellung die Form einer Anleitung, wie im einzelnen Falle vor dem Grundbuchamte zu verfahren sei, gewählt worden. Zu Grunde gelegt ist überall der Standpunkt des Grundbuchrichters. Gerade dadurch glaubte der Verfasser auch den sonst am Grundbuchverkehr Betheiligten einen brauchbaren Wegweiser zu bieten. Von der Literatur zum neuen Grundbuchrecht konnte das Werk des Rechtsanwalts Dr. Oberneck, welches erst nach der Ablieferung des Manuskripts dieser Arbeit erschienen ist, nicht mehr berücksichtigt werden.

Stettin, den 18. Mai 1900.

Der Verfasser.

Erklärung der Abkürzungen.

A.BGB. = Ausführungsgesetz zum Bürgerlichen Gesetzbuche v. 20. Sept. 1899.
A.CPO. = Ausführungsgesetz zur Civilprozeßordnung v. 24. März 1879 (in neue Fassung v. 6. Okt. 1899).
A.CPO. (Novelle) = Ausführungsgesetz zum Reichsgesetze betr. Aenderungen der CPO. v. 22. Sept. 1899.
A.FG. = Preuß. Gesetz über die freiw. Gerichtsbarkeit v. 21. Sept. 1899.
AG. = dasselbe wie A.BGB.
A.GBO. = Ausführungsges. zur Grundbuchordnung v. 26. Sept. 1899.
A.GVG. = Ausführungsges. zum Gerichtsverfassungsgesetze v. 24. April 1878.
A.ZVG. = Ausführungsges. zum Reichsges. über d. Zwangsversteigerung 2c. v. 23. Sept. 1899.
BG. = Berggesetz v. 24. Juni 1865.
BGB. = Bürgerliches Gesetzbuch v. 18. August 1896.
CPO. = Civilprozeßordnung v. 30. Januar 1877, 20. Mai 1898.
EG. = Einführungsgesetz zum Bürgerl. Gesetzbuche v. 18. August 1896.
E.JZVG. oder E.ZVG. = Einführungsges. z. Reichsges. über die Zwangsversteigerung 2c. v. 24. März 1897, 20. Mai 1898.
FF. = Familienfideikommiß.
FG. = Reichsges. über die Angelegenheiten der freiwill. Gerichtsbarkeit v. 17., 20. Mai 1898.
GBO. = Reichs-Grundbuchordnung v. 24. März 1897, 20. Mai 1898.
Gesch.-Anw. = Geschäftsordnung für die Gerichtsschreibereien der Amtsgerichte v. 26. Nov. 1899.
GKG. = Preuß. Gerichtskostengesetz v. 6. Oktober 1899.
GThlO. = Gemeinheitstheilungs-Ordnung v. 7. Juni 1821.
GVG. = Gerichtsverfassungsgesetz v. 27. Januar 1877, 20. Mai 1898.
Jastrow = Rechtsgrundsätze der Entscheidungen des Kammergerichts 2. Aufl.
JMBl. = Justizministerialblatt.
Joh. = Jahrbuch für endgült. Entsch. der Preuß. Appellationsgerichte, von Johow.
Joh. u. K. = Jahrbuch für Entscheidungen des Kammergerichts, v. Johow und Küntzel.
JZVG. = Reichsgesetz über die Zwangsversteigerung 2c. v. 24. März 1897, 20. Mai 1898.
Kgl.V. = Königl. Verordnung, betr. das Grundbuchwesen, v. 13. Nov. 1899.
KO. = Konkurs-Ordnung s. Konk.O.; auf S. 266: Ordnung für die Verwaltung der Kassen bei den Justizbehörden v. 31. März 1900.
Konk.O. = Konkurs-Ordnung v. 10. Februar 1877, 20. Mai 1898.
LGO. = Landgüterordnung.
RAO. = Rechtsanwalts-Ordnung v. 1. Juli 1878.
SchO. = Schiedsmanns-Ordnung v. 29. März 1879.
StPO. = Strafprozeßordnung v. 1. Februar 1877.
V. oder Verf. (mit Zusatz) = Verfügung, Verordnung.
Verf. (ohne Zusatz) = Allgem. Verfügung des Justizministers zur Ausführung der Grundbuchordnung v. 20. November 1899.
Wechs.Ordn. = Allgem. Deutsche Wechsel-Ordnung v. 5. Juni 1869.
ZVG. = dasselbe wie JZVG.

Inhaltsverzeichniß.

Nachträge und Berichtigungen.

S. **7** ist dem ersten Absatze hinzuzufügen: In welchen Bezirken das Grundbuch seit dem 1. Januar 1900 als angelegt anzusehen ist, ist in den Bekanntmachungen des Justizministers v. 25. Januar und 8. März 1900 (GS. S. 19, 48) angegeben.

„ **19** Zeile 7 von unten lies BGB. statt A.GBO.

„ **31** Zeile 9 von unten lies § 2 statt § 22.

„ **47** Zeile 14 des § 13 ist hinzuzufügen: Für Nassau ist die Kgl. V. v. 11. Dezember 1899 (GS. S. 595) betreffend die Anlegung der Grundbücher ergangen.

„ **76** Zeile 4 von oben lies: MStGO. statt MStPO.

„ **82** Zeile 6 von oben lies: Januar statt Juni.

„ **93** Am Ende des ersten Absatzes des § 84 lies: § 15 statt 75.

„ **106** Vorletzte Zeile des § 37 lies: 21 statt 20.

„ **128** Zeile 20 von oben lies: 1547 statt 1549.

„ **130** Zeile 3 von unten ist vor „a" zu setzen: 1.

„ **134** am Schluß des Abschn. II ist hinzuzufügen: Einen abweichenden Standpunkt nimmt der Kommissionsbericht des Abgeordnetenhauses ein. Hiernach soll der Art. 10 Abs. 1 A.GBO. nur den Zweck haben, den Erbschein durch ein Zeugniß des Nachlaßgerichts darüber zu ersetzen, daß einem Miterben bei der Auseinandersetzung das Grundstück überwiesen sei. Wäre dies richtig, so würde die Landesgesetzgebung die ihr durch die reichsgesetzlichen Vorbehalte der Art. 143 EG. u. § 99 GBO. gezogenen Grenzen überschritten haben. Denn mit diesen Vorschriften sollte nicht die Befugniß der Landesgesetzgebung, eine vom Reichsrecht nicht anerkannte Art des Erbscheins einzuführen, aufgestellt, ihr vielmehr nur die Möglichkeit gegeben werden, die Auflassung vor dem Nachlaßgerichte zu gestatten und — für den Fall, daß sie diese Auflassungsform zuläßt, — vorzuschreiben, daß der bei dem Grundbuchamte, nach erfolgter Auflassung vor dem Nachlaßgerichte, zu stellende Eintragungsantrag durch das Zeugniß desselben genügend begründet werde. Zum wesentlichen Inhalt des der Landesgesetzgebung vorbehaltenen Zeugnisses gehört also, daß darin die erfolgte Auflassung vor dem Nachlaßgerichte bezeugt werde. Danach ist ein Zeugniß, welches nur die Erbfolge, nicht aber die Auflassung bescheinigt, reichsrechtlich unzulässig.

„ **137** Zeile 15 von oben lies: § 2 statt § 12.

„ **145** Zeile 2 von oben lies: A.GBO.

„ **153** Zeile 20 von oben lies: 136 statt 36.

„ **167** Zeile 3 unter II lies: Erwerber statt Erwerbe.

„ **182** Zeile 10 von oben lies: A.GBO.
Zeile 3 von unten lies: berechtigten statt belasteten.

„ **190** Zeile 4 von oben lies: 1885 statt 1855.

„ **195** Zeile 3 von unten lies: A.BGB.

„ **199** Zeile 1 von oben lies: § 1118 BGB.

„ **209** Zeile 7 des Abschn. VII lies: oder statt aber.

„ **255** Zeile 6 des Abschn. c ist hinter ZVG. hinzuzufügen: Gehört zu den erloschenen Rechten eine Gesammthypothek, mit der auch andere, nicht versteigerte Grundstücke belastet sind, so darf um Löschung der Hypothek nur auf dem Blatte des versteigerten Grundstücks ersucht werden. Ob die Hypothek auch bei den mitverhafteten Grundstücken zu löschen sei, hat der Grundbuchrichter zu ermessen, nachdem er festgestellt hat, ob nicht die Voraussetzungen des § 1182 BGB. vorliegen. Vgl. S. 235.
Zeile 12 von unten lies: 912—917 BGB.

„ **267** Zeile 6 des Abschn. II lies: 45 statt 65.

Erster Theil.

Allgemeine Grundsätze.

Einleitung.

§ 1. Reichs- und Landesgrundbuchrecht.

I. Aufhebung des alten Rechts. Die Reichs-Gesetzgebung hat in der Grundbuchordnung das formelle Grundbuchrecht, d. h. die die Einrichtung und Führung der Grundbücher regelnden Vorschriften nur soweit geordnet, als es zur Sicherstellung einer gleichmäßigen Durchführung der Vorschriften des materiellen Liegenschaftsrechts des BGB. erforderlich erschien. Sie überläßt die Regelung dieses Rechtsgebietes im Uebrigen der Landesgesetzgebung. Soweit dies der Fall ist, hat die Reichsgrundbuchordnung die Landesgesetze nicht berührt. Art. 3 EG. § 82 Abs. 2 GBO. Insoweit haben erst die in Preußen erlassenen Ausführungsgesetze und Ausführungsverordnungen die Landesgesetzgebung über das Grundbuchwesen aufgehoben. Die Aufhebung des Eigenthumserwerbsgesetzes v. 5. Mai 1872 ist in Art. 89 Z. 28 des AG., die Aufhebung der Grundbuchordnung v. 5. Mai 1872 und der zu deren Ergänzung erlassenen Gesetze ist in Art. 33 A.GBO. ausdrücklich ausgesprochen.

Der Umfang, in welchem die Reichsgrundbuchordnung selbst die Landesgesetze aufgehoben und die Zuständigkeit der Landesgesetzgebung zum Erlasse neuer Vorschriften über das Grundbuchwesen beseitigt hat, ergiebt sich aus Art. 55 EG., auf welchen im Abs. 2 § 82 GBO. verwiesen ist. Hiernach treten an dem Tage, an welchem die GBO. Gesetzeskraft erlangt, alle das Grundbuchwesen betreffenden Vorschriften der Landesgesetze außer Kraft, soweit nicht im EG. oder in der GBO. ein Anderes bestimmt ist. Danach sind durch die GBO. nur solche Normen der Landesgesetze über das Grundbuchwesen nicht außer Kraft gesetzt, welche die Regelung einer in den genannten Gesetzen der Landesgesetzgebung ausdrücklich vorbehaltenen Materie betreffen. Eine Unterscheidung von privatrechtlichen und öffentlichrechtlichen Vorschriften ist hier nicht zu machen, weil die Vorschriften über das Grundbuchwesen, als die Regelung des Verfahrens vor einer Behörde betreffend, durchweg öffentlichrechtlicher Natur und der Abänderung durch Privatwillkür entzogen sind. Ist eine Materie durch die GBO. selbst geregelt, so ist hinsichtlich dieser Materie das bisher geltende Landesrecht beseitigt und die Landesgesetzgebung verhindert, ergänzende Vorschriften zu erlassen. Lücken in der GBO. sind insoweit aus ihr selbst durch Auslegung zu ergänzen. In diesem Umfange ist der GBO. der Charakter einer Kodifikation zuzusprechen. Vgl. Mügel in der Deutschen Juristen-Zeitung 1898 S. 440 und Oberneck in den Beiträgen von Rassow und Küntzel Bd. 43 S. 158. Die Aufhebung des Landesrechts umfaßt nicht nur die in Gesetzen, sondern auch alle in Verordnungen oder Verfügungen erhaltenen Vorschriften über Grundbuchwesen. Art. 2 EG.

Soweit das formelle Grundbuchrecht betreffende Vorschriften in Reichsgesetzen stehen, sind sie neben der GBO. in Kraft. Art. 32 EG. § 82 Abs. 2 GBO. Eine Anzahl derartiger Vorschriften findet sich vornehmlich in der CPO.

II. Vorbehalte zu Gunsten der Landesgesetze. Das EG. läßt Landesprivatrecht in weitem Umfange bestehen. Mit den Worten „unberührt bleiben" beginnend führen die Art. 55—152 EG. die in Geltung gebliebenen Materien des Landesrechts auf. Auf allen diesen Gebieten haben auch die Vorschriften der Landesgesetze über das Grundbuchwesen Kraft behalten; den Landesgesetzen stehen nach Maßgabe der Art. 57, 58 EG. die Hausverfassungen gleich. § 83 GBO. Die Vorbehalte sind von sehr ungleicher Bedeutung; theilweise betreffen sie ganze Rechtsgebiete, theilweise nur spezielle Materien oder einzelne Vorschriften innerhalb einer solchen. Das Gebiet des formellen Grundbuchrechts wird von diesen Vorbehalten vielfach betroffen; so sind dem Landesrecht zugewiesen die besonderen Bestimmungen des Grundbuchrechts der Familienfideikommisse, Lehen und Stammgüter, der Bergwerke, der Bahneinheiten, der Rentengüter, der einer Auseinandersetzung unterzogenen Gemeinheiten u. a. Das A.GBO. hat, soweit diese Rechtsgebiete bisher in der Preuß. Grundbuchordnung v. 5. Mai 1872 und den späteren Grundbuch-Einführungsgesetzen behandelt waren, die bestehenden Vorschriften durch neue, der GBO. angepaßte Bestimmungen ersetzt. Soweit sich aber grundbuchrechtliche Vorschriften in Sondergesetzen fanden, ist es dabei mit geringen Abänderungen verblieben.

Vorbehalte für die Landesgesetzgebung sind auch in der GBO. ausdrücklich gemacht. Sie betreffen die Einrichtung der Grundbücher, § 19, die Einrichtung des amtlichen Verzeichnisses, nach welchem die Grundstücke zu bezeichnen sind, § 2, die Anlegung nicht nach Bezirken eingerichteter Grundbücher, § 85, die Anlegung eines gemeinschaftlichen Grundbuchblattes für Grundstücke verschiedener Bezirke, § 86, die Anpassung der älteren Bücher an das neue Grundbuch, §§ 87—89, die Bezeichnung der vom Buchungszwange befreiten Grundstücke, § 90, die Vorschriften über Anlegung oder Wiederherstellung von Grundbüchern, §§ 91, 92, die Einsicht des Grundbuchs § 93, die Anlegung von Grundakten, §§ 94, 95, die Erfordernisse der Eintragung eines Grundstückstheils, § 96, den Inhalt des Hypothekenbriefs, § 97, die Ausdehnung des Zeugnisses des Nachlaßgerichts auf Auflassungen vor diesem, § 99, die Bestimmung des für die weitere Beschwerde zuständigen Oberlandesgerichts, § 102 u. a. Außer den ausdrücklichen Vorbehalten verlangt die GBO. in einzelnen Vorschriften auch stillschweigend eine ergänzende Thätigkeit der Landesgesetzgebung insofern, als ohne eine solche die Durchführung ihrer Vorschriften nicht möglich ist. So setzt die Erwähnung der Grundbuchämter in § 1 GBO. voraus, daß die Landesgesetzgebung die Bildung solcher Aemter bestimmt und ihre Zuständigkeit sowie die Einrichtung ihres Geschäftsganges näher regelt. Die Regelung der ausdrücklich vorbehaltenen Gebiete in den einzelnen Bundesstaaten hat die GBO. durchweg der landesherrlichen Verordnung oder der Anordnung der Justizverwaltung überlassen. In Preußen ist die Regelung demgemäß durch die Kgl. Verordnung betreffend das Grundbuchwesen v. 13. November 1899 und die allgemeinen Verfügungen des Justizministers v 18. und 20. November 1899 erfolgt. Die sonst zur Ergänzung der GBO. nothwendige Gesetzgebung ist im A.GBO. und im A.FG. enthalten.

III. Die wichtigsten für das formelle Grundbuchrecht in Betracht kommenden Gesetze und Bestimmungen sind folgende:

1. Die Reichs-Grundbuchordnung v. 24. März 1897 (RGBl. S. 139), citirt: GBO. Durch Reichsgesetz v. 17. Mai 1898 (RGBl. S. 342) wurde der Reichskanzler ermächtigt, den Text der Grundbuchordnung in der Weise bekannt zu machen, daß die darin enthaltenen Verweisungen auf Vorschriften der alten CPO. durch die entsprechenden Vorschriften der neuen CPO. ersetzt würden. Auf Grund dieser Ermächtigung hat der Reichskanzler sodann durch Erlaß v. 20. Mai 1898 (RGBl. S. 369) die GBO. von neuem bekannt gemacht. Die Aenderungen der neueren Fassung betreffen nur den § 78 GBO.
2. Das Preußische Ausführungsgesetz zur Grundbuchordnung v. 26. September 1899 (GS. S. 307), citirt: A.GBO.
3. Die Königliche Verordnung betreffend das Grundbuchwesen v. 13. November 1899 (GS. S. 519), citirt: Kgl. V.
4. Die Allgemeine Verfügung des Justizministers zur Ausführung der Art. 4, 14 und 36 der vorstehenden Verordnung v. 18. November 1899 (JMBl. S. 347).
5. Die Allgemeine Verfügung des Justizministers zur Ausführung der Grundbuchordnung v. 20. November 1899 (JMBl. S. 349), citirt: Verf.
6. Das Reichsgesetz über die Angelegenheiten der freiwilligen Gerichtsbarkeit v. 17. Mai 1898 (RGBl. S. 189) citirt: FG., ebenso wie die Grundbuchordnung auf Grund des Gesetzes v. 17. Mai 1898 (RGBl. S. 342) durch den Erlaß des Reichskanzlers v. 20. Mai 1898 (RGBl. S. 369) neu bekannt gemacht.
7. Das Preußische Gesetz über die freiwillige Gerichtsbarkeit v. 21. September 1899 (GS. S. 249), citirt: A.FG.

IV. Im Verhältnisse zum materiellen Liegenschaftsrecht des BGB. enthält die GBO. mit ihren Ergänzungsgesetzen meist nur Ordnungsvorschriften in dem Sinne, daß eine Eintragung oder Löschung im Grundbuche oder eine anderweite Handlung des Grundbuchrichters nicht schon deshalb Ungültigkeit bewirkt, weil bei ihr die Vorschriften der GBO. oder der Ergänzungsgesetze nicht beobachtet sind. Indessen gilt dies nicht ausnahmslos z. B. nicht hinsichtlich des § 56 GBO., welcher die Erfordernisse festlegt, welche ein Hypothekenbrief nothwendigerweise enthalten muß, wenn er im Rechtsverkehr als solcher gelten soll, und deshalb eine wichtige Vorschrift des materiellen Liegenschaftsrechts giebt. Der Grundbuchverkehr wird von diesen Unterscheidungen nicht berührt. Für ihn kommen allein die Vorschriften der Grundbuchgesetze in Betracht. Diese sind verschieden gefaßt und geben durch ihre Fassung zu erkennen, ob das Gesetz ihre Befolgung im Grundbuchverkehr für nöthig, oder ihre Uebertretung unter Umständen für unschädlich hält. Je nachdem die Vorschrift befehlend gefaßt ist, oder die Worte „darf, kann, soll" gebraucht sind, ergiebt sich die Absicht des Gesetzes, ohne daß in dieser Beziehung sich für die GBO. und ihre Ergänzungsgesetze eine allgemeine Regel aufstellen, oder sich die Befolgung der bei der Ausarbeitung des BGB. maßgebend gewesenen Grundsätze auch für die GBO. und ihre Ergänzungsgesetze überall nachweisen ließe. Selbst wo die Fassung der Vorschrift dem Grundbuchrichter eine gewisse Freiheit läßt, hängt es von seinem Ermessen ab, wie weit er hiervon Gebrauch machen will.

§ 2. Uebergangsbestimmungen.

I. Während das BGB. am 1. Januar 1900 in Kraft getreten ist, Art. 1 EG., gilt für das Gebiet des Liegenschaftsrechts die Ausnahme, daß es erst in dem Zeitpunkte Geltung erlangt, in welchem für einen Bezirk das Grundbuch für angelegt anzusehen ist, Art. 189 EG. Dementsprechend tritt auch die GBO. für jeden Grundbuchbezirk erst in diesem Zeitpunkte und das A.GBO. nur gleichzeitig mit der GBO. in Kraft, § 82 GBO., Art. 34 A.GBO. Die Bestimmung des Zeitpunktes, in welchem das Grundbuch als angelegt anzusehen ist, erfolgt durch landesherrliche Verordnung für einzelne Bezirke mit der Wirkung, daß die Anlegung auch für solche zu dem Bezirke gehörende Grundstücke, welche noch kein Blatt im Grundbuche haben, als geschehen gilt, soweit nicht bestimmte Grundstücke durch besondere Anordnung ausgenommen sind, Art. 186 EG. In Preußen sind durch die Kgl. Verordnung vom 13. November 1899 (GS. S. 519) die Grundbuchbezirke bezeichnet, für welche bereits mit dem 1. Januar 1900 das Grundbuch als angelegt anzusehen und damit das Liegenschaftsrecht des BGB. schon mit diesem Tage in volle Wirksamkeit getreten ist. Im Einzelnen sind es sämmtliche Grundbuchbezirke des Kammergerichtsbezirks und der Oberlandesgerichtsbezirke Königsberg, Marienwerder, Stettin, Posen, Breslau; sämmtliche Preußischen Grundbuchbezirke der Oberlandesgerichte Naumburg und Hamm und die meisten Grundbuchbezirke der Oberlandesgerichtsbezirke Kiel, Celle und Cassel. In den Oberlandesgerichtsbezirken Frankfurt a. M. und Cöln ist die Anlegung des Grundbuchs überall begonnen und in manchen Landgerichtsbezirken schon weit vorgeschritten. In welchen einzelnen Grundbuchbezirken das Grundbuch schon mit dem 1. Januar 1900 als angelegt angesehen werden soll, ist in der Anlage der Verordnung genau angegeben. Dazu kommen in den Landestheilen, in welchen die Preuß. GBO. durch besondere Gesetze eingeführt ist, auch noch die in der Anlage der Verordnung nicht aufgeführten Grundbuch- oder Anlegungsbezirke, in Ansehung derer bis zum 1. Januar 1900 durch das Amtsblatt bekannt gemacht ist, daß das Grundbuch als angelegt anzusehen sei. Ausgenommen sind jedoch hiervon solche Grundstücke, die ein Grundbuchblatt von Amtswegen erhalten müssen, aber bis dahin noch nicht erhalten haben; diese Grundstücke sind in der Bekanntmachung besonders zu bezeichnen. Art. 4 Kgl. V. Die bisher geführten Bücher gelten als Grundbücher im Sinne der Reichsgesetze. Art. 3 Kgl. V. Im Gebiete des vormaligen Herzogthums Nassau und auf der Insel Helgoland, in welchen die Preußische GBO. nicht eingeführt war, fehlt es bisher noch ganz an Grundbüchern. Solange nicht für alle Grunbuchbezirke der Monarchie das Grundbuch als angelegt anzusehen ist, werden alljährlich im Januar vom Justizminister in der Gesetzsammlung die Bezirke bekannt gemacht, für die während des vorhergehenden Kalenderjahrs die Anlegung erfolgt ist, oder für welche das Grundbuch auch in Ansehung der von der Anlegung ursprünglich ausgenommenen Grundstücke als angelegt gilt. Art. 36 Kgl. V. Letzteres tritt, auch wenn das Grundstück noch kein Grundbuchblatt erhalten hat, nach dem Ablauf von zwei Jahren seit der Zeit ein, zu welcher das Grundbuch für den Bezirk als angelegt anzusehen war. Art. 15 Abs. 2 Kgl. V.

II. In allen den Grundbuchbezirken und hinsichtlich aller der durch besondere Anordnung bezeichneten Grundstücke, für welche das Grundbuch noch nicht als angelegt anzusehen ist, gilt, bis dieser Zeitpunkt erreicht ist, folgender Rechtszustand:

1. Schon seit dem 1. Januar 1900 stehen die Vorschriften, welche die Anlegung des Grundbuchs betreffen, in Kraft, § 82 GBO. In Preußen sind die für die Anlegung der Grundbücher in den einzelnen Landestheilen geltenden Vorschriften in den Art. 5—36 der Kgl. V. festgesetzt worden. Für die Anlegung des Grundbuchs im Gebiete des vormaligen Herzogthums Nassau und für die Insel Helgoland soll eine besondere Verordnung erlassen werden. Art. 35 Kgl. V.
2. Schon seit dem 1. Januar 1900 kann ein nach den Vorschriften des BGB. unzulässiges Recht an einem Grundstücke nicht mehr begründet werden. Art. 189 EG.
3. Der Erwerb und Verlust des Eigenthums, die Begründung, Uebertragung, Belastung und Aufhebung eines Rechts an einem Grundstücke oder eines Rechts an einem solchen Rechte sowie die Aenderung des Inhalts und des Ranges dieser Rechte erfolgen nach den bisherigen Gesetzen. Art. 189 EG.
4. Die Aufhebung eines Rechts, mit dem ein Grundstück oder ein Recht an einem Grundstücke belastet ist, erfolgt auch nach dem Zeitpunkte, zu welchem das Grundbuch als angelegt angesehen ist, noch nach den bisherigen Gesetzen, bis das Recht in das Grundbuch eingetragen wird. Art. 189 Abs. 3 EG.

III. Ist das Grundbuch als angelegt anzusehen und das Liegenschaftsrecht des BGB. und der Ergänzungsgesetze deshalb in volle Wirksamkeit getreten, so wirkt dies doch auf die zu diesem Zeitpunkte bestehenden Rechte an Grundstücken nur in einzelnen Beziehungen zurück; im Uebrigen werden diese Rechte hinsichtlich ihres bisherigen Inhalts weitgehend geschont. Art. 179—197 EG. Im Einzelnen ist Folgendes hervorzuheben:

1. Hatte ein Anspruch aus einem Schuldverhältnisse durch Eintragung in das Grundbuch Wirksamkeit gegen Dritte erlangt, so behält er diese Wirksamkeit bis zur Löschung. Art. 179 EG.

2. Auf ein zu jenem Zeitpunkte bestehendes Eigenthum finden von dieser Zeit an die Vorschriften des BGB. Anwendung. Ein zu jener Zeit Mehreren nicht nach Bruchtheilen zustehendes Eigenthum an einer Sache oder ein bestehendes Stockwerkseigenthum bleiben jedoch in Kraft. Art. 181, 182 EG.
3. Die Rechte, mit denen eine Sache oder Recht zu jenem Zeitpunkte belastet ist, bleiben mit dem sich aus den bisherigen Gesetzen ergebenden Inhalt und Range in der Regel bestehen. Art. 184 EG. Besonderheiten, welche für Erbbaurechte, Grunddienstbarkeiten, Mieth- und Pachtrechte, Hypotheken und Grundschulden gelten, werden bei der Besprechung dieser Rechte selbst erwähnt werden.

Erstes Kapitel.

Die Grundbuchbehörden und Allgemeines über die Grundbuchgerichtsbarkeit.

§ 3. Die Grundbuchbehörden im Allgemeinen.

I. Die Grundbücher werden von den Grundbuchämtern geführt; die Einrichtung der Grundbuchämter ist der Landesjustizverwaltung überlassen. § 1 GBO. In Preußen sind die Amtsgerichte die Grundbuchämter für die in ihrem Bezirke belegenen Grundstücke. Art. 1 A.GBO. Zu einem Grundbuchamte gehört demnach ein Amtsrichter und ein Gerichtsschreiber (Grundbuchrichter und Grundbuchführer).

Bei den mit einem Richter besetzten Amtsgerichten fällt der Bezirk des Grundbuchamts mit dem des Amtsgerichts zusammen. Das Gleiche ist der Fall, wenn bei einem mit mehreren Richtern besetzten Amtsgerichte die Grundbuchsachen nur von einem Richter bearbeitet werden. Sind aber bei einem Amtsgerichte die Grundbuchsachen unter mehrere Richter vertheilt, so ist zwar innerhalb seines Geschäftskreises jeder einzelne Amtsrichter völlig selbständig. RG. Entsch. Bd. 33 S. 332. Sein Geschäftskreis ist aber nicht ein Grundbuchamt im Sinne der GBO. Diese umfaßt vielmehr mit diesem Worte einen weiteren Begriff. Sie versteht unter dem Grundbuchamte die Behörde als Ganzes, soweit überhaupt bei ihr Grundbuchsachen bearbeitet werden. In Preußen also ist das Grundbuchamt identisch mit dem Amtsgericht; die Geschäftskreise der einzelnen Richter sind die Abtheilungen des Grundbuchamts. Die Bildung mehrerer Grundbuchabtheilungen und die Vertheilung der Geschäfte unter mehrere Richter desselben Gerichts sind Maßregeln des inneren Geschäftsbetriebes, deren Kenntniß vom Publikum nicht verlangt werden kann. Ihm tritt das Grundbuchamt nur als ein geschlossenes Ganzes gegenüber. Für mehrere Abtheilungen desselben Grundbuchamts kann durch die Geschäftsvertheilung nur ein Grundbuchführer bestimmt sein, wie es auch zulässig ist, die mit der Grundbuchführung verbundenen einzelnen Geschäfte verschiedenen Beamten der Gerichtsschreiberei zuzuweisen.

Das Beschwerdegericht in Grundbuchsachen ist das Landgericht, in dessen Bezirke das Grundbuchamt, dessen Entscheidung angegriffen ist, seinen Sitz hat. § 72 GBO. Ueber eine Beschwerde entscheidet eine Civilkammer des Landgerichts in der Besetzung von drei Richtern. § 81 GBO. § 77 GVG.

Für die weitere Beschwerde auch in Grundbuchsachen ist in Preußen zunächst das Kammergericht zuständig. Hängt nach dessen Auffassung die Entscheidung von der Auslegung eines in seinem Bezirke nicht geltenden Gesetzes ab, so kann es die weitere Beschwerde dem dem Beschwerdegericht vorgeordneten Oberlandesgericht zur Entscheidung überweisen. Der Ueberweisungsbeschluß ist dem Beschwerdeführer bekannt zu machen. §§ 79, 102 GBO. Art 7, 8 A.FG. Die Entscheidung wird von einem mit fünf Richtern besetzten Civilsenate getroffen. § 81 GBO. § 124 GVG. Art. III § 10 Abs. 3 RGes. v. 17. Mai 1898, betr. Aenderungen des GVG.

Wird nach § 79 Abs. 2 GBO. eine weitere Beschwerde dem Reichsgericht vorgelegt, so erfolgt die Entscheidung derselben vor einem Civilsenate in der Besetzung von sieben Richtern. § 81 GBO. § 140 GVG. Eine Entscheidung durch die vereinigten Civilsenate des Reichsgerichts kann erforderlich werden, wenn der zunächst entscheidende Senat in einer Rechtsfrage von einer früheren Entscheidung eines anderen Senats oder der vereinigten Civilsenate abweichen will. § 81 Abs. 2 GBO. § 137 GVG.

Bei den Entscheidungen der Beschwerdegerichte findet die Zuziehung eines Gerichtsschreibers nicht statt.

§ 4. Der Grundbuchrichter.

I. Der Grundbuchrichter ist der Vorsteher des einzelnen Grundbuchamts, der an erster Stelle darüber zu wachen hat, daß die Grundbuchgeschäfte ordentlich und pünktlich erledigt werden. Ein Aufsichtsrecht über die Grundbuchführer oder die anderen Beamten des Grundbuchamts steht ihm nicht zu; dieses Recht ist dem aufsichtführenden Amtsrichter vorbehalten, an den sich der Grundbuchrichter vorkommenden Falls zu wenden hat.

Bei den mit einem Richter besetzten Amtsgerichten bearbeitet der Richter die zum Bezirke seines Gerichts gehörigen Grundbuchsachen als einen Theil seiner übrigen Geschäfte. Sind mehrere Amtsrichter bei demselben Gericht angestellt, so werden die Grundbuchsachen, ebenso wie alle übrigen Geschäfte des Gerichts durch Beschluß des Präsidium des Landgerichts im Voraus auf die Dauer eines Geschäftsjahres vertheilt, entweder nach örtlich abgegrenzten Bezirken oder nach Gattungen. § 23 A.GVG. In der Regel sollen, wenn im Interesse der Rechtspflege keine Ausnahmen erforderlich sind, die Geschäfte bei den mit zwei Richtern besetzten Amtsgerichten nach örtlich abgegrenzten Bezirken, bei den mit vier oder mehr Richtern besetzten Gerichten nach Gattungen vertheilt werden; bei den mit drei Richtern besetzten Amtsgerichten ist in jedem einzelnen Falle besonders zu erwägen, welche Art der Geschäftsvertheilung dem Interesse der Rechtspflege am meisten entspricht. Verf. v. 21. Juli 1879 (JMBl. S. 198, 212).

Zuständigkeitszweifel unter Richtern desselben Gerichts entscheidet das Präsidium des Landgerichts, wenn nicht dieses ein für allemal den Präsidenten zur Entscheidung in solchen Fällen ermächtigt hat. Bedarf es bei der Vereinigung mehrerer zum Bezirke verschiedener Richter desselben Gerichts gehöriger Grundstücke der Bestellung eines gemeinschaftlichen Gerichtsstandes, so ist nach § 20 A.GVG. zu verfahren. Art. 2 A.GBO. Doch wird die Gültigkeit der Handlung eines Richters nicht dadurch berührt, daß sie nach der Geschäftsvertheilung ein anderer Richter hätte vornehmen sollen. § 23 A.GVG.

II. Neben den angestellten Richtern können auch die einem Amtsgericht zur unentgeltlichen Beschäftigung überwiesenen Gerichts-Assessoren mit der Bearbeitung von Grundbuchsachen betraut werden. Die Anordnung hat das Präsidium des Landgerichts zu treffen. §§ 3, 23. A.GVG. Durch die Zuweisung von Grundbuchgeschäften an den Gerichts-Assessor wird eine neue Abtheilung des Grundbuchamts bei dem Amtsgericht gebildet, dem der Gerichts-Assessor völlig selbständig und mit eigener Verantwortlichkeit als Grundbuchrichter vorsteht.

III. Referendaren, welche schon mindestens zwei Jahre lang im Vorbereitungsdienste beschäftigt sind, können von dem Amtsrichter, dem sie zur Ausbildung überwiesen sind, einzelne genau bestimmte Grundbuchgeschäfte zur selbständigen Erledigung übertragen werden. § 2 A.GVG. Von dieser Vorschrift soll nach der Verf. v. 9. Dezember 1879 (JMBl. S. 466) in der Regel nur zur Abhaltung von Terminen Gebrauch gemacht werden. Die Referendare sind demnach befugt, im gegebenen Falle anstatt des Richters Erklärungen der Betheiligten zu gerichtlichem Protokoll zu nehmen.

Mindestens zwei Jahre lang im Vorbereitungsdienste beschäftigte Referendare können im Falle eines Bedürfnisses vom Justizminister auch als Hülfsrichter bei einem Amtsgericht bestellt werden. § 2 A.GVG. Verf. v. 9. Dez. 1879 (JMBl. S. 466).

IV. Die Vertretung eines Grundbuchrichters ist erforderlich, wenn er thatsächlich für kürzere oder längere Zeit, oder rechtlich für einzelne Geschäfte an der Ausübung seines Richteramts verhindert ist. Eine thatsächliche Verhinderung tritt infolge von Urlaub oder Krankheit ein; eine rechtliche Verhinderung liegt in den Fällen vor, in denen der Grundbuchrichter kraft Gesetzes oder infolge einer Ablehnung von der Bearbeitung einer Sache ausgeschlossen ist.

Bei den mit einem Richter besetzten Amtsgerichten wird der Richter in allen Fällen der Verhinderung durch den im Voraus vom Oberlandesgerichtspräsidenten zum Vertreter bestellten Richter eines benachbarten Amtsgerichts vertreten. Liegt dieses im Bezirke eines anderen Oberlandesgerichts, so geschieht die Anordnung der Vertretung von den beiden Oberlandesgerichtspräsidenten gemeinschaftlich. § 24 Abs. 2 A.GVG. Verf. v. 10. Sept. 1879 (JMBl. S. 340).

Mehrere Richter desselben Amtsgerichts vertreten sich wechselseitig in der durch das Präsidium des Landgerichts bestimmten Reihenfolge. § 24 Abs. 1 A.GVG.

Sind auch die im Voraus bestellten Vertreter thatsächlich oder rechtlich verhindert, so liegt eine Verhinderung des Gerichts als solchen vor; die Bestimmung des zuständigen Gerichts erfolgt dann für den einzelnen Fall durch das zunächst höhere Gericht, in Ermangelung eines solchen durch den Justizminister. § 20 Abs. 2 A.GVG.

Ist die Verhinderung des Grundbuchrichters von längerer Dauer, so kann durch besondere Anordnung des Justizministers für die Zeit der Verhinderung dem Gerichte zur Vertretung ein aus der Zahl der Gerichts-Assessoren gewählter Hülfsrichter zugewiesen werden.

§ 5. Allgemeines über das Verfahren vor den Grundbuchbehörden.

I. Die Führung der Grundbücher ist eine Angelegenheit der freiwilligen Gerichtsbarkeit. In Preußen ist sie durch Landesgesetz den Amtsgerichten übertragen. Art. 1 A.GBO. Für das Verfahren vor den Grundbuchbehörden gelten deshalb die Vorschriften des RGes. über freiwillige Gerichtsbarkeit nur soweit, als Art. 1 A.FG. es zuläßt. (Vgl. die Vorbemerkung zur Begründung A.FG.)

II. Das Verfahren bei dem Grundbuchamt ist schriftlich; ein mündliches Verfahren vor dem Grundbuchamt kennt das Gesetz nur bei der Auflassung und wenn Anträge oder Eintragungsbewilligungen zu Protokoll eines Grundbuchbeamten erklärt werden. Das Verfahren ist aber stets ein Urkundenverfahren, denn nur der Inhalt von Urkunden bildet die Grundlage der Thätigkeit des Grundbuchrichters. Sowohl die Anträge der Betheiligten wie die Begründung der Anträge sind ihm in urkundlicher Form vorzulegen; Zeugen oder Sachverständige sind als Beweismittel ausgeschlossen. Eine Zeugenvernehmung kann nur bei der Anlegung des Grundbuchs vorkommen.

Das Verfahren ist, soweit es nicht ein solches von Amtswegen ist, abhängig von Anträgen der Betheiligten und durch den Inhalt der Anträge begrenzt; doch auch insoweit hat der Grundbuchrichter eine Offizialthätigkeit zu entwickeln; seine auf die Verwaltung des Grundbuchs für die daran betheiligten Privatpersonen gerichtete Aufgabe umfaßt auch die Pflicht, den Betheiligten mit seinem Rath zur Seite zu stehen, um eine glatte und leichte Abwicklung ihres Verkehrs mit dem Grundbuchamt zu ermöglichen. In verschiedenen Vorschriften der GBO. tritt der Gesichtspunkt, daß das Gesetz dem Grundbuchrichter eine obrigkeitliche Fürsorge für Privatpersonen zuweist, deutlich hervor z. B. § 18 Abs. 2. Auch über diese Vorschriften hinaus wird der Grundbuchrichter oft in der Lage sein, sich der Betheiligten z. B. dadurch, daß er sie auf Mängel ihrer Anträge hinweist, Ergänzungen zu ihren Anträgen einfordert, von Amtswegen anzunehmen. Soweit der Grundbuchrichter ohne Antrag thätig werden muß, gilt auch für ihn als selbstverständlich der in § 12 FG. ausgesprochene Satz, daß er die zur Feststellung der Thatsachen erforderlichen Ermittelungen von Amtswegen anzustellen hat.

III. Die örtliche Zuständigkeit der Grundbuchämter umfaßt

alle Grundbuchsachen, welche die im Bezirke des Amtes liegenden Grundstücke betreffen. Art. 1 A.GBO. Bei Zuständigkeitszweifeln zwischen verschiedenen Grundbuchämtern entscheidet unanfechtbar das gemeinschaftliche obere Gericht und in Ermangelung eines solchen der Justizminister § 20 A.GVG. Unter mehreren zuständigen Gerichten gebührt demjenigen der Vorzug, welches zuerst in der Sache thätig geworden ist. § 4 FG. Gerichtliche Handlungen sind niemals deshalb unwirksam, weil sie von einem örtlich unzuständigen Gerichte vorgenommen sind. § 7 FG. Ueber die Zuständigkeit im Falle der Zuschreibung eines Grundstücks zu einem im Bezirke eines anderen Grundbuchamts liegenden Grundstücke Art. 2 u. 3 A.GBO. s. nachher § 10 II.

Sachlich ist das Grundbuchamt beschränkt auf die Bearbeitung der Grundbuchsachen seines Bezirks. Es ist berechtigt, die Rechtshülfe eines anderen Amtsgerichts in Anspruch zu nehmen. § 87 A.GVG. Eine besondere Art der Beistandsleistung unter verschiedenen Amtsgerichten kennt das Grundbuchrecht, wenn in verschiedenen Gerichtsbezirken belegene Grundstücke einer Mitbelastung unterliegen oder auf einem Grundbuchblatte eingetragen stehen, oder wenn auf dem Blatte eines Grundstücks vermerkte subjektiv dingliche Rechte auf dem Blatte eines in einem anderen Bezirke liegenden Grundstücks als Bestandtheile eingetragen sind. § 8 Abs. 2 GBO.

IV. 1. Die Grundbuchsachen werden bearbeitet in den dem betreffenden Grundbuchamte zugewiesenen Geschäftsräumen; die für den Verkehr des Publikums mit dem Grundbuchamte bestimmten Tage sind durch Anschlag an der Gerichtstafel und an den Thüren der Geschäftsräume ersichtlich zu zu machen. Gesch.Anw. v. 26. November 1899 (JMBl. S. 395) § 2. Anträge der Betheiligten in Grundbuchsachen können auch auf Gerichtstagen und Lokalterminen aufgenommen werden. Der Zweifel, ob die Entgegennahme einer Auflassung in einem solchen Termine zulässig sei, ist nach BGB. nicht mehr berechtigt, weil die Auflassungserklärung in dieser Hinsicht unter keinen anderen Regeln steht, wie jede Eintragungsbewilligung.

2. Die Sprache, in welcher die mündlichen Verhandlungen in Grundbuchsachen stattfinden, ist die deutsche. Bei Verhandlungen mit einer der deutschen Sprache nicht mächtigen Person bedarf es der Zuziehung eines Dolmetschers, es sei denn, daß der Richter selbst der Sprache des Erklärenden mächtig ist. Eine Beeidigung des Dolmetschers ist nicht erforderlich, wenn die Betheiligten darauf verzichten. Auch die dem Grundbuchamte eingereichten Urkunden müssen in deutscher Sprache abgefaßt sein, anderenfalls muß der Richter sie zurückweisen. §§ 8, 9 FG. § 186 GVG. Eine deutsche Uebersetzung muß ihrerseits den im Grundbuchverkehr erforderlichen Formen entsprechen. § 29 GBO. Verhandlungen in Grundbuchsachen sind von den Grundbuchbeamten nur in deutscher Sprache aufzunehmen. Vgl. unten § 26.

3. Die Verhandlungen in Grundbuchsachen sind nicht öffentlich. Die Aufrechterhaltung der Ordnung bei der Verhandlung liegt dem Grundbuchrichter ob. Seine Rechte gegenüber den Betheiligten selbst oder gegenüber den für sie oder mit ihnen erscheinenden Notaren, Rechtsanwälten

oder anderen Vertretern sind die in den §§ 177 f. GVG. vorgeschriebenen. § 8 FG.

4. Die Bearbeitung von Grundbuchsachen nimmt auch in den Gerichtsferien ihren Fortgang. § 91 A.GVG.

5. Für die Bekanntmachung der Verfügungen des Grundbuchrichters gelten folgende Formen. § 16 FG. Soll mit der Bekanntmachung der Lauf einer Frist beginnen, so erfolgt sie nach den für die Zustellung von Amtswegen geltenden Vorschriften der §§ 208 f. CPO. In denjenigen Fällen, in denen mit der Bekanntmachung nicht der Lauf einer Frist beginnt, soll in den Akten vermerkt werden, in welcher Weise, an welchem Orte und Tage sie zur Ausführung gebracht ist. Einem Anwesenden kann die Verfügung zu Protokoll bekannt gemacht werden; auf Verlangen ist ihm eine Abschrift der Verfügung zu ertheilen. § 16 Abs. 3 FG.

Die gerichtliche Verfügung wird wirksam mit der Bekanntmachung an denjenigen, für welchen sie ihrem Inhalte nach bestimmt ist. § 16 Abs. 1 FG.

6. Für die Berechnung der Fristen gelten die Vorschriften des BGB. §§ 186—193 mit der Abänderung, daß, wenn das Ende der Frist auf einen Sonntag oder allgemeinen Feiertag fällt, sie stets erst mit dem Ablaufe des nächstfolgenden Werktags endigt. § 17 FG.

7. Eine Rechtskraft gerichtlicher Verfügungen in Grundbuchsachen giebt es nicht. Der Grundbuchrichter kann Verfügungen, welche er nachträglich als ungerechtfertigt erkennt, ändern; jedoch wenn die Verfügung einen Parteiantrag voraussetzte, und eine Zurückweisung des Antrags zum Inhalte hatte, nur wieder auf Antrag und mit der allgemeinen Einschränkung, daß was einmal ins Grundbuch eingetragen ist, stehen bleiben muß. Andererseits kann die Partei stets von neuem ihren einmal abgelehnten Antrag stellen, ohne daß er mit dem Hinweise auf die Rechtskraft einer früheren Verfügung abgelehnt werden könnte. Er muß vielmehr stets wieder sachlich geprüft und beantwortet werden. In der Regel wird aber aus der Wiederholung des gleichen Antrags, der eben abgelehnt ist, der Wille der Partei zu entnehmen sein, gegen die Ablehnung Beschwerde zu führen.

8. Die Verhängung einer Ordnungsstrafe, um Jemand zur Befolgung einer gerichtlichen Anordnung anzuhalten, ist nur bei den Ermittelungen zur Anlegung eines Grundbuchs zugelassen. Der Festsetzung der Strafe, die im einzelnen Falle 300 M. nicht übersteigen darf, muß stets eine Androhung vorausgehen. § 33 FG.

V. Vor den Beschwerdegerichten — dem Langericht, Kammergericht, Oberlandesgericht und Reichsgericht — wird in der Weise verfahren, daß in nicht öffentlicher Sitzung auf den mündlichen Vortrag eines Mitgliedes des Gerichtshofes auf Grund des Inhalts der Akten ohne Zuziehung eines Gerichtsschreibers die Entscheidung in der Form eines Beschlusses getroffen wird.

Die Bekanntmachung der Entscheidung geschieht durch Mittheilung einer Ausfertigung des Beschlusses an die Betheiligten. In der Regel besorgt dies das Grundbuchamt, dem zu diesem Zwecke die erforderliche Anzahl von Ausfertigungen bei Zurücksendung der Akten überschickt wird. Ueber die Form der Bekanntmachung s. vorher unter IV 5.

§ 6. Der Grundbuchführer. Dienstobliegenheiten desselben.

I. Der Grundbuchführer wird den Gerichtsschreibern oder Gerichtsschreibergehülfen entnommen; von letzteren sollen jedoch dazu nur diejenigen verwendet werden, die abgesehen von der Erledigung der aktiven Dienstpflicht die Vorbedingungen für die Anstellung als Gerichtsschreiber erfüllt haben. § 5 Ges. v. 3. März 1879, Art. 131 A.FG. Die wichtigste Aufgabe des Grundbuchführers ist die Eintragung ins Grundbuch, welche er persönlich zu besorgen und mit seinem Namen zu unterzeichnen hat. Daneben ist er der Vorsteher der Gerichtsschreiberei für Grundbuchsachen, in welcher alle durch die Führung des Grundbuchs veranlaßten Subalterngeschäfte, einschließlich des Schreibwerks erledigt werden. Zu diesen Geschäften gehört insbesondere die Ausführung der Verfügungen des Richters durch Anfertigung der Entwürfe, Ertheilung der Abschriften oder Ausfertigungen, die Berechnung der Gerichtskosten, die Sorge für die Ordnung und Aufbewahrung der Akten, die Führung der Register und Listen, die Aufstellung der vorgeschriebenen Auszüge und Geschäftsübersichten. § 4 Gesch.Anw. v. 26. Nov. 1899 (JMBl. S. 395). Werden in der Gerichtsschreiberei für Grundbuchsachen mehrere Beamte dauernd beschäftigt, so ist die Vertheilung der Geschäfte unter sie durch schriftliche Anordnung des aufsichtführenden Richters zu regeln. § 4 das.

II. 1. Die Schreibarbeiten werden entweder in der bei dem Gerichte bestehenden besonderen Kanzlei oder von den dem Grundbuchamte zugewiesenen Kanzlisten angefertigt. Vgl. Kanzlei-Ordnung v. 23. Mai 1895 (JMBl. S. 120). Kleinere Schreibarbeiten, insbesondere alle Eintragungen in die Tabellen der Grundakten hat der Grundbuchführer eigenhändig zu erledigen. Verf. v. 5. April 1895 (JMBl. S. 125). § 4 Gesch.Anw.

2. Sofern nicht abweichende Anordnungen bestehen, währen die Dienststunden der Gerichtsschreibereien Vormittags von 8 bis 1, Nachmittags von 3 bis 6 Uhr. Mindestens zwei Stunden lang während dieses Zeitraums soll werktäglich die Gerichtsschreiberei den Rechtsuchenden geöffnet sein; in diesen Sprechstunden können sie solche Anträge und Gesuche in Grundbuchsachen, welche keiner besonderen Form bedürfen und auch privatschriftlich von ihnen angebracht werden könnten, zu Protokoll des Grundbuchführers erklären. Für Rechtsanwälte, Notare und eilige Sachen gilt die Beschränkung auf die Sprechstunden nicht. Bei größeren Amtsgerichten ist zur Entgegennahme von Gesuchen durch die Gerichtsschreiber eine Anmeldestube errichtet. Die Sprechstunden sind durch Anschlag an der Gerichtstafel und den Thüren der betreffenden Geschäftsräume ersichtlich zu machen. §§ 2, 3 Gesch.Anw.

3. Die Bildung der Akten gehört zu den Obliegenheiten des Grundbuchführers. Auch hier gilt die allgemeine Regel, daß alle eine und dieselbe Rechtsangelegenheit betreffenden Schriftstücke zu einem Aktenstück zu vereinigen sind. Die Grundakten umfassen die das gleiche Grundbuchblatt betreffenden Schriftstücke. Sind für gewisse Grundstücke Grundakten nicht vorhanden, weil dafür ein Grundbuchblatt nicht besteht oder angelegt wird, so werden die auf solche Grundstücke bezüglichen Schriften gemeindeweise

zu Sammelakten vereinigt. Auch andere Schriften gleicher Art, welche bei bestimmten Akten nicht unterzubringen sind, können zu besonderen Sammelakten gebracht werden. Aus den Abschriften des Flurbuchs und der Gebäudesteuerrolle und den alljährlich den Amtsgerichten zugehenden Flurbuchs- und Gebäudesteuerrollenanhängen und Artikelverzeichnissen werden für jeden einzelnen Grundbuchbezirk besondere Generalakten gebildet. Zur Kontrole der eingehenden Rollen, Anhänge, Verzeichnisse wird für den Gerichtsbezirk ein gemeinschaftliches Generalaktenstück gehalten; mit diesem ist jährlich eine Uebersicht vorzulegen, aus der sich die Erledigung der Eingänge ergiebt. Gesch.Anw. §§ 7, 48.

Die für jedes Blatt eines Bahngrundbuchs zu führenden Grundakten erhalten einen besonderen Band noch für die Schriftstücke, welche den Betrag des zur Anlage und Ausrüstung der Bahn verwendeten Kapitals (Baukapitals) ergeben und für die fortlaufenden Mittheilungen über den Betrag der Betriebseinnahmen und Betriebsausgaben eines jeden Geschäftsjahres. Verf. v. 19. Sept. 1895.

Jedes Aktenstück erhält ein Aktenzeichen, welches die Stelle wiedergiebt, wo das Aktenstück im Aktenregister verzeichnet steht. Ueber Grundakten wird kein Aktenregister geführt; die Stelle desselben vertritt hier das Grundbuch. Das Aktenzeichen der Grundakten bildet deshalb die Band- und Blattzahl des Grundstücks, auf welches sich die einzelnen Grundakten beziehen.

Die Akten werden geheftet und mit fortlaufender Blattzahl versehen; in der Regel soll jeder Aktenband nur 200 Blätter umfassen. Die Akten erhalten aus starkem Papier Aktendeckel und Aktenrücken. Auf dem Deckel ist das Amtsgericht und die Angelegenheit zu bezeichnen, auf welche sich der Akteninhalt bezieht, auch das Aktenzeichen anzugeben.

Die Akten werden in der Ordnung aufbewahrt, in welcher sie im Aktenregister (Grundbuch) verzeichnet sind. § 7 Gesch.Anw.

4. Die zu denselben Akten gehörigen Schriftstücke erhalten in ununterbrochener Folge eine Nummer (Ordnungsnummer), welche auch dann fortläuft, wenn ein neuer Aktenband angelegt wird. Die Nummern mit dem Datum des betreffenden Schriftstücks werden in einem jedem Aktenstück vorzuheftenden Nummernverzeichnisse reihenweise untereinander unter die Ueberschrift der Jahreszahl geschrieben. Anlagen eines Schriftstücks erhalten keine besondere Nummer. Nach der Eintragung in das Verzeichniß wird auf jedes Schriftstück das Aktenzeichen und darunter die Nummer des Schriftstücks gesetzt. Aktenzeichen und Ordnungsnummer zusammen bilden die Geschäftsnummer. Die Ordnungsnummer bestimmt die Folge der Schriften in den Akten; ist das Schriftstück eingeheftet oder aus den Akten wieder abgegeben, so ist die betreffende Nummer des Nummerverzeichnisses zu durchstreichen. § 8 Gesch.Anw.

5. Urkunden, welche längere Zeit bei dem Gericht aufbewahrt werden müssen, ohne daß sie zu Grundakten geheftet werden können, sind in einem Umschlage zur besonderen Verwahrung zu nehmen. Auf dem Umschlage ist die Geschäftsnummer des Schriftstücks anzugeben, mit dem die Urkunde zu den Akten eingeliefert wurde; in den Grundakten wird auf dem Nummernverzeichnisse die Annahme der Urkunde zur besonderen Verwahrung und demnächst die Herausgabe vermerkt. Die Herausgabe erfolgt gegen Bescheinigung,

die zu den Grundakten zu nehmen ist. Die besonders verwahrten Urkunden befinden sich unter dem Verschlusse des Grundbuchführers. § 49 Gesch.Anw.

6. Der Grundbuchführer hat zunächst mit Ausnahme des Aktenregisters alle die Register zu führen, welche für jede Gerichtsschreiberei vorgeschrieben sind, nämlich

a) das Eingangsregister für solche Schriften, bei denen es zweifelhaft erscheint, zu welchen Akten sie zu nehmen sind; die Eintragung in das Register geschieht vorläufig bis zur Rücksendung oder bis zur Unterbringung des Schriftstücks in den zugehörigen Akten. § 8 Ziff. 9 Gesch.Anw.;

b) das Register für Generalakten, welche nach den Gegenständen in Abschnitte zerfallen und die allgemeinen Anordnungen über den Geschäftsbetrieb in besonderen Aktenstücken enthalten sollen. § 10 Gesch.Anw.;

c) das Register für Rechtshülfesachen. § 11 Gesch.Anw.;

d) den Geschäftskalender, in welchen die Termine und die angeordneten oder von Amtswegen zu beobachtenden Fristen verzeichnet werden. Terminsakten sollen in der Regel am Tage vor dem Termin vorgelegt werden. Auf Anordnung des Landgerichtspräsidenten können Sachen bei Fristen bis zu 2 Wochen in die sogenannten Fristfächer niedergelegt werden und werden dann in der Regel in den Geschäftskalender nicht eingetragen. § 17 Gesch.Anw.;

e) das Aktenausgabebuch, in welches die Akten einzutragen sind, welche einem Beamten des Gerichts, auf richterliche Anordnung einem Rechtsanwalt in die Wohnung verabfolgt, einer anderen Gerichtsschreibereiabtheilung, dem Bureau des Amtsanwalts zeitweilig überlassen, oder anderen Akten vorübergehend beigefügt werden. § 18 Gesch-Anw.;

f) die Kontrole der versendeten Akten; hierzu dienen die in einer Blattsammlung zu vereinigenden Aktenübersendungsersuchen, die mit dem Absendungsvermerk zu versehen sind, oder besonders anzufertigende Notizblätter (Retenta, Uebersendungsbelege), welche die Bezeichnung der Sache, des Empfängers, den Grund der Versendung und die Frist zur Vorlegung ergeben müssen. § 18 Gesch.Anw.

Ferner sind für die Grundbuchsachen noch folgende besondere Register eingeführt:

g) das Eigenthümerverzeichniß, welches alphabetisch geordnet die Namen aller Eigenthümer von Grundstücken oder Gerechtigkeiten des Bezirks angiebt und in der Regel den ganzen Amtsgerichtsbezirk umfaßt, aber auch für jeden Grundbuchbezirk gesondert geführt werden kann. Jeder Eigenthümer erscheint in demselben Verzeichnisse nur einmal, welches alle auf seinem Namen lautende Grundbuchblätter und Artikel angiebt. § 50 Gesch.Anw.;

h) das Tagebuch über alle vom Grundbuchführer im Grundbuche bewirkten Einschreibungen. Eine auszugsweise Abschrift der Spalten 1 und 7 des Tagebuchs, in welche nur die Auflassungen aufzunehmen sind, bei denen die Versteuerung auf Grund einer Werthangabe stattgefunden hat, ist vierteljährlich, in Berlin monatlich dem Grundbuchrichter vorzulegen. § 51 Gesch.Anw. Dieser hat die Abschrift dem Hauptsteueramte einzusenden, in dessen Bezirk das Amtsgericht seinen Sitz hat, oder demselben mitzutheilen, daß während des betreffenden Zeitraums Auflassungen auf Grund einer Werthangabe nicht zur Versteuerung gekommen sind. § 17 Verf. v. 29. Febr. 1896 (JMBl. S. 63).

i) das Gewerkenbuch, über welches Näheres in § 89 gesagt ist.

III. Die Generalakten und Register unterliegen in Grundbuchsachen nach dem gleichen Zeitraume der Vernichtung wie in anderen Angelegenheiten. Ausgeschlossen von der Vernichtung sind die Grundbücher, die Bahngrundbücher, die Höfe- und Landgüterrollen, die Abschriften der Flurbücher und Gebäudesteuerrollen nebst Anhängen; die Rezeßausfertigungen, die Namenverzeichnisse der Eigenthümer, die Grundakten und die sonstigen zu den aufgeführten Büchern und Urkunden gehörigen Akten, einschließlich der Generalakten, welche die erste Anlegung der Grundbücher betreffen. Verf. v. 20. Dez. 1896 (JMBl. S. 366) unter B. und C. Eine Weglegung von Akten auf richterliche Verfügung findet in Grundbuchsachen nicht statt. Vollgeschriebene Grundbücher und alte Bände von Grundakten werden aber an besonderer Stelle aufbewahrt.

§ 7. Ausschließung und Ablehnung von Grundbuchbeamten.

I. Grundbuchbeamte können für einzelne Fälle von der Ausübung ihres Amtes kraft Gesetzes ausgeschlossen sein. Von der Ablehnung eines Grundbuchbeamten spricht zwar § 10 GBO., indessen giebt es eine solche in Grundbuchsachen nur hinsichtlich der Mitglieder der über eine Beschwerde entscheidenden Collegialgerichte, wie die Gesetzgebung die Ablehnung eines Richters in Angelegenheiten der freiwilligen Gerichtsbarkeit überhaupt nicht kennt. § 6 letzter Satz FG.

II. Ein Grundbuchrichter ist kraft Gesetzes ausgeschlossen:

1. in Sachen, in denen er selbst betheiligt ist, oder in denen er zu einem Betheiligten in dem Verhältniß eines Mitberechtigten oder Mitverpflichteten steht;
2. in Sachen seiner Ehefrau, auch wenn die Ehe nicht mehr besteht;
3. in Sachen einer Person, mit der er in gerader Linie oder im zweiten Grade der Seitenlinie verwandt oder verschwägert ist;
4. in Sachen, in denen er als Vertreter eines Betheiligten bestellt, oder als gesetzlicher Vertreter eines solchen aufzutreten berechtigt ist.

Ein Richter kann sich außerdem der Ausübung seines Amtes wegen Befangenheit enthalten. Art. 1 A.FG. und § 6 FG.

Die Grundbuchführer, wie die übrigen Beamten bei der Gerichtsschreiberei eines Amtsgerichts sind in Grundbuchsachen niemals kraft Gesetzes von der Ausübung ihres Amtes ausgeschlossen, können auch nicht abgelehnt werden. Daß sie wegen Befangenheit auf ihr eigenes Ansuchen von der Bearbeitung einer Grundbuchsache entbunden werden dürfen, ist trotzdem wohl unbedenklich. Dolmetscher sind aus denselben Gründen, wie ein Richter kraft Gesetzes ausgeschlossen. § 9 FG.

III. Ein Richter des Landgerichts oder eines höheren Gerichts ist bei der Beschlußfassung über Beschwerden in Grundbuchsachen von der Ausübung seines Amtes aus den gleichen Gründen wie der Grundbuchrichter nach II kraft Gesetzes ausgeschlossen, nur mit der Erweiterung, daß er auch ausgeschlossen ist in Sachen einer Person, mit der er durch Adoption verbunden oder in der Seitenlinie bis zum dritten Grade verwandt, oder bis zum zweiten Grade verschwägert ist, auch wenn die die Schwägerschaft begründende Ehe nicht mehr besteht; ferner in Sachen, in welchen er in einer früheren Instanz mitgewirkt hat. § 81 Abs. 2 GBO., § 41 CPO. Ein Richter der genannten Gerichte kann auch von einem Betheiligten wegen Besorgniß der Befangenheit abgelehnt werden. Ueber das Ablehnungsgesuch des Betheiligten entscheidet das Gericht, dem der Abgelehnte angehört. Dem Ablehnungsgesuche steht es gleich, wenn der Richter von einem Verhältnisse Anzeige macht, welches seine Ablehnung rechtfertigen könnte. § 81 GBO., §§ 42 f. CPO.

Die Ausschließung oder Ablehnung eines Gerichtsschreibers bei den Landgerichten oder höheren Gerichten kann in Grundbuchsachen nicht in Frage kommen, weil diese bei solchen nicht mitwirken.

IV. Hat ein Richter, trotzdem ein ihn von der Ausübung des Amtes ausschließender Grund vorlag, doch die gerichtliche Handlung vorgenommen, so entbehrt sie in den meisten Fällen nicht der Wirkung. Für eine Eintragung in das Grundbuch schreibt dies § 10 GBO. ausdrücklich vor; man wird diese Bestimmung aber ausdehnend auf alle gerichtlichen Handlungen, die ein Grundbuchrichter oder Grundbuchführer vornimmt, anwenden dürfen, weil wenigstens, soweit der Richter in Frage kommt, § 7 FG. das Prinzip ganz allgemein ausspricht, und ferner zu beachten bleibt, daß die Eintragung die wichtigste und folgenschwerste Thätigkeit der Grundbuchbeamten ist und es widersinnig wäre, für gerichtliche Handlungen von geringerer Wichtigkeit strengere Grundsätze aufzustellen, als für jene. Für eine Eintragung hat, da gegen solche eine Beschwerde nicht stattfindet (§ 71 Abs. 2 GBO.), die Vorschrift des § 10 GBO. nur die Bedeutung, daß trotzdem sie von einem ausgeschlossenen Grundbuchbeamten bewirkt ist, der Vermerk eines Widerspruchs gegen die Eintragung nicht stattfindet. § 54 GBO.

Für die Richter, die beim Landgericht oder bei höheren Gerichten über Beschwerden in Grundbuchsachen entscheiden, gelten bezüglich der Wirksamkeit ihrer gerichtlichen Handlungen, die sie trotz des Bestehens eines Ausschließungsgrundes vorgenommen haben, die Bestimmungen der CPO., vgl. § 81 GBO.

Wirksam sind danach solche Handlungen jedenfalls, soweit sie vorgenommen sind, weil sie keinen Aufschub gestatten. § 47 CPO. Im Uebrigen hat die Verletzung der Vorschriften nur insofern Wirkung, als ein unter diesen Umständen ergangener Beschluß unbedingt eine Beschwerde begründet, § 551 CPO., soweit eine solche noch möglich ist.

§ 8. Haftung für Versehen der Grundbuchbeamten.

I. Für einen Schaden, welcher durch eine Pflichtverletzung eines Grundbuchbeamten verursacht wird, haftet dem Beschädigten der Staat, in dessen

Diensten der Beamte steht. Den Anspruch hat aber nur der unmittelbar Beschädigte; er kann nicht geltend gemacht werden von demjenigen, der ohne betheiligt zu sein, nur mittelbar durch die Verletzung der Amtspflicht einen Schaden erleidet. Die Haftung des Staates tritt dem Betheiligten gegenüber an erster Stelle ein, wenn der Beamte vorsätzlich seine Amtspflicht verletzt hat; fällt dem Beamten aber nur Fahrlässigkeit zur Last, mag sie eine grobe Fahrlässigkeit sein, oder nicht, so kann der Staat nur dann in Anspruch genommen werden, wenn der Verletzte nicht auf andere Weise Ersatz zu erlangen vermochte. Geschah die Verletzung der Amtspflicht bei dem Urtheil in einer Rechtssache, so ist die Haftung des Staates beschränkt auf den Fall, daß die Pflichtverletzung mit einer im Wege des gerichtlichen Strafverfahrens zu verhängenden öffentlichen Strafe bedroht ist. Als urtheilender Beamter im Sinne dieser Vorschrift ist nicht der Grundbuchrichter, dessen Thätigkeit, selbst wenn er auf eine Beschwerde entscheidet, entweder nur eine verwaltende oder die einer obrigkeitlichen Fürsorge für Privatpersonen ist, und noch viel weniger der Grundbuchführer anzusehen; wohl aber wird man die Thätigkeit der Richterkollegien, die über eine Beschwerde in Grundbuchsachen zu entscheiden haben, für eine rechtsprechende, ihre Beschlüsse für Urtheile in einer Rechtssache halten dürfen. Auf diese Thätigkeit könnte die genannte Vorschrift Anwendung finden. Die Ersatzpflicht des Staates tritt überhaupt nicht ein, wenn der Verletzte den Schaden durch Gebrauch eines Rechtsmittels abwenden konnte, dies aber vorsätzlich oder fahrlässig unterlassen hat. § 12 GBO. § 839 BGB. Denkschrift zu § 12 GBO.

Einen besonderen Schutz gegen Schaden, welchen das Versehen eines Grundbuchrichters verursachen könnte, gewährt die in § 54 GBO. vorgesehene Möglichkeit, gegen unrichtige Eintragungen von Amtswegen einen Widerspruch zu vermerken.

II. Die Vorschrift des § 12 GBO. beruht offenbar auf der Anschauung, daß der Staat selbst derjenige ist, welcher durch sein Organ, den Grundbuchbeamten, den Schaden verursacht hat. Ersatz des Schadens kann er deshalb von dem Beamten auf Grund des zwischen diesem und ihm bestehenden Dienstverhältnisses verlangen. Die Ersatzverbindlichkeit des Beamten ist im Falle des Vorsatzes oder grober Fahrlässigkeit dem Staate gegenüber die gleiche, wie die des Staates den Geschädigten gegenüber. Die dreijährige Verjährungsfrist des § 852 Abs. 1 A.GBO. beginnt erst mit dem Zeitpunkte, in welchem die Ersatzverbindlichkeit des Staates anerkannt oder rechtskräftig festgestellt ist, Art. 8 A.GBO. Eine Verbindlichkeit des Grundbuchbeamten zum Ersatz eines durch andere als grobe Fahrlässigkeit verursachten Schadens besteht offenbar nicht mehr, nachdem der Art. 8 die Fahrlässigkeit des § 839 BGB. auf nur grobe Fahrlässigkeit eingeschränkt hat.

Zweites Kapitel.

Grundbuch und Grundstück. Grundakten.

§ 9. Das Grundbuch.

I. Die Einrichtung der Grundbücher bestimmt sich bis auf wenige allgemeine Grundsätze, welche das Reichsrecht aufstellt, nach den Anordnungen der einzelnen Landesjustizverwaltungen. §§ 1, 2—6, 87—89 GBO. In Preußen ist durch die allgemeine Verfügung des Justizministers v. 20. November 1899 (JMBl. S. 349) ein neues Formular für die Grundbücher eingeführt, welches am meisten Aehnlichkeit mit dem Formular II der Gesetzgebung von 1872 hat. Das neue Recht kennt nur das eine Formular, welches zugleich für Grundstücke, Erbbaurechte, selbständige Gerechtigkeiten und Bergwerke neueren Rechts dienen soll. Entsprechend der Vorschrift des § 3 GBO. theilt es sich nach den im Grundbuche enthaltenen Grundstücken, beruht also auf dem Grundsatze des Realfolium, deckt aber zugleich die Bedürfnisse des früheren Personalfolium insofern, als seine Einrichtung gestattet, mehrere Grundstücke eines Eigenthümers auf dasselbe Blatt aufzunehmen. Neben dem neuen Grundbuche werden die bisher geführten Bücher fortgeführt. Auch diese gelten als Grundbuch im Sinne der Reichsgesetze. Art. 3 Kgl. V. § 87 GBO. Doch sollen in noch nicht eingebundenen Büchern die neu anzulegenden Grundbuchblätter nach den neuen Vorschriften eingerichtet werden und das Gleiche auch für die Grundbuchblätter in neu anzulegenden Bänden gelten. §§ 5, 27 Verf.

Jedes Grundbuch theilt sich in einzelne Grundbuchblätter, welche fortlaufende Nummern erhalten, so daß ein neu anzulegendes Blatt mit der nächsten freien Zahl bezeichnet wird. Je nach Bedürfniß werden die Grundbuchblätter eines Grundbuchs in eine kleinere oder größere Zahl von Bänden zusammengebunden, welche gleichfalls fortlaufend numerirt werden. §§ 1, 2 Verf. Das Grundbuchblatt bildet die besondere Stelle, welche jedes Grundstück im Grundbuche hat, und ist für das Grundstück als das Grundbuch im Sinne des BGB. anzusehen. § 3 GBO. Die Nummer des Grundbuchblattes bildet das Erkennungszeichen, unter welchem das auf dem Blatte gebuchte Grundstück im Grundbuchverkehr bezeichnet wird. Die Grundbuchblätter zerfallen wiederum in eine Aufschrift, in das Bestandsverzeichniß und in drei Abtheilungen, über deren Einrichtung in § 12 Näheres angegeben ist.

II. Entsprechend der Vorschrift, daß die Grundbücher für Bezirke einzurichten sind, § 2 GBO., wird für jeden Gemeindebezirk oder selbständigen Gutsbezirk und, wenn ein Gemeindebezirk zum Zwecke der Grundbuchanlegung in mehrere Bezirke getheilt ist, für jeden Anlegungsbezirk ein eigenes Grundbuch eingerichtet. § 1 Verf. (Grundbuchbezirke, Anlegungsbezirke). Ausnahmsweise erstreckt sich in Folge alter Einrichtungen ein Grundbuch auch auf einen weiteren Bezirk, z. B. auf alle Grundstücke einer bestimmten Art, wie der Rittergüter, doch dann nicht über den Bezirk des betreffenden Grundbuchamts hinaus. Soweit die bisherigen Grundbücher für besondere Grundsteuer-Erhebungsbezirke angelegt sind, behält es bis zur Auflösung der Bezirke bei dieser Einrichtung sein Bewenden. § 28 Verf. Nach dem Namen des Bezirks wird das Grundbuch im Grundbuchverkehr benannt. In das einzelne Grundbuch gehören alle zu buchenden Grundstücke des Grundbuchs- oder Anlegungsbezirks, für welchen es bestimmt ist. In der Regel gehören in das Grundbuch die Grundstücke auch nur dieses Bezirks; doch giebt es hiervon Ausnahmen. Es kann vorkommen, daß ein Grundstück in verschiedenen Bezirken liegt, oder ein Grundstück einem in einem anderen Bezirke liegenden Grundstücke als Bestandtheil zugeschrieben, oder mit ihm zu einem Grundstücke vereinigt wird. In diesen Fällen werden die verschiedenen Theile des Grundstücks auf einem Grundbuchblatte geführt. Auch mehrere selbständige Grundstücke können, obwohl sie in verschiedenen Bezirken gelegen sind, nur ein gemeinschaftliches Grundbuchblatt haben. Im letzten Falle gilt, abgesehen von den zu einem Familienfideikommisse gehörigen Grundstücken, die Beschränkung, daß die selbständigen Grundstücke im Bezirke wenigstes desselben Grundbuchamts liegen müssen, während es in den erstgenannten Fällen keinen Unterschied macht, ob die Theile des einen Grundstücks im Bezirke desselben oder verschiedener Grundbuchämter gelegen sind. Ueberall umfaßt hier aber das einzelne Grundbuch außerhalb seines Bezirks belegene Grundstücke. § 1 Verf. §§ 3, 4, 5, 86 GBO. Art. 37 Kgl. V.

III. In der Regel weist ein Grundbuchblatt nur ein Grundstück nach. Weist ein Grundbuchblatt zugleich mehrere selbständige Grundstücke desselben Eigenthümers nach, so spricht das Gesetz von einem gemeinschaftlichen Grundbuchblatte. §§ 3, 4 GBO. Letzteres eignet sich vornehmlich für Gegenden mit stark zersplittertem Grundbesitz, in welchen bisher das nach dem Grundsatze des Personalfolium eingerichtete Formular II eines Grundbuchblattes der früheren preußischen Gesetzgebung gebraucht wurde. Das neu eingeführte Grundbuchformular genügt dem Zwecke sowohl des einfachen, wie des gemeinschaftlichen Grundbuchblattes; ob auf dem Blatte nur ein Grundstück oder mehrere selbständige Grundstücke gebucht sind, wird durch die Art der Eintragung äußerlich erkennbar gemacht. Ein Grundstück bilden alle die unter einer Nummer im Verzeichnisse der Grundstücke eingetragenen Flächen. § 8 Verf. Weist ein Grundbuchblatt Grundstücke unter mehreren Nummern auf, so lautet es über verschiedene selbständige Grundstücke und ist selbst ein gemeinschaftliches Grundbuchblatt. Auf den bisher geführten preußischen Grundbuchblättern nach Formular I stehen die Flächen, welche zusammen nach dem Willen des Eigenthümers sowohl wie nach dem Grundbuche nur als ein Grundstück anzusehen sind, unter verschiedenen Nummern des Titels eingetragen. Diese Buchung unter verschiedenen Nummern, welche der früheren Gesetzgebung entsprach, macht unter dem neuen Recht aus dem einen Grundstück noch nicht mehrere selbständige Grundstücke. Es fehlt aber an einer allgemeinen Anordnung, in welcher Weise die Eintragung der Grundstücke auf den Titeln der alten Grundbuchblätter in Uebereinstimmung mit den Bestimmungen des neuen Rechts gebracht werden soll; diese ist vielmehr den einzelnen Aufsichtsbehörden überlassen. § 28 Abs. 8 Verf.

Die Anlegung eines gemeinschaftlichen Grundbuchblattes ist unabhängig von einem Antrage. Sind die Voraussetzungen, nämlich daß die auf dem Blatte zu buchenden selbständigen Grundstücke demselben Eigenthümer gehören und im Bezirke desselben Grundbuchamts belegen sind, erfüllt, so kann der Grundbuchrichter die gemeinschaftliche Buchung vornehmen und sie bestehen lassen, solange nach seinem Ermessen davon Verwirrung nicht zu besorgen ist. Ist dies aber der Fall, so kann er von Amtswegen die einzelnen selbständigen Grundstücke auf besondere Grundbuchblätter des Grundbuchs, zu dessen Bezirke das betreffende Grundstück gehört, eintragen. Mit dem Grundstücke sind dann alle darauf ruhenden Lasten auf das neue Blatt zu übertragen. Fallen nachträglich die Voraussetzungen der gemeinschaftlichen Buchung fort, so muß die Trennung der Grundstücke nach verschiedenen Grundbuchblättern erfolgen. § 4 GBO.

IV. Nach Reichsrecht sind von Amtswegen Grundbuchblätter anzulegen nur für Grundstücke; aber grundsätzlich für alle Grundstücke. §§ 1—3 GBO. Wird einmal für ein Grundstück ein Grundbuchblatt geführt, so ist das Wiederausscheiden des Grundstücks aus dem Grundbuche grundsätzlich ausgeschlossen. Eine Ausnahme von dem Buchungszwange ist auf Grund des § 90 GBO. in Preußen durch Art. 1 der Kgl. V. bestimmt. Hiernach erhalten die Grundstücke des Reichs, die Domänen und die sonstigen Grundstücke des Staates, die Grundstücke der Gemeinden und anderer Kommunalverbände, der Kirchen, Klöster und Schulen, die öffentlichen Wege und Gewässer, sowie die Grundstücke, welche einem dem öffentlichen Verkehre dienenden Bahnunternehmen gewidmet sind, ein Grundbuchblatt nicht von Amtswegen, sondern nur auf Antrag des Eigenthümers oder eines nach § 14 GBO. Berechtigten. Nur auf Antrag erhalten ferner nach § 90 GBO. ein Grundbuchblatt die Grundstücke eines Landesherrn, auch eines fremden, und die Grundstücke, welche zum Hausgut oder Familiengut einer landesherrlichen Familie, der Fürstlichen Familie Hohenzollern oder der Familie des vormaligen Hannoverschen Königshauses, des vormaligen Kurhessischen und des vormaligen Herzoglich Nassauischen Fürstenhauses gehören.

Solange solche Grundstücke im Grundbuche nicht verzeichnet sind, wird das Eigenthum an ihnen nach Art. 27 AG. außerhalb des Grundbuchs übertragen, vgl. Art. 127 EG. Eine Belastung solcher Grundstücke ist aber erst nach vorheriger Anlegung eines Grundbuchblattes möglich. Von dem Vorbehalte des Art. 128 EG. hat Preußen keinen Gebrauch gemacht.

Ist für ein vom Buchungszwange befreites Grundstück ein Grundbuchblatt angelegt, so gelten für die Uebertragung des Eigenthums daran, sowie für die Belastung des Grundstücks die allgemeinen Regeln. Doch kann das Grundstück wieder aus dem Grundbuche ausgeschieden werden. Vorausgesetzt wird dazu ein Antrag des Eigenthümers, welcher keinem Formzwange unterliegt, § 30 GBO. und daß eine Eintragung, von welcher das Recht des Eigenthümers betroffen wird, d. h. also eine Eintragung in der zweiten und dritten Abtheilung des Grundbuchblattes, nicht vorhanden ist. § 90 Abs. 2 GBO. Sind diese Voraussetzungen erfüllt, so wird in die Spalte 14 des Bestandsverzeichnisses eingetragen, daß das Grundstück auf Antrag des Eigenthümers aus dem Grundbuche ausgeschieden worden sei und das Grundbuchblatt selbst geschlossen.

Gleiche Regeln gelten, wenn ein Eigenthümer, dessen Grundstücke vom Buchungszwange befreit sind, ein gebuchtes Grundstück durch Auflassung erworben und dessen Ausscheidung aus dem Grundbuche sogleich bei der Auflassung beantragt hat, nur ist in diesem Falle vor der Eintragung in die Spalte 14 des Bestandsverzeichnisses und vor der Schließung des Grundbuchblattes noch die Eintragung des Erwerbers als neuen Eigenthümers in die Abtheilung I des Grundbuchblattes erforderlich. § 40 GBO. Betraf der Erwerb nur einen Grundstückstheil, so kann in der angegebenen Weise nicht verfahren werden. In diesem Falle ist die Anwendung der Regel, daß der Erwerber zunächst als neuer Eigenthümer des durch die Abtrennung zum selbständigen Grundstück gewordenen Grundstückstheils, sei es auf einem besonderen Blatte, sei es auf dem gleichen Blatte gebucht werden muß, eine überflüssige Formalität. Es genügt, daß bei der Abschreibung des Grundstückstheils die erforderlichen Mittheilungen gemacht werden. So würde der in die Spalte 14 des Bestandsverzeichnisses einzutragende Vermerk allen Erfordernissen genügen, wenn er lautet: Von Nr. 1 ist die Parzelle X am . . . dem . . . aufgelassen und auf dessen Antrag aus dem Grundbuche ausgeschieden worden, am . . .

§ 10. Das Grundstück und ihm gleichstehende Gerechtigkeiten.

I. Der Natur der Sache nach ist ein Grundstück ein rings begrenzter Theil der Erdoberfläche. Das Recht faßt aber unter dem Begriffe des einen Grundstücks auch mehrere gesondert liegende Flächen zusammen, sofern sie eine wirthschaftliche Einheit bilden. Welchen Bestand im einzelnen Falle ein Grundstück hat, hängt davon ab, welche Flächen der Eigenthümer als ein Grundstück auf demselben Grundbuchblatte hat eintragen lassen. Wesentlich ist die Buchung auf einem Blatte, also daß die Buchung auf mehreren Blättern ohne Weiteres ergiebt, daß es sich um verschiedene selbständige Grundstücke handelt. Die zu einem Grundstücke zusammengeschriebenen gesonderten Flächen bilden die Bestandtheile des Grundstücks und bleiben dies, bis sie einmal selbst als selbständige Grundstücke gebucht werden.

Sind einmal Grundstücke durch Eintragung auf dasselbe Grundbuchblatt als einzelne festgelegt worden, so hat der Eigenthümer die Möglichkeit, sie zu vergrößern oder verkleinern.

II. Vergrößerung. Der Eigenthümer darf

a) mehrere Grundstücke dadurch zu einem Grundstücke vereinigen, daß er sie als ein Grundstück in das Grundbuch eintragen läßt;

b) ein Grundstück dadurch zum Bestandtheile eines anderen Grundstücks machen, daß er es diesem im Grundbuche als Bestandtheil zuschreiben läßt. § 890 BGB.

1. In beiden Fällen wird ein Antrag des Eigenthümers vorausgesetzt, welcher privatschriftlich gestellt werden kann, § 30 GBO. Der Grundbuchrichter kann den Antrag ablehnen, wenn nach seinem Ermessen die beantragte Umschreibung Verwirrung besorgen läßt, § 5 GBO. Kann die Um-

schreibung erst nach Theilung eines anderen Grundstücks bewirkt werden, so muß dem Antrage ein beglaubigter neuester Auszug aus dem Steuerbuche und eine vom Fortschreibungsbeamten beglaubigte Karte vorgelegt werden. § 30 Verf.

Beide Fälle sind sich insofern gleich, als aus zwei Grundstücken jedesmal ein Grundstück gebildet werden soll. Ob die mehreren zu verbindenden Grundstücke vorher schon als selbständige Grundstücke eingetragen standen, oder erst durch Abschreibung von einem anderen Grundstücke selbständig werden und ob für das verbundene Grundstück ein neues Grundbuchblatt angelegt oder das Grundbuchblatt gewählt wird, auf dem das eine Grundstück schon eingetragen stand, ist ohne Bedeutung.

2. Der Unterschied beider Fälle liegt nur inbder Wirkung, welche die Verbindung auf die vorhandene Belastung der verbundenen Theilgrundstücke ausübt. Im Falle der Vereinigung (zu a) bleibt jeder Theil in dem Umfange belastet, in dem er es vorher war; die Lasten des einen Theils ergreifen nicht auch den anderen Theil; im Falle der Einverleibung (zu b) tritt diese Wirkung nur ein bezüglich der Lasten der zweiten Abtheilung des Grundbuchblattes; Hypotheken jedoch, die an dem Stammgrundstücke bestehen, erstrecken sich auch auf das als Bestandtheil zugeschriebene Grundstück; diesen Hypotheken gehen alle Rechte vor, mit denen das zugeschriebene Grundstück schon belastet war. § 1131 BGB. Gleiches wie bezüglich der Hypotheken gilt auch von Grundschulden und Rentenschulden. §§ 1192, 1199 BGB.

Die verschiedenen Wirkungen, welche in beiden Fällen eintreten, erfordern es, daß der Antrag des Eigenthümers genau erkennen läßt, welche Wirkungen er erreichen will, und ferner, daß im Grundbuche bei der Zuschreibung vermerkt wird, ob die Grundstücke nur zu einem vereinigt sind, oder ob das eine Grundstück dem anderen als Bestandtheil zugeschrieben ist. Die Probeeintragung im neuen Grundbuchformular gebraucht in Spalte 12 des Grundstücksverzeichnisses folgende Wendungen: Nr. 2 der Nr. 1 als Bestandtheil zugeschrieben; Nr. 7 in Folge Vereinigung mit Nr. 6 unter Nr. 8 als ein Grundstück eingetragen. Wird das verbundene Grundstück demnächst weiter belastet, so ergreifen die neuen Lasten alle verbundenen Grundstückstheile.

3. Die Verbindung kann Grundstücke betreffen, welche in den Bezirken verschiedener Grundbuchämter liegen. Handelt es sich um die Zuschreibung eines Grundstücks als Bestandtheils eines anderen, so erfolgt sie naturgemäß auf dem Blatte des Stammgrundstücks. Darauf beruht die Vorschrift, daß für die Entscheidung über den Antrag auf Zuschreibung und, wenn dem Antrage stattgegeben wird, für die Führung des Grundbuchs über das ganze Grundstück das Grundbuchamt des Stammgrundstücks zuständig ist. Art. 3 A.GBO. Bei der Vereinigung zweier Grundstücke fehlt es an einem solchen Verhältnisse der Grundstücke untereinander; die Zuschreibung kann auf dem Blatte des einen oder des anderen Grundstücks erfolgen. Es ist deshalb zur Entscheidung über den Antrag auf Zuschreibung und für die Führung des Grundbuchs über das vereinigte Grundstück die Bestellung eines gemeinschaftlichen Gerichtsstandes erforderlich. Diese erfolgt nach § 20 A.GVG., vgl. Art. 2 A.GBO. und S. 12 III.

4. Grundsätzlich läßt es das Reichsrecht zu, auch Grundstücke, welche in einem anderen deutschen Staate liegen, mit einem preußischen Grundstücke zu verbinden und mit diesem als Einheit auf einem preußischen Grundbuchblatte zu führen. Trotz dieser Verbindung bleibt das eine Grundstück ein Grundstück des anderen Staates und dessen Recht in allen den Beziehungen unterworfen, wo das betreffende Landesrecht Besonderheiten kennt; gerade auf dem Gebiete des Grundbuchrechts können die Verschiedenheiten recht groß sein. Unter Umständen kann diese Rechtsverschiedenheit einen Anlaß zur Besorgniß von Verwirrungen und deshalb zur Ablehnung des Verbindungsantrags geben.

5. Grundstücke, welche in einem außerdeutschen Staate liegen, sind von der Buchung in einem deutschen Grundbuch ausgeschlossen; in Deutschland liegende Theile derselben sind hier als selbständige Grundstücke im Grundbuch zu führen.

6. Nach Art. 65 EG. werden die Vorschriften der Landesgesetze über Anlandungen, entstehende Inseln und verlassene Flußbetten vom BGB. nicht berührt. Die §§ 223—258 und 261—274 I 9 ALR., Art. 556 f. CC. bleiben deshalb in Geltung, vgl. Art. 89 Nr. 1 b AG. Hiernach ist folgendes zu beachten:

a) Verbreiterungen des Ufers durch das allmähliche Anspülen fremder Erdtheile, durch nach und nach anwachsende Erdzungen und Halbinseln sind nur Vergrößerungen des Ufergrundstücks, die der Uferbesitzer in der Länge seines Grundstücks ohne Besitzergreifung erwirbt. §§ 225—241 I 9. Auch das natürlich zugelandete oder vom Wasser verlassene Flußbett bildet, sofern nicht Fall b vorliegt, nur eine natürliche Vergrößerung des Ufergrundstücks und wird vom angrenzenden Uferbesitzer ohne Weiteres erworben, § 270 I 9. Der Zuwachs unterliegt in beiden Fällen den gleichen Belastungen, wie das vergrößerte Grundstück; erhält er im Steuerbuche eine besondere Parzellennummer, so hat dies keine andere Wirkung, als wenn eine bisher einheitlich bezeichnete Parzelle in zwei Parzellen zerlegt wird. Die neue Nummer ist auf das Blatt des vergrößerten Grundstücks ohne weiteren Antrag als Berichtigung der Bestandsangaben einzutragen.

b) Das Bett abgelassener Landseen und der natürlich zugelandeten, im Privateigenthum stehenden Flüsse verbleibt den Eigenthümern des Sees oder Flusses. § 267 I 9. Es untersteht ohne Weiteres den gleichen Rechtsverhältnissen, wie bisher der See oder Fluß, an dessen Stelle es getreten ist.

c) Das durch die Gewalt des Stromes weggerückte und an ein fremdes Ufer angelegte Stück Landes, § 223; die Erderhöhung (Insel) in dem Bette eines Flusses, §§ 242—245; der durch künstliche Verengerung oder Zulandung eines Wasserlaufes gewonnene Grund und Boden werden erst durch Besitzergreifung vom berechtigten Uferbesitzer erworben. Hier handelt es sich um neue Grundstücke, die bisher kein Blatt im Grundbuche haben. Die Eintragung in das Grundbuch geschieht nach den Grundsätzen für die Anlegung eines Grundbuchblattes, vgl. diesen §. Der Berechtigte kann bestimmen, ob das neue Grundstück selbständig bleiben, oder Bestandtheil eines anderen werden soll.

III. Zerlegung eines Grundstücks. Der Eigenthümer kann

1. einen Theil des Grundstücks an einen anderen Eigenthümer veräußern. Dies setzt stets eine Auflassung voraus und hat nothwendig eine Abschreibung des veräußerten Theils vom Grundbuchblatte des Restgrundstücks zur Folge, weil ein Grundbuchblatt nicht über Grundstücke verschiedener Eigenthümer lauten darf.
2. oder ohne Veräußerung eines Theils aus dem einen Grundstück mehrere selbständige Grundstücke machen. Diese Folge wird durch Abschreibung des zur Selbständigkeit zu erhebenden Grundstückstheils vom Restgrundstück bewirkt. Das abgeschriebene Grundstück kann auf ein eigenes Grundbuchblatt übertragen, kann aber auch auf dem gleichen Grundbuchblatt als neues selbständiges Grundstück eingetragen werden. Das Verfahren setzt einen Antrag des Eigenthümers voraus, welcher privatschriftlich gestellt werden kann, § 30 GBO.; dem Antrage ist ein beglaubigter neuester Auszug aus dem Steuerbuche und eine beglaubigte Karte, welche das abzuschreibende Grundstück nachweisen, beizulegen. § 96 GBO., § 30 Verf. u. nachher § 11. Für die auf dem ganzen Grundstück ruhenden Lasten bleibt der abgeschriebene Theil verhaftet; diese sind zur Mithaft auf das neue Grundbuchblatt zu übertragen; bleibt aber der abgeschriebene Theil auf demselben Grundbuchblatte stehen, so wird bei den Lasten nichts vermerkt — § 49 GBO. —, weil die Belastung auch des selbständig gewordenen Grundstücks schon aus der ursprünglichen Eintragung erhellt. Vgl. § 34.
3. Belastet der Eigenthümer nur einen Grundstückstheil mit einem Recht, so hat dies auch, ohne daß ein entsprechender Antrag gestellt wird, die Folge, daß der Grundstückstheil von dem Grundstück abzuschreiben und als selbständiges Grundstück einzutragen ist. § 6 GBO. Das Verfahren ist das gleiche wie im Falle zu 2. Ausnahmsweise kann die Abschreibung unterbleiben, wenn das einzutragende Recht eine Dienstbarkeit oder Reallast ist. Vorausgesetzt wird aber, daß Verwirrung daraus nicht zu besorgen ist. Darüber entscheidet allein das Ermessen des Grundbuchrichters, vgl. § 18. Unterbleibt die Abschreibung, so muß aus der Fassung der Eintragungsformel hervorgehen, daß die Last nur auf der bestimmt zu bezeichnenden Parzelle hafte. Dem Antrage muß eine beglaubigte Karte des Fortschreibungsbeamten über die belastete Parzelle beigefügt werden. § 30 Abs. 2 Verf.

IV. Zu den Bestandtheilen eines Grundstücks gehören alle die Flächen, aus denen es sich zusammensetzt, als Bestandtheile im übertragenen Sinne gelten ferner die Rechte, welche mit dem Eigenthum an einem Grundstücke verbunden sind. §§ 93, 96 BGB. Diese Rechte werden auch bezeichnet als Rechte, die dem jeweiligen Eigenthümer eines Grundstücks zustehen, § 8 GBO. Das Reichsrecht kennt an solchen subjektiv dinglichen Rechten die Grunddienstbarkeiten, § 1018; das dingliche Vorkaufsrecht, § 1094 Abs. 2, und die Reallast, § 1105 Abs. 2 BGB. Landesrechtlich kommen noch andere vor, insbesondere häufig das Miteigenthumsrecht an zum gemeinschaftlichen Nutzen bestimmter Interessenten ausgewiesenen Flächen — vgl. § 11 zu III 4. Andere Beispiele sind die mit einem Grundstück verbundene Abdeckerei- oder Apothekergerechtigkeit, Recht auf Wasserbenutzung bei einer Wassermühle u. a.

Die einzelnen als Theile eines Grundstücks im Grundbuch eingetragenen Flächen gehören nicht zu dessen wesentlichen Bestandtheilen und können deshalb an sich Gegenstand besonderer Rechte sein. § 93 BGB. Diese Vorschrift hat aber für das Grundbuchrecht wenig Bedeutung, weil die Belastung oder Veräußerung eines Grundstückstheils in der Regel nur zugleich mit dessen Abschreibung vom Stammgrundstücke erfolgen kann. Vgl. vorher zu III 3 und § 6 GBO. Anlangend die Rechte, die dem jeweiligen Eigenthümer eines Grundstücks zustehen, so bedarf es ihrer Eintragung auf dem Grundbuchblatte des berechtigten Grundstücks überhaupt nicht. Die Eintragung kann aber auf formlosen Antrag erfolgen. Antragsberechtigt ist der Eigenthümer des berechtigten Grundstücks und jeder Dritte, welcher als Gläubiger eines Rechts an diesem Grundstück im Grundbuch eingetragen steht, es sei denn, daß sein Recht das einzutragende subjektiv dingliche Recht nicht mitbelasten würde. § 8 GBO., § 876 Satz 2 BGB. Die Eintragung des Rechts als Bestandtheil des Grundstücks geschieht in dem zweiten Theile des Bestandsverzeichnisses des neuen Grundbuchformulars, welches für das Verzeichniß der mit dem Eigenthum verbundenen Rechte bestimmt ist und in besonderen Spalten Raum läßt für die Eintragung der Bezeichnung des Rechts und für dessen Veränderungen und Löschungen.

Die nach Reichsrecht zulässigen subjektiv dinglichen Rechte können vom Eigenthum des berechtigten Grundstücks nicht getrennt werden, §§ 1018, 1103, 1110 BGB., können also weder selbständig vom Blatte des berechtigten Grundstücks abgeschrieben, noch nach Abschreibung aller Flächen als letzter Bestandtheil des Grundstücks auf dem Grundbuchblatte weitergeführt werden. Die Theilung des berechtigten Grundstücks hat auf die als Bestandtheile eingetragenen Grunddienstbarkeiten oder Reallasten bestimmte Wirkungen, welche der Grundbuchrichter von Amtswegen zu beobachten hat. Vgl. §§ 1025, 1109 BGB., vgl. nachher §§ 62, 66.

Auch bezüglich der landesrechtlich noch vorkommenden subjektiv dinglichen Rechte ist festzuhalten, daß sie begrifflich mit dem Eigenthum am Grundstücke verbunden bleiben müssen und durch Trennung vom Eigenthum erlöschen. Beim Grundbuch muß dieser Rechtslage Rechnung getragen werden und deshalb, wenn es vorkommen sollte, daß das subjektiv dingliche Recht als letzter Bestandtheil eines Grundbuchblattes stehen geblieben ist, dieses gelöscht und das Blatt geschlossen werden.

Anlangend die Frage, wie die selbständige Belastung eines subjektiv dinglichen Rechts, welches einem Grundstück als Bestandtheil zugeschrieben ist, im Grundbuch erkennbar gemacht werden kann, so ist Folgendes zu unterscheiden. Bei den Rechten, welche zugleich objektiv dinglich sind und deshalb als Belastung auch auf dem Grundbuchblatte des dienenden Grundstücks stehen, oder sogar nur durch Eintragung auf diesem Grundbuchblatte zur Entstehung kommen konnten, wie jetzt die Reallasten, Grundgerechtigkeiten, Vorkaufsrechte kann die Belastung nur bei dem Eintragungsvermerke über das Recht auf dem Blatte des dienenden Grundstücks eingetragen werden. Der hier eingetragene Gläubiger tritt dann in Konkurrenz mit den Gläubigern, für die ein Recht am herrschenden Grundstück besteht; denn auch deren Recht belastet die Berechtigung. Steht aber das subjektiv dingliche Recht nicht auch als Belastung eines dienenden Grundstücks im Grundbuche eingetragen, so giebt es grundbuchmäßig keine Möglichkeit, ein Recht an jenem Rechte im Grundbuche erkennbar zu machen. Trotz der Eintragung als Bestandtheil eines Grundstücks ist es doch nur ein Recht geblieben, nicht ein Grundstückstheil geworden und deshalb einer selbständigen Belastung nach den Regeln des Immobiliarrechts nicht zugänglich; denn das Grundbuch dient nur der Kenntlichmachung der Rechtsverhältnisse von Grundstücken oder von Rechten an Grundstücken.

Steht das subjektiv dingliche Recht als Bestandtheil im Grundbuche und ist es zugleich als Belastung auf dem Blatte eines anderen Grundstücks eingetragen, so ist im Falle, daß bei dem Recht eine seine Rechtsstellung am belasteten Grundstücke benachtheiligende Eintragung erfolgen soll, dazu neben der Bewilligung des Eigenthümers des berechtigten Grundstücks auch die aller der Gläubiger von Rechten am berechtigten Grundstücke erforderlich, deren Recht jenes subjektiv dingliche Recht mitergreift und die deshalb durch jene Eintragung mitbetroffen werden, §§ 21, 19 GBO.

Wird das subjektiv dingliche Recht auf dem Blatte des dienenden Grundstücks gelöscht, so ist es von Amtswegen auch auf dem Blatte des herrschenden Grundstücks zu löschen. Ebenso ist hier von Amtswegen der Eintragungsvermerk zu ändern, wenn bei dem Rechte auf dem Blatte des dienenden Grundstücks eine Aenderung eingetragen wird. § 8 Abs. 2 GBO.

Unter dieser Aenderung kann aber nur eine inhaltliche Aenderung des Rechts selbst gemeint sein; denn die Eintragung einer Veränderung anderer Art, wie z. B. eines Widerspruchs, einer Vormerkung, Rangänderung, Belastung gehört nicht auf das Blatt des herrschenden Grundstücks; hiervon wissen die Betheiligten auch schon nach § 21 GBO. Um der Vorschrift des § 8 Abs. 2 GBO. gerecht werden zu können, wird der Grundbuchrichter, sobald das Recht auf dem Blatte des berechtigten Grundstücks eingetragen wird, hierauf bei dem Eintragungsvermerke auf dem Blatte des verpflichteten Grundstücks hinweisen müssen.

V. Die Anwendung der für Grundstücke geltenden Vorschriften auf das Erbbaurecht, § 1017 BGB., bedingt, daß es im Grundbuche gleich einem Grundstücke behandelt wird. Zunächst wird das Erbbaurecht auf dem Grundbuchblatte des belasteten Grundstücks in den ersten Spalten der zweiten Abtheilung eingetragen. Solange eine Belastung oder Veräußerung nicht in Frage steht, ist die Anlegung eines besonderen Grundbuchblattes für das Recht nicht nöthig; es kann aber jederzeit, auch schon gleich bei der Bestellung des Rechts, ein solches angelegt werden; dies geschieht jedoch nur auf Antrag, welcher keinem Formzwange unterliegt. § 30 GBO. Antragsberechtigt sind nach der Regel des § 13 Abs. 2 GBO. sowohl der Eigenthümer des belasteten Grundstücks wie der Erbbauberechtigte.

Soll das Erbbaurecht veräußert oder belastet werden, so muß die Anlegung eines besonderen Grundbuchblattes für das Recht erfolgen und zwar von Amtswegen. § 7 GBO. Gemeint ist nicht, daß das neue Blatt schon angelegt sein muß, ehe das Recht veräußert oder belastet werden kann, vielmehr besagt die Vorschrift nur, daß die Eintragung einer Auflassung oder

Belastung des Rechts nur auf dem gleichzeitig anzulegenden besonderen Blatte erfolgen darf. Eine inhaltliche Aenderung des Rechts oder eine Uebertragung des Rechts kraft Gesetzes, z. B. durch Erbschaft, fällt nicht unter die Vorschrift. Die Anlegung des besonderen Blattes ist auf dem Blatte des belasteten Grundstücks in die Spalte Veränderungen bei der Eintragung des Rechts zu vermerken. § 7 Abs. 2 GBO. Der Vermerk gehört in die Spalten 1—3, wenn das besondere Blatt schon bei der Bestellung des Erbbaurechts angelegt wird; er gehört in die Spalten: Veränderungen, wenn es erst nachträglich angelegt wird. Die Probeeintragung faßt die Vermerke in Spalte 1—3: Ein Erbbaurecht nach Maßgabe der Bewilligung vom 15. August 1910 für den Gastwirth H. eingetragen am 17. August 1910; in den Spalten 4, 5: Für das Erbbaurecht ist das Blatt Nr. 86 in Band III dieses Grundbuchs angelegt. Eingetragen am . . — § 11 Verf.

Das neue Grundbuchblatt bildet nunmehr für das Erbbaurecht das Grundbuch im Sinne des BGB. und ist bestimmt, alle Belastungen des Rechts durch Hypotheken, Grundschulden, Rentenschulden, Dienstbarkeiten, Reallasten u. s. w. aufzunehmen; auch Rechte, die dem jeweiligen Eigenthümer des Erbbaurechts zustehen, können hier nach § 8 GBO. als Bestandtheile des Rechts vermerkt werden. Grundstücke als Bestandtheile eines Erbbaurechts erscheinen aber begrifflich unmöglich. Im Grundbuchverkehr nimmt überall der Erbbauberechtige die Stelle des Grundstückseigenthümers ein. Soweit für eine Superficies nach ALR. bislang schon ein besonderes Grundbuchblatt geführt ist, kann dies beibehalten werden, denn nach Art. 184 EG. gilt eine solche fortan als Erbbaurecht.

Neben dem besonderen Blatte behält auch das Blatt des belasteten Grundstücks für das Erbbaurecht in mehrfacher Beziehung Bedeutung. Denn darüber, ob das Recht durch Eintragung überhaupt zur Entstehung gekommen ist und noch besteht, für welche Person es begründet ist, in welchem Umfange es besteht und welchen Rang es hat, giebt nur das Blatt des belasteten Grundstücks die maßgebende Auskunft. Insoweit hat das besondere Blatt nur die Bedeutung einer Abschrift des Blattes des belasteten Grundstücks und nur der Inhalt des letzteren Blattes deckt insoweit den Glauben eines Dritterwerbers an die Richtigkeit des Grundbuchs. Eine Löschung des Rechts im Grundbuche muß deshalb auch auf dem Blatte des belasteten Grundstücks erfolgen, denn nur dadurch verschwindet es aus dem Grundbuche. S. weiteres bei Erbbaurecht § 61.

VI. Selbständige Gerechtigkeiten können ein eigenes Grundbuchblatt erhalten und werden dann im Grundbuchverkehr ganz wie Grundstücke behandelt. Art. 40 AG. und Art. 22 A.GBO. Das Wesen dieser Gerechtigkeiten besteht gerade darin, daß sie nicht bestimmten Grundstücken ankleben, sondern für sich bestehen. Eine Begründung durch Eintragung auf dem Blatte eines belasteten Grundstücks ist bei ihnen deshalb begrifflich ausgeschlossen. Sie erhalten ein Grundbuchblatt, wie jedes selbständige Grundstück. Die Anlegung erfolgt aber nur auf Antrag des Berechtigten, soweit die Anlegung nicht nach den für die Anlegung der Grundbücher geltenden Vorschriften von Amtswegen zu geschehen hat. Art. 27 Abs. 2 A.GBO. Dies ist insbesondere bezüglich der Schirnen- und Meßbuden-

Gerechtigkeiten in der Stadt Frankfurt a. M., welche schon in den älteren gerichtlichen Büchern selbständig gebucht waren, der Fall. (Begründung zu § 26 A.GBO.).

Für die Eintragung der Gerechtigkeiten kommt das gewöhnliche Grundbuchformular zur Anwendung. § 22 Verf. Da das vorgeschriebene Bestandsverzeichniß in seinen beiden Theilen nicht auf Gerechtigkeiten paßt, so ist es entsprechend abzuändern. Die Beschreibung der Gerechtigkeit wird am besten in den zweiten Theil des Bestandsverzeichnisses aufgenommen werden.

Im Gebiete des ALR. kommen vornehmlich in Betracht Fischereigerechtigkeiten, Schiffsmühlengerechtigkeiten, Fährgerechtigkeiten, Zollgerechtigkeiten, ALR. II 15 §§ 73 f., 229 f., 51, 88 f. und einzelne Realgewerbeberechtigungen. Die hierauf bezüglichen Vorschriften sind durch Art. 73, 74 EG. unberührt geblieben. Ueber die Kohlenabbaugerechtigkeiten wird in § 89 besonders gehandelt. Die im Grundbuche eingetragenen selbständigen Gerechtigkeiten stehen hinsichtlich der Belastung und Veräußerung Grundstücken gleich. Art. 40 AG. Für die Auflassung gilt der § 20 GBO. und für die Berichtigung des Grundbuchs durch Eintragung des Berechtigten der § 22 Abs. 2 GBO., vgl. Art. 28 A.GBO.

VII. Das zur Zeit des Inkrafttretens des BGB. bestehende Stockwerkseigenthum bleibt bestehen und wird nach den bisherigen Gesetzen beurtheilt. Art. 182, 131 EG. Neues Stockwerkseigenthum kann seitdem nicht mehr begründet werden. Die Eigenthümlichkeit des bestehenden Stockwerkseigenthums liegt darin, daß die einzelnen Stockwerke je als Gegenstand besonderen Eigenthums anzusehen und als selbständiges Grundstück zu behandeln sind. Auch ein Miteigenthum der Stockwerkseigenthümer an der Gebäudegrundfläche ist nicht ohne Weiteres anzunehmen; sie kann sehr wohl Eigenthum eines oder einzelner sein. Die Darstellung des Stockwerkseigenthums im Grundbuche geschah unter Benutzung des Formulars II der Preußischen GBO. von 1872. Die einzelnen Stockwerke und die Gebäudeflächen wurden je als besondere Grundstücke unter Angabe ihrer Bezeichnung nach den Steuerbüchern aufgeführt. Die letzteren weisen nach der Verfügung v. 13. September 1877 (JMBl. S. 213) die Stockwerke als besondere Eigenthumsobjecte nach. Die sämmtlichen Eigenthümer wurden auf dem Artikel desselben Blattes unter Angabe des ihnen gehörigen Gebäudetheiles eingetragen. Die je unter einer Nummer stehenden Stockwerke und Flächen galten hinsichtlich der Belastung als selbständige Grundstücke. Mügel, Rhein. Grundbuchrecht (2) S. 46, 145, 342. Joh. u. K. Bd. 15 S. 525. Das neue Recht duldet grundsätzlich auf einem Grundbuchblatte nur Grundstücke desselben Eigenthümers. Im Falle des Stockwerkseigenthums wird es bei der alten Einrichtung verbleiben können, weil thatsächlich das ganze Gebäude nur ein Grundstück bildet.

§ 11. Verbindung des Grundbuchs mit den Steuerbüchern.

I. Das Grundbuch hat den Zweck, Kenntniß von den dinglichen Rechtsverhältnissen des Grundstücks zu geben. Das Grundstück, welches Gegenstand des einzelnen Grundbuchs ist, bildet deshalb die Grundlage aller Einschreibungen in das Grundbuch. Um das Grundstück möglichst genau zu bezeichnen und zu individualisiren, schreibt die GBO. in § 2 vor, die Bezeichnung der Grundstücke solle in den Grundbüchern nach einem amtlichen Verzeichnisse, in welchem die Grundstücke unter Nummern oder Buchstaben aufgeführt sind, erfolgen. Als amtliche Verzeichnisse in diesem Sinne gelten in Preußen nach Art. 2 der Königl. Verordn. v. 13. Nov. 1899 (GS. S. 519) die Grund- und Gebäudesteuerbücher. Damit ist die schon seit der Gesetzgebung v. 1872 allgemein bestehende Verbindung des Grundbuchs mit dem Kataster beibehalten. Das Kataster bildet die Unterlage für die Erhebung der Grund- und Gebäudesteuer und besitzt in den Grundsteuerbüchern verschiedene, nach bestimmten Gesichtspunkten angelegte Verzeichnisse aller in einem Steuererhebungsbezirke liegenden Flächen mit Angabe ihres Eigenthümers, ihrer Kulturart, ihrer Bebauung, ihres Flächeninhalts, ihres Reinertrages und ihrer Bonität.

Nachdem die Erhebung der nach den Gesetzen v. 21. Mai 1861 veranlagten Steuern gegenüber der Staatskasse außer Hebung gesetzt und den Kommunen überlassen ist, soll doch die Veranlagung und Verwaltung der Grund- und Gebäudesteuer unter Aufrechterhaltung der dieserhalb bestehenden gesetzlichen Einrichtungen vom Staate zum Zwecke der kommunalen Besteuerung weiter ausgeführt werden. §§ 1, 3 Ges. v. 14. Juli 1893 betr. Aufhebung direkter Staatssteuern.

Um die näheren Angaben über die Grundstücke aus den Grundsteuerbüchern in das Grundbuch übernehmen zu können, d. h. das Grundbuch auf diese Bücher zurückzuführen, erhält das Grundbuchamt vollständige Abschrift von zwei Grundsteuerbüchern, nämlich des Flurbuchs und der Gebäudesteuerrolle.

1. Das Flurbuch ist ein Verzeichniß, welches sämmtliche einzelne Liegenschaften eines Grundsteuer-Erhebungsbezirks einschließlich der Gebäudeflächen, Hofräume, Hausgärten und grundsteuerfreien Grundstücke in ihrem natürlichen Zusammenhange mit Angabe ihres Flächeninhalts und Reinertrags nachweist, § 6 Ges. v. 8. Febr. 1867. Ein Grundsteuererhebungsbezirk umfaßt in der Regel den Bezirk einer Gemeinde oder eines Guts, kann sich aber auch auf den Bezirk mehrerer zu dem Zwecke zusammengeschlagener Gemeinden und Güter erstrecken. In Rheinland und Westphalen ist der Bezirk eines Kreises in verschiedene Katastergemeinden getheilt, welche je einen selbständigen Erhebungsbezirk bilden.

Die Grundlage des Flurbuchs bildet die Gemarkungskarte, in Rheinland und Westphalen Flurkarte genannt, auf welcher die gesammte Fläche eines Bezirks dargestellt ist. § 22 Anweis. v. 21. Mai 1861; §§ 3, 4 Ges. v. 8. Febr. 1867. Die Gemarkungskarte zerfällt meist wieder in mehrere Kartenblätter, Fluren. Auf jeder Karte oder jedem Kartenblatt (Flur) sind sämmtliche einzelne Parzellen (Flächenabschnitte) der auf dem Blatte dargestellten Fläche kenntlich gemacht und mit fortlaufender Nummer, auf jedem Kartenblatt (Flur) wieder mit 1 anfangend versehen. Als Parzelle wird dabei jedes Grundstück in derselben Feldlage von der gleichen Kulturart angesehen, soweit es einem Eigenthümer gehört. An Kulturarten kommen in Betracht: Ackerland, Gärten, Wiesen, Weiden,

Holzungen, Wasserstücke und Oedland d. h. Grundstücke, welche keiner der genannten Kulturarten zugehören, aber Ertrag andrer Art gewähren, wie Kalk-, Sand-, Kies-, Mergel-, Lehm-, Thongruben, Sümpfe, Sennen u. a. Gewähren solche Grundstücke gar keinen Ertrag, so heißen sie Unland. Innerhalb der einzelnen Parzellen sind Bonitätsklassen besonders kenntlich gemacht und durch die Buchstaben lit. a, b u. s. w. bezeichnet.

Das Flurbuch enthält nun nach Kartenblättern (Fluren) geordnet die sämmtlichen Parzellen einer Gemarkung hintereinander in fortlaufender Reihe aufgeführt mit der Angabe des Eigenthümers der Lage, Kulturart, des Flächeninhalts und des Reinertrages der Parzelle. Der Reinertrag ist nach Thalern und Hunderttheilen eines Thalers berechnet. Wird eine ursprünglich mit einer Nummer bezeichnete Parzelle getheilt, so geschieht fortan ihre Bezeichnung mit einem Bruch, dessen Zähler die nächste freie Flächennummer des fraglichen Kartenblattes (der Flur), dessen Nenner die Nummer der Stammparzelle bildet. Würde das Kartenblatt 200 Parzellen enthalten und die Parzelle 40 in zwei Theilparzellen getheilt werden, so würden die Theilparzellen die Nummern $\frac{201}{40}$ und $\frac{202}{40}$ führen, würde Parzelle $\frac{201}{40}$ wieder in zwei Theile zerlegt, so würden, wenn inzwischen die Parzellen des Kartenblattes (der Flur) durch Theilungen bis auf 218 angewachsen wären, die neuen Theilparzellen die Nummern $\frac{219}{40}$ und $\frac{220}{40}$ erhalten und die Nummer $\frac{201}{40}$ ganz aus dem Flurbuche verschwinden. Auf diese Weise erklären sich die in den Flurbüchern vorkommenden Bezeichnungen der Flächen nach Brüchen. Die Brüche werden nach der Nummer der im Nenner stehenden Stammparzellen in die fortlaufende Reihe eingeordnet, so daß $\frac{219}{40}$ z. B. nicht bei 219, sondern bei 40 zu suchen ist.

Bisweilen enthalten die Brüche noch Buchstaben, welche eine vorgeschriebene Bedeutung haben. So bedeutet ein O, daß die im Nenner aufgeführte Nummer nur zur Orientirung dastehe. Ist z. B. ein Straßentheil dadurch, daß er in Privateigenthum übergegangen ist, nachträglich steuerpflichtig geworden und mit einer Parzellennummer versehen worden, so weist die Zahl im Nenner auf die nächste angrenzende Parzelle hin.

Wird eine neue Parzelle aus Theilen mehrerer Parzellen gebildet, so erhält sie als Nenner nur die Nummer der Stammparzelle, von der ihr größter Antheil stammt, und als Zusatz die Buchstaben pp. oder etc., welche andeuten, daß Antheile auch von anderen Stammparzellen in der neuen Parzelle stecken.

Im Formular eines Flurbuchs werden die Spalten 12, 13, 14, 15 vom Katasterbeamten freigelassen und erst vom Grundbuchamt ausgefüllt, Spalte 12 und 13 mit der Bezeichnung der Grundakten des Grundbuchs, auf welches die Parzelle eingetragen ist; Spalte 14 mit dem Hinweise auf den Flurbuchsanhang, welcher eine Veränderung der betr. Parzelle nachweist, vgl. nachher, Spalte 15 mit Bemerkungen.

2. Die Gebäudesteuerrolle ist ein gleichfalls auf der Gemarkungskarte, (Flurkarte) beruhendes Verzeichniß der sämmtlichen Gebäudegrundstücke des Steuererhebungsbezirks, zu denen auch die Hofräume und die Hausgärten gehören, sofern ihr Flächeninhalt einen Morgen nicht übersteigt. § 1. Grundsteuer-Ges. v. 21/5. 61. Das Verzeichniß enthält die Grundstücke nach der Lage geordnet unter fortlaufender Nummer und giebt in

verschiedenen Spalten u. a. an die nähere Bezeichnung der Besitzung nach Straße, Hausnummer u. s. w. und nach dem Grundbuche; ferner den Eigenthümer, die Parzellennummer nach dem Flurbuche, den Flächeninhalt der Parzelle und die Gattung der auf ihr errichteten Gebäude, jedes einzelne mit einem Buchstaben nach dem Alphabet bezeichnet, mit der Angabe der zugehörigen Hausgärten und Hofräume; schließlich den jährlichen Nutzungswerth, welcher nach Mark und Pfennigen berechnet ist. Als selbständige Gebäude mit besonderer Littera werden auch Gebäudetheile bezeichnet, die äußerlich unter dem gleichen Dache befindlich doch mehreren Eigenthümern in realiter abgegrenzten Theilen gehören, sei es daß die Scheidung vertikal, oder horizontal z. B. nach Stockwerken gezogen ist. V. d. JM. v. 11. Okt. 1877. — Freigelassen sind in der Abschrift der Gebäudesteuerrolle die Spalten 13, 14, 15, 16, die von dem Grundbuchamt auszufüllen sind und zwar in Spalte 13, 14 mit der Bezeichnung nach dem Grundbuche, neben welcher die schon in Spalte 3 vom Katasterbeamten eingetragene Grundbuchbezeichnung nur zur leichteren Auffindung dient, in Spalte 15 mit dem Hinweise auf den Gebäudesteuerrollenanhang, der eine Veränderung der betreffenden Besitzung nachweist.

Die Gebäudeflächen sind in den sechs östlichen Provinzen Preußens nicht überall vermessen; wo es an den Unterlagen hierzu fehlte, oder diese nicht ohne erheblichen Zeit- und Kostenaufwand beschafft werden konnten, sind die Liegenschaften als ein Ganzes unter der Bezeichnung „ungetrennte Hofräume und Hausgärten“ aufgeführt. § 10 Ges. v. 8. Febr. 1867.

II. Für das Verfahren behufs Erhaltung der Uebereinstimmung zwischen den Grundbüchern und den Steuerbüchern sind die bisherigen Bestimmungen maßgebend geblieben. § 29 Verf. Die Abschriften des Flurbuchs und der Gebäudesteuerrolle bilden die Grundlage für die Zurückführung des Grundbuchs auf das Kataster. Diese besteht in der Uebernahme der Angaben der Steuerbücher über Bezeichnung, Lage, Kulturart, Flächeninhalt, Reinertrag oder Nutzungswerth in die Grundbücher. Die Eintheilung der einzelnen Parzellen nach mit Buchstaben bezeichneten Bonitätsklassen in den Steuerbüchern soll in die den Grundbuchämtern mitzutheilenden Abschriften nicht aufgenommen, die ganze Parzelle hier vielmehr einheitlich zusammengefaßt bezeichnet werden. Die Bonitätsklassen sind deshalb jedenfalls in die Grundbücher nicht zu übernehmen. Die Einrichtung der Steuerbücher bewirkt auch für das Grundbuch eine strenge Scheidung von bebauten und unbebauten Grundstücken. Die letzteren Grundstücke finden sich nur im Flurbuche verzeichnet, während die bebauten Flächen im Flurbuche unter der allgemeinen Bezeichnung Hofraum aufgeführt stehen und die näheren Angaben über die Art der Bebauung und den Nutzungswerth aus der Gebäudesteuerrolle zu entnehmen sind. In welcher Weise die Grundstücke durch Wiedergabe der Angaben aus den Steuerbüchern im Grundbuche zu bezeichnen sind, kann erst später angegeben werden, vgl. S. 41.

In den Bezirken, in welchen vor der Einführung der Grundbuchgesetze von 1872 ein Grundbuch noch nicht bestand, sind die Angaben der Steuerbücher über die Grundstücke zugleich mit der Anlegung des Grundbuchs in dieses übernommen worden. In gleicher Weise wird in den Bezirken verfahren, in welchen die Grundbuchanlegung noch im Gange ist, wie z. B. im Bezirke des Oberlandesgerichts Cöln. In den alten Provinzen Preußens, welche schon vor 1872 Grundbücher kannten, sind diese nach 1872 allmählich auf die Steuerbücher zurückgeführt worden. In diesen Provinzen ist die Zurückführung vollendet; nur giebt es überall einzelne Grundstücke, über die noch Ermittelungen schweben. Nach den auch jetzt noch in Geltung gebliebenen Bestimmungen sollen die Zurückführungsarbeiten von den Grundbuchämtern ortschaftsweise oder bezirksweise ausgeführt werden. Auf besonderen Antrag ist aber auch außer der Reihe ein Blatt zurückzuführen, wenn eine bei diesem Blatte beantragte Einschreibung, oder die Bildung eines Hypotheken- oder Grundschuldbriefes die Uebernahme der Angaben aus den Steuerbüchern wünschenswerth macht. Im Uebrigen ist die Zurückführung von Amtswegen zu bewirken. Art. 7 V. v. 2. Sept. 1872. Der Grundbuchrichter stellt zu diesem Zwecke aus den Steuerbüchern fest, welche Bezeichnung hier die auf den einzelnen Grundbuchblättern schon eingetragenen oder erst einzutragenden Grundstücke führen. Er verfügt sodann — bei den meisten Grundbuchämtern giebt es dafür besondere Formulare — die Eintragung der Bezeichnung in das Grundbuch und, wenn das Grundstück schon im Grundbuche stand, die Löschung der alten Bezeichnung. Die Eintragung der Bestandtheile des Grundstücks mit den Bezeichnungen der Steuerbücher sowie die Angabe des Grundes und der Zeit dieser Eintragung geschieht in den Spalten 2—12 des Bestandsverzeichnisses der neuen Grundbuchformulare. Wurde schon gleich bei der Anlegung des Grnudbuchs das Grundstück nach den Steuerbüchern bezeichnet, so ist der Vermerk in der Spalte 12 dahin zu fassen: Bei Anlegung des Grundbuchs eingetragen am ..., während der Vermerk über die Zurückführung in einem bereits angelegten Grundbuche die Fassung erhält: Nr. x ist auf die Steuerbücher zurückgeführt am ... Werden die Bestandsangaben nachträglich berichtigt, so bedarf es eines entsprechenden Vermerks in der Spalte 12, z. B. 4. Die Bestandsangaben von Nr. 4 sind berichtigt am ... Bei einer Berichtigung der Bestandsangaben genügt es in der Regel, daß die alten Angaben in den betreffenden Spalten roth unterstrichen und die richtigen Angaben darüber oder darunter geschrieben werden. Verlangt aber die Berichtigung größeren Raum, oder entsteht insbesondere bei wiederholten Berichtigungen Unübersichtlichkeit oder Zweifel, auf welche Berichtigung sich die einzelnen in Spalte 12 eingetragenen Vermerke beziehen, so muß eine Neueintragung des Grundstücks unter einer neuen laufenden Nummer im Bestandsverzeichnisse erfolgen — vgl. darüber den § 12. Auf den bisher gebräuchlichen Preußischen Grundbuchblättern werden die Vermerke über den Grund oder die Zeit der Zurückführung oder der Berichtigung der Bestandsangaben jetzt auf dem Titel des Grundbuchblattes eingetragen. Die Vermerke müssen von dem Grundbuchrichter und dem Grundbuchführer unterschrieben werden. Von der Eintragung ist dem Eigenthümer des Grundstücks Mittheilung zu machen. §§ 45, 55 GBO., Art. 6 A.GBO.

Bei der Zurückführung ergeben sich oft Differenzen zwischen dem Inhalte des Grundbuchs und der Steuerbücher oder Bedenken hinsichtlich der Identität der Grundstücke. Gerade bei der Zurückführung der unbebauten Grundstücke nach dem Flurbuche tritt das letztere Bedenken häufig auf, weil das Flurbuch bei jeder Parzelle zwar den Eigenthümer nennt, nichts aber über das Grundbuchblatt, auf dem die einzelne Parzelle eingetragen steht, oder die ortsübliche Bezeichnung der Grundstücke ergiebt, zu denen die einzelnenen Parzellen gehören. Es ist deshalb oft erforderlich, auch noch Auszüge aus der Grundsteuermutterrolle zu erfordern. In dieser Rolle sind die sämmtlichen Grundstücke eines Eigenthümers innerhalb desselben Erhebungsbezirkes mit Angabe der Flächenbezeichnung, der Größe, des Reinertrages und der Bezeichnung nach dem Grundbuche unter dem Namen des Eigenthümers dergestalt verzeichnet, daß fortlaufend jeder Eigenthümer eine Nummer — Artikelnummer — erhält. Durch Verfügung v. 31. Jan. 1873 (JMBl. S. 46) ist dem Grundbuchrichter gestattet, zum Zwecke der Zurückführung und immer, wenn die Feststellung der einem Eigenthümer gehörigen Grundstücke erforderlich wird, die Eigenthümer zur Beibringung eines neuesten Auszuges aus der Grundsteuermutterrolle zu veranlassen.

Im übrigen ist die Aufklärung von Differenzen und Bedenken durch Rückfragen beim Katasterbeamten oder Vernehmung der Eigenthümer an Gerichtsstelle zu versuchen. Läßt sich Aufklärung auf diesem Wege nicht erzielen, so stehen nach der Verf. v. 18. Nov. 1876, JMBl. S. 222, (vgl. auch die für den Geltungsbereich des Rhein. Rechts ergangene Verf. v. 3. Okt. 1889, JMBl. S. 329) noch folgende Wege offen.

a) Ergiebt sich, daß die vorhandenen Anstände nur durch eine an Ort und Stelle vom Katasterkontroleur vorzunehmende Untersuchung gehoben werden können, ohne daß es einer Vernehmung der Eigenthümer an Ort und Stelle bedarf, so kann das Grundbuchamt den Katasterkontroleur um die Vornahme der erforderlichen örtlichen Ermittelungen ersuchen.

b) Erscheint nach Lage des Falles auch noch eine gerichtliche Vernehmung der Eigenthümer an Ort und Stelle geboten, so darf der Grundbuchrichter zu diesem Zweck — aber nur, wenn die Aufklärung anders überhaupt nicht möglich erscheint — einen Lokaltermin anberaumen und erforderlichenfalls den Katasterkontroleur hinzuziehen. Die Ladung der Eigenthümer geschieht unter der Verwarnung, daß dem Ausbleibenden die Kosten des vereitelten Termins zur Last fallen.

c) Sind Grundstücke auf gesonderten Grundbuchblättern eingetragen, während sie in den Steuerbüchern nicht getrennt nachgewiesen werden, so hat das Grundbuchamt beim Katasterkontroleur eine den verschiedenen Rechtsverhältnissen entsprechende Sonderung der Grundstücke zu beantragen. Beruhte die ungetrennte Nachweisung darauf, daß in einem Rezesse für die mehreren Grundstücke nur ein Gesammtplan ausgewiesen war, so muß zunächst die Auseinandersetzungsbehörde die Sonderung ausführen, ehe die Sonderung im Kataster erfolgen kann. Das Grundbuchamt muß deshalb in solchen Fällen zunächst die Auseinandersetzungsbehörde um Sonderung ersuchen.

d) Stellt sich heraus, daß die den Steuerbüchern zu Grunde liegenden Karten nicht mehr geeignet sind, einen der Wirklichkeit entsprechenden geordneten Nachweis des Grundstücksbestandes zu liefern, so muß eine Neumessung, d. h. eine neue geometrische Aufnahme des betreffenden Bezirks stattfinden, nach welcher sodann die Steuerbücher berichtigt werden. Auf Grund der dem Grundbuchamte zu ertheilenden berichtigten Abschriften hat dieses dann die Grundbücher von neuem auf die Steuerbücher zurückzuführen. Ueber das Verfahren bei der Erneuerung der Karten und Bücher des Katasters ist vom Finanzminister eine Anweisung v. 25. Okt. 1881 ergangen, von welcher die Land- und Oberlandesgerichte je ein Exemplar erhalten haben, um es im Bedarfsfalle den Amtsgerichten zur Einsicht zugehen zu lassen. (V. v. 31. Mai 1883, JMBl. S. 156.)

Werden in den zu a—d gedachten Fällen örtliche Ermittelungen nothwendig, so sollen sie zur möglichsten Verminderung der Kosten nicht vereinzelt, sondern für ganze Bezirke gleichzeitig veranlaßt werden. Welche Kosten auf den Fonds der Gerichte oder den der Katasterverwaltung zu übernehmen, oder von den Eigenthümern einzuziehen sind, ist in der Verfügung im einzelnen bestimmt.

III. Das einmal zurückgeführte Grundstück muß fortlaufend in Uebereinstimmung mit den Steuerbüchern erhalten werden. Diesem Zwecke dienen verschiedene Einrichtungen; vor allem

1. die Mittheilung von Abschriften der alljährlich beim Katasteramt aufgestellten Fortschreibungsprotokolle über die im Laufe des Jahres im Flurbuche oder in der Gebäudesteuerrolle vorgekommenen Veränderungen. Diese Protokolle entstehen auf Grund von Anzeigen, zu denen die Eigenthümer von Grundstücken verpflichtet sind. Diese müssen unter Beibringung der zur Fortschreibung erforderlichen Unterlagen anzeigen, wenn in den Eigenthumsverhältnissen der Grundstücke ein Wechsel eingetreten ist, wenn grundsteuerfreie Grundstücke grundsteuerpflichtig werden oder umgekehrt grundsteuerpflichtige in die Klasse der grundsteuerfreien übergehen; wenn unbebaute Grundstücke mit Gebäuden besetzt und dadurch gebäudesteuerpflichtig werden oder umgekehrt bisher bebaute Grundstücke der Grundsteuer unterfallen; wenn Ländereien neu entstehen oder untergehen, Grenzen der Bezirke berichtigt oder verlegt oder materielle Irrthümer entdeckt werden. § 32 Ges. v. 8. Febr. 1867. Seit der Verfügung v. 25. März 1890 werden zwischen den Grundbuchämtern und den Katasterämtern gewechselt

a) Eigenthumsveränderungslisten,
b) besondere Fortschreibungsprotokolle.

a) die Eigenthumsveränderungslisten (vgl. V. v. 5. Juni 1877 (JMBl. S. 103) zu III und die V. v. 25. März 1890 (JMBl. S. 109) betreffen nur solche Eigenthumsveränderungen, welche lediglich dies und nicht mit einer Form- oder Bestandsveränderung verbunden sind. Sie gehen vom Grundbuchamte oder Katasteramte aus. Das Grundbuchamt hat von den im Grundbuche eingetragenen Eigenthumsveränderungen, und dazu gehört auch die Vereinigung von Grundstücken auf einem Grundbuchblatte ohne Veräußerung, in jedem einzelnen Falle den Katasterkontroleur nach einem bestimmten Formular sofort zu benachrichtigen, in einer Liste werden die Veränderungen nur eines und desselben Gemeindebezirks eingetragen. Der Katasterbeamte übernimmt den Inhalt der Liste in das Fortschreibungsprotokoll, vervollständigt oder berichtigt, soweit erforderlich, die Vermerke über die Nummer des Artikels der Grundsteuermutterrolle oder der Nummer der Gebäudesteuerrolle in den Spalten 13 und 14 der Liste und sendet sie in auf der Rückseite des Formulars näher bezeichneten Fällen wieder an das Grundbuchamt; dieses übernimmt alsbald die neuen oder veränderten Nummern der Steuerbücher aus den Spalten 13 und 14 des Formulars in das Grundbuch und sendet die Liste sodann dem Katasterkontroleur sogleich zurück.

Eigenthumsveränderungen auf Grund freiwilliger Veräußerungen dürfen in das Kataster nur auf Grund der Anzeige des Grundbuchamts übernommen werden; andere Eigenthumsveränderungen werden ohne weiteres im Kataster fortgeschrieben. Der Katasterkontroleur hat aber diese Veränderungen und ferner diejenigen Fortschreibungen, welche die Vereinigung mehrerer Mutterrollenartikel desselben Eigenthümers zu einem Artikel oder die Zerlegung eines Artikels in mehrere Artikel, oder sonst eine Artikeländerung ohne Eigenthumsveränderung zum Gegenstande haben, sofort in ein „Veränderungsanmeldung“ bezeichnetes Formular einzutragen und in jedem einzelnen Falle sofort dem Amtsgericht zur Kenntnißnahme mitzutheilen. Dieses hat die neuen Artikelnummern lediglich auf Grund dieser Mittheilung in das Grundbuch aufzunehmen.

b) Die besonderen Fortschreibungsprotokolle der Form- und Bestandsveränderungen, vgl. V. v. 5. Juni 1877 zu VI (JMBl. S. 103), werden alljährlich nach Berichtigung der Grundsteuer- und Gebäudesteuerbücher in Flurbuchsanhängen und Gebäudesteuerrollenanhängen nach besonderem Formular zusammengefaßt, den Grundbuchämtern von den Katasterkontroleuren zugefertigt. Die drei letzten Spalten der Formulare sind zur Ausfüllung durch das Grundbuchamt bestimmt. Die vom Katasterkontroleur ausgefüllten Spalten enthalten links den alten Bestand vor der Veränderung, rechts den neuen Bestand nach der eingetretenen Veränderung; unter beiden Ueberschriften befindet sich eine Spalte: „Bezeichnung nach dem Grundbuche“ (Spalte 3 und 12 oder 3 und 18), welche von den Katasterkontroleuren ausgefüllt werden, um zur leichteren Ermittelung der betreffenden Grundbücher zu dienen. Die drei letzten Spalten sollen aufnehmen: die Bezeichnung der Grundakten und des Grundbuchblattes, auf welchem die Veränderung nachgetragen wird, und die Hinweisung auf die Nr. späterer Anhänge des Flurbuchs oder der Gebäudesteuerrolle.

Die einzelnen Veränderungen sind in den Anhängen nach den Nummern des Flurbuchs oder den Artikeln der Gebäudesteuerrolle geordnet. In den Anhängen erscheint immer nur die Parzelle, die gerade eine Veränderung erlitten hat; alle nicht aufgeführten Parzellen sind unverändert geblieben.

Nicht alle Veränderungen sind aus den Anhängen in das Grundbuch aufzunehmen. Bisweilen ist die in den Anhängen nachgewiesene Veränderung im Grundbuche schon eingetragen, dann bedarf es nur einer Vergleichung des Inhalts des Anhangs mit dem Grundbuche. Aber auch sonst ist für die Aufnahme ins Grundbuch die Art maßgebend, wie das Grundstück thatsächlich im Grundbuche verzeichnet steht. Werden die im Grundbuche stehenden Mittheilungen über das Grundstück von der Veränderung nicht berührt, so bedarf es einer Nachtragung nicht.

Die in das Grundbuch nachzutragenden Veränderungen hat der Grundbuchrichter einzeln zu verfügen. Die Verfügung geschieht so, daß entweder alle aus einem Anhange zu übernehmenden Veränderungen zusammen in einer Verfügung bei den Generalakten, in denen die betreffenden Anhänge gesammelt werden, oder jede Eintragung einzeln bei den betreffenden Grundakten angeordnet wird. Der Eingang und die Erledigung der Anhänge wird bei einem besonderen Generalaktenstück kontrolirt. Gesch.Anw. § 48 [6].

Lediglich auf Grund der Anhänge dürfen Veränderungen, denen eine im Grundbuche noch nicht vermerkte Eigenthumsveränderung zu Grunde liegt, in das Grundbuch nicht übernommen werden. Bestehen — insbesondere bei den Fortschreibungen wegen materiellen Irrthums — Zweifel, ob eine derartige Veränderung vorliegt, und in allen Fällen, in denen das Grundbuch mit den Steuerbüchern im Widerspruch steht, muß sich vor der Nachtragung der Grundbuchrichter mit dem Katasterkontroleur behufs Aufklärung der Sache in Verbindung setzen.

Die Ausfüllung der auf die Grundakten und das Grundbuch hinweisenden Spalten 21, 22 der Flurbuchsanhänge oder Spalten 23, 24 der Gebäudesteuerrollenanhänge geschieht durch den Grundbuchführer. Bei allen Veränderungspositionen, deren Uebernahme in das Grundbuch nicht erforderlich ist, sind die Spalten schon vor der Vorlegung der Anhänge vor den Richter auszufüllen; bei allen anderen erst dann, wenn die Nachtragung ins Grundbuch geschehen ist.

Der Grundbuchführer hat auch weiter die Aufgabe, den Zusammenhang der Anhänge mit den Abschriften des Flurbuchs oder der Gebäudesteuerrolle zu erhalten. Die Anhänge werden bezirksweise ertheilt und nach Jahrgängen unterschieden, z. B. für den Gemeindebezirk Birkenwerder, Jahrgang 1898/99; die einzelnen Veränderungen in den Anhängen werden fortlaufend numerirt. Bei allen Parzellen des Flurbuchs oder allen Artikeln der Gebäudesteuerrolle, welche nach einem Anhange eine Veränderung erlitten haben, hat der Grundbuchführer in der Spalte 14 oder 15 den Jahrgang und die Nummer des Anhangs einzutragen, durch den eine Veränderung der Parzelle oder des Artikels nachgewiesen wird; ohne Rücksicht darauf, ob die Aenderung ins Grundbuch übernommen ist oder nicht. Bei jeder weiteren Veränderung, welche eine Parzelle oder ein Artikel erleidet, ist ein entsprechender Hinweis auf den neuen Anhang in die Spalte 23 oder 25 desjenigen Anhangs einzutragen, welcher die letzte Veränderung nachweist. Auf diese Weise wird es ermöglicht, alle Veränderungen, welche eine Parzelle im Laufe der Zeit erlitten hat, nacheinander aufzufinden.

2. Ein besonderes Verfahren gilt bei der Fortschreibung zur Berichtigung materieller Irrthümer. Verf. v. 5. Juni 1877 (JMBl. S. 103) zu V. Ist im Kataster ein Grundstück irrthümlich Jemandem zugeschrieben, dem es nicht gehört, so darf das Kataster nur auf Grund einer Auskunft des Grundbuchamts nach Maßgabe des Eigenthumsnachweises und nach Eintragung des Eigenthums im Grundbuche berichtigt werden.

Sind in der Katasterkarte Eigenthumsgrenzen unrichtig dargestellt, so soll die Berichtigung auch hier in der Regel erst nach vorgängiger Eintragung im Grundbuche erfolgen; insbesondere dann, wenn anzunehmen ist, daß die Abweichung durch eine Grenzveränderung herbeigeführt ist. Darf aber nach Lage der Sache angenommen werden, daß ein bei Anfertigung der Katasterkarte vorgekommener Irrthum zu Grunde liegt, so kann im Falle des Einverständnisses der Eigenthümer mit der Berichtigung des Katasters nach dem gegenwärtigen Besitzstande die Berichtigung nach den im Felde vorgefundenen Grenzen geschehen. In gleicher Weise darf der Katasterbeamte verfahren, wenn die betheiligten Eigenthümer die Richtigkeit der Grenzen anerkennen, die in den der Katasterkarte zu Grunde liegenden Separations- und anderen Karten verzeichnet sind. Bestehen Zweifel, ob ein Fall der Grenzveränderung oder ein Irrthum im Kataster vorliegt, so soll sich der Katasterbeamte stets zur Aufklärung der Zweifel mit dem Grundbuchamte in Verbindung setzen.

Von jedem Falle der Fortschreibung oder der Berichtigung der Katasterkarte wegen materieller Irrthümer erhält das Grundbuchamt besondere Nachricht; der Grundbuchrichter soll auf Grund der Benachrichtigung die Berichtigung sofort verfügen, wenn ihn nicht Bedenken gegen die Zulässigkeit der Uebernahme der Berichtigung in das Grundbuch seinerseits wieder zu Rückfragen beim Katasteramte veranlassen.

3. Bei der Zertheilung eines Grundstücks ist dafür Sorge getragen, daß das neu entstehende Theilgrundstück genau erkennbar sei. Es soll der Theil von dem Grundstücke nur abgeschrieben werden, wenn ein beglaubigter Auszug aus dem Steuerbuche, sowie eine von dem Fortschreibungsbeamten beglaubigte Karte vorgelegt wird, aus denen die Größe und die Lage des Theiles ersichtlich sind. Der Theil muß im Steuerbuche unter einer besonderen Nummer verzeichnet sein, sei es, daß er eine solche im Steuerbuche schon vorher führte, oder erst bei Gelegenheit der Theilung erhält. Abzusehen ist von diesem Erfordernisse aber, wenn nach dem Ermessen der Grundsteuerbehörde die deutliche Darstellung der Nummer in der Karte, wie z. B. häufig auf den Karten der ungetrennten Hofräume, unausführbar ist. Der Vorlegung nur des Auszugs aus dem Steuerbuche, nicht aber einer Karte bedarf es, wenn bei der Abschreibung eine Aenderung der Karte nicht eintritt. Dies ist stets der Fall, wenn ein im Steuerbuche und dementsprechend auch in der Karte der Steuerbehörde bereits unter besonderer Nummer geführter Flächenabschnitt voll abgeschrieben wird. Soll ein Grundstückstheil ohne Abschreibung vom Grundstücke nach § 6 GBO. mit einer Dienstbarkeit oder Reallast belastet werden, so ist die Vorlegung einer beglaubigten Karte des belasteten Theiles, nicht aber eines Auszugs aus dem Steuerbuche in allen den Fällen erforderlich, in welchen der belastete Theil nicht schon als besonderer Flächenabschnitt in den Karten dargestellt ist. § 30 Abs. 1, 2 Verf., § 96 GBO. Bei Abschreibungen, die auf Ersuchen einer Auseinandersetzungsbehörde auf Grund eines von ihr bestätigten Rezesses oder auf Ersuchen der zuständigen Behörde auf Grund eines Enteignungsbeschlusses erfolgen sollen, bedarf es der Vorlegung eines Auszugs oder einer Karte nicht. § 30 Abs. 4 Verf.

Den Auszug aus dem Steuerbuch und die Karte des Fortschreibungsbeamten haben sich die Betheiligten bei der Steuerbehörde zu verschaffen. Der Auszug wird von dieser nach einem bestimmten Formular ausgefertigt, welches die bei dem Stammgut verbleibenden und die zum neuen Grundstück übergehenden Parzellen gesondert aufführt und den Flächeninhalt und Reinertrag nach diesen beiden Kategorien gesondert zusammengezählt ergiebt. Bedarf es der Zertheilung von Parzellen, welche in den Steuerbüchern und auf der Karte noch als einheitliche geführt werden, so hat der Katasterbeamte nach Maßgabe der Angaben der Betheiligten zunächst eine vorläufige Eintragung der Veränderung in das Fortschreibungsprotokoll (vorläufige Fortschreibung) vorzunehmen und den Auszug aus diesem nach vorgeschriebenem Muster zu ertheilen. In diesem Muster ist Fürsorge getroffen, daß über den Ursprung der neu entstandenen Parzellen und die Lage der Gebäude auf diesen keine Zweifel entstehen. Die Karten werden in Form von Handzeichnungen ertheilt und enthalten eine Wiedergabe der Darstellung der abzuzweigenden Parzellen in der Katasterkarte. Verf. v. 5. Juni 1877, JMBl. S. 103 zu II.

4. Hält das Grundbuchamt es im Interesse der Uebersichtlichkeit des Grundbuchs für angemessen, nicht die zu einem Grundstücke gehörigen Katasterparzellen im Bestandsverzeichnisse des Grundbuchblattes aufzuführen, so kann es die Katasterbehörde um die Ertheilung eines beglaubigten Auszugs aus der Grundsteuermutterrolle, erforderlichenfalls auch um die vorherige Eintragung des Grundstücks auf einem oder mehreren besonderen Mutterrollenartikeln von Amtswegen ersuchen. Verf. § 3 Abs. 2.

§ 12. Beschreibung des Grundbuchblattes und Bezeichnung der Grundstücke auf dem Blatte.

Die Grundbuchblätter, welche nach dem neuen, durch die Verfügung des Justizministers vom 20. November 1899 (JMBl. S. 349) vorgeschriebenen Formular eingerichtet sind, bestehen aus der Aufschrift, dem Bestandsverzeichnisse und drei Abtheilungen. § 5 Verf. Das mit den Probeeintragungen versehene Formular der Verfügung ist am Ende dieses Buches abgedruckt.

I. Die Aufschrift. In der eine volle Seite des Grundbuchblattes einnehmenden Aufschrift sind das Amtsgericht (Amtsgericht Lobau), der Bezirk, für welchen das Grundbuch eingerichtet ist (Grundbuch von Buchhain), der Kreis, zu dem der Bezirk gehört (Kreis Seefeld) sowie die Nummer des Bandes und des Blattes (Band I Blatt Nr. 12) anzugeben. Die Angabe des Kreises ist nicht erforderlich, wenn der Bezirk zu einem Stadtkreise gehört. § 6 Verf.

II. Das Bestandsverzeichniß. Dieses zerfällt in das Verzeichniß der Grundstücke und das Verzeichniß der mit dem Eigenthum verbundenen Rechte. § 7 Verf.

1. Das Verzeichniß der Grundstücke nimmt zwei Seiten des Grundbuchblattes ein und wird getheilt in 14 Spalten. § 8 Verf.

Die Spalte 1 ist bestimmt für die Angabe der laufenden Nummer der Grundstücke. Besteht ein Grundstück aus mehreren Katasterparzellen, so ist es unter einer Nummer aufzuführen. Die Nummern dieser Spalte müssen eine fortlaufende Zahlenreihe bilden. Muß ein unter einer Nummer schon gebuchtes Grundstück, z. B. infolge seiner Vereinigung mit einem anderen Grundstücke oder aus anderen Gründen, ein zweites Mal gebucht werden, so erhält die Neubuchung in dieser Spalte die nächste fortlaufende Zahl und wird fortan unter dieser Zahl bei allen das Grundstück betreffenden Eintragungen auf dem Blatte bezeichnet. Für den Hinweis, mit welchem früher gebuchten Grundstücke das neu gebuchte ganz oder theilweise identisch sei, ist die Spalte 2 bestimmt. Die Form der Hinweisung läßt die Probeeintragung erkennen. Wird ein Grundstück einem anderen als Bestandtheil zugeschrieben, so lautet der Vermerk in Spalte 2: 1 mit 2; werden zwei Grundstücke zu einem vereinigt, so werden die Nummern der beiden Grundstücke ohne weiteres nebeneinander geschrieben: 6, 7. Ist von einem Grundstücke ein Theil abgeschrieben und auf ein anderes Blatt übertragen, so wird bei der Neueintragung des Restgrundstücks in Spalte 2 vermerkt: Rest von 4. Bleibt auch das abgeschriebene Theilgrundstück als selbständiges Grundstück auf demselben Blatte stehen, so wird der Hinweis in Spalte 2 entsprechend lauten, müssen, z. B.: Theil von 4.

Die Spalten 3—10 dienen zur Aufnahme der aus den Steuerbüchern zu entnehmenden Bezeichnung der Grundstücke. §§ 3, 8 Verf. Anzugeben sind im Grundbuche

a) der Name der Gemarkung — in Spalte 3 z. B. Buchhain, Brühl.

b) die Nummern des Kartenblattes (der Flur) und der Parzelle — in den beiden Rubriken der Spalte 4. Die Aufführung aller zum Grundstücke gehörigen Parzellen ist als die Regel anzusehen. Sie kann unterbleiben, wenn das Grundstück aus mehreren Katasterparzellen besteht und wegen deren Zahl das Grundbuch nach dem Ermessen des Grundbuchamts unübersichtlich werden würde. Voraussetzung ist aber, daß die Parzellen nach Ausweis eines bei den Grundakten befindlichen beglaubigten Auszugs aus der Grundsteuermutterrolle in dieser auf einem oder mehreren Artikeln nachgewiesen sind, die andere Parzellen nicht umfassen. Um die Ertheilung eines solchen Auszugs kann das Grundbuchamt die Katasterbehörde von Amtswegen ersuchen. Vgl. § 11 a. E., § 3 Abs. 2 Verf. Ist die Anführung der Parzellen unterblieben, so werden die beiden Rubriken der Spalte 4 durch einen wagerechten Strich ausgefüllt. Ein Hinweis auf den Auszug in den Grundakten wird nicht eingetragen. Die beiden wagerechten Striche schon deuten es an, daß die Grundakten einen solchen Auszug enthalten müssen.

c) die Artikelnummer der Grundsteuermutterrolle in Spalte 5 und die Nummer der Gebäudesteuerrolle in Spalte 6.

d) die Wirthschaftsart und die Lage des Grundstücks in Spalte 7. Als Wirthschaftsarten kommen inbetracht z. B. Acker, Wiesen, Garten, Wohnhaus mit Hofraum und Hausgarten. Die einzelnen auf einer Parzelle stehenden Gebäude sind danach also aus der Gebäudesteuerrolle nicht in das Grundbuch aufzunehmen. Die Lage ist anzugeben nach Straße, Hausnummer oder der sonstigen ortsüblichen Bezeichnung. Sind die Parzellen des Grundstücks im Grundbuch nicht aufgeführt, so genügt die Angabe des Gesammtnamens des Grundstücks, z. B.

Rittergut x, Bauerhof y anstatt der Angabe der Wirthschaftsart und Lage. § 3 Abs. 3 Verf.

e) die Größe des Grundstücks in den drei Rubriken der Spalte 8 nach Hektar, Ar, Quadratmetern. Ist die Größe aus den Steuerbüchern nicht ersichtlich, so ist dies anzugeben, z. B. durch den Vermerk in der Spalte: nicht ersichtlich. Der staatlich ermittelte Grundsteuerreinertrag nach Thalern und $^1/_{100}$ Thalern in Spalte 9 und der Gebäudesteuernutzungswerth nach Mark in Spalte 10. In den Hohenzollernschen Landen tritt an Stelle dessen der Steueranschlag (das Grund- und Gebäudesteuerkapital). Als Absicht der Verfügung muß grundsätzlich angenommen werden, daß das Grundbuch Größe, Reinertrag oder Nutzungswerth jeder aufgeführten Parzelle einzeln ergeben soll, sodaß Zusammenfassungen mehrerer Parzellen von vielleicht gleicher Wirthschaftsart und Lage und dementsprechend die Angabe der Gesammtbeträge in den Spalten 8, 9, 10 unzulässig erscheint. Eine Ausnahme scheint die Verfügung nur zuzulassen, wenn die betreffenden Angaben hinsichtlich einer Parzelle schon aus einer anderen Buchung hervorgehen; in diesem Falle ist eine Zusammenfassung erlaubt, wie dies in der Probeeintragung bei dem Grundstück Nr. 8 geschehen ist, welches die schon vorher einzeln bezeichneten Grundstücke 6 und 7 umfaßt. Sonst ist die Angabe der Gesammtgröße und der Gesammtsumme des Reinertrages oder des Nutzungswerthes in den Spalten 8, 9, 10 nur gestattet, wenn die Parzellen im Grundbuche nicht aufgeführt, sondern durch einen Auszug bei den Grundakten nachgewiesen sind.

Die Spalte 12 „Bestand und Zuschreibungen" ist für die Vermerke bestimmt, welche die Eintragung der Grundstücke in den anderen Spalten näher erläutern, insofern als sie Ursprung der Grundstücke, Veranlassung und Zeit ihrer Eintragung oder Neueintragung auf dem Blatte angeben. Zur Kenntlichmachung, auf welches Grundstück sich der einzelne Vermerk bezieht, dient die Spalte 11, in welcher auf die laufende Nummer des von der Eintragung betroffenen Grundstücks hingewiesen wird. In Spalte 12 sind einzutragen (§ 8 Abs. 3 Verf.):

a) der Vermerk über die Eintragung des ursprünglichen Bestandes des Blattes (Zeit der Eintragung, Nummer des bisherigen Blattes 2c.), „Bei Anlegung des Grundbuchs eingetragen am ..."; war das Grundbuch bei der Zurückführung auf die Steuerbücher bereits angelegt, so wird der Vermerk heißen müssen „Bei Zurückführung des Grundbuchs auf die Steuerbücher eingetragen am ..."

b) Die Uebertragung eines Grundstücks auf das Blatt; soll das Grundstück mit einem auf dem Blatte bereits eingetragenen Grundstücke vereinigt oder einem solchen als Bestandtheil zugeschrieben werden, so ist auch dies anzugeben. Ferner die Vereinigung mehrerer auf dem Blatte eingetragenen Grundstücke zu einem Grundstücke, sowie die Zuschreibung eines solchen Grundstücks zu einem anderen als Bestandtheil. Hiernach ergeben sich folgende Fälle. Bleibt ein auf das Blatt übertragenes Grundstück selbständiges Grundstück, so wird lediglich die Uebertragung vermerkt „von Band I Blatt Nr. 17 hierher übertragen am ..." Soll das übertragene Grundstück einem auf dem Blatte schon eingetragenen als Bestandtheil zugeschrieben werden, so ist es, das ergiebt die Probeeintragung, zunächst unter neuer Nummer gesondert einzutragen (2), sodann sind die sämmtlichen sich auf die beiden zu verbindenden Grundstücke (1, 2) beziehenden Eintragungen in den Spalten 1—10 roth zu unterstreichen, d. h. zu löschen und schließlich das verbundene Grundstück unter neuer Nummer (3) einzutragen. In Spalte 12 wird durch einen Vermerk, welcher auf 1, 2, 3 hinweist, die entsprechende Erläuterung gegeben: Nr. 2 nach Abschreibung von Band I Blatt Nr. 20 der Nr. 1 als Bestandtheil zugeschrieben und Nr. 1 mit Nr. 2 unter Nr. 3 neu eingetragen am ... Entsprechend ist zu verfahren, wenn ein auf das Blatt übertragenes Grundstück mit einem bereits auf dem Blatte stehenden Grundstücke zu einem Grundstücke vereinigt werden soll; auch in diesem Falle ist das übertragene Grundstück zunächst unter besonderer Nummer selbständig zu buchen (7); sodann sind die sich auf die zu vereinigenden Grundstücke (6, 7) beziehenden Eintragungen in den Spalten 1—10 roth zu unterstreichen; schließlich ist das vereinigte Grundstück unter besonderer Nummer neu einzutragen (8). Der Vermerk in Spalte 12, welcher in Spalte 11 auf 6, 7, 8 hinweist, lautet: Nr. 7 von Band II Blatt Nr. 32 hierher übertragen und infolge Vereinigung mit Nr. 6 unter Nr. 8 als ein Grundstück eingetragen am ... Stehen die beiden Grundstücke, von denen das eine dem anderen als Bestandtheil zugeschrieben, oder welche beide zu einem Grundstücke vereinigt werden sollen, schon auf demselben Blatte, so ist das Verfahren das gleiche. Die sich auf die einzelnen Grundstücke beziehenden Eintragungen sind roth zu unterstreichen und das verbundene Grundstück ist unter besonderer Nummer neu zu buchen. Der Vermerk in Spalte 12 würde zu lauten haben: Nr. 2 ist Nr. 1 als Bestandtheil zugeschrieben und mit Nr. 1 unter Nr. 3 neu eingetragen am ... Nr. 7 ist mit Nr. 6 vereinigt und mit Nr. 6 unter Nr. 8 als ein Grundstück neu eingetragen am ...

c) die Vermerke, durch welche bisherige Grundstückstheile als selbständige Grundstücke eingetragen werden, insbesondere im Falle des § 6 Satz 1 GBO., sofern in diesem Falle nicht der Theil auf ein anderes Blatt übertragen wird. Es handelt sich hier um die Abschreibung von Theilen von einem Grundstücke; über Abschreibungen ganzer Grundstücke ist erst nachher zu Spalte 14 das erforderliche zu sagen. Grundstückstheile können abgeschrieben werden so, daß sie zugleich auf ein anderes Grundbuchblatt übertragen, oder so, daß sie auf demselben Blatte als selbständiges Grundstück gebucht werden. In beiden Fällen sind die sich auf das jetzt getheilte Grundstück beziehenden Eintragungen roth zu unterstreichen. Wird der Theil unter Uebertragung auf ein neues Blatt abgeschrieben, so ist dann das Restgrundstück unter neuer Nummer (6. Rest von 4) zu buchen und die Abschreibung des Theils unter Angabe der Parzellennummer in der Spalte 14 (Abschreibungen) zu vermerken. In dieser Spalte 14, nicht aber in Spalte 12 wird zugleich die weiter erforderliche Erläuterung, daß die Neueintragung unter Nr. 6 den Rest von Nr. 4 darstelle, gegeben. Der Vermerk, welcher in Spalte 13 auf 4 verweist, lautet: Von Nr. 4 die Parzelle $\frac{420}{80}$ übertragen nach Band II Blatt Nr. 50 am . . . Rest: laufende Nr. 6. Gehörte der abgeschriebene Theil zu einem Grundstück, dessen Parzellen im Grundbuche nicht verzeichnet sind, so ist die Abschreibung auf dem bei den Grundakten befindlichen Auszuge aus der Mutterrolle zu vermerken; eine ganz oder theilweise abgeschriebene Parzelle ist roth zu unterstreichen; eine bei dem Grundstücke verbleibende Restparzelle ist am Schlusse neu einzutragen. § 8 Abs. 7 Verf. Bleibt der abgeschriebene Grundstückstheil auf demselben Blatte als selbständiges Grundstück, so werden die durch die Theilung neu entstandenen Grundstücke jedes unter besonderer Nummer gebucht; in Spalte 12 wird ein erläuternder Vermerk, bei dem in Spalte 11 auf die Nummern des Stammgrundstücks und beider Theilgrundstücke zu verweisen ist, eingetragen, welcher gefaßt werden kann z. B.: 4, 6, 7. Von Nr. 4 ist Nr. 6 abgeschrieben und als selbständiges Grundstück, der Rest von Nr. 4 aber unter Nr. 7 eingetragen am . . .

d) die Vermerke über Berichtigung der Bestandsangaben. Es sind dies die Eintragungen, welche durch die Fortschreibungen oder die Richtigstellung der Steuerbücher im Grundbuche veranlaßt werden. Hierüber ist schon S. 34 gesprochen.

Die Spalte 14 ist für die Abschreibungen unter Uebertragung des abzuschreibenden Grundstücks oder Grundstückstheils auf ein anderes Grundbuchblatt und für die Eintragung des Ausscheidens eines Grundstücks oder Grundstücktheils aus dem Grundbuche bestimmt. In Spalte 13 wird auf die laufende Nummer des von der Eintragung in Spalte 14 betroffenen Grundstücks verwiesen. Wird ein Grundstück ganz abgeschrieben, so sind die sich auf das Grundstück (5) beziehenden bisherigen Eintragungen in den Spalten 1—12 sowie die ausschließlich das abgeschriebene Grundstück betreffenden Vermerke in den drei Abtheilungen des Blattes roth zu unterstreichen. Der in den Spalten 13, 14 einzutragende Vermerk lautet: 5. Uebertragen nach Band III Blatt Nr. 117 des Grundbuchs von Brühl am . . . Was mit dem bei den Grundakten befindlichen Auszuge vorzunehmen ist, wenn das Grundstück ohne Angabe der Katasterparzellen bezeichnet war, ist nicht vorgeschrieben. Es wird sich aber meist empfehlen, ihn zu den Akten des neuen Grundbuchblattes zu nehmen; mindestens wird aber in diesen Akten auf die betreffende Stelle in den alten Akten zu verweisen sein. Ueber das Verfahren, wenn nur ein Grundstückstheil auf ein anderes Blatt übertragen wird, ist das Nähere bereits bei der Besprechung der Spalte 12 S. 43 zu c mitgetheilt. Das Ausscheiden eines Grundstücks oder Grundstückstheils ist S. 22 zu IV besprochen. Auch in diesem Falle ist, wenn die einzelnen Parzellen des Grundstücks nicht in das Grundbuch aufgenommen sind, das Ausscheiden in dem Auszuge aus der Mutterrolle bei den Grundakten ebenso zu vermerken wie oben im Falle zu c.

2. Der zweite Abschnitt des Bestandsverzeichnisses ist das Verzeichniß der mit dem Eigenthume verbundenen Rechte. Dieses eine Seite des Grundbuchblattes einnehmende Verzeichniß zerfällt in 5 Spalten, von denen Spalte 1 die laufende Nummer der Eintragung in diesem Ver-

zeichnisse; Spalte 2 die laufende Nummer des Grundstücksverzeichnisses angiebt, unter welcher das Grundstück, dem das Recht zusteht, dort eingetragen ist. Die Spalten 3—5 sind bestimmt für die Aufnahme der Vermerke über die Bezeichnung des Rechts (Spalte 3), über die Veränderungen (Spalte 4) und über die Löschung des Rechts (Spalte 5). Bei der Löschung eines Rechts sind in den Spalten 1—4 die sich auf das gelöschte Recht beziehenden Eintragungen roth zu unterstreichen. § 9 Verf., vgl. auch S. 26 zu IV.

III. Die erste Abtheilung des Grundbuchblattes ist bestimmt zur Angabe des Eigenthümers des Grundstücks sowie des Grundes seines Erwerbes. Sie nimmt eine Seite des Blattes ein und hat 4 Spalten. In Spalte 1 ist der Name des Eigenthümers, bei Miteigenthümern auch der Antheil jedes einzelnen oder die Bezeichnung des für die Gemeinschaft maßgebenden Rechtsverhältnisses (§ 48 GBO.) einzutragen. Spalte 2 giebt die laufende Nummer der Grundstücke an, auf die sich die in Spalte 3 enthaltenen Eintragungen beziehen. In Spalte 3 gehört der Tag der Auflassung oder die anderweite Grundlage der Eintragung (Erbschein, Testament, Zuschlagsbeschluß, Bewilligung der Berichtigung des Grnndbuchs, Ersuchen der Auseinandersetzungsbehörde um die Berichtigung, Enteignungsbeschluß etc.). In diese Spalte gehört auch der Vermerk des Verzichts auf das Eigenthum an einem Grundstücke und der Tag seiner Eintragung. Die Spalte 4 wird nur auf Antrag des Eigenthümers ausgefüllt. Einzutragen sind hier die Erwerbspreis, der durch eine öffentliche Taxe festgestellte Schätzungswerth und bei Gebäuden die Feuerversicherungssumme unter Hinweis auf die laufende Nummer des Grundstücks und mit Angabe des für den Preis, die Schätzung oder die Versicherung maßgebenden Zeitpunkts. Bei der Eintragung eines neuen Eigenthümers sind die sich auf den bisher eingetragenen Eigenthümer beziehenden Vermerke in den Spalten 1—3 roth zu unterstreichen. § 10 Verf.

IV. Die zweite und dritte Abtheilung des Grundbuchblattes weisen die das Grundstück belastenden Rechte nach. In die dritte Abtheilung kommen die Hypotheken, Grundschulden und Rentenschulden; in die zweite Abtheilung alle anderen Rechte, insbesondere auch die in §§ 1010 Abs. 1, 2044 BGB. bezeichneten Belastungen des Antheils eines Miteigenthümers oder Miterben, die Beschränkungen des Verfügungsrechts des Eigenthümers, die Vormerkung über ein eingeleitetes Enteignungsverfahren, die für einen Ueberbau oder Nothweg zu entrichtende Rente oder der Verzicht auf die Rente. Beide Abtheilungen nehmen zwei Seiten des Blattes ein und zerfallen in drei Hauptabschnitte, von denen jeder mehrere Spalten enthält. Der erste Abschnitt (Abtheilung II Spalte 1—3, Abtheilung III Spalte 1—4) ist zur Eintragung der Lasten und Beschränkungen sowie der Hypotheken, Grundschulden und Rentenschulden bestimmt. Der zweite Abschnitt (Abtheilung II Spalte 4—6, Abtheilung III Spalte 5—8) weist die Veränderungen an den eingetragenen Rechten und Beschränkungen, der dritte (Abtheilung II Spalte 7 und 8, Abtheilung III Spalte 9—11) die Löschungen derselben nach.

In beiden Abtheilungen enthält die Spalte 1 die laufende Nummer der Eintragung, auf welche bei den Vermerken in den Abschnitten „Veränderungen und Löschungen" in je einer besonderen Spalte verwiesen wird. Die Spalte 2 beider Abtheilungen weist auf die laufende Nummer des Grundstücks im Grundstücksverzeichnisse hin, auf welches sich die Eintragung bezieht. Wird eine Eintragung ganz gelöscht, so sind die sich darauf beziehenden Vermerke in den verschiedenen Spalten roth zu unterstreichen. Wird eine Hypothek, Grundschuld oder Rentenschuld nur theilweise gelöscht, so ist in Spalte 3 der dritten Abtheilung der gelöschte Theil von dem Betrage abzuschreiben, in den Abschnitt „Löschung" aber nichts einzutragen. Die Löschung einer Veränderung erfolgt in der Unterspalte „Löschung" des Abschnitts „Veränderungen", die Löschung der Rechte selbst in den Spalten des Abschnitts „Löschungen".

V. Die bisher geführten Bücher, welche nach den Bestimmungen der Kgl. V. als Grundbücher im Sinne der Reichsgesetze gelten, werden fortgeführt, ohne daß sie eine Abänderung erfahren. Doch ist bestimmt, daß die Grundbuchblätter in neuanzulegenden Bänden oder neuanzulegende Grundbuchblätter in noch nicht eingebundenen Büchern schon nach den neuen Vorschriften einzurichten sind. Die Fortführung der Bücher selbst richtet sich nach den neuen Vorschriften. Dabei gilt die Regel, daß die Eintragungen ihren Platz an der in den bisherigen Formularen geeigneten Stelle erhalten sollen, jedoch mit folgenden besonderen Maßgaben, §§ 27, 28 Abs. 3 Verf.:

1. Enthält die Bezeichnung der Grundstücke in den alten Büchern nicht die in die Spalten 3—6 des Grundstücksverzeichnisses gehörenden Angaben, so ist die Bezeichnung allmählich zu bewirken. Nur braucht die Gemarkung nicht besonders genannt zu werden, wenn der Grundbuchs- oder Anlegungsbezirk denselben Namen führt. Reicht in den bisherigen Formularen der Raum nicht, so sind an geeigneter Stelle Einlagebogen mit dem Grundbuche fest zu verbinden. Doch soll dies nicht geschehen, vielmehr das Grundbuchblatt umgeschrieben werden, wenn das Blatt hierdurch unübersichtlich werden würde. Auf dem Einlagebogen ist die Zeit seiner Einfügung und die Stelle, zu der er gehört, anzugeben.

2. Die Eintragung der in die Spalte 12 des Grundstücksverzeichnisses gehörenden Vermerke erfolgt bei dem alten Formular I fortan auf dem Titel, bei dem alten Formular II in Spalte 8 der ersten Abtheilung.

3. Die Eintragung der Vermerke, welche in das Verzeichniß der mit dem Eigenthum verbundenen Rechte gehören, erfolgt bei dem alten Formular I auf dem Titel, bei dem alten Formular II in der ersten Abtheilung unter Verweisung auf die laufende Nummer des Grundstücks, dem das Recht zusteht.

4. Die Eintragung des Eigenthümers oder der Miteigenthümer erfolgt bei dem alten Formular II auch in Zukunft auf dem Titel.

5. Weitere Anordnungen zur Anpassung der bisherigen Bücher an das neue Formnlar sind den Aufsichtsbehörden überlassen. § 28 Verf.

VI. Hinsichtlich der Form der Eintragungen ist bestimmt, daß sie deutlich und ohne Abkürzungen zu schreiben sind und in dem Grundbuche nichts radirt oder sonst unleserlich gemacht werden darf. Ist ein Wort oder eine Eintragung zu streichen, so ist durchweg das Unterstreichen mit rother Tinte anzuwenden. Für die einzutragenden Geldbeträge sind in der

Abtheilung II u. III besondere Spalten bestimmt, daneben sollen die Geldbeträge aber bei Reallasten, insbesondere Rentenbankrenten, sowie bei Hypotheken, Grundschulden und Rentenschulden in den Vermerken über die Eintragung des Rechts sowie der Höchstbetrag des Werthansatzes nach § 882 BGB. noch mit Buchstaben geschrieben werden. Das Gleiche gilt, wenn eine Veränderung oder Löschung bezüglich nur eines Theilbetrages des Rechts eingetragen wird, also nicht, wenn das ganze Recht eine Veränderung erleidet oder gelöscht wird. § 16 Verf.

§ 13. Anlegung der Grundbücher.

Die Bestimmungen über die Anlegung der Grundbücher sind danach zu unterscheiden, ob das Grundbuch für einen Bezirk überhaupt erst angelegt werden soll, oder ob es für den Bezirk bereis angelegt ist und nur noch einzelne Grundstücke, welche dabei ein Blatt nicht erhalten haben, in das Grundbuch übernommen werden sollen.

I. In den Landestheilen, in denen die Grundbuchordnung v. 5. Mai 1872 durch besondere Gesetze eingeführt ist, bestimmt sich für die Bezirke, für welche das Grundbuch am 1. Januar 1900 noch nicht als angelegt galt, das Verfahren zur Anlegung der Grundbücher nach den für die einzelnen Landestheile erlassenen bisherigen Vorschriften, jedoch mit den Aenderungen, welche in den Artikeln 6—14 Kgl. V. vorgesehen sind. Art. 5, 4, 3 Kgl. V. Art. 33 A.GBO. Nur für das Gebiet des vormaligen Herzogthums Nassau und die Insel Helgoland, für welche Vorschriften bisher nicht bestanden, bedarf es einer besonderen Ordnung. Art. 35 Kgl. V. In Geltung geblieben sind danach die die Anlegung der Grundbücher regelnden Bestimmungen der Gesetze über das Grundbuchwesen: für Schleswig-Holstein v. 27. Mai 1873 und 31. Jannar 1879; für Hannover v. 28. Mai 1873; für den Bezirk des Appellationsgerichts zu Cassel v. 29. Mai 1873; für den Bezirk des Justizsenats zu Ehrenbreitstein v. 30. Mai 1873; für den Geltungsbereich des Rheinischen Rechts v. 12. April 1888; für das Gebiet der freien Stadt Frankfurt sowie die vormals Großherzoglich und Landgräflich Hessischen Gebietstheile der Provinz Hessen-Nassau v. 19. August 1895 und für Lauenburg v. 8. Juni 1896 sowie der zu diesen Gesetzen erlassenen Ausführungsbestimmungen. In den übrigen Landestheilen, in denen die Grundbuchordnung von 1872 durch besondere Gesetze eingeführt ist, galt das Grundbuch am 1. Januar 1900 für alle Bezirke bereits als angelegt; die Bestimmungen der betreffenden Einführungsgesetze kommen deshalb hier nicht mehr inbetracht. Auf die aufrecht erhaltenen Bestimmungen einzeln einzugehen, liegt außerhalb der Aufgabe dieses Buchs. In welcher Form die in Art. 4, 14 Kgl. V. vorgeschriebenen Bekanntmachungen zu erlassen sind, ist durch durch die Verf. des Justizministers v. 18. November 1899 (JMBl. S. 347) geregelt.

II. In den zu I genannten Landestheilen finden die für die Anlegung der Grundbücher erlassenen besonderen Vorschriften nebst den Aenderungen durch Art. 6—13 Kgl. V. entsprechende Anwendung auch auf das Verfahren zum Zwecke der Eintragung von Grundstücken, welche bei der

Anlegung des Grundbuchs für den Bezirk ein Blatt nicht erhalten haben. Art. 15 Kgl. V. Für diesen Fall sind danach außer den zu I bezeichneten Vorschriften die Bestimmungen über die Anlegung der Grundbücher in den Grundbuch-Einführungsgesetzen für das Jadegebiet v. 23. März 1873 und für Neuvorpommern und Rügen v. 16. Mai 1873 auch noch aufrecht erhalten. Ostfriesland und Harlingerland, die Niedergrafschaft Lingen und die ehemals Münsterschen Ortschaften der Provinz Hannover sind von der bezeichneten Vorschrift ausgenommen. Art. 16 Abs. 2 Kgl. V.

III. In dem ursprünglichen Geltungsbereiche der Grundbuchordnung von 1872, d. h. in den Landestheilen, in welchen das Allgemeine Landrecht und die Hypotheken-Ordnung von 1783 galt, sowie in den zu II am Ende besonders bezeichneten Gebieten kann die Anlegung eines Grundbuchblattes nur noch für einzelne Grundstücke in Frage kommen, weil das Grundbuch hier für alle Bezirke als angelegt gilt. Das Verfahren ist in Art. 16 f. Kgl. V. geregelt.

1. Ergiebt sich das Fehlen eines Grundbuchblattes für ein Grundstück, so ist es von Amtswegen anzulegen. Nur bei einem nicht buchungspflichtigen Grundstücke, Art. 1 Kgl. V., ist ein Antrag erforderlich. Das Grundbuchamt hat, und zwar auch wenn die Anlegung auf Antrag geschieht, die Katasterbehörde um Ertheilung eines beglaubigten Auszugs aus dem Steuerbuche zu ersuchen. Art. 16, 17. Dieser Auszug ist für die Bezeichnung des Grundstücks im Grundbuche maßgebend.

2. Die als Eigenthümer einzutragende Person wird auf folgende Weise ermittelt.

a) Das Grundbuchamt hat über Besitz und Eigenthum zu vernehmen:
   1. den im Steuerbuche eingetragenen Besitzer oder dessen Erben,
   2. diejenigen, welche von den unter 1 Genannten als Eigenthümer bezeichnet werden, oder für deren Eigenthum sich Anzeichen ergeben.

   Die Vernehmung kann unterbleiben, wenn der Aufenthalt einer dieser Personen unbekannt ist oder außerhalb des deutschen Reichs liegt; doch ist dann ein dem Grundbuchamte etwa bekannter Vertreter zu vernehmen. Soweit das Grundbuchamt die von einzelnen Miteigenthümern abgegebenen Erklärungen für zutreffend und genügend hält, kann es von der Vernehmung der übrigen absehen, doch ist diesen mitzutheilen, welche Eintragungen in Aussicht genommen sind. Art. 18. Die Vernehmung hat sich auf das Vorhandensein der nachher unter c zusammengestellten Erfordernisse zu erstrecken.

b) Nimmt jemand das Eigenthum in Anspruch, so hat er auf Verlangen des Grundbuchamts seinen unmittelbaren Rechtsvorgänger zu nennen, den Rechtsgrund anzugeben, vermöge dessen er das Eigenthum erworben hat und die sich darauf beziehenden Urkunden vorzulegen, sowie andere Beweise anzuzeigen. Art. 19 Kgl. V.

c) Als Eigenthümer ist in das Grundbuch einzutragen, Art. 20:
   α) wer das Grundstück in einer gerichtlichen Zwangsversteigerung erworben hat;
   β) wer das Grundstück im Eigenbesitze hat und glaubhaft macht, daß er allein oder unter Hinzurechnung der Besitzzeit seines Rechtsvorgängers das Grundstück vor dem 1. Januar 1900 schon seit

44 Jahren oder auf Grund eines zur Erlangung des Eigenthums nach § 579 I 9 ALR. geeigneten, wenngleich dem Inhalt oder der Form nach ungültigen Titels seit 10 Jahren im Eigenbesitze gehabt hat. Die Glaubhaftmachung kann geschehen durch Urkunden, Verfügungen oder Bescheinigungen öffentlicher Behörden oder durch Zeugen.

γ) wer das Grundstück im Eigenbesitze hat und nachweist, daß er diesen vor dem 1. Januar 1900 auf Grund eines zum Erwerbe des Eigenthums nach ALR. an sich geeigneten, dem Inhalt und der Form nach gültigen Titels erlangt hat und außerdem darthut, daß schon sein unmittelbarer Vorbesitzer einen zum Erwerbe des Eigenthums nach den damals geltenden Gesetzen an sich geeigneten Titel für sich gehabt hat. Der letztere Beweis wird ersetzt durch die Glaubhaftmachung, daß der Eigenbesitzer und sein Vorbesitzer das Grundstück vor dem 1. Januar 1900 schon im Ganzen 10 Jahre lang besessen haben. Die Glaubhaftmachung geschieht auch hier durch Urkunden, Zeugen oder Bescheinigungen.

Bei juristischen Personen kann der Nachweis des Eigenbesitzes zu β und γ nur durch Zeugnisse staatlicher Behörden oder rechtskräftige Entscheidungen geführt werden. Art. 20 zu 2b und Art. 11 Abs. 1.

δ) wer nach Maßgabe der Art. 21—27 Kgl. V. ein Ausschlußurtheil erwirkt hat. Im Wege des Aufgebotsverfahrens können Eigenthumsansprüche nicht besitzender Personen ausgeschlossen werden. Antragsberechtigt ist der Eigenbesitzer; zuständig das Gericht, in dessen Bezirke das Grundstück liegt. Art. 21, 22, 23. In den Art. 24—27 ist das Verfahren näher geregelt.

d) Ist der Nachweis zu c geführt, so wird das Grundbuch angelegt und der Eigenthümer eingetragen. Als Erwerbsgrund ist anzugeben z. B. bei der Anlegung des Grundbuchs auf Grund glaubhaft gemachten 44 jährigen Eigenbesitzes, oder auf Grund nachgewiesenermaßen 10 Jahre lang ausgeübten titulirten Eigenbesitzes. Eingetragen am . . . Eine Bekanntmachung der Anlegung des Blattes findet nicht statt. Ist in dem Ausschlußurtheil zu c δ ein Recht vorbehalten, so ist vor der Anlegung des Blattes demjenigen, zu dessen Gunsten der Vorbehalt gemacht ist, eine Frist zu bestimmen und die Anlegung erst nach deren Ablauf vorzunehmen. Der Vorbehalt wird dabei nur berücksichtigt, wenn der Berechtigte vor dem Ablaufe der Frist eine einstweilige Verfügung beibringt, durch welche die Eintragung eines Widerspruchs zu seinen Gunsten angeordnet wird. Dieser Widerspruch ist gegebenen Falls bei der Anlegung des Blattes miteinzutragen. Art. 28.

e) Rechte an dem Grundstücke werden, abgesehen von dem zu d besprochenen Falle, bei der Anlegung des Grundbuchblattes nur berücksichtigt, wenn sie bei dem Grundbuchamt angemeldet sind. Zur Eintragung eines Rechtes ist erforderlich, daß es sich auf eine vom Eigenthümer ausgestellte öffentliche Urkunde gründet oder von dem Eigenthümer anerkannt wird. Hierüber ist letzterer zu vernehmen. Bestreitet er das Recht, so wird dasselbe bei der Anlegung ebenso wie im Falle zu d nur berücksichtigt, wenn der Anmeldende binnen einer ihm bestimmten Frist eine einstweilige Verfügung beibringt, durch welche die Eintragung eines Widerspruchs zu seinen Gunsten angeordnet wird. Art. 29. Ist das Recht nachgewiesen oder anerkannt, so wird es bei der Anlegung des Blattes eingetragen und zwar mit dem Range, welcher ihm nach den besonderen, für einzelne Landestheile erlassenen oder den zur Zeit der Entstehung der Rechte geltenden Gesetzen zukommt; kann sein Rang hiernach nicht bestimmt werden, so bestimmt er sich nach der Zeitfolge der Anmeldungen. Art. 30.

f) Um die Ermittelungen für die Anlegung des Grundbuchs durchzuführen, hat das Grundbuchamt die Befugniß, Zeugen zu laden und sie eidlich oder eidesstattlich zu vernehmen, auch die Befolgung einer Ladung sowie die Erfüllung jeder dem Geladenen auferlegten Verpflichtung durch Geldstrafen bis zum Gesammtbetrage von 150 M. zu erzwingen. Das Grundbuchamt kann auch neben der Geldstrafe die nach c erforderlichen Nachweisungen, wenn sie der Betheiligte nicht beibringt, auf Kosten des Säumigen beschaffen. Art. 32.

IV. Die Wiederherstellung eines ganz oder theilweise zerstörten oder abhanden gekommenen Grundbuchs ist nicht durch eine allgemeine Anordnung geregelt worden. Im einzelnen Falle wird das Verfahren durch eine besondere landesherrliche Verordnung bestimmt, welche auch Bestimmung treffen kann, in welcher Weise bis zur Wiederherstellung des Grundbuchs die zu einer Rechtsänderung erforderliche Eintragung ersetzt werden soll. § 92 GBO.

§ 14. Schließung des Grundbuchblattes.

I. Sind alle auf einem Blatte eingetragenen Grundstücke abgeschrieben oder aus dem Grundbuch ausgeschieden, so ist das Blatt zu schließen. Die Schließung erfolgt durch Eintragung des Schließungsvermerkes in der Aufschrift sowie am Schlusse der Eintragungen in den beiden Abschnitten des Bestandsverzeichnisses und den drei Abtheilungen des Blattes. Enthält eine Abtheilung gar keine Eintragung, so ist gleichwohl der Schließungsvermerk nöthig. Sind die Spalten eines Abschnitts oder einer Abtheilung nicht gleich weit ausgefüllt, so ist zunächst eine gleichmäßige Ausfüllung derselben durch Durchkreuzen der leer gebliebenen Stellen zu bewirken. Der Vermerk wird dann über die Spalten hinweg geschrieben und lautet: Dieses Grundbuchblatt ist geschlossen; eingetragen am . . . Nur der auf die Aufschrift zu setzende Vermerk muß den Grund der Schließung angeben, z. B.: Nach Abschreibung oder nach Ausscheidung aller eingetragenen Grundstücke ist dies Grundbuchblatt geschlossen; eingetragen am . . . §§ 17, 19 Verf. Auch auf dem Deckel der Grundakten ist die Schließung des Grundbuchblattes erkennbar zu machen. § 48 Z. 4 Gesch.Anw.

II. Geht die Zuständigkeit für die Führung eines Grundbuchblattes auf ein anderes Grundbuchamt über, so ist das bisherige Blatt zu schließen. § 18 Verf. Hierher gehören nur die Fälle, in denen sich die Zuständigkeit in Folge Veränderung der Grenzen der Grundbuchämter verschiebt. Die

Fälle der Zuschreibung oder Vereinigung von Grundstücken verschiedener Grundbuchämter fallen unter I, da es sich dabei stets um eine Abschreibung des einen Grundstücks handelt. Auch der Fall, daß sich gleich bei der Anlegung des Grundbuchs herausstellt, ein Grundstück liege in den Bezirken mehrerer Grundbuchämter, gehört nicht hierher, weil nach Art. 2 A.GBO. anzunehmen ist, daß dafür von vorneherein ein Blatt nur bei dem für zuständig erklärten Grundbuchamt angelegt wird.

Auch für die Schließung des Blattes in den in § 18 Verf. gemeinten Fällen gelten die unter I angeführten Regeln; für die Einrichtung des neuen Blattes gelten die folgenden Regeln. Die Grundakten des alten Blattes sind dem anderen Grundbuchamte zu übersenden, nachdem die wörtliche Uebereinstimmung der Tabelle mit dem Grundbuchblatte von dem Richter und dem Gerichtsschreiber bescheinigt ist. Aus der Tabelle sind die Eintragungen auf das neue Blatt zu übernehmen. In der Aufschrift des neuen Blattes ist auf das bisherige Blatt zu verweisen. Die Verweisung wird unter die vorgeschriebenen Angaben zu setzen sein, mit den Worten z. B.: Früher zur Zuständigkeit des Grundbuchamts von X. gehörig und unter Bd. II Bl. Nr. 30 des Grundbuchs von Z. eingetragen. Gelöschte Eintragungen werden auf das neue Blatt insoweit übernommen, als dies zum Verständnisse der noch gültigen Eintragungen erforderlich erscheint; z. B. muß, wenn eine Löschung von einem Widerspruche betroffen ist, die gelöschte Eintragung mitvermerkt werden. Im Uebrigen sind aus der zweiten und dritten Abtheilung nur die Nummern der Eintragungen mit dem Vermerke „gelöscht" zu übernehmen. Die Uebereinstimmung des Inhalts des neuen Blattes mit dem Inhalte des bisherigen Blattes ist in jedem Abschnitt und jeder Abtheilung von dem Richter und dem Gerichtsschreiber zu bescheinigen. Gleichzeitig ist eine gleichmäßige Ausfüllung aller nicht gleich weit ausgefüllten Spalten eines Abschnitts oder einer Abtheilung auf dem neuen Blatte durch Durchkreuzen der leer gebliebenen Stellen zu bewirken. Die Bescheinigung wird unter die aus der Tabelle des bisherigen Blattes übernommenen Eintragungen und über die Spalten hinweg zu schreiben sein und z. B. lauten können: Die vorstehenden, von dem bisherigen Blatte, Bd. II Bl. Nr. 30 des Grundbuchs von Z. hierher übernommenen Eintragungen — oder in der zweiten oder dritten Abtheilung: Lasten oder Hypotheken und Grundschulden stimmen mit den entsprechenden Eintragungen des bisherigen Blattes überein. Eingetragen am . . .

Nachdem das Grundstück auf das neue Blatt übernommen ist, wird dem für das bisherige Blatt zuständigen Grundbuchamt Mittheilung zu machen hin, welche Bezeichnung das Blatt fortan im Grundbuche führt. Auf dem geschlossenen Blatte wird diese Bezeichnung nachzutragen sein. Der Schließungsvermerk auf der Aufschrift dieses Blattes läßt sich z. B. fassen: In Folge Uebergangs der Zuständigkeit für die Führung dieses Grundbuchblattes auf das Grundbuchamt in A. ist dieses Blatt geschlossen. Die hier eingetragenen Grundstücke werden jetzt Bd. IV Bl. Nr. 75 des Grundbuchs von Z. bei dem Grundbuchamte in A. geführt; eingetragen am . . . War für ein in der zweiten Abtheilung des geschlossenen Grundbuchblatts eingetragenes Erbbaurecht ein besonderes Blatt eingerichtet, so ging nothwendiger Weise mit der Zuständigkeit für das Blatt des belasteten

Grundstücks auch die für das Blatt des Erbbaurechts auf das andere Grundbuchamt über.

III. Die zu I und II angeführten Regeln finden entsprechende Anwendung, wenn ein Grundbuchblatt unübersichtlich geworden ist und deshalb umgeschrieben wird. § 20 Verf. Diese Maßregel kann auf Antrag des Eigenthümers oder von Amtswegen vorgenommen werden. Das unübersichtliche Grundbuchblatt wird nach den Regeln zu I geschlossen und anstelle dessen ein neues Blatt unter Anwendung der Regeln zu II eingerichtet. Eine Abweichung gilt nur insofern, als hier die Uebernahme der Eintragungen aus dem alten auf das neue Blatt nicht aus der beglaubigten Tabelle, sondern aus dem Grundbuchblatte selber geschieht. Die Grundakten mit der Tabelle bleiben hier unberührt; doch wird die Umschreibung des Blattes in vielen Fällen auch eine solche der Tabelle nach sich ziehen. Der Schließungsvermerk auf der Aufschrift kann gefaßt werden: Dieses Grundbuchblatt ist infolge Unübersichtlichkeit geschlossen und umgeschrieben; eingetragen am . . . Die Bescheinigung auf dem neuen Blatte wird lauten können: Die vorstehenden, von dem unübersichtlich gewordenen bisherigen Blatte hierher übernommenen Eintragungen stimmen mit den entsprechenden Eintragungen des bisherigen Blattes überein. Eingetragen am . . .

§ 15. Der öffentliche Glaube des Grundbuchs.

Das BGB. legt den Eintragungen im Grundbuch öffentlichen Glauben bei; in § 891 stellt es die Vermuthung auf, daß ein Recht demjenigen zustehe, für den es im Grundbuch eingetragen ist, und nicht mehr bestehe, wenn es im Grundbuche gelöscht ist, und bestimmt dann in § 892, daß zu Gunsten desjenigen, welcher ein Recht an einem Grundstück oder ein Recht an einem solchen Rechte durch Rechsgeschäft erwirbt, der Inhalt des Grundbuchs als richtig gilt, es sei denn, daß ein Widerspruch gegen die Richtigkeit eingetragen oder die Unrichtigkeit dem Erwerber bekannt ist. Abweichend vom bisherigen Preußischen Recht erstreckt sich der Glaube an das Grundbuch also auch auf den unentgeltlichen, nicht nur allein auf den entgeltlichen Erwerb und nur auf den Erwerb durch Rechtsgeschäft, also nicht auf den Erwerb im Wege der Zwangsvollstreckung oder Arrestvollziehung, auch nicht auf den Erwerb kraft Gesetzes z. B. durch Erbgang oder Enteignung. In der Denkschrift zu § 2 GBO. wird § 892 BGB. dahin erläutert, er wolle dem Erwerber eines Rechtes am Grundstücke nur die Sicherheit gewähren, daß der Inhalt des Grundbuchs in Ansehung der dinglichen Rechtsverhältnisse mit der wirklichen Rechtslage in Einklang stehe, nicht aber auch die aus dem Kataster in das Grundbuch übernommenen Angaben thatsächlicher Art über das Grundstück mit dem öffentlichen Glauben des Grundbuchs decken. An diese Auslegung wird sich die Praxis zunächst zu halten haben. Danach darf sich der Erwerber eines Rechtes an einem Grundstücke auf die Angaben des Grundbuchs über das Grundstück selber nicht verlassen; das Grundstück, welches er erwirbt oder belastet, ist das eingetragene Grundstück nur insoweit, als es mit dem wirklichen

Grundstück übereinstimmt; irrthümlich als Bestandtheile des Grundstücks eingetragene Parzellen werden nicht miterworben oder mitbelastet, wie umgekehrt, irrthümlich nicht eingetragene Parzellen, die in Wirklichkeit zum Grundstücke gehören, von dem Erwerb oder der Belastung mitumfaßt werden. Diese Rechtslage ermöglicht es dem Grundbuchrichter, jederzeit ohne Rücksicht auf die eingetragenen Realberechtigten die Angaben über das Grundstück nach den Steuerbüchern zu berichtigen und zu ändern. A. A. Oberneck in Nassow u. Küntzel Bd. 43 S. 171 ff.

Als Zeitpunkt, in dem einem Erwerber Redlichkeit beiwohnen muß, um durch den Glauben an das Grundbuch geschützt zu werden, gilt nach § 892 Abs. 2 BGB. bei den Rechten, zu deren Erwerb die Eintragung erforderlich ist, die Zeit der Stellung des Antrags auf Eintragung, d. h. die Zeit, in der dieser Antrag beim Grundbuchamte eingeht und, wenn die nach § 873 BGB. erforderliche Einigung erst später zustande kommt, die Zeit der Einigung; bei anderen Rechten aber die Zeit des Erwerbes.

§ 16. Die Grundakten.

I. Von der der Landesjustizverwaltung in § 94 GBO. vorbehaltenen Befugniß, anzuordnen, daß Grundakten angelegt werden, ist in Preußen Gebrauch gemacht. Für jedes Grundbuchblatt sollen nach § 34 Verf. besondere Grundakten gehalten werden. Die Nummer der Blätter, nicht die Zahl der Grundstücke ist maßgebend. Hiernach tritt in Preußen hinsichtlich der Grundakten eine Aenderung des Rechtszustandes nicht ein. Die alten Grundakten werden weitergeführt. Die Grundakten erhalten die Bezeichnung des Grundbuchblattes. Vgl. vorher S. 14 II 3. Zu den Grundakten sind alle sich auf das betreffende Blatt und auf die darauf eingetragenen Grundstücke beziehenden Schriften zu nehmen. Die Grundakten eines Blattes können aus mehreren Aktenbänden bestehen. Grundakten dürfen nicht vernichtet werden.

II. Indem das neue Recht in verschiedenen Bestimmungen vorschreibt, daß hinsichtlich des näheren Inhalts von Eintragungsvermerken auf die ihnen zu Grunde liegenden Bewilligungen Bezug genommen werden darf, bilden solche Urkunden jetzt häufiger wie nach altem Recht eine nothwendige Ergänzung des Grundbuchs selbst. Das Reichsrecht sorgt deshalb auch für die Erhaltung dieser Urkunden, indem es vorschreibt, daß Urkunden, auf die eine Eintragung sich gründet oder Bezug nimmt, von dem Grundbuchamt aufzubewahren und nur herauszugeben sind, wenn statt der Urkunde eine beglaubigte Abschrift aufbewahrt wird, § 9 GBO. Diese Urkunden und Abschriften werden zu den Grundakten genommen. Befindet sich eine der in § 9 GBO. genannten Urkunden schon in anderen, einer Vernichtung nicht unterliegenden Akten des gleichen Amtsgerichts, so genügt es, wenn bei den Grundakten in der richterlichen Verfügung auf die Stelle jener anderen Akten verwiesen wird, wo sich die Urkunde findet. § 95 GBO., § 35 Verf.

Zu den Grundakten dürfen die Betheiligten nach § 9 Abs. 2 GBO. zur Aufbewahrung auch die Urkunden oder beglaubigte Abschriften der Urkunden geben, welche über das einer Eintragungsbewilligung zu Grunde liegende Rechtsgeschäft errichtet sind. Hierdurch soll den Betheiligten Gelegenheit gegeben werden, sich auf einfache Weise den Beweis des betreffenden Rechtsgeschäfts zu sichern. Die Form der Urkunde kann auch die Privatschrift sein.

III. Abgesehen von diesen besonderen Urkunden ist als allgemeine Regel zu beachten, daß die Grundakten das gesammte Material entweder selbst enthalten oder nachweisen müssen, welches zur Prüfung der Rechtmäßigkeit aller einzelnen Eintragungen auf dem Blatte oder der richtigen Ausführung der eingegangenen Anträge erforderlich ist. Alle sich hierauf beziehenden Schriftstücke sind bei den Akten zu behalten und, wenn sie herausgegeben oder mit dem zu bildenden Hypothekenbriefe verbunden werden sollen, durch beglaubigte Abschriften zu ersetzen. Betrifft ein Antrag mehrere Grundbuchblätter, so werden in der Regel die sämmtlichen mit dem Antrage eingehenden Schriftstücke zu dem Grundaktenstück zu nehmen sein, in welchem die richterliche Verfügung ergeht. Diese Verfügung muß zugleich bestimmen, daß zu den Akten der anderen Blätter eine auf die Verfügung verweisende Mittheilung ergeht. Gewöhnlich geschieht dies durch eine Verfügungsabschrift, welche zu den Akten aller von der verfügten Eintragung betroffenen Grundbuchblätter gegeben wird. Bisweilen, insbesondere wenn einzelne Anlagen des Antrags gerade nur ein Grundbuchblatt betreffen, empfiehlt es sich, diese Anlagen mit der Verfügungsabschrift zu den Akten jenes Blattes zu nehmen. Es entscheidet darüber das Ermessen des Richters. Jedenfalls sollte es nicht vorkommen, daß die bei einer Parzellirung eingereichten Steuerbuchsauszüge und Handzeichnungen bei den Akten des Theilgrundstücks vergeblich gesucht werden.

IV. Die Beglaubigung der zu II und III genannten Abschriften, welche anstelle von Urkunden bei den Grundakten aufbewahrt werden sollen, kann wirksam durch den Gerichtsschreiber, ebensowohl aber durch den Richter erfolgen. §§ 35, 32 Abs. 2 A.FG.

V. Bei den Grundakten ist eine Tabelle zu halten, die mit dem Blatte wörtlich übereinstimmen muß. Die Sorge für die Uebereinstimmung liegt dem Richter und dem Gerichtsschreiber ob. § 34 Abs. 2 Verf. Die Tabelle ist in einen Umschlag von starkem Papiere zu heften und unter dem Deckel des letzten Aktenbandes zu verwahren. § 48 Ziff. 2 Gesch.Anw. Daraus scheint zu folgen, daß die Tabellen fortan nicht mehr eingeheftet werden, vielmehr lose unter dem Deckel liegen sollen. Die Nachtragung der neuen Eintragungen auf dem Grundbuchblatte in die Tabelle hat der Gerichtsschreiber, ohne daß sie vom Richter besonders zu verfügen wäre, zu besorgen, insoweit sie nicht der Richter selbst bewirkt. V. v. 5. April 1895 (JMBl. S. 125)

In den Umschlag der Tabelle ist dieser ein Wohnungsblatt vorzuheften. Auf diesem Blatte sind zu vermerken die Anzeigen eines nach dem Grundbuche Berechtigten von der Bestellung eines Vertreters oder eines Zustellungsbevollmächtigten, ferner die von den Berechtigten selbst gemachten oder sonst bei den Grundakten sicher bekannt gewordenen Angaben über die Wohnung oder die Veränderung der Wohnung eines Berechtigten, Vertreters oder Zustellungsbevollmächtigten. § 48 Z. 3 Gesch.Anw.

§ 17. Einsicht des Grundbuchs und der Grundakten.

I. Die Einsicht des **Grundbuchs** ist Jedem gestattet, der ein berechtigtes Interesse darlegt, § 11 GBO., § 36 Verf. Der Ausdruck im Entwurfe zur GBO. „rechtliches Interesse“ ist in der Kommission des Reichstages durch die Worte des Gesetzes in der ausgesprochenen Absicht ersetzt worden, der engen und strengen Auslegung, welche die Worte „rechtliches Interesse“ in der Preuß. Praxis gefunden haben, entgegenzutreten und die Einsicht in das Grundbuch zu erleichtern. Hiernach besteht das Recht der Einsicht in das Grundbuch unabhängig von einem bereits am Grundstücke bestehenden Rechte. Ein berechtigtes Interesse an der Einsicht haben nicht nur alle, welche bereits ein Recht am Grundstücke besitzen, sondern auch die, welche erst über den Erwerb des Grundstücks oder eines Rechtes an dem Grundstücke mit dem Berechtigten verhandeln; ebenso u. a. der, welcher mit dem Eigenthümer einen Werkvertrag abschließen will, der nach § 648 BGB. den Anspruch auf Bestellung einer Sicherungshypothek gewährt. Aber weiter wird auch das Interesse des Anwalts, welcher einen Prozeß anstellen, das Interesse des Notars, welcher eine Beurkundung vornehmen will, auch jedes wissenschaftliche oder statistische Interesse das Recht zur Einsicht des Grundbuchs begründen. Notare, welche das Grundbuch im Auftrage des Eigenthümers oder eines sonst zur Einsicht Berechtigten einsehen wollen, brauchen den Auftrag nicht nachzuweisen. Oeffentlichen Behörden und den von ihnen beauftragten Beamten ist die Einsicht des Grundbuchs gestattet, ohne daß es der Darlegung eines berechtigten Interesses bedarf. § 32 Verf., § 93 GBO.

Das Interesse ist dem Richter darzulegen. § 11 GBO. Danach ist nicht eine Glaubhaftmachung des Interesses im Sinne der CPO. erforderlich, vielmehr hat der Grundbuchrichter nach freiem Ermessen darüber zu befinden, in wie weit die thatsächlichen Angaben des Antragstellers geeignet sind, sein Gesuch auf Einsicht des Grundbuchs zu rechtfertigen. Gewinnt der Richter die Ueberzeugung, daß das Gesuch ein verständiges, durch die Sachlage begründetes Interesse verfolge, so soll er ihm stattgeben. Vgl. Denkschrift und Kommiss.Ber. zu § 11 GBO.

II. Das Gleiche wie vom Grundbuche gilt reichsgesetzlich von allen bei den **Grundakten** aufbewahrten Urkunden, auf die im Grundbuche zur Ergänzung einer Eintragung Bezug genommen ist, sowie von den noch nicht erledigten Eintragungsanträgen. § 11 GBO. Durch § 36 Verf. ist unter der gleichen Voraussetzung der Darlegung eines berechtigten Interesses das Recht der Einsicht auch auf alle anderen bei den Grundakten befindlichen Urkunden ausgedehnt worden.

III. Soweit eine Einsicht der Grundbuchs oder der Grundakten gestattet ist, kann auch eine **Abschrift** gefordert werden, welche auf Verlangen zu beglaubigen ist.

Soll eine beglaubigte Abschrift nur von einem Theile des Grundbuchblattes ertheilt werden, so sind in die Abschrift diejenigen Eintragungen aufzunehmen, welche den Gegenstand betreffen, auf den sich die Abschrift beziehen soll. In dem Beglaubigungsvermerk ist der Gegenstand anzugeben und zu bezeugen, daß weitere den Gegenstand betreffende Eintragungen in dem Grundbuche nicht enthalten sind. §§ 11, 93 GBO., §§ 32, 33, 36 Verf. Die beglaubigten Abschriften aus dem Grundbuche sind vom Richter und dem Gerichtsschreiber zu unterschreiben. Art. 7 Abs. 2 A.GBO., Art. 35 A.FG. Für die Beglaubigung von Abschriften aus den Grundakten gilt das vorher S. 54 zu IV Gesagte. Wegen Auskunftsertheilung s. nachher § 30.

Drittes Kapitel.

Grundlagen der Eintragungen in das Grundbuch.

(Amtspflicht, Antrag, Bewilligung, Ersuchen.)

I. § 18. Offizialthätigkeit der Grundbuchbeamten.

Gesetz und Dienstordnung schreiben den Grundbuchbeamten in vielen Fällen eine Thätigkeit von Amtswegen vor. Man muß unterscheiden, ob diese Thätigkeit lediglich eine solche der Justizverwaltung ist oder ob sie zugleich oder allein dem Schutze berechtigter Interessen von Privatpersonen dient. Die Unterscheidung ist wichtig für die im § 40 besprochene Frage, inwieweit einem Betheiligten die Parteibeschwerde oder nur die Beschwerde im Aufsichtswege gegen die Verabsäumung einer vorgeschriebenen Offizialthätigkeit des Beamten zuzuerkennen sei.

I. Der Staat stellt dem Publikum, um die Anwendung des Liegenschaftsrechts des BGB. zu ermöglichen, die Grundbücher und die zu deren Benutzung erforderlichen Gerichtseinrichtungen zur Verfügung.

Indem die Grundbuchbeamten dafür zu sorgen haben, daß die Grundbücher in Ordnung gehalten werden und die getroffenen Einrichtungen erhalten bleiben, handeln sie als Justizverwaltungsbeamte, welche ihre Maßnahmen lediglich nach den Vorschriften der Dienstordnung zu treffen haben, ohne daß sie von Parteianträgen abhängig wären, oder solche überhaupt zu berücksichtigen hätten. Hierher sind alle solche Maßregeln zu rechnen, welche die Einrichtung und Führung der Grundbücher und Grundakten, die Art und Weise der Bearbeitung der Parteianträge, die Theilung der Funktionen zwischen den verschiedenen Beamten, die Bureaueinrichtungen u. a. betreffen.

II. Die Grundbuchgesetze enthalten verschiedene Vorschriften, nach denen der Grundbuchrichter von Amtswegen Eintragungen vorzunehmen oder andere Maßnahmen zu treffen hat nur, um dem Grundbuche die Uebersichtlichkeit zu erhalten und es dadurch für einen sich möglichst einfach abwickelnden Grundbuchverkehr geeignet zu machen.

Die in Frage kommenden Fälle liegen nicht ganz gleich.

1. Ueber mehrere Grundstücke desselben Eigenthümers im Bezirke

desselben Grundbuchamts kann ein gemeinschaftliches Grundbuchblatt geführt werden, § 4, ein Grundstück kann einem anderen Grundstücke als Bestandtheil zugeschrieben, oder mit ihm vereinigt werden, § 5, ein Grundstückstheil kann ohne Abschreibung von dem Grundstücke mit einer Dienstbarkeit oder Reallast belastet werden, § 6 GBO., „solange" oder „wenn hiervon Verwirrung nicht zu besorgen ist". Die Vereinigung oder Zuschreibung von Grundstücken, § 5 GBO., erfordert nothwendig einen Antrag des Eigenthümers, § 890 Abs. 1 BGB.; in den beiden anderen Fällen, §§ 4 und 6 GBO., kann ein Antrag des Eigenthümers überhaupt fehlen. Ist ein Antrag gestellt, so hat der Richter ihn sachlich zu prüfen und den Antragsteller zu bescheiden. Seine Entscheidung aber hat er stets — lediglich von dem Gesichtspunkte aus zu treffen, ob sich die Maßregel in dem öffentlichen Interesse der Erhaltung eines seinen Zweck voll erfüllenden Grundbuchs empfiehlt.

2. Der Grundbuchrichter soll von Amtswegen ein besonderes Grundbuchblatt für ein Erbbaurecht anlegen, wenn das Recht veräußert oder belastet werden soll, § 7; er soll Aenderung oder Aufhebung eines subjektiv dinglichen Rechts bei dem Blatte des dienenden Grundstücks von Amtswegen auf dem Blatte des herrschenden Grundstücks nachtragen, § 8; er soll von Amtswegen die Mitbelastung mehrerer Grundstücke mit einem Rechte oder das Erlöschen der Mitbelastung auf den betreffenden Grundbuchblättern kenntlich machen, § 49; er soll von Amtswegen unzulässige Eintragungen löschen, § 54; er hat die Uebereinstimmung des Grundbuchs mit den Steuerbüchern von Amtswegen zu erhalten, § 89 GBO. und unübersichtlich gewordene Grundbuchblätter von Amtswegen oder auf Antrag umschreiben zu lassen. § 20 Verf.

In allen diesen Fällen verletzt der Grundbuchrichter, wenn er gegen das Gesetz handelt, zunächst nur in dem öffentlichen Interesse der Uebersichtlichkeit des Grundbuchs gegebene Vorschriften. Bei dem Interesse aber, welches zugleich die betheiligten Privatpersonen daran haben, daß das Grundbuch die Rechtsverhältnisse am Grundstücke übersichtlich wiedergebe, wird ihnen die Befugniß nicht zu bestreiten sein, nöthigenfalls den Richter durch einen Antrag zu einer den Vorschriften entsprechenden Maßnahme oder einem ablehnenden Bescheide zu veranlassen.

III. Eine Offizialthätigkeit des Grundbuchrichters wird bisweilen auch lediglich im Interesse von Privatpersonen erforderlich.

Die GBO. enthält eine Reihe von Bestimmungen, welche den Grundbuchrichter zu einer Thätigkeit veranlassen nur, um Privatrechte zu schützen, welche, wenn sie nicht im Grundbuche kenntlich gemacht würden, infolge des mit dem Grundbuche verbundenen öffentlichen Glaubens der Gefahr des Verlustes ausgesetzt sind. Insofern erscheint der Grundbuchrichter hier als von Amtswegen berufener Vertreter von Privatpersonen. Er hat auch hier unabhängig von Parteianträgen in Thätigkeit zu treten. Indem er aber seiner Amtspflicht genügt, begründet er für die von ihm vertretene Person noch die besonderen aus seinen Maßnahmen folgenden Rechte. Die Versäumung seiner Pflicht verletzt deshalb auch Parteirechte.

Hierher gehören

a) die vom Grundbuchrichter oder auf Anordnung des Beschwerdegerichts nach §§ 18, 76, 80 GBO. von Amtswegen einzutragenden Vormerkungen und Widersprüche. Vgl. §§ 57, 58.

b) der vom Grundbuchrichter nach §§ 23, 24 GBO. von Amtswegen einzutragende Widerspruch gegen die Löschung eines zeitlich beschränkten Rechts trotz des Eintritts des Endtermins. Vgl. §§ 22 zu III u. 58.

c) die nach §§ 52, 53 GBO. von Amtswegen einzutragenden Verfügungsbeschränkungen des Vorerben zu Gunsten des Nacherben und des Erben zu Gunsten des Testamentsvollstreckers. Vgl. § 59.

d) der von Amtswegen nach § 54 GBO. einzutragende Widerspruch, wenn das Grundbuchamt unter Verletzung gesetzlicher Vorschriften eine Eintragung vorgenommen hat, durch die das Grundbuch unrichtig geworden ist. Vgl. § 58.

Die auf Grund dieser Vorschriften vorzunehmenden Eintragungen von Amtswegen sind vom Gesetze nicht näher geregelt. Es ist aber folgendes zu beachten. Diese Eintragungen bleiben solche von Amtswegen, selbst wenn im einzelnen Falle auch die Partei die Eintragung beantragt haben sollte. Sie müssen im Grundbuche von den auf Antrag eines Betheiligten erfolgenden Eintragungen unterscheidbar sein, nicht nur, weil sie auch der Löschung von Amtswegen unterliegen, sondern auch um Verwechselungen mit anderen ähnlich lautenden aber anders zu behandelnden Eintragungen zu verhüten. Vgl. z. B. § 39. Sie sind deshalb stets in einen besonderen Eintragungsvermerk zusammenzufassen, als dessen Schluß, die Wendung „von Amtswegen eingetragen am“, zu empfehlen ist, um sie als eine Eintragung dieser Art zu kennzeichnen. Ist die Eintragung einmal erfolgt, so ist für den durch die Eintragung Berechtigten ein entsprechendes Recht im Grundbuche begründet worden, welches ihm nicht ohne weiteres wieder genommen werden kann, vielmehr erst gelöscht wird, wenn es des fürsorglichen Schutzes für die betroffene Person nicht mehr bedarf. Die Löschungen erscheinen dann als Löschungen von Amtswegen zur Berichtigung des Grundbuchs. Daß auf die Eintragungen von Amtswegen auch der § 54 Satz 1 GBO. zur Anwendung komme, wird nicht anzunehmen sein. Hat der Grundbuchrichter eine solche Eintragung unter Verletzung gesetzlicher Vorschriften vorgenommen, so wird ein Fall, welcher ihn von Amtswegen zur Fürsorge von Privatpersonen verpflichtet, nicht vorliegen und er kann die Eintragung ebensowohl von Amtswegen löschen, wie wenn ein Bedürfniß für seine Fürsorge nicht mehr besteht.

II. Thätigkeit des Grundbuchrichters auf Antrag eines Betheiligten.

§ 19. Antrag und Eintragungsantrag im Allgemeinen.

I. Die wichtigste Grundlage für eine Thätigkeit des Grundbuchrichters ist der Antrag eines Betheiligten. Antrag ist die Handlung, welche von Seiten des Betheiligten vorgenommen werden muß, um die Grundbuchbeamten zu einer Thätigkeit zu veranlassen. Die Handlung besteht in der Mittheilung der Wünsche des Betheiligten an das Grundbuchamt. Je nach dem Inhalt dieser Wünsche ist der Inhalt des Antrags verschieden; der Antrag kann jeden einzelnen Zweig der den Grundbuchbeamten obliegenden Thätigkeit betreffen, soweit diese überhaupt dem Parteiantrage zugänglich ist. In allen Fällen ist auf den Antrag nach Maßgabe der gesetzlichen Vorschriften sachlich zu entscheiden und, wenn ihm stattgegeben werden darf, die gewünschte Thätigkeit vorzunehmen; wenn ihm aber ein Gesetz entgegensteht, dem Antragsteller ein ablehnender Bescheid zu ertheilen. Insofern unterscheiden sich die Anträge in Grundbuchsachen nicht von den Anträgen in anderen Rechtsangelegenheiten.

II. Besonderer Hervorhebung bedarf der Antrag, welcher den Grundbuchrichter zur Vornahme einer Eintragung ins Grundbuch veranlassen soll. Für alle Eintragungen, soweit sie nicht von Amtswegen vorzunehmen sind, stellt § 13 Abs. 1 GBO. die Regel auf, daß sie nur auf Antrag erfolgen sollen. Es kommt nicht auf den Ausdruck „Antrag" an; auch sinnentsprechende Ausdrücke erfüllen die Gesetzesvorschrift, wenn nur dadurch dem Grundbuchrichter klar ausgesprochen wird, daß der Betheiligte die Vornahme der Eintragung wünscht. Der § 13 GBO. stellt das Erforderniß des Antrags für eine Eintragung nur als die Regel auf; wird ohne Antrag eingetragen, so ist dies ordnungswidrig, die Eintragung verliert deshalb aber nicht ihre Wirksamkeit. Die Bedeutung des Antrags ist deshalb nicht die einer zur Eintragung erforderlichen rechtsgeschäftlichen Willenserklärung, vielmehr nur die einer die Eintragung veranlassenden Verfahrenshandlung, vgl. Böhm Reichsgrundbuchrecht zu § 13 GBO. Das charakteristische des Antrags liegt in der Uebermittelung der Wünsche auf Eintragung vom Berechtigten an das Grundbuchamt. Die Einreichung des Antrags an das Grundbuchamt gehört deshalb zu den wesentlichen Erfordernissen eines solchen, ohne welches er nicht als gestellt angesehen werden kann. Insofern besitzt auch der Eintragungsantrag Empfangsbedürftigkeit.

III. Damit dem Antrage die Eintragung folge, muß er begründet sein. Ob dies der Fall sei, läßt sich nur aus den Vorschriften des materiellen Liegenschaftsrechts des BGB. erkennen. Die Rechtswirkungen, welche der einzelnen Bucheintragung nach BGB. zukommen, ergeben erst, von wem und in welcher Weise über die durch die Eintragung beurkundeten Rechte verfügt werden darf. Die GBO. sieht aber davon ab, von dem Grundbuchrichter zu verlangen, daß er die Eintragungsanträge darauf prüfe, ob sie nach dem materiellen Liegenschaftsrechte des BGB. ausreichend begründet sind. Sie stellt vielmehr neben jenes materielle Recht noch besondere Vorschriften für den Grundbuchverkehr, welche den Zweck, diesen möglichst zu erleichtern, dadurch erreichen, daß sie zum Nachweise der Zulässigkeit einer Eintragung in der Regel nur die einseitige Erklärung des Betroffenen erfordern. (Komm.Bericht zu § 21 Entw. d. GBO.). Hierauf ist zunächst einzugehen; vorweg aber das nöthigste über die Bedeutung der Eintragung ins Grundbuch überhaupt und ihre materiellen Erfordernisse zusammenzustellen.

§ 20. Die Bedeutung der Eintragungen von Rechten in das Grundbuch überhaupt und ihre Erfordernisse nach materiellem Rechte.

I. Die Eintragung der Rechte in das Grundbuch hat nach BGB. eine zweifache Bedeutung; entweder ist sie ein nothwendiges Erforderniß zum Eintritt gewisser Rechtsänderungen, oder dient nur der Verlautbarung von Rechtsänderungen, welche vor der Eintragung bereits eingetreten sind; sie bringt in diesem Falle einen unrichtigen Grundbuchinhalt in Einklang mit der wirklichen Rechtslage.

II. Ein nothwendiges Erforderniß zum Eintritt einer Rechtsänderung ist die Eintragung in das Grundbuch im Falle

a) der Uebertragung des Eigenthums an einem Grundstücke. § 873 BGB.
b) der Belastung eines Grundstücks mit einem Rechte. § 873 BGB.
c) der Uebertragung oder Belastung eines Rechtes am Grundstücke. § 873 BGB.
d) der Aenderung des Inhalts eines Rechtes an einem Grundstücke. § 877 BGB.
e) der Aufhebung eines Rechtes an einem Grundstücke. § 875 BGB.

Neben der Eintragung verlangt das BGB. als Erforderniß der Rechtsänderung weiter noch in den Fällen zu a—d die Einigung des Berechtigten und des anderen Theiles über den Eintritt der Rechtsänderung und im Falle zu e die Erklärung des Berechtigten, daß er das Recht aufgebe. Doch kennt das BGB. von den Erfordernissen der Eintragung sowohl wie der Einigung der Betheiligten wichtige Ausnahmen, indem einzelne der angegebenen Rechtsänderungen unter Umständen auch ohne Eintragung oder schon auf Grund einer einseitigen Erklärung bei dazukommender Eintragung eintreten; z. B. gehört zur Uebertragung und Belastung einer Briefhypothek oder Briefgrundschuld nicht die Eintragung ins Grundbuch; die Einigung der Betheiligten ist nicht erforderlich in den Fällen des Erwerbs durch Gesammtnachfolge oder gesetzliche Uebertragung, bei der Bestellung einer Sicherungshypothek nach § 1188 BGB. oder einer Inhabergrundschuld nach § 1196 BGB. u. a.

Die Einigung oder einseitige Erklärung unterscheidet das BGB. von dem der Rechtsänderung zu Grunde liegenden Kausalgeschäfte, welches den vom BGB. vorgeschriebenen Formen der einzelnen Vertragsart unterliegt. Besonderer Erwähnung bedarf nur der Vertrag, durch den sich der eine Theil verpflichtet, das Eigenthum an einem Grundstück zu übertragen; dieser bedarf, abgesehen von den Ausnahmen des Art. 12 A.BGB., nach § 313 BGB. der gerichtlichen oder notariellen Beurkundung, wird aber auch ohne Beobachtung dieser Form seinem ganzen Inhalte nach gültig, wenn Auflassung und Eintragung in das Grundbuch erfolgen. Das Kausalgeschäft braucht dem Grundbuchrichter nicht klargelegt zu werden, und wenn es ihm doch zur Kenntniß gebracht werden sollte, hat er dessen Rechtsgültigkeit nicht zu prüfen.

Die Einigung ist der abstrakte dingliche Vertrag, welcher mit Ausnahme der Auflassung und der Bestellung und Uebertragung eines Erbbaurechts, §§ 925, 1015, 1017 BGB., an keine Form gebunden ist. Die

Einigung erzeugt an sich noch nicht gegenseitige Bindung, unterliegt vielmehr solange dem einseitigen Rücktritte, bis die Eintragung erfolgt ist. Doch ist gegenseitige Bindung auch schon vor der Eintragung vorhanden, wenn

a) die Erklärungen gerichtlich oder notariell beurkundet sind,
b) die Erklärungen vor dem Grundbuchamte abgegeben oder — wenn auch nur in einfacher Schriftform — bei dem Grundbuchamte eingereicht sind,
c) der Berechtigte dem anderen Theile eine den Vorschriften des § 29 Satz 1 GBO. entsprechende Eintragungsbewilligung ausgehändigt hat. § 873 BGB.

Auch die einseitige Erklärung der Aufhebung eines Rechtes am Grundstücke kann formlos sein; doch ist sie empfangsbedürftig und muß deshalb dem Grundbuchamt oder demjenigen gegenüber abgegeben sein, zu dessen Gunsten sie erfolgt. Bis zur Löschung des Rechtes im Grundbuche kann der Berechtigte die Erklärung widerrufen, ist aber an sie gebunden, sobald er sie dem Grundbuchamte gegenüber d. h. entweder mündlich zu Protokoll eines Grundbuchbeamten oder in einer dem Amte eingereichten — wenn auch nur privatschriftlichen — Eingabe abgegeben oder demjenigen, zu dessen Gunsten sie erfolgt, eine dem § 29 Satz 1 GBO. entsprechende Löschungsbewilligung ausgehändigt hat. § 875 BGB.

Mag die Eintragung einer Rechtsänderung eine Einigung der Betheiligten, oder nur eine einseitige Erklärung des Berechtigten voraussetzen, so

a) braucht der Berechtigte in dem Zeitpunkte, in dem er die Einigung eingeht oder die Erklärung abgiebt, nicht schon als solcher im Grundbuche eingetragen zu sein. Denn weder § 873 noch § 875 BGB. sprechen von einem schon eigetragenen Berechtigten. Aus einer vom Berechtigten vor seiner Eintragung geschlossenen Einigung, oder abgegebenen Erklärung kann deshalb gültig eingetragen werden. Vgl. aber § 40 Abs. 1 GBO. und § 35.
b) wird, nachdem die Einigung oder die Erklärung für den Berechtigten bindend geworden und der Antrag auf Eintragung bei dem Grundbuchamte gestellt ist, eine vom Berechtigten abgegebene Erklärung nicht dadurch unwirksam, daß er vor der Eintragung in der Verfügung beschränkt wird. § 878 BGB.
c) steht es der Wirksamkeit einer schon abgegebenen Erklärung des Berechtigten nicht entgegen, wenn er vor der Eintragung stirbt, oder geschäftsunfähig wird, sofern nur die Erklärung nach Maßgabe der Vorschriften der §§ 873, 875 BGB. bereits bindend für ihn geworden war. §§ 153, 130 BGB.

III. Dient die Eintragung im Grundbuche nur dazu, um den unrichtigen Grundbuchinhalt in Uebereinstimmung zu bringen mit der wirklichen Rechtslage, so spricht das BGB. von der Berichtigung des Grundbuchs. Ein Zwiespalt zwischen Inhalt des Grundbuchs und wirklicher Rechtslage kann vorkommen in Ansehung eines Rechtes an dem Grundstück, eines Rechtes an einem solchen Rechte und einer zu Gunsten einer bestimmten Person geltenden Verfügungsbeschränkung, § 894 BGB., und kann in verschiedener Weise entstehen:

1. Eine zunächst inhaltlich und formell richtige Eintragung ist später infolge von Rechtsänderungen, die sich außerhalb des Grundbuchs zugetragen haben, unrichtig geworden. Z. B. der Berechtigte ist gestorben; oder er hat eine gütergemeinschaftliche Ehe geschlossen; eine Uebertragung der Briefhypothek hat stattgefunden.
2. Eine vom Grundbuchrichter formell zunächst ganz richtig vorgenommene Eintragung war inhaltlich falsch oder nichtig. Z. B. in einem der Eintragung zu Grunde gelegten Erbschein sind thatsächlich falsche Angaben beurkundet, oder ein wegen Geisteskrankheit Entmündigter hat eine Eintragungsbewilligung erklärt.
3. Der Grundbuchrichter hat unter Verletzung gesetzlicher Vorschriften eine Eintragung vorgenommen. Z. B. er hat ohne die Bewilligung des von der Eintragung Betroffenen eingetragen.

Die Bedeutung, welche das Grundbuch für die Rechtsverhältnisse am Grundstücke hat, begründet das Interesse der Betheiligten auf Beseitigung des falschen und Herstellung des richtigen Grundbuchinhalts. Das BGB. giebt in den Fällen zu 1 und 2 dem, dessen Recht nicht oder nicht richtig eingetragen oder durch die Eintragung einer nicht bestehenden Belastung oder einer zu Gunsten bestimmter Personen eingetragenen Verfügungsbeschränkung beeinträchtigt ist, ein Klagerecht auf Zustimmung zur Berichtigung des Grundbuchs gegen denjenigen, dessen Recht von der Berichtigung betroffen wird. § 894 BGB. Das Klagerecht geht, wenn die Berichtigung erst nach Eintragung des Rechtes des Verpflichteten erfolgen kann, auch dahin, daß dieser sein Recht eintragen lasse, § 895 BGB., und wenn die Vorlegung eines Hypotheken- oder Grundschuldbriefes erforderlich ist, nebenher noch gegen den Besitzer des Briefes dahin, daß der Brief dem Grundbuchamte vorgelegt werde. § 896 BGB. Auf Grund des erstrittenen Urtheils kann dann der Berechtigte die Berichtigung des Grundbuchs betreiben.

Im Falle zu 3 ist der Grundbuchrichter an erster Stelle berufen, von Amtswegen die ungesetzliche Eintragung zu beseitigen oder durch Eintragung eines Widerspruchs wenigstens unschädlich zu machen, vgl. dazu später § 36. Erst in zweiter Linie ist dem durch die falsche Eintragung Betroffenen das Recht gegeben, den Grundbuchrichter durch einen Antrag oder im Wege der Beschwerde zum Eingreifen zu veranlassen. § 71 GBO. In diesem Umfange ist hier gleichsam ein Berichtigungsanspruch des Verletzten gegen den durch den Grundbuchrichter oder das Beschwerdegericht vertretenen Staat gegeben. Ist aber der Widerspruch von Amtswegen einmal eingetragen, so endigt die Pflicht der Behörde und die Beseitigung der ungesetzlichen Eintragung aus dem Grundbuche, muß der Verletzte selbst nach den Vorschriften der GBO. nöthigenfalls durch Klage gegen den betreiben, zu dessen Gunsten die ungesetzliche Eintragung erfolgt ist, § 54 GBO.

§ 21. Begründung des Eintragungsantrags durch die Eintragungsbewilligung.

I. Zur Erleichterung des Grundbuchverkehrs verlangt die GBO., wie schon S. 59 zu III gesagt ist, in den meisten Fällen, in denen die Eintragung ins Grundbuch ein nothwendiges Erforderniß zur Herbeiführung der Rechtsänderung ist, von dem Grundbuchrichter nicht die Prüfung, ob die Erfordernisse nach materiellem Recht erfüllt sind. Nur allein in dem Falle der Auflassung eines Grundstücks oder der Bestellung und Uebertragung eines Erbbaurechts ist dem Grundbuchrichter die Einigung der Betheiligten darzulegen, § 20 GBO. Im übrigen begnügt sich die GBO. damit, als ausreichende Begründung eines Eintragungsantrags hier überall nur die Bewilligung desjenigen anzusehen, dessen Recht von einer Eintragung betroffen wird, § 19. Die einseitige Eintragsbewilligung des Betroffenen hat in diesen Fällen die Aufgabe, für den Grundbuchverkehr den dinglichen Vertrag, die Einigung der Betheiligten, oder die materielle Erklärung, durch welche ein Berechtigter sein Recht aufgiebt, oder welche sonst ein Erforderniß der Rechtsänderung ist, zu ersetzen.

Aber weiter genügt die einseitige Eintragungsbewilligung auch stets dann zur Begründung eines Eintragungsantrags, wenn eine außerhalb des Grundbuchs bereits vollzogene Rechtsänderung in das Grundbuch nachgetragen werden soll, es sich also um eine Berichtigung des Grundbuchs handelt. Offenbar ist hier die Funktion der Eintragungsbewilligung nicht mit der im erstgedachten Falle zu vergleichen. Hier dient sie nicht als Ersatz einer zur Herbeiführung der Rechtsänderung erforderlichen Erklärung, hat vielmehr nur den Zweck, den Nachweis, daß die Rechtsänderung bereits eingetreten sei, d. h. der Unrichtigkeit des Grundbuchs zu erübrigen. §§ 19, 22 GBO.

Die Eintragungsbewilligung ist hiernach die — ihrem Wesen nach abstrakte — Willenserklärung, welche für den formellen Grundbuchverkehr jeden Eintragungsantrag ohne Unterschied seines materiellen Grundes ausreichend begründet.

Sie kann von dem Betroffenen freiwillig erklärt werden; der Betroffene kann aber auch zur Abgabe der Erklärung verurtheilt sein. In diesem Falle gilt die Bewilligung mit der Rechtskraft des Urtheils für erklärt. § 894 CPO. Ist das Urtheil nur vorläufig vollstreckbar, so gilt die Eintragung nur einer Vormerkung oder eines Widerspruchs als bewilligt. § 895 CPO.

II. Wer der Betroffene ist, welcher die Bewilligung zu erklären hat, muß im einzelnen Falle mit Rücksicht auf den Gegenstand der beantragten Eintragung an der Hand der Vorschriften des BGB. bestimmt werden und wird im Fortgange des Buches jedesmal anzugeben sein. Als allgemeine Regel ist aber festzuhalten, daß die GBO. unter den von der Eintragung Betroffenenen jedenfalls diejenigen meint, welche infolge der Eintragung eine Schmälerung ihres Rechtes erleiden, diejenigen, wie der erste Entwurf zur GBO. sagte, gegen deren Recht sich die Eintragung richtet. Dies ist, wenn die Eintragung erst die Rechtsänderung herbeiführen soll, der wirklich Berechtigte; wenn es sich um eine Berichtigung des Grundbuchs handelt, der buchmäßig Berechtigte. Werden die Rechte Mehrerer oder mehrere Rechte von der Eintragung betroffen, so müssen alle Berechtigte die Bewilligung erklären.

Danach hat die Eintragung von dinglichen Rechten, wie Dienstbarkeiten, Reallasten, Vorkaufsrechten, Hypotheken, Grundschulden in das Grundbuch der Eigenthümer des Grundstücks zu bewilligen, weil sein Eigenthumsrecht von der Eintragung betroffen wird, andererseits bedarf die Eintragung der Uebertragung (Abtretung) oder Belastung eines eingetragenen Rechtes nur der Begründung durch die Bewilligung des Berechtigten, weil sie dessen Recht betrifft.

Das Gleiche gilt in der Regel für die Löschung eines eingetragenen Rechtes; nur für die Löschung einer Hypothek, Grundschuld oder Rentenschuld bedarf es neben der Löschungsbewilligung des Berechtigten stets auch der Zustimmung des Eigenthümers des Grundstücks. Dies hat darin seinen Grund, daß jede Hypothek nach BGB. für den Fall, daß die Forderung, zu deren Befriedigung sie dient, nicht entsteht oder erlischt, als für den Eigenthümer bestellte Grundschuld gilt, und daß dieser Satz für den Fall des Erlöschens des Anspruchs des Gläubigers auch auf Grundschulden oder Rentenschulden Anwendung findet.

Zweifelhafter ist es, wer als der von der Eintragung Betroffene anzusehen ist, wenn nicht klar ist, ob die Eintragung für einen der Betheiligten eine Schmälerung seines Rechtes bedeutet. Dies wird häufig vorkommen, wenn die inhaltliche Aenderung eines eingetragenen Rechtes am Grundstücke, z. B. die Umwandelung einer Hypothek, Sicherungshypothek oder Grundschuld in eine andere Art der Grundstückspfandrechte, die Einsetzung einer anderen Forderung, anstelle der Forderung, für welche die Hypothek besteht, §§ 1116, 1180, 1186, 1198 BGB., die Aenderung der Kündigungsfrist oder der Zahlungszeit, die nachträgliche Ausschließung der Ertheilung eines Briefes oder die Aufhebung dieser Ausschließung u. a. eingetragen werden soll. In allen solchen Fällen ist anzunehmen, daß von der Eintragung nicht nur der Gläubiger des fraglichen Rechtes, sondern unmittelbar auch der Eigenthümer des Grundstücks betroffen werde und deshalb die Eintragungsbewilligung beider Personen nöthig sei. Dies folgt wohl schon daraus, daß das materielle Recht alle diese Fälle der Abänderung nie unter dem Gesichtspunkte einer Aufhebung des Rechtes ansieht, sondern die Regeln von der Belastung des Grundstücks anwendet, §§ 873, 875 BGB.

Unter Umständen ist neben der Bewilligung des unmittelbar Betroffenen zur Eintragung noch die Zustimmung eines Dritten, welcher nur mittelbar von ihr betroffen wird, erforderlich. Hierüber s. nachher § 24.

§ 22. Begründung des Eintragungsantrags im Falle der Berichtigung des Grundbuchs.

I. Soll eine Eintragung zur Berichtigung des Grundbuchs erfolgen, vgl. S. 61 zu III, so genügt, wie schon in S. 63 gesagt ist, auch dazu die abstrakte Eintragungsbewilligung desjenigen, dessen buchmäßiges Recht von der Eintragung betroffen wird. Die GBO. sieht indessen hier von der Beibringung der Bewilligung nach § 19 GBO. als eines regelmäßigen Erfordernisses der Eintragung ab und gestattet die Eintragung auch dann, wenn die Unrichtigkeit nachgewiesen wird, § 22 Abs. 1 GBO. Der Grund der Bestimmung ist, daß die Beibringung der Bewilligung, weil der buchmäßig Berechtigte inzwischen verstorben oder verschollen ist oder sonst die erforderliche Bewilligung nicht mehr abgeben kann, oder sich der Abgabe weigert, oft Kosten und Weitläufigkeiten verursacht, welche man gern vermeidet. Deshalb ist auch das Verhältniß der Bestimmung des § 22 zum § 19 GBO. nicht dahin aufzufassen, daß der Grundbuchrichter die Bewilligung des eingetragenen Berechtigten in allen Fällen, in denen sie noch — und sei es auch nur durch Klage — beschafft werden kann, fordern soll, vielmehr soll er trotz dieser Möglichkeit die Eintragung auch ohne Bewilligung vornehmen, wenn ihm die Unrichtigkeit auf andere Weise nachgewiesen erscheint. Unbenommen aber bleibt es ihm stets, wenn er den Nachweis nicht für geführt hält, den Antragsteller zur Beibringung der abstrakten Eintragungsbewilligung zu veranlassen.

II. Was den Nachweis anbetrifft, so muß er stets durch Urkunden geführt werden. Die Urkunden müssen den Formen des § 29 Satz 1 und 2 GBO. entsprechen. Vgl. nachher S. 72 zu III.

Zu den in Frage kommenden Urkunden gehören z. B. der Erbschein oder das in öffentlicher Urkunde enthaltene Testament, die bestimmte Personen als Erben nachweisen, der Auszug aus dem Güterrechtsregister zum Nachweise, daß z. B. eine gütergemeinschaftliche Ehe eingegangen ist; das Zeugniß des Nachlaßgerichts nach §§ 37, 38 GBO.; die Sterbeurkunde, wenn ein Recht auf die Lebenszeit eines Menschen beschränkt ist; die Geburtsurkunde, wenn es mit der Erreichung eines bestimmten Lebensalters erlöschen soll, zum Nachweise des Erlöschens des Rechts; das Ausschlußurtheil nach §§ 1104 (Vorkaufsrecht), 1112 (Reallast), 1170, 1171 (Hypothek) BGB.; die Abtretungs- und Belastungserklärung bezüglich einer Briefhypothek oder Briefgrundschuld; das Anerkenntniß des gesetzlichen Ueberganges bei allen Arten von Grundstückspfandrechten; die Quittung über die Befriedigung des Hypothekengläubigers durch den persönlichen Schuldner, § 1167, oder durch den dinglichen Schuldner (Eigenthümer), § 1143 BGB.; die Erklärung des Verzichts auf die Forderung, für welche eine Hypothek besteht, § 1163 BGB.; die vollstreckbare Entscheidung nach § 868 CPO., durch welche eine Entscheidung aufgehoben wird, aus der zwangsweise eine Sicherungshypothek eingetragen ist; Pfändungs- und Ueberweisungsbeschlüsse hinsichtlich Briefhypotheken oder Briefgrundschulden, §§ 830, 837 CPO.; die Erklärung des Verzichts auf die durch die Pfändung erworbenen Rechte, § 843 CPO., u. s. w.

III. Der Nachweis der Unrichtigkeit des Grundbuchs begründet ausnahmsweise für sich allein noch nicht den Antrag auf Berichtigung in folgenden Fällen:

1. besteht die Berichtigung des Grundbuchs in der Eintragung des Eigenthümers oder Erbbauberechtigten, so darf die Eintragung in der Regel nur mit deren Zustimmung erfolgen; es bedarf dieser Zustimmung aber

nicht, wenn der Antragsteller aus einem gegen den Eigenthümer oder Erbbauberechtigten vollstreckbaren Titel eine Eintragung in das Grundbuch verlangen kann, welche erst nach der Berichtigung des Grundbuchs durch Eintragung jener zulässig ist. §§ 22 Abs. 2, 14 GBO.

2. hat ein eingetragenes Recht nur auf die Lebenszeit des Berechtigten oder bis zu einem Zeitpunkt Wirksamkeit, so erlischt das Recht mit dem Tode oder dem Endtermin und kann in der Regel auf Grund des Nachweises vom Erlöschen des Rechts im Grundbuche gelöscht werden; sind aber bei dem Rechte Rückstände von Leistungen — z. B. von Zinsen, einzelnen Altentheilsleistungen u. s. w. — nicht ausgeschlossen, so darf die Löschung nicht vor Ablauf eines Jahres seit dem Erlöschen des Rechts und nicht, solange gegen die Löschung bei dem Grundbuchamte widersprochen ist (vgl. § 58), erfolgen, es sei denn, daß der Rechtsnachfolger oder der sonst Betroffene die Löschung bewilligt. Dieser Bewilligung bedarf es nicht, wenn im Grundbuche eingetragen ist, daß zur Löschung der Nachweis des Erlöschens des Rechts genügt. Gilt der Berechtigte nur infolge einer Todeserklärung als verstorben, so soll die einjährige Frist nicht, wie nach der Regel des § 18 BGB. anzunehmen wäre, sondern erst von der Erlassung des Urtheils über die Todeserklärung gerechnet werden. §§ 23, 24 GBO.

Zu beachten bleibt, daß trotz der Aufrechterhaltung der Eintragung des ganzen Rechts das Erlöschen des Rechts nicht aufgehalten ist und die Eintragung vom Endtermin ab nur noch für die etwa vorhandenen Rückstände dingliche Sicherheit bieten soll, die Eintragung also eine vom Gesetz sanktionirte Unrichtigkeit des Grundbuchs darstellt. Nur noch zum Werthe der Rückstände bleibt aber das Grundstück belastet und Aenderungen oder Uebertragungen des Rechts selbst sind ausgeschlossen.

§ 23. Begründung des Eintragungsantrags durch andere Urkunden als die Eintragungsbewilligung, auch wenn keine Berichtigung des Grundbuchs vorliegt.

I. Von Berichtigung des Grundbuchs kann immer nur die Rede sein, wenn die Eintragung einen schon wirklich eingetretenen Rechtszustand nur verlautbaren soll. Auch in Fällen, in denen dies nicht in Frage steht, vielmehr die Eintragung ein materielles Erforderniß ist, um die Rechtsänderung erst zu vollenden, kann unter Umständen ein Eintragungsantrag durch andere Urkunden als die Eintragungsbewilligung ausreichend begründet werden. Hierher gehört die vollstreckbare Entscheidung oder das vollstreckbare Urtheil, durch welches die eine Vormerkung oder einen Widerspruch anordnende einstweilige Verfügung aufgehoben wird. § 25 GBO. Erst die Eintragung der Löschung bewirkt hier das Erlöschen des aus dem betreffenden Vermerk folgenden Rechts. Das Gesetz sieht hier offenbar selbst keinen Fall der Unrichtigkeit des Grundbuchs, weil dann der Fall durch § 22 GBO. umfaßt würde, und es sich hätte den § 25 GBO. sparen können. Es ist dies auch im Hinblick auf § 894 BGB. richtig, weil Vormerkung und Widerspruch hiernach nicht zu den Eintragungen gehören, die eine

Unrichtigkeit des Grundbuchs bewirken können. War aber auf Grund der einstweiligen Verfügung eine Hypothek oder ein anderes der in § 894 BGB. aufgezählten Rechte oder eine Verfügungsbeschränkung eingetragen worden, so liegt die Sache anders. Die aufhebende Entscheidung begründet hier eine wirkliche Unrichtigkeit des Grundbuchs und macht den § 22 GBO. auf die Behandlung der Eintragung anwendbar, begründet insbesondere auch den Antrag des Eigenthümers auf Umschreibung der Hypothek auf seinen Namen. Deshalb war neben dem § 22 noch der § 25 GBO. mit der Beschränkung auf Vormerkung und Widerspruch erforderlich.

II. Wird in den Seite 60 zusammengestellten Fällen der §§ 873, 875, 877 BGB. statt der abstrakten Eintragungsbewilligung dem Grundbuchrichter der Abschluß des dinglichen Vertrags, die ausnahmsweise zur Rechtsänderung erforderliche einseitige Erklärung des Berechtigten oder dessen Erklärung über Aufhebung seines Rechts dargelegt, so wird nicht daran zu zweifeln sein, daß er auch auf Grund dieser Erklärungen eintragen darf; denn der Nachweis des Vorliegens der Voraussetzungen zur Eintragung nach dem materiellen Liegenschaftsrechte stellt ein Mehr dar, als wie es das formelle Grundbuchrecht in der Eintragungsbewilligung verlangt. Doch bleibt es dem Grundbuchrichter in allen Fällen unbenommen, wenn er sich auf eine Prüfung jener Voraussetzungen nicht einlassen will, oder ihm der Nachweis nicht sicher erscheint, die Beibringung der Eintragungsbewilligung zu verlangen. In vielen Fällen sind aber auch nach dem materiellen Liegenschaftsrechte die Voraussetzungen zur Eintragung einer Rechtsänderung so einfacher Art, daß deren Prüfung den Grundbuchverkehr nicht erschwert. So wird z. B. ein Eintragungsantrag genügend begründet werden durch das Ausschlußurtheil in den Fällen der §§ 927, 1017 (Eigenthum, Erbbaurecht), ferner durch die Erklärung des Verzichts auf das Eigenthum oder Erbbaurecht nach §§ 928, 1017 oder auf die Hypothek nach § 1168 BGB.; durch die vom Erwerber angenommene Erklärung des Gläubigers über Abtretung einer Buchhypothek, Buchgrundschuld, Sicherungshypothek, § 1154 Abs. 3 BGB.; durch die einseitige Erklärung eines Eigenthümers, daß er eine Hypothek für eine Forderung aus einem Wechsel oder einem Inhaberpapier bestelle, § 1187 BGB.; durch die in der Urkunde abgegebene Erklärung des zurücktretenden Theils, daß er den Vorrang einräume, und des anderen Theils, daß er den Vorrang annehme, § 880 BGB.; durch die übereinstimmende Erklärung des Eigenthümers und des Gläubigers, daß die Ertheilung eines Briefs ausgeschlossen sein solle, § 1116 BGB.; durch die übereinstimmende Erklärung des Gläubigers und Eigenthümers, daß an die Stelle der Forderung, für welche eine Hypothek besteht, eine andere gesetzt werden solle, § 1180 BGB. u. s. w.

III. Den Antrag auf Eintragungen in das Grundbuch begründen nach der ausdrücklichen Vorschrift der CPO. auch vollstreckbare Urtheile, welche auf Zahlung einer Geldsumme lauten, Arrestbefehle und einstweilige Verfügungen. Dasselbe gilt von Pfändungs- und Ueberweisungsbeschlüssen hinsichtlich einer Buch- oder Sicherungshypothek und einer Buchgrundschuld; sowie von vollstreckbaren Beschlüssen der Verwaltungsbehörden. Die Eintragungen geschehen zur Begründung eines Rechts im Grundbuche. Die gedachten Titel haben die gleiche Wirkung wie eine den gleichen Zweck verfolgende Eintragungsbewilligung. Näheres s. Kapitel 11.

§ 24. Zustimmung eines Dritten.

I. Zu den zu einer Eintragung erforderlichen Erklärungen gehört unter Umständen die Zustimmung eines Dritten. Soweit die Nothwendigkeit der Zustimmung in familienrechtlichen Verhältnissen ihre Grundlage hat, wird davon in Kapitel 6 gesprochen.

Das Liegenschaftsrecht des BGB. kennt außerdem noch eine Zustimmung, welche die Besonderheit hat, daß sie unwiderruflich wird, sobald sie dem Grundbuchamte oder dem gegenüber, zu dessen Gunsten sie erfolgt, abgegeben ist, sonst aber unter den allgemeinen Regeln der §§ 182 ff. BGB. steht. Die Zustimmung wird in folgenden Fällen erfordert:

1. Zur Aufhebung, inhaltlichen Aenderung oder nachtheiligen Rangänderung eines mit dem Rechte eines Dritten belasteten Rechts bedarf es der Zustimmung des Dritten. §§ 876, 877, 880, 1132 Abs. 2 BGB. Deshalb kann auch ein dem Nießbrauche unterliegendes Recht nur mit Zustimmung des Nießbrauchers aufgehoben werden. § 1071 BGB.
2. Zur Aufhebung oder inhaltlichen Aenderung eines Rechts, welches einem anderen Grundstücke zusteht, bedarf es, sofern dieses Grundstück mit dem Rechte eines Dritten belastet ist, und letzteres Recht von der Aufhebung oder Aenderung berührt wird, der Zustimmung des Dritten. §§ 876, 877 BGB.
3. Soll eine Hypothek, Grundschuld oder Rentenschuld im Range vor einem anderen Rechte zurücktreten oder durch Rechtsgeschäft aufgehoben werden, so bedarf es der Zustimmung des Eigenthümers. §§ 880, 1183, 1192 BGB.
4. Soll anstelle der Forderung, für welche eine Hypothek besteht, eine andere Forderung gesetzt worden, so bedarf es der Zustimmung des Dritten, dessen Recht auf der ausscheidenden Forderung lastet und, wenn der Gläubiger der eintretenden Forderung verschieden ist von dem bisherigen Hypothekengläubiger, auch noch dessen Zustimmung. § 1180 BGB.

In allen diesen Fällen wird durch die Eintragung neben dem unmittelbar Betroffenen auch noch die Rechtssphäre des Dritten, dessen Zustimmung erforderlich ist, mittelbar beeinträchtigt. Eine wirksame Verfügung über das Recht können sie deshalb nur gemeinschaftlich treffen. Dementsprechend verlangt auch das formelle Grundbuchrecht die Zustimmung des Dritten, in einzelnen der angeführten Fälle jedoch mit einigen Abänderungen.

a) Im Falle zu 2 bedarf es der Zustimmung des Dritten nur dann, wenn das Recht auf dem Blatte des berechtigten Grundstücks vermerkt steht. § 21 GBO.
b) Im Falle zu 3 bedarf es zur Löschung der Hypothek, Grundschuld, Rentenschuld der Zustimmung des Eigenthümers stets, auch wenn

das Recht nicht durch Rechtsgeschäft aufgehoben ist. § 27 Abs. 1 GBO. Vgl. dazu S. 64 zu II.

c) Ferner soll die Löschung eines Pfandrechts oder Nießbrauchs, mit dem eine Hypothek, Grundschuld oder Rentenschuld belastet ist, in allen den Fällen nur mit Zustimmung des Gläubigers des belasteten Rechts erfolgen, in denen nicht die Unrichtigkeit der Eintragung nachgewiesen wird. § 27 Abs. 2 GBO. Vgl. § 76.

II. Die Zustimmung bildet in den angegebenen Fällen eine zur Eintragung nothwendige Erklärung; inhaltlich steht sie der Bewilligung gleich und kann deshalb auch selbst als Bewilligung erklärt werden, denn auch der Dritte, welcher zuzustimmen hat, ist ein durch die Eintragung Betroffener.

§ 25. Der Antragsberechtigte. Inhalt des Antrags.

I. Berechtigt einen Eintragungsantrag zu stellen, ist Jeder, dessen Recht von der Eintragung betroffen wird, oder zu dessen Gunsten die Eintragung erfolgen soll. § 13 Abs. 2 GBO. Hiernach ergiebt sich folgendes:

1. Den Antrag kann Jeder stellen, d. h. giebt es im einzelnen Falle mehrere Antragsberechtigte, so kann der Antrag mit Wirkung für alle, von jedem einzelnen gestellt werden.

2. Den Eintragungsantrag kann Jeder stellen, zu dessen Gunsten die Eintragung erfolgen soll; also Jeder, dem die Eintragung rechtlich einen Vortheil bringt, der Aktivbetheiligte. Dahin gehört der Berechtigte, für den ein Recht in die zweite oder dritte Abtheilung des Grundbuchblatts, eine Verfügungsbeschränkung, eine Vormerkung oder ein Widerspruch eingetragen werden soll; der Eigenthümer, wenn die Löschung eines Realrechts; der Gläubiger, auf den ein Recht übergegangen ist, wenn dessen Uebertragung einzutragen ist. Zu den Aktivbetheiligten gehört ausnahmsweise auch ein mittelbar Betheiligter, nämlich der nachstehende Berechtigte, der die Löschung eines vorgehenden Rechts herbeiführen will. Der Antrag des Aktivbetheiligten bedarf stets der Begründung durch die entsprechende Eintragungsbewilligung des Passivbetheiligten, durch den Nachweis der Unrichtigkeit des Grundbuchs oder des Vorliegens der materiellen Voraussetzungen der herbeizuführenden Rechtsänderung. Doch ist es nicht erforderlich, daß der Antrag in einer besonderen Urkunde erklärt sei.

3. Den Antrag auf Eintragung kann auch Jeder stellen, dessen Recht von ihr betroffen wird, also der Passivbetheiligte, über welchen Begriff schon Seite 63 gesprochen ist. Auch dessen Antrage müssen die zur Begründung erforderlichen Erklärungen oder Nachweise beigefügt sein. Doch ersetzen oft die Anträge selbst die zur Eintragung erforderliche Erklärung und bedürfen deshalb keiner weiteren Begründung. Hat der, dessen Bewilligung oder Zustimmung Erforderniß einer Eintragung ist, in gehöriger Form, §§ 30, 29 GBO., nur erklärt, er beantrage die Eintragung, so ist hierin ein genügender Ersatz der Erklärung, er bewillige oder stimme zu, zu finden. Daß eine dem Grundbuchamte auf ordentlichem Wege zugegangene, also

dem Grundbuchamte gegenüber erklärte Eintragungsbewilligung, welcher kein Antrag beiliegt, für sich allein zur Eintragung stets ausreiche, ist als Absicht des Gesetzes nicht anzunehmen, obwohl der Wortlaut des § 19 GBO. diese Deutung nicht auszuschließen scheint. Richtig verstanden besagt der § 19 nichts von einem möglichen Ersatze des Antrags durch die Bewilligung, giebt vielmehr nur eine Vorschrift darüber, was zur Begründung eines Eintragungsantrags gehöre.

II. Ausnahmsweise giebt das Gesetz noch in folgenden Fällen ein Antragsrecht.

1. Den Antrag auf Berichtigung des Grundbuchs durch Eintragung eines Berechtigten kann auch stellen, wer auf Grund eines gegen den Berechtigten vollstreckbaren Titels eine Eintragung ins Grundbuch verlangen kann. Voraussetzung ist, daß die Eintragung aus dem Titel erst nach Eintragung des Berechtigten zulässig ist. § 14 GBO. Um dem Antragsteller den Nachweis der Unrichtigkeit des Grundbuchs und damit die Möglichkeit der Zwangsvollstreckung in das Grundstück zu erleichtern, gewährt ihm § 792 CPO. das Recht, anstelle des Schuldners einen Erbschein oder eine andere auf Antrag von einer Behörde oder einem Beamten oder einem Notar zu ertheilende Urkunde, deren er dazu bedarf, zu verlangen.
2. Der Notar, welcher die zu einer Eintragung erforderliche Erklärung beurkundet oder beglaubigt hat, gilt als ermächtigt, im Namen eines Antragsberechtigten die Eintragung zu beantragen. § 15 GBO. Eine vermuthete Vollmacht hat der Notar hiernach nur von dem, für welchen er die Beurkundung oder Beglaubigung vorgenommen hat. Nach dem zu I 1 Gesagten genügt aber allein der vom Notar gestellte Antrag, auch wenn von der Eintragung noch mehrere, von ihm nicht vertretene Personen betroffen werden, den Grundbuchrichter zu einer entsprechenden Thätigkeit zu veranlassen. Die vermuthete Vollmacht des Notars erstreckt sich auch auf die Einlegung der Beschwerde oder der weiteren Beschwerde. § 80 GBO., § 29 FG.

III. Unter dem alten Rechte wurde der Einreichung von Eintragungsanträgen, welche erkennbar von einem völlig Unbetheiligten ausging, die gleiche Wirkung beigemessen, wie der Einreichung durch einen Betheiligten. Unter dem neuen Recht wird diese Praxis nicht aufrecht zu erhalten sein. Nach dem, was schon in S. 59 zu II ausgeführt ist, vollendet sich der Antrag selbst erst durch die Einreichung beim Grundbuchamte. Als zur Einreichung eines Antrags berechtigt können deshalb nur die in den §§ 13, 14, 15 GBO. genannten Antragsberechtigten angesehen werden.

IV. Der Antrag kann eine oder mehrere Eintragungen veranlassen; es können auch Eintragungen, die auf verschiedenen Grundbuchblättern vorgenommen werden sollen, in einem Kollektivantrage zusammengefaßt sein. Ein bei einem Grundbuchamte eingehender Antrag bezieht sich grundsätzlich auf alle Eintragungen, welche von den Grundbuchämtern desselben Amtsgerichts vorzunehmen sind. Anträge, welche mehrere verschiedenen Abtheilungen desselben Grundbuchamts unterliegende Grundbücher betreffen, gelten bei diesen allen als eingegangen. Vgl. § 29. Betrifft der Antrag

Grundbücher, welche bei verschiedenen Amtsgerichten geführt werden, so darf der Grundbuchrichter, bei dem der Antrag eingegangen ist, wenn nicht ein Anderes ausdrücklich erklärt wird, annehmen, daß der Betheiligte selbst auch bei den übrigen Amtsgerichten den Antrag stellen wird, und braucht seinerseits bezüglich des die anderen Gerichte betreffenden Theils des Antrags nichts zu veranlassen. Besonderheiten gelten nur bei der Eintragung, Aenderung oder Löschung einer Mitbelastung bei in verschiedenen Gerichtsbezirken liegenden Grundstücken. Vgl. § 34.

V. Inhaltlich muß sich der Antrag mit der Bewilligung decken. Soweit er mehr verlangt als bewilligt ist, fehlt ihm die Begründung; verlangt er weniger, so wird, auch wenn der bewilligende Theil selbst den Antrag stellt, doch nur der Antrag für den Umfang der Eintragung maßgebend sein dürfen. In der Eintragungsbewilligung ist das Grundstück übereinstimmend mit dem Grundbuch oder durch Hinweisung auf das Grundbuchblatt zu bezeichnen. § 28 GBO.

§ 26. Form der Urkunden im Grundbuchverkehr.

I. Anträge, Eintragungsbewilligungen und andere Erklärungen der Betheiligten in Grundbuchsachen können mündlich zu Protokoll eines Grundbuchbeamten abgegeben werden oder bereits schriftlich abgefaßt eingehen. Einer besonderen Form bedürfen nur Eintragungsbewilligungen, sonstige zur Eintragung erforderliche Erklärungen und Anträge, durch die eine solche Erklärung ersetzt wird. §§ 29, 30 GBO. Anlangend zunächst den Begriff der zu einer Eintragung erforderlichen Erklärung, welchen neben den §§ 29, 30 auch § 15 GBO. kennt, so ist nicht zweifelhaft, daß die Eintragungsbewilligung, die Zustimmungserklärung eines Dritten und die diesen gleichstehenden Erklärungen, durch welche ein Eintragungsantrag erst seine nothwendige Begründung erhält, zur Eintragung erforderlich sind. Zweifelhaft aber kann es mitunter sein, wann dies auch ein Eintragungsantrag ist. Sicher ist er dies in dem S. 69 zu I 3 besprochenen Falle, wenn er zugleich die zur Eintragung erforderliche Erklärung darstellt. Dagegen ist er zur Eintragung nicht erforderlich, wenn neben ihm noch die zur Begründung des Antrags nothwendigen Erklärungen abgegeben sind oder er durch andere Nachweise begründet wird. Allerdings bildet er auch in diesen Fällen eine Voraussetzung zur Vornahme der Eintragung, § 13 GBO., doch scheint aus der Gleichstellung der „erforderlichen Erklärung" mit der Eintragungsbewilligung in § 29 und aus § 30 GBO., nach welchem der Eintragungsantrag eine zur Eintragung erforderliche Erklärung „ersetzen" nicht aber selbst „sein" soll, zu folgen, daß mit diesem Begriff in den §§ 29, 30 und dementsprechend auch § 15 GBO. nur solche Erklärungen gemeint sind, welche zur Begründung einer Eintragung erforderlich sind. Der Eintragungsantrag in den gedachten Fällen würde also nicht dazu gehören.

II. Alle Anträge und Gesuche in Grundbuchsachen, soweit sie nach I keiner besonderen Form bedürfen, können privatschriftlich angebracht, oder in der Gerichtsschreiberei mündlich zu Protokoll des Gerichtsschreibers erklärt werden. Die Einlegung einer Beschwerde kann auch zu Protokoll des Gerichtsschreibers des Beschwerdegerichts erfolgen. §§ 73, 80 GBO. Für Vollmachten zu den genannten Anträgen und Gesuchen genügt die einfache privatschriftliche Form. § 30 GBO.

III. Die besonderen Formen, welche für Eintragungsbewilligungen, andere zur Eintragung erforderliche Erklärungen und Anträge, die eine solche Erklärung ersetzen, vorgeschrieben sind, vgl. vorher zu I, sind folgende:

1. Die Aufnahme zu Protokoll des Grundbuchrichters. § 29 GBO. Art. 5 A.GBO. Der Richter ist der Urkundsbeamte, welcher dem von ihm aufgenommenen Protokoll den Charakter einer gerichtlichen und damit öffentlichen Urkunde verleiht. Die Aufnahme geschieht in der Form eines Protokolls; es beginnt mit der Angabe des Betheiligten, welcher in der fraglichen Grundbuchsache vor dem Grundbuchrichter erschienen ist und giebt dann dessen Erklärung wie von ihm persönlich abgegeben wieder. Das Protokoll unterschreiben die Betheiligten und zuletzt der Richter. Die näheren Vorschriften über die bei der Aufnahme zu beobachtenden Formen sind die gleichen, welche nachher unter 2b behandelt sind und kann hier darauf verwiesen werden. Die richterlichen Protokolle bleiben in Urschrift bei den Grundakten und werden in dieser Form verwendet.

2. Die Abgabe der Erklärung in einer öffentlichen Urkunde. Solche sind

a) die Erklärungen, welche eine öffentliche Behörde Preußens oder eines anderen deutschen Staates (Ges. v. 1. Mai 1878 § 1) innerhalb der Grenzen ihrer Amtsbefugnisse in der für die Erklärungen der Behörde vorgeschriebenen Form abgiebt. Vgl. § 415 CPO. Der Begriff der öffentlichen Behörde umfaßt nicht nur alle Staats-, Gemeinde- und Kirchenbehörden, sondern weiter auch alle Behörden, die unter deren Aufsicht und Autorität zur Erreichung der Staatszwecke mitzuwirken haben. Die Erklärung einer solchen Behörde hat nur dann die Kraft einer öffentlichen Urkunde, wenn sie ihre eigenen amtlichen, ihr gesetzlich zugewiesenen Angelegenheiten betrifft und in der gehörigen Form abgegeben ist. Eine besondere Form schreibt Art. 9 A.GBO. für die Erklärungen einer Preußischen Behörde vor, auf Grund deren eine Eintragung erfolgen soll. In diesem Falle müssen sie nur ordnungsmäßig unterschrieben und mit Siegel oder Stempel versehen sein. Ob die Erklärung von dem Organe der Behörde abgegeben ist, das zu ihrer Vertretung berufen ist, ist zu prüfen. Dagegen ist eine Nachprüfung, ob den Unterzeichnern auch die fragliche Amtseigenschaft zusteht, vom Grundbuchrichter nicht vorzunehmen; für alle sonstigen Erklärungen einer Behörde in Grundbuchsachen genügt die Form, in der sie sie gewöhnlich abgiebt. Vgl. nachher § 27 und § 47 zu IV.

b) Die Aufnahme der Erklärung durch einen öffentlichen Urkundsbeamten. Dahin gehören in Preußen vor allem

α) die von einem Amtsgerichte oder Notar vorgenommenen Beurkundungen. Beide sind in Preußen für die öffentliche Beurkundung von Rechtsgeschäften und von sonstigen Thatsachen zuständig. Art. 31 AFG. Bei den Amtsgerichten ist, wie schon zu III 1 erörtert ist, der Grundbuchrichter selbst zur Aufnahme der seinen Bezirk betreffenden in öffentlicher Form abzugebenden Erklärungen in Grundbuchsachen berufen. Art. 5 A.GBO. Soweit zur Aufnahme einer Erklärung nicht gerade nur das Grundbuchamt zuständig ist (vgl. §§ 925, 1015, 1017 BGB., Auflassung, Bestellung und Uebertragung eines Erbbaurechts), kann sie auch vor jedem anderen Amtsgericht erfolgen. § 167 FG. Diese Beurkundung gehört in das Gebiet der freiwilligen Gerichtsbarkeit und berührt deshalb die Thätigkeit des Grundbuchrichters als solchen nicht. Die näheren Vorschriften über das bei den Beurkundungen von den Richtern und Notaren zu beobachtende Verfahren geben die §§ 168—182 FG. und die Art. 40—52 des dazu ergangenen Preuß. Ausführ. Gesetzes. Danach gilt folgendes:

A. Neben dem Amtsrichter oder Notar muß als Hauptbetheiligter der, dessen Erklärung beurkundet werden soll, mitwirken. Der Zuziehung von Zeugen bedarf es der Regel nach nicht. Ueber die Verhandlung muß ein Protokoll in deutscher Sprache aufgenommen werden, welches Ort und Tag der Verhandlung, die Bezeichnung der Betheiligten, deren Erklärungen beurkundet werden und diese Erklärungen selbst enthalten muß, ferner aber auch angeben soll, ob der Richter oder Notar die Betheiligten kennt, oder in welcher Weise er sich Gewißheit über ihre Persönlichkeit verschafft hat. Dies kann durch Erkennungszeugen oder jede andere glaubwürdige Art geschehen. Konnte der Richter diese Gewißheit nicht erlangen, wird aber gleichwohl die Aufnahme der Verhandlung gewünscht, so sollen der Sachverhalt und dasjenige, was zur Feststellung der Persönlichkeit beigebracht ist, in das Protokoll aufgenommen werden. §§ 168, 175, 176 FG. Auch ob ein Betheiligter die zu der Erklärung erforderliche Geschäftsfähigkeit oder Einsicht besitzt, hat der Richter oder Notar zu prüfen. Macht er Wahrnehmungen, die Zweifel daran begründen, so hat er die Betheiligten zu belehren und ihnen zugleich von seinen Zweifeln Mittheilung zu machen. Der Inhalt dieser Mittheilung und die von den Betheiligten darauf abgegebenen Erklärungen sollen in dem Protokolle festgestellt werden. Die Beurkundung von Geschäften, die gegen ein Strafgesetz verstoßen oder offenbar ungültig sind, hat der Richter oder Notar abzulehnen. Art. 40 A.FG.

Wird in einer beurkundeten Erklärung auf eine Schrift Bezug genommen und diese dem Protokoll als Anlage beigefügt, so bildet sie einen Theil des Protokolls. § 176 Abs. 2 FG.

Das Protokoll muß vorgelesen, von den Betheiligten genehmigt und von ihnen eigenhändig mit ihrem Namen unterschrieben werden; es muß ergeben, daß alles dies geschehen ist; und soll auf Verlangen den Betheiligten auch zur Durchsicht vorgelegt werden. § 177 Abs. 1 FG.

B. Ausnahmsweise ist die Zuziehung noch weiterer Personen vorgeschrieben.

a) Ist ein an sich geschäftsfähiger Betheiligter nach der Ueberzeugung des Beamten taub, blind, stumm oder sonst am Sprechen verhindert, so muß der Richter einen Gerichtsschreiber oder zwei Zeugen, der Notar einen zweiten Notar oder zwei Zeugen zur Mitwirkung zuziehen. § 169 FG. Vorausgesetzt wird dabei, daß die betreffende Person zur Abgabe ihrer Erklärung überhaupt imstande und eine mündliche oder schriftliche Verständigung mit ihr möglich ist. Ist mit einem stummen oder sonst am Sprechen verhinderten Betheiligten eine schriftliche Verständigung nicht möglich, so fehlt ihm die Fähigkeit, seine Erklärung überhaupt in einer zuverlässigen Weise zur Kenntniß der Mitwirkenden zu bringen. Das Gesetz verlangt deshalb in diesem Falle die Zuziehung eines Dolmetschers anstatt der Zeugen, des zweiten Notars oder Gerichtsschreibers, und die Feststellung der Voraussetzungen zu dessen Zuziehung im Protokolle. § 178 FG. Mit einem Tauben ist eine Verständigung möglich, wenn er schreiben und lesen, oder wenigstens doch reden kann. Um ihm Kenntniß von dem Inhalte des aufgenommenen Protokolls zu verschaffen, muß ihm, falls er lesen kann, das Protokoll von Amtswegen zur Durchsicht vorgelegt werden, auch wenn er dies nicht verlangt. Daß es geschehen sei, soll im Protokolle festgestellt werden. Kann der Taube Geschriebenes nicht lesen, so soll eine Vertrauensperson zugezogen werden, die sich mit ihm zu verständigen vermag und die der Gerichtsschreiber, der zugezogene Zeuge oder zweite Notar oder einer der Betheiligten sein kann. In diesem Falle hat der Urkundsbeamte besonders sorgfältig zu prüfen, daß der zur Vertrauensperson berufene Betheiligte nicht bei der Beurkundung ein dem Interesse des Tauben entgegenstehendes Interesse verfolgt. Die Vertrauensperson hat dem Tauben von dem Inhalte des Protokolls Kenntniß zu geben. In dem Protokolle soll festgestellt werden, daß der Taube nach der Ueberzeugung des Urkundsbeamten die Vertrauensperson verstanden habe. Erlangt er diese Ueberzeugung nicht, so hat er die Beurkundung abzulehnen und es den Betheiligten zu überlassen, für die Bestellung eines Pflegers nach § 1910 BGB. Sorge zu tragen. Das Protokoll soll auch von der Vertrauensperson genehmigt und unterschrieben werden. Art. 41 A.FG. und Begründung des Entw. dazu. Auf die Vertrauensperson kommen nicht die Regeln vom Dolmetscher zur Anwendung.

b) Erklärt, abgesehen von dem Falle zu a, ein Betheiligter, wenn er das Protokoll unterschreiben soll, daß er nicht schreiben könne, und das ist der Fall schon, wenn er nur ein Handzeichen machen kann, so muß diese Erklärung im Protokoll festgestellt und zur Vorlesung und Genehmigung des Protokolls ein Zeuge zugezogen werden. § 177 Abs. 2 FG. Wenn es ihm möglich ist, unterzeichnet der Schreibensunkundige dann mit einem Handzeichen. Vgl. §§ 126, 127, 129 BGB.

c) Erklärt ein Betheiligter, daß er der deutschen Sprache nicht mächtig sei, so muß bei der Beurkundung ein Dolmetscher zugezogen werden, es sei denn, daß der Richter oder Notar selbst der Sprache des Betheiligten mächtig ist. Die Beeidigung des Dolmetschers ist nur dann nicht erforderlich, wenn der Betheiligte darauf verzichtet. Das Protokoll muß dem Betheiligten in der fremden Sprache vorgetragen werden und ergeben, daß dies geschehen und die Unkenntniß der deutschen Sprache beim Betheiligten festgestellt. sei § 179 FG.

In allen Fällen, in denen noch Personen zur Mitwirkung zugezogen sind, müssen sie im Protokoll namentlich aufgeführt sein und das Protokoll unterschreiben.

C. Richter, Notare, Gerichtsschreiber, Zeugen, Dolmetscher sind aus gewissen Gründen an der Mitwirkung bei einer Beurkundung verhindert. Die Gründe finden sich in den §§ 170—173, 180 FG. aufgeführt; insbesondere dürfen die genannten Personen durch die beurkundete Erklärung nicht selbst begünstigt werden, nicht selbst Betheiligte oder Vertreter oder nahe Verwandte eines Betheiligten sein. Unfähig zu Zeugen sind auch Minderjährige, Dienstboten oder Gehülfen des Notars oder Richters und Personen, denen die Ehrenrechte oder die Fähigkeit, als Zeuge eidlich vernommen zu werden, aberkannt ist.

D. Die Urschrift des gerichtlichen oder notariellen Protokolls bleibt in der Verwahrung des Gerichts oder Notars. Die Urschriften der notariellen Protokolle hat bei dem Ausscheiden, dem Tode, der Versetzung und der vorläufigen Amtsenthebung des Notars das Amtsgericht in Verwahrung zu nehmen. Art. 42, 102, 103 A.FG. Eine Ausfertigung von den Protokollen, d. h. eine solche beglaubigte Abschrift davon, welche bestimmt ist, die Urschrift im Verkehr zu vertreten, können, sofern nicht eine abweichende Bestimmung getroffen ist, diejenigen fordern, welche die Erklärung abgegeben haben, oder in deren Namen sie abgegeben ist, sowie deren Rechtsnachfolger; eine weitere Ausfertigung jedoch nur, wenn keine rechtlichen Bedenken entgegenstehen. Art. 49 A.FG. Die Ausfertigung kann nur von dem Gericht oder Notar ertheilt werden, in dessen Verwahrung sich die Urkunde befindet. Art. 43 A.FG. Die Ausfertigung einer gerichtlich aufgenommenen oder bei dem Gerichte in Verwahrung befindlichen notariellen Urkunde ist von dem Gerichtsschreiber zu unterzeichnen und mit dem Gerichtssiegel zu versehen. Ausfertigungen anderer notarieller Urkunden werden von dem Notar unterschrieben und mit seinem Dienstsiegel versehen. § 182 FG. Art. 45, 46 A.FG. Der Gerichtsschreiber soll Ausfertigungen nur auf Anordnung des Gerichts ertheilen. Art. 51 A.FG.

Gerichtliche und notarielle Protokolle können auf Antrag auch nur auszugsweise ausgefertigt werden. § 182 FG. Art. 45, 47 A.FG.

E. Anlagen des Protokolls, die nicht nach § 176 FG. einen Theil des Protokolls selbst bilden, sind der Ausfertigung auf Antrag in beglaubigter Abschrift beizufügen. Art. 48 A.FG. Dahin gehört z. B. die Vollmacht eines Vertreters.

Ferner kommen als öffentliche Urkundsbeamte inbetracht

β) der Prozeßrichter, welcher in der Form des prozessualen Vergleichs, Verzichts oder Anerkenntnisses eine eine Eintragung ins Grundbuch begründende Erklärung beurkundet hat. Ist dies in einer den Bestimmungen der CPO. entsprechenden Form geschehen, d. h. ist das Protokoll vom Richter und Gerichtsschreiber unterschrieben, so genügt diese Form auch für den Grundbuchverkehr, ohne daß hierfür noch die Feststellung der Identität und Geschäftsfähigkeit des Erklärenden erforderlich wäre. Die Ausfertigung des Protokolls ertheilt der Gerichtsschreiber. § 299 CPO.

γ) Der Auditeur oder an deren Stelle jetzt die Kriegsgerichtsräthe und Oberkriegsgerichtsräthe. § 20 EG. z. MStPO. v. 1. Dez. 1898. Befindet sich der Truppentheil des Auditeurs im Auslande oder hat er nach der Mobilmachung sein Standquartier verlassen, so sind die Auditeure befugt, Handlungen der freiwilligen Gerichtsbarkeit, also auch Bewilligungen, Anträge oder andere Erklärungen in Grundbuchsachen der zu den gedachten Truppentheilen gehörigen Militärpersonen aufzunehmen und zu beglaubigen. Art. 32 EG. §§ 39 Abs. 3, 38 RMilGes. v. 2. Mai 1874, Preuß. Ges. v. 8. Juni 1860 § 1. Ebenso sind die Geschwaderauditeure zuständig, Beurkundungen von Rechtsgeschäften und Beglaubigungen, solange sich das Fahrzeug der Kaiserl. Marine außerhalb eines inländischen Hafens befindet und in Dienst gestellt ist, in Ansehung der zur Besatzung gehörigen oder in anderer Eigenschaft auf dem Fahrzeuge anwesenden Personen vorzunehmen. Die Ausfertigung des Protokolls über eine Beurkundung hat der Auditeur zu unterschreiben und mit dem Gerichtssiegel zu versehen. §§ 184, 167 FG.

δ) Die Reichskonsuln und zwar die Berufs- wie die Wahlkonsuln. Diese haben innerhalb ihres Amtsbezirkes bei Rechtsgeschäften, die Bundesangehörige unter sich oder mit Fremden errichten, das Recht der Notare dergestalt, daß die von ihnen aufgenommenen und mit ihrer Unterschrift und ihrem Siegel versehenen Urkunden den innerhalb des Reichs aufgenommenen Notariatsurkunden gleich zu achten sind. Bei der Aufnahme der Urkunden haben sie zur Vorlesung und Unterzeichnung durch die Betheiligten zwei Zeugen zuzuziehen. Dieselbe Form muß auch bei der Unterschriftsbeglaubigung beobachtet werden. KG. Bd. 5 S. 101. Daß diese Formen beobachtet sind, hat der Grundbuchrichter zu prüfen, im übrigen ist für die Rechtmäßigkeit der Verhandlung der Konsul verantwortlich. §§ 16, 17 RKonsGes. v. 8. Novbr. 1867. In den deutschen Schutzgebieten tritt an die Stelle des Konsuls der zur Ausübung der Gerichtsbarkeit ermächtigte Beamte. G. v. 17. April 1886; v. 21. Dez. 1887.

ε) Ausländische Behörden, Notare und andere Beamte des Auslandes mit öffentlichem Glauben. Haben diese eine Urkunde von Ausländern oder Reichsangehörigen aufgenommen oder beglaubigt, so erlangt die Urkunde durch die Legalisation des zuständigen Reichskonsuls oder Gesandten des Reichs die Kraft der Echtheit. Die Legalisirung ist ein Zeugniß des Konsuls oder Gesandten, daß gegen die Zuständigkeit und Echtheit der Unterschrift des auswärtigen Beamten, welcher die Urkunde aufgenommen oder beglaubigt hat, kein Bedenken obwaltet. Zur Legalisirung sind die Konsuln oder Gesandten auch befugt, wenn sich die Urkunde auf ihre eigenen Rechtsangelegenheiten bezieht. KG. Bd. 15 S. 88. JMBl. Nr. 39 von 1898. RGes. v. 1. Mai 1878 § 2; RKonsGes. v. 8. Nov. 1867 § 14. EG. Art. 32. Außerdem aber kann die Zuständigkeit der ausländischen Behörde auch auf gesandtschaftlichem oder jedem anderen hierzu geeigneten Wege festgestellt werden. KG. Bd. 17 S. 116. Urkunden, welche von gewissen österreichischen Gerichten oder anderen Behörden ausgestellt sind, bedürfen, wenn sie mit dem Amtssiegel versehen sind, keiner weiteren Beglaubigung. Staatsvertrag v. 25. Febr. 1880 (RGBl. 1881 S. 4).

ζ) Oeffentliche Urkunden bestimmter Art aufzunehmen, sind zuständig schließlich noch: Das Ministerium des Kgl. Hauses für die Mitglieder der Kgl. Familie und des Fürstlichen Hauses Hohenzollern, Ges. v. 26. April 1851 Art. III, Erlaß v. 14. Aug. 1852; die Oberlandesgerichte und Landgerichte für Beurkundungen in Fideikommiß- und Stiftungssachen; die Beurkundung kann auch durch einen beauftragten oder ersuchten Richter erfolgen, Art. 37 A.FG. §§ 29, 49 A.GVG.; die Kommissare der Auseinandersetzungsbehörden, V. v. 20. Juni 1817 § 55; die Landschaftssyndici für Beurkundungen innerhalb des Geschäftskreises der Landschaft. Begründung z. Entw. d. A.FG. Art. 32.

3. Die Abgabe der Erklärungen in öffentlich beglaubigten Urkunden.

a) Für die Beglaubigung einer Unterschrift oder eines Handzeichens unter einer Erklärung sind in Preußen die Amtsgerichte und die Notare zuständig. §§ 167, 183 Abs. 3 FG. Gegenstand der Beglaubigung ist nur die Unterschrift oder das Handzeichen. Diese müssen in Gegenwart des Richters oder Notars von dem Betheiligten persönlich vollzogen oder anerkannt sein, sonst darf die Beglaubigung nicht erfolgen. Der Beamte hat sich deshalb über die Persönlichkeit und Geschäftsfähigkeit des Betheiligten Gewißheit zu verschaffen. Die Beglaubigung geschieht durch einen unter die Unterschrift oder das Handzeichen zu setzenden Vermerk, welcher die Bezeichnung desjenigen, der die Unterschrift vollzogen oder anerkannt hat, nach Vor- und Zunamen, Wohnort, Stand oder Gewerbe enthalten und den Ort und den Tag der Ausstellung angeben, sowie mit Unterschrift und Siegel oder Stempel des Richters oder Notars versehen sein muß. § 183 FG. Werden von dem Richter oder Notar Wahrnehmungen gemacht, die geeignet sind, Zweifel an der unbeschränkten Geschäftsfähigkeit der Person zu begründen, deren Unterschrift beglaubigt werden soll, so soll dies in dem Beglaubigungsvermerke festgestellt werden. Der Richter oder Notar ist ohne Zustimmung der Betheiligten nicht befugt, von dem Inhalte der Urkunde Kenntniß zu nehmen. Art. 60 A.FG. Trotz der Beglaubigung bleibt die Urkunde nur Privaturkunde; der Text der Erklärung selbst wird von der Beglaubigung nicht betroffen. Ausfertigungen einer beglaubigten Urkunde sind nicht denkbar; vielmehr stellt das beglaubigte Exemplar selbst die Urkunde dar, welche dem Grundbuchamte einzureichen ist.

b) Zu öffentlichen Beglaubigungen sind ferner noch folgende Beamte befugt:

α) Die Ortsvorsteher in den Hohenzollernschen Landen, die Bürgermeister in dem vormals Landgräflich Hessischen Amtsbezirke Homburg, in den Gebieten des vormaligen Herzogthums Nassau sowie der vormals freien Stadt Frankfurt, mit Ausnahme des Gebiets der jetzigen Stadtgemeinde Frankfurt, die Ortsgerichtsvorsteher in den vormals Großherzoglich Hessischen Gebietstheilen. Dies Amt bekleiden in der Regel die Bürgermeister, doch kann die Regierung für das Amt in einzelnen Gemeinden einen besonderen Beamten auf Widerruf ernennen. — Alle diese Beamten können wirksam Unterschriften, aber nicht Handzeichen beglaubigen, doch sollen sie Unterschriften von Personen, welche in ihrem Amtsbezirke weder wohnen noch ihren gewöhnlichen Aufenthalt haben, nicht beglaubigen. Das Beglaubigungsrecht steht ihnen überhaupt nicht zu an Orten, welche Sitz eines Amtsgerichts sind. Die Beglaubigung darf nur erfolgen, wenn die Unterschrift in Gegenwart des beglaubigenden Beamten vollzogen oder anerkannt wird; sie geschieht durch einen unter die Unterschrift zu setzenden Vermerk. Der Vermerk muß die Bezeichnung desjenigen, welcher die Unterschrift vollzogen oder anerkannt hat, enthalten und den Ort und den Tag der Ausstellung angeben sowie mit Unterschrift und Siegel oder Stempel versehen sein; er soll außerdem die Angabe enthalten, daß die Vollziehung oder Anerkennung der Unterschrift in Gegenwart des beglaubigenden Beamten erfolgt ist. Art. 115, 117 A.FG. und Begründung zu Art. 115 des Entw.

β) In Neuvorpommern und Rügen können solche zur Führung eines Amtssiegels befugte öffentliche Beamte, welche damit von dem Appellationsgericht zu Greifswald beauftragt worden sind, Unterschriften, aber nicht Handzeichen beglaubigen. § 28 Ges. über Grundbuchwesen v. 26. Mai 1873, Art. 33 Z. 3 A.GBO. Das Verfahren ist nicht besonders geregelt, es werden deshalb die zu α angeführten Vorschriften gelten müssen.

γ) Im Bezirke des vormaligen Justizsenats zu Ehrenbreitstein dürfen Bürgermeister oder Ortsvorsteher Quittungen und Löschungsbewilligungen des Gläubigers beglaubigen, wenn der Schuldner im Besitze der Schuldurkunde ist. Dem Beglaubigungsvermerk muß das Amtssiegel beigedruckt werden. § 10 Ges. über das Grundbuchwesen v. 30. Mai 1873, Art. 33 Z. 7 A.GBO. Diese Bestimmung verliert ihre Geltung, sobald für den Bezirk Ortsgerichte errichtet sind, auf welche dann die Beglaubigungsbefugniß übergeht. Für Orte, an denen oder in deren Nähe sich ein Amtsgericht befindet, kann die Befugniß ganz aufgehoben werden. Art. 123 A.FG.

III. Andere Voraussetzungen der Eintragung bedürfen des Nachweises durch öffentliche Urkunden. § 29 Satz 2 GBO. Vgl. vorher S. 71. Aus dem Gegensatze von Satz 1 und 2 des § 29 folgt klar, daß jedenfalls Erklärungen, welche zur Eintragung erforderlich sind, niemals zu den hier gemeinten anderen Voraussetzungen gehören; auch ergiebt § 30 GBO., daß der Eintragungsantrag, selbst wenn er nicht eine zur Eintragung erforderliche Erklärung ersetzt, nicht unter jenen Begriff fällt. Es bleiben für den Begriff also nur die Urkunden, welche nicht solche Erklärungen oder überhaupt keine Erklärungen der Betheiligten enthalten. Dahin gehören z. B. der Erbschein, Sterbe-, Geburts-, Heirathsurkunden; Bestallungen des

Vormunds, Pflegers, Beistandes; des Konkursverwalters; Zeugnisse des Nachlaßgerichts z. B. über die Ernennung eines Testamentsvollstreckers, Auszüge aus dem Güterrechts- oder Handels- oder Genossenschafts- oder Vereinsregister; gerichtliche Entscheidungen, insbesondere Urtheile u. s. w. Ist zur Eintragung die Vorlegung eines Vertrages erforderlich, so muß er für den Grundbuchverkehr in der Form einer öffentlichen Urkunde abgefaßt sein, auch wenn sonst diese Form für den Vertrag nicht vorgeschrieben ist. Erbverträge, Erbverzichte, Erbschaftskaufverträge können ohnehin nur in öffentlicher Form zum Abschluß kommen. Eine Vollmacht zu einer zur Eintragung erforderlichen Erklärung, z. B. zu einer Eintragungsbewilligung fällt unter die Voraussetzungen der Eintragung, für welche die Form einer öffentlichen Urkunde vorgeschrieben ist.

IV. Das Gesetz sagt weiter, des Nachweises durch öffentliche Urkunden bedürfen nicht Voraussetzungen der Eintragung, soweit sie bei dem Grundbuchamte offenkundig sind. § 29 Satz 2 GBO. Gemeint ist offenbar nicht, was an sich aus der Wortfassung des Gesetzes zu entnehmen wäre, daß notorische Thatsachen überhaupt keines Nachweises oder wenigstens keines Nachweises durch öffentliche Urkunden bedürften. Man müßte sonst zu dem Ergebniß gelangen, daß die Thatsache, daß A. Erbe geworden ist, oder eine Aktiengesellschaft durch B. u. C. als Direktoren vertreten wird, für die Grundakten genügend durch eine Notiz des Grundbuchrichters bezeugt werde, welche lautet: es ist mir als Grundbuchrichter bekannt, daß A. Erbe, daß B. u. C. Direktoren sind. Richtiger hat das Gesetz wohl nur sagen wollen, Voraussetzungen der Eintragung, die dem Grundbuchamte schon früher nachgewiesen sind, bedürfen nicht in jedem Falle wieder des Nachweises durch die dazu erforderlichen öffentlichen Urkunden; vielmehr hat der Grundbuchrichter die Pflicht, in diesem Falle den früheren Nachweis auch für die neue Eintragung gelten zu lassen. Das Gesetz verlangt Offenkundigkeit bei dem „Grundbuchamt"; doch ist damit nicht ausgeschlossen, daß der Grundbuchrichter für Grundbuchoperationen auch Thatsachen für offenkundig ansieht, die ihm in anderer Eigenschaft, z. B. als Nachlaß- oder Prozeßrichter bekannt geworden sind. Für die praktische Handhabung der Bestimmung bleibt aber zu beachten, daß die Grundakten trotzdem alle Nachweise für die Eintragung ergeben müssen; es ist also hier entweder auf die anderen Akten, in denen sich der Nachweis befindet, Bezug zu nehmen oder die betreffende Urkunde aus den anderen Akten zu den Grundakten zu bringen. Dies letztere Verfahren muß stets dann beobachtet werden, wenn sich der Nachweis in Prozeß-, Konkurs-, Subhastations-, Vormundschafts- oder anderen Akten befindet, die nach einiger Zeit vernichtet werden. Nur auf solche Akten kann verwiesen werden, welche wie die Testamentsakten, Schriftstücke über Erbbescheinigungen, Erbrezesse, Grundakten von der Vernichtung überhaupt ausgeschlossen sind. Vgl. V. d. JM. v. 20. Dez. 1896 (JMBl. S. 366), § 35 Verf. und vorher S. 17 zu III.

V. Abschriften öffentlicher oder öffentlich beglaubigter Urkunden kann im Grundbuchverkehr nur dann Bedeutung beigemessen werden, wenn sie öffentlich beglaubigt sind. Die Beglaubigung geschieht durch einen unter die Abschrift zu setzenden Vermerk, der die Uebereinstimmung mit der Hauptschrift bezeugt, Ort und Tag der Beglaubigung angiebt und mit der Unterschrift des Notars oder Richters versehen ist. Der Vermerk soll ersichtlich machen, ob die Hauptschrift eine Urschrift, eine einfache oder beglaubigte Abschrift oder eine Ausfertigung ist. Art. 54, 56, 57 A.FG. Eine beglaubigte Abschrift ist danach auch wieder zur Entnahme von weiteren beglaubigten Abschriften verwendbar. Wie nach altem Recht muß auch jetzt angenommen werden, daß die von einem Notar oder Amtsgericht beglaubigten Abschriften die Hauptschrift mit voller Wirkung vertreten und auch im Grundbuchverkehr je nach der Form der Hauptschrift als öffentliche oder öffentlich beglaubigte Urkunden zu gelten haben. Joh. u. K. Bd. 6 S. 112. Die Regel bezieht sich aber nicht auf Vollmachten, weil hier nur die Vorlegung der Hauptschrift den Beweis erbringt, daß sie noch nicht widerrufen ist.

III. § 27. Ersuchen von Behörden.

I. Auf Grund des Ersuchens von Behörden erfolgt eine Eintragung in das Grundbuch in den Fällen, in denen eine gesetzliche Vorschrift der Behörde die Befugniß verliehen hat, das Grundbuchamt um eine Eintragung zu ersuchen. § 39 GBO. Das Gesetz kann ein Reichs- oder das Landesgesetz eines Deutschen Staates sein. Um den Grundbuchrichter von der Pflicht zu befreien, in jedem einzelnen Falle prüfen zu müssen, welche Form nach den maßgebenden Gesetzen für die Kundgebungen der Behörde vorgeschrieben ist, bestimmt Art. 9 A.GBO. als allgemein gültige Form, daß das Eintragungsersuchen einer Preußischen Behörde ordnungsmäßig zu unterschreiben und mit Siegel oder Stempel zu versehen ist. Vgl. vorher § 26 zu III 2 und § 47 zu IV. Auf das Ersuchen einer außerpreußischen Deutschen Behörde erstreckt sich die Vorschrist nicht; ein solches muß in der Form, in welcher die Behörde überhaupt Erklärungen abgiebt, abgefaßt sein. Ob die Form erfüllt und die Behörde zu dem fraglichen Ersuchen zuständig ist, hat der Grundbuchrichter zu prüfen, sonst ist für die Rechtmäßigkeit des Inhalts des Ersuchens allein die Behörde verantwortlich.

Die ersuchende Behörde ist nur in seltenen Fällen selbst Betheiligte bei der nachgesuchten Eintragung; meist tritt sie dem Grundbuchrichter gleichfalls als Behörde gegenüber, welche selbständig zur Erfüllung ihrer obrigkeitlichen Aufgaben für eine Eintragung im Grundbuche zu sorgen hat. In diesen Fällen genügt allein das Ersuchen, wenn ihm formelle Mängel nicht anhaften, um den Grundbuchrichter zur Eintragung zu veranlassen. Daß die Voraussetzungen der nachgesuchten Eintragung vorliegen, hat die ersuchende Behörde zu prüfen und ist deshalb dem Grundbuchrichter nicht nachzuweisen, soweit es nicht im einzelnen Falle vorgeschrieben ist.

In den Fällen, in denen die ersuchende Behörde eine Eintragung selbst als Aktiv- oder Passivbetheiligte nachsuchen darf, erscheint sie als Partei; das Ersuchen ersetzt dann je nach Lage des Falles den Eintragungsantrag oder die Eintragungsbewilligung oder beides zugleich oder eine andere zur Eintragung erforderliche Erklärung. Die Behörde steht dem Grundbuchamte entweder als der, zu dessen Gunsten eine Eintragung erfolgt, oder als der, dessen Recht durch die Eintragung betroffen wird, §§ 13, 19 GBO., gegenüber. Diese Stellung regelt, welchen Inhalt im einzelnen Falle das

Ersuchen haben muß, und welche Voraussetzungen der Eintragung neben dem Ersuchen noch nachzuweisen sind. Es gelten in dieser Beziehung für die ersuchende Behörde keine anderen Regeln, als für die beantragende Privatperson. Nur die Formerleichterung des § 30 GBO. für Eintragungsanträge, oder die Vollmacht dazu kommt für das Ersuchen von Behörden nicht in Frage, weil von einer Behörde ausgehende Anträge oder Vollmachten der Natur der Sache nach stets öffentliche Urkunden sind.

Ausländische Behörden sind zu Ersuchen an inländische Grundbuchämter nicht befugt, es müßte denn sein, daß ihnen dieses Recht durch ein Reichs- oder Landesgesetz oder durch Staatsverträge beigelegt ist.

II. Die wichtigsten preußischen ersuchenden Behörden sind folgende:

1. Das Beschwerdegericht und das Gericht der weiteren Beschwerde in Grundbuchsachen nach §§ 76, 80 Abs. 3 GBO. Im Gesetz ist hier, weil es sich um übergeordnete Behörden handelt, das Wort „aufgeben", statt ersuchen gebraucht.
2. Der Prozeßrichter bei Eintragungen auf Grund einer einstweiligen Verfügung nach §§ 941, 942 Abs. 2 CPO., vgl. § 86.
3. Der Konkursrichter nach §§ 113—116 KO., vgl. § 59.
4. Der Vollstreckungsrichter bei der Zwangsversteigerung und Zwangsverwaltung von unbeweglichen Gegenständen. §§ 19, 130 u. a. ZVG., vgl. §§ 83 und 84.
5. Der Vormundschaftsrichter nach § 54 FG. Kann der Vormund, Pfleger, Beistand zur Sicherheitsleistung angehalten werden, so kann das Gericht das Grundbuchamt um die Eintragung einer Sicherungshypothek an Grundstücken des Vormundes, Pflegers oder Beistandes ersuchen.
6. Die Verwaltungsbehörden bei der Vollstreckung ihrer Entscheidungen, insbes. die Aufsichtsbehörden der Kassen bei Vollstreckung von Defektenbeschlüssen nach § 14 V. v. 24. Januar 1844.
7. Das Bahngrundbuchamt nach § 15 Ges. v. 19. Aug. 1895.
8. Die Bahnaufsichtsbehörde. Das ist für Privateisenbahnen der Präsident in Gemeinschaft mit zwei Mitgliedern der Eisenbahndirektion, § 6 Nr. 6 der Verw.O. v. 15. Dez. 1894 (GS. 1895 S. 11); für Kleinbahnen die zur Genehmigung der Bahn nach § 22 Ges. v. 28. Juli 1892 jeweilig zuständige Behörde, vgl. § 88.
9. Die Generalkommission in Auseinandersetzungsangelegenheiten; bei Errichtung von Rentengütern durch ihre Vermittelung u. s. w.
10. Der Spezialkommissar nach dem Anerbengutsgesetz für Westfalen v. 2. Juli 1898, vgl. § 92.
11. Die Fideikommißbehörde, vgl. § 90.
12. Die Landeskultur-Rentenbank nach § 31 Ges. v. 13. Mai 1879.
13. Das Oberbergamt bei der Eintragung und Löschung von Bergwerken.
14. Der Vorsitzende des Waldschutzgerichts nach §§ 48 f. Ges. v. 6. Juli 1875, vgl. § 50 III.
15. Der Vorstand einer freien Wassergenossenschaft nach § 28 Ges. v. 1. April 1879, vgl. § 50.
16. Die Strombauverwaltung.
17. Der Bezirksausschuß bei Enteignungen, vgl. § 54.

18. Der Strafrichter bei Vermögensbeschlagnahmen.
19. Der Vorstand der Haubergsgenossenschaft, vgl. § 50 III.
20. Der Deichhauptmann. Er gilt für befugt, das Grundbuchamt um Abschreibung von Flächen zu ersuchen, welche den Eigenthümern eingedeichter Grundstücke an den Deichverband enteignet sind. § 20 Ges. v. 28. Juni 1848, § 4 Ges. v. 11. April 1872, Joh. Bd. 7 S. 175. Beiträge zur Erfüllung der Deichpflicht bedürfen auch nach neuem Recht nicht der Eintragung ins Grundbuch. Art. 11 A.GBO., Art. 1 A.ZVG.

§ 28. Zurücknahme eines Antrags.

I. Ein beim Grundbuchamt eingegangener Eintragungsantrag kann zurückgenommen und eine zur Stellung des Eintragungsantrags ertheilte Vollmacht widerrufen werden. § 32 GBO. Berechtigt dazu ist der Antragsteller oder Vollmachtgeber, und zwar nur dieser; der Bewilligende oder sonst Passivbetheiligte deshalb auch nur in den Fällen, in denen er zugleich Antragsteller oder Vollmachtgeber ist.

Wird der Antrag gemeinsam von mehreren Betheiligten gestellt, so brachte doch dieser Umstand allein sie nicht in ein Verhältniß, daß sie nunmehr den Antrag nur noch gemeinsam zurücknehmen dürften; vielmehr ist anzunehmen, daß jeder Betheiligte, wie er unbehindert ist, seine Vollmacht noch nach der Antragstellung zu widerrufen, auch über sein Antragsrecht bis zur Erledigung des Antrags frei verfügen und den Antrag mit der Wirkung zurücknehmen kann, daß er nunmehr von ihm nicht mehr als gestellt gilt. Ob er dazu nach dem zwischen ihm und den anderen Betheiligten bestehenden Rechtsverhältnisse materiell befugt war, hat der Grundbuchrichter nicht zu prüfen. Für ihn fragt sich nur, inwieweit der nicht zurückgenommene und deshalb in Kraft bleibende Antrag der übrigen Betheiligten ausreicht, die Eintragung zu begründen; genügt er dazu, so ist die Eintragung vorzunehmen; andernfalls muß es den Betheiligten überlassen bleiben, den fehlenden Antrag neu zu beschaffen.

Die Zurücknahme des Antrags oder der Widerruf der Vollmacht bedarf ohne Ausnahme einer der in § 29 Satz 1 GBO. vorgeschriebenen Formen; er muß also in einer öffentlichen oder öffentlich beglaubigten Urkunde erklärt werden. War der zurückgenommene Antrag das Ersuchen einer Behörde, so ist die Zurücknahme in der gleichen Form, wie das Ersuchen abzufassen.

Möglich ist die Zurücknahme immer nur solange, als nicht der Antrag erledigt, d. h. die Eintragung bereits erfolgt ist. Ueber diesen Begriff s. S. 92.

II. Für die Zurücknahme von Anträgen, welche nicht Eintragungsanträge sind, kennt das Gesetz keine Form. Sie kann deshalb stets formlos erfolgen.

Viertes Kapitel.

Behandlung der Eingänge. Eintragung und Löschung im Allgemeinen.

§ 29. Geschäftliche Behandlung der Eingänge.

I. Die bei dem Grundbuchamt eingehenden Schriftstücke können sehr verschiedenartigen Inhalts sein. Neben Erklärungen der Betheiligten, welche wie die Anträge und Bewilligungen eine Eintragung ins Grundbuch veranlassen, oder die Ertheilung, Abänderung oder Vernichtung der Grundbuchurkunden betreffen, kommen auch Eingänge vor, welche nur Mittheilungen zu den Grundakten, Anfragen, Ersuchen um Uebersendung der Akten, Gesuche um Ertheilung von Abschriften des Grundbuchblattes oder der bei den Grundakten verwahrten Urkunden, um Anberaumung von Terminen zur Aufnahme von Anträgen zu Protokoll des Richters und anderes enthalten.

Die Eingänge gehen entweder mit der Post ein, oder werden auf der Gerichtsschreiberei für Grundbuchsachen abgegeben. Auch können sie sich in dem auf dem Flur des Gerichtsgebäudes angebrachten Briefkasten vorfinden, obwohl in dessen Aufschrift darauf hinzuweisen ist, daß Schriftstücke in Grundbuchsachen nicht hineingehören. § 3 Z. 7 Gesch.Anw. Die von dem Grundbuchrichter selbst zu Protokoll aufgenommenen Erklärungen und die vom Gerichtsschreiber mündlich entgegengenommenen und protokollirten Gesuche und Mittheilungen der Betheiligten werden mit der Vollziehung des Protokolls durch den Richter oder Gerichtsschreiber zu Eingängen.

Ueber die Behandlung der Eingänge kann der Landgerichtspräsident nach den örtlichen Bedürfnissen Vorschriften treffen, in der Regel gelten die folgenden:

Sind die unter der Adresse des Gerichts verschlossen eingehenden Sendungen an die Abtheilung für Grundbuchsachen adressirt, so öffnet sie der Richter dieser Gerichtsabtheilung; läßt die Adresse die Abtheilung nicht erkennen, so öffnet sie der aufsichtführende Richter, und im Falle seiner Abwesenheit oder Verhinderung sein Vertreter, der auch ein Gerichtsschreiber sein kann.

Die unverschlossen an das Gericht und alle an die Gerichtsschreiberei eingehenden Sendungen hat der Gerichtsschreiber der in der Aufschrift bezeichneten Abtheilung, beim Mangel einer solchen Bezeichnung der Erste Gerichtsschreiber, in Empfang zu nehmen und zu öffnen. Besteht bei dem Amtsgericht eine gemeinschaftliche Anmeldestube, so liegt dem Ersten Gerichtsschreiber auch die Sonderung der hier aufgenommenen Gesuche ob. § 5 Gesch.Anw.

Die Empfangnahme und Oeffnung aller durch die Post ankommenden Sendungen mit Werthangabe und eingeschriebenen Sendungen besorgt ohne Unterschied der aufsichtführende Richter oder sein Vertreter; er allein ist auch befugt, unter der Bezeichnung „Königliches Amtsgericht" und der Beidrückung des Gerichtssiegels die der Post zu ertheilenden Empfangsscheine zu vollziehen. § 6 Z. 1 und 5 Gesch.Anw.

Alle Schriftstücke sind bei der Oeffnung und Empfangnahme mit der Angabe über die Zahl der Anlagen zu versehen.

II. Die für das Grundbuchamt bestimmten, aber nicht von einem Beamten desselben in Empfang genommenen Schriftstücke sind zunächst an dieses abzugeben. Erst mit der Vorlegung vor den zuständigen Grundbuchbeamten ist ein Schriftstück beim Grundbuchamte eingegangen. Ein auf eine Eintragung gerichteter Antrag kann wirksam nur von dem mit der Führung des Grundbuchs über das betreffende Grundstück beauftragten Beamten und zwar sowohl vom Richter wie vom Gerichtsschreiber entgegengenommen werden. Bezieht sich ein Antrag auf mehrere Grundstücke, deren Grundbücher von verschiedenen Beamten geführt werden, so ist jeder dieser Beamten zur Entgegennahme zuständig. Art. 4 A.GBO. Dem Antrage steht ein auf Eintragung gerichtetes Ersuchen gleich.

III. Besonders wichtig ist die richtige Beurkundung des Eingangs auf den Schriftstücken.

Die allgemeine Bestimmung sagt, daß auf jedem Schriftstücke bei seiner Entgegennahme der Zeitpunkt seines Eingangs bei dem Gericht anzugeben ist. § 5 Z. 4 Gesch.Anw. Für Anträge auf Eintragungen in das Grundbuch ist ferner noch reichsgesetzlich besonders vorgeschrieben, daß darauf der Zeitpunkt, in welchem sie bei dem Grundbuchamt eingehen, genau vermerkt werden soll. § 13 GBO.

Im Einzelnen ist folgendes zu bemerken:

a) Wird ein eingehendes Schriftstück vom aufsichtführenden Richter oder Ersten Gerichtsschreiber, die nicht etwa zugleich die zuständigen Grundbuchbeamten sind, in Empfang genommen, so ist es von diesem mit dem Eingangsvermerk zu versehen; enthält das Schriftstück aber einen Antrag oder ein Ersuchen um Eintragung in das Grundbuch, so ist außerdem noch der Zeitpunkt darauf zu vermerken, in welchem es dem für das betreffende Grundstück zuständigen Grundbuchbeamten vorgelegt wird. § 5 Z. 4, 10 Gesch.Anw.

b) Geht ein Schriftstück gleich bei dem zuständigen Grundbuchamte ein, so wird es nur hier mit dem Eingangsvermerk versehen.

c) Zuständig zur Beurkundung des Zeitpunkts des Eingangs bei dem Grundbuchamte sind nur die mit der Führung des Grundbuchs über das betreffende Grundstück beauftragten Beamten, sowohl der Richter als auch der Gerichtsschreiber. Art. 4 A.GBO.

d) Beziehen sich Anträge oder Ersuchen, welche auf eine Eintragung gerichtet sind, auf mehrere im Bezirke desselben Amtsgerichts belegene Grundstücke, in Ansehung derer zur Führung des Grundbuchs verschiedene Beamte zuständig sind, so wird der Eingangsvermerk von einem zuständigen Beamten wirksam für alle auf das Schriftstück gesetzt. Art. 4 Abs. 2 A.GBO. Der Antrag oder das Ersuchen ist unverzüglich zur Kenntniß aller nach der Geschäftsvertheilung für die betroffenen Grundstücke zuständigen Grundbuchführer zu bringen. Zu den einzelnen Grundakten, zu denen der Antrag oder das Ersuchen nicht selbst genommen wird, hat jeder Grundbuchführer ein mit besonderer Ordnungsnummer zu versehendes Blatt zu geben, auf dem der Inhalt, der bereits beurkundete Zeitpunkt des Eingangs und der Verbleib des Antrags oder Ersuchens zu vermerken ist; auf diesem Blatte ist später auch die Art seiner Erledigung anzugeben. § 5 Z. 12 Gesch.Anw.

e) Betreffen Schriftstücke mehrere zum Bezirke verschiedener Amtsgerichte gehörige Grundstücke, so hat das Grundbuchamt, bei dem das Schriftstück eingegangen ist, wegen des Eingangsvermerks bei den anderen Gerichten nichts zu veranlassen, darf vielmehr davon ausgehen, daß die Partei selbst auch bei diesen eine Ausfertigung desselben Schriftstücks vorlegen wird.

f) Hat ein eingehendes Schriftstück Anlagen, so ist der Eingangsvermerk nur auf das Schriftstück, nicht auf die Anlagen zu setzen. § 5 Z. 8 Gesch.Anw.

g) Auf Anträgen und Ersuchen, die auf eine Eintragung im Grundbuche gerichtet sind, ist der Zeitpunkt des Eingangs nach Tag, Stunde und Minute zu vermerken und dieser Eingangsvermerk von dem Beamten, welcher das Schriftstück in Empfang nimmt, mit vollem Namen zu unterzeichnen. Hat es der Richter in Empfang genommen, ohne den Eingangsvermerk zu machen, so ist es ihm zur Nachholung des Vermerks wieder vorzulegen. Dies gilt auch von dem beim Grundbuchamte selbst aufgenommenen Anträgen. § 5 Z. 10, 11 Gesch.Anw.

h) Begeht der Grundbuchbeamte einen Irrthum bei der Vermerkung des Zeitpunkts des Eingangs eines Schriftstücks, so kann er ihn jederzeit berichtigen. Hat aber auf Grund des falschen Eingangsvermerks eine unrichtige Eintragung ins Grundbuch schon stattgefunden, so darf diese nicht mehr gelöscht werden. Vgl. § 54 GBO.

IV. Die eingegangenen Schriftstücke gehören zu bereits vorhandenen Grundakten, General- oder Sammelakten oder geben zur Bildung neuer Akten Anlaß.

Hat der Richter nicht bereits eine Verfügung auf das Schriftstück gesetzt, so ist es ihm unter Beifügung der Akten oder mit einem Vermerk, wo sich die Akten befinden, zur Verfügung vorzulegen. § 14 Gesch.Anw.

§ 30. Prüfung der Eingänge durch den Richter.

Ehe der Richter auf die Eingänge verfügt, hat er sie zu prüfen. Diese Prüfung hat sich einmal darauf zu richten, ob die Eingänge geschäftlich richtig behandelt sind, d. h. ob sie richtig mit dem Eingangsvermerk und dem Aktenzeichen versehen, zu den richtigen Akten genommen sind. Ist ein Schriftstück an ein unzuständiges Gericht eingegangen, so empfiehlt es sich, es dem Absender mit einem entsprechenden Bescheide zurückzugeben. Zur direkten Abgabe an das zuständige Gericht ist der Richter ohne besonderen Antrag schon wegen der entstehenden Portoauslagen nicht befugt. Hat sich aber der Absender nur in der Abtheilung desselben Gerichts geirrt, so muß das Schriftstück an die zuständige Abtheilung abgegeben werden.

Sodann hat der Richter die inhaltliche Prüfung der Eingänge vorzunehmen. Soll einem Antrage oder Gesuche entsprochen werden, so muß er gesetzmäßig sein und von einer dazu befugten Person ausgehen. Doch ist zu beachten, daß die Grundbuchgesetze bei der unendlichen Mannigfaltigkeit der im praktischen Leben möglichen Fälle nicht erschöpfend regeln können, welche Pflichten dem Gerichte in jedem Einzelfalle obliegen und die Gesetzmäßigkeit einer Maßnahme deshalb nicht dann schon zu verneinen ist, wenn sie in den verschiedenen Grundbuchgesetzen nicht ausdrücklich zugelassen ist. Vielmehr ist in solchem Falle zu untersuchen, ob sich die beantragte Amtshandlung mit den aus dem Gesammtinhalt der Gesetze zu entnehmenden Grundsätzen verträgt.

Eintragungen, die an und für sich bedeutungslos sind, weil sie Rechtsverhältnisse betreffen, zu deren Kenntlichmachung das Grundbuch nicht bestimmt ist, oder welche, weil sie überflüssig sind, unnöthiger Weise Raum im Grundbuche wegnehmen, sind nicht zuzulassen.

Die Eintragungsbewilligungen betreffend, so hat sich der Grundbuchrichter auf eine Prüfung der Rechtmäßigkeit des zu Grunde liegenden Kausalgeschäfts nicht einzulassen, vielmehr nur zu prüfen, ob den zur Einschreibung in das Grundbuch ausreichenden formellen Erfordernissen genügt ist. Dahin gehört, ob die erforderlichen Erklärungen in der vorgeschriebenen Form abgegeben sind; ob andere Voraussetzungen der Eintragung durch öffentliche Urkunden nachgewiesen werden; ob der Erklärende gerade zu der fraglichen Erklärung befugt ist und ob seine Identität und Geschäftsfähigkeit genügend festgestellt ist. Hat ein Vertreter eine Erklärung abgegeben, so ist die Prüfung auch auf dessen Befugniß zur Vertretung zu richten. In Frage kommt hier insbesondere, inwieweit der Grundbuchrichter bei Anträgen, die seitens einer juristischen Person oder Gesellschaft gestellt werden, oder den Erwerb eines Rechts für solche Personen zum Inhalt haben, das Bestehen der fraglichen Person zu prüfen hat. Das neue Recht giebt darüber keine bestimmte Auskunft. Nicht zweifelhaft aber kann es nach dem Wortlaute des § 19 GBO. sein, daß, wenn eine Einzelperson — abgesehen vom Falle der Auflassung — eine Eintragung ins Grundbuch für eine juristische Person bewilligt, die Eintragung für diese zu erfolgen hat, ohne daß der Richter das Bestehen derselben prüft. Enthält die Urkunde neben der Bewilligung des Passivbetheiligten zugleich auch den Antrag der juristischen Person, zu deren Gunsten die Eintragung erfolgen soll, so gilt nichts Anderes. Denn in diesem Falle ist der Antrag keine zu der Eintragung erforderliche Erklärung, § 30 GBO., und würde auch formlos gestellt ausreichend sein.

Anders liegt es aber, wenn eine juristische Person bei der Auflassung als veräußernder oder erwerbender Theil auftritt oder in anderen Fällen selbst der die Eintragung bewilligende Theil ist, oder schließlich einen Eintragungsantrag stellt, welcher keine Bewilligung zur Voraussetzung hat. In diesen Fällen ist der Nachweis, daß die Erklärung von einer zu einer Willenserklärung befähigten Person ausgehe, als eine nothwendige Voraussetzung der Eintragung ebenso erforderlich, wie der Nachweis, daß die Erklärungen von den zu ihrer Vertretung berufenen Personen abgegeben sind. § 29 GBO. Der Grundbuchrichter wird in diesen Fällen deshalb den Nachweis sowohl des Bestehens der juristischen Person, als ihrer Vertretung erfordern müssen. Die Auszüge aus dem Vereins-, Handels- und Genossenschaftsregister ergeben in der Regel beides zugleich.

In den Fällen der Berichtigung des Grundbuchs und überhaupt immer, wenn eine Eintragung die Beibringung noch anderer Urkunden als der abstrakten Bewilligung voraussetzt, liegt dem Grundbuchrichter eine weitergehende Prüfungspflicht ob. Wird ihm z. B. ein Testament oder andere letztwillige Verfügung, ein Vertrag oder eine andere Urkunde vorgelegt, welche zur Begründung eines Antrags gehört, so hat er auch die Rechtsgültigkeit der fraglichen Urkunde zu prüfen und den wahren Sinn des Inhalts der Urkunde nöthigenfalls durch Auslegung zu ermitteln. Ist es z. B. zweifelhaft, ob in einem Testament eine Person als Erbe oder nur als Nießbraucher eingesetzt ist, ob eingesetzte Erben nebeneinander als Miterben oder nacheinander als Vor- und Nacherbe berufen sind, so hat der Grundbuchrichter durch Auslegung den Willen des Erblassers zu ermitteln und danach über den Antrag zu entscheiden. Er ist nicht berechtigt, eine Entscheidung wegen Zweifelhaftigkeit des Falles abzulehnen, oder gar den Antragsteller auf den Prozeßweg zu verweisen.

Genügen die vorgelegten Urkunden an sich zur Begründung des Eintragungsantrags, so ist es dem Grundbuchrichter nach der Praxis des Kammergerichts (Joh. u. K. Bd. IV S. 151, VI S. 91 und 149) doch unbenommen, ihm anderweit bekannt gewordene Umstände, welche dem Antrage entgegenstehen würden, zu berücksichtigen. So kann er z. B. die von einem Ehemann allein abgegebene, eine Verfügung über das Grundstück darstellende Eintragungsbewilligung deshalb beanstanden, weil jener nach seiner Kenntniß in Gütergemeinschaft lebt.

§ 31. Die Verfügung auf die eingegangenen Anträge und deren Ausführung im Allgemeinen.

Die **Verfügung** auf die Eingänge hat der Richter zu treffen, abgesehen von den Fällen, in denen dem Gerichtsschreiber gesetzlich die Erledigung eines Eingangs obliegt. Die Verfügung in Grundbuchsachen unterscheidet sich im Allgemeinen nicht von der in anderen Rechtsangelegenheiten. Sie ergeht am Rande der Eingabe oder auf einem besonderen Bogen und zwar in der Form, daß der Gerichtsschreiberei ein Auftrag ertheilt wird. Die Verfügung muß vollständig sein, d. h. alles vorschreiben, was zur Erledigung einer Eingabe erforderlich ist; insbesondere also auch über die Kosten, welche die Erledigung verursacht, Bestimmung treffen. Ist dem Absender der Eingabe ein Bescheid zu ertheilen, so ist anzuordnen, ob ihm nur Abschrift der Verfügung oder ein besonderes Schreiben zugehen soll. Auch in letzterem Falle soll der Richter die Verfügung so vollständig angeben, daß sie ohne weiteres abgeschrieben werden kann. Ist nicht in dieser Weise verfügt, so hat der Gerichtsschreiber das abzulassende Schreiben zu entwerfen und dem Richter zur Prüfung vorzulegen. Alle Schreiben der Gerichte sollen in bündiger, verständlicher Geschäftssprache unter thunlichster Vermeidung von Fremdwörtern abgefaßt werden.

Die Absendung der Schreiben besorgt der Gerichtsschreiber; er hat darauf zu halten, daß sie mit der Bezeichnung der Rechtsangelegenheit und der Geschäftsnummer versehen werden und unter der Adresse, die bei der Behändigung von Hypotheken- oder Grundschuldbriefen nöthigenfalls auf einen Umschlag zu setzen ist, den Vermerk der zu beobachtenden Art der Erledigung — z. B. Einschreiben — tragen; er hat ferner die Abschriften mit den Urschriften wörtlich zu vergleichen und die an Privatpersonen abzulassenden Schreiben zu vollziehen. Die Fassung des Schriftstücks muß erkennen lassen, daß es sich um eine richterliche Anordnung handelt und von welchem Grundbuchamte sie getroffen ist. Vom Richter vollzogen werden nur solche Schreiben, für die er sich die Vollziehung im einzelnen Falle vorbehalten hat, oder welche in Angelegenheiten der Justizverwaltung oder an öffentliche Behörden ergehen. §§ 16, 13 Gesch.Anw.

Die urschriftliche Zurückgabe einer Eingabe an den Absender mit dem vom Richter persönlich darauf gesetzten Bescheide ist in allen den Fällen zu empfehlen, in denen die Aufhebung des Schriftstücks bei den Grundakten keinerlei Zweck haben kann; sie ist aber stets dann bedenklich, wenn es sich um Eintragungsanträge handelt, bei denen der Zeitpunkt des Eingangs bei dem Grundbuchamt für das Recht von Bedeutung sein kann, zumal nach § 892 Abs. 2 BGB. der gute Glaube des Grundbuchs einem Recht schon von dem Zeitpunkte der Stellung des Antrags auf Eintragung ab zur Seite steht.

Der sachliche Inhalt der Verfügung entscheidet sich je nach Lage des Falls, ohne daß darüber allgemeine Regeln gelten. Zu erwähnen ist hier nur, daß eine von Privatpersonen erbetene Auskunft aus dem Grundbuche oder den Grundakten zu ertheilen sein wird, wenn der Antragsteller ein berechtigtes Interesse darlegt — § 12 GBO. und vorher S. 55. Die Abschrift, welche in diesem Falle sogar gefordert werden darf, kann unter Umständen durch die Auskunft erübrigt werden. Die von einer öffentlichen Behörde geforderte Auskunft ist nach den schon S. 55 besprochenen Grundsätzen der §§ 32, 36 Verf. über Einsicht des Grundbuchs oder der Grundakten sowie über das Recht, Abschriften daraus zu erfordern, zu beurtheilen.

§ 32. Die Eintragungsverfügung.

Die wichtigste Verfügung in Grundbuchsachen ist die Eintragungsverfügung, für welche die folgenden allgemeinen Regeln gelten:

I. Sie beginnt mit der genauen Angabe der Stelle im Grundbuche, wo die Eintragung erfolgen soll. Dazu gehört zunächst die Bezeichnung des Grundbuchs, des Bandes desselben und des Grundbuchblattes; ferner die Angabe der Abtheilung des Grundbuchblattes, der Spalte in der Abtheilung und der Nummer in der Spalte, unter welcher die Eintragung stehen soll, z. B. einzutragen im Grundbuche von Stettin Bd. XI, Bl. Nr. 132 Abth. III Spalte 1—4 Nr. 8.

II. Sodann ist die Eintragungsformel vom Richter wörtlich genau in der Fassung entworfen anzugeben, in welcher sie in das Grundbuch eingetragen werden soll. Art. 6 A. GBO. Inhaltlich muß die Eintragungsformel der Bewilligung entsprechen und vollständig sein. Bei Eintragungen in den Bestandsverzeichnissen und in der ersten Abtheilung muß sie alles ergeben, was durch das Grundbuch erkennbar gemacht werden soll, ohne daß Bezugnahmen auf andere Urkunden zulässig sind. Für die Eintragungen in der Abtheilung II und III sind Bezugnahmen auf die zu Grunde liegenden Urkunden im Gegensatze zum früheren Rechte im weiten Umfange gestattet. §§ 874, 877 BGB. Als Regel ist aber festzuhalten, daß das Grundbuch ergeben muß, was zur Begründung der Belastung und zu deren Erkennbarkeit nach Inhalt und Umfang nöthig ist, wie dies die Probeeintragungen im neuen Formular eines Grundbuchblattes erkennen lassen. Bezugnahmen sind zugelassen für die Eintragung einer Vormerkung, § 885 Abs. 2 BGB., für die Eintragung von Dienstbarkeiten und Reallasten, Leibgedinge, Leibzucht, Altentheil, § 50 GBO., für die Eintragung von Hypotheken, Grund- und Rentenschulden, § 1115 BGB. Bei der Eintragung einer Hypothek für Theilschuldverschreibungen auf den Inhaber und entsprechend bei der Eintragung einer Grund- oder Rentenschuld, deren Brief auf den Inhaber ausgestellt ist, ist eine abgekürzte Eintragungsformel in § 51 GBO. für genügend erklärt.

Die Fassung der Eintragungsformel ist selbständige richterliche Arbeit; sie braucht nur inhaltlich, nicht wörtlich den Antrag wiederzugeben; der Richter darf nicht verlangen, daß im Antrage die gewünschte Eintragungsformel wörtlich vorgeschrieben sei, wie er auch einem Antrage auf eine bestimmte Fassung der Formel nicht stattzugeben braucht. Als allgemeiner Grundsatz ist möglichste Klarheit und Kürze in der Fassung zu beachten. Die Vermeidung der Anfüllung des Grundbuchs mit nicht unbedingt nöthigen Vermerken hat das Gesetz durch die Gestattung der Bezugnahmen offenbar als Regel aufstellen wollen.

Für die Löschung eines Rechts oder einer Verfügungsbeschränkung ist die Eintragung eines Löschungsvermerkes ausdrücklich vorgeschrieben. § 47 GBO.

Für die Eintragungsformel gelten sonst noch folgende allgemeine Regeln:

1. Einzutragende Geldbeträge sind in Reichswährung anzugeben. § 28 GBO. Nach alter Währung angegebene Geldbeträge sind also bei jeder Eintragung, welche den alten Vermerk betrifft, in Reichswährung umzuschreiben.
2. Einzutragende Berechtigte sind im Grundbuche in folgender Weise zu bezeichnen. § 4 Verf.:
   a) bei natürlichen Personen sind der Name (Vorname, Familienname), der Stand, der Beruf, sowie der Wohnort und, soweit diese Angaben nicht thunlich oder nicht ausreichend sind, andere die Berechtigten deutlich kennzeichnende Merkmale anzugeben;
   b) bei Handelsgesellschaften, eingetragenen Genossenschaften und juristischen Personen anderer Art sind die Firma oder der Name sowie der Sitz anzugeben;
   c) bei Eintragungen für den Fiskus, eine Gemeinde oder eine sonstige juristische Person des öffentlichen Rechts kann auf Antrag des Berechtigten derjenige Theil seines Vermögens, zu welchem das eingetragene Grundstück oder Recht gehört, oder die Zweckbe-

stimmung des Grundstücks oder des Rechts durch einen, dem Namen des Berechtigten in Klammern beizufügenden Zusatz bezeichnet werden.

d) Eine nach Maßgabe des Gesetzes vom 2. April 1887 mit einer Vertretung ausgestattete Gesammtheit der Betheiligten kann als Berechtigte eingetragen werden, ohne daß es der Bezeichnung der einzelnen Betheiligten bedarf.

3. Im Gegensatze zum früheren Rechte ist bei der Eintragung von Lasten, Verfügungsbeschränkungen, Vormerkungen und Widersprüchen in die zweite oder dritte Abtheilung des Grundbuchblattes die Angabe der Eintragungsbewilligung oder des anderen Rechtstitels, welcher die Grundlage der Eintragung bildet, als Regel nicht mehr erforderlich. Nur wenn die nähere Bezeichnung des Inhalts des Rechts in die Eintragungsformel nicht aufgenommen ist, muß darin auf die Eintragungsbewilligung oder den anderen Titel Bezug genommen werden, vgl. vorher zu II. Die Eintragungen von Amtswegen empfiehlt es sich als solche im Grundbuche kenntlich zu machen. Vgl. vorher S. 57 zu III.

4. Jede Eintragungsformel endigt mit der Angabe des Tages der Eintragung; in der Verfügung wird das Datum noch offen gelassen, z. B. eingetragen am . . . Erfolgt eine Eintragung bei der Anlegung des Grundbuchs, so wird verfügt: bei der Anlegung des Grundbuchs eingetragen am . . .

III. Die Eintragungsverfügung muß bestimmen, was bei den Grundakten zu geschehen hat; ob Urkunden in Urschrift zurückzubehalten, oder Abschriften zu den Akten zu fertigen sind; welche Nachrichten und welche Schriftstücke je zu den einzelnen Grundakten genommen werden sollen, wenn die Eintragung mehrere Grundstücke betrifft, u. s. w. Daß die Tabelle regelmäßig vom Grundbuchführer durch Nachtragung der Eintragung zu ergänzen sei, wenn nicht diese Eintragung durch den Grundbuchrichter bewirkt worden ist, wird als selbstverständlich nicht verfügt. § 34 Verf. u. Allgem. Verf. v. 5. April 1895 I 14.

IV. Die Eintragungsverfügung muß ferner genau vorschreiben, ob und in welcher Art Hypotheken- oder Grundschuldbriefe zu bilden, oder die eingereichten Briefe durch nachzutragende Vermerke zu ergänzen und wem und in welcher Form die Briefe zu behändigen sind. Vgl. näheres § 70.

V. Die Eintragungsverfügung muß ferner anordnen, welchen Betheiligten Nachricht von der Eintragung gegeben werden, oder ob die Benachrichtigung unterbleiben soll. Jede Eintragung soll, wenn nicht ausdrücklich darauf verzichtet ist, dem Antragsteller — also auch der ersuchenden Behörde — und dem eingetragenen Eigenthümer sowie im übrigen allen aus dem Grundbuch ersichtlichen Personen bekannt gemacht werden, zu deren Gunsten die Eintragung erfolgt ist, oder deren Recht dadurch betroffen wird. § 55 GBO. Ferner sind landesgesetzlich einzelne Bekanntmachungen vorgeschrieben. Hiernach ist folgendes besonders zu beachten:

1. Der Begriff des Antragstellers und des Eigenthümers ist in jedem Falle klar, diejenigen, zu deren Gunsten eine Eintragung erfolgt, oder welche von der Eintragung betroffen werden, sind die Aktiv- und Passiv-

betheiligten in dem schon S. 63 zu II, §§ 68, 69 zu I besprochenen Sinne. Im Falle des § 876 BGB., § 21 GBO. wird also allen Realberechtigten eines Grundstücks Mittheilung zu machen sein.

2. War jemand als Antragsteller oder sonst Betheiligter persönlich vor dem Grundbuchamte erschienen, so ist trotzdem die schriftliche Benachrichtigung zu ertheilen. Das Gleiche gilt, wenn der Betheiligte sonst auch noch den die Eintragungsformel schon wiedergebenden Hypotheken- oder Grundschuldbrief zugesendet erhält.
3. Die Eintragung eines Eigenthumsüberganges ist den sämmtlichen Realberechtigten des Grundstücks und auch dem alten Eigenthümer mitzutheilen; handelt es sich um die Uebertragung eines Erbbaurechts, oder steht dem Grundstück ein subjektiv dingliches Recht zu, auch dem Eigenthümer des Grundstücks, auf dem das Recht lastet. §§ 7, 8 GBO.
4. Nicht im Grundbuche eingetragene, aber doch bei den Grundakten bekannte Erben eines verstorbenen Berechtigten werden an dessen Stelle zu benachrichtigen sein. Auch diese sind im Sinne des § 55 GBO. als aus dem Grundbuch ersichtlich anzusehen.
5. Benachrichtigungen von der Eintragung oder Berichtigung der in das Bestandsverzeichniß aufgenommenen Angaben aus den Steuerbüchern erhalten nur der Eigenthümer und die Steuerbehörde. Die Realberechtigten werden von diesen Eintragungen nicht betroffen.
6. Ueber die Form der Benachrichtigung ist nichts bestimmt. Doch entspricht die wörtliche Mittheilung der Eintragungsformel am besten dem Gesetze.
7. Ist der Wohnort eines Betheiligten unbekannt, so verlangt § 55 GBO. nicht die Anstellung von Ermittelungen. Die Benachrichtigung muß dann unterbleiben.
8. Landesrechtlich sind noch folgende Mittheilungen vorgeschrieben:
   a) Jede Eintragung eines Eigenthümers ist noch der Grundsteuerbehörde bekannt zu machen und zwar mittels der Eigenthumsveränderungsliste, vgl. S. 36.
   b) Ist auf einem Grundbuchblatte die Vormerkung über die Einleitung des Enteignungsverfahrens eingetragen, so erhält bis zur Löschung der Vormerkung der Bezirksausschuß Nachricht von jeder an dem Grundstücke eintretenden Rechtsveränderung, welche für die Vertretung des Grundstücks oder die Auszahlung des Erlöses von Bedeutung ist. § 24 Enteign.Ges.

VI. Die Eintragungsverfügung muß schließlich bestimmen, von wem die Kosten einzuziehen sind, oder ob die Einziehung ganz oder einstweilen unterbleiben soll.

§ 33. Ausführung der Eintragungsverfügung. Vollendung der Eintragung.

I. Die Eintragungsverfügung des Richters mit den zugehörigen Eingängen und Grundakten geht an den Grundbuchführer, welchem es obliegt, die vorgeschriebene Eintragungsformel eigenhändig in das Grundbuch hineinzuschreiben, die erforderlichen Unterstreichungen zu bewirken und weiter die Ausführung der Verfügung zu besorgen. Art. 6 A.GBO.

II. Für den Grundbuchverkehr ist der Moment von Wichtigkeit, in welchem eine Eintragung als bewirkt anzusehen ist. Erst von diesem Moment ab ist ein Eintragungsantrag „erledigt", eine Zurücknahme desselben also nicht mehr zulässig, §§ 17, 32 GBO., oder dem Grundbuchrichter verboten, eine an sich zulässige, jedoch unrichtige Eintragung im Grundbuche wieder zu löschen oder zu ändern. § 54 GBO.

Es bestimmt § 45 GBO.: Jede Eintragung soll den Tag, an welchem sie erfolgt ist, angeben und mit der Unterschrift des Grundbuchbeamten versehen werden. Art. 6 A.GBO. hat dies näher dahin geregelt, daß der Richter und der Grundbuchführer die Eintragung unterschreiben sollen.

Nach dem BGB. tritt die dingliche Rechtswirkung mit der Eintragung ein; wann eine solche als bewirkt gilt, ist eine Frage des formellen Grundbuchrechts. Aus § 45 in Verbindung mit § 54 GBO. muß der Satz entnommen werden, daß die Eintragung erst als eine fertige angesehen werden soll, wenn sie von den Grundbuchbeamten unterschrieben ist; ob sie deshalb, wenn diese Unterschrift versehentlich unterbleibt, jeder materiellen Wirkung entbehrt, interessirt hier nicht. Zu dem aufgestellten Satz zwingt § 54 Satz 1 GBO. Hat das Grundbuchamt versehentlich durch eine falsche Eintragung das Grundbuch unrichtig gemacht, so muß hiernach der Richter von Amtswegen einen Widerspruch eintragen, darf aber nicht, so muß man hinzudenken, die Eintragung löschen oder ändern. Müßte diese Regel schon gelten von dem Moment an, wo die Eintragungsformel ohne Unterschrift der Beamten im Grundbuche steht, so würden dem Richter, wenn er beim Nachlesen der Formel vor der Unterschreibung Unrichtigkeiten entdeckt, deren Aenderungen oder Löschungen verboten sein, während doch § 45 GBO. gerade gewährleisten will, daß der Richter die Richtigkeit der Formel prüft, und daß dies der Fall sei, durch seine Unterschrift bezeugt. Das kann aber nicht gewollt sein. Hieraus ergiebt sich auch, daß als Tag der Eintragung derjenige anzugeben ist, an welchem der Richter seinen Namen unterschreibt, m. a. W. daß er selbst zugleich mit seiner Namensunterschrift das Datum in die vom Gerichtsschreiber freigelassene Stelle setzt. Der Grundbuchführer fügt seine Unterschrift am besten sogleich bei, wenn er die Eintragungsformel in das Grundbuch übertragen hat.

Der Richter vergleicht, ehe er unterschreibt, ob der eingetragene Vermerk der verfügten Eintragung entspricht; es geschieht dies in der Regel in der Weise, daß der Grundbuchführer die betreffende Stelle der Eintragungsverfügung vorliest, während der Richter die Eintragung im Grundbuche selbst nachliest. Seine Unterschrift beurkundet sodann die Eintragung auch als eine von ihm angeordnete und von dem Eintragungstage fertiggestellte. Unrichtigkeiten, welche der Grundbuchrichter beim Nachlesen entdeckt, mögen sie sich schon in der Eintragungsverfügung finden, oder erst beim Eintragen in das Grundbuch vorgekommen sein, darf er unbeschränkt ändern und richtig stellen. § 54 GBO. bezieht sich nur auf schon fertige Eintragungen.

III. Ist die Eintragung unterschrieben, so hat der Grundbuchführer die weiteren Theile der Eintragungsverfügung auszuführen.

Er hat zu dem Zwecke den Hypotheken- oder Grundschuldbrief, welcher gebildet werden soll, oder die etwa darauf zu setzenden Vermerke, ebenso die angeordneten Mittheilungen und Schreiben so genau zu entwerfen, daß sie demnächst einfach abgeschrieben werden können; er hat ferner die vom Richter angeordneten beglaubigten Abschriften anfertigen und die Urkunden zu den richtigen Grundakten heften zu lassen; schließlich hat er auch die Kostenrechnung aufzustellen.

Die Entwürfe zu den Hypotheken- oder Grundschuldbriefen und zu den Mittheilungen und Schreiben werden dem Richter in der Regel noch einmal zur Prüfung vorgelegt. Demnächst werden die Reinschriften angefertigt und an die Empfänger abgeschickt.

§ 34. Die verschiedenen Arten der Eintragungen in das Grundbuch.

I. Unter einer Eintragung ist begrifflich der gesammte Inhalt jedes einzelnen in sich abgeschlossenen Eintragungsvermerks im Grundbuche, in der II. und III. Abtheilung des Grundbuchblattes also jeder unter einer Nummer zusammengefaßte Vermerk einschließlich des Inhalts der im Vermerke inbezuggenommenen Urkunden zu verstehen. Sind nach dem Formulare des Grundbuchblattes für eine Eintragung mehrere Spalten desselben Abschnitts oder derselben Abtheilung bestimmt, so gelten die sämmtlichen Vermerke nur als eine Eintragung. § 75 Verf.

Die Eintragungen sind meist endgültige; daneben kennt das Recht auch solche, welche wie die Vormerkungen und Widersprüche eine künftige Eintragung oder Löschung nur vorbereiten; über letztere s. näheres in §§ 57, 58. Die Eintragungen sind entweder neue Haupteintragungen oder sind Aenderungen und Löschungen schon eingetragener Vermerke. Je nach dem Inhalte des Vermerks bestimmt sich die Spalte, in welche er hineinzuschreiben ist, und die laufende Nummer, unter welcher er stehen muß. In der zweiten und dritten Abtheilung kommen neue Haupteintragungen in die Spalten 1—3 oder 1—4 und erhalten hier eine neue und zwar die der Nummer der letzten Eintragung folgende Nummer; Veränderungen und Löschungen kommen in die besonders dazu bestimmten Spalten und behalten stets die Nummer der Haupteintragung, auf welche sie sich beziehen. Oertlich muß sich jede Eintragung unmittelbar an die letzte vorhandene Eintragung anschließen; in den Spalten Veränderungen und Löschungen der II. und III. Abtheilung erscheinen die Vermerke infolgedessen nicht nach dem Range der zugehörigen Haupteintragung; die die gleiche Haupteintragung betreffenden Vermerke können vielmehr hier je nach der Zeitfolge der Eintragung vermengt mit den zu anderen Haupteintragungen gehörigen Vermerken stehen.

II. Ein Antrag kann eine oder mehrere Eintragungen veranlassen. Betreffen die mehreren Eintragungen Grundstücke, welche zum Bezirke verschiedener Richter desselben Gerichts gehören, so muß nach dem Seite 8 gesagten angenommen werden, daß der Antrag bei allen nur einmal zu stellen ist und dem Richter die Bearbeitung der sämmtlichen beantragten Eintragungen obliegt, welcher zuerst damit befaßt wird. Vgl. § 23 Abs. 2 A.GVG. Die Verbindung der Eintragungen in einem Antrage schafft hier eine besondere Zuständigkeit des Richters. In der Eintragungsverfügung sind die sämmtlichen Eintragungen nacheinander vorzuschreiben und diese dann durch die Eintragung auf allen in Frage kommenden Grundbuchblättern gleichzeitig auszuführen.

Veranlaßt ein Antrag Eintragungen auf mehreren Grundbuchblättern, die zu verschiedenen Grundbuchämtern gehören, so hat der Grundbuchrichter wegen der Eintragungen in Grundbücher anderer Grundbuchämter nichts zu veranlassen. Er darf voraussetzen, daß sich der Antragsteller selbst an die anderen Grundbuchämter wenden wird, wenn nicht gerade Weitergabe des Antrags an diese ausdrücklich beantragt ist. In diesem Falle hat der Richter zunächst den die Grundbücher seines Grundbuchamts betreffenden Theil des Antrags zu erledigen; eine beglaubigte Abschrift davon zu seinen Akten zu nehmen und den Antrag in Urschrift an das andere Gericht weiter zu senden. Nur allein, wenn mehrere Grundstücke mit demselben Rechte belastet werden, gilt ein besonderes Verfahren.

III. Werden mehrere Grundstücke mit demselben Rechte belastet, so ist auf dem Blatte jedes Grundstücks die Mitbelastung der übrigen von Amtswegen erkennbar zu machen. § 49 GBO.

Das Gleiche gilt, wenn mit einem an einem Grundstücke bestehenden Rechte nachträglich noch ein anderes Grundstück belastet wird.

Das Gleiche gilt schließlich, wenn im Falle der Uebertragung eines Grundstückstheils auf ein anderes Grundbuchblatt ein eingetragenes Recht mitübertragen wird.

Die Rechte, welche § 49 GBO. meint, sind alle Rechte der II. und III. Abtheilung des Grundbuchblattes, bezüglich derer eine Gesammtbelastung mehrerer Grundstücke überhaupt vorkommen kann; vornehmlich also Reallasten, Hypotheken, Grundschulden, Rentenschulden; auch beim Erbbaurecht, bei Dienstbarkeiten, beim Vorkaufsrecht ist eine solche Belastung denkbar. Vormerkungen zur Sicherung des Anspruchs auf Einräumung eines Rechtes am Grundstücke sind unbedenklich auch zu den in § 49 GBO. gemeinten Rechten zu zählen. Nicht dahin gehören dagegen schon nach dem Wortlaute der Bestimmung alle die Rechte, welche eine Belastung des Grundstücks selbst nicht darstellen; das sind z. B. Vormerkungen zur Sicherung des Anspruchs auf ein Recht an einem schon eingetragenen Rechte, Widersprüche, ebenso alle Veränderungen und Löschungen, welche bei einem auf mehreren Grundstücken schon lastenden Rechte eingetragen werden. Selbstverständlich müssen solche nachträgliche Eintragungen auf allen Blättern der mitbelasteten Grundstücke vermerkt werden, die Vermerke selbst bedürfen aber nicht der Andeutung der Mitbelastung, weil diese schon aus der Haupteintragung hervorgeht. Ganz einfach kann die Mitbelastung im Grundbuche angezeigt werden, wenn die mehreren mitbelasteten Grundstücke auf einem gemeinschaftlichen Grundbuchblatte stehen. Die laufenden Nummern der mitbelasteten Grundstücke werden nebeneinander in die für diese Anzeigen bestimmte Spalte 2 der Abtheilung II oder III des neuen Grundbuchformulars eingeschrieben.

Stehen die mitbelasteten Grundstücke auf verschiedenen Grundbuchblättern, so bedarf es eines besonderen Vermerks. Entstand die Mitbelastung schon gleichzeitig mit der ersten Eintragung des Rechtes im Grundbuche, so ist der Vermerk der Formel der Haupteintragung beizufügen; wurden erst nachträglich andere Grundstücke mitbelastet, so ist die Mitbelastung als Veränderung in den dafür bestimmten Spalten zu buchen. Die Probeeintragung gebraucht für den Vermerk die Wendung: Das Grundstück Buchhain Kartenblatt 2 Parzelle 25 (Band III Blatt Nr. 23) haftet mit. Die Bezeichnung des mitbelasteten Grundstücks nach dem Steuerbuche ist umständlich und kann die Uebersichtlichkeit erschweren, wenn das Grundstück aus mehreren Katasterparzellen besteht. Zweckmäßiger und ausreichend erscheint die bisher übliche Bezeichnung des mitbelasteten Grundstücks lediglich nach der Grundbuchnummer: Das Grundstück Bd. III Blatt Nr. 23 dieses Grundbuchs, oder des Grundbuchs von ... haftet mit; steht das mitbelastete Grundstück auf einem gemeinschaftlichen Grundbuchblatte, so wird man z. B. schreiben können: Das unter Nr. 4 eingetragene Grundstück Band III Blatt Nr. 23 haftet mit.

Im Einzelnen ist folgendes zu beachten:

1. Liegen die mehreren Grundstücke, welche mit demselben Rechte belastet werden, im Bezirke verschiedener Grundbuchämter, so ist auch hier davon auszugehen, daß sich der bei einem Grundbuchamte gestellte Eintragungsantrag grundsätzlich nur auf die Eintragungen bezieht, für welche dies Gericht zuständig ist. Das zuerst angegangene Amtsgericht hat deshalb nur auf den ihm gehörigen Grundbuchblättern den Mitbelastungsvermerk einzutragen und ihn zweckmäßig gleich in beglaubigter Form dem Antragsteller mitzutheilen, welchem es überlassen ist, die Eintragung in den Grundbüchern der anderen Grundbuchämter selbst zu veranlassen. Das zweite und die nach diesem angegangenen Grundbuchämter haben die Pflicht, von Amtswegen die Eintragung der Mitbelastung auf allen Grundstücken herbeizuführen. Sie haben sich zu diesem Zwecke, wenn ihnen nicht die Mittheilung des ersten Grundbuchamtes in beglaubigter Form vorliegt, von diesem von Amtswegen den Wortlaut der Eintragungsformel und die Grundbuchbezeichnung nennen zu lassen, und dann in den betreffenden Grundbüchern ihres Bezirks einen gleichlautenden Vermerk einzutragen, auch die schon mit dem Recht belasteten Grundstücke des ersten Gerichts in dem Vermerk zu nennen. Dem zuerst angegangenen Grundbuchamt haben sie wieder die Bezeichnung der in ihrem Bezirke belasteten Grundstücke mitzutheilen und es um Eintragung der Mitbelastung zu ersuchen; dies hat eine entsprechende Eintragung dann von Amtswegen in der Spalte der Haupteintragungen,

vgl. §§ 11 Abs. 2, 12 Abs. 2 Verf., im Grundbuche der belasteten Grundstücke vorzunehmen und wird von dem Veranlaßten wieder praktisch dem ersuchenden Gericht Nachricht geben.

Es kann auch bei dem zuerst angegangenen Grundbuchamte der Antrag gestellt werden, selbst die Eintragung der Mitbelastung bei den anderen Grundbuchämtern zu veranlassen; es ist dann entsprechend zu verfahren; nur giebt das eine Amt den Antrag, nachdem es ihn selbst erledigt hat, mit einer beglaubigten Abschrift der Eintragungsformel gleich an das zweite zuständige Grundbuchamt ab.

Werden nachträglich Veränderungen oder Löschungen bei dem Rechte eingetragen, so muß jedes angegangene Grundbuchamt die Eintragung dem anderen Gerichte mittheilen und dieses die entsprechende Eintragung von Amtswegen in den Grundbüchern seines Bezirks vornehmen; es ist dies eine nothwendige Folge des § 873 BGB., wonach gewisse Rechtsänderungen an eingetragenen Rechten nur durch die Eintragung im Grundbuche vollzogen werden — z. B. die Uebertragung einer Buchhypothek; ist bei einem Grundbuchamte der Antrag auf Eintragung der Rechtsänderung gestellt, so muß als Absicht des Gesetzes angenommen werden, daß dieser Antrag als bei allen die Mitbelastung aufweisenden Grundbüchern gestellt anzusehen sei, und es nicht dem Belieben des Antragstellers überlassen bleiben soll, ob die Eintragung bei den Grundbüchern des einen Bezirks veranlaßt wird, bei denen eines anderen nicht.

Besondere Schwierigkeiten entstehen, wenn die der Mitbelastung durch Hypotheken- oder Grundschulden unterliegenden Grundstücke verschiedenen Eigenthümern gehören und seitens eines derselben oder aus einem der Grundstücke der Gläubiger befriedigt wird. Die Eintragung der dann kraft Gesetzes eintretenden Rechtsfolgen wird sich oft nur nach gegenseitigem Verhandeln der betheiligten Grundbuchämter durchführen lassen. Vgl. §§ 1173, 1174, 1181, 1182 BGB. und nachher §§ 74 und 75.

2. Wird mit einem an einem Grundstücke bestehenden Rechte nachträglich noch ein in demselben oder in einem anderen Amtsgerichtsbezirke liegendes Grundstück belastet, so ist zur Eintragung des Mitbelastungsvermerks entsprechend der unter 1 angegebenen Weise zu verfahren. Das hier nachträglich angegangene Grundbuchamt hat die gleiche Stellung, wie dort das an zweiter Stelle angegangene. Nur ist in diesem Falle der Mitbelastungsvermerk in Abth. II und III des Grundbuchblattes in den Spalten: Veränderungen zu buchen. §§ 11 Abs. 2, 12 Abs. 2 Verf.

3. Wird ein Theil eines Grundstücks von diesem abgetrennt und auf ein anderes Grundbuchblatt übertragen, so bleibt dieser Theil für die eingetragenen Rechte, wenn er nicht etwa gerade von der Belastung mit denselben ausgenommen ist, doch weiter verhaftet. Bei der Abschreibung im Grundbuche sind deshalb die eingetragenen Rechte auf das neue Grundbuchblatt mit zu übertragen. Es geschieht dies dadurch, daß die ganze Eintragungsformel wörtlich vom alten Blatte abgeschrieben und auf dem neuen Blatte mit einem Vermerk des In-

halts versehen wird, daß die Eintragung vom alten Blatte auf das neue Blatt übertragen sei. Neben der Formel der Haupteintragung sind auch alle Veränderungen, die auf dem alten Blatte bei ihr eingetragen stehen, auf das neue Blatt zu übernehmen. Ist auf dem alten Blatte ein Recht gelöscht, die Löschung aber durch einen Widerspruch betroffen, so ist es am richtigsten, auch die gelöschte Eintragungsformel mit dem Löschungsvermerk und dem Widerspruch auf das neue Blatt zu übertragen.

Die Mithaftung des abgetrennten Grundstücks für die Lasten des Stammgrundstücks wird auf dem Blatte des letzteren zugleich durch einen Vermerk: „Das Grundstück Band III Blatt Nr. 36 dieses Grundbuchs oder des Grundbuchs von X. haftet mit ..." als Veränderung neben der Haupteintragung kenntlich gemacht.

4. Für den Fall der Uebertragung eines mitbelasteten selbständigen Grundstücks auf ein besonderes Grundbuchblatt ist ein ähnliches Verfahren nicht vorgeschrieben. Indessen ist aus Satz 1 des § 49 GBO. die Regel zu entnehmen, daß bei der Eintragung des Rechts auf dem neuen Blatte der Vermerk der Mithaftung hinzugefügt werden muß. Auf dem alten Grundbuchblatte ist, wie dies auch der Ansicht der Denkschrift zur GBO. entspricht, ein Mitbelastungsvermerk entbehrlich, weil sich die Mitbelastung aus den Zahlen in der Spalte 2 der II. oder III. Abtheilung des Blattes und die Abschreibung sowie die neue Grundbuchnummer aus den Vermerken in der Spalte: Abschreibungen des Bestandsverzeichnisses ohne weiteres ergiebt.

5. Soweit eine Mitbelastung erlischt, ist dies von Amtswegen zu vermerken. § 49 Abs. 2 GBO. Der in den Spalten Löschungen einzutragende Vermerk lautet: Die Mithaft des Grundstücks Bd. X Bl. — dieses Grundbuchs (oder des Grundbuchs von . . .) ist gelöscht am . . . Näheres s. S. 106 f.

IV. Als Gläubiger eines Rechts können im Grundbuche eingetragen werden eine Person oder mehrere Personen. Im letzteren Falle bestehen folgende Möglichkeiten.

1. Das Recht wird für jeden Gläubiger zu einem bestimmten Theile eingetragen; dann umfaßt die Eintragung verschiedene ihrem Umfange nach aus dem Grundbuche ersichtliche Theilrechte, über welche der einzelne Gläubiger je frei verfügen kann.
2. Das Recht wird für jeden Gläubiger zu einem bestimmten Bruchtheile eingetragen; auch dann bestehen mehrere bestimmte Theilrechte, die je der freien Verfügung des einzelnen Gläubigers unterliegen.
3. Das Recht wird für alle gemeinschaftlich eingetragen. In diesem Falle liegt entweder eine Gemeinschaft nach Bruchtheilen (§ 741 BGB.) oder eine Gemeinschaft zur gesammten Hand vor, deren Grundsätze das BGB. anwendet auf das Gesellschaftsvermögen (§ 719 BGB.), auf das Gesammtgut der ehelichen Gütergemeinschaft, auf das Gesammtgut der fortgesetzten Gütergemeinschaft, und das Verhältniß der Miterben. Während bei der Gemeinschaft nach Bruchtheilen jeder Theilhaber über seinen Antheil verfügen kann, ist dies in den Fällen der Gemeinschaft zur gesammten Hand bisweilen nicht der

Fall. Um diese Verschiedenheit der Gestaltung erkennbar zu machen, soll die Eintragung in der Weise erfolgen, daß, wenn nicht die Antheile der Berechtigten in Bruchtheilen angegeben sind, das für die Gemeinschaft maßgebende Rechtsverhältniß zu bezeichnen ist. § 48 GBO.

§ 35. Allgemeine Voraussetzungen der Eintragungen in das Grundbuch.

Für die Eintragung in das Grundbuch stellt das Gesetz die folgenden allgemeinen Voraussetzungen auf:

1. Eine Eintragung soll nur erfolgen, wenn derjenige, dessen Recht durch sie betroffen wird, als der Berechtigte eingetragen ist. § 40 GBO.

   Materiell ist die Eintragung des Berechtigten kein Erforderniß einer Rechtsänderung, §§ 873, 875, 877 BGB.; die Regel ist aber aufgestellt, um dem Grundbuchrichter die Legitimationsprüfung zu erleichtern und den eingetragenen Berechtigten dagegen zu sichern, daß ungeachtet der ihm nach § 891 BGB. zur Seite stehenden Vermuthung ein Anderer unbefugterweise über das Recht verfügt.

   Die Regel des § 40 GBO. gilt nicht nur für den Fall einer Rechtsänderung, welche durch die Eintragung erst vollzogen wird, sondern auch wenn sie außerhalb des Grundbuchs eingetreten ist und nunmehr die Eintragung zur Berichtigung des Grundbuchs ererfolgen soll.

   Der Grundbuchrichter kann hiernach jede beantragte Eintragung ablehnen, wenn nicht vorher der Passivbetheiligte eingetragen ist. Erlangt der Berechtigte gleichzeitig mit der beantragten Eintragung auch seine Eintragung, so wird dies der Vorschrift des § 40 Abs. 1 GBO. genügen.

   Ausnahmen von der Regel des § 40 Abs. 1 GBO. begründen folgende Fälle:

   a) Ist der Erbe des eingetragenen Berechtigten von der Eintragung betroffen, so bedarf es seiner vorgängigen Eintragung nicht, wenn die Uebertragung oder die Aufhebung eines für den Erblasser eingetragenen Rechts eingetragen werden soll. § 41 Abs. 1 GBO. Sonach können der Alleinerbe sowohl wie Miterben, ohne selbst eingetragen zu sein, ein Grundstück auflassen; eine für den Erblasser eingetragene Hypothek übertragen oder löschen lassen; will aber z. B. der Erbe des eingetragenen Eigenthümers eine Hypothek bestellen, oder der Erbe des eingetragenen Gläubigers an dem Rechte eine Aenderung vornehmen, die nicht unter den Begriff der Uebertragung fällt, z. B. den Vorrang einräumen, so kann der Grundbuchrichter vorher seine Eintragung verlangen.
   b) Hat der eingetragene Berechtigte noch vor seinem Tode die beantragte Eintragung bewilligt, oder hat ein bestellter Nachlaßpfleger (Nachlaßverwalter), §§ 1960 f., 1975 f. BGB., die Bewilligung

erklärt, oder wird der Eintragungsantrag durch einen gegen den Erblasser oder den Nachlaßpfleger vollstreckbaren Titel begründet, so bedarf es der vorgängigen Eintragung des Erben als des von der Eintragung Betroffenen überhaupt nicht, also auch dann nicht, wenn nicht eine Uebertragung oder Aufhebung des Rechts in Frage steht. § 41 Abs. 1 GBO.

Das Gleiche gilt, wenn der Testamentsvollstrecker die Eintragungsbewilligung erklärt hat, oder ein gegen ihn vollstreckbarer Titel vorliegt in den Fällen, in denen die Bewilligung oder der Titel gegen den Erben wirksam ist. § 41 Abs. 2 GBO. Dies ist nur dann nicht der Fall, wenn dem Testamentsvollstrecker nicht die Verwaltung des Nachlasses zusteht, oder gegen ihn ein Pflichttheilsanspruch verfolgt wird. § 2213 BGB.

c) Der Eintragung gleich steht es, wenn der Cessionar einer Briefhypothek (Grundschuld, Rentenschuld) sein Gläubigerrecht nach § 1155 BGB. nachweisen kann und sich im Besitze des Briefes befindet. § 40 Abs. 2 GBO.

2. Bei einer Briefhypothek (Grundschuld, Rentenschuld) soll eine Eintragung nur erfolgen, wenn der Brief vorgelegt wird. § 42 GBO. Näheres s. nachher in § 69 III.

3. Einem Eintragungsantrage, dessen Erledigung an einen Vorbehalt geknüpft wird, soll nicht stattgegeben werden. § 16 Abs. 1 GBO. Selbstverständlich sind hiermit nicht solche Vorbehalte gemeint, welche das Recht inhaltlich beschränken und gerade erst durch die Eintragung gesichert werden sollen, wie der Vorbehalt, mit dem Range vor dem einzutragenden Rechte demnächst ein anderes Recht eintragen zu lassen. § 881 BGB. Gemeint sind vielmehr solche Vorbehalte, die vor der Eintragung beseitigt sein sollen und den Grundbuchrichter zur Prüfung der Frage veranlassen, ob nach der gegenwärtigen Sachlage die Eintragung gewünscht wird, z. B. der Vorbehalt, daß die Eintragung der Sicherungshypothek zum Höchstbetrage von 10 000 M. erst erfolgen soll, wenn die Lieferungen einen Werth von mindestens 1500 M. erreicht haben. Zulässig ist nur der Vorbehalt, daß von mehreren Eintragungen die eine nicht ohne die andere erfolgen soll. § 16 Abs. 2 GBO. und S. 103 zu 3.

§ 36. Aenderungen einer schon fertigen Eintragung, Löschungen.

I. Aenderungen der in das Grundbuch eingetragenen Vermerke behufs Richtigstellung darin enthaltener Mittheilungen können in allen Abtheilungen des Grundbuchblattes nothwendig werden. Wieweit solche Aenderungen zulässig sind, kann im einzelnen Falle zweifelhaft sein. Zu unterscheiden wird man haben, ob die Eintragung Unrichtigkeiten unerheblicher Art, welche für den Umfang der Rechte am Grundstück ohne Einfluß sind, also z. B. offenbare Schreibfehler, falsche thatsächliche Angaben in den Daten, Vornamen u. ä. aufweist, oder ob die Eintragung den Umfang des Rechts in wesentlichen Theilen falsch wiedergiebt. Die Unrichtigkeiten können ihren

Grund in eigenen falschen Angaben der Betheiligten, in einem Irrthum oder einer Rechtsverletzung des Richters haben. Das Gesetz giebt nur für den letzteren Fall eine besondere Vorschrift; für den ersteren gelten also die allgemeinen Regeln.

1. Haben demnach die Betheiligten durch eigene Angaben eine Unrichtigkeit in der Eintragungsformel veranlaßt, so bedarf es zur Richtigstellung stets eines in beglaubigter Form erklärten Antrags des durch die Unrichtigkeit Betroffenen, welcher unter Umständen auch noch durch eine Bewilligung desjenigen begründet werden muß, in dessen bereits begründete grundbuchmäßigen Rechte die Richtigstellung eingreifen würde. Handelt es sich um Aenderungen unerheblicher Art, so genügen diese Erklärungen auch wenn inzwischen Dritte im guten Glauben an die Richtigkeit des Grundbuchs Rechte am Grundstück erworben oder einen Eintragungsantrag gestellt haben. Deren Zustimmung ist aber stets dann nöthig, wenn die Aenderung den Umfang eines ihnen vorgehenden Rechts erweitern würde. Andernfalls muß von der Aenderung Abstand genommen werden. Die Aenderungen sind in der Regel als besondere Eintragung im Grundbuche in den Spalten: Veränderungen zu vermerken; sie werden aber unter Umständen, insbesondere wenn nur einzelne Worte richtig zu stellen sind, auch im Texte der Eintragung vorgenommen werden können und sind dann nicht als besondere Eintragung zu behandeln.

2. Den Fall, daß der Grundbuchrichter unter Verletzung gesetzlicher Vorschriften, und dazu gehört auch der Fall eines Versehens oder Irrthums, eine Eintragung vorgenommen hat, regelt § 54 GBO. Schon Seite 92 ist dargelegt, daß die Bestimmung erst von dem Zeitpunkte an anzuwenden ist, in welchem eine Eintragung mit der Unterschrift der Beamten versehen fertig im Grundbuche steht. Ist durch sie infolge des Fehlers des Grundbuchrichters das Grundbuch unrichtig geworden, so darf er die Eintragung nicht löschen oder ändern, sondern bei ihr von Amtswegen nur einen Widerspruch gegen die Richtigkeit des Grundbuchs eintragen. § 54 GBO. Dieser Vermerk kann auch von einem Betheiligten verlangt oder auf Beschwerde vom höheren Gerichte angeordnet werden. § 71 Abs. 2 GBO. Die Eintragung selbst bleibt bestehen, bis die Betheiligten deren Löschung oder Abänderung bewilligen und beantragen. Der Grundbuchrichter muß, sobald er den Fehler entdeckt hat, die Betheiligten benachrichtigen und wird gut thun, ihnen zugleich das weitere anheimzustellen. Mitumfaßt wird durch § 54 GBO. der Fall, daß der Richter eine Eintragung fälschlicher Weise ganz unterlassen und dadurch anderen Eintragungen z. B. einen unzutreffenden Rang gegeben hat. Der Widerspruch wird dann bei den anderen Eintragungen zu vermerken sein, während die unterlassene Eintragung nachgeholt wird. Ohne weiteres kann die Nachholung einer unterlassenen Eintragung geschehen, wenn seit der Säumniß andere Eintragungen im Grundbuche nicht vorgekommen sind. Schlechthin wirkungslos ist eine Eintragung, für welche das Grundbuch überhaupt nicht bestimmt und welche ihrem Inhalte nach unzulässig ist. Eine solche muß von Amtswegen durch Löschung beseitigt werden. Doch kann die Löschung auch beantragt, oder vom Beschwerdegericht angeordnet werden. §§ 54, 71 Abs. 2 GBO. Daß es zur Eintragung eines Widerspruchs bei einer Hypothek, Grundschuld, Rentenschuld in vielen Fällen der Vorlegung des

ertheilten Briefes nicht bedarf, darüber s. näheres § 58, vgl. § 54 Abs. 2, § 42 Abs. 1 Satz 2 GBO. Eine Ausnahme von § 54 GBO. enthält Art. 13 A.GBO.

II. Zu unterscheiden von den Aenderungen des Textes der Eintragungsformel selbst sind solche nachträgliche Eintragungen, welche infolge einer inhaltlichen Veränderung des eingetragenen Rechts selbst erforderlich werden. Diese versteht man gemeinhin unter dem Worte „Veränderungen“. Sie kommen bei den Rechten der II. und III. Abtheilung vor und gehören ohne Ausnahme in die „Veränderungen“ überschriebenen Spalten. Unter den Begriff fallen z. B. die Uebertragung (Cession), Pfändung, Verpfändung, Aenderung des Rangverhältnisses, Theilung, Einsetzung einer anderen Forderung bei Hypotheken, Umwandlung einer Hypothek oder Grundschuld, der Verzicht des Berechtigten, die nachträgliche Ertheilung oder Ausschließung der Ertheilung von Briefen, die Mitbelastung, die inhaltlichen Aenderungen der Nebenbestimmungen über Verzinsung, Zeit und Ort der Zahlung.

III. Eine Eintragung wird aus dem Grundbuche wieder beseitigt durch Löschung. Die Löschung geschieht nirgends durch Ausstreichen der Eintragung, vielmehr durch Unterstreichen der zu löschenden Eintragung mit rother Tinte. Daneben ist, soweit es sich um die Löschung eines Rechts oder einer Verfügungsbeschränkung handelt, auch noch die Eintragung eines Löschungsvermerks vorgeschrieben. § 47 GBO. Löschungen können vorkommen in allen Abtheilungen und Spalten des Grundbuchblattes; sie können betreffen die Haupteintragung oder nachträglich eingetragene Veränderungen; oder auch nur einzelne Sätze einer Eintragung. Sie können sein Löschungen einer ganzen Eintragung, Theillöschungen oder Löschungen eines aus dem Grundbuche schon ersichtlichen Antheilsrechts.

Löschungen, welche eine Eintragung der II. und III. Abtheilung ganz aus dem Grundbuche beseitigen, werden in den Spalten des Abschnitts „Löschungen“ vermerkt. Mit der Haupteintragung sind in diesem Falle zugleich alle Veränderungen derselben roth zu unterstreichen.

Löschungen, welche nur eine Veränderung aufheben, kommen in die Spalte Löschungen des Abschnitts „Veränderungen“; roth zu unterstreichen ist nur die gelöschte Veränderung.

Löschungen kommen auch auf den ertheilten Hypotheken- oder Grundschuldbriefen vor und werden hier zweckmäßig durch Unterstreichen der gelöschten Stelle mit rother Tinte kenntlich gemacht. Vorgeschrieben ist dies nicht.

§ 37. Rangverhältniß der eingetragenen Rechte. Aenderung des Rangverhältnisses. Rangvorbehalt.

I. Für alle Rechte, mit denen ein Grundstück belastet ist, d. h. für die Rechte, welche in die zweite und dritte Abtheilung des Grundbuchblattes eingetragen werden, ferner für die Vormerkungen, Widersprüche und Verfügungsbeschränkungen ist der Rang, nach welchem sie im Grundbuche eingetragen stehen, von großer Bedeutung. Das Gesetz sorgt deshalb durch besondere Vorschriften dafür, jeder Eintragung der gedachten Art den richtigen Rang im Grundbuche zuzuertheilen. Die bezüglichen Regeln kommen natürlich nicht zur Anwendung, wo unter den Eintragungen überhaupt kein Rangverhältniß besteht, d. h. also zwischen den Eintragungen des Bestandsverzeichnisses und denen der ersten Abtheilung und zwischen diesen und den Eintragungen der zweiten oder dritten Abtheilung.

II. Das Rangverhältniß mehrerer Rechte in derselben Abtheilung des Grundbuchs bestimmt sich nach der Reihenfolge der Eintragungen, d. h. also nach dem Orte der Eintragung im Grundbuche. Das Rangverhältniß mehrerer Rechte aber, die in verschiedenen Abtheilungen des Grundbuchs eingetragen sind, bestimmt sich nach dem Tage der Eintragung, d. h. also nach der Zeit der Eintragung im Grundbuche. Stehen die Rechte in den verschiedenen Abtheilungen unter dem gleichen Tagesdatum eingetragen, so haben sie gleichen Rang. Der Tag gilt insofern als die kleinste Zeiteinheit, die hier in Frage kommt. Stehen sie aber unter ungleichem Tagesdatum, so hat das unter Angabe eines früheren Datum eingetragene Recht den Vorrang. Soll das Rangverhältniß von diesen Regeln abweichen, so bedarf die abweichende Bestimmung der Eintragung in das Grundbuch. § 879 BGB.

Die Eintragung bleibt für den Rang auch dann maßgebend, wenn der dingliche Vertrag erst nach der Eintragung zustande gekommen sein sollte. § 879 BGB.

Diesen materiellen Bestimmungen entsprechend sind die formellen Vorschriften der GBO. aufgestellt.

Ganz einfach gestaltet sich die Sache, wenn nur ein Recht einzutragen ist; es kommt an die nächste offene Stelle der Abtheilung in das Grundbuch und erhält das Datum des Tages der Eintragung, ohne daß es eines Zusatzes bedürfte.

Sind aber mehrere Eintragungen zu bewirken, so entscheidet über den Rang der einzutragenden Rechte der Zeitpunkt des Einganges des Antrags beim Grundbuchamte.

1. Gehen die Anträge gleichzeitig ein oder veranlaßt, was dem gleich steht, ein Antrag mehrere Eintragungen, ohne daß im Antrage selbst ein besonderes Rangverhältniß bestimmt wäre, so darf die Eintragung nur in der Weise erfolgen, daß alle Eintragungen im Grundbuche zu gleichem Range stehen. Danach muß,
   a) wenn und soweit die Eintragungen in derselben Abtheilung des Grundbuchs eingetragen werden sollen, bei jeder neuen Eintragung vermerkt werden, daß sie mit den anderen zu gleichem Range stehe, da sonst lediglich die örtliche Reihenfolge über das Rangverhältniß entscheiden würde, § 46 Abs. 1 GBO.
   b) wenn und soweit Eintragungen in verschiedenen Abtheilungen des Grundbuchs erfolgen sollen, die Eintragung unter demselben Datum geschehen, oder wenn sich dies nicht ausführen läßt, jeder Eintragung ein Vermerk zugefügt werden, daß sie mit der entsprechenden Eintragung in der anderen Abtheilung zu gleichem Range stehe.
2. Gehen aber die Anträge nicht gleichzeitig ein, und ist nicht

etwa bestimmt, daß die Eintragungen zu gleichem Range stehen sollen, so muß die Eintragung im Grundbuche erkennen lassen, daß die Rechte nicht zu gleichem Range stehen. Danach muß

a) wenn und soweit die Eintragungen in derselben Abtheilung des Grundbuchs erfolgen sollen, die Eintragung in der dem Zeitpunkte des Einganges des Antrags entsprechenden Reihenfolge geschehen. Ob die verschiedenen Eintragungen zufällig unter Angabe desselben Tages erfolgen, ist ohne Bedeutung, weil es hier nur auf den Ort der Eintragung ankommt;

b) wenn und soweit die Eintragungen in verschiedenen Abtheilungen des Grundbuchs geschehen sollen, die im Range nachstehende unter einem einem späteren Datum eingetragen werden, als die vorstehende in der anderen Abtheilung; oder, wenn sie unter Angabe desselben Tages wie jene eingetragen wird, den zusätzlichen Vermerk erhalten, daß sie jener im Range nachstehe. Der vorstehenden Eintragung ist ein entsprechender Vermerk nicht beizufügen. § 46 Abs. 2 GBO.

3. Ganz entsprechend ist zu verfahren, wenn in dem Antrage selbst eine von den gesetzlichen Vorschriften abweichende Rangordnung bestimmt ist. In allen Fällen ist dann unter Anwendung der dargelegten Grundsätze so einzutragen, daß das Grundbuch die verlangte Rangordnung ergiebt. § 46 Abs. 3 GBO. Ein besonderer Fall, welcher hierher gehört, ist, wenn in einem oder mehreren — gleichzeitig oder ungleichzeitig — eingehenden Anträgen bestimmt ist, daß von mehreren beantragten Eintragungen die eine nicht ohne die andere erfolgen soll, d. h. sie nur erfolgen soll, wenn allen Anträgen stattgegeben werden kann. Auch ohne ausdrücklichen Antrag wird dies als gewollt angesehen werden müssen, wenn die in einem Antrage beantragten Eintragungen inhaltlich derartig im Zusammenhange stehen, daß die Erledigung des einen ohne den anderen nicht erfolgen kann. Die Beanstandung oder Ablehnung einer Eintragung hat dann die gleiche Wirkung auch für die übrigen Eintragungen. § 16 Abs. 2 GBO. Ist aber die Eintragung nicht in dieser Weise bedingt, so wird die Erledigung der nicht abzulehnenden Eintragungen durch die Ablehnung der übrigen nicht aufgehalten.

III. 1. Das Rangverhältniß unter bereits eingetragen stehenden Rechten kann auch nachträglich geändert werden. Die materiellen Voraussetzungen sind die Einigung des zurück- und des vortretenden Berechtigten und die Eintragung in das Grundbuch. Ferner bedarf es der Zustimmung des Dritten, wenn das zurücktretende Recht mit einem Rechte desselben belastet ist und der Zustimmung des Eigenthümers stets dann, wenn eine Hypothek, Grundschuld oder Rentenschuld zurücktritt. § 880 BGB.

Für die Eintragung in das Grundbuch kommen nur die allgemeinen Vorschriften zur Anwendung; es genügt also schon die Bewilligung des Gläubigers des zurücktretenden Rechts; die Zustimmung eines Dritten oder des Eigenthümers, soweit sie nach materiellem Rechte erforderlich ist, muß außerdem noch erklärt sein. Diese Personen sind zusammen mit dem zurücktretenden Gläubiger die Passivbetheiligten.

Die Eintragung der Rangänderung geschieht in den Spalten „Veränderungen", §§ 11, 12 Verf., und zwar sowohl bei dem vortretenden, wie bei dem zurücktretenden Rechte. Erleiden Rechte, welche in derselben Abtheilung des Grundbuchs eingetragen stehen, die Rangänderung, so genügt ein Vermerk, welcher das zurück- und das vortretende Recht bezeichnet.

Die eingetragene Rangänderung kann nachträglich noch weiter verändert oder wieder gelöscht werden. Die Veränderung würde in die Spalte „Eintragung", die Löschung in die Spalte „Löschungen" des Abschnitts: Veränderungen einzutragen sein. Ueber die Behandlung der Hypotheken- und Grundschuldbriefe im Falle der Rangänderung s. § 70.

2. Die Rangänderung verändert in der Regel die dem Grundstücke in seiner Gesammtheit aufliegende Belastung. Zulässig erscheint aber auch eine Vorrechtseinräumung für ein eingetragenes Recht unter Beschränkung auf einen bestimmten Theil eines eingetragenen Grundstücks. Vgl. KG. Bd. 15 S. 136. Nach dem Grundsatze des § 6 GBO. ist aber in diesem Falle der Grundstückstheil zugleich mit der Vorrechtseinräumung als selbstständiges Grundstück einzutragen.

3. Die Rangänderung hat in der Regel die ganzen davon betroffenen Eintragungen zum Gegenstande. Eine Rangänderung kommt aber auch innerhalb einer Eintragung vor, wenn der Rang der einzelnen Theilrechte eine von der Regel, daß alle in einer Eintragung zusammengefaßten Rechte gleichen Rang haben, abweichende Regelung erfahren soll. Nach § 1151 BGB. ist bei Theilung einer Forderung zur Aenderung des Rangverhältnisses der Theilhypotheken die Zustimmung des Eigenthümers nicht erforderlich. Hiernach bedarf es dieser Zustimmung auch dann nicht, wenn bereits Theilhypotheken mit verschiedenem Range entstanden sind und dann nochmals eine Rangänderung eintritt. Ein ganz gleicher Fall liegt offenbar vor, wenn von vornherein ein Recht zu bestimmten Antheilen mit gleichem oder verschiedenem Range eingetragen war und die Antheile demnächst unter einander ihren Rang ändern. Auch dann wird man nach dem aus § 1151 BGB. zu entnehmenden Grundsatz von der Zustimmung des Eigenthümers absehen dürfen.

IV. Rangvorbehalt. Der Eigenthümer eines Grundstücks kann sich bei dessen Belastung mit einem Rechte die Befugniß vorbehalten, ein anderes dem Umfange nach bestimmtes Recht mit dem Range vor jenem Rechte eintragen zu lassen. Der Vorbehalt bedarf der Eintragung in das Grundbuch; sie muß bei dem Rechte erfolgen, das zurücktreten soll. Bei einer Veräußerung des Grundstücks geht die vorbehaltene Befugniß auf den Erwerber über. § 881 BGB.

Für die Eintragung des Rechtes, welches zurücktreten soll, kommen die allgemeinen Vorschriften zur Anwendung. Um das Recht sogleich mit dem Vorbehalt einzutragen, bedarf es einer durch den Vorbehalt beschränkten Eintragungsbewilligung des Eigenthümers. Ist die Bewilligung nicht in dieser Weise beschränkt, so wird auch der Gläubiger des einzutragenden Rechtes die Eintragung des Vorbehalts nicht beantragen dürfen, weil sich Antrag und Bewilligung inhaltlich decken müssen. Wohl aber muß die nachträgliche Eintragung des Vorbehalts bei einem zunächst vorbehaltlos eingetragenen Rechte durch die Eintragungsbewilligung des Gläubigers des Rechtes begründet werden.

Zweifelhaft ist, ob das vorbehaltene Recht später lediglich auf Grund der Bewilligung des jeweiligen Eigenthümers mit dem Vorrange eingetragen werden darf, oder ob dazu noch die Zustimmung des zurücktretenden Gläubigers gefordert werden muß. Diese Zustimmung erscheint nicht nöthig. Das Recht des Gläubigers ist durch den Vorbehalt dinglich bereits soweit beschränkt, daß es durch die Eintragung des vorbehaltenen Rechts nicht mehr betroffen wird. § 19 GBO. Gegen die Gefahr, der Eigenthümer könne ein größeres Recht mit dem Vorrange eintragen lassen, als wie ihm vorbehalten ist, schützt den Gläubiger der Grundbuchrichter, der den Vorrang nur für ein Recht eintragen darf, welches den Umfang des im Vorbehalte bestimmten Rechts nicht übersteigt. Die Eintragung erfolgt mit dem Vermerk des Vorrangs; bei dem zurücktretenden Rechte bedarf es keiner weiteren Eintragung, und wenn es eine Hypothek oder Grundschuld ist, deshalb auch nicht der Vorlegung des Briefes.

Für die Eintragung des Vorbehalts wird in den Probeeintragungen auf dem neuen Grundbuchformular die Wendung gebraucht: Vorbehalten ist der Vorrang für eine später einzutragende Hypothek von 3000 Mk. nebst fünf vom Hundert Zinsen. Bei der Eintragung des Rechts ist dann im Grundbuche die Einräumung des Vorrangs ersichtlich zu machen. Gehört dies Recht in eine andere Abtheilung wie das durch den Vorbehalt beschränkte Recht, so gehört der Vermerk in die Spalten: Veränderungen „der vorbehaltene Vorrang vor diesem Rechte ist der in Abtheilung III Nr. 4 eingetragenen Hypothek eingeräumt"; andernfalls kann der Vermerk der Eintragungsformel des Rechts selbst beigefügt werden. „Diesem Rechte ist der vorbehaltene Vorrang vor der Hypothek unter Nr. 4 eingeräumt."

V. Landeskulturrenten. Durch Art. 118 EG. sind aufrecht erhalten die Bestimmungen des Gesetzes vom 13. Mai 1879, wonach zur Sicherheit der von den Landeskultur-Rentenbanken zur Verbesserung eines Grundstücks durch Drainirungsanlagen gewährten Darlehen einer auf bestimmte Zeit zu übernehmenden, im Grundbuche einzutragenden Rente (Landeskulturrente) mit etwaigen Zuschlägen das Vorzugsrecht vor allen anderen, auf privatrechtlichen Titeln beruhenden Lasten des Grundstücks gewährt werden kann. Die Bestimmungen des Gesetzes sind durch Art. 21 A.BGB. dem Reichsrecht angepaßt worden. Der Eigenthümer des Grundstücks hat die Eintragung zunächst einer Vormerkung zur Sicherung des Anspruchs auf Einräumung einer Rente, demnächst der Rente selbst, welche jährlich mindestens einmal fällig werden muß, § 12 Ges., und der etwaigen Zuschläge zu bewilligen; gleichzeitig mit der Eintragung der Rente ist eine Vormerkung zur Sicherung des Anspruchs auf Einräumung des Vorzugsrechts für die Rente einzutragen, und zwar nach dem Wortlaute des Gesetzes auch von Amtswegen, wenn ihre Eintragung nicht beantragt wird. Zur Begründung dieser Eintragung hat der Eigenthümer den Beschluß der Auseinandersetzungsbehörde darüber vorzulegen, welches Vorzugsrecht der Rente für den Fall der zweckmäßigen Ausführung der beabsichtigten Drainirungsanlage zu gewähren ist. In der Formel ist zu erwähnen, daß die Eintragung auf Grund dieses Beschlusses erfolge. Die Eintragung geschieht in den Spalten 1—3 der zweiten Abtheilung des Grundbuchs. Das Vorzugsrecht der Rente selbst wird auf Grund der Bescheinigung der Auseinandersetzungsbehörde, daß die zweckmäßige Ausführung der Drainirungsanlage geschehen sei, auf Antrag des Eigenthümers eingetragen. Die Eintragung wird entsprechend den Regeln über die Eintragung einer nachträglichen Rangordnung — vorher zu III — zu bewirken sein. Stehen in der dritten Abtheilung des Grundbuchblattes Lasten eingetragen, so ist ein besonderer Vermerk, welcher alle zurücktretenden Posten bezeichnet, in dieser Abtheilung erforderlich.

Geht die Bescheinigung nur dahin, daß ein Theil der planmäßigen Anlage ausgeführt und dadurch eine dauernde Substanzverbesserung herbeigeführt sei, so kann die Eintragung des Vorzugsrechts für einen entsprechenden, von der Auseinandersetzungsbehörde zu bestimmenden Theil der Rente erfolgen. Die Briefe über die Realrechte, vor denen der Rente das Vorzugsrecht zustehen soll, sind in keinem Falle vorzulegen; doch soll das Vorzugsrecht der Rente oder die Vormerkung wegen des Vorzugsrechts darauf vermerkt werden, wenn die Briefe sogleich oder nachträglich dem Grundbuchamte zugehen. Die Löschung der Rentenpflicht im Grundbuche erfolgt auf Ersuchen der Landeskultur-Rentenbank. Dahin gehört auch der Fall, wenn nach Zerstückelung des rentenpflichtigen Grundstücks die Rente auf die Theile vertheilt und infolge dessen auf den einzelnen Grundbuchblättern zum Theil gelöscht wird. Auf einem Lehn- oder Fideikommißgut kann die Rente auf Antrag des Besitzers eingetragen werden, wenn ein dahin gehender Beschluß der Auseinandersetzungsbehörde vorgelegt wird, daß die Eintragung auf das Gut ohne die Einwilligung der Lehns- oder Fideikommißfolger oder Agnaten zu gewähren sei. §§ 24—27, 30—32 Ges. Art. 20 A.BGB.

Die Eintragungen in das Grundbuch erfolgen gebührenfrei. § 49 Ges.

§ 38. Pfandentlassung. Entpfändung.

I. Von allgemeiner Bedeutung und deshalb gleich hier anzuschließen ist die Pfandentlassung (Entpfändung). Sie kann bei allen Rechten der zweiten und dritten Abtheilung des Grundbuchblattes vorkommen und besteht darin, daß der Gläubiger des Rechts wegen desselben auf die Pfandhaftung des Grundstücks ganz oder zum Theil verzichtet.

II. Das belastete Grundstück anlangend, so kann die Pfandentlassung ergreifen entweder nur einen reellen — nicht einen ideellen — Theil des belasteten Grundstücks, oder nur eins von mehreren belasteten Grundstücken, oder schließlich den belasteten Grundstückscomplex überhaupt. Die Wirkungen sind danach zum Theil verschieden:

1. Werden wegen eines Rechts das *ganze* belastete Grundstück oder alle verhafteten Grundstücke entpfändet, so bewirkt dies, wenn das Recht in der zweiten Abtheilung des Grundbuchblattes steht, ein Ausscheiden des Rechts aus dem Grundbuche überhaupt. Auf Grund der Entpfändungserklärung (Verzichtserklärung) des Gläubigers kann es im Grundbuche gelöscht werden. §§ 19, 22 GBO. Dasselbe gilt bezüglich einer Vormerkung, mag sie in der zweiten oder dritten Abtheilung des Grundbuchs eingetragen sein. Ist das Recht aber eine Hypothek, Grundschuld, Rentenschuld, so bewirkt die Entpfändung, sobald sie eingetragen ist, eine gesetzliche

Uebertragung der Post auf den oder die Grundstückseigenthümer. §§ 1168, 1175, 1192 BGB. Näheres s. § 75 zu VII.

2. Sind mehrere selbständige Grundstücke mit dem Rechte belastet und wird eins davon entpfändet, so sind allein auf die Entpfändungserklärung (Verzichtserklärung) des Gläubigers hin die Rechte der zweiten Abtheilung und alle Vormerkungen ohne Unterschied auf dem Grundbuchblatte des entpfändeten Grundstücks, oder wenn dies auf demselben Blatte, wie ein nicht entpfändetes Grundstück eingetragen steht, auf diesem Blatte in Ansehung des entpfändeten Grundstücks zu löschen. Auch bei Hypotheken, Grundschulden und Rentenschulden findet in diesem Falle eine Uebertragung der Post auf den Eigenthümer des entpfändeten Grundstücks nicht statt; das dingliche Recht erlischt vielmehr. §§ 1175 Abs. 1 Satz 2, 1192 BGB. Trotzdem gehört auch hier zur Löschung im Grundbuche stets die Zustimmung des Eigenthümers. § 27 Abs. 1 GBO.

Stand das entpfändete Grundstück mit einem anderen mitbelasteten Grundstücke auf demselben Grundbuchblatte eingetragen und wird es gleichzeitig mit der Entpfändung hier abgeschrieben und auf ein neues Grundbuchblatt übertragen, so wird die Löschung des Rechts in Ansehung des abgeschriebenen Grundstücks dadurch kenntlich gemacht, daß dessen Mitübertragung auf das neue Blatt unterbleibt. § 47 Abs. 2 GBO.

In allen Fällen ist auf den Grundbuchblättern der mitbelasteten Grundstücke das Ausscheiden des einen Grundstücks aus der Mitbelastung von Amtswegen in den Spalten Veränderungen zu der Haupteintragung zu vermerken, § 49 Abs. 2 GBO., und dieser Vermerk auch auf die Briefe der betroffenen Hypotheken oder Grundschulden zu setzen.

3. Wird nur ein Theil eines Grundstücks entpfändet, so ist zu unterscheiden, ob dies zugleich mit der Abschreibung des Theils vom Grundstücke geschieht oder nicht zugleich mit der Abschreibung.

a) Wird der entpfändete Grundstückstheil abgeschrieben, mag er auf demselben Grundbuchblatte als selbständiges Grundstück eingetragen oder als solches auf ein anderes Grundbuchblatt übertragen werden, so regelt sich das Verfahren ebenso, wie im entsprechendem Falle zu 2. Erforderlich ist noch, daß der abzuschreibende Grundstückstheil durch einen beizubringenden Auszug aus dem Steuerbuche und eine Karte nach Lage und Umfang genau nachgewiesen wird. § 30 Verf.

b) Geschieht die Entpfändung nicht zugleich mit einer Abschreibung des Grundstückstheils, so ist zweifelhaft, ob dies nach den Grundsätzen der GBO. überhaupt im Grundbuche kenntlich gemacht werden kann. Man wird aus § 6 GBO. den Grundsatz entnehmen müssen, daß eine verschiedenartige Belastung der Theile desselben Grundstücks, abgesehen von den Fällen der Dienstbarkeit und Reallast, in das Grundbuch überhaupt nicht eingetragen werden darf und deshalb, abgesehen von der Ausnahme, die Entpfändung eines Grundstückstheils ohne gleichzeitige Abschreibung nicht eintragungsfähig ist.

Daraus folgt Folgendes:

α) Wird die Abschreibung des entpfändeten Theils nicht gewünscht, so kann die Entpfändung nicht eingetragen werden und kommt dann für den Grundbuchrichter nicht weiter in Betracht.

β) Wird der Grundstückstheil für eine Reallast oder Dienstbarkeit entpfändet, so kann die Abschreibung ausnahmsweise unterbleiben, wenn hiervon Verwirrung nicht zu besorgen ist. § 6 GBO. In diesem Falle bedarf es nur der Beifügung einer vom Fortschreibungsbeamten beglaubigten Karte, welche die Lage und die Größe des entpfändeten Theils ersichtlich macht. § 30 Abs. 2 Verf. Die Entpfändung wird in den Spalten Veränderungen zu der Haupteintragung eingetragen.

III. Ebenso wie für ein ganzes Recht können auch für einzelne Antheile, vgl. § 1176 BGB., davon die belasteteten Grundstücke ganz oder theilweise aus der Pfandverbindlichkeit entlassen werden. Es sind dann bezüglich dieses Theilrechts dieselben drei Möglichkeiten gegeben, wie für das ganze Recht. Auf die unter II 1, 2, 3 aufgestellten Regeln ist deshalb lediglich zu verweisen.

IV. Unschädlichkeitszeugniß. Der Art. 120 Abs. 1 EG. erhält die landesgesetzlichen Vorschriften über das Unschädlichkeitszeugniß aufrecht. Mit der Aenderung, welche Art. 20 A.GBO. einführt, bleiben in Preußen in Kraft die Gesetze v. 3. März 1850 und 27. Juni 1860, beide eingeführt im Regierungsbezirke Cassel, in Hohenzollern, Schleswig-Holstein und im Geltungsbereiche des Rheinischen Rechtes (Ges. v. 12. April 1885; 22. April 1886; § 76 Ges. v. 12. April 1888); ferner das Gesetz v. 25. März 1889, geltend in der Provinz Hannover und eingeführt durch § 4 Ges. v. 19. August 1895 in Frankfurt a. M. und den Hessischen Gebietstheilen Hessen-Nassaus; durch Art. 20 A.BGB. im vormaligen Herzogthum Nassau und Helgoland. Die Vorschriften finden auch Anwendung bei der Bildung von Rentengütern, § 1 Abs. 6 Ges. v. 27. Juni 1890, und der Trennung von Kohlenabbaugerechtigkeiten vom Grundeigenthum. Art. 38 § 6 A.BGB. Durch das Unschädlichkeitszeugniß werden die darin erwähnten Grundstücke von allen oder einzelnen Lasten befreit und dadurch die Abveräußerungen einzelner Theile von Grundstücken oder einzelner mitbelasteter Grundstücke erleichtert. Das Unschädlichkeitszeugniß wird bei den landschaftlich beliehenen Gütern von der Kreditdirektion, bei anderen von der Generalkommission; nach dem hannoverschen Gesetze vom 25. März 1889 nur von der letzteren ertheilt. Eine Nachprüfung des Zeugnisses steht dem Grundbuchrichter nicht zu; es ersetzt niemals die Auflassungserklärung, wohl aber gegenüber den Berechtigten, auf die es sich bezieht, die Bewilligung der pfandfreien Abschreibung; es kann inbezug auf alle oder nur auf einzelne Belastungen des Hauptgrundstücks ertheilt sein und kann betreffen Theile eines Grundstücks, das im Lehns-, Fideikommiß-, Erbstammguts-, Stammguts- oder Leiheverbande steht oder mit Reallasten, Hypotheken, Grundschulden oder Rentenschulden belastet ist. Das Ausscheiden aus der Mithaft ist nach den unter I und II besprochenen Grundsätzen im Grundbuch zu vermerken. §§ 47 Abs. 2, 49 Abs. 2 GBO. Die Vorlegung des Hypotheken-, Grundschuld- oder Rentenschuldbriefes, des Inhaber- oder durch Indossament übertragbaren Papiers ist zu den Eintragungen auf Grund eines Unschädlichkeitszeugnisses nicht erforderlich; auch ist der Brief oder das Papier vom Grundbuchrichter nicht einzufordern. Doch schreibt Art. 20 A.GBO. vor, daß der Grundbuchrichter die Eintragung bei der Hypothek,

Grundschuld oder Rentenschuld des Hauptgrundstücks auf dem Briefe und ebensowohl auch auf dem Inhaber- oder indossablen Papier vermerken soll, wenn sie ihm nachträglich vorgelegt werden.

Die Abschreibung im Grundbuche auf Grund des Zeugnisses ohne Bewilligung des durch die Eintragung Betroffenen hat im übrigen folgende Voraussetzungen: Art. 20 A.GBO.

1. Ein Grundstückstheil wird gegen Auferlegung einer Rente, einer Geldabgabe oder bei Rentengütern einer festen Abgabe in Körnern veräußert. Die Abschreibung kann nur erfolgen, wenn gleichzeitig
   a) die Rente auf dem Grundstückstheile als Reallast zu Gunsten des jeweiligen Eigenthümers des Hauptgrundstücks eingetragen wird, und zwar
   b) mit dem Vorrange vor sonstigen Belastungen außer vor einer nach dem Gesetze vom 7. Juni 1891 festgestellten Rentenbankrente;
   c) in dem Bestandsverzeichnisse des Blattes des Hauptgrundstücks die Rente als Bestandtheil desselben vermerkt wird. Art. 20 Z. 1 A.GBO.
2. Ein Grundstückstheil wird gegen ein anderes Grundstück vertauscht. Die Abschreibung kann nur erfolgen, wenn gleichzeitig
   a) das eingetauschte Grundstück dem Hauptgrundstücke als Bestandtheil zugeschrieben wird;
   b) im Falle, daß ein Ausgleichungskapital festgestellt ist, nach den unter 3 für ein vereinbartes Kaufgeld gegebenen Vorschriften gehandelt wird. Art. 20 Z. 2.
3. Ein Grundstückstheil wird verkauft; hier tritt das Kaufgeld an die Stelle des Grundstücks. Um diesen Gedanken durchzuführen, darf die Abschreibung des Grundstückstheils nur erfolgen, Art. 20 Z. 3
   a) wenn die Auseinandersetzungsbehörde — d. h. auch in Fällen, in denen das Unschädlichkeitszeugniß von der Kreditdirektion ausgestellt ist, die Generalkommission — bescheinigt, daß
      α) das Kaufgeld zu ihrer Verfügnng hinterlegt oder sichergestellt,
      β) die Verwendung des Kaufgeldes erfolgt oder nicht erforderlich sei;
   b) wenn gleichzeitig auf dem Grundstückstheil eine Hypothek für die Kaufgeldforderung — d. h. also nach § 1116 BGB. eine Briefhypothek — zur ersten Stelle zu Gunsten des Verkäufers eingetragen und
      α) wenn das Hauptgrundstück einem Lehns-, Fideikommiß- oder anderem Verbande angehört in der Eintragungsformel die Zugehörigkeit der Forderung zu dem Verbande vermerkt, oder
      β) wenn das Hauptgrundstück mit Reallasten oder Pfandrechten belastet ist, für die Realberechtigten ein Pfandrecht an der Forderung eingetragen wird, deren Bewilligung zur pfandfreien Abschreibung durch das Unschädlichkeitszeugniß ersetzt wird. Es bedarf dazu der Bewilligung des Veräußerers. Gehört das belastete Hauptgrundstück einem Verbande an, so ist das Pfandrecht neben dem Vermerke zu α einzutragen.
4. Ein Grundstückstheil wird zu öffentlichen Zwecken unentgeltlich ver-

äußert. Die Abschreibung kann nur erfolgen, wenn die Auseinandersetzungsbehörde (vgl. vorher zu 3 α) bescheinigt, daß mit der Ausführung der öffentlichen Anlage begonnen ist. Art. 20 Z. 4.

Fünftes Kapitel.

Zurückweisung von Anträgen. Beschwerde.

§ 39. Zurückweisung von Anträgen.

I. Unbegründeten oder gesetzlich unzulässigen Anträgen darf der Grundbuchrichter nicht stattgeben. Das Verfahren, welches er einzuschlagen hat, ergiebt sich aus § 18 GBO. Hier ist für den Fall, daß einer beantragten Eintragung ein Hinderniß entgegen steht, vorgeschrieben, daß der Grundbuchrichter entweder den Antrag unter Angabe der Gründe zurückzuweisen, oder vor der Zurückweisung zunächst durch eine Zwischenverfügung eine angemessene Frist zur Hebung des Hindernisses zu bestimmen hat.

Für den Fall, daß der Antrag nicht auf eine Eintragung gerichtet ist, hat das Gesetz hiernach keine besondere Vorschrift. Kann der Grundbuchrichter einem solchen Antrage nicht stattgeben, so hängt es deshalb von seinem Ermessen und der Lage des Falls ab, ob er ihn sogleich zurückweisen, oder zunächst versuchen will, die Beseitigung des dem Antrag entgegenstehenden Hindernisses durch eine Zwischenverfügung herbeizuführen.

II. Die Zurückweisung des Antrags hat die Wirkung, daß sie den Antrag erledigt, d. h. daß er ebenso wie ein zurückgenommener Antrag überhaupt nicht als gestellt gilt. Späteren Anträgen, mögen sie dasselbe Recht oder andere Rechte betreffen, steht er deshalb nicht entgegen. Der Rang, den sonst der Eingang eines Eintragungsantrags beim Grundbuchamte dem Rechte gewährt, geht dem zurückgewiesenen Antrage vor inzwischen eingehenden anderen Eintragungsanträgen verloren, auch wenn die Entscheidung des Grundbuchrichters vom Beschwerdegericht aufgehoben werden sollte. Die vom Beschwerdegerichte angeordneten Eintragungen müssen deshalb im Range vor inzwischen vorgenommenen Eintragungen zurückstehen.

III. Wird die Zwischenverfügung gewählt, so gilt, solange diese in der Schwebe ist, der Antrag noch nicht als erledigt. Die Zwischenverfügung hat also später eingehenden Eintragungsanträgen gegenüber die Wirkung, der früher beantragten, aber beanstandeten Eintragung den Vorrang zu sichern. Die Zwischenverfügung wird hiernach stets dann die Erledigung eines unbedenklichen später eingehenden Antrags nicht aufhalten, wenn ein Rangverhältniß zwischen den verschiedenen beantragten Ein=

tragungen nicht in Frage steht. Dies ist stets der Fall, wenn die verschiedenen Anträge verschiedene Rechte betreffen. Betrifft z. B. der beanstandete Antrag die Eintragung einer Aenderung bei einer Hypothek, z. B. einer Uebertragung, einer Theillöschung, während der unbedenkliche spätere Antrag auf Neueintragung eines Altentheils gerichtet ist, so kann dem letzteren auch vor Erledigung des ersteren stattgegeben werden.

Anders liegt aber die Sache, wenn die mehreren beantragten Eintragungen dasselbe Recht betreffen; z. B. wenn in jedem Antrage die Neueintragung einer Hypothek oder einer anderen Grundstücksbelastung verlangt wird, die beide das Eigenthumsrecht am Grundstücke einschränken, beide also dasselbe Recht betreffen. Hier gilt als Grundregel der Satz des § 17 GBO: Die später beantragte Eintragung darf nicht vor der Erledigung des früher gestellten Antrags erfolgen. Es entspricht diese Vorschrift dem Grundsatze, daß einem früher gestellten Antrage der Vorrang vor dem späteren zukommt. Steht aber der Erledigung des früher gestellten Antrags ein Hinderniß entgegen, welches zu einer Zwischenverfügung Anlaß gegeben hat, so darf trotzdem die später beantragte unbedenkliche Eintragung, die dasselbe Recht betrifft, dadurch nicht aufgehalten worden. In diesem Falle wird dem früher gestellten Antrage der Rang gewahrt, indem zu Gunsten desselben zunächst die nachher §§ 57, 58 besprochene einstweilige Eintragung (Widerspruch, Vormerkung) von Amtswegen vorzunehmen ist. Diese Eintragung gilt als Erledigung des Antrags und hat die Folge, daß nunmehr die später beantragte Eintragung erfolgen kann.

Wegen der eingreifenden Folgen, welche die Zurückweisung eines Eintragungsantrags für das Rangverhältniß des Rechts hat, wird der Grundbuchrichter zur Vermeidung unnöthiger Härten aus Billigkeit in allen den Fällen, in denen der Mangel des Antrags sich nicht von vornherein als unheilbar darstellt und die Umstände des einzelnen Falls oder die entgegengesetzten Interessen der Betheiligten die Berücksichtigung der Billigkeit nicht verbieten, den Weg der Zwischenverfügung zu wählen und dem Antragsteller eine angemessene Frist zur Hebung des Mangels zu setzen haben. Ist die Frist, ohne daß der Mangel beseitigt wäre, abgelaufen, so ist der Antrag zurückzuweisen. Der Grundbuchrichter ist nicht berechtigt, von Amtswegen eine Nachfrist zu setzen; auf Antrag des Betheiligten ist er aber insofern dazu befugt, als sich der Antrag als Beschwerde gegen die Angemessenheit der zuerst gesetzten Frist auffassen läßt. Er darf ihr dann nach § 75 GBO. abhelfen.

§ 40. Beschwerde im Allgemeinen. Beschwerde im Aufsichtswege.

I. Die GBO. handelt in den §§ 71 f. von der Beschwerde in Grundbuchsachen, soweit sie Parteisachen sind; sie kennt die Beschwerde, §§ 71 f., gegen Entscheidungen des Grundbuchamts und die weitere Beschwerde gegen Entscheidungen des Beschwerdegerichts (Landgerichts), §§ 79 f. Davon zu unterscheiden ist die Beschwerde, welche Angelegenheiten der Justizverwaltung, insbesondere den Geschäftsbetrieb und Verzögerungen betreffen. In den Fällen, in denen die GBO. eine Thätigkeit des Grundbuchrichters von Amtswegen vorschreibt, kann es bisweilen zweifelhaft sein, ob eine Parteisache oder eine Justizverwaltungssache vorliegt. Als allgemeiner Grundsatz wird festzuhalten sein, daß ersteres stets der Fall ist, wenn die von Amtwegen getroffene Anordnung oder die Unterlassung des Grundbuchrichters nachtheilig in Privatrechte eingreift. Dann folgt daraus, daß die Offizialthätigkeit des Richters zugleich im Interesse der Partei vorgeschrieben ist, und die Partei das Recht hat, den Richter, sofern er von Amtswegen nicht ihrem Interesse entsprechend thätig wird, durch einen entsprechenden Antrag darauf hinzuweisen, oder nach §§ 71 f. GBO. Beschwerde zu führen. Einen gesetzlichen Anhalt für die Unterscheidung von Partei- und Justizverwaltungssache giebt die GBO. selbst. Eine inhaltlich unzulässige Eintragung ist zwar nach § 54 GBO. von Amtswegen zu löschen; unterläßt oder verweigert der Richter aber die Löschung, so hat der Betheiligte die Beschwerde nach § 71 Abs. 2 GBO. Bereits S. 56 f. ist versucht, die Offizialthätigkeit des Grundbuchrichters danach im einzelnen zu sondern, ob sie bei einer Justizverwaltungssache oder bei einer Parteisache angewendet ist. Hierauf ist zu verweisen.

II. Die Beschwerde in Justizverwaltungssachen ist im Aufsichtswege zu erledigen. Ueber nicht richterliche Beamte des Grundbuchamts geht sie deshalb an den aufsichtführenden Amtsrichter; über Maßnahmen des Richters beim Amts- oder Landgericht an den Landgerichtspräsidenten; dann an den Oberlandesgerichtspräsidenten, schließlich an den Justizminister. §§ 78, 79 A.GVG.

§ 41. Die Beschwerde in Parteisachen.

I. Gegen die Entscheidungen des Grundbuchamts findet das Rechtsmittel der Beschwerde statt. § 71 GBO.

1. Die erste Voraussetzung des Rechtsmittels ist also, daß bereits eine Entscheidung des Grundbuchamts vorliegt, welche zur Sache selbst in einer Parteisache, also auf Antrag, auf Ersuchen oder unter Umständen auch von Amtswegen ergangen ist. Die Entscheidung braucht der Partei vom Richter noch nicht mitgetheilt zu sein; auf welche Weise sie Kenntniß von der Entscheidung erhalten hat, ist ohne Bedeutung. Die Entscheidung selbst enthält entweder die Zurückweisung eines Antrags oder die Befolgung eines Antrags, oder die unrichtige Befolgung eines Antrags. In den Fällen, in denen der Grundbuchrichter von Amtswegen thätig werden soll, wird schon das Unterlassen dieser Thätigkeit als die Entscheidung anzusehen sein, welche die Beschwerde rechtfertigt; der von der Partei demnächst gestellte Antrag zur Vornahme dieser Thätigkeit hat deshalb die Bedeutung der Beschwerde, welcher, wenn ihm nicht stattgegeben wird, nach den §§ 72 f. GBO. zu behandeln ist. Diese Auffassung des Gesetzes ist ganz deutlich aus Abs. 2 § 71 und § 54 GBO. zu entnehmen, indem hiernach ein Antrag gegen

das Unterlassen einer von Amtswegen vorzunehmenden Eintragung stets bis an das Beschwerdegericht gehen muß, „angewiesen wird".

Unbeschränkt zulässig ist die Beschwerde gegen Entscheidungen, durch welche ein Antrag zurückgewiesen wird; gegen Entscheidungen, durch welche einem Antrage stattgegeben wird, steht die Beschwerde nur mit der Beschränkung zu, daß sie gegen eine Eintragung und dazu gehört auch ein Löschungsvermerk, in dem Sinne unzulässig ist, daß eine Aenderung oder Löschung der Eintragung selbst nicht verlangt werden kann. Verlangt werden kann jedoch im Wege der Beschwerde, daß das Grundbuchamt in Gemäßheit des § 54 GBO. handle, d. h. also bei einer unter Verletzung gesetzlicher Vorschriften vorgenommenen Eintragung einen Widerspruch eintrage, eine inhaltlich unzulässige Eintragung wieder lösche. Diese vom Beschwerdegericht angeordneten Eintragungen bleiben, trotzdem sie durch einen Parteiantrag veranlaßt sind, doch Eintragungen von Amtswegen und sind auch als solche im Grundbuche zu bezeichnen, vgl. S. 58. Sollte sich eine Beschwerde unzulässiger Weise gegen eine Eintragung richten, so wird ihr doch stets zugleich der Sinn beizulegen sein, daß sie mindestens eine Handlung nach § 54 GBO. vom Richter verlange, zumal er hierzu von Amtswegen verpflichtet ist; der Grundbuchrichter muß deshalb auch solche unzulässigen Beschwerden an das Landgericht abgeben.

Die Unzulässigkeit der Beschwerde gegen Eintragungen hat ihren Grund in der Rücksicht auf die Rechtsstellung, welche die Eintragung für Dritte schafft. Denkschrift zu § 69 des Entw. z. GBO. Nothwendiger Weise kann sich die Bestimmung des § 71 Abs. 2 GBO. deshalb nicht auf solche Eintragungen beziehen, welche einen Einfluß auf die Rechtsstellung Dritter nicht haben. Beschwerden gegen die Eintragung der aus den Steuerbüchern in das Grundbuch übernommenen Angaben müssen deshalb noch als zulässig angesehen werden.

Ist eine Eintragung noch nicht erfolgt, sondern erst angeordnet, so ist die Beschwerde zulässig, wenn darauf die den Eintragungsantrag zurückweisende Entscheidung des Beschwerdegerichts vor der Eintragung erfolgt. Das Beschwerdegericht wird in solchem Falle die vorläufige Aussetzung der Eintragung anordnen können. Die einmal erfolgte Eintragung darf der Grundbuchrichter auch trotz einer entgegenstehenden Entscheidung des Beschwerdegerichts nicht mehr ändern.

Vor der Gesetzeskraft des Reichsgrundbuchrechts war die Anfechtung einer Eintragung durch Beschwerde unumschränkt zulässig. Das neue Recht entzieht auch die unter der Geltung des alten Rechts vorgenommenen Eintragungen der Anfechtung durch Beschwerde und läßt auch bezüglich dieser nur das Verfahren nach § 54 GBO. zu.

2. Die Entscheidung muß ferner eine des Grundbuchamts, d. h. eine in einer Grundbuchsache und unter Berücksichtigung der Bestimmungen des Grundbuchrechts ergangene sein; ob die verletzte gesetzliche Bestimmung gerade zu denen gehört, welche speziell das Grundbuchwesen ordnen, oder anderen Rechtsgebieten angehören, ist unerheblich; erheblich ist nur, daß der Grundbuchrichter als solcher sie hätte beobachten müssen. Das Reichsgesetz über die Angelegenheiten der freiwilligen Gerichtsbarkeit hat seine eigenen Vorschriften über die Beschwerde; ebenso die Preußischen Kosten- und Stempel-

gesetze. Beschwerden, die nach diesen Gesetzen zu behandeln sind, fallen nicht unter die Bestimmungen der GBO.

II. Wer zur Einlegung einer Beschwerde befugt ist, bestimmt das Gesetz nicht. Jedenfalls ist die Voraussetzung, daß die Entscheidung ein Interesse verletzt, unter dieser Voraussetzung hat das Recht jeder, welcher einen Antrag bei dem Grundbuchamte gestellt hat; und ist weiter allen denen zuzusprechen, welche im einzelnen Falle ein Antragsrecht gehabt hätten. Es ist in dieser Beziehung auf S. 69 f. zu verweisen. Danach hat das Beschwerderecht auch ein mittelbar Betheiligter, auch der Notar, selbst wenn er den Eintragungsantrag nicht gestellt hat; der von der Entscheidung des Grundbuchamts nachtheilig Betroffene, z. B. der, dessen Zustimmung es im einzelnen Falle bedarf; auch der Eigenthümer, der als solcher in das Grundbuch erst eingetragen wurde, nachdem die ihm ungünstige Entscheidung ergangen ist. Auch der Antragsteller, dessen Anträgen vom Grundbuchamte voll entsprochen ist, hat unter Umständen ein Interesse an der Abänderung der getroffenen Entscheidung und erscheint deshalb zur Beschwerde befugt, vgl. §§ 13—15 GBO. Aber auch außerhalb des Kreises dieser Personen ist durch das Gesetz niemand von dem Gebrauch des Rechtsmittels ausgeschlossen, welcher sich durch die angefochtene Entscheidung in seinem Privatrecht verletzt fühlt und an ihrer Beseitigung ein Interesse hat. Daß ein verletztes Interesse vorliegt, wird dann im einzelnen Falle von dem Beschwerdeführer darzulegen sein.

Im einzelnen ist noch folgendes zu bemerken. Behörden sind zur Beschwerdeführung in allen Fällen befugt, in denen eine besondere gesetzliche Vorschrift ihnen das Recht giebt, ein Ersuchen um Eintragung in das Grundbuch zu erlassen. In diesen Fällen sind sie dem Grundbuchamt gegenüber Partei. Auch der Prozeßrichter gehört dazu, wenn seinem Ersuchen nicht vollständig entsprochen ist. Dagegen ist das Grundbuchamt selbst auch dann niemals verletzte Partei, wenn das Beschwerderecht ihn anwies zu einer Handlung, die er von Amtswegen vorzunehmen hat, oder von seinem Ermessen abhängen soll. Der Grund dazu liegt darin, daß das Beschwerdegericht auch beim Vorliegen solcher Fälle seine Entscheidung nur vom Standpunkte des verletzten Parteiinteresses, nicht von dem des Interesses der Justizverwaltung aus zu treffen hat, und der Grundbuchrichter an einer solchen Entscheidung höchstens als Justizverwaltungsbeamter, nie aber als Partei interessirt ist. Das Rechtsmittel der weiteren Beschwerde steht ihm deshalb nicht zu.

III. Einlegung der Beschwerde. Die Beschwerde ist an keine Frist gebunden, sie kann eingelegt werden bei dem Grundbuchamte oder dem Beschwerdegericht. Die Auswahl steht ganz im Belieben des Betheiligten, doch wird als Regel die Einlegung bei dem Grundbuchamte festzuhalten sein. Denn dieses ist an erster Stelle berufen, der Beschwerde abzuhelfen, und dem Beschwerdegericht ist es unbenommen, eine bei ihm eingegangene Beschwerde zunächst dem Grundbuchamte zur Entscheidung vorzulegen. Selbst in Fällen der Dringlichkeit kann auf diese Weise am schnellsten eine Entscheidung herbeigeführt werden; denn das Grundbuchamt ist im Besitz der Akten und kann dem Beschwerdegericht umgehend das zur Entscheidung erforderliche Aktenmaterial vorlegen, während das Beschwerdegericht in den meisten Fällen sich erst wird die Akten einfordern müssen. Nur wenn eine Uebersendung der Akten an das Beschwerdegericht nicht erst nöthig ist und die sämmtlichen vom Beschwerdeführer vorzubringenden Gesichtspunkte thatsächlicher und auch rechtlicher Natur in der Entscheidung des Grundbuchamts selbst schon gewürdigt sind, ist Aussicht vorhanden, daß das Beschwerdegericht der Beschwerde abhelfen wird, ohne sie vorher dem Grundbuchamt vorzulegen. Einem Zwange, letzteres in allen Fällen zu thun, ehe es selbst über die Beschwerde entscheidet, unterliegt das Beschwerdegericht nach dem Wortlaute des Gesetzes nicht.

Die Einlegung der Beschwerde erfolgt durch Einreichung einer Beschwerdeschrift oder durch Erklärung zum Protokolle des Grundbuchamts oder des Gerichtsschreibers des Beschwerdegerichts. Die Beschwerdeschrift unterliegt nicht dem Anwaltszwange und bedarf keiner besonderen Form, da sie nie eine zur Eintragung erforderliche Erklärung ersetzt. § 30 GBO. Ein Bevollmächtigter weist deshalb seine Vertretungsmacht genügend durch eine unbeglaubigte Vollmacht nach.

IV. Cognition und Entscheidung des Beschwerdegerichts.

1. Ein bestimmter Antrag ist für die Beschwerdeschrift nicht vorgeschrieben, auch ist die richtige Bezeichnung des Rechtsmittels unerheblich; immerhin wird die Beschwerdeschrift mit Sicherheit erkennen lassen müssen, in welcher Beziehung der Beschwerdeführer eine Abänderung der Entscheidung des Grundbuchamts wünscht. Die Beschwerdeschrift kann den zurückgewiesenen Antrag in gleicher oder verbesserter Form wiederholen; sie kann ihn auch ergänzen und auf neue Thatsachen und Beweise — die aber stets Urkundenbeweise sein müssen — stützen. § 74 GBO. Die Entscheidung auf die Beschwerde ist ein Akt der Rechtsprechung. Wird das Beschwerdegericht (Landgericht) mit der Entscheidung befaßt, so kann es eine vorläufige Eintragung nach § 76 GBO. anordnen. Vgl. nachher §§ 57, 58. Die der Entscheidung zu Grunde zu legenden thatsächlichen Verhältnisse hat es selbständig festzustellen und auf dieser Grundlage zu prüfen, ob nach den Bestimmungen des formellen Grundbuchrechts der Grundbuchrichter gesetzmäßig verfahren hat. Enthält aber im einzelnen Falle die strenge Beobachtung einer Ordnungsvorschrift eine Härte oder Unbilligkeit gegen die Partei, so wird das Beschwerdegericht, trotzdem der Grundbuchrichter, indem er sie beobachtete, gesetzmäßig verfahren hat, doch von ihrer Beobachtung absehen können, ebenso wie es nicht behindert ist, in allen Fällen, in denen eine Entscheidung des Grundbuchrichters von dessen Ermessen abhängt, sein eigenes Ermessen an Stelle des Ermessens jenes zu setzen. In jedem Falle hat das Beschwerdegericht eine erschöpfende von ihm zu vertretende Entscheidung zur Sache zu treffen und darf dieselbe nicht etwa davon abhängig machen, daß die Parteien erst im Prozeßwege ihr materielles Recht ausfechten.

2. Ist die Beschwerde begründet, so hat das Grundbuchamt ihr abzuhelfen. § 75 GBO. Es entspricht dem Antrage, und die Mittheilung an den Beschwerdeführer, daß seinem Antrage entsprechend gehandelt sei, enthält eine ausreichende Antwort auf die Beschwerde. Hält das Grundbuchamt aber die Beschwerde für unbegründet, so hat es sich der Entscheidung zu enthalten, die Beschwerdeschrift mit dem zur Entscheidung erforderlichen

Aktenmaterial vielmehr dem Beschwerdegericht vorzulegen und diesem mitzutheilen, daß es selbst der Beschwerde nicht abhelfen wolle. Hält das Beschwerdegericht die Beschwerde für unbegründet, so weist es sie zurück, hält es sie aber für begründet, so trifft es die sachgemäße abändernde Entscheidung; gehört dazu eine Eintragung oder andere Thätigkeit, die nur der Grundbuchrichter vornehmen kann, so muß sie zugleich die Anweisung an das Grundbuchamt zur Vornahme der entsprechenden Thätigkeit enthalten. Dieser Anweisung hat das Grundbuchamt unweigerlich Folge zu leisten. War auf Anordnung des Beschwerdegerichts nach § 76 GBO. ein Widerspruch oder eine Vormerkung vorläufig eingetragen worden, so erhält die in der endgültigen Entscheidung etwa angeordnete Eintragung den Rang der vorläufigen Eintragung; letztere selbst ist von Amtswegen zu löschen. Aber nur eine auf die Beschwerde vom Beschwerdegericht nach § 76 GBO. angeordnete vorläufige Eintragung kann diese Wirkung ausüben; eine etwa nach § 18 GBO. erfolgte, noch nicht gelöschte vorläufige Eintragung mußte von Amtswegen schon mit der Zurückweisung des Antrags durch das Grundbuchamt gelöscht werden und wirkte seitdem nicht mehr. Ist die vorläufige Eintragung nach § 76 GBO. nicht erfolgt, so treten die vom Beschwerdegericht angeordneten Eintragungen vor den Eintragungen auf inzwischen eingegangene Anträge zurück. Der Zeitpunkt des Eingangs der Entscheidung des Beschwerdegerichts ist für den Rang der dadurch veranlaßten Eintragung dann maßgebend. Möglich ist, daß die angeordnete Eintragung in Folge der inzwischen eingetragenen Aenderungen im Grundbuche gar nicht ausgeführt werden kann. Soll z. B. auf Grund der Bewilligung des Eigenthümers eine Hypothek oder für eine bestimmte Person ein Widerspruch gegen die Eintragung eines Eigenthümers eingetragen werden, so ist die Eintragung nicht mehr zulässig, wenn inzwischen der Eigenthümer das Grundstück bereits an einen Dritten aufgelassen hat.

3. Ergiebt sich nachträglich, daß das Beschwerdegericht unter Verletzung gesetzlicher Vorschriften eine Eintragung angeordnet hat, oder daß eine von ihm angeordnete Eintragung gesetzlich unzulässig ist, so darf doch der Grundbuchrichter nicht selbständig nach § 54 GBO. verfahren. Eine entsprechende Uebertragung der dem Grundbuchrichter in § 54 GBO. zugewiesenen Befugnisse auf das Beschwerdegericht erscheint auch nicht statthaft, weil dieses immer nur auf Beschwerde, nie von Amtswegen in Grundbuchsachen thätig werden kann und auf die Beschwerde gegen eine Entscheidung des Beschwerdegerichts nicht dieses selbst, sondern nur das Gericht der weiteren Beschwerde entscheiden darf.

4. Die Entscheidung des Beschwerdegerichts ist in jedem Falle mit Gründen zu versehen und dem Beschwerdeführer mitzutheilen. § 77 GBO.

Die Entscheidungen des Beschwerdegerichts werden von den drei mitwirkenden Richtern unterschrieben und durch Ausfertigungen dem Grundbuchamte und den Betheiligten bekannt gemacht.

§ 42. Die weitere Beschwerde.

I. Gegen die Entscheidung des Beschwerdegerichts ist das Rechtsmittel der weiteren Beschwerde gegeben. Diese ist nur zulässig, wenn die Entscheidung auf einer Verletzung des Gesetzes beruht, d. h. wenn eine Rechtsnorm nicht oder nicht richtig angewendet ist. § 550 CPO. Auch hier gilt aber die allgemeine Einschränkung des § 71 Abs. 2 GBO., daß die weitere Beschwerde gegen eine vom Beschwerdegericht angeordnete und bereits erfolgte Eintragung nur insofern zulässig ist, als die Anweisung an das Grundbuchamt verlangt werden kann, einen Widerspruch bei der Eintragung einzutragen. Doch muß die Ausnahme gelten, daß, wenn eine vom Beschwerdegericht angeordnete Eintragung inhaltlich unzulässig ist, das Gericht der weiteren Beschwerde das Grundbuchamt zur Löschung anweisen darf, weil sonst solche Eintragungen nur durch Prozeß aus dem Grundbuch entfernt werden könnten. Vgl. Schluß des vorigen § zu 3.

Als auf einer Verletzung des Gesetzes beruhend ist eine Entscheidung des Beschwerdegerichts stets anzusehen, wenn es nicht vorschriftsmäßig besetzt war, wenn ein von der Ausübung des Richteramts kraft Gesetzes ausgeschlossener oder ein wegen Besorgniß der Befangenheit abgelehnter Richter mitgewirkt hat, wenn das Gericht seine Zuständigkeit oder Unzuständigkeit mit Unrecht angenommen hat, wenn die Entscheidung nicht mit Gründen versehen ist, wenn eine Partei nicht nach Vorschrift der Gesetze vertreten war. § 551 CPO.

Ein neuer selbständiger Beschwerdegrund ist nicht Voraussetzung der weiteren Beschwerde.

II. Zur Einlegung der weiteren Beschwerde befugt ist an erster Stelle der, dessen Beschwerde durch das Beschwerdegericht zurückgewiesen ist, doch wird, da das Gesetz das Recht nicht einschränkt, weiter das Beschwerderecht jedem zu geben sein, welcher durch die Entscheidung des Beschwerdegerichts in seinem Interesse verletzt ist, auch wenn er bisher an dem Verfahren nicht betheiligt war. In der Beziehung gelten hier die gleichen Regeln, wie bei der einfachen Beschwerde.

Die Einlegung der weiteren Beschwerde ist an keine Frist gebunden; sie geschieht entweder durch Erklärung zu Protokoll des Grundbuchamts oder des Gerichtsschreibers am Landgericht oder am Kammergericht, §§ 73, 80 GBO. oder durch Einreichung einer Beschwerdeschrift. Diese muß von einem Rechtsanwalte — der auch ein bei dem betreffenden Gericht nicht zugelassener sein kann — unterschrieben sein, außer wenn die Beschwerde von einer Behörde oder dem Notar eingelegt wird, welcher den Eintragungsantrag gestellt hat. § 80 GBO. War der ursprüngliche Antrag kein Eintragungsantrag, so wird dem Notar das gleiche Recht nicht abzusprechen sein, wenn er in der Angelegenheit für den Beschwerdeführer einen Antrag bei dem Grundbuchamt gestellt hatte. § 29 FG.

Bei welchem Gericht der Beschwerdeführer die Beschwerde einlegen will, hängt ganz von seinem Ermessen ab. Die Dringlichkeit der Angelegenheit ist nicht Voraussetzung zur Einlegung bei dem höheren Gerichte. In der Regel empfiehlt sich auch hier die Einlegung bei dem Gericht, bei welchem sich die betreffenden Akten befinden. Das Grundbuchamt oder das

Beschwerdegericht dürfen der Beschwerde nicht abhelfen, müssen sie vielmehr mit dem betreffenden Aktenmaterial dem Kammergericht zur Entscheidung einreichen. § 80 GBO.

III. Das Gericht der weiteren Beschwerde ist ebenso wie das Beschwerdegericht zur Erlassung einer einstweiligen Anordnung nach § 76 GBO. befugt. Seiner Entscheidung unterliegt nur die Frage, ob der entscheidende Theil des Beschlusses des Landgerichts richtig ist oder nicht. Ergeben zwar dessen Entscheidungsgründe eine Rechtsverletzung, stellt sich aber die Entscheidung selbst aus anderen Gründen als richtig dar, so ist die weitere Beschwerde gleichwohl zurückzuweisen. § 563 CPO., § 78 GBO.

Die in der angefochtenen Entscheidung festgestellten Thatsachen sind für das Gericht der weiteren Beschwerde maßgebend; neue Thatsachen dürfen von ihm nur berücksichtigt werden, wenn sie angeführt sind, um darzuthun, daß ein das Verfahren betreffendes Gesetz verletzt sei, oder die Feststellung der Thatsachen in dem angefochtenen Beschlusse oder ihre Uebergehung selbst auf einer Gesetzesverletzung beruhe. § 554 Z. 2, 3 CPO., § 78 GBO.

Die Bezeichnung der verletzten Rechtsnorm oder bestimmter Beschwerdepunkte ist für die Beschwerdeschrift nicht vorgeschrieben. Es bedarf aber jedenfalls eines Antrags des Beschwerdeführers, der klar erkennen läßt, daß und inwieweit er eine Abänderung des angefochtenen Beschlusses wünscht. Innerhalb dieser Grenze hat das Gericht der weiteren Beschwerde selbständig und ohne Rücksicht auf die vom Beschwerdeführer etwa vorgebrachten Ansichten die angefochtene Entscheidung einer Prüfung dahin zu unterziehen, ob sie eine Gesetzesverletzung enthält oder nicht.

Die Entscheidung ergeht in einem von den fünf Mitgliedern des entscheidenden Senats zu unterschreibenden Beschlusse, der in Ausfertigung dem Beschwerdeführer und den untergeordneten Gerichten mitgetheilt wird.

IV. Um auf dem Gebiete der Reichsgesetzgebung auch in Grundbuchsachen eine einheitliche Rechtsprechung zu sichern, ist unter Umständen das Reichsgericht anstelle des Oberlandesgerichts zur Entscheidung über die weitere Beschwerde berufen. Die Voraussetzung dafür ist, daß bereits eine auf weitere Beschwerde ergangene Entscheidung eines Oberlandesgerichts oder eine im ordentlichen Prozeß oder auf Beschwerde ergangene Entscheidung des Reichsgerichts vorliegt und es sich um die Auslegung einer Vorschrift aus dem Reichsgrundbuchrechte handelt. Will unter diesen Voraussetzungen das Oberlandesgericht von der bereits ergangenen Entscheidung der Rechtsfrage abweichen, so darf es nicht selbst entscheiden, hat vielmehr die weitere Beschwerde unter Begründung seiner Rechtsauffassung dem Reichsgericht vorzulegen. Die Vorlegung ist, solange nicht das Reichsgericht die Rechtsfrage entschieden hat, immer erforderlich, wenn ein Oberlandesgericht einmal eine abweichende Ansicht vertreten hat, selbst wenn dasselbe Oberlandesgericht inzwischen schon die Ansicht des jetzt entscheidenden Oberlandesgerichts angenommen haben sollte. Es ist dies nach Wortlaut und Sinn des § 79 GBO. als gewollt anzusehen. Hat aber das Reichsgericht, ganz gleich welcher Senat desselben schon gesprochen, so ist die Vorlegung der weiteren Beschwerde an dasselbe nur dann erforderlich, wenn das Oberlandesgericht von dessen jüngster Entscheidung abweichen will. Denn diese giebt die in dem fraglichen Zeitpunkte geltende Ansicht des

Reichsgerichts wieder. Die Vorlegung der weiteren Beschwerde an das Reichsgericht macht dieses zur Entscheidung zuständig, selbst wenn es der Ansicht sein sollte, daß das Oberlandesgericht von seiner Rechtsansicht gar nicht abweichen wollte. § 79 Abs. 2 GBO.

Die Vorlegung der weiteren Beschwerde an das Reichsgericht setzt einen Beschluß des Oberlandesgerichts voraus, welcher dem Beschwerdeführer mitzutheilen ist. § 79 Abs. 1 GBO.

Die Entscheidung des Reichsgerichts ergeht in der Form eines Beschlusses, welcher in Ausfertigung dem Beschwerdeführer und den untergeordneten Gerichten mitgetheilt wird.

Sechstes Kapitel.

Die für den Grundbuchverkehr wichtigsten Vorschriften aus dem Personenrecht.

---

§ 43. Volljährige und Minderjährige.

I. Volljährige, d. s. die Personen, welche das 21. Lebensjahr vollendet haben oder nach Vollendung des 18. Lebensjahres für volljährig erklärt sind, §§ 2, 3 BGB., sind in der Regel geschäftsfähig und deshalb auch fähig, in Grundbuchsachen Erklärungen wirksam abzugeben. Der Grundbuchrichter hat bei der Beurkundung oder Beglaubigung einer Erklärung sein Augenmerk auch darauf zu richten, ob der Erklärende die dazu erforderliche Geschäftsfähigkeit und Einsicht besitzt. Art. 40, 60 A.FG., §§ 104, 105 BGB. Unfähig zu wirksamen Erklärungen sind Volljährige, wenn sie entmündigt sind; sie werden dann vom Vormund oder, wenn die Entmündigung erst beantragt ist, von dem vorläufig bestellten Vormunde vertreten. §§ 104 Z. 3, 114, 1896, 1906 BGB., § 52 FG.

Die Vertretung eines Volljährigen findet ferner statt, wenn ihm wegen Abwesenheit ein Abwesenheitspfleger, § 1911, oder ihm, obwohl er nicht unter Vormundschaft steht, wegen körperlicher Gebrechen für einzelne oder einen bestimmten Kreis von Angelegenheiten ein Pfleger bestellt ist. § 1910 BGB.

In allen Fällen der Vormundschaft oder Pflegschaft kommen die nachher unter II 3 anzugebenden Vorschriften zur entsprechenden Anwendung, §§ 1897, 1915. Neben dem Vormund kann noch ein Gegenvormund oder für einzelne Angelegenheiten ein Pfleger bestellt sein; neben einem Pfleger ist ein Gegenvormund nicht erforderlich. §§ 1794, 1915 BGB.

II. Minderjährige, d. s. die Personen bis zum vollendeten 21. Lebensjahre, sind nicht geschäftsfähig, also auch nicht fähig, allein wirksame Erklärungen in Grundbuchsachen abzugeben. §§ 104 Z. 1, 106 f. BGB. Sie bedürfen einer Vertretung.

1. Minderjährige unter elterlicher Gewalt, d. h. die ehelichen Kinder, deren Vater oder Mutter noch leben, werden regelmäßig vertreten durch ihren Vater (elterliche Gewalt des Vaters). Dies Vertretungsrecht bleibt auch unberührt, wenn die Ehe der Eltern geschieden ist. §§ 1630, 1635 BGB. Der Vater vertritt das Kind aber nicht
   a) in den Fällen, in denen nach § 1795 ein Vormund von der Vertretung des Mündels ausgeschlossen ist. § 1630 Abs. 2 BGB., vgl. nachher unter 3;
   b) soweit das Vormundschaftsgericht dem Vater die Vertretung für einzelne oder einen bestimmten Kreis von Angelegenheiten entzogen hat. §§ 1630 Abs. 2, 1796 BGB. Die Bestallung des dafür ernannten Vormundes oder Pflegers muß den Umfang der Entziehung ergeben;
   c) hinsichtlich des Vermögens, welches das Kind von Todeswegen erwirbt, oder ihm unter Lebenden von einem Dritten zugewendet ist, wenn der Erblasser oder Dritte den Erwerb der Verwaltung des Vaters entzogen haben. § 1638 BGB;
   d) wenn der Konkurs über das Vermögen des Vaters eröffnet ist; er hat damit das Recht der Vertretung seines Kindes endgültig verloren, wenn nicht nach der Aufhebung des Konkurses es ihm vom Vormundschaftsgericht wieder übertragen ist. § 1647 BGB.;
   e) wenn seine elterliche Gewalt ruht, d. h. wenn er selbst geschäftsunfähig, nur beschränkt geschäftsfähig, ihm wegen Gebrechlichkeit nach § 1910 ein Pfleger für seine Person und sein Vermögen bestellt ist, oder solange das Vormundschaftsgericht ihn an der Ausübung der elterlichen Gewalt für thatsächlich verhindert hält. §§ 1676, 1677 BGB;
   f) wenn der Vater die elterliche Gewalt durch ein Verbrechen der in § 1680 genannten Art verwirkt hat.

In einzelnen Fällen vertritt der Vater das Kind nicht allein, sondern bedarf der Genehmigung des Vormundschaftsgerichts. § 1643 BGB. Dahin gehört der nachher unter 3a genannte Fall.

2. Der Mutter steht die elterliche Gewalt und damit das Recht der Vertretung des Kindes zu, wenn
   a) der Vater gestorben oder für todt erklärt ist;
   b) der Vater die elterliche Gewalt verwirkt hat und die Ehe aufgelöst ist. § 1684 BGB.

   Sie übt außerdem noch die elterliche Gewalt und die Vertretung des Kindes aus
   a) während der Dauer der Ehe, wenn der Vater daran thatsächlich verhindert ist, oder seine elterliche Gewalt ruht;
   b) nach der Ehescheidung, wenn ihr das Vormundschaftsgericht die Ausübung der elterlichen Gewalt übertragen hat. § 1685 BGB.

   Den Nachweis ihrer Befugniß führt sie durch Vorlegung der betreffenden Verfügung des Vormundschaftsgerichts. § 51 FG. Die

Mutter ist aber zur Vertretung des Kindes nicht berechtigt, wenn ihre elterliche Gewalt wegen Minderjährigkeit ruht; ihre elterliche Gewalt hört ganz auf, wenn sie eine neue Ehe eingeht. §§ 1696, 1697 BGB.

Für die elterliche Gewalt der Mutter gelten die gleichen Vorschriften, wie für die des Vaters, § 1686. Eine Besonderheit ist nur der Beistand, der der Mutter beigeordnet werden kann. Sein Wirkungskreis betrifft alle Angelegenheiten, wenn nicht seine Bestallung eine Einschränkung ergiebt, § 1688 BGB. Ob ein Beistand bestellt ist, kann der Grundbuchrichter nur durch Erkundigung bei der Mutter feststellen, wenn allein sie zur Abgabe einer Erklärung auftritt. Die Genehmigung des Beistandes ist innerhalb seines Wirkungskreises zu jedem Rechtsgeschäft erforderlich, zu denen ein Vormund der Genehmigung des Vormundschaftsgerichts oder des Gegenvormundes bedarf. Nur allein zu den in § 1643 BGB. bezeichneten Rechtsgeschäften bedarf die Mutter der Genehmigung des Vormundschaftsgerichts selbst; dieses darf auch die Genehmigung des Beistandes ersetzen. § 1690 BGB.

Der Beistand kann auch mit der erweiterten Befugniß bestellt werden, daß ihm die Vermögensverwaltung ganz oder theilweise übertragen ist. Dann hat er die Rechte und Pflichten eines Pflegers; d. h. er giebt ohne Zuziehung der Mutter seine Erklärungen ab und ist nur in den bestimmten Fällen an die Genehmigung des Vormundschaftsgerichts gebunden. § 1693 BGB.

3. Minderjährige, welche nicht unter elterlicher Gewalt stehen — und dazu gehören die unehelichen Kinder, — oder deren Eltern zur Vertretung des Kindes weder hinsichtlich der Person noch hinsichtlich des Vermögens berechtigt sind, werden durch den ihnen bestellten Vormund vertreten. §§ 1773, 1793 BGB. Vormund können auch sein der Vorstand einer Erziehungs- oder Verpflegungsanstalt oder Beamte der Gemeindearmenverwaltung. Art. 78 A.BGB. Mehrere Vormünder sind nur gemeinschaftlich zur Vertretung befugt, wenn nicht jedem nur ein bestimmter Wirkungskreis zugewiesen ist. Dann haben sie die Vertretungsmacht nur innerhalb ihres Wirkungskreises. § 1797. Die Vertretung in gewissen Angelegenheiten kann dem Vormund entzogen sein; insoweit tritt ein Pfleger ein. § 1796 BGB. Aus der dem Vormund ertheilten Bestallung ersieht der Grundbuchrichter den Umfang seiner Vertretungsmacht. Ein Gegenvormund wird nicht in allen Fällen ihm zur Seite gestellt. § 1792. Der Vormund bedarf unter Umständen nicht der sonst erforderlichen Genehmigung des Gegenvormundes (befreiter Vormund). § 1852 BGB.

Der Vormund — ebenso wie der Vater oder die Mutter vgl. vorher II 1 a und 2 — kann den Mündel in einzelnen Fällen nicht vertreten. § 1795. Für den Grundbuchverkehr kommen vornehmlich in Frage die Rechtsgeschäfte zwischen dem Mündel und dem Ehegatten, Voreltern oder Abkömmlingen des Vormundes, die Uebertragung einer durch Hypothek gesicherten Forderung des Mündels gegen den Vormund; die Aufgabe oder Minderung der Hypothek für eine solche Forderung.

Der nicht befreite Vormund bedarf zu gewissen Geschäften der Genehmigung des Gegenvormundes oder, wenn ein solcher nicht und auch nicht mehrere, gemeinschaftlich vertretende Vormünder vorhanden sind, der Genehmigung des Vormundschaftsgerichts; letzteres ersetzt auch die Genehmigung des Gegenvormundes und kann dem Vormunde zur Vornahme gewisser Geschäfte eine allgemeine Ermächtigung ertheilen, §§ 1810, 1812, 1825. Für den Grundbuchverkehr wichtig ist die in § 1812 enthaltene Vorschrift, daß der Vormund zur Verfügung über Hypotheken, Grundschulden, Rentenschulden des Mündels der Genehmigung des Gegenvormundes bedarf und daß er ohne diese Genehmignng nicht die Zurückzahlung des von ihm in Hypotheken, Grundschulden oder Rentenschulden angelegten Geldes des Mündels annehmen und folglich auch nicht über die Zurückzahlung quittiren darf. §§ 1813, 1807 Z. 1, 368 BGB.

Der Vormund bedarf wieder zu anderen Geschäften der Genehmigung des Vormundschaftsgerichts. §§ 1814—1825. Als wichtig für den Grundbuchverkehr sind hervorzuheben

a) die Verfügung über ein Grundstück oder über ein Recht an einem Grundstücke, welches nicht Hypothek, Grundschuld oder Rentenschuld ist. § 1821 Z. 1;
b) ein Vertrag, welcher auf den entgeltlichen Erwerb eines Grundstücks oder eines Rechts an einem Grundstücke, welches nicht Hypothek, Grundschuld oder Rentenschuld ist, gerichtet ist. § 1821 Z. 4.
c) die Verfügung über eine Hypothekenforderung, Grundschuld oder Rentenschuld, wenn die ertheilten Briefe hinterlegt sind. § 1819.

Der Nachweis der Genehmigung wird dem Grundbuchrichter durch eine Ausfertigung der betreffenden Verfügung des Vormundschaftsgerichts oder die in der vorgeschriebenen Form abgefaßte Urkunde über die Genehmigungserklärung des Gegenvormundes geführt. Letzterer kann seine Erklärung auch vor dem Grundbuchrichter abgeben. Wo ein Familienrath eingesetzt ist, hat dieser die Befugnisse des Vormundschaftsgerichts. § 1872 BGB.

4. Einen Pfleger erhalten die unter elterlicher Gewalt oder Vormundschaft stehenden Minderjährigen für die Angelegenheiten, an deren Besorgung der Vater, die Mutter oder der Vormund verhindert ist. § 1909 BGB. Ueber den Umfang seiner Vertretungsmacht giebt die Bestallung des Pflegers Auskunft. Seine Rechte und Pflichten entsprechen denen des Vormundes; ein Gegenvormund ist neben dem Pfleger nicht erforderlich. § 1915 BGB.

§ 44. Eheleute.

I. Allgemeines. Zu unterscheiden sind die vor dem 1. Januar 1900 und die später geschlossenen Ehen. Ist eine Ehe am 1. Januar 1900 oder später geschlossen, so darf der Grundbuchrichter davon ausgehen, daß unter den Eheleuten das gesetzliche Güterrecht, die Verwaltungsgemeinschaft gilt und die Vermögensgegenstände der Frau zum eingebrachten Gut gehören. Leben die Eheleute nach einem anderen Güterrechte, oder ist ein Gegenstand Vorbehaltsgut der Frau, so ist dies dem Grundbuchrichter nachzuweisen. Die §§ 34, 35, 36 GBO. enthalten einzelne Bestimmungen, wie der Nachweis zu erbringen sei. Sie bestimmen: Der Nachweis, daß zwischen Eheleuten Gütertrennung oder ein vertragsmäßiges Güterrecht besteht, oder daß ein Gegenstand zum Vorbehaltsgut eines Ehegatten gehört, wird durch ein Zeugniß des Gerichts über die Eintragung des güterrechtlichen Verhältnisses im Güterregister geführt. § 34. Ist das Grundbuchamt zugleich das Registergericht, so genügt statt des Zeugnisses die Bezugnahme auf das Register. § 35. Das Bestehen der fortgesetzten Gütergemeinschaft ist **nur** auf Grund des in § 1507 BGB. vorgesehenen Zeugnisses als nachgewiesen anzunehmen. § 36. Schon der Wortlaut der Bestimmungen läßt erkennen, daß nur in § 36 GBO. ein nothwendiges Beweismittel vorgeschrieben ist, ohne welches der fragliche Nachweis nicht geführt werden kann; daß dagegen das in den §§ 34, 35 GBO. erwähnte Zeugniß nicht das einzige mögliche Beweismittel für den Nachweis der angeführten Güterrechte ist, dies Zeugniß — oder die Bezugnahme auf das Register — vielmehr, wo es beigebracht wird, immer nur zum Nachweise ausreichen soll. Thatsächlich können sich auch die inbetracht kommenden Rechtsverhältnisse nicht lediglich aus dem Güterrechtsregister ergeben, einmal weil die Eintragung in das Register keine nothwendige Voraussetzung für das Bestehen des Rechtsverhältnisses bildet, auch kein Zwang zur Eintragung besteht. Der Nachweis wird, wo das Güterrechtsregister keine Auskunft giebt, durch in der Form des § 29 GBO. abgefaßte Eheverträge, Testamente, Urtheilsausfertigungen, Anerkenntnisse der Ehegatten, öffentliche beglaubigte Bestandsnachweisungen nach §§ 1372, 1035, 1528 BGB. u. dgl. zu führen sein, je nach der Verschiedenheit des Falles.

II. Ueber das Verfügungsrecht der einzelnen Ehegatten bei den verschiedenen Güterrechten ist folgendes hervorzuheben:

1. Es besteht das gesetzliche Güterrecht (**Verwaltungsgemeinschaft**). §§ 1363 f. BGB.

a) Dieser Güterstand kennt:

α) Eingebrachtes Gut des Ehemannes. Ueber dieses bestimmt das Gesetz nichts besonderes; es gilt dasselbe, als wenn der Mann nicht verheirathet wäre.

β) Vorbehaltsgut der Ehefrau; auf dieses finden die bei der Gütertrennung (nachher unter 5) für das Vermögen der Frau geltenden Vorschriften entsprechende Anwendung, §§ 1365 f. BGB. Wegen des Nachweises, § 34 GBO., s. vorher bei I.

γ) Eingebrachtes Gut der Frau. Zu jeder Verfügung über zu diesem Gute gehörende Grundstücke oder dingliche Rechte bedarf der Mann der Genehmigung der Frau. §§ 1375, 1376. Für die Form der Genehmigung gelten die Regeln der Zustimmung. Als Ersatz der Zustimmung der Frau wirkt unter Umständen die Zustimmung des Vormundschaftsgerichts. § 1379 BGB. Steht der Mann unter Vormundschaft, so wird er auch hinsichtlich der Verwaltung des Frauenguts durch den Vormund vertreten. § 1409 BGB.

Auch die Frau bedarf zur Verfügung über von ihr eingebrachte Grundstücke oder dingliche Rechte der Zustimmung des Mannes. § 1395 BGB. Diese ist aber nicht erforderlich, wenn der Mann durch Krankheit oder Abwesenheit an der Abgabe der Erklärung verhindert und mit dem Aufschube Gefahr verbunden ist. § 1401 BGB. Bei unbegründeter Weigerung des Mannes ersetzt die Zustimmung des Vormundschaftsgerichts die seine. § 1402. § 1409 gilt auch hier.

b) Trotz des Weiterbestehens der Ehe kann die Verwaltung des Ehemannes durch Ehevertrag oder Richterspruch aufgehoben sein. Die Aufhebung tritt auch ein mit der Eröffnung des Konkurses über das Vermögen des Mannes. §§ 1418, 1419 BGB. Eine Wiederherstellung der Rechte des Mannes giebt es nur in den Fällen des § 1425 BGB., die Beendigung des Konkursverfahrens gehört nicht dazu.

c) Zur Zwangsvollstreckung in zum Gut des Mannes oder zum Vorbehaltsgut der Frau gehörige Grundstücke oder dingliche Rechte an solchen genügt ein nur gegen den Mann oder nur gegen die Frau lautender Titel; dagegen kann in eingebrachte Vermögensstücke der Frau nur vollstreckt werden, wenn die Frau zur Leistung und zugleich der Mann zur Duldung der Zwangsvollstreckung in das eingebrachte Gut verurtheilt ist; nur wenn die Frau selbständig ein Erwerbsgeschäft betreibt, was nachzuweisen ist, genügt ein gegen sie allein lautender Titel. §§ 739, 741 CPO.

d) Die Vorschriften über das gesetzliche Güterrecht des BGB. (Verwaltungsgemeinschaft) gelten nach dem A.BGB. für die vor dem 1. Januar 1900 geschlossenen Ehen, für welche besteht der gesetzliche Güterstand nach ALR. II 1 Abschn. 5 (Art. 45); nach Märkischem Provinzialrecht (Art. 46); nach gemeinem Dotalrecht (Art. 49); nach dem in Schleswig-Holstein geltenden Sächsischen oder Lübischen Recht, nach dem im vormals Schauenburgischen Antheile Holsteins geltenden Rechte, nach den in Otterndorf, Stade mit Brunshausen oder in Buxtehude geltenden Vorschriften; nach der Schaumburgischen Polizeiordnung von 1615 (Art. 50), nach dem in Pommern geltenden Lübischen Rechte, wenn nach diesem am 1. Januar 1900 keine Gütergemeinschaft gilt, solange bis ein Kind geboren wird, (Art. 51 §§ 1, 2); nach der nach Althessischem Rechte geltenden Errungenschaftsgemeinschaft und nach dem in den vormals Kurhessischen Gebietstheilen des OLG. Cassel geltenden Solmser oder Mainzer Recht (Art. 54).

2. Durch Ehevertrag ist allgemeine Gütergemeinschaft vereinbart. §§ 1437 f. BGB.

a) Dieser Güterstand kennt abgesehen von den durch Rechtsgeschäft überhaupt nicht übertragbaren Rechten, § 1439 BGB.

α) Vorbehaltsgut des Mannes, § 1440.

β) Vorbehaltsgut der Frau, §§ 1440, 1441.
Hier gilt das gleiche wie vorher 1 a α und β.

γ) Gesammtgut. Ist das Bestehen der allgemeinen GG. bekannt, so darf der Grundbuchrichter alles Gut der Eheleute als Gesammtgut ansehen, bis ihm ein Vermögensstück als zum Vorbehaltsgut gehörend nachgewiesen wird. §§ 1438, 1440 BGB. § 34 GBO. Vgl. vorher bei I. Durch die Vereinbarung der allgemeinen GG. geht kraft Gesetzes, ohne daß es einer Auflassung oder anderen Uebertragung durch Rechtsgeschäft bedürfte, das Eigenthum an den dem Gesammtgute zufallenden Vermögensstücken auf die beiden Eheleute gemeinschaftlich über. § 1438 BGB. Auf Grund einer Ausfertigung des Ehevertrags kann also die Berichtigung des Grundbuchs von jedem Ehegatten bewirkt werden, so weit nicht nach § 22 Abs. 2 GBO. beide Eheleute mitwirken müssen. Zu Verfügungen über das Gesammtgut ist in der Regel der Mann allein befugt. § 1443. Dagegen bedarf es der Zustimmung der Frau u. a. zu Verfügungen (z. B. Belastung, Theilung, Veräußerung) über ein zum Gesammtgute gehörendes Grundstück. §§ 1444—1446 BGB. Die Zustimmung der Frau kann unter Umständen durch das Vormundschaftsgericht ersetzt werden. § 1447. Steht der Mann unter Vormundschaft, so vertritt ihn der Vormund auch hinsichtlich der Verwaltung des Gesammtgutes. § 1457. Wenn der Mann durch Krankheit oder Abwesenheit verhindert und mit einem Aufschube Gefahr verbunden ist, kann die Frau auch allein ein sich auf das Gesammtgut beziehendes Rechtsgeschäft vornehmen. § 1450. Bei unbegründeter Weigerung des Mannes zur Vornahme eines erforderlichen Rechtsgeschäfts kann die Zustimmung des Mannes durch das Vormundschaftsgericht ersetzt werden und die Frau dann das Geschäft allein vornehmen. § 1451.

b) Die Gütergemeinschaft kann durch Vertrag oder Urtheil aufgehoben werden; aufhebend wirkt auch das rechtskräftige Ehescheidungsurtheil. §§ 1468 f. Der Aufhebung folgt die Auseinandersetzung; bis dahin dürfen über die zum Gesammtgute gehörenden Vermögensstücke nur noch beide Eheleute gemeinschaftlich verfügen. § 1472. Der Nachweis der Aufhebung wird durch das Zeugniß aus dem Güterrechtsregister oder durch den betreffenden Vertrag oder das Urtheil geführt. Das Eigenthum an den bei der Auseinandersetzung über das Gesammtgut dem einzelnen Ehegatten zugewiesenen Grundstücken wird auf diesen nur durch Auflassung übertragen. Nach Art. 10 A.GBO. sollen auf die Eintragung eines der Ehegatten als Eigenthümers die Vorschriften des § 38 GBO. entsprechende Anwendung finden, jedoch die Vorschriften über die Zuständigkeit zur Beurkundung der Auflassung unberührt bleiben. Ueber den Sinn dieser Vorschrift und daß sie nur Bedeutung für die Grundstücke des Rheinischen Rechts haben kann, s. den folgenden § 45 zu 2 f. Anstelle des dort genannten Nachlaßgerichts tritt hier das nach § 99 Abs. 2 FG. zuständige Amtsgericht. Die Umschreibung dinglicher Rechte an Grundstücken auf den Namen eines Ehegatten im Grundbuche setzt die Eintragungsbewilligung mindestens des anderen Ehegatten voraus; handelt es sich um Hypotheken, Grundschulden oder Rentenschulden, so genügt zum Nachweise der Bewilligung ein Zeugniß des zuständigen Amtsgerichts des Inhalts, daß, nachdem die Gütergemeinschaft aufgehoben ist, die Eheleute bei der Auseinandersetzung sich dahin geeinigt, oder bewilligt haben, daß die Frau oder der Mann als neuer Gläubiger des Rechts im Grundbuche eingetragen werde. Ueber die Bedeutung des Zeugnisses des Gerichts s. näheres im folgenden § 45 zu 2 a bis e.

c) Wird die Gütergemeinschaft durch den Tod eines Gatten aufgelöst und sind gemeinschaftliche Abkömmlinge vorhanden, so können diese die GG. fortsetzen. §§ 1483 f. BGB. Das Nachlaßgericht hat dem überlebenden Ehegatten auf Antrag ein Zeugniß über die Fortsetzung der GG. zu ertheilen. § 1507. Daß das Bestehen der fortgesetzten GG. nur auf Grund dieses Zeugnisses vom Grundbuchrichter angenommen werden darf, § 36 Abs. 2 GBO., ist schon vorher bei I erwähnt. Auch bei der fortgesetzten GG. kann es ein Vorbehaltsgut des überlebenden Ehegatten geben. Hierfür gilt das zu I a α Gesagte. § 1486. Das Vermögen, das ein Abkömmling hat oder später erwirbt, gehört nicht zum Gesammtgute. § 1485. Der Grundbuchrichter darf, wenn ihm das Bestehen der fortgesetzten GG. nachgewiesen ist, annehmen, daß die einzelnen Vermögensstücke zum Gesammtgute gehören. Ausnahmen sind ihm nachzuweisen. Hinsichtlich der Verfügungen über das Gesammtgut nehmen der überlebende Ehegatte die Stellung des Mannes, die antheilsberechtigten Abkömmlinge die rechtliche Stellung der Frau ein. § 1487. Bedarf es der Zustimmung der Abkömmlinge, so muß diese einstimmig von allen erklärt werden. Ein Abkömmling kann auf seinen Antheil am Gesammtgute verzichten; wird der Verzicht dem Grundbuchrichter nachgewiesen, so ist sein Name im Grundbuche überall, wo er als Mitglied der fortgesetzten GG. miteingetragen steht, zu löschen. Ebenso ist zu verfahren, wenn er, ohne Abkömmlinge zu hinterlassen, stirbt. Hinterläßt er solche, so treten sie an seine Stelle und sind im Grundbuche auf Antrag nachzutragen. §§ 1490, 1491. Die Folgen der Aufhebung der fortgesetzten GG. oder ihrer Beendigung durch Wiederverheirathung oder Tod des überlebenden Ehegatten, §§ 1492—1496, sind die gleichen, wie bei der ehelichen GG. Auch bezüglich der Eintragung des Betheiligten, dem ein zum Gesammtgute gehörendes Vermögensstück bei der Auseinandersetzung zugewiesen ist, gilt dasselbe, wie dort. Vgl. vorher zu b.

d) Zur Zwangsvollstreckung in ein zum Gesammtgute gehörendes Grundstück oder Recht genügt bei der allgemeinen GG. ein gegen den Ehemann, bei der fortgesetzten GG. ein gegen den überlebenden Ehegatten lautender Titel. §§ 740, 745 CPO. Nach Beendigung der GG. ist die Zwangsvollstreckung aber nur zulässig, wenn beide Ehegatten, oder der überlebende Ehegatte und die Abkömmlinge zur Leistung oder dieser zur Leistung, jene zur Duldung der Zwangsvollstreckung verurtheilt sind. §§ 743, 745 CPO. Wird nachgewiesen, daß die Ehefrau selbständig ein Erwerbsgeschäft betreibt, so genügt zur Zwangsvollstreckung auch in das Gesammtgut ein gegen sie ergangener Titel. § 741 CPO. Bezüglich der Zwangsvollstreckung in das Vorbehaltsgut des Mannes oder der Frau gelten die entsprechenden zu 1 c genannten Regeln.

e) Die Vorschriften über die GG. des BGB. gelten nach dem A.BGB. für die vor dem 1. Januar 1900 geschlossenen Ehen, für welche besteht der gesetzliche Güterstand:

α) der allgemeinen GG. nach ALR.; fortgesetzte GG. tritt nur ein, wenn sie durch Ehevertrag vereinbart ist. In den Fällen der §§ 379, 386 II 1 ALR. bedarf der Ehemann der Einwilligung der Frau zur Verfügung. Art. 47 §§ 1 u. 2.

β) nach dem im Lande Wursten geltenden Rechte. Art. 49 § 3.

γ) nach dem in der Provinz Pommern geltenden Lübischen Rechte, soweit nach diesem am 1. Januar 1900 GG. bestand oder später infolge der Geburt eines Kindes eintritt; nach der Bauerordnung, nach den Statuten der Städte Stettin, Pölitz, Pyritz, Alt-Damm, Gartz a. O. Galt bisher die Bauerordnung v. 30. Dezember 1764, so kann eine fortgesetzte GG. auch zwischen dem überlebenden Ehegatten und anderen Erben als gemeinschaftlichen Abkömmlingen stattfinden. Art. 51 §§ 1, 2, 5, 6.

δ) der allgemeinen GG. nach einem der Rechte, welche gelten in den Provinzen Hannover, Schleswig-Holstein, Hessen-Nassau und den Hohenzollernschen Landen, ausgenommen sind die Ehen in der Provinz Hannover, zu deren Vermögen ein in der Höferolle eingetragener Hof gehört. Der Einwilligung der Frau zur Verfügung über Grundstücke bedarf der Mann nach den Rechten der Hohenzollernschen Lande und in Schleswig-Holstein nur nach Maßgabe des bisherigen Rechts; im Falle der fortgesetzten GG. verfügt in Hohenzollern der überlebende Ehegatte allein über Grundstücke. Art. 52 §§ 1—3.

ε) nach Würzburgischem Rechte, sobald ein Kind geboren wird, und nach Nordstrander Landrecht. Art. 53 § 4.

ζ) der allgemeinen GG. nach dem Rheinischen BGB. Fortgesetzte GG. tritt nur ein, wenn sie durch Ehevertrag vereinbart ist; die Befugniß des Mannes zur Verfügung über Grundstücke bestimmt sich nach bisherigem Rechte. Art. 56 §§ 3, 4.

f) Die Vorschriften des BGB. über GG. finden nicht Anwendung für eine am 1. Januar 1900 bestehende Ehe, für welche als gesetzlicher Güterstand die allgemeine GG. nach dem Gesetze betr. das eheliche Güterrecht in Westfalen, Rees, Essen, Duisburg vom 16. April 1860 gilt. Für eine solche Ehe bleibt das genannte Gesetz mit den in Art. 48 A.BGB. bestimmten Aenderungen in Kraft.

3. Durch Ehevertrag ist Errungenschaftsgemeinschaft vereinbart. §§ 1519 f. BGB.

a) Der Güterstand kennt:

α) Vorbehaltsgut der Frau.

β) Eingebrachtes Gut des Ehemannes.

γ) Eingebrachtes Gut der Frau.

Für das Vorbehaltsgut der Frau und das eingebrachte Gut des Mannes gilt das zu 1 a α u. β Gesagte. Auf das eingebrachte Gut der Frau kommen die zu 1 γ angegebenen Regeln zur Anwendung. §§ 1520 f., 1525, 1526.

δ) Gesammtgut; daß die vorhandenen Vermögensstücke zum Gesammtgute gehören, wird vermuthet; gehört ein Vermögensstück nicht dazu, so ist dies dem Grundbuchrichter nachzuweisen. §§ 1527 BGB., 34 GBO., vgl. bei I. Ebenso wie bei der GG. werden die Vermögensstücke hier gemeinschaftlich, ohne daß es einer Uebertragung durch Rechtsgeschäfte bedürfte. Die Berichtigung des Grundbuchs kann ebenso wie bei der GG. verlangt werden. §§ 1438 Abs. 2, 3, 1519. Auch bei der Verfügung über das Gesammtgut unterliegt der einzelne Ehegatte hier denselben Beschränkungen, wie bei der GG., vgl. vorher bei 2 a γ. Endigt die Errungenschaftsgemeinschaft, so gilt für die Zukunft Gütertrennung. § 1545. Ein Beendigungsgrund ist die Eröffnung des Konkurses über das Vermögen des Mannes. § 1543. Die Errungenschaftsgemeinschaft kann durch Urtheil u. a. auch in diesem Falle wiederhergestellt werden. §§ 1549 f. Nach der Beendigung findet eine Auseinandersetzung über das Gesammtgut statt; bis dahin gilt hinsichtlich der Verfügungsbefugniß der Ehegatten das gleiche, wie bei der GG. Auch findet hier ebenso wie dort § 38 GBO. und Art. 10 A.GBO. Anwendung; es handelt sich auch bei der Errungenschaftsgemeinschaft um das Gesammtgut einer ehelichen GG. Es kann insoweit auf 2 b verwiesen werden. § 1546.

b) Bezüglich der Zwangsvollstreckung in das eingebrachte Gut des Mannes, das Vorbehaltsgut der Frau und das eingebrachte Gut der Frau gelten die entsprechenden, zu 1 c genannten Regeln. Zur Zwangsvollstreckung in einen Gegenstand des Gesammtgutes genügt ein nur gegen den Ehemann lautender Titel; nach der Beendigung der Errungenschaftsgemeinschaft gilt das gleiche wie entsprechend bei der GG., vgl. 2 d. §§ 739, 740, 741, 743 CPO.

c) Die Vorschriften des BGB. über Errungenschaftsgemeinschaft gelten nach dem A.BGB. für die vor dem 1. Januar 1900 geschlossenen Ehen, für welche besteht der gesetzliche Güterstand der Errungenschaftsgemeinschaft nach dem Rheinischen BGB. Art. 56 § 2; nach einem der Rechte, welche in dem zum OLG. Frankfurt a. M. gehörenden Theile der Rheinprovinz oder in Schleswig-Holstein und Hessen-Nassau gelten, jedoch mit Ausnahme des Würzburgischen und Nordstrander Landrechts. In Schleswig-Holstein und nach dem Rheinischen BGB. richtet sich die Befugniß des Mannes zur Verfügung über ein zum Gesammtgute gehörendes Grundstück nach bisherigem Rechte. Art. 53 §§ 1, 3, 4. Art. 56 § 4.

4. Durch Ehevertrag ist **Fahrnißgemeinschaft** vereinbart. §§ 1549 f. BGB.

a) Dieser Güterstand kennt:

α) Eingebrachtes Gut des Mannes.

β) Eingebrachtes Gut der Frau.

γ) Vorbehaltsgut der Frau. Für diese drei Gütermassen gilt das gleiche, was zu 1 a α, β, γ gesagt ist, § 1555.

δ) Gesammtgut. Dieses umfaßt alles bewegliche Vermögen und die Errungenschaft. Bewegliches Vermögen sind u. a. die Hypotheken, Grundschulden, Rentenschulden. Andere dingliche Rechte an Grundstücken und Grundstücke selbst gehören zum unbeweglichen Vermögen und können deshalb Gesammtgut nur sein, wenn sie Errungenschaft sind. Der Grundbuchrichter darf alle zum beweglichen Vermögen gehörigen Stücke als Gesammtgut ansehen, wenn nicht ihm das Gegentheil nachgewiesen wird. Gegenstände des unbeweglichen Vermögens, welche ein Ehegatte bei dem Eintritte der Fahrnißgemeinschaft hatte, sind jedenfalls eingebrachtes Gut; später erworbene können Errungenschaft sein, wenn sie nicht durch Erbfolge, Vermächtniß, mit Rücksicht auf ein künftiges Erbrecht, durch Schenkung oder als Ausstattung erworben sind. Hinsichtlich des Gesammtgutes kommen die für die allgemeine GG. geltenden Vorschriften zur Anwendung und kann hier darauf verwiesen werden. Fortgesetzte GG. tritt aber nur ein, wenn sie durch Ehevertrag vereinbart ist. §§ 1551, 1549, 1557.

b) Hinsichtlich der Zwangsvollstreckung in eingebrachtes Gut oder Vorbehaltsgut gilt das zu 1 c Gesagte; hinsichtlich der Zwangsvollstreckung in das Gesammtgut kommen die zu 2 d angegebenen Vorschriften zur Anwendung. §§ 739, 740, 741, 743 CPO.

c) Die Vorschriften des BGB. über Fahrnißgemeinschaft gelten nach dem A.BGB. für die vor dem 1. Januar 1900 geschlossenen Ehen, für welche besteht der gesetzliche Güterstand

α) der Fahrnißgemeinschaft nach dem Rheinischen BGB. Doch bestimmt sich die Befugniß des Mannes zur Verfügung über ein zum Gesammtgute gehörendes Grundstück nach bisherigem Recht. Art. 56 §§ 1, 4.

β) der Gemeinschaft des beweglichen Vermögens nach einem der Rechte, welche in den zum OLG. Frankfurt a. M. gehörenden Theilen der Rheinprovinz und in Schleswig-Holstein gelten; doch bleiben für den Güterstand nach Kur-Kölnischem, Kur-Trierschem Recht und nach Jütischem Low die bisherigen Gesetze für den Umfang des eingebrachten Guts und nach Jütischem Low auch für die Befugniß des Mannes zur Verfügung über ein zum Gesammtgute gehörendes Grundstück maßgebend Art. 55 §§ 1—3.

5. Es besteht Gütertrennung unter den Eheleuten. §§ 1426 f.

a) Die Regeln der Gütertrennung gelten

α) wenn ein Mann die Ehe mit einer in der Geschäftsfähigkeit beschränkten Frau ohne Einwilligung ihres gesetzlichen Vertreters eingeht, § 1364 BGB.;

β) wenn die Verwaltung und Nutznießung des Mannes endigt, § 1426;

γ) wenn durch Ehevertrag die Verwaltung und Nutznießung des Mannes ausgeschlossen oder Gütertrennung ausdrücklich vereinbart wird oder durch Vertrag, Urtheil oder Gesetz die vorher eingeführte allgemeine Gütergemeinschaft, Errungenschaftsgemeinschaft oder Fahrnißgemeinschaft wieder aufgehoben wird und der Vertrag nicht ein Anderes ergiebt, § 1436;

δ) insoweit als gesetzlich oder infolge Ehevertrages ein Vermögensstück zum Vorbehaltsgut der Frau gehört. §§ 1371, 1441, 1486, 1526, 1555, 1549.

Ueber den Nachweis der Gütertrennung s. § 34 GBO. und vorher bei I. Bei Gütertrennung ist die Frau in der Verfügung über ihre Grundstücke oder ihre Rechte an solchen unbeschränkt; zur Zwangsvollstreckung in ihr gehörige Vermögensstücke genügt ein gegen sie lautender Titel.

b) Die Vorschriften des BGB. über Gütertrennung gelten nach dem A.BGB. für die vor dem 1. Januar 1900 geschlossenen Ehen:

α) für welche nach §§ 980 f. II 1 ALR. Verwaltung und Nießbrauch des Mannes ausgeschlossen ist. Art. 45 § 1,

β) für welche nach dem Rheinischen BGB. Gütertrennung besteht. Art. 56 § 8.

6. Für die Ehegatten, welche am 1. Januar 1900 ihren Wohnsitz in Preußen haben, deren Güterstand sich aber nach dem Rechte eines der nachher genannten Deutschen Bundesstaaten richtet, gelten die Vorschriften des BGB. mit den Maßgaben, welche sich aus der Kgl. Verordnung betreffend den Güterstand bestehender Ehen vom 20. Dezember 1899 (GS. S. 607) und aus Art. 61 A.BGB. ergeben. Letztere Vorschrift regelt den Güterstand der Ehen, die sich nach dem BGB. für das Königreich Sachsen bestimmen, die Verordnung den Güterstand der sich nach den Rechten von Bayern, Hessen, Oldenburg, Sachsen-Meiningen, Sachsen-Koburg, Sachsen-Rudolstadt, Lübeck, Bremen, Hamburg bestimmenden Ehen. Vgl. Art. 61 § 2 A.BGB.

§ 45. Erben.

In Folge des Todes eines Menschen tritt eine Gesammtnachfolge ein; seine Erbschaft fällt dem Erben als Ganzes an. Darin liegt, daß der Erbe mit dem Tode des Erblassers Eigenthümer von dessen Nachlasse und damit zugleich Eigenthümer aller einzelnen Nachlaßgegenstände, also auch der zum Nachlasse gehörigen Grundstücke, selbständigen Gerechtigkeiten und dinglichen Rechte wird. Die Eintragung des Erben im Grundbuche beurkundet nur den außerhalb des Grundbuchs schon vollzogenen Erwerb, dient also zur Berichtigung des Grundbuchs. Für den Nachweis der Unrichtigkeit des Grundbuchs in diesem Falle giebt die GBO. folgende Regeln:

I. Der Alleinerbe oder die Miterben erlangen ihre Eintragung als Eigenthümer eines Grundstücks oder als sonst Berechtigte im Grundbuche, wenn sie zur Begründung des Eintragungsantrags vorlegen, § 36 Abs. 1 GBO.,

a) einen Erbschein; ob dieser in gesetzlicher Weise ausgestellt ist, hat der Grundbuchrichter nicht zu prüfen, vgl. § 2365 BGB. Liegt gesetzliche Erbfolge vor, so kann der Nachweis nur durch einen

Erbschein geführt werden. Soll eine Miterbengemeinschaft eingetragen werden, so bedarf es eines gemeinschaftlichen Erbscheins, § 2357 BGB., oder so vieler Theilerbscheine als Miterben vorhanden sind. Beruht die Erbfolge auf einer Verfügung von Todeswegen, so genügt

b) anstelle des Erbscheins die Vorlegung einer Ausfertigung der Verfügung von Todswegen und des Protokolls über die Eröffnung der Verfügung. Den Inhalt der Verfügung hat der Grundbuchrichter selbständig auszulegen. Zum Nachweise der Erbfolge genügt die Verfügung von Todeswegen aber nur, wenn sie in einer öffentlichen Urkunde enthalten ist. Dazu gehört das gerichtliche oder notarielle Testament; das von dem Gemeindevorsteher oder der nach Art. 80 A.BGB. bestimmten Person im Falle der §§ 2249, 2250 BGB. errichtete Testament; das einem Offizier oder Auditeur mündlich zu Protokoll erklärte Militärtestament, RMilit.Ges. v. 2. Mai 1874 § 44 Z. 4; der gerichtliche oder notarielle Erbvertrag, § 2276 BGB., der gerichtliche oder notarielle Erbverzichtsvertrag, § 2348 BGB. Ist nur privatschriftlich von Todeswegen verfügt, so kann der Nachweis der Erbfolge wieder nur durch den Erbschein geführt werden, wie auch die Vorlegung eines solchen, wenn die Verfügung von Todeswegen selbst in einer öffentlichen Urkunde enthalten ist, verlangt werden kann, wenn der Grundbuchrichter die Erbfolge durch das Testament und die Eröffnungsverhandlung nicht für nachgewiesen erachtet.

Daß ohne vorherige Eintragung des Erben dieser die Eintragung einer Aufhebung oder Uebertragung des Rechts beantragen kann, § 41 Abs. 1 GBO., ist schon vorher Seite 98 zu 1 a erwähnt.

2. Die Regeln zu 1 a und b gelten auch für die Eintragung des Vorerben. Der Erbschein muß das Erforderliche über die angeordnete Nacherbfolge ergeben, § 2363 BGB. Wegen der nach § 52 GBO. für den Nacherben einzutragenden Verfügungsbeschränkung s. nachher § 59 zu II 3 das nähere.

3. Die Regeln zu 1 a und b gelten ferner für die Eintragung des Erben, wenn ein Testamentsvollstrecker ernannt ist. Auch dieser ist im Erbschein anzugeben, § 2364 BGB. Zugleich mit der Eintragung des Erben ist der Testamentsvollstrecker ins Grundbuch einzutragen, § 53 GBO. Hierüber s. näheres nachher § 59 zu II 4. Indessen kann eine Eintragung auf Grund seiner Bewilligung oder eines gegen ihn vollstreckbaren Titels erfolgen, auch wenn er selbst im Grundbuche noch nicht verzeichnet steht. § 41 Abs. 2 GBO., vgl. vorher Seite 98 zu 1 a, b.

4. Ob die Regeln zu 1 a auch angewendet werden können, wenn ein Erbschaftskauf vorliegt, ist zweifelhaft. Anwendung finden sie jedenfalls nicht, wenn ein Alleinerbe die Erbschaft verkauft hat, denn dieser bleibt nach BGB. Erbe und auf den Käufer können die zum Nachlasse gehörenden Sachen, also auch Grundstücke und dingliche Rechte an solchen nur durch die besonderen dazu dienenden Rechtsgeschäfte — Auflassung, Abtretung übertragen werden. Ist aber der

Antheil eines **Miterben** veräußert worden, so scheidet dieser aus der Miterbengemeinschaft ganz aus und an seine Stelle tritt der Käufer in die Gemeinschaft ein. Auch in Ansehung des Käufers tritt also eine Nachfolge in das Vermögen des Erblassers, eine Erbfolge, ein; wie er deshalb auch in den Erbschein anstelle des ausgeschiedenen Miterben aufzunehmen ist, so kann der Nachweis seiner „Erbfolge" unter Anwendung des § 36 GBO. nur durch den Erbschein geführt werden. Die Prüfung des gerichtlich oder notariell zu beurkundenden Erbschaftskaufvertrages liegt danach nicht dem Grundbuchrichter, sondern dem Nachlaßrichter ob. Vgl. §§ 2371, 2384 BGB.

II. **Miterben.** Miterben erlangen ihre Eintragung im Grundbuche ebenso wie der Alleinerbe, vgl. vorher zu 1. Bei ihrer Eintragung ist anzugeben, daß ihnen das Recht als Miterben zustehe. § 48 GBO. Die Verfügung einzelner Miterben über Nachlaßgegenstände, z. B. zum Nachlasse gehörende Grundstücke oder Hypotheken oder über ihren Antheil an einzelnen Nachlaßgegenständen ist bis zur Theilung nichtig. § 2033 Abs. 2 BGB. Nur gemeinschaftlich können sie über einen Nachlaßgegenstand verfügen. § 2040 BGB. Nach der Theilung ist verfügungsberechtigt derjenige Miterbe, welchem der Gegenstand bei der Theilung zugewiesen ist. Sind bei der Auseinandersetzung einer Miterbengemeinschaft Grundstücke, Erbbaurechte, selbständige Gerechtigkeiten, Hypotheken, Grundschulden oder Rentenschulden, die zum Nachlasse gehören, ganz oder zu bestimmten Bruchtheilen einem einzelnen Erben übereignet, so gilt die Besonderheit, daß der Antrag auf Eintragung des Erben genügend begründet wird durch ein **Zeugniß des Nachlaßgerichts**. § 37 GBO., Art. 10, 22 A.GBO. Hierüber ist Folgendes zu sagen:

a) Das Zeugniß des Nachlaßgerichts genügt stets, mag die Miterbengemeinschaft selbst als Berechtigte im Grundbuche schon eingetragen stehen oder nicht.

b) Das Zeugniß des Nachlaßgerichts genügt nur bei den besonders angeführten Rechten, also nicht für die Eintragung des Erben bei den vererblichen Rechten der zweiten Abtheilung. Hierzu ist der Eintragungsantrag deshalb wie im Regelfall durch die Eintragungsbewilligung der Miterben oder die die Einigung der Betheiligten enthaltende Urkunde zu begründen.

c) Das Zeugniß des Nachlaßgerichts soll erbringen den Nachweis der Erbfolge. Es darf deshalb nur ausgestellt werden, wenn die Voraussetzungen für die Ertheilung eines Erbscheins vorliegen. § 37 Abs. 2 GBO., Art. 10 A.GBO. Die Ertheilung des Erbscheins ist hiernach neben dem Zeugniß nicht nöthig. Letzteres ersetzt in diesem Spezialfalle den Erbschein und wird inhaltlich ergeben müssen, welche Personen alle sich als Erben eines Erblassers legitimirt haben. Das Zeugniß erfordert also zunächst den Inhalt eines gemeinschaftlichen Erbscheins.

d) Für die Umschreibung von Hypotheken, Grundschulden, Rentenschulden auf den einzelnen Erben soll das Zeugniß des Nachlaßgerichts ferner erbringen die Eintragungsbewilligung der Miterben. Es muß also darin bezeugt sein, daß die sämmtlichen, namentlich angeführten Miterben die Eintragung des einzelnen Erben bewilligt haben. Nothwendige Voraussetzung davon ist aber, daß die Bewilligung der Miterben vor dem Nachlaßgerichte zu Protokoll erklärt oder diesem durch öffentliche oder öffentlich beglaubigte Urkunden nachgewiesen ist. Danach darf das Nachlaßgericht das Zeugniß nicht ertheilen, wenn die Bewilligung auch nur eines Miterben nicht erklärt, sondern nach § 91 Abs. 3 FG. nur fingirt wird. In diesem Falle kann der einzelne Erbe seine Eintragung nur auf Grund eines Erbscheins und einer Ausfertigung der vom Nachlaßgerichte bestätigten rechtskräftigen Auseinandersetzung erlangen. Bei der Bedeutung, welche nach § 97 des genannten Gesetzes eine solche hat, wird jedenfalls nicht daran zu zweifeln sein, daß sie die Bewilligung aller Miterben ersetzt. Der etwa ertheilte Brief ist in allen Fällen beizufügen.

e) Das Zeugniß des Nachlaßgerichts ersetzt nur die Eintragungsbewilligung. Der Antrag des Miterben, der die Eintragung wünscht, ist außerdem noch erforderlich.

f) Für die Eintragung eines Erben als Eigenthümers eines Grundstücks oder Berechtigten einer Gerechtigkeit im Grundbuche soll § 37 GBO. entsprechende Anwendung finden; doch sollen die Vorschriften über die Zuständigkeit zur Beurkundung der Auflassung unberührt bleiben. Art. 10 Abs. 1, 2 A.GBO. Diese erst im Landtage in das Gesetz eingefügte Vorschrift giebt zu Zweifeln Anlaß. Zunächst ist sicher, daß die Uebertragung des Eigenthums auf einen einzelnen Erben nach BGB. eine Auflassung seitens der Miterbengemeinschaft voraussetzt und hierin nichts geändert werden konnte. Der Art. 10 hat seine gesetzliche Grundlage im § 99 GBO. und dieser wiederum in Art. 143 EG. Der Art. 10 beruht deshalb auf der Voraussetzung, daß die erforderliche Auflassung vor einer anderen Behörde als dem Grundbuchamt, hier also vor dem Nachlaßgerichte oder einem Notar erklärt werden darf. Entsprechend angewendet besagt danach § 37 GBO., das Zeugniß des Nachlaßgerichts genüge zum Nachweise der Erbfolge und der vor diesem Gerichte erklärten Auflassung. Nun kennt Art. 26 A.BGB. eine Auflassung vor anderen Behörden als dem Grundbuchamt nur für Grundstücke und Gerechtigkeiten, welche im bisherigen Geltungsbereiche des Rheinischen Rechtes belegen sind; bei Anwendung dieses Art. 26 ist durch Art. 10 A.GBO. jedem preußischen Amtsgerichte, welches Nachlaßgericht ist, und jedem preußischen Notar, welchem die Nachlaßvertheilung übertragen ist, Art. 21 f. A.FG. die Befugniß beigelegt, die Auflassung der Miterben an einen einzelnen Erben zu beurkunden. Ergeht die im Art. 26 vorgesehene Königliche Verordnung, so sind dazu auch Notare und Amtsgerichte anderer Bundesstaaten, wenn sie Nachlaßgericht sind, zuständig. Im Falle einer Versteigerung des Grundstücks oder der Gerechtigkeit seitens der Miterben an einen einzelnen Erben kann von der gleichzeitigen Anwesenheit beider Theile abgesehen werden, wenn die Auflassung noch im Versteigerungstermin stattfindet, Art. 26 § 2; indessen müssen die Erklärungen der Betheiligten in den Formen des § 37 Abs. 2 GBO. abgegeben sein; die nur fingirte Zustimmung — vgl.

vorher unter d — genügt zur Auflassungserklärung nicht. Sind also die Zustimmungen auch nur eines Betheiligten fingirt, so darf das Zeugniß des Nachlaßgerichts nicht ertheilt werden; die Auflassung kann dann nur unter den regelmäßigen Formen vor dem Grundbuchamte vorgenommen werden. War die Auflassung von einem Notar beurkundet, so hat das Zeugniß doch das Nachlaßgericht zu ertheilen, dem der Notar die entstandenen Schriftstücke abzugeben hat. Art. 27 A.FG.

Zweifelhaft ist, ob durch Art. 10 A.GBO. die Zulässigkeit einer Auflassung vor dem Nachlaßgerichte seitens der Miterben an einen einzelnen Erben für ganz Preußen eingeführt ist. Die Entscheidung der Frage hängt von der Auslegung des Abs. 2 Art. 10 ab. Man wird aber am richtigsten unter den Vorschriften über die Zuständigkeit zur Beurkundung der Auflassung, welche unberührt bleiben sollen, die verstehen, welche ergeben, welche Behörde zur Entgegennahme der Auflassungserklärung befugt ist. Danach bleibt im übrigen Preußen auch in Nachlaßsachen das Grundbuchamt allein die zur Beurkundung der Auflassung zuständige Behörde, m. a. W. Art. 10 hat nur Bezug auf die Grundstücke des Rheinischen Rechts.

III. Ist über den Nachlaß eine Nachlaßverwaltung angeordnet, so geht die Verfügung und Verwaltung der zum Nachlasse gehörigen Grundstücke, Gerechtigkeiten und Rechte an Grundstücken auf den Nachlaßverwalter über. § 1984 BGB Der Erbe darf über die Nachlaßgegenstände nicht mehr verfügen; thut er es dennoch, so kommen zu Gunsten eines Dritten die Vorschriften über den Glauben an die Richtigkeit des Grundstücks zur Anwendung. § 892 BGB., § 7 KO. Es wird deshalb der Nachlaßverwalter gut thun, eine Verfügungsbeschränkung des Inhalts, daß das betreffende Grundstück oder Recht einer Nachlaßverwaltung unterliege, im Grundbuche eintragen zu lassen. Der Nachlaßverwalter hat sich vor dem Grundbuchamte durch eine Bestallung auszuweisen; er gilt als Nachlaßpfleger; § 41 GBO. findet auch auf ihn Anwendung; danach ist einer von ihm bewilligten Eintragung stattzugeben, auch wenn der Erbe im Grundbuche nicht eingetragen steht.

Vor dem Grundbuchamte steht ein vom Nachlaßgerichte vorläufig zur Führung des Nachlasses nach § 1961 BGB. bestellter Nachlaßpfleger dem Nachlaßverwalter gleich.

IV. Im Falle eines Nachlaßkonkurses gelten die Regeln des Konkurses. Konk.Ordn. §§ 214—235. Wegen der Verfügungsbeschränkung, welcher der Erbe hinsichtlich der zum Nachlasse gehörigen Gegenstände unterliegt, vgl. nachher § 59; hinsichtlich seines eigenen Vermögens ist der Erbe frei.

V. Vermächtnißnehmer erlangen durch den Anfall des Vermächtnisses noch kein dingliches Recht am vermachten Gegenstande, sondern nur ein Forderungsrecht gegen den Beschwerten auf Leistung des vermachten Gegenstandes. §§ 2174, 2176 BGB. Die Eintragung des Vermächtnißnehmers setzt deshalb Auflassung oder Eintragungsbewilligung seitens der Erben oder gegebenen Falls des Testamentsvollstreckers, Nachlaßpflegers, Nachlaßverwalters voraus.

VI. Zur Zwangsvollstreckung in einen Nachlaß ist, wenn

mehrere Erben vorhanden sind, bis zur Theilung ein gegen alle Erben ergangenes Urtheil erforderlich; wenn er der Verwaltung eines Testamentsvollstreckers unterliegt, ist ein gegen diesen ergangenes Urtheil erforderlich und genügend; steht aber dem Testamentsvollstrecker nur die Verwaltung einzelner Nachlaßgegenstände zu, so ist die Zwangsvollstreckung in diese Gegenstände nur zulässig, wenn der Erbe zu der Leistung und der Testamentsvollstrecker zur Duldung der Zwangsvollstreckung verurtheilt ist; in der gleichen Weise muß die Verurtheilung ausgesprochen sein, wenn wegen eines Pflichttheilsanspruchs in die der Verwaltung eines Testamentsvollstreckers unterliegenden Nachlaßgegenstände vollstreckt werden soll. §§ 747, 748 CPO., §§ 2033 Abs. 2, 2205, 2208, 2211, 2213 BGB.

§ 46. Besondere personenrechtliche Verhältnisse.

I. Ungeborene. Die Leibesfrucht und die noch nicht erzeugte zukünftige Deszendenz können im Grundbuche als Berechtigte erscheinen. Die Auflassung eines Grundstücks an sie, die Begründung eines dinglichen Rechts am Grundstücke für sie und die Uebertragung eines solchen Rechts auf sie muß als zulässig angesehen werden. Die Vertretung wird durch die §§ 1912, 1913 BGB. bestimmt. Eine Leibesfrucht wird danach von Vater oder Mutter vertreten, wenn sie als Mensch unter elterlicher Gewalt stehen würde, anderenfalls durch einen Pfleger; ein noch nicht erzeugter, zukünftiger Mensch wird durch einen Pfleger vertreten. Ungeborene können insbesondere als Erben eines Berechtigten ins Grundbuch eingetragen werden. Eine Leibesfrucht kann sowohl als gesetzlicher Erbe, wie als durch Verfügung von Todeswegen berufener Erbe oder Vermächtnißnehmer; der noch nicht erzeugte zukünftige Mensch nur als durch Verfügung von Todeswegen berufener Erbe oder Vermächtnißnehmer in Betracht kommen. Er kann als Nacherbe eingesetzt sein; ist er als Erbe eingesetzt, so hat diese Einsetzung Wirkung nur, wenn nach dem Willen des Erblassers er Nacherbe des gesetzlichen Erben werden soll. §§ 1923, 2101, 2105 Abs. 2, 2162 Abs. 2 BGB. Hinsichtlich der Eintragung der Erbfolge einer Leibesfrucht oder des noch nicht Erzeugten sind §§ 36, 52 GBO. anzuwenden. Die Leibesfrucht gilt nach der ausdrücklichen Vorschrift des § 1923 Abs. 2 BGB. als Erbe und daß das BGB. auch den nicht Erzeugten als Erben behandelt, ergiebt § 2101. Vgl. näheres vorher § 45. Rehbein, BGB. Bd. I S. 6. Bei der Eintragung im Grundbuche sind die Berechtigten durch deutlich kennzeichnende Merkmale anzugeben. § 4 Z. 1 Verf.

II. Als Berechtigte können im Grundbuche — abgesehen von der zu I erwähnten zukünftigen Deszendenz — auch eingetragen werden die unbekannten oder ungewissen Betheiligten, wenn für sie ein Pfleger bestellt ist, und die durch öffentliche Sammlung für einen vorübergehenden Zweck zusammengebrachte Vermögensmasse, wenn sie durch eine dazu berufene Person oder einen Pfleger vertreten wird. §§ 1913, 1914 BGB.

III. Vertreter, Bevollmächtigte, Beistände. Betheiligte können mit Beiständen erscheinen, können sich auch durch Bevollmächtigte vertreten lassen. Das Gericht kann das persönliche Erscheinen der Betheiligten anordnen. § 13 FG., Art. 1 A.FG. Bevollmächtigte und Vertreter bedürfen zu Erklärungen in Grundbuchsachen in der Regel einer in öffentlicher Urkunde aufgenommenen Vollmacht. § 29 Satz 2 GBO. Privatschrift genügt für die Vollmacht zur Stellung eines Antrags, der nicht zugleich eine zur Eintragung erforderliche Erklärung ersetzt, § 30 GBO., vgl. vorher Seite 71 zu I. Wegen des Widerrufs der Vollmacht vgl. Seite 82 und wegen der vermutheten Vollmacht des Notars §§ 15, 80 GBO., vorher Seite 70 II 2. Der Prokurist und der Handlungsbevollmächtigte ist zur Veräußerung oder Belastung von Grundstücken nur ermächtigt, wenn ihm diese Befugniß besonders ertheilt ist. §§ 49, 54 HGB.

Die Frage, ob dieselbe Person bei der Auflassung zugleich im Namen des Erwerbers und des Veräußerers, oder zugleich im Namen eines von beiden und im eigenen Namen Erklärungen abgeben könne, ist aus § 181 BGB. zu beantworten. Danach ist die Erklärung in der Regel nichtig; wirksam ist sie nur, wenn die Vollmacht sie gestattet. Vgl. Rehbein, BGB. Bd. I S. 255. Ob die bei der Auflassung von den Betheiligten abzugebenden Erklärungen ausschließlich zur Erfüllung einer Verbindlichkeit abgegeben werden, braucht der Grundbuchrichter nicht zu prüfen, wird sich auch in der Regel seiner Kenntniß entziehen.

IV. Ordensleute d. h. Mitglieder religiöser Orden oder ordensähnlicher Kongregationen besitzen nach BGB. die gleiche Vermögensfähigkeit wie andere Personen, können also unbeschränkt Vermögen erwerben und darüber verfügen. Nur hinsichtlich des unentgeltlichen Erwerbes durch Schenkungen und von Todeswegen hat Art. 87 EG. die landesgesetzlichen Vorschriften aufrecht erhalten, nach welchen ein solcher Erwerb der staatlichen Genehmigung bedarf. In Preußen bestehen derartige Vorschriften nicht.

V. Ausländer stehen in Preußen hinsichtlich des Erwerbs von Grundstücken oder Rechten an solchen den Inländern gleich.. Ihre Geschäftsfähigkeit richtet sich nach den deutschen Gesetzen. Art. 7 Abs. 3 EG. Wegen juristischer Personen des Auslandes vgl. den folgenden § zu II.

§ 47. Juristische Personen. I. Allgemeines.

I. Durch Art. 6 und 7 A.BGB. sind auf Grund des in Art. 86, 88 EG. aufgestellten Vorbehalts für die Landesgesetze die Erwerbsbeschränkungen für juristische Personen in Preußen einheitlich geregelt worden. Für den Grundbuchrichter wichtig sind folgende Bestimmungen:

a) Schenkungen oder Zuwendungen von Todeswegen an juristische Personen bedürfen zu ihrer Wirksamkeit ihrem vollen Betrage nach der auch nur auf einen Theil beschränkbaren Genehmigung des Königs oder der durch Kgl. Verordnung bestimmten Behörde, wenn sie Gegenstände im Werthe von mehr als 5000 M. betreffen. Wiederkehrende Leistungen werden dabei mit 4 vom Hundert zu Kapital berechnet. Diese Vorschrift gilt nicht für Familienstiftungen. Art. 6. Die zu einem Erwerb von Todeswegen ertheilte Genehmigung gilt als vor dem Erbfall ertheilt. Art. 86.

Ist der Erwerb der Schenkung oder Zuwendung genehmigt, so bedarf es zu dem auf Grund derselben erfolgenden Erwerb eines Grundstücks keiner weiteren Genehmigung. Art. 7 § 3.

b) Juristische Personen, die in Preußen ihren Sitz haben, bedürfen zum Erwerbe von Grundstücken im Werthe von mehr als 5000 M. der Genehmigung der staatlichen Aufsichtsbehörde. Einer Genehmigung bedürfen nicht Familienstiftungen, die auf einem besonderen Reichsgesetze beruhenden juristischen Personen und solche juristischen Personen des öffentlichen Rechts, die Grundeigenthum ohne Genehmigung erwerben können, das sind Landgemeinden, Stadtgemeinden und landschaftliche Kreditinstitute hinsichtlich bepfandbriefter und zur Subhastation gestellter Güter (Erlaß v. 1. Dez. 1869). Art. 7 § 1.

c) Juristische Personen, die in einem anderen Bundesstaate ihren Sitz haben, bedürfen zum Erwerbe von Grundstücken im Werthe von mehr als 5000 M. der Genehmigung des Königs oder der durch Kgl. Verordnung bestimmten Behörde. Art. 7 § 12 AG.

II. Ausländische juristische Personen bedürfen zum Erwerbe von Grundstücken ohne Rücksicht auf den Werth stets der Genehmigung des Königs oder der durch Kgl. Verordnung bestimmten Behörde. Art. 7 § 2 AG. Ein im Auslande rechtsfähiger Verein, der die Rechtsfähigkeit im Inlande nur nach §§ 21, 22 BGB. erlangen könnte, gilt im Inlande als rechtsfähig nur, wenn seine Rechtsfähigkeit durch einen Beschluß des Bundesraths anerkannt ist. Andernfalls gelten solche Vereine nur als nicht rechtsfähige Gesellschaften. Art. 10 EG. Die Rechtsfähigkeit aller anderen auswärtigen juristischen Personen muß nach dem Rechte ihres Sitzes im Auslande und ihre Verfügungsfähigkeit nach Art. 7 EG. beurtheilt werden. Hierzu gehören insbesondere auch ausländische Aktiengesellschaften, vgl. §§ 13, 201 HGB. Rehbein, Kom. Anm. I 4 zu §§ 21 f. BGB.

III. Nicht aufgehoben sind die Bestimmungen, nach welchen die juristischen Personen des öffentlichen Rechts zur Veräußerung vom Grundeigenthum der Genehmigung einer Aufsichtsbehörde bedürfen. Dahin gehören der Reichsfiskus hinsichtlich der zum dienstlichen Gebrauche einer Reichsverwaltung bestimmten Grundstücke, der Preußische Fiskus, die Stadtgemeinden, die Landgemeinden, die Kreise, die Kirchengemeinden und kirchlichen Gesellschaften, Synagogengemeinden, Schulen, milde Stiftungen, Freimaurerlogen, Zünfte, Innungen, der Deichverband, öffentliche Wassergenossenschaften u. s. w. Vgl. hierzu die Kommentare von Achilles und Willenbücher zu § 48 der Preuß. Grundbuchordn. vom 5. Mai 1872.

IV. In allen Fällen zu I—III muß dem Grundbuchrichter die erforderliche Genehmigung, der Beschluß des Bundesraths, der Nachweis des Bestehens der juristischen Person im Auslande durch eine öffentliche Urkunde nachgewiesen werden, ehe er eine sonst einer Beschränkung unterliegende Umschreibung im Grundbuche vornehmen darf. Ist die Genehmigung von einer Preußischen Behörde erklärt, so gilt für diese Erklärung ebenso wie für alle Erklärungen einer Preußischen Behörde, auf Grund deren eine Eintragung ins Grundbuch erfolgen soll — also für alle Anträge und Bewilligungen derselben — die besondere Formvorschrift, daß sie ordnungsmäßig unterschrieben und mit Siegel und Stempel versehen sein muß. Art. 9 A.GBO. Vgl. vorher S. 72 zu III 2 und S. 80. Zu den Behörden, auf welche diese Bestimmung Anwendung findet, sind neben allen Staats- und Gemeindebehörden zu rechnen: das Kgl. Hausministerium, die Kgl. Hofkammer, die Gemeindekirchenräthe, Presbyterien und Kirchenvorstände der evangelischen Gemeinden, die Kirchenvorstände der katholischen Gemeinden, die Bischöfe, die Generalvikariatsämter, die Communalsparkassen mit selbständigen Verwaltungsorganen, sofern sie nach ihrem Statute als selbständige Behörde neben der allgemeinen Communalverwaltung organisirt sind, der Vorstand staatlich genehmigter Armen- und Wohlthätigkeitsanstalten; die Preußische Rentenversicherungs-Anstalt; die Aeltesten der Kaufmannschaft in Berlin und die Vorstände der kaufmännischen Corporationen, denen in ihrem Statute die Befugniß zur Beglaubigung ihrer Urkunden beigelegt ist. Vgl. näheres Turnau, Kommentar zu § 35 der Preuß. Grundbuchordnung v. 5. Mai 1872.

§ 48. II. Vereine und Stiftungen.

I. Nach BGB. zu beurtheilen sind die nicht wirthschaftlichen Vereine, die wirthschaftlichen Vereine, für die reichsgesetzlich nicht Sonderrecht gilt und die Stiftungen, §§ 21, 22, 80 BGB., wenn sie ihren Sitz in einem Bundesstaate haben. Deutsche Vereine, die ihren Sitz nicht in einem Bundesstaate haben, unterliegen in Ermangelung besonderer reichsgesetzlicher Vorschriften dem BGB. wenn ihnen Rechtsfähigkeit durch einen Beschluß des Bundesraths verliehen ist. § 23 BGB.

II. Die Verfassung der Vereine richtet sich nach der Vereinssatzung; doch muß jeder Verein einen Vorstand haben, welcher aus einer oder mehreren Personen bestehen kann und in der Regel unbeschränkte Vertretungsmacht für den Verein hat; doch kann diese durch die Satzung mit Wirkung gegen Dritte auch beschränkt sein. §§ 25, 26, 30 BGB.

Der Verein kann unter seinem Namen Eigenthum und Rechte an Grundstücken erwerben. Inwieweit zur Eintragung eines Vereins im Grundbuche das Bestehen desselben nachzuweisen ist, ist schon S. 86 besprochen. Bei Vereinen, welche im Vereinsregister des Amtsgerichts eingetragen sind, wird der Nachweis, daß der Vorstand aus den im Register eingetragenen Personen bestehe, Behörden, also auch dem Grundbuchrichter gegenüber durch ein Zeugniß des Amtsgerichts über die Eintragung geführt. § 69 BGB. Dieses Zeugniß wird auch zum Nachweise, daß der Verein bestehe, genügen; es muß auf Verlangen so gefaßt werden, daß bezüglich eines Gegenstandes weitere Eintragungen im Vereinsregister nicht vorhanden sind. § 162 FG. Bei Vereinen, welche die Rechtsfähigkeit nicht durch Eintragung ins Vereinsregister, sondern durch staatliche Verleihung erlangt haben, läßt sich der Nachweis vom Bestehen des Vereins und wer zur Vertretung befugt ist, nur durch Vorlegung der Verleihungsurkunde und des Protokolls der Mitgliederversammlung, durch welche der Vorstand bestellt ist, führen. Infolge der Auflösung des Vereins oder der Entziehung der Rechtsfähigkeit fällt das Vermögen an einzelne Personen. Ist dies der Fiskus des Bundesstaats, so finden die Vorschriften über eine dem Fiskus als gesetzlichen Erben anfallende Erbschaft entsprechende Anwendung. § 46 BGB., Art. 5 A.BGB. Das Vermögen fällt an den Fiskus ohne besonderen Uebertragungsakt, also ohne Auflassung oder Eintragungsbewilligung. Die Umschreibung im Grundbuche kann danach auch nur auf Grund eines Erbscheins nach § 36 GBO. erfolgen, welchen der Fiskus beim Nachlaßgerichte zu beantragen hat. §§ 1964 f., 2353 BGB. Anstelle des Fiskus kann das Vermögen nach Landesrecht einer Körperschaft, Stiftung oder Anstalt des öffentlichen Rechts anfallen. Art. 85 EG.

Fällt das Vereinsvermögen nicht an den Fiskus, so muß eine Liquidation stattfinden. Diese wird vom Vorstande oder besonderen von der Mitgliederversammlung bestellten Liquidatoren besorgt, die dann den Verein ebenso, wie früher den Vorstand vertreten. Ihre Bestallung ist dem Grundbuchrichter ebenso wie die des Vorstandes nachzuweisen. Die Liquidatoren haben dann auch die Erklärungen vor dem Grundbuchamt abzugeben, welche zur Uebertragung der Grundstücke oder im Grundbuche eingetragenen Rechte auf den Anfallsberechtigten erforderlich sind. §§ 47 f., 76 BGB.

III. Die Stiftungen. Sie werden vertreten durch ihren Vorstand, den sie haben müssen. §§ 86, 26 BGB. Sie können Grundeigenthum und Rechte an Grundstücken erwerben. Ist der Nachweis des Bestehens und der Vertretung der Stiftung erforderlich, so kann er nur durch Vorlegung des Stiftungsgeschäfts und der die Genehmigung des Staats oder des Bundesraths enthaltenden Urkunde erbracht werden. § 80 BGB. Das der Stiftung vom Stifter gewidmete Vermögen geht mit der Genehmigung nicht von selbst auf die Stiftung über; es bedarf dazu der besonderen Uebertragung; also vor dem Grundbuchamt der Auflassung, der Eintragungsbewilligung u. s. w. Doch ist aus § 82 Satz 2 BGB. zu entnehmen, daß das Stiftungsgeschäft auch im Sinne der §§ 1153, 1154 BGB., § 26 GBO. die Abtretungserklärung des Stifters ersetzt, so daß der Vorstand die Umschreibung von Briefhypotheken auf die Stiftung beantragen kann, wenn er den Brief und das Stiftungsgeschäft vorlegt. Anders verhält es sich, wenn die Stiftung zum Erben des Stifters eingesetzt ist. Dann geht das ihr gewidmete Vermögen von selbst auf sie über; zur Umschreibung im Grundbuche bedarf es des Erbscheins und der vom Nachlaßgerichte einzuholenden staatlichen Genehmigung; §§ 83, 84, 2101 Abs. 2 BGB., § 36 GBO. Infolge der Auflösung der Stiftung fällt ihr Vermögen entweder an den Fiskus oder nicht an den Fiskus; es gelten die gleichen Regeln, wie vorher unter II. § 88 BGB., Art. 5 A.BGB.

Ergänzende Bestimmungen über die Familienstiftung sind in Art. 1—3 A.BGB. gegeben; sie bedarf der Genehmigung, für welche in der Regel das Amtsgericht, unter Umständen auch das Land- oder Oberlandesgericht zuständig ist.

IV. Anzuschließen ist hier der Verein ohne Rechtsfähigkeit; auf ihn finden die Vorschriften über die Gesellschaft Anwendung. §§ 54, 705 f. BGB. Als Berechtigte im Grundbuche können nur die einzelnen Mitglieder, nicht der Verein eingetragen werden; doch ist der Zusatz erforderlich, daß sie sämmtlich gemeinschaftliche Berechtigte sind. § 48 GBO. Ausscheidende Mitglieder sind zu löschen; neu eintretende als Berechtigte im Grundbuche nachzutragen. Der Verein hat keine Vertreter, wohl aber können einzelne Gesellschafter mit der Geschäftsführung beauftragt sein. § 713 BGB. Ueber seinen Antheil am Vereinsvermögen darf das einzelne Mitglied nicht verfügen.

Die gleichen Regeln gelten für nicht anerkannte ausländische Vereine, welche Rechtsfähigkeit im Inlande nur nach §§ 21, 22 BGB. erlangen könnten. Art. 10 EG.

V. Für alle juristischen Personen, welche am 1. Januar 1900 schon bestanden und an sich den Normen des BGB. unterstehen würden, schreibt Art. 163 EG. vor, daß für sie von diesem Tage an die §§ 25—83, 85—89 BGB. gelten sollen, d. h. ihre Verfassung richtet sich zunächst nach ihrer Satzung; ergänzend treten die Vorschriften des BGB. ein. Es kann insoweit auf das vorher zu II und III Gesagte verwiesen werden. Eine Ausnahme machen nur die Vereine, deren Rechtsfähigkeit auf staatlicher Verleihung beruht, wenn die Landesgesetze besondere Vorschriften über ihre Verfassung enthalten. Art. 82 EG. Für diese bleibt Landesrecht auch bezüglich der Verfassung in Geltung. Bei den übrigen am 1. Januar 1900 bestehenden juristischen Personen kommt Landesrecht nur noch hinsichtlich der Frage inbetracht, ob sie nach dem Rechte zur Zeit ihrer Entstehung als rechtsfähige Person anzusehen sind. Daß dies so sei, ist dem Grundbuchrichter gegebenen Falls nachzuweisen.

Ausnahmsweise bleibt aber das Landesrecht noch im vollen Umfange in Kraft bezüglich der am 1. Januar 1900 bestehenden Realgemeinden und ähnlichen Verbände, deren Mitglieder als solche zu Nutzungen an land- und forstwirthschaftlichen Grundstücken, an Mühlen, Brauhäusern und ähnlichen Anlagen berechtigt sind. Art. 164 EG.

§ 49. III. Handelsgesellschaften.

Neben dem BGB. sind nach Art. 32 EG. in Kraft geblieben die Vorschriften über Gesellschaften und Vereine, welche in besonderen Reichsgesetzen enthalten sind. Dahin gehören:

I. Die Handelsgesellschaften, nämlich offene Handelsgesellschaften, Kommanditgesellschaften, Aktiengesellschaften, Kommanditgesellschaften auf Aktien und Gesellschaften mit beschränkter Haftung. Diese können sämmtlich als solche Eigenthum und andere dingliche Rechte an Grundstücken erwerben. §§ 124, 161 Abs. 2, 210, 320 HGB. und § 13 RGes. v. 20. April 1892. Die Eintragung von Rechten im Grundbuche für eine solche Gesellschaft geschieht unter ihrer Firma.

In welchen Fällen der Grundbuchrichter die Existenz der Gesellschaft zu prüfen hat, ist schon S. 86 besprochen. Der Nachweis der Befugniß zur Vertretung wird nach § 33 GBO. dem Grundbuchrichter gegenüber durch ein Zeugniß des Registerrichters über die Eintragung im Handelsregister geführt. Dieses Zeugniß ergiebt, daß die Gesellschaft im Handelsregister eingetragen steht, welche Firma sie hat, wo ihr Sitz ist, welche Personen zur Vertretung der Gesellschaft befugt und in welcher Form von ihnen Erklärungen für die Gesellschaft abzugeben sind. Das Zeugniß ist zugleich ausreichend, den Nachweis der Existenz der Gesellschaft zu bringen, denn die Bestimmungen des HGB. über die Verpflichtung, neu begründete Gesellschaften und alle Veränderungen bestehender Gesellschaften zum Handelsregister anzumelden, geben die Gewähr, daß die Eintragungen im Handelsregister dem wirklichen Rechtszustande entsprechen.

Statt des Zeugnisses des Registerrichters genügt die Bezugnahme auf das Handelsregister selbst, wenn das Grundbuchamt zugleich das Registergericht ist. § 35 GBO. Ueber den Inhalt des Registers können nur die Registerrichter, nicht auch Notare Bescheinigungen ausstellen. Joh. u. K. 5 S. 94.

Der § 33 GBO. besagt zwar nicht ausdrücklich, daß die Zeugnisse aus dem Handels- oder Genossenschaftsregister über die Zeit ihrer Ausstellung hinaus Beweiskraft haben sollen. Indessen da der Zeitpunkt des Gebrauchs des Zeugnisses vor dem Grundbuchrichter niemals mit dem Zeitpunkt der Ausstellung zusammenfallen kann, so muß, wenn überhaupt § 33 GBO. eine Bedeutung haben soll, als Absicht des Gesetzes angenommen werden, daß dem Grundbuchrichter gegenüber in allen Fällen, in denen keine besondere Veranlassung vorliegt, an der Richtigkeit des Zeugnisses zu zweifeln — und eine solche Veranlassung kann gewiß auch in dem längeren Zeitablauf seit der Ausstellung gefunden werden — auch ältere Zeugnisse den erforderlichen Nachweis erbringen sollen.

Im übrigen sind bezüglich der Vertretung der einzelnen Gesellschaften vor dem Grundbuchrichter noch folgende Besonderheiten hervorzuheben.

1. Die offene Handelsgesellschaft (§§ 123—160 HGB.) wird vor dem Grundbuchrichter durch jeden Gesellschafter vertreten; indessen kann durch den Gesellschaftsvertrag ein Gesellschafter von der Vertretung ausgeschlossen oder bestimmt sein, daß alle oder mehrere Gesellschafter nur gemeinschaftlich oder die Gesellschafter, wenn nicht mehrere zusammen handeln, nur in Gemeinschaft mit einem Prokuristen zur Vertretung der Gesellschaft befugt sind. §§ 125, 126. Die von den Gesellschaftern namens der Gesellschaft abgegebenen Erklärungen verpflichten dieselbe, auch wenn der Gesellschafter nur mit seinem persönlichen Namen ohne Hinzufügung der Firma unterschrieben hat. Im Falle der Liquidation treten an die Stelle der Gesellichafter die Liquidatoren, welche nur gemeinschaftlich handeln dürfen, wenn nicht bestimmt ist, daß sie einzeln handeln können. §§ 149—151. Die Firma hat den Namen wenigstens eines der Gesellschafter mit einem das Vorhandensein einer Gesellschaft andeutenden Zusatze oder die Namen aller Gesellschafter zu enthalten. § 19. Tritt infolge des Ausscheidens eines Gesellschafters eine Firmenänderung ein, ohne daß die Gesellschaft selbst aufgelöst würde, so hat der Grundbuchrichter auf Antrag die Firma im Grundbuche umzuschreiben; eine Auflassung oder Eintragungsbewilligung seitens des ausscheidenden Gesellschafters ist nicht zu erfordern. Joh. u. K. Bd. 8 S. 63. Scheiden sämmtliche Gesellschafter bis auf einen aus der Gesellschaft in der Weise aus, daß sie selbst von dem einen zurückbleibenden Gesellschafter wegen ihres Antheils am Gesellschaftsvermögen mit einer Geldsumme abgefunden werden, dagegen aber dem einen Gesellschafter das gesammte Gesellschaftsvermögen überlassen, so vereinigen sich in der Person des letzteren die gesammten gesellschaftlichen Rechte, ohne daß eine Ver-

äußerung einzelner Vermögensstücke an ihn vorläge; zur Umschreibung der auf dem Namen der Gesellschaft — welche mit einem Gesellschafter nicht weiter besteht — im Grundbuche eingetragenen Rechte auf den Namen des letzten Gesellschafters bedarf es deshalb keiner Auflassung oder Eintragungsbewilligung der ausscheidenden Gesellschafter. RG.Entsch. Bd. 25 S. 256. Jastrow, Rechtsgrundsätze des Kammergerichts, 2. A. S. 81, A.M. Joh. u. K. Bd. XI S. 124, XIII S. 226. Anders liegt aber der Fall, wenn trotz des Fortbestehens der Gesellschaft oder bei der Auseinandersetzung der Gesellschafter infolge Auflösung der Gesellschaft einzelne auf dem Namen derselben im Grundbuche eingetragene Rechte auf einen einzelnen Gesellschafter, oder umgekehrt auf den Namen eines Gesellschafters im Grundbuche eingetragenen Rechte auf die Gesellschaft übertragen werden. In diesen Fällen liegt eine Veräußerung des betreffenden Rechts vor, welche zu einer Eintragung im Grundbuche die Auflassung oder Eintragungsbewilligung seitens des betroffenen Theils erfordert. Jastrow, Rechtsgrundsätze 2 A. S. 78—82, Joh. u. K. Bd. XI S. 124.

2. Kommanditgesellschaften (§§ 161—177 HGB.) werden durch die persönlich haftenden Gesellschafter in derselben Weise vertreten, wie eine offene Handelsgesellschaft, während die Kommanditisten zur Vertretung der Gesellschaft nicht ermächtigt sind. §§ 161, 170.

3. Aktiengesellschaften (§§ 178—319) werden vor dem Grundbuchrichter durch den Vorstand vertreten, welcher aus einer oder mehreren Personen bestehen kann. § 231. Zu Willenserklärungen, insbesondere zur Zeichnung des Vorstandes für die Gesellschaft bedarf es der Mitwirkung sämmtlicher Mitglieder des Vorstandes, sofern nicht im Gesellschaftsvertrage etwas Anderes bestimmt ist. Der Vorstand kann jedoch einzelne Mitglieder zur Vornahme bestimmter Geschäfte oder bestimmter Arten von Geschäften ermächtigen. Durch den Gesellschaftsvertrag kann bestimmt werden, daß die Vorstandsmitglieder, wenn nicht mehrere zusammen handeln, in Gemeinschaft mit einem Prokuristen zur Vertretung der Gesellschaft befugt sein sollen. § 232 HGB. Der Vorstand hat in der Weise zu zeichnen, daß die Zeichnenden zu der Firma der Gesellschaft oder zu der Benennung des Vorstandes ihre Namensunterschrift zufügen. § 233. Die Firma hat die Bezeichnung „Aktiengesellschaft" zu enthalten und soll vom Gegenstande des Unternehmens entlehnt sein. § 20. Bei der Vornahme von Rechtsgeschäften mit den Vorstandsmitgliedern darf der Aufsichtsrath die Gesellschaft vertreten. § 247. Im Falle der Liquidation treten die Liquidatoren an die Stelle des Vorstandes. Zu Willenserklärungen für die Gesellschaft bedarf es der Mitwirkung sämmtlicher Liquidatoren, wenn nicht für sie im Gesellschaftsvertrage oder bei ihrer Ernennung ein Anderes bestimmt ist. Sie zeichnen für die Gesellschaft, indem sie der bisherigen, als Liquidationsfirma zu bezeichnenden Firma ihren Namen beifügen. § 298. Geschieht die Verwerthung des Gesellschaftsvermögens durch Veräußerung des Vermögens im Ganzen, § 303, so liegt nach der Auffassung des Gesetzes offenbar Singularsuccession vor und es bedarf deshalb zur Uebertragung des Eigenthums an den Grundstücken der Auflassung ebenso wie zur Uebertragung dinglicher Rechte an Grundstücken stets einer Eintragungsbewilligung des veräußernden Theils. Von einer anderen Auffassung geht das

HGB. aber aus, wenn das Vermögen einer Aktiengesellschaft als Ganzes von dem Reiche, einem Bundesstaate oder einem inländischen Kommunalverbande übernommen wird, § 304, oder wenn das Vermögen einer Aktiengesellschaft als Ganzes an eine andere Aktiengesellschaft oder an eine Kommanditgesellschaft auf Aktien gegen Gewährung von Aktien der übernehmenden Gesellschaft übertragen wird, ohne daß eine Liquidation des Vermögens der aufgelösten Gesellschaft stattfindet — Fusion von Aktiengesellschaften — §§ 305, 306. Der Uebergang des Vermögens der Gesellschaft einschließlich der Schulden gilt hier mit der Eintragung des betreffenden Generalversammlungsbeschlusses in das Handelsregister als erfolgt. §§ 304 Abs. 5, 306 Abs. 1. Das Gesetz nimmt dabei einen Uebergang des Vermögens durch Gesammtnachfolge an. Vgl. Joh. u. K. Bd. 11 S. 129 und Denkschrift zu §§ 296, 297 des Entw. des neuen HGB. Die Umschreibung der Grundstücke oder dinglichen Rechte im Grundbuche auf die erwerbende juristische Person bedarf deshalb keiner Auflassung oder Eintragungsbewilligung, kann vielmehr als Berichtigung des Grundbuchs auf Grund einer entsprechenden Bescheinigung aus dem Handelsregister verlangt werden.

4. Die Kommanditgesellschaft auf Aktien (§§ 320—334 HGB.) wird durch die persönlich haftenden Gesellschafter nach denselben Grundsätzen, wie die offene Handelsgesellschaft vertreten. §§ 320, 162 Abs. 2. Die Kommanditisten, d. h. die mit Aktien am Grundkapital betheiligten Gesellschafter sind zur Vertretung der Gesellschaft nicht ermächtigt. § 170 HGB. Auch die Liquidation bestimmt sich nach den Vorschriften der offenen Handelsgesellschaft mit der Besonderheit, daß sie, sofern nicht der Gesellschaftsvertrag ein Anderes bestimmt, durch sämmtliche persönlich haftenden Gesellschafter und durch eine oder mehrere gewählte Personen als Liquidatoren erfolgen soll. § 331.

In der Umwandlung einer Kommanditgesellschaft auf Aktien in eine Aktiengesellschaft oder in eine einfache Kommanditgesellschaft sieht das Kammergericht nicht einen Wechsel der Eigenthümer des Gesellschaftsvermögens, sondern nur eine Aenderung der Verfassung der an demselben Vermögen fortbestehenden Gemeinschaft und hält deshalb eine Auflassung der Gesellschaftsgrundstücke an die neue Gesellschaft nicht für erforderlich. An dieser Auffassung wird insbesondere im Hinblick auf § 333 Abs. 3 HGB. auch unter dem neuen Recht festzuhalten sein. Vgl. Joh. u. K. Bd. 3 S. 92, Bd. 6 S. 62 und Jastrow, Rechtsgrundsätze 2. A. S. 83.

5. Die Gesellschaft mit beschränkter Haftung (RG. v. 20. April 1892 in der Fassung v. 20. Mai 1898) wird vor dem Grundbuchrichter durch die Geschäftsführer vertreten; diese haben in der durch den Gesellschaftsvertrag bestimmten Form ihre Willenserklärungen kundzugeben und für die Gesellschaft zu zeichnen. Die Zeichnung geschieht in der Weise, daß die Zeichnenden zu der Firma der Gesellschaft, die stets den Zusatz „mit beschränkter Haftung" enthalten muß, § 4, ihre Namensunterschrift beifügen, § 35. Im Falle der Liquidation vertreten die Liquidatoren die Gesellschaft, welche in der bei ihrer Bestellung bestimmten Form, oder mangels einer Bestimmung stets sämmtlich für die Gesellschaft zeichnen. Die Zeichnung geschieht in der Weise, daß die Liquidatoren der bisherigen,

nunmehr als Liquidationsfirma zu bezeichnenden Firma ihre Namensunterschrift beifügen. §§ 68, 70.

II. Erwerbs- und Wirthschaftsgenossenschaften. Die eingetragene Genossenschaft kann unter ihrer Firma Eigenthum und andere dingliche Rechte an Grundstücken erwerben, § 17 Ges. v. 1. Mai 1889, in der neuen Fassung des Erlasses v. 20. Mai 1898, sie wird vor dem Grundbuchrichter durch den Vorstand vertreten, von dem mindestens zwei Mitglieder handeln müssen, sofern nicht das Statut noch eine größere Anzahl vorschreibt; der Vorstand zeichnet, indem die Zeichnenden zu der Firma der Genossenschaft oder zur Benennung des Vorstandes ihre Namensunterschrift beifügen. §§ 24, 25 Ges. Zu seiner Legitimation genügt eine Bescheinigung des Registerrichters, daß die darin zu bezeichnenden Personen als Mitglieder des Vorstandes in das Genossenschaftsregister eingetragen sind. § 26 Ges. Die Bescheinigung genügt auch zum Nachweise des Bestehens der Genossenschaft. Vgl. vorher zu I.

Die Liquidation erfolgt durch den Vorstand oder die anderen Personen, denen sie übertragen ist; die Liquidatoren haben in der bei ihrer Bestellung bestimmten Form ihre Willenserklärungen kundzugeben; mindestens müssen hierfür zwei bestimmt sein, sonst haben sie sämmtlich mitzuwirken. §§ 83, 85 Ges.

Die Umwandlung einer eingetragenen Genossenschaft in eine Aktiengesellschaft ist in den Gesetzen als Universalsuccession nicht anerkannt; die Umschreibung der der Genossenschaft gehörigen Grundstücke und dinglichen Rechte auf die Aktiengesellschaft kann deshalb nur auf Grund der Auflassung oder Bewilligung der Genossenschaft erfolgen. Joh. u. K. Bd. 11 S. 132.

§ 50. IV. Landschaftliche Kreditinstitute; Wasser- und Waldgenossenschaften.

I. Für die am 1. Januar 1900 bestehenden landschaftlichen oder ritterschaftlichen Kreditanstalten einschließlich der provinzial- (kommunal-) ständischen öffentlichen Grundkreditanstalten bleiben nach Art. 167 EG., § 83 GBO., Art. 21 A.GBO. die satzungsmäßigen Vorschriften in Kraft, welche über die Aufnahme, Eintragung, Löschung von Pfandbriefdarlehen, über die Umschreibung eingetragener Forderungen in Pfandbriefdarlehen und über die Umwandlung der Pfandbriefe ergangen sind. Es kommen folgende Institute inbetracht: die Kur- und Neumärkische Landschaft, die Pommersche Landschaft, die Schlesische Landschaft, die Westpreußische und die neue Westpreußische Landschaft, die Ostpreußische Landschaft, die Posensche Landschaft; die Landschaft für die Provinz Westfalen; das Kgl. Kreditinstitut für Schlesien; die ständische Darlehnskasse für die Provinz Schlesien; das Kreditinstitut für die Preußische Ober- und Niederlausitz; der neue landschaftliche Kreditverein für die Provinz Posen; der landschaftliche Kreditverband für die Provinz Sachsen; der Pommersche Landkreditverband; das neue Brandenburgische Kreditinstitut; die Centrallandschaft, das Berliner Pfandbriefamt, der Danziger Hypothekenverein.

Das Verfahren vor dem Grundbuchrichter richtet sich in den im Art. 21 GBO. angegebenen Fällen an erster Stelle nach den Vorschriften der Satzung des einzelnen Institus. Als gemeinsame Regeln sind aus den untereinander wieder verschiedentlich abweichenden Satzungen folgende hervorzuheben:

a) Dem Syndikus des Instituts wird in der Regel in den Satzungen die Befugniß zur Aufnahme und Ausfertigung der Urkunden in den Formen der Akte der freiwilligen Gerichtsbarkeit mit der Glaubwürdigkeit von Notariatsakten beigelegt.

b) Den Eintragungsantrag stellt die Direktion des Instituts unter Beifügung der zur Begründung desselben nothwendigen Urkunden, insbesondere der mit dem Darlehnsempfänger aufgenommenen Schuldurkunde. Eingetragen werden die Darlehen. Die Eintragungsformel wird in dem Antrage wörtlich angegeben; sie kann jetzt sehr abgekürzt werden, da nach § 1115 Abs. 2 BGB. hinsichtlich der zu entrichtenden Nebenleistungen auf die Satzung Bezug genommen werden darf. Ueber die eingetragenen Darlehen werden Hypothekenbriefe ertheilt, welche mit der überreichten Ausfertigung der Schuldurkunde verbunden der Direktion zu übersenden sind.

c) Sollen bereits eingetragene Posten in Pfandbriefsdarlehen umgeschrieben werden, so werden die darüber etwa ertheilten Briefe unbrauchbar gemacht und zu den Grundakten genommen; über die umgeschriebenen Posten, von denen oft mehrere auf ein Pfandbriefdarlehn vereinigt werden, wird ein neuer Brief ertheilt, welcher mit der vom Institut zu überreichenden neuen Schuldurkunde verbunden wird.

d) Die Aufnahme der Nummern der für das Darlehn ausgegebenen Pfandbriefe in das Grundbuch findet nicht statt. Früher wurden aber die Nummern der einzelnen Pfandbriefe, für die nach älteren Bestimmungen das einzelne Grundstück haftete, in das Grundbuch eingetragen; wird ein solcher Pfandbrief unter anderer Nummer neu ausgefertigt, so ist die alte Nummer zu löschen und die des neuen Pfandbriefs in den Spalten: Veränderungen unter Angabe des Sachverhalts nachzutragen; der alte Pfandbrief, welcher einzureichen war, ist mit Löschungsvermerk zu versehen und zu vernichten.

e) Die Umwandlung der älteren Pfandbriefe in Pfandbriefsdarlehen ist zulässig. Bei der Umschreibung im Grundbuche in den Spalten: Veränderungen sind die Pfandbriefe zu bezeichnen, an deren Stelle das Darlehn getreten ist. Dem von der Direktion einzureichenden Umschreibungsantrage sind die betreffenden Pfandbriefe beizulegen; nach der Umschreibung sind sie unbrauchbar zu machen, der Eintragungsvermerk auf ihnen ist zu durchstreichen. Ueber das Darlehn wird ein neuer Hypothekenbrief ertheilt, welcher den ursprünglichen Eintragungsvermerk enthalten muß; der Brief ist mit der besonderen, von der Direktion einzureichenden Ausfertigung ihres Antrags zu verbinden. Der Aufnahme einer neuen Schuld- und Verpfändungsurkunde und deren Verbindung mit dem Hypothekenbrief bedarf es nur dann noch, wenn eine Zinserhöhung einzutragen ist.

f) Die Löschung getilgter Pfandbriefe erfolgt auf Bewilligung der

Direktion unter Einsendung des Hypothekenbriefs und der unbrauchbar gemachten Pfandbriefe. Die Löschung selbst darf nur auf Antrag des Grundstückseigenthümers geschehen; die Regeln der Eigenthümergrundschuld gelten auch hier. Nach einzelnen Satzungen hat der Grundbuchrichter auf dem Hypothekenbrief auch noch die Vernichtung der Pfandbriefe zu bescheinigen. Die Pfandbriefe erhält die Direktion zurück.

g) Durch das Ges. v. 3. August 1897 ist den Kreditanstalten ein besonderes Zwangsvollstreckungsrecht eingeräumt. Aus den von ihrem zum Richteramt befähigten Beamten innerhalb der Grenzen seiner Amtsbefugnisse aufgenommenen Urkunden findet die Zwangsvollstreckung wie aus notariellen Urkunden statt. § 1 Z. 2 und § 10 Ges. Nach näherer Bestimmnng der einzelnen Satzungen ist auf Ersuchen der Direktion der Vermerk über Anordnung der Zwangsverwaltung einzutragen oder zu löschen. Doch kann die Eintragung nur verlangt werden, wenn keine gerichtliche Zwangsverwaltung anhängig ist. Auch kann die Direktion Uebersendung der in §§ 19, 146 ZVG. bezeichneten Urkunden verlangen.

II. Wassergenossenschaften werden vom BGB. nicht berührt. Art. 65 EG. Die freien Genossenschaften erlangen Rechte erst mit der Eintragung in das Register für Wassergenossenschaften beim Amtsgericht. §§ 13—15 Ges. v. 1. April 1879. Sie können unter dem Namen der Genossenschaft Eigenthum und andere dingliche Rechte an Grundstücken erwerben. Vertreten werden sie in allen ihren Angelegenheiten durch den Vorstand nach Maßgabe der Vorschriften ihres Statuts. §§ 8—10 Ges. Auf Antrag des Vorstandes ist im Grundbuch der von Anfang an betheiligten oder erst nachträglich hinzutretenden Grundstücke ein Vermerk über die Betheiligung am Unternehmen ins Grundbuch einzutragen. § 28 Ges. Die Beitragspflicht der Genossen bedarf, um dingliche Wirkung zu erlangen, der Eintragung ins Grundbuch; diese kann nur auf Grund der Bewilligung des Verpflichteten erfolgen. Die öffentlichen Genossenschaften bedürfen nicht der Eintragung in das Register, gelten vielmehr als öffentliche Körperschaft; die Betheiligung der Grundstücke am Unternehmen bedarf deshalb ebensowenig der Eintragung in das Grundbuch, wie die Beitragspflicht, welche auf dem einzelnen Grundstücke lastet. Doch bedarf die Genossenschaft zur Veräußerung von Immobilien und zur Aufnahme von Anleihen, durch welche ihr Schuldenbestand vermehrt wird, vorgängiger Genehmigung der Aufsichtsbehörde. §§ 51, 49, 97 Ges.

Dem Gesetz v. 1. April 1879 sind die Ent- und Bewässerungsgenossenschaften für gewisse in § 3 Ges. näher angegebene Gebietstheile nicht unterworfen. Bei diesen Genossenschaften richtet sich die innere Verfassung und der Umfang der Rechte allein nach dem genehmigten Statut. Ges. v. 28. Februar 1843 §§ 56 f. Ges. v. 11. Mai 1853. V. v. 28. Mai 1867 (GS. S 769).

III. 1. Waldgenossenschaften werden nach Art. 83 EG. vom Recht des BGB. nicht berührt. Nach dem Gesetz v. 6. Juli 1875 vertritt sie ein Vorstand in der vom Statut festgesetzten Form; sie können unter ihrem Namen Eigenthum und andere dingliche Rechte an Grundstücken erwerben.

§§ 25, 26, 42. Die durch ein vom Waldschutzgericht festzustellendes Regulativ einzelnen Grundstücken auferlegte Beitragspflicht zur Entschädigung oder zu den Kosten der Schutzanlagen oder auferlegte Beschränkung in der Benutzung sowie auch die durch das Statut allen zur Genossenschaft gehörigen Grundstücken auferlegten Beschränkungen und Lasten sind unter Hinweis auf das Regulativ oder Statut auf Antrag des Vorsitzenden des Waldschutzgerichts im Grundbuche einzutragen. §§ 11, 17, 26, 39 Ges., Art. 11 Abs. 2 A.GBO.

2. Nach der Haubergsordnung für den Kreis Altenkirchen v. 9. April 1890 kann die Haubergsgenossenschaft, welche durch den aus dem Vorsteher und einem oder zwei Beisitzern bestehenden Vorstand vertreten wird, § 19, Eigenthum und andere dingliche Rechte an Grundstücken erwerben, § 6. Die Hauberge sind ein ungetheiltes und untheilbares Gesammteigenthum der Besitzer, § 2. Auf Antrag der Genossenschaft ist die Einverleibung neuer Grundstücke und die Befreiunng vom Haubergverbande im Grundbuche zu vermerken, §§ 3, 5. Die Hauberge und die Zahl ihrer Antheile werden in das Grundbuch eingetragen, § 8. Ueber die Einrichtung der Grundbücher für die Hauberge bestehen besondere Bestimmungen des Justizministers, welche durch § 44 Verf. ausdrücklich aufrecht erhalten sind. Das Grundbuchamt hat den Vorsteher von jeder Eintragung im Grundbuche über die Antheile der Genossen und Veränderungen in dem Eigenthum der Antheile zu benachrichtigen, § 11. Die Verpfändung des Haubergs ist unzulässig, eine andere dingliche Belastung zulässig nur mit Genehmigung des Regierungspräsidenten, § 6.

Im Wesentlichen gleichlautend sind die Vorschriften für die Hauberge im Kreise Siegen, welche unter dem Gesetze v. 17. März 1879 stehen. Besondere Vorschriften über die Einrichtung der Grundbücher für diese Hauberge sind jedoch nicht gegeben. Wird im Grundbuche der Eigenthumsübergang an einem zum Hauberge gehörigen Grundstücke eingetragen, so hat das Grundbuchamt dies dem Vorsteher der Genossenschaft bekannt zu machen.

3. Nach dem Gesetz v. 3. August 1897 (GS. S. 285) betreffend die Regelung der Forstverhältnisse im Kreise Olpe werden die einer Jahnschaft gehörigen Grundstücke auf den Namen der Jahnschaft, die Jahnschaftsantheile auf den Namen der Jahnschaftsgenossen im Grundbuche eingetragen. Die Eigenschaft eines Jahnschaftsgrundstücks ist im Grundbuche zu vermerken. § 18 Ges. v. 3. Aug. Die besonderen Bestimmungen über die Einrichtung der Grundbücher für die Jahnschaften und Konsortenstücke (§ 24 Abs. 1 Ges.) sind unberührt geblieben, § 44 Verf. Von jeder im Grundbuche eingetragenen Eigenthumsveränderung ist vom Richter dem Vorsteher der Jahnschaft unverzüglich Anzeige zu machen. Die Belastung von Jahnschaftsgrundstücken mit Hypotheken und Grundschulden ist unzulässig. Zur Veräußerung von Theilstücken ist die Genehmigung der Aufsichtsbehörde erforderlich, §§ 6, 7. Die Jahnschaft wird vor Gericht durch den Vorstand bestehend aus dem Vorsitzenden und mindestens zwei Beisitzern vertreten. (§ 14 Ges. v. 3. Aug.).

Zweiter Theil.

Das formelle Grundbuchrecht der einzutragenden Rechte im einzelnen.

Siebentes Kapitel.

Die Eintragung des Eigenthümers in das Grundbuch.

§ 51. Die Bezeichnung des Eigenthümers in der ersten Abtheilung des Grundbuchblattes.

I. Zur Benennung des Eigenthümers des Grundstückes ist die erste Abtheilung des Grundbuchblattes bestimmt. Ueber die Einrichtung der Abtheilung und den Zweck ihrer einzelnen Spalten ist schon S. 45 zu III das Nähere gesagt.

Ueberall, wo in Preußen am 1. Januar 1900 das Grundbuch bereits als angelegt anzusehen war oder demnächst als angelegt bezeichnet werden wird, steht eine Person als Eigenthümer des Grundstücks schon eingetragen. Diese gilt auch unter dem BGB. als Eigenthümer. Auf das zur Zeit des Inkrafttretens des BGB. bestehende Eigenthum finden von diesem Zeitpunkte an die Vorschriften des BGB. Anwendung; doch bleibt ein Mehreren nicht nach Bruchtheilen zustehendes Eigenthum bestehen. Art. 181 EG.

II. Als Eigenthümer eines Grundstücks können eingetragen sein eine natürliche oder eine juristische Person oder auch mehrere Personen. Gehören demselben Eigenthümer Grundstücke, die auf verschiedenen Grundbuchblättern verzeichnet sind, so steht er auf jedem Blatte eingetragen, jedoch überall ohne einen Hinweis auf die Eintragung auf dem anderen Blatte.

Wie die Probeeintragung auf dem neuen Grundbuchformulare ergiebt, werden die Namen der Eigenthümer in der Spalte 1 der ersten Abtheilung nicht unter fortlaufender Nummer verzeichnet. Die Namen von Personen, die nicht mehr Eigenthümer sind, werden in Spalte 1 roth unterstrichen, gleichfalls unterstrichen werden die sich auf sie beziehenden Vermerke in den Spalten 2 und 3. Der nicht roth unterstrichene Name, welcher in der Regel als letzter in Spalte 1 stehen wird, bezeichnet den gegenwärtigen Eigenthümer und die nicht roth unterstrichenen Vermerke in den Spalten 2 und 3 ergeben das Erforderliche über den Grund seines Erwerbes. Sind mehrere Personen Eigenthümer, so ist jedem Namen der Bruchtheil seines Antheils oder das maßgebende Rechtsverhältniß beizufügen, § 48 GBO., vorher S. 97 z. B. Miteigenthümer zur Hälfte, zu einem Viertel, kraft ehelicher Gütergemeinschaft, als Gesellschafter, als Miterbe. Außerdem sind die Namen der mehreren Eigenthümer mit einer Klammer zu verbinden, wie esdie Probeeintragung vorschlägt.

Wird auf das Grundbuchblatt ein Grundstück übertragen, ohne daß der schon eingetragene Eigenthümer wechselt, so erfolgt eine Eintragung nicht in der Spalte 1 der ersten Abtheilung, in Spalte 2 wird aber die laufende Nummer des hinzukommenden Grundstücks aus dem Grundstücksverzeichnisse und in Spalte 3 der Erwerbsgrund vermerkt. Gehört das Grundstück verschiedenen Personen, so kann der Erwerbsgrund für einzelne ein verschiedener sein und ist dies dann auch kenntlich zu machen. Die Probeeintragung erwähnt den Fall, daß die Ehefrau auf Grund des Erbscheins, der Ehemann kraft ehelicher Gütergemeinschaft erworben hat. Ob die hier angegebenen Grundsätze auch Anwendung finden, wenn einem schon eingetragenen Grundstücke nachträglich ein subjektiv dingliches Recht zugeschrieben wird, ergiebt die Probeeintragung nicht. Aus den §§ 8, 9 Verf. ist aber zu entnehmen, daß alle auf solche Rechte bezüglichen Vermerke insbesondere auch der Vermerk über den Grund des Erwerbes in das Verzeichniß der mit dem Eigenthum verbundenen Rechte gehören.

Auf demselben Grundbuchblatte können mehrere Grundstücke nur vermerkt stehen, wenn sie alle demselben Eigenthümer oder sämmtlichen eingetragenen Miteigenthümern gehören.

Wird vom Grundbuchblatte ein Grundstück abgeschrieben, so müssen in der Spalte 1 die Nummer des Grundstücks und in den Spalten 3 und 4 die Vermerke gelöscht werden, welche sich nur allein auf das abzuschreibende Grundstück beziehen. Vermerke, welche mehrere Grundstücke, oder bei der Abschreibung eines Grundstückstheiles auch das Restgrundstück betreffen, bleiben ungelöscht.

§ 52. Die Auflassung.

I. Die Uebertragung des Eigenthums an einem Grundstücke geschieht durch Auflassung. Auflassung ist die Einigung des Veräußerers und des Erwerbers über den Uebergang des Eigenthums. Die Eigenthumsübertragung wird erst vollendet dadurch, daß zu der Einigung auch noch die Eintragung in das Grundbuch hinzukommt. §§ 873, 925 BGB. Für die Auflassung gilt nach Reichsrecht die Form, daß sie bei gleichzeitiger Anwesenheit beider Theile vor dem Grundbuchamte erklärt werden muß. § 925 BGB. Die in dieser Form erzielte Einigung bindet die Betheiligten. § 873 Abs. 2 BGB. Dem materiellen Rechte entsprechend bestimmt abweichend von der Grundregel des § 19 GBO., nach welcher die einseitige Bewilligung des Betroffenen zur Begründung eines Eintragungsantrags ausreicht, der § 20 GBO., daß im Falle der Auflassung die Eintragung nur erfolgen dürfe, wenn die erforderliche Einigung des Berechtigten und des anderen Theiles erklärt ist. Diese Einigung tritt hier an die Stelle der Eintragungsbewilligung; sie stellt die Erklärung dar, durch welche allein im Falle der Eigenthumsübertragung der Antrag auf Eintragung des neuen Eigenthümers begründet werden kann.

Im einzelnen ergeben sich aus den angegebenen Grundsätzen folgende Regeln:

1. Zu unterscheiden ist die Einigung (Auflassung) von dem Eintragungsantrage. §§ 20, 13 GBO. Beide werden in der Regel gleichzeitig erklärt werden, doch können sie auch zeitlich auseinanderliegen. Es ist zulässig, daß die Betheiligten zunächst nur die Auflassung vor dem Grundbuchamte erklären, den Antrag aber auf spätere Zeit verschieben. Vielleicht ist der Veräußerer noch garnicht Eigenthümer, oder wenigstens als solcher im Grundbuche noch nicht eingetragen und will zunächst den Grundstückserwerb, oder seine eigene Eintragung herbeiführen. Die Urkunde über die Einigung ist einstweilen bei den Grundakten aufzubewahren. § 9 GBO.
2. Die Auflassung darf nicht unter einer Bedingung oder einer Zeitbestimmung erfolgen. Andernfalls ist sie unwirksam. § 925 Abs. 2 BGB.
3. Die Auflassung verlangt die gleichzeitige Anwesenheit beider Theile vor dem Grundbuchamte. Inwieweit beide Betheiligte dabei durch dieselbe Person vertreten sein können, ist schon S. 36 erwähnt. Die Anwesenheit beider Theile ist nur dann nicht erforderlich, wenn der eine Theil rechtskräftig zur Auflassung oder wie es richtiger heißen würde, zur Abgabe der Erklärung verurtheilt ist, daß er das Eigenthum an dem Grundstücke auf B übertrage, oder: die Uebertragung des Eigenthums an dem Grundstücke von A auf ihn annehme. Mit der Rechtskraft des Urtheils gilt die Erklärung als abgegeben. § 894 CPO. Das Urtheil ersetzt die Erklärung nicht nur hinsichtlich ihres Inhalts, sondern auch hinsichtlich der für sie erforderlichen Form. RG. Bd. 31 S. 360. Die Einreichung des rechtskräftigen Urtheils bei dem Grundbuchamte hat deshalb dieselbe Bedeutung, als wenn der Verurtheilte die Erklärung persönlich vor dem Grundbuchamte abgegeben hätte. Nothwendig ist aber, daß der andere Theil unter Vorlegung des Urtheils oder unter Bezugnahme auf das schon eingereichte Urtheil die zur gegenseitigen Einigung noch erforderliche Erklärung persönlich vor dem Grundbuchamt zu Protokoll des Richters abgiebt. Erst dann ist die Auflassung in der dem § 925 BGB. entsprechenden Form erklärt. Die schriftliche Einreichung der Erklärung des anderen Theiles unter Ueberreichung des Urtheils genügt nicht, auch nicht, wenn die Erklärung in den Formen des § 29 GBO. abgefaßt ist.
4. Ist einmal die Auflassung formgerecht erklärt, so kann jeder Theil privatschriftlich den Eintragungsantrag stellen. §§ 13, 30 GBO. Zu diesem Zwecke brauchen weder beide Theile noch einer von ihnen auf dem Grundbuchamte zu erscheinen. Der Antrag veranlaßt erst die Eintragung auf Grund der früher erklärten Auflassung. Der Antrag erhält den Eingangsvermerk von dem Tage, an dem er selbst beim Grundbuchamt eingereicht wird.
5. Die Auflassung kann z. B. wie folgt erklärt werden: Wir sind

darüber einig, daß das Eigenthum an dem Grundstücke, Band I Blatt Nr. 12 des Grundbuchs von Buchhain von mir, dem Landwirth Fritz Gerber in Buchhain auf mich, den Bauer Heinrich Schmidt in Buchhain übertragen wird. Oder: „Ich der Landwirth Fritz Gerber in Buchhain übertrage das Eigenthum an dem Grundstücke Band I Blatt Nr. 12 des Grundbuchs von Buchhain auf den Bauer Heinrich Schmidt daselbst; ich der Bauer Heinrich Schmidt nehme diese Uebertragung an." Zur Eintragung ist dann stets noch die Erklärung eines der Betheiligten: „Ich beantrage die Eintragung der Eigenthumsübertragung in das Grundbuch" erforderlich.

II. Eine besondere Form der Auflassung gilt für die Grundstücke, welche im bisherigen Geltungsbereiche des Rheinischen Rechtes belegen sind. Art. 26 A.BGB. und Art. 142 EG. Die Regeln sind folgende:

1. Die Einigung (Auflassung) kann außer vor dem Grundbuchamt auch vor jedem anderen Preußischen Amtsgerichte oder jedem Preußischen Notar erklärt werden. Durch Kgl. Verordnung, die bisher nicht ergangen ist, kann sogar die Zuständigkeit von Amtsgerichten oder Notaren anderer Bundesstaaten zur Beurkundung der Auflassung bestimmt werden. Doch darf jeder Theil stets verlangen, daß die Auflassung vor dem Grundbuchamt erfolge. Für die Auflassung vor einem anderen Gerichte als dem Grundbuchamt oder vor einem Notar gelten die zu I angegebenen Regeln mit den hier zu erwähnenden Ausnahmen. Die Eintragung erfolgt, wenn die Ausfertigung des Auflassungsprotokolls mit dem von einem Betheiligten privatschriftlich gestellten Eintragungsantrage bei dem Grundbuchamt eingereicht ist. Anstelle eines Betheiligten kann auch der Notar den Antrag stellen, vor dem die Einigung erklärt ist, ohne daß er einer Vollmacht dazu bedarf. § 15 GBO., Art. 26 § 1 A.BGB. Aus dem vorher zu I 3 Dargelegten ergiebt sich die Folgerung, daß im bisherigen Geltungsbereiche des Rheinischen Rechtes die Form der Auflassung genügend erfüllt ist, wenn im Falle der Verurtheilung des einen Theiles zur Auflassung der andere Theil unter Vorlegung des rechtskräftigen Urtheils die zur Einigung noch erforderliche Erklärung vor einem Notar oder einem beliebigen Preußischen Amtsgerichte abgiebt. Die Auflassung gilt dann als von beiden Theilen persönlich vor einer zuständigen Behörde abgegeben. Dem Eintragungsantrage, dem das Urtheil und die Ausfertigung der Erklärung des anderen Theiles beiliegt, hat der Grundbuchrichter stattzugeben.

2. Eine Besonderheit gilt weiter in dem Falle, daß die Eigenthumsübertragung durch freiwillige Versteigerung erfolgt. Vorausgesetzt ist die Versteigerung durch ein Amtsgericht oder einen Notar. Das Amtsgericht kann auch das sein, bei dem sich das Grundbuchamt befindet. Bei der Versteigerung übt dies Gericht ebensowenig, wie der Notar oder ein anderes Gericht eine Handlung der Grundbuchgerichtsbarkeit, sondern eine solche der übrigen freiwilligen Gerichtsbarkeit aus. Art. 31 Abs. 1 A.FG. Im Falle der Versteigerung bedarf es zur Einigung des Veräußerers und des Erwerbers (Auflassung) der gleichzeitigen Anwesenheit beider Theile nicht, doch ist

nothwendig, daß die Einigung noch im Versteigerungstermine stattfindet. Art. 26 § 2 A.BGB. Darnach ist es also zulässig, daß sich der Bieter, nachdem er sein Gebot abgegeben und das Protokoll unterzeichnet hat, entfernt, während sich der Versteigerer den Zuschlag bis zur Beendigung des Versteigerungstermins vorbehält. Zu diesem Zeitpunkte muß aber seine Zustimmung erklärt und damit durch Gebot und Zuschlag die Einigung (Auflassung) vollzogen sein. Wegen der Einreichung einer Ausfertigung des Versteigerungsprotokolls bei dem Grundbuchamt gilt das gleiche wie vorher zu II 1. Erst mit dieser Einreichung gelten die Urkunden als bei diesem eingegangen, auch wenn die Versteigerung bei demselben Amtsgerichte stattgefunden hatte.

III. Im Falle des Miteigenthums nach bestimmten Bruchtheilen kann jeder Theilhaber über seinen Antheil frei verfügen. Jedes Antheilsrecht gilt als ein selbständiges Eigenthum. Ueber das gemeinschaftliche Grundstück im Ganzen können die Theilhaber nur gemeinschaftlich verfügen. §§ 747, 741 f. BGB. Die Verfügung durch Uebertragung des Eigenthums an dem Bruchtheile ebenso wie an dem gemeinschaftlichen Grundstücke kann nur in den zu I und II erörterten Formen der Auflassung geschehen.

IV. Die Regeln über die Auflassung gelten auch für die Bestellung und die Uebertragung eines Erbbaurechts. §§ 1015, 1017 BGB. Insbesondere gelten für Erbbaurechte im bisherigen Geltungsbereiche des Rheinischen Rechtes auch die vorher zu II 1 — nicht aber die zu II 2 — angegebenen Besonderheiten. Art. 26 § 1 A.BGB. im Gegensatze zum § 2 daselbst. Ferner kommen die Grundsätze zu I auf die Uebertragung des Eigenthums an selbständigen Gerechtigkeiten, die ein Grundbuchblatt erhalten haben, zur Anwendung. Art. 28, 22 A.GBO., Art. 40 A.BGB. Nach der letzten Vorschrift muß für die selbständigen Gerechtigkeiten im bisherigen Geltungsbereiche des Rheinischen Rechtes auch die Anwendung der Grundsätze zu II für zulässig angesehen werden.

§ 53. Die Eintragung eines neuen Eigenthümers ohne Auflassung.

I. Ein neuer Eigenthümer des Grundstücks ist auf Antrag, ohne daß eine Auflassung zulässig wäre, ins Grundbuch einzutragen, wenn ein Fall der Berichtigung des Grundbuchs vorliegt, d. h. wenn sich bereits außerhalb des Grundbuchs die Eigenthumsänderung vollzogen hat. Dies tritt ein in allen Fällen der Gesammtnachfolge, also im Falle der Erbfolge, der Eingehung einer gütergemeinschaftlichen Ehe, des Ueberganges des Vermögens eines Vereins oder einer Stiftung auf den Fiskus, eine Gemeinde oder sonstige Körperschaft des öffentlichen Rechtes, im Falle der Fusion von Aktiengesellschaften u. s. w. Auch im Falle der Singularsuccession bedarf es ausnahmsweise keiner Auflassung, wenn das Eigenthum eines Grundstücks durch besonderes Landesgesetz vom Staat auf einen Kommunalverband oder von einem Kommunalverbande auf den Staat oder einen anderen

Kommunalverband übertragen wird. Art. 126 EG. Besondere Vorschriften gelten hinsichtlich der Uebertragung von Familienfideikommissen, Lehen, Stammgütern, Art. 59, Rentengütern, Art. 62, von dem Anerbenrechte unterliegenden Gütern, Art. 64, von Bahneinheiten, Art. 112, und von Abfindungen auf Grund von bestätigten Rezessen, Art. 113 EG., schließlich bei der Zwangsversteigerung von Grundstücken. Auch in den meisten der letztgenannten Fälle geschieht die Eintragung des neuen Eigenthümers nur zur Berichtigung des Grundbuchs.

II. Die Eintragung des Eigenthümers zur Berichtigung des Grundbuchs setzt zunächst einen Antrag und die Begründung des Antrags durch Urkunden voraus, welche den Nachweis des Eigenthumsüberganges erbringen. Vgl. S. 65. Daneben bestimmt das Gesetz noch, daß die Berichtigung des Grundbuchs durch Eintragung eines Eigenthümers nur mit dessen Zustimmung erfolgen darf. § 22 Abs. 2 GBO. Gedacht ist an den wirklichen derzeitigen Eigenthümer, nicht etwa an den, welcher als Eigenthümer noch im Grundbuche verzeichnet steht. Die Zustimmung ist eine zur Eintragung erforderliche Erklärung, muß also in den Formen des § 29 Satz 1 GBO. erklärt sein. Sie kann schriftlich beim Grundbuchamt eingereicht werden; der Beobachtung der Auflassungsform bedarf es nicht.

Die Bestimmung des § 22 Abs. 2 GBO. hat zunächst offenbar im Auge, daß der Antrag auf Eintragung nicht von dem Eigenthümer selbst, oder nicht von sämmtlichen Eigenthümern gestellt wird. Von jedem am Antrage nicht betheiligten Eigenthümer bedarf es dann jener Zustimmung. Die Bestimmung bezieht sich weiter aber auch auf jeden Eigenthümer, der selbst die Berichtigung beantragt; auch von ihm muß dem Grundbuchrichter dargelegt werden, daß er zustimmt. Also auch er muß die Zustimmung in beglaubigter Form erklären; soll der Eintragungsantrag zugleich die Zustimmung bedeuten, so ersetzt er hier eine zur Eintragung erforderliche Erklärung, welche beglaubigt sein muß. §§ 29, 30 GBO.

Von der Regel des § 22 Abs. 2 GBO. giebt es folgende Ausnahmen:

1. Geht der Berichtigungsantrag von demjenigen aus, welcher einen gegen den wirklichen Eigenthümer vollstreckbaren Titel hat, auf Grund dessen er eine Eintragung in das Grundbuch verlangen kann, so ist der Eigenthümer einzutragen, ohne daß es zuvor seiner Zustimmung bedürfte, wenn die Vollstreckung in das Grundbuch ohne diese Eintragung nicht zulässig sein würde. §§ 22 Abs. 2, 14 GBO.
2. In allen den Fällen, in denen eine Behörde zur Erfüllung obrigkeitlicher Aufgaben um die Eintragung eines Eigenthümers ersucht. § 39 GBO., vgl. S. 80. In diesen Fällen hat die Behörde mit eigener Verantwortung die sämmtlichen Voraussetzungen der nachgesuchten Eintragung selbst festzustellen.

III. Die zu II aufgeführten Grundsätze finden entsprechende Anwendung bei der Berichtigung des Grundbuchs durch Eintragung eines Erbbauberechtigten oder des Eigenthümers einer selbständigen Gerechtigkeit. § 22 Abs. 2 GBO., Art. 28 A.GBO.

§ 54. Die Eintragungen infolge einer Enteignung.

Die Enteignung bewirkt eine Eigenthumsübertragung an Grundstücken, welche bald ohne Auflassung erfolgt, bald eine solche voraussetzt.

I. Das Grundbuchamt hat dem Unternehmer auf Grund einer Bescheinigung oder der Feststellung der Regierung über den Gegenstand der Enteignung eine beglaubigte Abschrift des Grundbuchblattes zu ertheilen und ihm Einsicht des Grundbuchs und der Grundakten zu gestatten. Ist der Unternehmer eine öffentliche Behörde, so bedarf es dazu einer besonderen Legitimation nicht. § 24 Abs. 3 Enteignungsgesetzes v. 11. Juni 1874. §§ 32, 33, 36 Verf., vorher S. 55. Gleichzeitig mit der Ertheilung der Abschrift hat das Grundbuchamt von Amtswegen in die Spalten 1—3 der zweiten Abtheilung des Grundbuchblattes eine Vormerkung, daß über das Grundstück, oder einen näher zu bezeichnenden Grundstückstheil das Enteignungsverfahren eingeleitet sei, einzutragen. § 24 Abs. 4 Ent.Ges. u. § 12 Z. 3 Verf. Der § 6 GBO. findet in diesem Falle nicht Anwendung. Während der Dauer des Enteignungsverfahrens ist dem Bezirksausschusse von Amtswegen von jeder an dem Grundstücke eintretenden Rechtsveränderung, welche für die Vertretung des Grundstücks oder die Auszahlung der Entschädigung von Bedeutung ist, Nachricht zu geben. § 24 Abs. 4 Ent.Ges. Ist die Enteignung erklärt, so ersucht der Bezirksausschuß das Grundbuchamt um Vornahme der Eintragung. Mit der Zustellung des Enteignungsbeschlusses an den Eigenthümer und den Unternehmer ist das Eigenthum an dem enteigneten Grundstück auf den Unternehmer übergegangen. Seitdem ist es von allen darauf haftenden privatrechtlichen Verpflichtungen frei, soweit sie der Unternehmer nicht übernommen hat. §§ 33, 44, 45 Ent.Ges. Die Eintragung geschieht zur Berichtigung des Grundbuchs; kann sie nicht sofort erfolgen, so kann einstweilen die Eintragung eines Widerspruchs gegen die Richtigkeit des Grundbuchs nachgesucht werden. Im übrigen kommt es darauf an, ob ein ganzes Grundstück oder nur der Theil eines solchen enteignet ist. Im ersteren Falle ist das Ersuchen auf Eintragung des neuen Eigenthümers und auf Löschung der nicht übernommenen privatrechtlichen Lasten, im letzteren Falle auf Abschreibung des Trennstücks zu richten. Hat der Unternehmer privatrechtliche Lasten übernommen, so ist die Anlegung eines neuen Grundbuchblattes für das Trennstück und Uebertragung der übernommenen Lasten erforderlich; andernfalls geschieht die Abschreibung kostenfrei und je nach Antrag mit Uebertragung auf ein neues Grundbuchblatt oder unter Ausscheidung des Grundstücks aus dem Grundbuche.

Die Eintragungen können nur auf Ersuchen der Enteignungsbehörde nicht auf Antrag des Unternehmers vorgenommen werden. Dem Ersuchen muß der Enteignungsbeschluß beiliegen, auch muß dessen Zustellung dargelegt werden; es genügt, daß aus der Mittheilung der Behörde hervorgeht, daß und wann er zugestellt ist. Bei der Abschreibung eines Grundstückstheils bedarf es nicht der Vorlegung eines Steuerbuchsauszuges oder einer Karte. § 30 Abs. 4 Verf. Die Nothwendigkeit, bei Löschungen oder Pfandentlassungen die Hypotheken-, Grundschuld- oder Rentenschuldbriefe vorzulegen, richtet sich nach den allgemeinen Vorschriften. Abweichungen gelten für das Enteignungsverfahren nicht.

II. Ist die Abtretung des Grundstücks durch Vereinbarung zwischen Unternehmer und Eigenthümer erfolgt, so bedarf es der Auflassung nach allgemeinen Grundsätzen; die Befreiung des veräußerten Grundstücks von den privatrechtlichen Lasten tritt in diesem Falle nur ein, wenn zur Regelung der Rechte Dritter das förmliche Enteignungsverfahren durchgeführt oder eine Vereinbarung der Betheiligten über die Höhe der Entschädigung erzielt ist. Die Vereinbarung muß vom Regierungskommissar zu Protokoll genommen sein. Die Realgläubiger können gegen die Vereinbarung den Rechtsweg beschreiten. §§ 46, 45, 16, 26 Ent.Ges. Die lastenfreie Abschreibung des veräußerten Grundstückstheils oder die Löschung der Lasten auf dem veräußerten ganzen Grundstück wird der Grundbuchrichter danach gemäß § 22 GBO. nur vornehmen können, wenn ihm durch Vorlegung des Enteignungsbeschlusses oder einer Ausfertigung des Protokolls des Regierungskommissars nachgewiesen wird, daß das Stehenbleiben der Lasten auf dem Blatte des veräußerten Grundstücks eine Unrichtigkeit des Grundbuchs ergeben würde.

III. Nach den Gesetzen v. 7. Oktober 1865 und 7. April 1869 betreffend die Errichtung und Erhaltung der trigonometrischen Marksteine werden die zwangsweise oder im Wege der Vereinbarung abgetretenen Marksteinflächen vom Tage der Uebergabe oder der zwangsweisen Ueberweisung an den Staat von allen auf privatrechtlichen Titeln beruhenden Verpflichtungen frei. § 5 der Ges. Die lastenfreie Abschreibung erfolgt auf Ersuchen des Kreislandraths. § 5 der Ges. u. Ges. v. 3. Juni 1874. Zur Begründung des Ersuchens hat er die Ueberlassungsurkunde mit dem die abzuschreibende Parzelle betreffenden Katasterauszuge und Karte vorzulegen. Die Ueberlassungsurkunde ist dem Landrathe mit der Bescheinigung, daß die Abschreibung geschehen ist, oder daß die betreffenden Flächen im Grundbuche nicht aufgeführt sind, zurückzugeben. V. v. 6. Septbr. 1878 (JMBl. S. 136). Die Abschreibung erfolgt unter Ausscheidung des Grundstückstheils aus dem Grundbuche.

§ 55. Die Eintragung des Eigenthümers auf Grund eines Ausschlußurtheils und im Falle der Aneignung infolge Verzichts.

I. Der Eigenthümer eines Grundstücks kann, wenn das Grundstück seit 30 Jahren im Eigenthumsbesitze eines Anderen ist, im Wege des Aufgebotsverfahrens mit seinem Rechte ausgeschlossen werden. Stellt derjenige, welcher das Ausschlußurtheil erwirkt hat, unter Vorlegung einer Ausfertigung des Urtheils privatschriftlich den Antrag auf Eintragung als Eigenthümer des Grundstücks, so ist die Eintragung zu bewirken. § 927 BGB., §§ 957, 977 f. CPO. Der Eintragungsantrag ist aber zurückzuweisen, wenn im Grundbuche als Eigenthümer des Grundstücks ein Anderer eingetragen ist, als der, dessen Recht im Urtheile ausgeschlossen ist, oder wenn für einen Anderen als diesen im Grundbuche ein Widerspruch gegen die Richtigkeit der alten Eigenthumseintragung eingetragen steht. § 927 Abs. 2 BGB.

II. Der Eigenthümer eines Grundstücks kann dem Grundbuchamt gegenüber die Erklärung abgeben, daß er auf das Eigenthum am Grundstücke verzichte, es aufgebe oder nach § 19 GBO., daß er die Löschung seiner Eintragung als Eigenthümer bewillige. Durch die auf Grund dieser Erklärung erfolgende Eintragung des Verzichts im Grundbuche verliert er das Eigenthum am Grundstücke. § 928 BGB. Der Verzicht ist in Spalte 3 der ersten Abtheilung einzutragen, z. B.: Infolge Verzichts ist das Eigenthum des . . gelöscht; eingetragen am . . Zugleich mit der Eintragung des Verzichts werden auch alle sich auf den bisher eingetragenen Eigenthümer beziehenden Vermerke roth unterstrichen. Dies ist sinngemäß aus dem letzten Absatz des § 10 Verf. zu entnehmen.

Das Eigenthum an dem aufgegebenen Grundstücke kann sich der Landesfiskus aneignen. § 928 Abs. 2 BGB. Doch sollen nach Art. 129 EG. die landesgesetzlichen Bestimmungen unberührt bleiben, nach denen das Aneignungsrecht nicht dem Fiskus, sondern einer bestimmten anderen Person, z. B. der Ortsgemeinde, dem früheren Landesherrn, dem Besitzer eines Rittergutes zusteht. Nach I 9 § 15, II 16 §§ 12—15 ALR. hat das Recht in Preußen nur der Staat. Der Aneignungsberechtigte erwirbt durch seine Eintragung in das Grundbuch das Eigenthum. Die Eintragung setzt einen Antrag voraus, welcher von einer Behörde in der Form des Art. 9 A.GBO. von einer Privatperson privatschriftlich zu stellen ist. Die Eintragung würde lauten können: Der Königlich Preußische Fiskus (Königliche Regierung in S.) Auf Grund des Antrags vom . . . eingetragen am . . . Vgl. § 4 Abs. 2 Verf.

Achtes Kapitel.

Die Eintragung und Löschung von Vormerkungen, Widersprüchen, Verfügungsbeschränkungen.

§ 56. Vorbemerkung.

Die vorläufigen Eintragungen im Grundbuche, Vormerkungen und Widersprüche, sowie die Verfügungsbeschränkungen können in der zweiten und dritten Abtheilung des Grundbuchblattes vorkommen.

Die Vormerkungen und Widersprüche dienen zur Sicherung von Rechten, über welche das Grundbuch Aufschluß geben soll, mit folgendem Unterschied:

Besteht erst ein persönlicher, auf Einräumung eines dinglichen Rechtes gerichteter Anspruch, ist aber das dingliche Recht selbst noch nicht verwirklicht und deshalb auch noch nicht im Grundbuch eingetragen, so kann doch der persönliche Anspruch dadurch gesichert werden, daß er vorläufig im Grundbuche vorgemerkt wird.

Besteht bereits ein dingliches Recht, giebt aber das Grundbuch davon falsche Kenntniß, weil das Recht entweder unrichtig oder gar nicht eingetragen ist, so kann einer Gefährdung des Rechts dadurch vorgebeugt werden, daß im Grundbuche der Annahme, hier werde die wirkliche Rechtslage bekundet, widersprochen wird.

Verfügungsbeschränkungen sollen im Grundbuche kenntlich machen, daß einem Berechtigten zu Gunsten bestimmter Personen die Verfügung über ein eingetragenes Recht ganz oder theilweise entzogen sei.

§ 57. Eintragung und Löschung einer Vormerkung.

Zu unterscheiden sind die auf Antrag eines Betheiligten und die von Amtswegen eingetragenen Vormerkungen.

I. 1) Auf Antrag eines Betheiligten können Vormerkungen folgender Arten eingetragen werden:

a) zur Sicherung des Anspruchs auf Einräumung oder Aufhebung eines Rechts an einem Grundstücke. § 883 BGB. Dahin gehören die Ansprüche auf Auflassung (Eigenthumsübertragung), auf Eintragung des Eigenthumsüberganges, auf Wiedereintragung des Eigenthums, z. B. der Anspruch auf Rückübertragung des Eigenthums nach Art. 25 A.BGB., auf Einräumung einer Reallast, einer Dienstbarkeit, eines Vorkaufsrechts, einer Hypothek, einer Grundschuld, einer Rentenschuld, oder die Ansprüche auf Löschung der genannten dinglichen Rechte. Hierunter fällt auch die Vormerkung zur Sicherung des Anspruchs auf Löschung einer Hypothek, Grundschuld, Rentenschuld für den Fall, daß sie sich mit dem Eigenthum in einer Person vereinigt. § 1179 BGB., vgl. § 74.

b) zur Sicherung des Anspruchs auf Einräumung oder Aufhebung eines Rechtes an einem das Grundstück belastenden Rechte. § 883 BGB. Dahin gehören die Ansprüche auf Einräumung eines Nießbrauchs oder eines Pfandrechts an einer Reallast, Hypothek, Grundschuld, Rentenschuld oder auf Aufhebung eines dieser Rechte.

c) zur Sicherung des Anspruchs auf Aenderung des Inhalts oder des Ranges eines der unter a u. b genannten Rechte. § 883 BGB.

2. Die Eintragung der Vormerkung erfolgt entweder auf Grund einer einstweiligen Verfügung, welche die Eintragung einer solchen anordnet, oder auf Grund der Bewilligung desjenigen, dessen Grundstück oder Recht von der Vormerkung betroffen wird, d. h. also des Eigenthümers oder des Gläubigers. § 885 BGB. Ist ein Schuldner zur Abgabe einer Willenserklärung, auf Grund deren eine Eintragung in das Grundbuch erfolgen soll, durch ein nur vorläufig vollstreckbares Urtheil verurtheilt, so gilt die Eintragung einer Vormerkung als bewilligt, wenn nicht im gegebenen Falle ein Widerspruch einzutragen ist. § 895 CPO. Die Eintragungsformel kann zur näheren Bezeichnung des zu sichernden Anspruchs auf die einstweilige Verfügung oder die Eintragsbewilligung bezugnehmen. § 885 Abs. 2 BGB.

Es bedarf also nicht der näheren Bezeichnung des Anspruchs. Die Probeeintragung schlägt vor: Vormerkung zur Sicherung des Anspruchs auf Eintragung einer Hypothek im Betrage von fünfhundert Mark für den ... unter Bezugnahme auf die einstweilige Verfügung des Königlichen Landgerichts zu N. vom 1., eingetragen am 3. Februar 1905.

Sichert die Vormerkung Ansprüche auf Rechte, welche in die erste Abtheilung des Grundbuchblattes gehören, so ist sie in den Spalten 1—3 der zweiten Abtheilung unter Verwendung des ganzen Raumes der Spalten einzutragen. Da die endgültige Eintragung in die erste Abtheilung gehört, braucht kein Raum frei zu bleiben. Betrifft die Vormerkung den Anspruch auf Einräumung eines anderen Rechtes an dem Grundstücke, so ist sie in die für die Eintragung des Rechtes bestimmte Abtheilung und Spalte, also entweder in die zweite Abtheilung, Spalte 1—3, oder in dritte Abtheilung, Spalte 1—4, des Blattes einzutragen. In allen anderen Fällen gehört die Vormerkung in die Spalten „Veränderungen" der zweiten oder dritten Abtheilung, je nachdem, ob in dieser oder jener Abtheilung das von der Vormerkung betroffene Recht eingetragen steht. Stets aber soll die Eintragung der Vormerkung in der Weise geschehen, daß nur die linke Hälfte des Raumes der Hauptspalte dazu verwendet, die rechte Hälfte aber für die endgültige Eintragung frei gelassen wird. Soweit letztere der eingetragenen Vormerkung ihre Bedeutung entzieht, ist die Eintragung der Vormerkung roth zu unterstreichen. § 14 Verf. Ist versehentlich zur Eintragung der Vormerkung der ganze Raum der Hauptspalte verwendet, so empfiehlt es sich, die endgültige Eintragung unmittelbar unter die der Vormerkung zu setzen; ist hier aber inzwischen schon eine andere Eintragung erfolgt, so bleibt nichts übrig, als die endgültige Eintragung wie eine Veränderung der Vormerkung zu buchen.

Ein im Grundbuche vorgemerkter Anspruch kann auf eine andere Person übertragen, für einen Dritten ver- oder gepfändet (z. B. § 1287 BGB., § 648 CPO.) oder sonst inhaltlich geändert werden. Die Eintragung der Uebertragung und Verpfändung geschieht, wenn sie nicht durch eine einstweilige Verfügung angeordnet wird, auf Grund der Bewilligung des Gläubigers der Vormerkung in den Spalten: Veränderungen; zur Eintragung einer inhaltlichen Aenderung der Vormerkung wird unter der gleichen Voraussetzung noch die Bewilligung des Eigenthümers erfordert werden müssen. Vgl. S. 64. § 19 GBO. Wird der Anspruch auf den Eigenthümer des Grundstücks übertragen, so erlischt er und damit auch die Vormerkung, weil diese nach BGB. zwar einen persönlichen Anspruch sichert, aber noch kein bedingtes dingliches Recht zur Entstehung bringt und deshalb § 889 BGB. hier nicht zur Anwendung kommt. Aus demselben Grunde kann auch über eine Vormerkung kein Hypotheken- oder Grundschuldbrief ertheilt werden. §§ 883, 1116, 1192 BGB. § 48 BVG., wo der Gegensatz scharf hervortritt.

Die eingetragene Vormerkung hindert den Eigenthümer oder den Gläubiger nicht, weiter über das Grundstück oder das Recht zu verfügen, selbst wenn die Verfügung mit der Vormerkung in Widerspruch treten sollte. Die Vormerkung darf deshalb nicht zur Ablehnung des Antrags führen. § 883 Abs. 2 BGB.

3. Die endgültige Eintragung, durch welche der durch die Vormerkung gesicherte Anspruch verwirklicht wird, erhält im Grundbuche den Rang der Vormerkung. § 883 Abs. 3 BGB. An welcher Stelle des Grundbuchblattes die Eintragung erfolgt, ist schon unter 2 erwähnt.

Handelt es sich um Vormerkungen, welche die Einräumung eines Rechtes am Grundstücke zum Gegenstande haben, so ist bei der Eintragung zu unterscheiden, ob Eigenthümer des Grundstücks noch sind: der, gegen den die Vormerkung gerichtet war, oder doch dessen Erben, welche sich auf eine Beschränkung ihrer Haftung nicht berufen können, § 884 BGB., oder ob dies ein Dritter ist, auf welchen nach Eintragung der Vormerkung das Eigenthum am Grundstücke übertragen worden ist.

Ist ersteres der Fall, so erfolgt die endgültige Eintragung nach den allgemeinen Regeln auf Grund der Bewilligung des verpflichteten Eigenthümers oder seiner Erben.

Ist letzteres der Fall, so ist der Eintragungsantrag jedenfalls durch die Bewilligung des eingetragenen neuen Eigenthümers zu begründen, dessen Eigenthumsrecht durch die Eintragung zweifellos betroffen wird. Diese Bewilligung muß für den Grundbuchrichter auch zur Eintragung genügen. §§ 19, 40 GBO. Umgekehrt genügt jedenfalls die Eintragungsbewilligung des früheren Eigenthümers, gegen welchen die Vormerkung gerichtet war, allein nicht zur endgültigen Eintragung des Rechts; die Zustimmung des neuen Eigenthümers muß außerdem noch gefordert werden. § 888 BGB.

In beiden Fällen wird im Falle des Konkurses über das Vermögen des betreffenden Eigenthümers, dessen Eintragungsbewilligung durch die des Konkursverwalters ersetzt. § 24 KO. An Stelle der freiwilligen Bewilligung genügt überall auch die rechtskräftige Verurtheilung zur Erklärung der Bewilligung. § 894 CPO.

Die dargelegten Grundsätze finden auf die anderen Vormerkungen entsprechende Anwendung; immer ist zur endgültigen Eintragung (Löschung) die Bewilligung desjenigen erforderlich, welcher als der Berechtigte des durch die Eintragung betroffenen Rechtes im Grundbuche steht. Bei Vormerkungen, welche einen Anspruch auf Aufhebung eines Rechtes am Grundstücke oder eines Rechtes an einem das Grundstück belastenden Rechte bezwecken, ist der Betroffene nicht der Eigenthümer des Grundstücks, sondern der Gläubiger des fraglichen Rechts.

4. Die Löschung einer Vormerkung richtet sich nach den allgemeinen Grundsätzen; sie geschieht stets auf Bewilligung des vorgemerkten Berechtigten. Die Löschungsbewilligung bewirkt nicht die gesetzliche Uebertragung der Post auf den Eigenthümer des Grundstücks, wie bei einer Hypothek oder Grundschuld. Der Zustimmung des Eigenthümers des Grundstücks zur Löschung bedarf es deshalb auch nicht. Aus demselben Grunde erlischt die Vormerkung auch, wenn der Berechtigte durch Ausschlußurtheil mit seinem Rechte ausgeschlossen ist. Vgl. § 887 im Gegensatze zu § 1170 Abs. 2 BGB. Die Löschung der Vormerkung kann deshalb auf Antrag schon bei Vorlegung des Urtheils erfolgen. § 22 GBO.

Für alle auf Grund einer einstweiligen Verfügung oder eines vorläufig vollstreckbaren Urtheils eingetragenen Vormerkungen gilt ferner noch die Besonderheit, daß außer dem Antrage zu ihrer Löschung die Vorlegung nur einer die einstweilige Verfügung aufhebenden vollstreckbaren Entscheidung oder einer das vorläufig vollstreckbare Urtheil aufhebenden endgültigen Entscheidung genügt. § 25 GBO. vgl. S. 66.

II. Von Amtswegen einzutragen ist:

1. Die Vormerkung des § 18 GBO. zu Gunsten eines früher gestellten Antrags, wenn dessen Erledigung ein Hinderniß entgegensteht und bis zur Hebung des Hindernisses eine dasselbe Recht betreffende andere Eintragung beantragt wird.

2. Die Vormerkung der §§ 76, 80 GBO., deren Eintragung das Beschwerdegericht oder das Gericht der weiteren Beschwerde zu Gunsten eines zurückgewiesenen Eintragungsantrags bis zur Entscheidung auf die dagegen eingelegte Beschwerde anordnen kann, ohne daß es darauf ankäme, ob inzwischen eine dasselbe Recht betreffende Eintragung beantragt ist.

Wird das Hinderniß (zu a) gehoben, oder fällt die Entscheidung des Beschwerdegerichts (zu b) günstig für den Antrag aus, so erfolgt die endgültige Eintragung des Rechts mit dem Range, welchen die Vormerkung hat, auf Grund des gestellten Antrags. Ausgeschlossen ist hiernach nicht, daß wenn die beantragte Eintragung einer Vormerkung eines Hindernisses wegen noch nicht erfolgen kann, oder vom Grundbuchamte zurückgewiesen ist, zunächst von Amtswegen eine vorläufige Vormerkung eingetragen wird, welche demnächst in die beantragte Vormerkung umzuschreiben ist. Hat bis zur Eintragung des beantragten Rechtes ein Wechsel in den Eigenthümern des betroffenen Grundstücks oder in den Gläubigern des betroffenen Rechtes stattgefunden, so genügt jetzt die Eintragsbewilligung des früheren Eigenthümers oder Gläubigers außer im Falle der Erbfolge nicht mehr, s. vorher zu I 3.

Die Löschung der Vormerkung geschieht von Amtswegen, wenn im Falle des § 18 GBO. der früher gestellte Antrag, im Falle des § 76, 80 GBO. die Beschwerde zurückgewiesen oder zurückgenommen wird. Zu löschen ist also ohne Rücksicht darauf, ob noch Beschwerde oder weitere Beschwerde eingelegt wird.

§ 58. Eintragung und Löschung eines Widerspruchs.

Ein Widerspruch wird im Grundbuche eingetragen entweder auf Antrag eines Beiheiligten, oder von Amtswegen. Einem im Grundbuche eingetragenen Widerspruche steht nach § 1140 BGB. ein Widerspruch gleich, der aus einem Hypotheken- oder Grundschuldbriefe oder aus einem Vermerke auf dem Briefe hervorgeht. Für diese letztere Art des Widerspruchs kennt das Gesetz keine besondere Form; er wird in Privatvermerken auf dem Briefe erklärt und veranlaßt — abgesehen vom § 68 Abs. 2 GBO. — den Grundbuchrichter zu keiner Thätigkeit.

I. 1. Auf Antrag eines Betheiligten kann ein Widerspruch gegen die Richtigkeit des Grundbuchs eingetragen werden in zwei Fällen, welche zum Theil sich decken und denselben Fall nur vom entgegengesetzten Standpunkte aus benennen.

a) Ein Recht an einem Grundstücke; ein Recht an einem Rechte am

Grundstücke; eine Verfügungsbeschränkung zu Gunsten einer bestimmten Person ist im Grundbuche nicht, oder nicht richtig eingetragen;

b) eine Belastung oder Beschränkung der unter a genannten Art ist im Grundbuche eingetragen, besteht aber nicht. §§ 894, 899 BGB. Hiernach sind Widersprüche nach BGB.: der Widerspruch gegen die Eintragung des Eigenthums einer Person, vgl. §§ 900, 927 Abs. 3 BGB., oder gegen weitere Belastungen des Grundstücks durch den eingetragenen Eigenthümer; der Widerspruch gegen weitere Verfügungen über ein eingetragenes Recht, z. B. eine Hypothek oder Grundschuld durch den eingetragenen Berechtigten; der Widerspruch gegen die Löschung eines Rechtes; der Widerspruch gegen die Eintragung einer Verfügungsbeschränkung oder gegen die Befugniß einer Person zur freien Verfügung über ein Recht. Als Widersprüche sind auch die Vermerke anzusehen, die ein nach dem Anfechtungsgesetze v. 21. Juli 1879 zur Anfechtung Berechtigter eintragen läßt, um kenntlich zu machen, daß ihm gegenüber eine neue Eintragung im Grundbuche unwirksam sei. Er widerspricht damit der Eintragung einer Rechtsänderung, weil ihm gegenüber noch der alte Rechtszustand besteht. Die Eintragung eines Widerspruchs kann auch bei der Anlegung eines Grundbuchblattes durch einstweilige Verfügung angeordnet werden für denjenigen, welchem in dem nach Art. 21—27 Kgl. V. erlassenen Ausschlußurtheile ein Recht vorbehalten ist, oder welcher ein Recht auf das Grundstück bei dem Grundbuchamte angemeldet hat, ohne daß er das Bestehen des Rechts binnen einer ihm gesetzten Frist nachweisen kann. Art. 28, 29 Kgl. V. Das BGB. kennt noch die folgenden besonderen Anwendungen des Widerspruchs:

α) Bei einer Darlehnshypothek, über welche kein Hypothekenbrief ertheilt ist, kann der Annahme widersprochen werden, daß das Darlehn gegeben sei. Zur Eintragung des Widerspruchs genügt allein der Antrag des jeweiligen Eigenthümers (also nicht des persönlichen Schuldners), sofern er vor Ablauf eines Monats nach der Eintragung der Hypothek gestellt wird. § 1139 BGB. Geschieht dies nicht, so kommen die allgemeinen Bestimmungen über Widersprüche zur Anwendung. Dieser Widerspruch kann bei einer Sicherungshypothek nicht vorkommen. § 1185 BGB.

β) Bei jeder Hypothek, also auch einer Sicherungshypothek, und nach § 1192 BGB. auch bei einer Grundschuld kann der Eigenthümer des Grundstücks einen Widerspruch eintragen lassen zum Schutz von Einreden, welche ihm unmittelbar gegen den Gläubiger der Hypothek oder Grundschuld zustehen. Sie bleiben dann auch dessen Sondernachfolger gegenüber erhalten. § 1157 BGB. Beispiele sind der Widerspruch zur Erhaltung der Einreden der Zahlung oder Befriedigung; der ungültigen Entstehung der Hypothek oder Grundschuld u. a. Für die Eintragung dieses Widerspruchs gelten keine Besonderheiten.

2. Widersprüche auf Antrag eines Betheiligten können überall vorkommen, wo Rechte am Grundstücke vermerkt stehen. Ausgeschlossen sind sie also bei Eintragungen auf dem Bestandsverzeichnisse des Grundbuch-

blattes, insbesondere auch bei hier etwa eingetragenen, zum Grundstücke gehörigen subjektiv dinglichen Berechtigungen, weil der Widerspruch gegen die Zugehörigkeit eines eingetragenen Bestandtheils zum Grundstücke rechtlich nur als Widerspruch gegen das Eigenthumsrecht des eingetragenen Eigenthümers in Frage kommt.

Die Eintragung eines Widerspruchs erfolgt auf Grund einer einstweiligen Verfügung, welche eine solche anordnet, oder einer Bewilligung desjenigen, dessen Recht durch die Berichtigung betroffen wird, also des eingetragenen Eigenthümers oder des Gläubigers. § 899 BGB. Die Vorschriften über die Eintragung einer Vormerkung sollen auf die eines Widerspruchs entsprechende Anwendung finden. § 14 Verf. Der Widerspruch setzt ein im Grundbuche bereits eingetragenes Recht voraus, dessen Eintragung er als unrichtig kennzeichnen soll. Die richtige Buchung stellt sich deshalb in der zweiten und dritten Abtheilung des Grundbuchblattes stets als eine Veränderung oder Löschung der unrichtigen Buchung dar. Die Eintragung des Widerspruchs unter Benutzung nur einer halben Spalte wird deshalb kaum jemals erforderlich sein. Vielmehr ergiebt sich folgendes: Wird ein Recht der ersten Abtheilung betroffen, so ist der Widerspruch in den Spalten 1—3 der zweiten Abtheilung; wird ein Recht der zweiten oder dritten Abtheilung betroffen, so ist er in der betreffenden Abtheilung als Veränderung zu der Eintragung des betroffenen Rechtes einzutragen. Nach diesen Rechten bestimmt sich auch der Rang des Widerspruchs. Eine Umschreibung des Widerspruchs auf eine andere Person muß insoweit als zulässig gelten, als das dadurch geschützte Recht übertragungsfähig ist. Ueber die Eintragungsformel eines Widerspruchs kennt das Gesetz keine besondere Vorschriften; gestattet ist also, bei der Bezeichnung des zu schützenden Rechtes auf die Eintragungsbewilligung Bezug zu nehmen. § 874 BGB.

3. Mit dem Antrage auf Eintragung eines Widerspruchs, welcher die Eintragung einer Hypothek, Grundschuld oder Rentenschuld betrifft, muß abgesehen von folgenden Ausnahmen stets der etwa ertheilte Brief vorgelegt werden:

a) Ist eine Grundschuld oder eine Rentenschuld nach § 1195 BGB. auf den Inhaber des Briefes eingetragen, so braucht der Brief nur dann nicht vorgelegt zu werden, wenn der nach § 1189 etwa bestellte Treuhänder die Eintragung des Widerspruchs bewilligt hat, oder zur Bewilligung der Eintragung gerichtlich verurtheilt ist. §§ 43, 42 GBO.

b) Bei allen anderen Hypotheken oder Grundschulden kann die Vorlegung des Briefes unterbleiben, wenn die Eintragung des Widerspruchs durch eine einstweilige Verfügung angeordnet ist und der Widerspruch sich darauf gründet, daß die Hypothek oder die Forderung, für welche sie bestellt ist, oder die Grund- oder Rentenschuld nicht bestehe, oder einer Einrede unterliege, oder daß die Hypothek, Grund- oder Rentenschuld unrichtig eingetragen sei. §§ 42, 43 GBO.

In beiden Fällen a und b soll das Grundbuchamt den Besitzer des Briefes zur Vorlegung anhalten, um nachträglich den Widerspruch auf dem Brief zu vermerken. § 62 Abs. 2 GBO.

4. Der eingetragene Widerspruch bewirkt keine Sperre des Grundbuchs. Verfügungen über das Grundstück oder das vom Widerspruche betroffene

Recht, auch wenn der Widerspruch ihnen entgegensteht, sind deshalb auf Antrag im Grundbuche einzutragen.

Wird das Grundbuch demnächst dem Widerspruche entsprechend berichtigt, — das unrichtig gelöschte Recht wieder eingetragen, das unrichtig eingetragene Recht wieder gelöscht, — so endigt damit die Wirksamkeit des Widerspruchs. Die berichtigende Eintragung erhält den durch den Widerspruch gewahrten Rang im Grundbuche. War z. B. eine Hypothek unrichtig gelöscht, so wird sie in den Spalten „Veränderungen" der dritten Abtheilung mit dem Vorrange vor allen den Eintragungen, die im Range dem Widerspruche nachstehen, neu zu buchen sein. Gleichzeitig mit der Berichtigung des Grundbuchs ist der eingetragene Widerspruch zu löschen. § 22 GBO. Ein unerledigter Widerspruch kann nur auf Grund der Bewilligung des Berechtigten oder unter den schon S. 66 besprochenen Voraussetzungen des § 25 GBO. gelöscht werden.

II. Von Amtswegen ist ein Widerspruch einzutragen:

1. In den Fällen der §§ 18, 76, 80 GBO., sofern der Antrag, welchem sich das Hinderniß entgegenstellt, oder welcher zurückgewiesen ist, nicht durch eine Vormerkung, sondern durch einen Widerspruch vorläufig zu sichern ist. Die schon vorher in § 57 besprochenen Regeln finden auch auf den Widerspruch Anwendung.
2. In den Fällen der §§ 23, 24 GBO., wenn ein Recht, bei dem Rückstände von Leistungen nicht ausgeschlossen sind, mit dem Tode oder mit Erreichung eines bestimmten Lebensalters des Berechtigten, oder mit dem Eintritt eines sonstigen bestimmten Zeitpunktes oder Ereignisses erlischt und der Rechtsnachfolger des Berechtigten oder der bisher Berechtigte selbst der Löschung bei dem Grundbuchamte widersprochen hat. Die Löschung des Widerspruchs geschieht gleichzeitig mit der Löschung des Rechtes. Vgl. S. 66.
3. In dem Falle des § 54 GBO., wenn das Grundbuchamt unter Verletzung gesetzlicher Vorschriften eine Eintragung vorgenommen hat, durch welche das Grundbuch unrichtig geworden ist. Ueber den Begriff „Eintragung" vgl. S. 92; dazu gehört auch ein Löschungsvermerk, eine Vormerkung, oder ein auf Antrag eingetragener Widerspruch. Bei einer Grund- oder Rentenschuld, deren Brief auf den Inhaber ausgestellt ist, muß zur Eintragung des Widerspruchs stets der Brief vorgelegt werden. Bei allen anderen Hypotheken, Grundschulden, Rentenschulden bedarf es auch bei Eintragung dieses Widerspruchs der Vorlegung des Briefes nicht, wenn der Widerspruch den schon vorher unter I 3b genannten Inhalt hat. §§ 54 Abs. 2, 42 GBO. Auch in diesem Falle soll aber das Grundbuchamt den Besitzer zur Vorlegung anhalten, um nachträglich den Widerspruch auf dem Briefe zu vermerken. § 62 Abs. 2 GBO. Wer als der durch den Widerspruch Berechtigte anzusehen ist, wird oft zweifelhaft sein; es hängt von der Lage des einzelnen Falles ab. Ist ein Grundstück z. B. unrichtiger Weise mit einer Hypothek belastet worden, so erscheint der Eigenthümer des Grundstücks oder ein nacheingetragener Gläubiger als der Berechtigte. In allen Fällen, in denen der Berechtigte nicht klar erkennbar ist, wird der Grundbuchrichter sich

darauf beschränken müssen, den Widerspruch ohne Angabe eines bestimmten Berechtigten einzutragen. Der Widerspruch bleibt im Grundbuche stehen, bis die Berichtigung der falschen Eintragung erfolgt. Damit findet er seine Erledigung und ist gleichzeitig mit der Berichtigung zu löschen. §§ 22 GBO. Der Widerspruch aus § 54 GBO. kann auch auf Anweisung des Beschwerdegerichts nach § 71 Abs. 2 GBO. eingetragen werden. Als Berechtigter wird in diesem Falle stets der Beschwerdeführer anzusehen sein.

§ 59. Eintragung und Löschung von Verfügungsbeschränkungen.

I. Von den eigentlichen Verfügungsbeschränkungen gehören alle die nicht ins Grundbuch, welche im öffentlichen Interesse verhängt werden. Es ist sogar die Unzulässigkeit ihrer Eintragung anzunehmen. § 892 Abs. 1 Satz 2 BGB. Sie bewirken auch ohne Eintragung die Nichtigkeit eines dagegen verstoßenden Rechtsgeschäfts. § 134 BGB. Beispiele sind die Verfügungsbeschränkungen aus dem Rayongesetz v. 21. Dezember 1871 oder die vom Strafgericht nach § 93 StGB. oder § 332 StPO. angeordnete Beschlagnahme des Vermögens eines des Hoch- oder Landesverraths Beschuldigten oder eines Abwesenden. §§ 333, 334, 480 StPO.

II. Für den Grundbuchverkehr wichtig sind nur die zum Schutze des Interesses bestimmter Personen dienenden Verfügungsbeschränkungen. Solche sind dem Erwerbe eines Rechtes am Grundstücke gegenüber nur wirksam, wenn sie aus dem Grundbuche ersichtlich oder ihm bekannt sind. § 892 BGB. Zu den Verfügungsbeschränkungen dieser Art gehören folgende:

1. Das durch die Beschlagnahme des Grundstücks in Wirksamkeit tretende Veräußerungsverbot bei Anordnung der Zwangsversteigerung oder Zwangsverwaltung eines Grundstücks. Die Kenntlichmachung geschieht durch Eintragung dieser Anordnung im Grundbuche auf Ersuchen des Vollstreckungsrichters. §§ 19, 20, 22, 23, 146 JZVG. Vgl. nachher §§ 83, 84.
2. Das vom Konkursgericht erlassene allgemeine Veräußerungsverbot an den Schuldner, § 106 KO., und die Verfügungsbeschränkung des Gemeinschuldners bei Rechtshandlungen, welche infolge der Eröffnung des Konkursverfahrens eintritt. §§ 6, 7 KO.

   Das allgemeine Veräußerungsverbot sowie die Eröffnung des Konkursverfahrens sind im Grundbuche bei den Grundstücken und den diesen gleichstehenden Rechten, als deren Eigenthümer der Gemeinschuldner eingetragen steht, stets, bei den für den Gemeinschuldner eingetragenen Rechten aber nur dann einzutragen, wenn eine Beeinträchtigung der Konkursgläubiger zu besorgen ist. § 113 KO. Ist eine Gefahr für diese ausgeschlossen, so kann die Eintragung hier unterbleiben, z. B. dann, wenn der Konkursverwalter eine Hypothek oder Grundschuld schon dadurch der Verfügung des Gemeinschuldners entziehen kann, daß er den Hypotheken- oder Grundschuldbrief in Besitz nimmt. (Begründung zu § 106, 106a, b des Entw. d. KO.)

   Das Konkursgericht hat, soweit ihm solche Grundstücke oder Rechte bekannt sind, das Grundbuchamt von Amtswegen um die Eintragung zu ersuchen; sind erst noch Ermittelungen erforderlich, ob dem Gemeinschuldner solche Gegenstände gehören, so ist es Aufgabe des Konkursverwalters, sie anzustellen. Dem Konkursverwalter ist deshalb auch die Befugniß beigelegt worden, den Antrag auf Eintragung der Vermerke zu stellen. § 113 Abs. 2, 3 KO. und Begründung des Entw.

Wegen Löschung der eingetragenen Vermerke bestimmt das Gesetz folgendes:

Das Konkursgericht hat um Löschung zu ersuchen, wenn es vorläufig das allgemeine Veräußerungsverbot hat eintragen lassen, nachher aber den Eröffnungsantrag abweist, § 106 Abs. 2 KO.; wenn der Eröffnungsbeschluß im Beschwerdewege rechtskräftig aufgehoben ist, § 116 KO.; wenn das Konkursverfahren nach Abhaltung des Schlußtermins oder nach rechtskräftiger Bestätigung des Zwangsvergleichs aufgehoben ist, §§ 163, 190 KO.; wenn das Konkursverfahren durch Beschluß eingestellt ist. § 205 KO. Werden Grundstücke oder Rechte, bei denen im Grundbuche ein Konkursvermerk eingetragen steht, von dem Konkursverwalter freigegeben oder veräußert, so kann die Löschung vom Gemeinschuldner oder Erwerber nach Maßgabe der Vorschriften über Berichtigung des Grundbuchs, § 22 GBO., beantragt werden; um aber die Löschung in den Fällen zu erleichtern, in denen die Eintragung auf Ersuchen des Konkursgerichts erfolgt ist, kann der zum Löschungsantrage Berechtigte in diesen Fällen auch beim Konkursgericht den Antrag auf Herbeiführung der Löschung stellen, und das Konkursgericht kann dann das Grundbuchamt um Löschung ersuchen. §. 114 KO. und Begründung des Entw. zu § 106 c. Wird ein infolge eines Zwangsvergleichs aufgehobenes Konkursverfahren wieder aufgenommen, so regelt sich das Verfahren bei Eintragung der Vermerke ebenso wie im Eröffnungsverfahren. § 198 KO.

Die Wirkung des Konkursvermerks anlangend, so sind während der Dauer des Konkursverfahrens Arreste oder Zwangsvollstreckungen in zur Konkursmasse gehörige Grundstücke oder Rechte an Grundstücken unzulässig, auch wenn der Eintragungsantrag schon vor der Konkurseröffnung gestellt sein sollte. Ebensowenig darf auf Grund einer einstweiligen Verfügung zu Gunsten einzelner Konkursgläubiger eine Vormerkung ins Grundbuch eingetragen werden. § 14 KO. Der Gemeinschuldner selbst verliert mit der Eröffnung des Konkursverfahrens die Befugniß zur Verfügung über die zur Konkursmasse gehörigen Vermögensstücke. § 6 KO. Auf Grund einer von ihm erklärten Bewilligung darf also eine Eintragung seitdem nicht mehr erfolgen. Indessen bleibt die Vorschrift des § 878 BGB. in Kraft. Vgl. S. 61.

3. Die Verfügungsbeschränkung, deren ein Vorerbe zu Gunsten des Nacherben unterliegt. § 52 GBO. schreibt vor, daß bei der Eintragung eines Vorerben zugleich das Recht des Nacherben und, soweit der Vorerbe von den Beschränkungen seines Verfügungsrechts befreit ist,

auch die Befreiung des Vorerben von Amtswegen einzutragen ist. Vgl. vorher S. 131 zu 2.

Der Vorerbe darf über die zur Erbschaft gehörigen Gegenstände verfügen mit den Ausnahmen, welche die §§ 2112 f. BGB. für zur Erbschaft gehörende Grundstücke oder Rechte an einem Grundstücke machen. Welche Folgerungen sich hieraus für den Grundbuchverkehr ergeben, ist zweifelhaft. Jedenfalls widerspricht § 2113 BGB. nicht der Auffassung, daß eine vom Vorerben vorgenommene Verfügung über ein Grundstück, oder ein Recht am Grundstück, wenn sie mit Zustimmung des Nacherben geschieht, auch im Falle des Eintritts der Nacherbfolge ihre Wirksamkeit dem Nacherben gegenüber stets behalte. Danach wird der Grundbuchrichter unbedenklich einem Eintragungsantrage stattgeben können, welcher durch die Bewilligung des Vorerben und die Zustimmung des Nacherben begründet wird. Die Zulässigkeit eines Eintragungsantrags aber, welcher sich auf die Bewilligung nur des Vorerben stützt, hängt von dem gesetzlichen Umfange der Beschränkung des Vorerben ab, welchen der aus § 52 GBO. eingetragene, jene Beschränkung lediglich voraussetzende Vermerk an sich nicht erkennen läßt. Aus dem Zusammenhange der §§ 2112, 2113 BGB. wird man entnehmen müssen, daß der Vorerbe zunächst unbeschränkt auch über Grundstücke und Rechte an Grundstücken verfügen kann und seine Verfügung erst unwirksam wird beim Eintritt der Nacherbfolge insoweit, als sie **dann** das Recht des Nacherben beeinträchtigt. Hiernach macht der aus § 52 GBO. eingetragene Vermerk den Erwerber des Grundstücks oder eines Rechts am Grundstücke nur auf diese in der Zukunft liegende Möglichkeit aufmerksam; beschränkt aber einstweilen den Vorerben nicht in Verfügungen über das Recht. Eine von ihm allein erklärte Eintragungsbewilligung wird also zur Vornahme einer Eintragung ausreichen. § 19 GBO. Der Erblasser kann den Vorerben von den aus der Nacherbfolge folgenden Beschränkungen befreit haben. Als solche Befreiung gilt es, wenn der Erblasser den Nacherben auf dasjenige, was von der Erbschaft beim Eintritte der Nacherbfolge übrig sein wird, eingesetzt, oder bestimmt hat, der Vorerbe solle zur freien Verfügung über die Erbschaft berechtigt sein. §§ 2136, 2137 BGB. In diesem Falle genügt jedenfalls zu einer Eintragung in das Grundbuch die Bewilligung des Vorerben allein; der aus § 52 GBO. eingetragene Vermerk hat nur noch Bedeutung gegenüber den unentgeltlichen Verfügungen des § 2113 Abs. 2 und den im Wege der Zwangsvollstreckung oder Arrestvollziehung oder durch den Konkursverwalter vorgenommenen Verfügungen. § 2115 BGB. Hiervon wird aber der Grundbuchrichter nicht berührt.

Die in § 52 GBO. angeordnete Eintragung muß von Amtswegen geschehen und wie jede derartige Eintragung in einen besonderen Vermerk zusammengefaßt werden, vgl. S. 58. Der Vermerk verliert seine Bedeutung mit dem Eintritte der Nacherbfolge; dann ist er auf Antrag der Nacherben nach den Vorschriften über die Berichtigung des Grundbuchs zu löschen.

4. Die Verfügungsbeschränkung, deren ein Erbe in Ansehung der der Verwaltung des Testamentsvollstreckers unterworfenen Nachlaßgegenstände unterliegt, solange das Amt des Testamentsvollstreckers dauert. § 2211 BGB. Der Nachweis der Befugniß des Testamentsvollstreckers ist dem Grundbuchrichter entsprechend der Vorschrift des § 36 Abs. 1 Satz 2 GBO. zu führen, vgl. § 36 Abs. 2, d. h. entweder durch die in öffentlicher Urkunde enthaltene Verfügung von Todeswegen oder durch das vom Nachlaßgerichte nach § 2368 BGB. ausgestellte Zeugniß, welches ebenso wie der Erbschein die Vermuthung der Richtigkeit für sich hat. §§ 2368, 2365 BGB., vgl. Seite 130 zu 1 und 3. Sind in der Verfügung von Todeswegen keine genauen Angaben über die Rechte des Testamentsvollstreckers getroffen, so treten die Bestimmungen der §§ 2204 f. BGB. ergänzend ein.

Um die Beschränkung des Erben im Grundbuche erkennbar zu machen, schreibt der § 53 GBO. vor: „Ist ein Testamentsvollstrecker ernannt, so ist dies bei der Eintragung des Erben von Amtswegen miteinzutragen, es sei denn, daß der Nachlaßgegenstand der Verwaltung des Testamentsvollstreckers nicht unterliegt.“ Ist der Vermerk eingetragen, so ist, soweit die Verwaltungsbefugniß des Testamentsvollstreckers reicht, das Verfügungsrecht des Erben ausgeschlossen; innerhalb dieser Schranke sind deshalb Verfügungen über das dem Erben gehörige Grundstück oder Recht allein auf Grund der Bewilligung des Testamentsvollstreckers im Grundbuche einzutragen. Außerhalb des Bereichs seiner Verwaltungsmacht bedarf es dagegen zu solchen Eintragungen auch nicht einmal seiner Zustimmung. Der Vermerk verliert seine Bedeutung mit dem Augenblicke, wo die Testamentsvollstreckung aufhört. Im übrigen ist wegen der Eintragung und Löschung des Vermerks das zu 3 Gesagte auch hier zutreffend.

5. Der Antheil des Miteigenthümers eines Grundstücks kann in der Weise belastet werden, daß im Grundbuche in der Abtheilung II, Sp. 1—3 als Belastung des betreffenden Antheils Bestimmungen eingetragen werden, welche die Miteigenthümer getroffen haben über die Verwaltung oder Benutzung des Grundstücks oder über den Ausschluß der Aufhebung der Gemeinschaft für immer oder auf Zeit, oder über die Frist zur Kündigung der Gemeinschaft. § 1010 Abs. 1 BGB. Auch die Ausgleichungsansprüche, welche im Falle der Aufhebung des Miteigenthums auf Verlangen eines einzelnen Miteigenthümers aus dem gemeinschaftlichen Grundstücke zu befriedigen sind, können als Belastung des Antheils des schuldigen Miteigenthümers im Grundbuche eingetragen werden. §§ 1010 Abs. 2, 755, 756 BGB., § 11 Z. 1 Verf.

6. Soweit ein Grundstück im Eigenthum von Miterben steht, kann es in der Weise belastet werden, daß in der Abtheilung II des Blattes, Spalte 1—3 eingetragen wird, daß die Auseinandersetzung in Ansehung des Grundstücks ausgeschlossen oder von der Einhaltung einer Kündigungsfrist abhängig gemacht sei. § 2044 BGB., § 11 Z. 1 Verf.

7. Die Einleitung einer Nachlaßverwaltung oder Nachlaßpflegschaft wird auf Antrag des Verwalters oder Pflegers im Grundbuche eingetragen werden dürfen, um dem Erwerber des Grundstücks oder des eingetragenen Rechtes den Mangel der Verfügungsbefugniß des Erben anzuzeigen.
8. Die Verfügungsbeschränkungen, welche auf Grund von einstweiligen Verfügungen und Arrestbefehlen eingetragen werden. Hierher gehört auch das Veräußerungsverbot, welches auf Antrag des Klägers in einem Prozesse über das Eigenthum eines Grundstücks oder das Gläubigerrecht an einem eingetragenen Rechte durch einstweilige Verfügung vom Prozeßgericht erlassen werden kann, um dem ergehenden Urtheil auch gegen den Erwerber Wirksamkeit zu verleihen. Betrifft das Urtheil einen Anspruch aus einer eingetragenen Reallast, Hypothek, Grundschuld oder Rentenschuld, so bedarf es der Eintragung eines Veräußerungsverbots nicht, weil das Urtheil in Ansehung des Grundstücks gegen den Rechtsnachfolger auch dann wirkt, wenn dieser die Rechtshängigkeit nicht gekannt hat. § 325 CPO.
9. Die zur Deckung der Geldstrafe und der Kosten des Verfahrens vom Strafgericht verfügte und auf Antrag der Staatsanwaltschaft ins Grundbuch einzutragende Beschlagnahme eines Grundstücks oder eines eingetragenen Rechtes eines abwesenden Angeschuldigten. §§ 325, 326 StPO.
10. Die durch Rechtsgeschäft einer anderen Person gegenüber übernommene Verpflichtung, über ein Grundstück oder ein eingetragenes Recht nicht zu verfügen. §§ 137, 892 BGB. Die Eintragung erfolgt auf Grund der Bewilligung des Eigenthümers oder Berechtigten, welcher die Verpflichtung übernommen hat; die Löschung setzt, sofern nicht die Vorschriften über die Berichtigung des Grundbuchs zutreffen, die Bewilligung dessen voraus, dem gegenüber die Verpflichtung erklärt ist.
11. Die auf Ersuchen der Auseinandersetzungsbehörden einzutragenden vorläufigen Vermerke, daß eine Abfindung in Kapital bevorstehe. § 59 V. v. 30. Juni 1834, vgl. § 67.
12. Der auf Ersuchen der General-Kommission einzutragende Vermerk, daß die Begründung des Grundstücks als Rentenguts eingeleitet sei. § 12 Ges. v. 7. Juli 1891. Vgl. § 91.
13. Die auf Ersuchen der zuständigen Behörde einzutragende Anerbengutseigenschaft eines Grundstücks. §§ 1, 2 Ges. v. 8. Juni 1896. Vgl. § 92.
14. Der von Amtswegen bei Ertheilung der Grundbuchauszüge einzutragende Enteignungsvermerk. § 33 Enteig.Ges. v. 11. Juni 1874. Vgl. vorher S. 157.
15. Der auf Ersuchen der Lehn- oder Fideikommißbehörde einzutragende Vermerk der Lehnguts- oder Fideikommißgutseigenschaft eines Grundstücks, sowie der Vermerk über die Erb- oder Stammgutseigenschaft eines Grundstücks. Vgl. § 90.
16. Der Vermerk, daß ein Grundstück einer Bahneinheit zugehöre. Vgl. § 88.

III. Die Beschränkungen, welche das Verfügungsrecht des Eigenthümers einschränken, sind in den Spalten 1—3 der zweiten Abtheilung des Grundbuchblattes einzutragen. § 11 Z. 1—3 Verf. Eine Ausnahme gilt nur bei Anerbengütern in Westphalen. Betrifft die Beschränkung die Verfügung eines Berechtigten über ein Recht, welches in der zweiten oder dritten Abtheilung des Grundbuchblattes eingetragen steht, so gehört auch die Beschränkung in die entsprechende Abtheilung. Die Beschränkung ist aber stets in den Spalten des Abschnitts „Veränderungen" zu buchen, ganz gleich, ob die Beschränkung schon gleichzeitig mit der Eintragung des Rechtes selber oder erst nachträglich einzutragen ist. §§ 11 Abs. 2, 12 Abs. 2 Verf.

Die Uebertragung oder inhaltliche Veränderung der eingetragenen Verfügungsbeschränkung ist unter Umständen denkbar, z. B. im Falle zu 8 u. 10. Die Eintragung der Veränderung erscheint dann auf Grund der Bewilligung des Betroffenen oder auf Ersuchen der zuständigen Behörde nach den allgemeinen Grundsätzen zulässig. Auch die Löschung einer Verfügungsbeschränkung unterliegt keiner besonderen Regel; nur ist im § 47 GBO. die Eintragung eines Löschungsvermerks besonders vorgeschrieben.

Die Wirkung einer Verfügungsbeschränkung gegenüber später beantragten Eintragungen, welche mit ihr in Widerspruch treten würden, ist eine sehr verschiedene. Einzelne Wirkungen sind schon zu 2, 3, 4 erwähnt. Im Uebrigen legt das BGB. den auf Reichsgesetz beruhenden Veräußerungsverboten (vgl. vorher bei II Nr. 1, 8, 10) nicht die Bedeutung der Sperre des Grundbuchs gegen widersprechende Eintragungen bei. §§ 882 Abs. 2, 135, 136 BGB. Eintragungsanträgen hat hier also der Grundbuchrichter, wenn sonst die Formerfordernisse erfüllt sind, stattzugeben. Indessen wird auch ein Veräußerungsverbot mit der Wirkung einer Sperre des Grundbuchs gegen jede widersprechende Eintragung ausgestattet und die Eintragung demgemäß angeordnet werden können. Ohne weiteres haben diese Wirkung manche auf Landesrecht beruhenden Verfügungsbeschränkungen. Der § 59 V. v. 30. Juni 1834 (vgl. vorher unter II 11) spricht dies z. B. ausdrücklich aus. In einzelnen Fällen, z. B. denen zu II 12, 13, 14, 15, 16 soll die eingetragene Verfügungsbeschränkung kenntlich machen, daß die Verfügung über das Grundstück oder Recht besonderen, in einem Spezialgesetze angeordneten Vorschriften unterliegt und weitere Eintragungen nur nach Maßgabe dieser Vorschriften erfolgen können. Hat die Verfügungsbeschränkung keine andere Wirkung, so stellt sie doch jedenfalls klar, daß die volle Verfügungsgewalt dem eingetragenen Berechtigten nicht mehr zusteht und zur Verfügung über das durch die Beschränkung betroffene Recht stets noch die Zustimmung desjenigen gehört, für welchen die Beschränkung eingetragen ist.

Der Grundbuchrichter ist verpflichtet, die eingetragenen Verfügungsbeschränkungen bei weiteren Eintragungen auf demselben Grundbuchblatte zu beachten und ihrer Wirkung nach zu berücksichtigen, wenn anders er sich nicht eines Versehens schuldig machen will.

Dabei ist zu berücksichtigen, daß die zur Zeit des Inkrafttretens des BGB. bestehenden Verfügungsbeschränkungen wirksam geblieben sind. Art. 168 EG.

IV. Auch auf einem Hypotheken-, Grundschuld- oder Rentenschuldbriefe können Veräußerungsverbote vorkommen; diese berühren aber ebensowenig wie die entsprechenden Widersprüche — vgl. vorher Seite 163 — die Thätigkeit des Grundbuchrichters.

Neuntes Kapitel.

Eintragung und Löschung von Rechten in der zweiten Abtheilung des Grundbuchblattes.

§ 60. Die einzutragenden Rechte im Allgemeinen.

Ueber die Einrichtung der zweiten Abtheilung des Grundbuchblattes ist bereits vorher S. 45 das Erforderliche mitgetheilt. Abgesehen von den Vormerkungen, Widersprüchen und Verfügungsbeschränkungen, welche in die zweite Abtheilung gehören, vgl. vorher die §§ 57—59, dient diese Abtheilung zur Eintragung des Erbbaurechtes, der Grunddienstbarkeiten, des Nießbrauchs an Grundstücken, der beschränkten persönlichen Dienstbarkeiten, des Vorkaufsrechtes und der Reallasten. Das Reichsrecht kennt nur eine gesetzlich geschlossene Zahl von dinglichen Rechten an Grundstücken; neben den genannten nur noch die Hypotheken, Grundschulden, Rentenschulden. Andere Rechte als diese können deshalb an Grundstücken nicht mehr begründet werden. Unzulässig ist daher schon seit dem 1. Januar 1900 die Eintragung eines Besitzrechtes, der Miethe oder Pacht, der Antichresis, des dinglichen Wiederkaufsrechts. Ein solches besteht in beschränktem Umfange nur nach Preußischem Rechte noch bei Rentengütern. Art. 189 Abs. 1 Satz 2 EG. Soweit aber die nicht mehr anerkannten dinglichen Rechte beim Inkrafttreten des BGB. bereits im Grundbuche eingetragen standen, gelten auch für sie die schon S. 7 erwähnten Regeln, insbesondere also der Satz, daß sie unter der Herrschaft des neuen Rechtes ihren sich aus den bisherigen Gesetzen ergebenden Rang und Inhalt behalten haben. Art. 184 EG. Im einzelnen ist aber noch folgendes hinzuzufügen:

1. Antichresis und der Besitz. Nach Preußischem Rechte konnte ein Pfandrecht an Grundstücken dadurch begründet werden, daß dem Gläubiger der Besitz am Grundstücke eingeräumt und das Recht im Grundbuche eingetragen wurde. Dieses Besitzpfand kam in der Praxis nur in Verbindung mit der Antichresis vor, dessen Wesen darin bestand, daß dem Gläubiger zugleich mit dem Besitz auch der Genuß des Grundstücks als Befriedigung seines Zinsenanspruchs überlassen wurde. Die Antichresis konnte auch als ein selbständiges dingliches Recht am Grundstücke im Grundbuche eingetragen werden. Sie gehörte in die Abtheilung II des Grundbuchblattes; wurde aber häufig auch in Verbindung mit einer in die Abtheilung III einzutragenden Hypothek bestellt.

Das BGB. kennt das Besitzpfand an Grundstücken in keiner Form mehr. Soweit ein solches nach den Uebergangsbestimmungen noch besteht, hat auch sein Inhalt eine Veränderung nicht erlitten. Art. 184 EG. Auf ein bestehendes Besitzverhältniß finden schon vom 1. Januar 1900 an die Vorschriften des BGB. Anwendung. Art. 180 EG. Danach könnte die Eintragung eines Besitzrechtes als solchen von diesem Tage an als inhaltlich unzulässig von Amtswegen gelöscht werden. § 54 GBO. Ist dies Besitzrecht aber mit einer Antichresis verbunden, so wird es als eine Befugniß dieses sonst unberührt gebliebenen Rechtes bis zu dessen Erlöschen im Grundbuche stehen bleiben dürfen.

2. Die Miethe und die Pacht. Ist die Kündigung eines am 1. Januar 1900 bestehenden Mieth- oder Pachtverhältnisses nicht für den ersten Termin erfolgt, für den sie nach den bisherigen Gesetzen zulässig war, so bestimmt das Verhältniß sich von diesem Termin an nach den Vorschriften des BGB. Art. 171 EG. Hiernach hört von diesem Termin an auch die Eintragungsfähigkeit des Mieth- und Pachtvertrages auf; der Vermerk im Grundbuche ist seitdem ohne rechtliche Bedeutung und Inhalt und der Eigenthümer des Grundstücks kann von diesem Zeitpunkte an, sofern er die Voraussetzungen des Art. 171 EG. nachweist, die Berichtigung des Grundbuchs durch Löschung des Mieth- oder Pachtrechtes beantragen.

§ 61. Die Eintragung und Löschung von Erbbaurechten.

I. Ein Grundstück, oder ein realer Theil eines solchen — der dann nach § 6 GBO. abzuschreiben ist — kann mit dem Erbbaurecht belastet werden. Dies ist das Recht, auf der Oberfläche oder unter der Oberfläche des Grundstücks ein Bauwerk zu haben und gegebenen Falls einen für das Bauwerk selbst zwar nicht erforderlichen, aber für dessen Benutzung doch Vortheil bietenden Theil des Grundstücks zu benutzen. §§ 1012, 1013 BGB. Das Bauwerk kann dem Grundstückseigenthümer gehören, kann aber auch von dem Berechtigten erst erbaut werden. Als Beispiele werden genannt: Wohngebäude, Schuppen, Keller, Denkmal, Schienengeleise, Brücken mit der Ausdehnung auf Garten, Hof, Lagerräume, Zugang u. s. w. Die Beschränkung des Erbbaurechts auf den Theil eines Gebäudes, insbesondere ein Stockwerk ist unzulässig. § 1014. Das Recht, Pflanzen oder Bäume auf einem fremden Grundstücke zu haben, kennt das BGB. nicht. Das Erbbaurecht kann nur subjektiv persönlich, nicht als Recht, das dem jeweiligen Eigenthümer eines anderen Grundstücks zusteht, bestellt werden. Die Bestellung kann unter Angabe des Höchstbetrages des Ersatzes für den Fall des Erlöschens des Rechtes durch den Zuschlag erfolgen. § 882 BGB.

II. Die Bestellung des Erbbaurechts unterliegt der Besonderheit, daß die Einigung des Erwerbers und Eigenthümers nothwendig bei gleichzeitiger Anwesenheit beider Theile vor dem Grundbuchamt erklärt werden muß. § 1015 BGB. Die Einigung kann unter Festsetzung von Fristen oder Bedingungen geschehen. Vgl. § 1015 im Gegensatz zu § 925 BGB. Die Eintragung darf erst erfolgen, wenn die Einigung beider

Theile erklärt ist. § 20 GBO. Sie erfolgt zunächst in der zweiten Abtheilung des Grundbuchblattes des belasteten Grundstücks; hierüber und unter welchen Voraussetzungen die Anlegung eines besonderen Grundbuchblattes für das Erbbaurecht geschieht, siehe S. 28. Diese ist jedenfalls schon bei der Bestellung erforderlich, wenn der Erwerber für das Erbbaurecht die Leistung eines regelmäßigen Bodenzinses verspricht, durch welchen es schon gleich mit einer Reallast belastet wird. § 7 GBO. Nach der Anlegung des besonderen Blattes werden alle das Erbbaurecht betreffenden Veränderungen nur noch auf diesem vermerkt. Das Blatt des belasteten Grundstücks behält aber trotzdem noch seine Bedeutung für das Recht. Vgl. S. 29.

III. Aenderungen und Uebertragung des Erbbaurechts. Inhaltliche Aenderungen des Rechts sind zulässig; die Ausdehnung des Rechts auf bisher nicht belastete Theile des dienenden Grundstücks ist wie eine neue Bestellung anzusehen; Einschränkungen des Rechts bedeuten eine theilweise Aufhebung. Aenderungen in der Person des Berechtigten auf Grund einer Erbfolge oder anderen Universalnachfolge sind auf Antrag einzutragen; im Falle der Berichtigung des Grundbuchs ist aber die Besonderheit des § 22 Abs. 2 GBO. zu beachten. Vgl. S. 156.

Die rechtsgeschäftliche Uebertragung geschieht durch Auflassung nach § 1017 Abs. 2, 925 BGB., Art. 26 § 1 A.BGB. ganz wie die Uebertragung des Eigenthums. Sie darf nicht unter Bedingungen oder Befristungen erfolgen. Das Recht wird aber selbstverständlich nur mit den bei der Bestellung festgesetzten Beschränkungen (Fristen, Bedingungen) erworben.

IV. Für Belastungen des Erbbaurechts mit dinglichen Rechten — Pfandrechten aller Art, Reallasten, Grundgerechtigkeiten u. s. w. — gelten keine Abweichungen von den Vorschriften über Belastungen von Grundstücken. Erbbaurechte unterstehen den sich auf diese beziehenden Vorschriften § 1017 Abs. 1 BGB.

V. Die Beendigung des Erbbaurechts tritt nicht ein durch den Untergang des Bauwerks, wohl aber mit Eintritt der Frist oder der Bedingung §§ 24, 23 GBO.

Sonst unterliegt die Aufhebung des Erbbaurechts dem § 875 BGB. Die Löschung im Grundbuche geschieht auf Grund der Bewilligung des Berechtigten, § 19 GBO., doch bedarf es der Zustimmung der Gläubiger aller Rechte, mit denen das Erbbaurecht belastet ist. § 876 BGB. Die Aufhebung des Erbbaurechts wird nur durch die Löschung auf dem Grundbuchblatte des belasteten Grundstücks bewirkt. Was in diesem Falle mit dem besonderen Grundbuchblatte des Erbbaurechts zu geschehen habe, ist nirgends besonders vorgeschrieben. Die Aufhebung des Erbbaurechts ist hinsichtlich dieses Blattes der Abschreibung aller auf einem Grundbuchblatte eingetragenen Grundstücke gleichzustellen. Es werden also die Vorschriften über Schließung des Grundbuchblattes anzuwenden sein, §§ 17, 19 Verf., vorher S. 50.

Mit dem Erlöschen des Erbbaurechts erlöschen auch alle auf dem besonderen Grundbuchblatte desselben noch eingetragen stehenden Rechte. Die Zustimmung der Gläubiger dieser Rechte zur Löschung des Erbbaurechts nach § 876 BGB. hat deshalb auch die Bedeutung einer Löschungsbewilligung bezüglich ihrer eigenen Rechte. Sie sind auf Grund der Zustimmung zu löschen.

Ist dem Erbbaurecht eine Berechtigung z. B. ein subjektiv dingliches Vorkaufsrecht, eine solche Reallast, eine Grunddienstbarkeit im Grundbuche als Bestandtheil zugeschrieben, so gehen diese Rechte mit dem Erlöschen des Erbbaurechts unter; soweit die Rechte auch auf einem belasteten Grundbuchblatte stehen, muß deshalb hier deren Löschung erfolgen. Alle diese Rechte sind nur für die Dauer des Bestehens des Erbbaurechts bestellt. Für die Löschung kommen die §§ 24, 23 GBO. zur Anwendung.

VI. Die Regeln über das Erbbaurecht zu III, IV gelten für alle zur Zeit des Inkrafttretens des BGB. schon bestehenden Erbbaurechte; ihnen untersteht danach auch die Superficies nach § 243 I 22 ALR., mag für sie bereits ein selbständiges Grundbuchblatt geführt werden oder sie bisher als Grundgerechtigkeit aufgefaßt sein. Art. 184 EG.

§ 62. Die Eintragung und Löschung von Grunddienstbarkeiten.

I. Mit einer Grunddienstbarkeit belastet werden kann nur ein ganzes Grundstück oder ein realer Theil daran, nicht ein ideeller Theil des Grundstücks. Bei der Belastung eines realen Theils kann die sonst vorgeschriebene Abschreibung desselben unterbleiben, wenn hiervon Verwirrung nicht zu besorgen ist. § 6 GBO. Vgl. S. 26, 57.

Die Eintragung geschieht nach den allgemeinen Grundsätzen, setzt also die Bewilligung des Eigenthümers voraus. Bei der Eintragung kann zur näheren Bezeichnung des Rechts und der etwa in der Grunddienstbarkeit enthaltenen einzelnen Rechte auf die Eintragungsbewilligung Bezug genommen werden. § 50 GBO., § 874 BGB. Die Eintragung kann unter Angabe des Höchstbetrages des Ersatzes für den Fall des Erlöschens des Rechtes durch den Zuschlag geschehen. § 882 BGB. Als Berechtigter der Grunddienstbarkeit kann nur der jeweilige Eigenthümer eines anderen Grundstücks eingetragen werden, ohne daß dieses benachbart zu sein brauchte. Doch kann der Eigenthümer des berechtigten Grundstücks zugleich Miteigenthümer des belasteten Grundstücks und umgekehrt der Miteigenthümer des berechtigten zugleich Eigenthümer des belasteten Grundstücks sein. § 1009 BGB. Dies ist eine Ausnahme von dem Grundsatze, daß ein Eigenthümer für sich selbst Rechte an seiner eigenen Sache nicht bestellen kann. Vgl. § 889 BGB. Wird das Recht für eine natürliche oder juristische Person bestellt, so liegt eine beschränkte persönliche Dienstbarkeit vor, vgl. den folgenden §. Der jeweilige Berechtigte der Grunddienstbarkeit oder jeder Dritte, dessen Zustimmung zur Aufhebung des Rechts nach § 876 BGB. erforderlich ist, kann die Eintragung der Grunddienstbarkeit als Bestandtheil des herrschenden Grundstücks herbeiführen. § 8 GBO. Vgl. S. 27.

II. Aenderungen der Eintragung sind möglich, weil der Inhalt der Grunddienstbarkeit freier rechtsgeschäftlicher Gestaltung unterliegt. Insbesondere kennt das BGB. die Verlegung. Die Umschreibung setzt stets die Bewilligung des Eigenthümers des berechtigten Grundstücks voraus, weil sein Recht immer von der Aenderung betroffen wird. § 19 GBO. Besonderes gilt von der Theilung des berechtigten oder des belasteten Grundstücks.

Wird das Grundstück des Berechtigten getheilt, so ist grundsätzlich die hier etwa als Bestandtheil eingetragene Grunddienstbarkeit auf das Grundbuchblatt aller Theilgrundstücke als Bestandtheil mitzuübertragen. Gereicht aber die Dienstbarkeit nur einem der Theile zum Vortheil, so erlischt sie für die übrigen Theile. § 1025 BGB. Die Mitübertragung auf die Grundbuchblätter der Theilgrundstücke unterbleibt dann, oder aber es erfolgt Löschung auf dem Blatte des Stammgrundstücks. In dieser Weise ist aber nicht nach dem Ermessen des Grundbuchrichters, sondern wenn der Eintragungsvermerk die Beschränkung der Grunddienstbarkeit auf einen Theil des berechtigten Grundstücks nicht schon selbst ergiebt, nur auf Grund der Bewilligung des Berechtigten zu verfahren. Diese sind vor der Theilung der Eigenthümer des Stammgrundstücks, nachher die Eigenthümer der betroffenen Theilgrundstücke. §§ 19, 47 GBO.

Wird das belastete Grundstück getheilt, so ist die Dienstbarkeit in der Regel auf die Blätter der Theile als Last mitzuübertragen. Ausnahmsweise geschieht dies nicht — und zwar ohne daß es eines besonderen Antrags bedürfte, — wenn aus der Eintragungsformel hervorgeht, daß die Ausübung der Dienstbarkeit nur auf nicht abzuschreibende Theile des Grundstücks beschränkt, oder nur ein bestimmter, nicht abzuschreibender Theil überhaupt mit der Dienstbarkeit belastet ist. § 1026 BGB. In allen anderen Fällen bedarf es, wenn die Uebertragung auf die Blätter der Theilgrundstücke nicht geschehen soll, der Bewilligung des Berechtigten.

Die Löschung der Dienstbarkeit im Grundbuche unterliegt den allgemeinen Regeln.

III. Die Belastung eines Grundstücks mit gewissen Grunddienstbarkeiten kann landesgesetzlich untersagt sein oder werden. Art. 115 EG. Als Uebergangsbestimmung gilt die Regel, daß auf Grunddienstbarkeiten, welche zur Zeit des Inkrafttretens des BGB. bestanden, die vorstehend zu II dargelegten Vorschriften Anwendung finden. Art. 184 EG. Wird nachgewiesen, daß zu der Zeit, zu welcher das Grundbuch als angelegt anzusehen ist, Grunddienstbarkeiten bereits bestanden, ohne daß sie im Grundbuche eingetragen waren, so sind sie auf Grund des Nachweises ihres Bestehens auf Antrag des Berechtigten oder des Eigenthümers des Grundstücks auf Kosten des Antragstellers einzutragen. Art. 187 EG. Die Eintragung kann nach Grundbuchrecht nur an der ersten noch offenen Stelle der zweiten Abtheilung des Blattes erfolgen, mag auch die Dienstbarkeit nach Art. 184 EG. einen höheren Rang haben.

§ 63. Die Eintragung und Löschung eines Nießbrauchs.

I. Für den Grundbuchrichter in Frage kommen der Nießbrauch an einem Grundstück und der Nießbrauch an einem im Grundbuche eingetragenen Rechte. Zu den Rechten, an denen ein Nießbrauch bestellt werden kann, gehören sowohl einzelne Rechte der zweiten Abtheilung als auch die Rechte der dritten Abtheilung, Hypothek, Grundschuld, Rentenschuld. §§ 1074, 1080 BGB.

II. Nießbrauch an einem Grundstücke. Hierher gehört auch der Nießbrauch an einem Erbbaurechte. Belastet werden kann das ganze Grundstück, § 1031 BGB., oder der Antheil eines Miteigenthümers, § 1066 BGB. Der Nießbrauch kann durch den Ausschluß einzelner Nutzungen beschränkt werden, § 1030 Abs. 2 BGB.; er bleibt trotzdem ein Nießbrauch an dem ganzen Grundstücke oder dem ganzen Miteigenthumsantheile; an den vom Nießbrauche ausgeschlossenen Nutzungen kann ein anderer Nießbrauch begründet sein. Soll nur ein realer Grundstücktheil mit einem Nießbrauche belastet werden, so kann die sonst vorgeschriebene Abschreibung dieses Theils unterbleiben, wenn hiervon Verwirrung nicht zu besorgen ist. § 6 GBO.

Nießbraucher kann sein eine natürliche oder eine juristische Person; es können auch mehrere Personen zu ideellen Theilen, z. B. ein jeder zu 1/3 oder ein Miteigenthümer des belasteten Grundstücks, § 1009 BGB., Nießbraucher sein; der jeweilige Eigenthümer eines anderen Grundstücks kann nicht Nießbraucher sein, ebensowenig der Alleineigenthümer des belasteten Grundstücks.

Die rechtsgeschäftliche Entstehung des Nießbrauchs vollendet sich durch die Einigung der Betheiligten und die Eintragung ins Grundbuch. § 873 BGB. Ein gesetzlicher Nießbrauch kommt für das Grundbuchrecht nach BGB. nicht in Frage; die Nutznießung des Ehemannes und die elterliche Nutznießung faßt das BGB. nicht als Nießbrauch auf. Ihre Eintragung ins Grundbuch ist unzulässig. Der letztwillig vermachte Nießbrauch giebt nur einen Anspruch auf Bestellung desselben; zur Eintragung ins Grundbuch gehört also noch rechtsgeschäftliche Bestellung.

Für die Eintragung des Nießbrauchs ins Grundbuch gelten die allgemeinen Regeln. Der Eintragungsantrag setzt also die Begründung durch die Bewilligung des Grundstückseigenthümers voraus. § 19 GBO. Die Eintragung kann unter Angabe des Höchstbetrages des Ersatzes für den Fall des Erlöschens des Rechts durch den Zuschlag erfolgen. § 882 BGB. Der Ersatz besteht hier in einer jährlichen Geldrente. §§ 92, 121 ZVG.

Der eingetragene Nießbrauch kann Aenderungen ausgesetzt sein; es können auch nachträglich einzelne Nutzungen daran ausgeschlossen oder er auf bisher davon ausgeschlossene Nutzungen ausgedehnt werden. In beiden Fällen muß die Aenderung durch die Bewilligung des Eigenthümers und des Nießbrauchers begründet sein. § 877 BGB., § 19 GBO.

Der Nießbrauch ist nicht übertragbar und nicht vererblich, entzieht sich auch jeder Belastung durch Pfand- oder Nießbrauch. Die Ausübung des Nießbrauchs kann einem Anderen überlassen und auch im Wege der Zwangsvollstreckung gepfändet werden. § 1059 BGB., § 857 CPO. Diese Ueberlassung z. B. durch Verpachtung und Pfändung giebt aber kein dingliches Recht am Nießbrauche und erscheint deshalb nicht im Grundbuche.

Die Löschung des Nießbrauchs im Grundbuche erfolgt nach den allgemeinen Regeln. Ein besonderer Erlöschungsgrund ist der Tod des Nießbrauchers oder, wenn dieser eine juristische Person ist, das Erlöschen dieser. § 1061 BGB. Bei der Löschung des Nießbrauchs in diesen Fällen wird meist § 23 GBO. zu beachten sein.

III. Die Voraussetzung für die Bestellung eines Nießbrauchs an einem Rechte der zweiten Abtheilung ist, daß es Nutzungen gewähre, die der Nießbraucher ziehen kann. Dies ist der Natur des Rechts nach niemals der Fall bei einem Vorkaufsrecht. Nach ausdrücklicher gesetzlicher Vorschrift dürfen mit einem Nießbrauche nicht belastet werden der Nießbrauch selber und die beschränkte persönliche Dienstbarkeit. §§ 1059, 1092 BGB. Denkbar ist die Belastung mit einem Nießbrauch bei einer Grunddienstbarkeit. Vor allem aber können Reallasten in dieser Weise belastet werden. Doch kann dies nur geschehen, wenn der Anspruch auf die einzelnen Leistungen übertragbar ist. § 1111 BGB. Das Gesetz nennt den Nießbraucher an einer Leibrente, einem Auszuge oder einem ähnlichen Rechte. § 1073 BGB.

Die für die Bestellung, Veränderung, Löschung eines Nießbrauchs an einem Rechte inbetracht kommenden Regeln sind erst in § 76 zusammengestellt und wird hier darauf verwiesen.

IV. Nach Rheinischem Rechte konnte der Nießbrauch an einem Grundstücke Gegenstand von Hypotheken oder Privilegien sein. Rhein. BGB. Art. 2118. Mit der Anlegung des Grundbuchs verliert ein solcher Nießbrauch die Bedeutung eines den Grundstücken gleichstehenden Rechts. Hypotheken und Privilegien können seitdem an einem Nießbrauche nicht mehr bestehen. Sind sie zur Zeit, zu der das Grundbuch als angelegt anzusehen ist, durch Eintragung in das Hypothekenregister wirksam geworden, so gelten sie von diesem Zeitpunkte an als Pfandrechte an dem das Grundstück belastenden Nießbrauche. Art. 33 § 4 Abs. 2 A.BGB. und Begründung dazu.

§ 64. Die Eintragung und Löschung von beschränkten persönlichen Dienstbarkeiten.

I. Mit einer beschränkten persönlichen Dienstbarkeit kann ein ganzes Grundstück, oder ein realer Theil davon belastet werden. Der Inhalt der Dienstbarkeit richtet sich nach der Vereinbarung der Parteien; es können alle die Befugnisse eingeräumt werden, die Inhalt einer Grunddienstbarkeit sein können, oder die Befugniß, das Grundstück in einzelnen Beziehungen, insbesondere ein Gebäude oder einen Theil eines Gebäudes als Wohnung zu benutzen. §§ 1090, 1093 BGB. Bei der Eintragung oder nachträglich kann der Höchstbetrag des Ersatzes für den Fall des Erlöschens des Rechts durch den Zuschlag mitvermerkt werden. Der Ersatz besteht in einer jährlichen Geldrente. § 882 BGB., §§ 92, 121 ZBG.

Als Berechtigter kann nur eine Person, auch eine juristische Person, oder eine Mehrheit von einzelnen Personen, auch ein Miteigenthümer des belasteten Grundstücks eingetragen werden.

II. Für die Begründung, Aenderung und Aufhebung der Dienstbarkeit gelten die allgemeinen Regeln. Nur ist sie schlechthin unveräußerlich und unvererblich, so daß auf den Nachweis des Todes oder der Auflösung der berechtigten Person die Berichtigung des Grundbuchs nach §§ 22—24 GBO. stets erfolgen kann. Wird das belastete Grundstück getheilt, so gelten die gleichen Regeln wie bei der Grunddienstbarkeit. §§ 1090, 1026 BGB., s. vorher S. 177.

§ 65. Die Eintragung und Löschung von Vorkaufsrechten.

I. Das BGB. kennt nur das gesetzliche Vorkaufsrecht der Miterben. §§ 2034—2037 BGB. Landesrechtlich kommen in Preußen als gesetzliche Vorkaufsrechte noch vor das Vorkaufsrecht nach § 57 Enteignungsges., nach § 141 Berggesetzes, nach § 27 des Ges. v. 8. Juni 1896 und § 33 des Ges. v. 2. Juli 1898, beide betreffend das Anerbenrecht. Die gesetzlichen Vorkaufsrechte bedürfen auch unter dem neuen Rechte nicht der Eintragung in das Grundbuch. Vgl. Art. 22 Z. 1 A.BGB. Dagegen ist von dem Tage an, zu welchem das Grundbuch als angelegt anzusehen ist, die Eintragung ins Grundbuch eine nothwendiges Erforderniß zur Begründung eines jeden durch Rechtsgeschäft bestellten Vorkaufsrechts. Ist es eingetragen, so hindert es ebensowenig wie eine Vormerkung die Auflassung des Grundstücks an einen anderen, als den Vorkaufsberechtigten oder eine andere Verfügung über das belastete Grundstück. §§ 1098, 883 BGB.

II. Die Eintragung erfolgt nach den allgemeinen Vorschriften auf Grund der Bewilligung des Eigenthümers des belasteten Grundstücks. Als Berechtigter eines Vorkaufsrechts kann eine Person, auch ein Miteigenthümer des belasteten Grundstücks, aber auch der jeweilige Eigenthümer eines anderen Grundstücks eingetragen werden. § 1094, vgl. § 1009 BGB. Im letzteren Falle ist das Recht auf Antrag zugleich als Bestandtheil auf dem Blatte des berechtigten Grundstücks zu vermerken. § 8 GBO. Belastet mit dem Vorkaufsrecht wird in der Regel ein ganzes Grundstück; soll nur ein realer Theil damit belastet werden, so ist er zuvor als selbständiges Grundstück einzutragen. § 6 GBO. Die Belastung eines Bruchtheils des Grundstücks ist nur zulässig, wenn er im Antheile eines Miteigenthümers besteht. § 1095 BGB. Bei der Eintragung des Vorkaufsrechts kann zugleich der Höchstbetrag des Ersatzes für den Fall des Erlöschens durch den Zuschlag vermerkt werden. § 882 BGB.

III. Soweit der Inhalt eines Vorkaufsrechts im einzelnen der freien rechtsgeschäftlichen Gestaltung unterliegt, kann er auch nachträglich geändert werden. Verboten ist jedoch die Trennung eines ursprünglich subjektiv dinglich bestellten Vorkaufsrechts von dem Eigenthum an dem Grundstücke oder die Verbindung eines ursprünglich subjektiv persönlich bestellten Vorkaufsrechtes mit dem Eigenthum an einem Grundstücke. § 1103 BGB.

Das subjektiv persönliche Vorkaufsrecht ist auf Seiten des Berechtigten in der Regel nicht übertragbar und nicht vererblich; es kann aber von vornherein oder erst nachträglich als übertragbares oder vererbliches Recht bestellt werden. §§ 514, 1098 BGB. Dies stellt eine Aenderung des Rechts vor und bedarf deshalb zur Umschreibung im Grundbuche der Bewilligung des Eigenthümers und des Berechtigten; denn beide werden von der Eintragung betroffen. § 19 GBO. Die Umschreibung des Rechts selbst auf den Singularsuccessor oder Erben unterliegt den allgemeinen Regeln.

Ist das Vorkaufsrecht auf eine bestimmte Zeit bestellt, so besteht es bis zum Endtermin, wenn auch inzwischen auf Seiten des Berechtigten eine

Erbfolge eintritt, es müßte denn das Gegentheil ausgemacht sein. §§ 514, 1098 BGB.

Bei einem übertragbaren Vorkaufsrechte wird man die Verpfändung seitens des Berechtigten oder auch eine Pfändung für einen Dritten im Wege der Zwangsvollstreckung für zulässig halten müssen. Wegen der Eintragung vgl. nachher § 76.

IV. Die Löschung eines Vorkaufsrechts unterliegt den allgemeinen Regeln; bei einem subjektiv dinglichen Vorkaufsrecht ist also der § 21 GBO. und ferner zu beachten, daß mit der Löschung auf dem belasteten Grundstücke zugleich die Löschung der Eintragung auf dem Blatte des berechtigten Grundstücks zu bewirken ist. § 8 GBO. Sonst ist noch folgendes hervorzuheben. Auf Antrag des belasteten Eigenthümers erfolgt die Löschung des subjektiv persönlichen Vorkaufsrechts, wenn ein Ausschlußurtheil vorgelegt wird, durch welches der Berechtigte mit seinem Recht ausgeschlossen ist. § 1104 BGB., § 22 GBO.

Das Vorkaufsrecht beschränkt sich in der Regel auf den Fall des Verkaufs durch den Eigenthümer, welchem das Grundstück zur Zeit der Bestellung gehört, oder durch dessen Erben; es kann aber auch für mehrere oder alle Verkaufsfälle bestellt werden. Als ein Verkauf in diesem Sinne ist aber nicht ein Verkauf anzusehen, der mit Rücksicht auf ein künftiges Erbrecht an einen gesetzlichen Erben erfolgt. §§ 1097, 1098, 511 BGB. Hiernach erlischt jedes Vorkaufsrecht, wenn es bei dem Verkaufsfall, auf den es beschränkt ist, nicht ausgeübt wird. Die Berichtigung des Grundbuchs durch Löschung des Rechts kann deshalb auf Grund eines entsprechenden Nachweises erfolgen.

§ 66. Die Eintragung und Löschung von Reallasten.

I. Die Bestimmungen des BGB. über Reallasten haben nur eine beschränkte Bedeutung. Unbedingt kommen sie zur Anwendung auf die gesetzlichen Reallasten, welche das BGB. selbst kennt. Im übrigen gelten sie nur, soweit das Landesrecht die Begründung von Reallasten noch gestattet. Art. 115 EG. In Preußen dürfen mit Ausnahme fester Geldrenten Reallasten, welche in beständigen Abgaben und Leistungen bestehen, Grundstücken nicht mehr auferlegt werden. § 91 Abs. 2—4 Ablös.Ges. v. 2. März 1850. Ausgenommen sind nur die öffentlichen und die diesen in § 6 Abs. 2 Ges. v. 2. März 1850 gleichgestellten Lasten. Sachlich übereinstimmende Vorschriften gelten auch in den neuerworbenen Preußischen Landestheilen. Vgl. Begründung zu Art. 30 des Entw. eines A.BGB. und Art. 30 A.BGB. Im linksrheinischen Theile der Rheinprovinz war durch die französische Gesetzgebung die Begründung von Reallasten ganz ausgeschlossen; auch hier gelten nach Art. 30 A.BGB. jetzt nur die gleichen Beschränkungen, wie in den übrigen Landestheilen Preußens. Danach ist unter den angegebenen Beschränkungen die Begründung von Reallasten durch Rechtsgeschäft überall zulässig. Wird eine feste Geldrente einem Grundstücke auferlegt, so gelten die auch in Art. 30 Abs. 3 A.BGB. wiedergegebenen Bestimmungen des § 91 Abs. 3 Ges. v. 2. März 1850. Besonders häufig ist die Begründung eines Altentheils, Auszugs, Leibgedinges als Reallast. Für die obligatorischen Beziehungen dieses Verhältnisses sind jetzt in Art. 15 A.BGB. ausführliche Vorschriften gegeben. Unter besonderen Regeln stehen die Reallasten, welche bei der Begründung von Rentengütern, bei der Hingabe von Darlehen zur Landeskultur (vgl. S. 105 u. § 91) bestellt werden. Hinsichtlich der Ablösung von Reallasten ist im folgenden § 67 das erforderliche mitgetheilt. Ausgeschlossen von der Eintragung in das Grundbuch sind die öffentlichen Lasten; das sind die zur Erfüllung der Deichpflicht erforderlichen Beiträge und Leistungen und die auf einem nicht privatrechtlichen Titel beruhenden Abgaben und Leistungen. Art. 11 GBO., Art. 1 und 2 Z. 1—3 A.JZVG.

II. Die gesetzlichen Reallasten, welche das BGB. kennt, sind folgende:

1. Die Ueberbaurente nach §§ 912 f. BGB. Berechtigt ist das Grundstück, welches den Ueberbau zu dulden hat, verpflichtet, das Grundstück, welches die Grenze überschreitet. Das Recht auf die Rente wird nicht eingetragen, wohl aber ist zum Verzicht auf das Recht und zur Feststellung der Höhe der Rente durch Vertrag die Eintragung erforderlich. § 914 BGB. Unzulässig ist danach die Eintragung einer durch Urtheil zum angemessenen Betrage festgestellten Rente. § 11 Z. 4 Verf. bestimmt, daß in die Spalten 1—3 der zweiten Abtheilung des Grundbuchblattes einzutragen ist die vertragsmäßige Feststellung der Höhe einer für einen Ueberbau zu entrichtenden Rente oder der Verzicht auf die Rente, selbstverständlich wenn er nicht erst nach der Eintragung der Rente erklärt wird. Hiernach geht die Verf. davon aus, daß beides auf das Grundbuchblatt des rentenpflichtigen Grundstücks gehöre. Nach § 8 GBO. kann aber die im Grundbuche des belasteten Grundstücks eingetragene Rente auf Antrag auch auf dem Blatte des berechtigten Grundstücks vermerkt werden. Sie gehört dann in das Verzeichniß der mit dem Eigenthume verbundenen Rechte. Wird erst nach der Eintragung der Höhe der Rente auf sie verzichtet, so ist der Verzicht auf dem Blatte des belasteten Grundstücks und gegebenen Falles auch auf dem des berechtigten Grundstücks als Veränderung der vorhandenen Eintragung zu buchen. Ist von vornherein auf die Ueberbaurente verzichtet worden, so erscheint es zulässig, im Verzeichnisse der mit dem Eigenthum verbundenen Rechte auf dem Blatte des berechtigten Grundstücks in Spalte 5 einzutragen, daß auf die diesem Grundstück zustehende Ueberbaurente verzichtet ist. Einen ähnlichen Fall regelt Art. 12 Abs. 2 Z. 2 A.BGB., vgl. nachher § 67 zu II 2. Nach dem Wortlaute des § 914 Abs. 2 BGB. wird durch die Eintragung ins Grundbuch der Verzicht auf die Rente oder die Feststellung ihrer Höhe durch Vertrag erst vollendet. Die Eintragung geschieht deshalb nicht zur Berichtigung des Grundbuchs, ist vielmehr ein nothwendiges Erforderniß der Rechtsänderung selbst. Der Eintragungsantrag bedarf im Falle des Verzichts stets der Begründung durch die Bewilligung des Eigenthümers des belasteten Grundstücks, und wenn der Betrag der Rente vorher schon auf dem Blatte des berechtigten Grundstücks eingetragen war, auch der Bewilligung der Realgläubiger

dieses Grundstücks, § 21 GBO. Soll die vertragsmäßig festgestellte Höhe der Rente eingetragen werden, so ist es zweifelhaft, ob die Begründung des Eintragungsantrags nur durch die Bewilligung des Eigenthümers des belasteten Grundstücks genügt. Diese ist jedenfalls erforderlich. Da aber das Recht auf eine angemessene Rente schon mit dem Ueberbau als dingliches Recht gesetzlich entsteht und die Feststellung einer bestimmten Höhe der Rente durch Vertrag stets eine Aenderung dieses gesetzlichen Rechts enthält, die den Berechtigten ebenso wie den Belasteten betrifft, so wird die Bewilligung auch noch des Berechtigten zur Eintragung erfordert werden müssen. § 19 GBO. Die Ueberbaurente geht gesetzlich im Range allen anderen Rechten vor, welche auf dem rentenpflichtigen Grundstücke haften. Die Eintragung hat trotzdem nach der Zeitfolge des Eingangs der Anträge beim Grundbuchamte zu geschehen, ohne daß der aus dem Gesetze folgende Vorrang besonderes zu vermerken ist. Wird der Ueberbau beseitigt, so können die bezüglichen Eintragungen im Wege der Berichtigung des Grundbuchs gelöscht werden. § 914 Abs. 1 BGB., § 22 GBO. Durch einen Ueberbau kann auch ein Erbbaurecht oder eine Dienstbarkeit an dem Nachbargrundstücke beeinträchtigt werden. In diesem Falle finden die besprochenen Vorschriften entsprechende Anwendung. Die Eintragungen geschehen zu Gunsten des Erbbau- oder Dienstbarkeitsberechtigten auf dem pflichtigen Grundstücke und können auch gegebenen Falles auf dem besonderen Blatte des Erbbaurechts oder neben der Eintragung der Dienstbarkeit auf dem Blatte des berechtigten Grundstücks vermerkt werden. § 916 BGB. Mit dem Erlöschen der Berechtigung erlischt die Ueberbaurente.

2. Die Rente zur Duldung eines Nothweges, § 917 BGB., § 11 Z. 4 Verf. Als Berechtigte kommen hier die Eigenthümer aller der Grundstücke inbetracht, welche den Nothweg dulden müssen. Es gelten dieselben Regeln, wie bei der Ueberbaurente (zu 1), doch ist hier zu beachten, daß der Verzicht auf die Rente nur von einzelnen der Berechtigten, von den anderen nicht erklärt, und ebenso die vertragsmäßige Feststellung der Rente nur mit einzelnen Berechtigten getroffen sein kann.

3. Die Pflicht des Eigenthümers eines Grundstücks zur Unterhaltung einer Anlage, welche zur Ausübung einer Grunddienstbarkeit gehört. Für die Pflicht gelten die Vorschriften über die Reallasten. §§ 1020, 1021 BGB. Sie ist also einzutragen.

III. Die den Vorschriften des BGB. unterstehenden Reallasten können eingetragen werden zu Gunsten einer Person, die auch ein Miteigenthümer des belasteten Grundstücks sein kann, oder zu Gunsten des jeweiligen Eigenthümers eines anderen Grundstücks. § 1105, vgl. § 1009 BGB. Im letzteren Falle ist sie auf Antrag auch auf dem Blatte des berechtigten Grundstücks einzutragen. § 8 GBO.

Belastet werden mit einer Reallast kann ein ganzes Grundstück oder auch ein Grundstückstheil, der wenn davon Verwirrung nicht zu besorgen ist, nicht abgeschrieben zu werden braucht. Der Bruchtheil eines Grundstücks kann mit einer Reallast nur belastet werden, wenn er in dem Antheil eines Miteigenthümers besteht. §§ 1105, 1106 BGB., § 6 GBO.

Die Eintragungsformel braucht nicht den Inhalt des Rechts und auch nicht die einzelnen dazu gehörigen Rechte anzugeben; es genügt die Bezugnahme auf die Eintragungsbewilligung. Namentlich gilt dies für Leibgedinge, Leibzucht, Altentheil, Auszug. § 874 BGB., § 50 GBO. Bei der Eintragung kann der Höchstbetrag des Ersatzes für den Fall des Erlöschens des Rechts durch den Zuschlag mitvermerkt werden. § 882 BGB. Der Ersatz wird bei Reallasten von unbestimmter Dauer durch Zahlung einer jährlichen Geldrente geleistet. §§ 92, 121 ZBG.

Der Inhalt eingetragener Reallasten kann nachträglich geändert und die Aenderung im Grundbuche eingetragen werden. Jedoch ist die Uebertragung einer Reallast nur beschränkt zulässig; eine Prädialreallast darf nie von dem Eigenthum an dem berechtigten Grundstück getrennt; eine Personalreallast nur dann veräußert werden, wenn der Anspruch auf die einzelnen Leistungen übertragbar ist. §§ 1110, 1111 BGB. Dieselbe Regel gilt für die Belastung einer Personalreallast, z. B. einer Leibrente, eines Auszugs oder eines ähnlichen Rechts mit einem Nießbrauche, Pfandrechte oder Pfändungspfandrechte. § 1073 BGB., § 857 CPO. Die Prädialreallast unterliegt als Bestandtheil des berechtigten Grundstücks der Belastung mit allen den Rechten, welche auf dessen Blatt haften, und kann nur im Wege der Zwangsvollstreckung in das unbewegliche Vermögen in Beschlag genommen werden. §§ 857, 864, 865 CPO. Die Vererblichkeit der Personalreallast hängt von ihrem Inhalte oder der ausdrücklichen Bestimmung ab. Eine Personalreallast kann nie mit dem Eigenthum an einem Grundstücke verbunden werden. § 1111 BGB.

Bei einer Theilung des belasteten Grundstücks in verschiedene selbständige Grundstücke wird die Reallast auf die Blätter der Theilgrundstücke voll mitübertragen. Eine Ausnahme von dieser Regel siehe im folgenden § zu II 4. Art. 31 A.BGB.

Besonderheiten gelten für die auf dem Blatte des berechtigten Grundstücks eingetragene Reallast, wenn dies Grundstück getheilt wird. § 1109 BGB. Geschieht die Theilung, ohne daß ein Theil des Grundstücks veräußert wird, so gilt folgendes. In der Regel wird die Reallast als Bestandtheil auf die Blätter aller Theilgrundstücke übernommen. Der Eintragungsvermerk wird bei entsprechender Anwendung des 49 GBO. erkennen lassen müssen, daß die Reallast den verschiedenen Theilgrundstücken zusammen zusteht. Der Berechtigte kann aber mit Zustimmung der in § 876 BGB., § 21 GBO. bezeichneten Realgläubiger bestimmen, daß die Reallast nur mit einem der Theile verbunden bleiben soll. Die Bestimmung ist als eine Bewilligung nach § 19 GBO. aufzufassen und deshalb in den Formen des § 29 GBO. zu erklären. Sie ist, mag sie vor oder bei der Theilung des Grundstücks geschehen, als Veränderung bei der Reallast ins Grundbuch zugleich des belasteten und berechtigten Grundstücks einzutragen. Auf die Blätter der Theilgrundstücke, von denen die Reallast getrennt ist, ist sie dann nicht mit zu übernehmen. Wird nachträglich eins der Theilgrundstücke veräußert, mit dem noch die Reallast verbunden ist, oder geschieht die Theilung des berechtigten Grundstücks zugleich mit der Veräußerung des

Theilgrundstücks, so hängt es wiederum von der Bestimmung des Berechtigten ab, ob die Reallast mit dem veräußerten Theile verbunden bleiben soll, oder nicht. Trifft er keine Bestimmung, so wird das letztere angenommen; die Reallast bleibt mit den nicht veräußerten Theilgrundstücken verbunden und wird auf dem Blatte des veräußerten Theiles entweder gelöscht oder gar nicht erst eingetragen. Trifft der Berechtigte eine Bestimmung, so ist sie auch hier ins Grundbuch einzutragen und maßgebend dafür, welchen Grundstückstheilen die Reallast fortan zustehen soll. § 1109 BGB.

Aller dieser Umstände bedarf es nicht, wenn aus der Eintragungsformel oder aus der Bewilligung des Berechtigten hervorgeht, daß die Prädialreallast nur einem Theile des berechtigten Grundstücks zum Vortheil gereicht. Dann bleibt sie mit diesem Theile verbunden. § 1109 Abs. 3 BGB.

Die Löschung einer Reallast geschieht nach den allgemeinen Regeln. Ist der Berechtigte einer Personalreallast mit seinem Rechte ausgeschlossen, so ist sie erloschen. Auf Grund des Ausschlußurtheils kann die Löschung zur Berichtigung des Grundbuchs verlangt werden. § 1112 BGB.

§ 67. Die Eintragungen aus bestätigten Rezessen der Auseinandersetzungsbehörden.

I. Die Preußische Agrargesetzgebung ist nach den Art. 113 und 115 EG. vom Reichsrecht unberührt geblieben. Die für die Eintragungen und Löschungen im Grundbuche auf Ersuchen der Auseinandersetzungsbehörden maßgebenden Grundsätze sind in den Art. 12—14 des A.GBO. wesentlich in Uebereinstimmungen mit den Vorschriften der Preuß. Grundbuchordnung neu aufgestellt worden. Die Eintragungen gehören zwar nicht ausschließlich in die zweite Abtheilung des Grundbuchblattes, doch empfiehlt es sich die betreffenden Grundsätze hier im Zusammenhange darzustellen. Die allgemeinen Regeln sind folgende:

1. Abgesehen von den Rentenbankrenten und den Domänenamortisationsrenten, für deren Eintragung das Gesetz v. 2. März 1850 maßgebend bleibt, ist aus den bestätigten Rezessen der bezügliche Inhalt nur in folgenden Fällen in das Grundbuch aufzunehmen, Art. 12 A.GBO.:

a) wenn ein im Grundbuche vermerktes Sach- oder Rechtsverhältniß aufgehoben oder verändert wird;
b) wenn für ein mit dem Eigenthum an dem Grundstücke verbundenes Recht eine Entschädigung durch ein baar oder in Rentenbriefen zu zahlendes Kapital von mehr als sechszig Mark gewährt wird;
c) wenn das Grundstück mit einem Rechte, das zu seiner Begründung der Eintragung in das Grundbuch bedarf, neu belastet wird.

Die Auseinandersetzungsbehörde hat unter Ueberreichung einer Ausfertigung des Rezesses bei dem Grundbuchamte die erforderlichen Eintragungen zu veranlassen. Eine materielle Prüfung des Ersuchens steht dem Grundbuchrichter nicht zu. Dem Ersuchen hat der Grundbuchrichter zu entsprechen, wenn es formell in Ordnung ist. Anstände aber, welche sich aus dem Grundbuche selbst ergeben, stehen seiner Ausführung entgegen. Der Grundbuchrichter soll die Auseinandersetzungsbehörde von den Anständen in Kenntniß setzen und ihr deren Erledigung überlassen. § 197 V. v. 20. Juni 1817, § 62 V. v. 30. Juni 1834, Dekl. v. 30. Juli 1842 Z. 2.

2. Die Eintragungen geschehen meist zur Berichtigung des Grundbuchs, weil die Rechtsänderung in der Regel nicht erst durch die Eintragung bewirkt wird, sondern schon außerhalb des Grundbuchs eingetreten ist. Eine Anwendung des § 22 GBO. in dem Sinne, daß der Antrag eines Betheiligten, welcher den Nachweis der Unrichtigkeit des Grundbuchs erbringt, zur Eintragung genüge, erscheint aber ausgeschlossen, weil hier ausnahmslos das Ersuchen der Behörde erfordert wird.

3. Das Ersuchen der Behörde begründet nach § 39 GBO. eine Eintragung nur in dem Umfange, in dem ihr eine gesetzliche Vorschrift die Befugniß beilegt, ein Ersuchen zu erlassen. Es begründet deshalb Eintragungen nicht, welche über die vorher unter den Ziffern 1, 2, 3 mitgetheilten Vorschriften hinausgehen; solche Eintragungen sind unzulässig. Zu beachten ist aber, daß Eintragungsanträge, welche von jenen Vorschriften nicht mitumfaßt werden, bisweilen durch die im Rezesse selbst abgegebenen Erklärungen der Betheiligten ihre Begründung finden.

Sind aber über die gedachten Vorschriften hinausgehende Eintragungen auf Ersuchen der Auseinandersetzungsbehörde bereits erfolgt, so kann diese das Grundbuch um die Löschung ersuchen. Der Eigenthümer des Grundstücks kann seinen Löschungsantrag nur bei der Auseinandersetzungsbehörde, nicht beim Grundbuchamte stellen. Art. 13 A.GBO. Eine Löschung der Eintragung von Amtswegen nach § 54 GBO. ist danach unzulässig.

4. Ist der Rezeß mit einer anderen Person abgeschlossen, als welche im Grundbuche als Eigenthümer des betreffenden Grundstücks eingetragen ist, so darf der Grundbuchrichter die Eintragung aus diesem Grunde nicht beanstanden, wenn eine Bescheinigung der Auseinandersetzungsbehörde beiliegt oder in der Bestätigungsklausel enthalten ist, daß die Legitimation der nicht eingetragenen Person nach § 109 Ges. v. 2. März 1850 ergänzt sei. § 109 Ges. Hat der eingetragene Eigenthümer das Grundstück erst erworben, nachdem der bisherige Eigenthümer den Rezeß bereits vollzogen hatte, so wirkt der Rezeß gegen den neuen Eigenthümer, auch wenn dieser eine zustimmende Erklärung nicht abgegeben hat. Kab.O. v. 18. Dez. 1841. Bei allen Auseinandersetzungen vertritt der Ehemann die Ehefrau wegen der zum eingebrachten Vermögen derselben und der zum gütergemeinschaftlichen Vermögen gehörenden Grundstücke oder Gerechtigkeiten. Stehen solche aber im Güterrechtsregister als zum vorbehaltenen Vermögen der Frau gehörig eingetragen, so muß der Rezeß mit der Frau selber abgeschlossen sein. §§ 22 V. v. 30. Juni 1834; §§ 1371, 1431, 1435 BGB. Um Zweifel über die Legitimation der betheiligten Grundbesitzer abzuschneiden, ist der Auseinandersetzungsbehörde die Befugniß gegeben, in allen Fällen, in denen es sich nur um eine Berichtigung des Grundbuchs handelt, in denen also ein bereits vollzogener Eigenthumserwerb vorliegt und es einer Auflassung nicht bedarf, das Grundbuchamt um die Eintragung des

Eigenthümers zu ersuchen. Den Nachweis des Eigenthums hat sich die Auseinandersetzungsbehörde selbst zu verschaffen. Der Grundbuchrichter hat einem den gesetzlichen Formen entsprechenden Ersuchen Folge zu geben, ohne daß ihm die das Ersuchen begründenden Nachweise vorzulegen sind. Art. 14 A.GBO.

5. In dem Ersuchen soll die Fassung der einzutragenden Vermerke, soweit es ohne erhebliche Weitläufigkeiten geschehen kann, unter Bezeichnung der betreffenden Paragraphen des Rezesses vorgeschlagen sein. Verf. v. 3. März 1843 (JMBl. S. 83). Es empfiehlt sich, in dem Eintragungsvermerke durch Beisetzung des Datum der Bestätigung den Rezeß, aus dem die Eintragung erfolgt, zu bezeichnen. In ihrem Ersuchen hat die Auseinandersetzungsbehörde anzugeben, ob die dem Grundbuchamte eingereichte Ausfertigung des Rezesses nach Erledigung des Ersuchens einem Betheiligten oder einer Behörde zuzustellen ist; andernfalls bleibt er bei den Grundakten; ist er wieder wegzugeben, so ist eine beglaubigte Abschrift des ganzen Rezesses oder ein Auszug davon zurückzuhalten. Ob mit dem Rezesse Generalakten anzulegen, oder er zu einem Grundaktenstück zu nehmen ist, hängt von dem Ermessen des Richters im einzelnen Falle ab. Für die Benachrichtigung von den Eintragungen gelten keine von § 55 GBO. abweichende Regeln. Die im Grundbuche eingetragenen Realberechtigten können als von den Eintragungen betroffen nicht angesehen werden, wenn ein Theil des belasteten Grundstücks durch eine für ihn eintretende Entschädigung voll ersetzt wird. Die Eintragungen aus den Rezessen sind gebühren- und stempelfrei. Die baaren Auslagen und Schreibgebühren sind aber von den Betheiligten in dem Verhältnisse einzuziehen, in dem sie zu den Kosten der Auseinandersetzung beizutragen hatten. § 7 Preuß. GKG. Kosten-Regul. v. 25. April 1836 §§ 9, 1 f. V. v. 2. Febr. 1839 (JMBl. S. 73).

6. Die Auseinandersetzungsbehörden sind die Generalkommissionen, ausnahmsweise auch die Regierungen und Provinz-Schulkollegien. § 39 V. v. 30. Juni 1834, Ges. v. 21. April 1852. Als Organe der Generalkommissionen sind die Spezialkommissare thätig, welche an Ort und Stelle die Auseinandersetzungen bewirken. § 40 V. v. 20. Juni 1817. Um zur Vorbereitung des Auseinandersetzungsverfahrens zunächst den Inhalt des Grundbuchs festzustellen, dürfen die Auseinandersetzungsbehörden das Grundbuch und die Grundakten einsehen, Notizen daraus entnehmen, und beglaubigte Abschriften fordern. § 11 GBO., §§ 32, 33, 36 Verf.

7. Die Vorschrift des Art. 12 Abs. 2 A.GBO. findet keine Anwendung auf die vorläufigen Vermerke, welche schon während des Auseinandersetzungsverfahrens einzutragen sind. Hier bleibt das ältere Recht in Geltung. Nach § 59 V. v. 30. Juni 1834 ist deshalb auf Ersuchen der Auseinandersetzungsbehörde in die Abtheilung II des Grundbuchblattes der Vermerk einzutragen, daß eine bestimmt zu bezeichnende Berechtigung des Grundstücks durch Kapital abgelöst werde. Dies bewirkt, daß der betreffende Bestandtheil des Grundstücks den später eingetragenen Realgläubigern nicht mehr mit verpfändet wird. Macht die Auseinandersetzungsbehörde dem Grundbuchamte die vorläufige Anzeige von der Ausführung einer Gemeinheitstheilung oder anderen Regulirung, so braucht eine Verfügungsbeschränkung in die II. Abtheilung der Grundbuchblätter von Amtswegen nicht

eingetragen zu werden; es kann aber ausdrücklich darum ersucht sein und dann ist dem Ersuchen stattzugeben, R. v. 17. Mai 1838 und R. v. 22. Okt. 1838.

II. Aufhebung und Ablösung von Reallasten. Das grundlegende Gesetz ist das AblösungsGes. v. 2. März 1850, demnächst durch das Ges. v. 27. April 1872 auf die den geistlichen und Schulinstituten sowie den frommen und milden Stiftungen zustehenden Berechtigungen ausgedehnt. Für die einzelnen Provinzen sind besondere Gesetze ergangen; für Schleswig-Holstein Ges. v. 3. Januar 1873; für Hannover V. v. 28. Sept. 1867, Ges. v. 3. April 1869, Ges. v. 15. Februar 1874, Art. 12 Abs. 1 A.GBO.; für Hessen-Nassau und Cassel Ges. v. 16. Juni 1876 und v. 23. Juli 1876. Wegen der Errichtung Schließung und Wiederzulassung der Rentenbanken ist zu vergleichen das Ges. v. 2. März 1850 und das Ges. v. 17. Januar 1881.

1. Durch Gesetz ohne Entschädigung aufgehobene Reallasten, §§ 2 f. Ges. v. 2. März 1850, Ges. v. 3. Januar 1873, können, soweit solche noch in Grundbüchern eingetragen stehen sollten, nach § 54 GBO. von Amtswegen gelöscht werden. Doch ist zu beachten, daß die Aufhebung des Obereigenthums nicht zugleich auch die Aufhebung der aus dem Verhältnisse entspringenden Berechtigungen auf Abgaben und Leistungen zur Folge hatte, § 5 Ges. v. 2. März 1850, und aus diesem Grunde die Aufrechterhaltung des Eintragungsvermerks nothwendig sein kann.
2. Die Ablösung der Reallasten geschieht durch Kapitalzahlung seitens des Verpflichteten an den Berechtigten oder durch Abfindung des Berechtigten mit Rentenbriefen seitens der Rentenbank, welcher der Verpflichtete dafür die in eine Geldrente umgewandelte Reallast — die Rentenbankrente — schuldig wird. Ges. v. 2. März 1850 §§ 64 f. und Rentenbankgesetz v. 2. März 1850 § 2. Wurde die Reallast und danach auch die dafür eintretende Geldrente dem Staate selbst — Domänenfiskus — geschuldet, so findet eine Vermittelung der Rentenbank nicht statt; der Staat selbst erhebt vielmehr als Berechtigter die Geldrente — Domänenamortisationsrente — bis die Schuld amortisirt ist. § 64 Ges. v. 2. März 1850.

Die durch Kapitalzahlung abgelösten Reallasten sind auf Ersuchen der Auseinandersetzungsbehörde zu löschen und zwar, wenn sich im Falle einer Theilung des belasteten Grundstücks ergiebt, daß die ganze Abgabe abgelöst ist, auch auf den Blättern der Theilgrundstücke, wohin sie mitübertragen ist.

Die Rentenbank- und Domänenamortisationsrenten bedürfen an sich keiner Eintragung. Art. 3 A.ZVG., Art. 11 A.GBO., Art. 22 A.BGB. Waren aber die Reallasten, an deren Stelle die Renten getreten sind, selbst im Grundbuche eingetragen, so muß auf Ersuchen der Behörde im Grundbuche kostenfrei eingetragen werden, daß das Grundstück der Rentenbank rentenpflichtig oder dem Domänenfiskus wegen einer durch Amortisation abzulösenden Rente verhaftet sei, während die Reallast kostenfrei zu löschen ist. § 18 Rentenbankges. v. 2. März 1850.

Ist demnächst die Rentenpflicht erloschen, so ertheilt die Direktion der Rentenbank dem Verpflichteten eine Quittung und übersendet diese dem Grundbuchamte, welches darauf den Vermerk im Grundbuche kostenfrei zu löschen und die Quittung mit der Nachricht der Löschung den Interessenten zuzusenden hat. Verf. v. 15. Dez. 1865 (JMBl. S. 286).

War die Reallast subjektiv dinglich, so ist im Falle der Ablösung der Last durch Kapital oder Rentenbriefe in dem Verzeichnisse der mit dem Eigenthum verbundenen Rechte auf dem Blatte des berechtigten Grundstücks in Spalte 5 einzutragen, daß die dem Grundstücke zustehende Berechtigung abgelöst sei. Auch das geschieht nur auf Ersuchen der Behörde, jedoch ohne Rücksicht darauf, ob die Berechtigung auf dem Grundbuchblatte vermerkt stand, oder nicht; setzt aber voraus, daß die für das Recht gewährte Entschädigung mehr als 60 M. beträgt. Art. 12 Z. 2 A.GBO.

3. Neben der Aufhebung und Ablösung kann auch eine Umwandlung der Reallasten in Geldrenten oder Roggengeldrenten vorkommen, in die letzteren jedoch nur, wenn der Berechtigte ein geistliches oder Schulinstitut oder eine fromme oder milde Stiftung ist. Ges. v. 27. April 1872 § 3. Die Rente behält den Rang der Reallast, wird also auf Ersuchen der Behörde am richtigsten als Veränderung in die betreffenden Spalten der zweiten Abtheilung eingetragen.

4. Im Anschluß hieran ist die Vertheilung von Reallasten zu erwähnen, welche infolge der Zerstückelung eines mit solchen belasteten Grundstücks vorkommen kann. Nach Art. 120 Abs. 2 Z. 1 EG., Art. 31 A.BGB. bleiben die bestehenden Vorschriften in Kraft. Es sind dies § 93 Ablös.Ges. v. 2. März 1850; für Hannover V. v. 28. Sept. 1867 § 11, und Ges. v. 3. April 1869; für das Gebiet des Rheinischen Rechts Art. 30 A.BGB. in Verbindung mit dem aufrecht erhaltenen § 29 Ges. v. 12. April 1888 (vgl. Art. 33 Z. 10 A.GBO.). Die Vertheilung der inbetracht kommenden Reallasten — es sind feste Geldrenten oder unabgelöste Geld- oder Naturalabgaben — geschieht durch die Auseinandersetzungsbehörde, welche einen Rezeß aufstellt und diesen mit dem Ersuchen um Berichtigung des Grundbuchs dem Grundbuchamte einreicht. Der Grundbuchrichter, der bei der Parzellirung zunächst die Reallasten ungetheilt auf die Blätter der Theilgrundstücke zu übertragen hatte, hat nunmehr dem Rezeß entsprechend die Reallasten auf den einzelnen Blättern umzuschreiben oder zu löschen.

Das gleichfalls aufrecht erhaltene Gesetz vom 25. August 1876 betreffend die Vertheilung von Rentenbank- oder Domänenamortisationsrenten oder von Leistungen und Abgaben aus dem Kirchen-, Schul-, Gemeindeverbande ist für den Grundbuchrichter ohne Bedeutung.

III. Die Gemeinheitstheilung und die Zusammenlegung von Grundstücken hat die Aufhebung gemeinschaftlicher Berechtigungen an Grundstücken, Gesammteigenthum, Servituten gegen Entschädigung und die wirthschaftliche Zusammenlegung der in vermengter Lage befindlichen Grundstücke verschiedener Eigenthümer einer Feldmark zum Ziel. Die wichtigsten Gesetze sind die Gemeinheits-Theil.O. v. 7. Juni 1821; das Ergänzungsges. v. 2. März 1850 und das Ges. v. 2. April 1872; ferner für Schleswig-Holstein Ges. v. 17. Aug. 1876; Hannover Ges. v. 13. April 1885; für Hohenzollern Ges. v. 23. Mai 1885; für das Geltungsgebiet des Rhein. Rechts das Ges. v. 24. Mai 1855. Die Entschädigung der Berechtigten geschieht durch Landabfindung oder Abfindung in Kapital oder Rente. Die Entschädigung tritt ganz an die Stelle der dafür abgetretenen Grundstücke oder abgelösten Berechtigungen und unterliegt mit Ausnahme der Grundsteuer in Ansehung der Lasten denselben Rechtsverhältnissen wie die Grundstücke, für welche sie gegeben wird. Dies gilt auch in Rücksicht der Lehns- und Fideikommißverbindungen. §§ 147, 148 GThO. Das Eigenthum an den Abfindungsgrundstücken geht schon vor Bestätigung des Rezesses mit der Ausführung des endgültig festgestellten Auseinandersetzungsplanes auf den Besitznehmer über. § 1 Ges. v. 26. Juni 1876. Während der Separation, sogar noch nach der Planausführung ist der Eigenthümer befugt, nach Maßgabe des Grundbuchblattes zu verfügen und den darin repräsentirten Grundbesitz zu belasten. Die Verfügung ergreift demnächst die an die Stelle des alten Bestandes tretenden Abfindungen. Joh. u. K. Bd. III S. 111, Bd. VII S. 167. Die Auseinandersetzungsbehörde hat dafür zu sorgen, daß das Grundbuch mit dem durch die Auseinandersetzung geschaffenen Rechtszustande in Uebereinstimmung kommt und darauf ihr Ersuchen an das Grundbuchamt zu richten. § 196 V. v. 20. Juni 1817; § 61 V. v. 30. Juni 1834.

1. Ist der Auseinandersetzungsplan endgültig festgestellt, so wird die Fortschreibung des Grundsteuerkatasters von Amtswegen veranlaßt. Auf Grund dieser Fortschreibung kann die Auseinandersetzungsbehörde schon vor Bestätigung des Rezesses um Berichtigung des Grundbuchs eines Grundstücks ersuchen. Dem Ersuchen muß beiliegen ein Planüberweisungsattest und ein neuester Auszug aus dem Grundsteuerbuche, in dem die Identität der Grundstücke mit den im Planüberweisungsatteste bezeichneten Grundstücken bescheinigt ist. Der Eintragungsvermerk muß angeben, daß die Berichtigung des Grundbuchs vor Bestätigung des Rezesses auf Grund des Planüberweisungsattestes erfolgt sei. §§ 2—4 Ges. v. 26. Juni 1875. Nach der Bestätigung des Rezesses ersucht die Auseinandersetzungsbehörde unter Beifügung einer Ausfertigung des Rezesses, die durch den Rezeß im Bestande der einzelnen Grundstücke veranlaßten Veränderungen im Grundbuche zu vermerken. Die Veränderungen werden nachgewiesen durch neueste Steuerbuchsauszüge, welche den alten und den neuen Bestand eines jeden Grundbuchblattes ergeben und von Amtswegen nach Berichtigung des Katasters vom Katasteramt zu den Grundakten einzureichen sind. Anweisung v. 31. März 1877 (JMBl. S. 111). War ein Grundstück schon vor der Bestätigung des Rezesses berichtigt worden, so ist bei diesem im Grundbuche zu vermerken, daß der Rezeß bestätigt sei und welche Abänderungen des Auseinandersetzungsplans bezüglich des Grundstücks noch vorgekommen sind. § 5 Ges. v. 26. Juni 1876.
2. Die bei einer Theilung gemeinschaftlichen Eigenthums, bei der Ablösung gemeinschaftlicher Berechtigungen (Dienstbarkeiten) oder bei der

Zusammenlegung von Grundstücken dem Berechtigten gewährte Abfindung in Land ist nach dem Kataster für den Berechtigten im Grundbuche einzutragen. Zu unterscheiden ist, ob der Theilungsgegenstand den Bestandtheil eines im Grundbuch verzeichneten Grundstücks des Berechtigten bildete, oder ohne jeden Zusammenhang mit einem Grundstücke bestand, und ob er selbst schon im Grundbuche eingetragen war, oder nicht. Stand der Theilungsgegenstand z. B. ein Grundstück oder eine subjektiv dingliche Berechtigung als Bestandtheil eines Grundstücks schon im Grundbuche, so ist er auf dem Bestandsverzeichnisse des betreffenden Grundbuchblattes zu löschen und die dafür zugewiesene Landabfindung als neuer Bestandtheil einzutragen. Zugleich ist dabei zu vermerken, daß der betreffende neue Bestand auf Grund des Rezesses anstelle des gelöschten alten getreten sei. War für den Theilungsgegenstand ein besonderes Grundbuchblatt angelegt, was nur vorkommen kann bei Grundstücken oder selbständigen Gerechtigkeiten, bildete er also nach dem Grundbuch nicht einen Bestandtheil eines anderen Grundstücks, so können die den einzelnen Berechtigten zugewiesenen realen Theile unter Schließung des Blattes je auf ein neues Grundbuchblatt übertragen oder, wenn der Berechtigte noch Eigenthümer eines anderen Grundstücks ist, diesem zugeschrieben werden; die realen Theile dürfen aber nicht unter Löschung des alten Bestandes auf dem ursprünglichen Blatte als solche für die einzelnen Berechtigten neu gebucht werden, weil auf einem Blatte immer nur Grundstücke stehen dürfen, welche den gleichen Eigenthümern gehören. Die Lasten des Theilungsgegenstandes belasten auch die Abfindungen und sind auf die neuen Blätter mit zu übertragen. Welches Verfahren einzuschlagen ist, hängt von dem Ersuchen der Auseinandersetzungsbehörde ab. Hat die Auseinandersetzungsbehörde für mehrere Grundstücke oder Berechtigungen eines Eigenthümers, welche verschieden belastet sind, eine Gesammtabfindung ausgewiesen, so ist aus der Gesammtabfindung für jedes Grundstück oder jede Berechtigung ein besonderes reales Stück auszuweisen; eine solche Ausweisung kann aber bis zum Eintritte eines Bedürfnisses verschoben werden; inzwischen sind aber die Quoten zu bestimmen, welche die Stelle der einzelnen Grundstücke oder Berechtigungen vertreten. Vgl. § 5 Ges. v. 2. April 1872 und den aufrecht erhaltenen § 58 des Grundbuchges. für Frankfurt v. 19. August 1895. Im Grundbuche wird inzwischen für die Gesammtabfindung ein neues Blatt angelegt und im Bestandsverzeichnisse Spalte 12 vermerkt, welche Quote derselben die einzelnen eingeworfenen Grundstücke oder Berechtigungen vertritt. Von den Blättern dieser Grundstücke werden sodann die sämmtlichen Lasten zweiter und dritter Abtheilung auf das neue Blatt übertragen und dabei angegeben, auf welcher Quote der Gesammtabfindung sie haften. R. des JM. v. 11. Nov. 1838 (Verfahren der idealen Subrepartition). Stand der Theilungsgegenstand im Grundbuche überhaupt noch nicht verzeichnet, so ist gleichwohl die Landabfindung unter dem Namen des neuen Eigenthümers im Grundbuche einzutragen, entweder als Bestandtheil auf dem Blatte des Hauptgutes, zu dem sie gehören soll, oder aber, wenn sie nicht Bestandtheil eines anderen Grundstücks ist, auf einem besonderen Grundbuchblatte. Joh. Bd. 7 S. 193.

War der Theilungsgegenstand eine Dienstbarkeit, die als Last auf den Blättern der verpflichteten Grundstücke eingetragen stand, so ist sie hier zugleich mit der Eintragung der dem Berechtigten gewährten Landabfindung zu löschen.

3. Allen oder mehreren Berechtigten kann eine Abfindung durch Kapital oder Renten — welche nur feste Geldrenten sein dürfen, Art. 7 ErgGes. v. 2. März 1850 — zugewiesen sein. Im Falle der Zahlung des Kapitals sind die verpflichteten Grundstücke von der abgelösten Servitut frei und ist die auf den Blättern derselben etwa eingetragene Verpflichtung auf Ersuchen zu löschen; ist das Kapital nicht bezahlt oder bestand die Abfindung in Rente, so ist auf den Grundbuchblättern der belasteten Grundstücke die Rente oder das Kapital als Last einzutragen, dabei aber zu vermerken, daß die Rente oder der Anspruch auf das Kapital ein Bestandtheil des berechtigten Guts sei, den gleichen Rang, wie das gelöschte Recht habe, § 76 GThO., und die Fähigkeit des Besitzers über die Rente oder das Kapital zu verfügen aus dem Grundbuche dieses Guts zu ersehen sei. § 149 GThO., § 3 Ges. v. 29. Juni 1835. War der Theilungsgegenstand ein mit dem Eigenthum an einem Grundstücke verbundenes Recht und ist dieses durch eine Kapitalszahlung abgelöst, welche mehr als 60 M. beträgt, so ist auf dem Bestandsverzeichnisse des berechtigten Grundstücks in Abschnitt II Spalte „Löschungen" zu vermerken, daß die dem Grundstücke zustehende Berechtigung durch Kapitalszahlung abgelöst sei. § 12 Z. 2 A.GBO. Die Eintragung darf nur erfolgen, wenn das Ersuchen der Auseinandersetzungsbehörde ergiebt, daß die Verwendung des Ablösungskapitals im Interesse der Realberechtigten nicht erforderlich, oder gesichert ist. Joh. u. K. Bd. 16 S. 87.

4. Bei den Auseinandersetzungen verbleiben meist einzelne Flächen zur gemeinschaftlichen Nutzung eines bestimmten Kreises von Interessenten; z. B. gemeinschaftliche Sand-, Lehm-, Mergelgruben, Steinbrüche, Triften u. ä. Solche gemeinschaftlichen Flächen bilden ein Miteigenthum der Berechtigten. Das ideelle Miteigenthum eines jeden Berechtigten gehört als Bestandtheil zum Hauptgute desselben und geht als solcher ohne weiteres mit diesem auf einen neuen Eigenthümer über. § 96 BGB. Als Bestandtheil unterliegt es auch den Belastungen des Hauptguts, selbst wenn es auf dessen Grundbuchblatte nicht eingetragen steht. Vgl. § 1120 BGB. Die Eintragung des Miteigenthums auf dem Grundbuchblatte des Hauptguts kann unterbleiben; kann aber von der Auseinandersetzungsbehörde beantragt sein. Nach Beendigung des Auseinandersetzungsverfahrens wird unbedenklich die Eintragung nach § 8 GBO., d. h. auf Antrag des Eigenthümers oder eines Realgläubigers geschehen können. Für das gemeinschaftliche Grundstück kann auch auf Ersuchen der Auseinandersetzungsbehörde, oder wenn deren Thätigkeit beendet ist, auf Antrag der Miteigenthümer ein besonderes Grundbuchblatt angelegt werden.

Dadurch verliert das Grundstück die Eigenschaft eines Bestandtheils der Hauptgüter der Miteigenthümer und bildet nunmehr im Grundbuchverkehr ein selbständiges Grundstück. Bei der Anlegung des besonderen Grundbuchblattes sind die Belastungen der Hauptgüter auf das besondere Blatt zur Mithaft auf dem Bruchtheile des einzelnen Miteigenthümers zu übertragen. Nach dem Gesetz vom 2. April 1887 kann durch Beschluß der Auseinandersetzungsbehörde für die Gesammtheit der Miteigenthümer eine Vertretung bestellt werden. Die mit der Vertretung ausgestattete Gesammtheit kann als die Berechtigte ins Grundbuch eingetragen werden, ohne daß es der Bezeichnung der einzelnen Betheiligten bedarf, § 4 Abs. 3 Verf., z. B. die Bauern des Dorfes X. Der Vertreter darf über die Substanz des gemeinschaftlichen Vermögens verfügen nur mit Genehmigung der Auseinandersetzungsbehörde. §§ 1, 4, 7 Ges. Die Auflassung eines gemeinschaftlichen Grundstücks darf der Vertreter erst vornehmen, wenn die Auseinandersetzungsbehörde bescheinigt hat, daß die Veräußerung für die Realinteressenten unschädlich oder die Verwendung der Geldentschädigung erfolgt ist. War für das aufzulassende Grundstück ein Grundbuchblatt noch nicht angelegt, so muß dessen Anlegung jetzt erfolgen; es werden aber nur der neue Erwerber, nicht erst die Veräußerer eingetragen; einer Abschreibung auf den Blättern der Hauptgrundstücke bedarf es nur, wenn das Antheilsrecht auf dem Blatte eingetragen stand. § 8 Ges.

Zehntes Kapitel.

Die Eintragung und Löschung von Hypotheken, Grundschulden und Rentenschulden.

§ 68. Allgemeines über die Hypotheken, Grundschulden und Rentenschulden.

I. Die dritte Abtheilung des Grundbuchblattes dient zur Kenntlichmachung der das Grundstück belastenden Hypotheken, Grundschulden und Rentenschulden sowie der sich auf diese Rechte beziehenden Vormerkungen, Widersprüche und Verfügungsbeschränkungen. Ueber die Einrichtung der dritten Abtheilung des Grundbuchblattes ist bereits S. 45 das nähere gesagt und kann hier darauf verwiesen werden. Die in diese Abtheilung einzutragenden Rechte sind im einzelnen folgende:

1. Die Verkehrshypothek, welche ist:
   a) **Briefhypothek**; diese bildet den Regelfall; sie ist die Hypothek, über welche ein Hypothekenbrief ertheilt ist. Ein Hypothekenbrief ist

immer zu ertheilen, wenn nicht die Ertheilung besonders ausgeschlossen ist. § 1116 BGB. Der Eintragungsantrag umfaßt, wenn der Ausschluß nicht erklärt ist, stets auch den Antrag auf Ertheilung eines Hypothekenbriefes.

b) Buchhypothek d. h. die Hypothek, bei deren Bestellung die Bildung eines Hypothekenbriefes ausgeschlossen ist. § 1116 BGB.

2. Die Sicherungshypothek. Bei dieser ist gesetzlich die Ertheilung des Hypothekenbriefes ausgeschlossen; sie muß bei ihrer Eintragung im Grundbuche als Sicherungshypothek bezeichnet werden, andernfalls sie gutgläubigen Dritten gegenüber nicht als solche gilt. §§ 1184, 1185 BGB.

Besondere Arten der Sicherungshypothek sind:

a) Die Hypothek für die Forderung aus einer Schuldverschreibung auf den Inhaber, aus einem Wechsel oder einem anderen Papiere, das durch Indossament übertragen werden kann. Diese gilt als Sicherungshypothek, auch wenn sie im Grundbuche nicht als solche bezeichnet ist. § 1187 BGB.

b) Die in der Art bestellte Hypothek, daß nur der Höchstbetrag, bis zu dem das Grundstück haften soll, bestimmt wird. Sie wird als Maximal- oder Ultimat-Hypothek bezeichnet. Der Höchstbetrag muß in das Grundbuch eingetragen werden und für den Fall, daß die Forderung verzinslich ist, auch den Zinsenbetrag umfassen § 1190 BGB.

3. Die Grundschuld, über welche ebenso wie bei der Verkehrhypothek ein Grundschuldbrief ertheilt wird, wenn nicht die Ertheilung ausgeschlossen ist. §§ 1191 f. BGB. Sie kommt also vor

a) als Briefgrundschuld,

b) als Buchgrundschuld.

Eine theilweise unter besonderen Regeln stehende Unterart der Briefgrundschuld ist

c) die Grundschuld, bei der der Grundschuldbrief auf den Inhaber ausgestellt ist, § 1195 BGB.

4. Die Rentenschuld, welche das BGB. als eine besondere Art der Grundschuld behandelt; auch über sie ist ein Rentenschuldbrief zu ertheilen, wenn nicht die Ertheilung ausgeschlossen ist. §§ 1199 f. BGB. Ihre Arten sind also ebenfalls

a) die Briefrentenschuld mit der Unterart, daß der Rentenschuldbrief auf den Inhaber ausgestellt ist;

b) die Buchrentenschuld.

II. Der Gegenstand der Belastung mit Hypotheken und Grundschulden ist nach BGB. nur ein Grundstück oder ein Erbbaurecht, nach Landesrecht ferner noch eine den Grundstücken gleichgestellte Gerechtigkeit. Das BGB. kennt nur die Substanzhypothek; die Revenüenhypothek lehnt es ab; diese kommt nur noch auf dem Gebiete des vorbehaltenen Landesrechts vor. Auch die gesonderte Belastung der Zubehörstücke eines Grundstücks mit Hypotheken oder Grundschulden ist unzulässig. Gegenstand der Belastung kann aber sein der Bruchtheil eines Grundstücks oder Erbbaurechts, wenn er in dem Antheile eines Miteigenthümers besteht. § 1194 BGB. Soll ein realer Theil belastet werden, so muß er zuvor abgeschrieben und als selbständiges Grundstück eingetragen werden. § 6 GBO.

Werden mehrere Grundstücke zugleich oder nacheinander mit derselben Hypothek, Grund- oder Rentenschuld belastet, so entsteht die Gesammthypothek, Gesammtgrundschuld, Gesammtrentenschuld. Das dadurch begründete komplizirte Rechtsverhältniß zwischen dem Gläubiger, dem Schuldner und den Eigenthümern der belasteten Grundstücke hat eine Anzahl schwieriger Vorschriften veranlaßt, welche auch das Verfahren in Grundbuchsachen erheblich beeinflussen.

Das BGB. beruht auf dem Gedanken, daß in der Regel nur die Befriedigung aus dem Grundstücke das Erlöschen des Hypothekenrechts bewirkt, während das Erlöschen der Forderung, für welche eine Hypothek besteht, oder ihre Trennung von der Hypothek, die letztere unberührt läßt. Sie geht als Grundschuld auf den Eigenthümer über. Entsprechende Anwendung findet für den Fall, daß der Anspruch des Gläubigers erlischt, dieser Grundsatz auch auf die Grundschuld und Rentenschuld. Für den Grundbuchverkehr ist der Grundsatz von weitgreifenden Folgen.

III. Uebergangsbestimmungen. Die maßgebenden Vorschriften finden sich in den Art. 192—195 EG. und Art. 32—35 A.BGB. Danach ergiebt sich folgender Rechtszustand:

1. Eine Hypothek des alten Rechts, welche zur Zeit, zu der das Grundbuch als angelegt anzuseheu ist, besteht, gilt als Briefhypothek des neuen Rechts, wenn über sie nach den Vorschriften des alten Rechts ein Hypothekenbrief gebildet oder zu bilden ist und sie nicht Kautionshypothek ist. Art. 193 EG., Art. 33 Abs. 1 A.BGB.

2. Eine Hypothek des alten Rechts, welche zur Zeit, zu der das Grundbuch als angelegt anzusehen ist, besteht, gilt als Buchhypothek des neuen Rechts, wenn über sie ein Hypothekenbrief nicht gebildet und sie nicht Kautionshypothek ist. Art. 192 EG.

3. Eine Kautionshypothek des alten Rechts, welche zur Zeit, zu der das Grundbuch als angelegt anzusehen ist, besteht, gilt als eine Sicherungshypothek des neuen Rechts im Sinne des § 1184 BGB. Der über die Kautionshypothek etwa gebildete Hypothekenbrief wird von dem bezeichneten Zeitpunkte an wirkungslos und kann jeder Zeit, wenn er dem Grundbuchamte vorgelegt wird, unbrauchbar gemacht werden. Art. 192 EG. Art. 33 Abs. 2 A.BGB.

4. Eine Grundschuld des alten Rechts, welche zu der Zeit, zu der das Grundbuch als angelegt gilt, besteht, gilt als eine Grundschuld des neuen Rechts. Art. 195 EG. Von dem bezeichneten Zeitpunkte an ist die Blankoabtretung einer alten Grundschuld nicht mehr zulässig, weil eine solche dem neuen Recht fremd ist. Um demjenigen, welcher durch eine Blankoabtretung eine Grundschuld erworben hat, den Beweis zu sichern, daß dies vor dem betreffenden Zeitpunkte geschehen sei, bestimmt Art. 34 BGB., daß das Gericht auf den ihm vor jenem Zeitpunkte zu dem Behufe vorgelegten, mit einem bestimmten Namen ausgefüllten Abtretungserklärungen die Zeit

der Vorlegung der Urkunde und mit welchem Namen die Blankoabtretungserklärung an diesem Tage ausgefüllt ist, gebühren- und stempelfrei zu bescheinigen hat. Bis zu dem Zeitpunkte, an dem das Grundbuch in einem Bezirke als angelegt gilt, ist hinsichtlich der an den Grundstücken des Bezirks bestehenden Grundschulden eine Blankoabtretung noch zulässig. Art. 189 Abs. 1 EG.

5. Im bisherigen Geltungsbereiche des Gesetzes über das Grundbuchwesen im Bezirke des Appellationsgerichts zu Cassel v. 29. Mai 1873 gelten für die vor dem 1. Juli 1874 errichteten Hypotheken für den Fall, daß sie noch nicht in Hypotheken des Preußischen Rechts umgewandelt sind und deshalb nicht den vorstehend unter 1—3 dargelegten Grundsätzen unterstehen, die folgenden Besonderheiten. Art. 33 § 3 A.BGB.

a) Bis zu der Zeit, zu der das Grundbuch als angelegt anzusehen ist, wird bei der Hypothek auf den privatschriftlichen Antrag eines gleich- oder nachstehenden Hypotheken- oder Grundschuldgläubigers ein Widerspruch gegen das Bestehen der Hypothek kostenfrei eingetragen. Diese dem Reichsrechte widersprechende Vorschrift hat Geltung nur, wenn, was zweifelhaft ist, angenommen wird, daß der Widerspruch ein Recht im Sinne des Art. 189 EG. ist. Sonst würde es der Bewilligung des Betroffenen bedürfen.

b) Besteht die Hypothek zu der zu a bezeichneten Zeit noch zu Recht, so gilt sie von der Zeit an, zu der das Grundbuch als angelegt anzusehen ist, als Sicherungshypothek des neuen Rechts, auch wenn der Betrag der gesicherten Forderung bestimmt ist. War die Hypothek zu jener Zeit nach altem Rechte bereits durch Erlöschen der Forderung untergegangen, so hat sich hierin durch das neue Recht nichts geändert; sie bleibt erloschen.

c) Besteht die Hypothek zu der zu a bezeichneten Zeit nicht mehr zu Recht, so kann ein gleich- oder nachstehender Hypotheken- oder Grundschuldgläubiger den Löschungsantrag stellen, wenn er ein Ausschlußurtheil nach § 1170 BGB. vorlegt, durch welches der Gläubiger mit seinem Rechte ausgeschlossen ist. Der nach Reichsrecht eintretende Uebergang der Hypothek kraft Gesetzes auf den Eigenthümer findet bei diesen schon vorher erloschenen Hypotheken nicht statt. Auf Grund des Nachweises, daß die Hypothek schon vor der genannten Zeit erloschen war, kann ihre Löschung auch ohne Ausschlußurtheil zur Berichtigung des Grundbuchs erfolgen.

d) Um die Umwandlung der Hypotheken, welche nach b als reichsrechtliche Sicherungshypotheken gelten, in gewöhnliche Hypotheken zu fördern, werden für die Eintragung der Umwandlung, für die gerichtliche Beurkundung oder Beglaubigung der Eintragungsbewilligung Gebühren nicht erhoben, wenn die Umwandlung innerhalb eines Jahres nach der unter a bezeichneten Zeit beantragt wird.

6. Soweit die nach den Vorschriften des Rheinischen Bürgerlichen Gesetzbuchs begründeten Hypotheken und Privilegien zur Zeit, zu der das Grundbuch als angelegt anzusehen ist, durch Einschreibung in das Hypothekenregister oder Eintragung in das Grundbuch wirksam geworden sind, wandeln sie sich den zu 1—3 dargelegten Grundsätzen entsprechend in Hypotheken

des neuen Rechts um; andernfalls geben sie nur ein Recht auf Bestellung einer Hypothek des neuen Rechts. Art. 33 § 4 A.BGB.

7. Hinsichtlich der nach altem Rechte gebildeten Urkunden gilt von der Zeit an, zu der das Grundbuch als angelegt anzusehen ist, folgendes:

a) Ein vorher gebildeter Hypothekenbrief gilt als Hypothekenbrief im Sinne der Reichsgesetze. Art. 33 A.BGB. Nur der Brief über eine Kautionshypothek verliert seine Wirkung. Vgl. vorher zu III 3.

b) Ein vor dem Inkrafttreten der Preuß. Grundbuchordnung v. 5. Mai 1872 in deren ursprünglichem Geltungsbereiche sowie in Ostfriesland und Harlingerland, in der Niedergrafschaft Lingen und in den ehemals Münsterschen Ortschaften der Provinz Hannover gebildetes Hypothekeninstrument steht einem später gebildeten Hypothekenbriefe gleich. Es gilt also dafür das gleiche wie zu a.

c) Die in den zu b nicht genannten Preußischen Landestheilen, in denen die Preußische Grundbuchordnung durch besondere Gesetze nachträglich eingeführt ist, vor dem Inkrafttreten der Preuß. Grundbuchordnung gebildeten alten Hypothekenurkunden oder Schuldurkunden mit Einschreibungsvermerk sind den Hypothekenbriefen im Sinne der Reichsgesetze nicht gleichgestellt. Sie verlieren mit dem Zeitpunkte, an dem das Grundbuch als angelegt anzusehen ist, alle Wirkung. Die Hypotheken, über die sie ausgestellt sind, wandeln sich deshalb auch in Buchhypotheken des neuen Rechts um. Um dies zu hindern, erleichtert Art. 33 § 2 Abs. 2 A.BGB. die Ertheilung von Hypothekenbriefen; sie soll kostenfrei geschehen, wenn sie vor dem genannten Zeitpunkte beantragt wird. Ist der Antrag bis dahin nicht gestellt, gilt die Ertheilung des Briefes deshalb nach neuem Recht als ausgeschlossen, so sollen doch Kosten für die Aufhebung der Ausschließung, für die gerichtliche Beurkundung und Beglaubigung der Eintragungsbewilligung und für die Ertheilung des Briefes nicht erhoben werden, wenn die Eintragung der Aufhebung innerhalb eines Jahres nach dem Inkrafttreten des BGB. beantragt wird.

§ 69. Die Eintragung einer Hypothek, Grundschuld oder Rentenschuld.

I. Für die Eintragung einer Hypothek, Grundschuld oder Rentenschuld gelten die allgemeinen Regeln. Zur Begründung des Eintragungsantrags genügt also die Bewilligung des Eigenthümers des Grundstücks. Sicherungshypotheken für die Forderung aus einer Schuldverschreibung auf den Inhaber können eingetragen werden, ohne daß dem Grundbuchrichter das Vorhandensein der nach § 795 BGB. erforderlichen staatlichen Genehmigung nachgewiesen wird, weil ihm eine Prüfung der Gültigkeit des Kausalgeschäfts nicht obliegt. Zweifelhafter ist die Regel, wenn eine Grund- oder Rentenschuld, deren Brief auf den Inhaber lauten soll, einzutragen ist. Eine entsprechende Anwendung des § 795 auf § 1195 BGB. wird aber dahin führen, die Ertheilung des Briefs der Ausgabe des Inhaberpapiers gleichzustellen. Die Ertheilung des Briefs und folgeweise dann auch die Eintragung der Grund- oder Rentenschuld selbst wird deshalb von dem Nachweise der staatlichen Genehmigung abhängig zu machen sein.

Das Gesetz kennt im Falle des § 1287 BGB. und im entsprechenden Falle des § 848 Abs. 2 CPO. den gesetzlichen Erwerb einer Sicherungshypothek. Hat ein Gläubiger durch Vertrag oder Pfändung ein Pfandrecht an dem Anspruche seines Schuldners auf Uebertragung des Eigenthums an einem Grundstücke gegen einen Dritten erworben und wird demnächst das Eigenthum an dem Grundstücke von dem Dritten dem Schuldner oder für ihn einem Sequester übertragen, so erwirbt der Pfandgläubiger eine Sicherungshypothek an dem Grundstücke. Die Eintragung ins Grundbuch erfolgt zur Berichtigung des Grundbuchs, setzt also die Bewilligung des Schuldners oder Sequesters oder den Nachweis der Unrichtigkeit des Grundbuchs voraus. War zur Sicherung des Anspruchs des Schuldners auf Eigenthumsübertragung eine Vormerkung und bei dieser das Pfandrecht des Gläubigers im Grundbuche eingetragen, so wird dieser Eintragung mit dem Tage, an dem nach erfolgter Auflassung der Schuldner als Eigenthümer des Grundstücks eingetragen wird, dieselbe Bedeutung wie der Eintragung der Sicherungshypothek selbst beizumessen sein. Wird diese demnächst in die dritte Abtheilung des Grundbuchblattes eingetragen, so wird sich ihr Rang nach dem Tage der Auflassung bestimmen.

II. Die Eintragungsformel muß nach § 1115 BGB. angeben den Gläubiger, den Geldbetrag der Forderung, wenn die Forderung verzinslich ist, den Zinssatz, wenn andere Nebenleistungen zu entrichten sind, ihren Geldbetrag. Im Uebrigen kann zur Bezeichnung der Forderung auf die Eintragungsbewilligung Bezug genommen werden. In der Eintragungsformel einer Hypothek für ein Darlehn einer Kreditanstalt, deren Satzungen von der zuständigen Behörde öffentlich bekannt gemacht sind, kann auch noch die Angabe der außer den Zinsen satzungsgemäß zu entrichtenden Nebenleistungen wegbleiben; es genügt hier eine Bezugnahme auf die Satzungen. § 1115 Abs. 2 BGB. Auf Grund- oder Rentenschulden finden diese Vorschriften entsprechende Anwendung. Bei der Eintragung einer Rentenschuld muß in der Eintragungsformel die Ablösungssumme angegeben werden. §§ 1192, 1199 BGB.

Hiernach weicht die Fassung der Formel von der durch die Preuß. Grundbuchgesetze von 1872 vorgeschriebenen Fassung in verschiedener Beziehung ab. Insbesondere ist noch folgendes zu bemerken, indem sonst auf das schon S. 88 gesagte verwiesen wird.

1. Die Angabe des Schuldgrundes der Forderung in der Eintragungsformel ist nicht vorgeschrieben; sie darf aber nie fehlen, wo die Hypothek zur Befriedigung einer bestimmten Forderung bestellt ist, weil ohne den Schuldgrund die Forderung selbst nicht bezeichnet sein würde. Ohne Angabe des Schuldverhältnisses ist deshalb nur die Maximalhypothek aus § 1190 BGB. einzutragen.

2. Ist eine Forderung unverzinslich, so braucht die Zinslosigkeit nicht erwähnt zu werden. Nach BGB. haftet das Grundstück für die gesetzlichen Zinsen, z. B. Verzugszinsen, ferner für die Kosten der Kündigung und der

die Befriedigung aus dem Grundstücke bezweckenden Rechtsverfolgung. § 1118. Das Kündigungsrecht des Eigenthümers kann nur soweit ausgeschlossen werden, daß er nach 20 Jahren unter Einhaltung einer sechsmonatigen Frist kündigen kann. Art. 32 §§ 1, 2 A.BGB.

3. Der Gläubiger muß in der Regel dem Namen nach angegeben werden. Die Sicherungshypothek für die Forderung aus einem Wechsel oder anderen indossablen Papiere wird auf den Namen des Forderungsberechtigten einzutragen sein. Der Vermerk einer Sicherungshypothek für die Forderung aus einer Schuldverschreibung auf den Inhaber muß ergeben, daß die Schuldverschreibung auf den Inhaber ausgestellt ist. Die Eintragung einer Grund- oder Rentenschuld muß für den Inhaber des Briefes erfolgen, wenn das Recht so begründet ist. Bei Grund- und Rentenschulden kann im Gegensatze zu Hypotheken auch der Eigenthümer des Grundstücks selbst als Gläubiger des Rechts eingetragen werden. §§ 1195, 1196, 1199 BGB.

4. Die Bezugnahme auf die Eintragungsbewilligung zur näheren Bezeichnung der Forderung ist zu dem Zwecke vorgeschrieben, um die Ueberfüllung des Grundbuchs mit unerheblichen Angaben zu verhüten. Eine ausführlichere Fassung der Eintragungsformel ist deshalb nicht verboten, sie wird vielmehr der Absicht des Gesetzes stets dann nicht widersprechen, wenn eine vollständige Bezeichnung der Forderung im Grundbuche selbst nur noch wenig Raum neben den in § 1115 BGB. vorgeschriebenen nothwendigen Angaben erfordert. Auch die Probeeintragungen des neuen Grundbuchformulars beschränken sich zum Theil nicht nur auf die nothwendigen Mittheilungen. Die Bezugnahme auf die Eintragungsbewilligung hat im Falle der Ertheilung eines Briefes, wenn eine Schuldurkunde nicht vorgelegt wird, zur Folge, daß nicht nur die Eintragungsformel, sondern weiter auch aus der Bewilligungsurkunde alle die Angaben in den Brief aufzunehmen sind, welche die Formel ergänzen. § 57 Z. 3 GBO. Die Umstände, die hierdurch dem Richter erwachsen, können durch eine ausführliche Fassung der Formel vermieden werden.

5. Für die Eintragung der Hypothek für Theilschuldverschreibungen auf den Inhaber und entsprechend für die von Theilgrundschulden oder Theilrentenschulden, deren Brief auf den Inhaber ausgestellt ist, genügt im Grundbuche die Angabe des Gesammtbetrages der Hypothek und der Anzahl, des Betrags und der Bezeichnung der Theile. § 51 GBO.

6. Im BGB. finden sich wiederholt Vorschriften, nach denen eine Mittheilung der Eintragung in das Grundbuch bedarf. Im Verhältnisse zu § 1115 BGB. sind solche Vorschriften dahin zu verstehen, daß hinsichtlich solcher Mittheilungen nicht auf die Eintragungsbewilligung Bezug genommen werden darf. So muß die Ausschließung der Ertheilung des Briefes, oder die Aufhebung dieser Ausschließung, § 1116 BGB., ferner eine Abweichung vom regelmäßigen Rangverhältnisse, der Rangvorbehalt, §§ 880, 881 BGB., die Bestellung eines Vertreters bei einer Inhaberhypothek oder einer auf den Inhaber des Briefes lautenden Grundschuld und der Umfang seiner Befugniß, § 1189 BGB., die Unterwerfung unter die sofortige Zwangsvollstreckung in das Grundbuch nach § 800 CPO. aus dem Grundbuche selbst hervorgehen.

III. Für die Eintragung einer Veränderung bei einer Hypothek, Grundschuld oder Rentenschuld, über die ein Brief ertheilt ist, gilt die Besonderheit, daß sie nur erfolgen soll, wenn der Brief dem Grundbuchrichter vorgelegt wird. Ist durch Ausschlußurtheil der Brief für kraftlos erklärt oder der Gläubiger mit seinem Rechte ausgeschlossen, so steht die Vorlegung des Ausschlußurtheils der des Briefes gleich, wenn die Ertheilung eines neuen Briefs beantragt wird. Wird in jenen Fällen die Löschung der Hypothek oder die nachträglich Ausschließung der Ertheilung des Briefes beantragt, so genügt die Vorlegung des Ausschlußurtheils; es bedarf also nicht erst der Ertheilung des neuen Briefs. §§ 42, 43 GBO., 1162, 1170, 1171 BGB. Der Vorlegung des Briefes bedarf es ausnahmsweise nicht,

1. bei der Eintragung eines Widerspruchs in gewissen Fällen; bei Grund- und Rentenschulden, deren Brief auf den Inhaber ausgestellt ist, jedoch nur dann nicht, wenn die Bewilligung durch den nach § 1189 BGB. bestellten Treuhänder erklärt ist. Andernfalls ist der Brief vorzulegen. §§ 42, 43, 54 GBO., vgl. S. 165;
2. in gewissen Fällen bei Eintragungen, welche auf Ersuchen von zuständigen Behörden erfolgen — so in den Fällen der §§ 131, 158 Abs. 2 ZBVG., Art. 21, 26 A.GBO. Die besondere Bestimmung des § 43 GBO. wegen der Grund- und Rentenschulden, deren Brief auf den Inhaber ausgestellt ist, gilt hier nicht.

Bei einer Hypothek für die Forderung aus einer Schuldverschreibung auf den Inhaber, aus einem Wechsel oder einem anderen durch Indossament übertragbaren Papiere tritt die Urkunde in gewisser Beziehung an die Stelle des Hypothekenbriefs. Eine Eintragung soll bei einer solchen Hypothek nur erfolgen, wenn die Urkunde vorgelegt wird, ohne daß die vorher zu 1 gedachten Ausnahmen hier Platz haben. Der Vorlegung der Urkunde bedarf es aber auch hier in den zu 2 genannten Fällen und dann nicht, wenn die Eintragung auf der Bewilligung des nach § 1189 BGB. bestellten Treuhänders beruht. § 44 GBO.

Soll bei einer Hypothek, Grundschuld, Rentenschuld, die Veränderung einer Angabe eingetragen werden, bezüglich welcher in der Eintragungsformel auf die Bewilligung Bezug genommen ist, so wird auch die Veränderung nur durch Bezugnahme auf die neue Bewilligung im Grundbuche kenntlich zu machen sein, durch den Vermerk z. B.: Abgeändert zufolge der Eintragungsbewilligung vom . . ., eingetragen am . . .

§ 70. Der Hypotheken-, Grundschuld-, Rentenschuldbrief.

I. Die GBO. giebt in den §§ 56—69 Bestimmungen über den Hypothekenbrief und erklärt im § 70 diese Vorschriften für entsprechend anwendbar auf den Grundschuld- und Rentenschuldbrief. Die nothwendige landesrechtliche Ergänzung zu den §§ 56—70 geben die §§ 37—42 Verf.

Auf Hypothekenbriefe, Grundschuldbriefe oder andere Hypothekeninstrumente, welche bereits vor dem Zeitpunkte, an dem das Grundbuch als angelegt anzusehen ist, gebildet sind, finden die Vorschriften des neuen

Rechtes Anwendung, wenn die Urkunden nach dem A.BGB. als Hypotheken- oder Grundschuldbriefe im Sinne der Reichsgesetze gelten sollen. Genaueres hierüber ist S. 197 zu III 7 zusammengestellt.

Wie schon vorher im § 68 dargelegt ist, ist über Verkehrshypotheken, Grundschulden, Rentenschulden immer ein Brief zu ertheilen, wenn nicht die Ertheilung ausgeschlossen ist. § 1116 BGB. Der Eintragungsantrag enthält also in der Regel schon auch den Antrag auf Ertheilung des Briefes. Soll die Ertheilung des Briefes gleich bei der Bestellung der Hypothek, Grundschuld, Rentenschuld ausgeschlossen werden, so wird zur Eintragung die Bewilligung des Eigenthümers des Grundstücks des Inhalts, daß er nur die Eintragung eines Rechtes, bei dem die Ertheilung des Briefes ausgeschlossen ist, bewillige, genügen, denn der Eigenthümer allein hat maßgebend über Umfang und Art der Belastung des Grundstücks zu bestimmen. § 19 GBO. Die Ausschließung ist in das Grundbuch einzutragen. In den Probeeintragungen ist die Wendung gebraucht: Die Ertheilung eines Briefes ist ausgeschlossen. Ist zunächst ein Brief ertheilt, soll demnächst aber die Ertheilung ausgeschlossen werden, so ist es zweifelhaft, ob bei der Aenderung der Eigenthümer Passiv- oder Aktivbetheiligter ist, es wird deshalb neben der Bewilligung des Gläubigers auch die des Eigenthümers erfordert werden müssen. § 1116 Abs. 2. BGB. Die nachträgliche Ausschließung der Ertheiluug des Briefes ist als Veränderung bei dem Rechte ins Grundbuch einzutragen. Der Brief ist dem Grundbuchamte vorzulegen und unbrauchbar zu machen. § 69 GBO. Ist das Recht Eigenthümerhypothek oder Eigenthümergrundschuld, so ist der Eigenthümer zugleich der Gläubiger. Läßt der Eigenthümer in dem nachher § 75 zu II besprochenen Falle des § 1117 Satz 1 BGB. die Ausschließung der Ertheilung des Briefes ins Grundbuch eintragen, ehe er den Brief dem Gläubiger übergeben hat, so wird man annehmen müssen, daß durch diese Eintragung die Hypothek oder Grundschuld dem Gläubiger erworben wird.

Die Ausschließung der Ertheilung des Briefes kann nachträglich wieder aufgehoben werden. § 1116 Abs. 3 BGB. Auch dies ist ins Grundbuch einzutragen. Zur Eintragung wird die Bewilligung des Gläubigers des Rechtes und des Eigenthümers zu erfordern sein, denn wer von der Eintragung betroffen wird, ist hier ebenso wie im Falle des § 1116 Abs. 2 BGB. zweifelhaft. Der § 1117 Satz 1 BGB. findet nicht Anwendung. Da der Gläubiger die Buchhypothek und Buchgrundschuld bereits mit der Eintragung erworben hatte, so steht ihm das Recht auch nach Ertheilung des Briefes sogleich zu.

II. Die Behörde, welche den Brief ertheilt, ist immer das Grundbuchamt. § 56 GBO. Die Herstellung eines Theilbriefes kann außer vom Grundbuchamt auch von jedem anderen Amtsgerichte Preußens oder einem Notar besorgt werden. Die Herstellung solcher Zweigurkunden sieht das Gesetz für eine Handlung der freiwilligen Gerichtsbarkeit an. § 61 GBO., § 167 FG., Art. 31 A.FG. Doch erscheint es nach dem Wortlaute des § 61 GBO. ausgeschlossen, daß sie auch durch andere, landesrechtlich zur Aufnahme von Urkunden der freiwilligen Gerichtsbarkeit befugte Behörden erfolgen könne. Reichskonsuln stehen den Notaren gleich. §§ 16, 17 G. v. 8. Nov. 1867. Wesentlich ist die Abzweigung von einem bereits ertheilten Briefe; deshalb darf auch, wenn nur ein Theil eines Rechts von der gesetzlichen Verwandlung einer Hypothek in eine Grundschuld betroffen wird, der nach § 65 GBO. etwa verlangte neue Brief über das Theilrecht nur vom Grundbuchamte ertheilt werden. Handelt es sich aber um eine wirkliche Zweigurkunde, so darf, wenn bei der Theilung des Rechts zugleich eine Wandelung im Charakter des Rechts eingetreten ist, auch der Notar oder Amtsrichter bei der Herstellung der Zweigurkunde diese zu einem dem jetzigen Charakter des Theilrechts entsprechenden Briefe umgestalten, z. B. von einem Hypothekenbrief einen Theilgrundschuldbrief abzweigen. Vermerke über Aenderungen, welche nachträglich bei dem Rechte im Grundbuche eingetragen sind, darf nur das Grundbuchamt selbst auf den Brief setzen. § 62 GBO.

Der Inhalt des Briefes zerfällt in wesentliche Bestandtheile, die er enthalten muß, wenn anders er die Bedeutung eines Hypotheken-, Grundschuld-, Rentenschuldbriefes haben soll und ferner in solche Bestandtheile, welche er enthalten soll, deren Fehlen ihm aber noch nicht die Bedeutung eines solchen Briefes nimmt. §§ 56, 57 GBO. Wesentlich ist die Bezeichnung als Hypotheken- oder Grundschuld- oder Rentenschuldbrief; die Angabe des Geldbetrags des Rechts, beim Rentenschuldbriefe auch die der Ablösungssumme, die Angabe des belasteten Grundstücks, sowie die Beifügung von Unterschrift und Siegel. §§ 56, 70 Abs. 1 GBO. Unwesentlich ist die Angabe der Nummer des Grundbuchblattes und die Mittheilung eines Auszuges aus dem Grundbuche. § 57 GBO. In Preußen werden in die Briefe die sämmtlichen in den §§ 56, 57 GBO. vorgeschriebenen Mittheilungen mit der in § 37 Verf. angeordneten Ergänzung aufgenommen. Für die Hypotheken-, Grundschuld-, Rentenschuldbriefe sind in den Anlagen B—G der Verf. Muster vorgeschrieben, § 40 Verf., welche am Ende dieses Buches abgedruckt sind. Die aufzunehmenden Mittheilungen erhalten eine bestimmte Reihenfolge.

1. Am Kopfe sind die Briefe mit dem Königlich Preußischen Adler und einer Ueberschrift zu versehen. Diese enthält die Bezeichnung „Preußischer Hypothekenbrief oder Grundschuldbrief oder Rentenschuldbrief" und die Angaben der Hypothek, Grundschuld oder Rentenschuld, über die der Brief ertheilt ist, nach dem Grundbuche, den Nummern des Bandes und Blattes, der Eintragungsnummer und dem Geldbetrage. Bei Rentenschuldbriefen ist in der Ueberschrift nur der Betrag der einzelnen Jahresleistung, nicht der Betrag der Ablösungssumme anzugeben (vgl. das Muster 6). § 38 Verf.
2. Der Text des Briefes selbst beginnt mit dem „Inhalt der Eintragung". Gemeint ist der Inhalt der das Recht betreffenden Eintragungen. Diese sind zunächst eine wörtliche Wiedergabe der Eintragungen im Grundbuche, jedoch bleiben die Unterschriften des Eintragungsvermerks fort. Bei einem Rentenschuldbriefe müssen diese Eintragungen die Ablösungssumme ergeben. § 1199 BGB. Wird der Brief nachträglich ertheilt, so gehören an diese Stelle auch alle noch gültigen Eintragungen aus den Spalten „Veränderungen", welche bei der Hypothek gebucht sind. Ist zur Ergänzung einer Eintragung auf eine Urkunde Bezug genommen, so ist hier auch der Inhalt der

Urkunde anzugeben. Dies letztere unterbleibt, wenn die Schuldurkunde mit dem Briefe verbunden wird und diese die Ergänzung enthält. Wie schon am Schluß des vorigen § dargelegt ist, kann die Bezugnahme auch noch andere Urkunden, z. B. eine Eintragungsbewilligung in der die Kündigungsfrist geändert ist, bezeichnen. In diesem Falle ist trotz der Verbindung des Briefes mit der Schuldurkunde noch der Inhalt dieser Bewilligung anzugeben. In dem schon vorher S. 198 zu II besprochenen Falle des § 1115 Abs. 2 BGB. braucht der Inhalt der Satzung in den Brief nicht aufgenommen zu werden.

3. Dann folgt die Bezeichnung des belasteten Grundstücks oder im Falle eines Gesammtbriefes die Bezeichnung aller belasteten Grundstücke nach dem Inhalte des Grundbuchs mit Einschluß der Angaben über die Größe, den Grundsteuerreinertrag, den Gebäudesteuernutzungswerth eines jeden Grundstücks. Sind im Grundbuche die Erwerbspreise oder Schätzungs= oder Versicherungssummen eingetragen, so sind auch diese mit Angabe des Jahres des einzelnen Vermerks in den Brief aufzunehmen. § 37 Verf. Und zwar scheint die Vorschrift zu bestimmen, daß die sämmtlichen in der Spalte 4 der ersten Abtheilung des Grundbuchs eingetragenen bezüglichen Vermerke im Briefe wiederzugeben sind nur mit der Einschränkung, daß die mehr als 10 Jahre zurückliegenden Erwerbspreise wegbleiben. Ist ein Grundstück noch nicht auf die Steuerbücher zurückgeführt, so wird sich empfehlen ebenso, wie es nach altem Recht üblich war, dies auf dem Briefe besonders auszudrücken.
4. Hieran schließt sich die Bezeichnung des Eigenthümers, wie er im Grundbuche vermerkt steht. Sodann folgt
5. eine kurze Bezeichnung der Eintragungen, welche der Hypothek im Range vorgehen oder gleichstehen, unter Angabe des Zinssatzes, wenn dieser fünf vom Hundert übersteigt.
6. Der Brief schließt mit der Angabe des Ortes und Tages der Ertheilung sowie mit der Unterschrift des Richters und Gerichtsschreibers. Daneben ist das Siegel des Amtsgerichts anzubringen. Das Siegel muß aus einem besonderen mit der Urkunde zu verbindenden Stoffe hergestellt sein, der den Eindruck des Siegelzeichens aufzunehmen imstande ist. Einfarbiger Abdruck des Dienstsiegels oder ein Trockenstempel oder das Aufkleben eines mit dem Aufdrucke des Farbstempels bereits versehenen Papierstücks mittels Oblate genügt nicht. Verf. des JM. v. 24. Jan. 1900 (JMBl. S. 45).

Ist über die Forderung, für welche eine Hypothek besteht, eine Urkunde ausgestellt, so soll sie mit dem Hypothekenbriefe verbunden werden. Gemeint ist die Urkunde über das Kausalgeschäft, z. B. der Kauf= oder Tauschvertrag, die Schuldverschreibung. Sie kann privatschriftlich abgefaßt sein. Die Verbindung geschieht durch Schnur und Siegel. Das Siegel muß auch hier in der vorher zu 6 angegebenen Weise hergestellt sein. § 58 GBO., § 41 Verf. Eine Verbindung des Hypothekenbriefes noch mit anderen Urkunden, z. B. Abtretungserklärungen oder der in besonderer Urkunde enthaltenen Eintragungsbewilligung ist unzulässig. Ausdrücklich gestattet ist, daß es, wenn sich der Inhalt der Urkunde noch auf andere Angelegenheiten erstreckt, genügt, wenn ein öffentlich beglaubigter Auszug aus der Urkunde mit dem Hypothekenbriefe verbunden wird. § 58 Satz 2 GBO. Ist eine Urkunde über die Forderung nicht errichtet, so besteht der Brief über eine Hypothek lediglich aus dem Hypothekenbriefe, wie auch ein Grundschuld- oder Rentenschuldbrief stets nur durch den Brief selbst dargestellt wird. Für den Grundbuchrichter genügt zum Nachweise dafür, daß eine Schuldurkunde nicht ausgestellt ist, eine darauf gerichtete Erklärung des Eigenthümers. § 58 Abs. 3 GBO. Wird diese Erklärung nicht schon in der Eintragungsbewilligung des Eigenthümers abgegeben, so ist es fraglich, welcher Form sie bedarf. Nach der Denkschrift zu § 58 soll selbstverständlich § 29 GBO. Anwendung finden. Aus dem Wortlaute des § 29 folgt es an sich nicht, weil über das Vorhandensein oder Fehlen der Schuldurkunde in das Grundbuch nichts eingetragen wird. Indessen läßt § 29 in Verbindung mit § 30 GBO. erkennen, daß alle bei einer Eintragung erheblichen Erklärungen nicht privatschriftlich abgegeben sein dürfen, sondern hinsichtlich der Person des Erklärenden öffentlichen Glauben besitzen müssen. Der Denkschrift ist deshalb zuzustimmen.

III. Ueber eine Gesammthypothek soll nur ein Hypothekenbrief ertheilt werden. § 59 GBO. Das Verbinden der Hypothekenbriefe über alle für die Hypothek verhafteten Grundstücke, wie es in Preußen bisher geschah, ist also im Prinzip aufgegeben. Für Briefe über Gesammtgrundschulden und Gesammtrentenschulden gelten die gleichen Regeln. Zu unterscheiden sind aber folgende Fälle:

1. Der Gesammthypothekenbrief über eine Hypothek, für die von vorneherein mehrere Grundstücke haften, und der über eine Hypothek, für welche nachträglich noch andere Grundstücke mitverhaftet worden sind. Im letzteren Falle kann der ursprüngliche Hypothekenbrief ein solcher über eine einfache oder auch über eine Gesammthypothek gewesen sein. §§ 59, 63 GBO.
2. Der Gesammthypothekenbrief für den Fall, daß die belasteten Grundstücke sämmtlich in dem Bezirke desselben Grundbuchamts oder in den Bezirken verschiedener Grundbuchämter liegen. § 59 Abs. 2 GBO. Ueber den Begriff des Grundbuchamts ist schon S. 8 gesprochen.
3. Der Gesammthypothekenbrief für den Fall, daß das eine ursprünglich für die Hypothek nur verhaftete Grundstück nachträglich in verschiedene Theile zerlegt wird.

Zu 1: Für eine ursprüngliche Gesammthypothek wird nur ein Hypothekenbrief nach Muster 3 ertheilt. In die Ueberschrift wird die Grundbuchbezeichnung aller belasteten Grundstücke aufgenommen. In den einzelnen Abschnitten des Briefes werden die bezüglichen Mittheilungen von allen mitbelasteten Grundbuchblättern hintereinander gegeben. Der Gesammthypothekenbrief selbst wird nur von einem Richter und einem Gerichtsschreiber, d. h. von den Beamten der Abtheilung, welche gerade die Sache bearbeitet haben, unterschrieben. § 38 Abs. 3 Verf. Wird dann nachträglich noch ein anderes Grundstück für die gleiche Hypothek belastet, so ist als Regel in der Weise zu verfahren, daß die Mittheilungen über das neu in die Pfandverbindlichkeit eintretende Grundstück dem bisherigen Briefe hinzugefügt werden. Das Muster 3 giebt ein Beispiel, in welcher Weise der Vermerk zu fassen ist, welcher alle nach §§ 56, 57 GBO., §§ 37, 38 Verf. in den Brief aufzunehmenden Angaben aus dem Grundbuche enthält. Auf Antrag kann aber auch ein ganz neuer Brief über die Gesammthypothek in ihrem jetzigen Umfange ertheilt werden. § 63 GBO.

Zu 2: Die zu 1 angegebenen Regeln erleiden eine Ausnahme für den Fall, daß die für die Gesammthypothek von vorneherein oder erst infolge nachträglicher Mitbelastung verhafteten Grundstücke in den Bezirken verschiedener Grundbuchämter liegen. In diesem Falle werden besondere einheitliche Hypothekenbriefe je nur über die im Bezirke eines Grundbuchamtes liegenden Grundstücke ertheilt. Die verschiedenen Briefe sind dann mit einander durch Schnur und Siegel, über welches das schon zu II 6 gesagte gilt, zu verbinden. § 59 Abs. 2 GBO., § 41 Verf.

Zu 3: Entsteht die Gesammthypothek erst durch die Zerlegung des einen ursprünglich verhafteten Grundstücks, so bleibt der ursprüngliche Hypothekenbrief an sich unverändert und stellt nun den Gesammthypothekenbrief dar. Geschieht die Zerlegung ohne Wechsel des Eigenthümers und ohne Uebertragung der Theilstücke auf andere Grundbuchblätter, so enthält der ursprüngliche Brief alle vorgeschriebenen Angaben und bedarf keiner Ergänzung. Ist aber mit der Zerlegung des Grundstücks ein Wechsel des Eigenthums an den Theilstücken und die Uebertragung der Theilstücke auf andere Grundbuchblätter verbunden, so sind die Mittheilungen, welche der Brief geben muß oder soll, aus dem Briefe nicht mehr vollständig ersichtlich. Es wird deshalb selbst in den Fällen, in denen bei der Hypothek im Grundbuche ein Mitübertragungsvermerk nicht einzutragen war, vgl. S. 95, auf dem Briefe die neue Grundbuchbezeichnung, der neue Eigenthümer und die Angabe über vorgehende oder gleichstehende Eintragung unter entsprechender Anwendung des in Muster 3 gegebenen Vermerks nachzutragen sein, z. B. „Von dem unter Nr. 2 aufgeführten Grundstücke ist der im Oberfelde der Gemarkung Buchhain belegene Acker Kartenblatt 2 Parzelle $\frac{146}{27}$ von 1 ha 8 a mit 5,09 Grundsteurreinertrag nach Bd. III Blatt Nr. 52 übertragen. Die Hypothek ist auf diesem Grundbuchblatte, Abtheilung III Nr. 1 eingetragen worden. Eigenthümer ist der Zimmermann Karl Müller in Buchhain. Vorgehende oder gleichstehende Eintragungen sind auf dem Blatte nicht vorhanden.“ Bei entsprechender Anwendung des § 63 GBO. wird auch in diesem Falle die Ertheilung eines neuen Briefes über die Gesammthypothek verlangt werden können.

4. Wird eins der mitverhafteten Grundstücke aus der Pfandverbindlichkeit entlassen und die Hypothek auf dem betreffenden Blatte gelöscht, so wird, wie das Muster 3 ergiebt, nur in der Ueberschrift die Grundbuchbezeichnung des ausscheidenden Grundstücks roth unterstrichen und die Löschung der Hypothek auf dem betreffenden Grundstücke hinten auf dem Briefe vermerkt. Im übrigen bleiben die das ausscheidende Grundstück betreffenden Mittheilungen auf dem Briefe ungelöscht stehen.

IV. Gemeinschaftlicher Hypothekenbrief, Grundschuldbrief, Rentenschuldbrief. Ein solcher kann ertheilt werden, wenn einem Gläubiger mehrere Hypotheken zustehen, die gleichen Rang haben oder im Range unmittelbar aufeinanderfolgen. § 66 GBO. Stehen einem Gläubiger in gleicher Weise mehrere Grundschulden, oder mehrere Rentenschulden zu, so gilt das gleiche. Selbstverständliche Voraussetzung aber ist, daß über die sämmtlichen Rechte des einen Gläubigers Briefe ertheilt sind, oder wenigstens nachträglich ertheilt werden können. Nicht also ist ein gemeinschaftlicher Hypothekenbrief zulässig, soweit sich unter den mehreren Hypotheken eines Gläubigers Sicherungshypotheken befinden. Ebensowenig ist ein solcher nach dem Wortlaute des § 66 für zulässig zu halten, wenn die mehreren Rechte, die dem einen Gläubiger zustehen, verschiedener Art, z. B. neben Hypotheken auch Grundschulden sind. Einer Grundschuld aber wird eine Hypothek gleich zu stellen sein, die sich kraft Gesetzes in eine Grundschuld verwandelt hat. § 1177 BGB.

Zweifelhaft ist es, ob eine der in den gemeinschaftlichen Brief aufzunehmenden Hypotheken oder Grundschulden eine Gesammthypothek oder Gesammtgrundschuld sein darf. Gesetzlich ist es wohl als gestattet anzusehen; indessen wird festzuhalten sein, daß der gemeinschaftliche Brief nicht nur den Brief des einen mit der Gesammthypothek belasteten Grundstücks, auf dem auch die anderen Hypotheken stehen, sondern den ganzen nach § 59 GBO. zu bildenden Brief über alle Grundstücke der Gesammthypothek enthalten muß. Eine Zerreißung des Gesammthypothekenbriefes ist unzulässig.

Die Ertheilung eines gemeinschaftlichen Briefes setzt immer voraus den Antrag des Gläubigers und die Zustimmung des Eigenthümers, welche aus dem schon vorher am Ende zu II besprochenen Grunde der Form des § 29 GBO. bedarf. § 66 GBO.

Der gemeinschaftliche Brief hat nicht die Bedeutung, die mehreren darin aufgenommenen Hypotheken oder Grundschulden zu einem Rechte zu verschmelzen, vielmehr behalten sie ihre Selbständigkeit; auch die Briefe der in den gemeinschaftlichen Brief vereinigten Rechte sind ein jeder für sich als ein besonderer Brief anzusehen. Je nach dem rechtlichen Schicksale, welches die einzelnen durch sie verbrieften Rechte erleiden, unterliegen sie deshalb jeder für sich der Abänderung. Wird z. B. nur eins der Rechte abgetreten oder aufgehoben, so ist auch nur der einzelne dazu gehörige Brief in der entsprechenden Weise zu behandeln.

Ein Ausscheiden eines Rechts aus dem gemeinschaftlichen Briefe muß immer dann stattfinden, wenn die Erfordernisse zur Ertheilung eines solchen fortfallen. In diesem Falle muß über das ausscheidende Recht ein neuer Brief ertheilt werden nach den Vorschriften über die Erneuerung des Briefes; die das ausscheidende Recht betreffenden Mittheilungen auf dem gemeinschaftlichen Briefe sind roth zu unterstreichen. §§ 67, 68, 69 GBO.

Die Bestimmung des § 66 GBO. soll nach der Denkschrift einem praktischen Bedürfnisse entgegenkommen; ob ein gemeinschaftlicher Brief zu beantragen sei, wird deshalb lediglich von praktischen Erwägungen abhängig bleiben. Praktisch erscheint ein solcher immer nur dann, wenn die mehreren Rechte inhaltlich gleich sind und aller Wahrscheinlichkeit nach auch die gleichen rechtlichen Schicksale zu erwarten haben; z. B. wenn ein Grundstück hinter einander von derselben Bank unter genau den gleichen Bedingungen mehrmals beliehen wird. Das Muster 4 stellt einen gemeinschaftlichen Brief dar.

V. Die Herstellung besonderer Briefe für die Antheile einer Hypothek, Grundschuld, Rentenschuld, welche von vornherein für verschiedene Personen zu bestimmten Antheilen eingetragen worden ist, gestattet die GBO. nicht ausdrücklich. Wie aber schon unter der Herrschaft der Preußischen Grundbuchordnung, wird es auch in Zukunft für zulässig anzusehen sein, auf Antrag entweder gleich bei der Eintragung oder, wenn zunächst die Ertheilung eines Briefes ausgeschlossen war, auch später über das einzelne Antheilsrecht einen besonderen Brief zu ertheilen. War aber schon über das ganze Recht ein Brief ertheilt, so kann eine besondere Verbriefung des einzelnen Antheilsrechts nur durch Herstellung von Theilbriefen erreicht werden. Für die Grundschuld oder Rentenschuld, deren Brief auf den Inhaber lautet, ist die Herstellung besonderer Briefe für Theilschulden durch §§ 70 Abs. 2, 51 GBO. ausdrücklich angeordnet.

VI. Theilhypothekenbriefe, Theilgrundschuld- oder Theilrentenschuldbriefe setzen nothwendig einen anderen Brief voraus, von dem sie abgezweigt werden. Sie treten bezüglich bestimmter Antheile des verbrieften Rechtes ganz an die Stelle des anderen Briefes über das ungetheilte Recht und gelten nach ihrer Herstellung als selbständige, vom bisherigen Briefe unabhängige Briefe. Voraussetzung ihrer Herstellung ist die Theilung des Rechtes, über das sie lauten, vgl. nachher § 72, mag mit der Theilung des Rechtes zugleich eine Uebertragung des Theilrechtes auf einen neuen Gläubiger vorgekommen sein, oder nicht. Der Theilbrief kann bei der Theilung gebildet werden, braucht es aber nicht; ist die Theilung zunächst auf dem Briefe über das ungetheilte Recht vermerkt worden, so kann über einen Antheil der Theilbrief auch nachträglich hergestellt werden. § 1152 BGB., § 61 GBO. Der Theilbrief muß über bestimmte Antheile des Rechtes lauten. Ausdrücklich zugelassen ist ein Theilbrief über eine Theilgrundschuld oder Theilhypothek für Zinsen oder Nebenleistungen, welche später als in dem laufenden oder dem darauf folgenden Vierteljahre fällig werden. §§ 1145, 1150, 1167, 1168 BGB. und nachher in § 75.

Die verschiedenen Fälle der kraft Gesetzes eintretenden Uebertragung und die Möglichkeit der Umwandelung einer Hypothek in eine Grundschuld oder Rentenschuld oder umgekehrt, können es mit sich bringen, daß von einem Hypothekenbriefe ein Theilgrundschuldbrief abzuzweigen ist, während er im übrigen Hypothekenbrief über den Restheil bleibt, oder umgekehrt, daß von einem Grundschuldbriefe ein Theilhypothekenbrief hergestellt wird. Vgl. nachher die §§ 75, 78.

Ein Theilhypothekenbrief wird nach Muster 2 hergestellt; die Herstellung von Theilgrundschuld- oder Theilrentenschuldbriefen erfolgt in gleicher Weise. Daß ihn auch Notare und jeder Amtsrichter herstellen dürfen, ist schon zu II besprochen. Im Einzelnen ist folgendes zu beachten:

1. Auf dem bisherigen Hypothekenbriefe soll die Herstellung des Theilbriefes vermerkt werden. § 61 Abs. 3 GBO. Der Vermerk gehört an den Schluß des Briefes und lautet nach Muster 1: „Von den vorstehenden 9000 Mk. sind 5000 (fünftausend) Mk. mit dem Vorrange vor dem Reste nebst den Zinsen seit dem 1. Oktober 1904 abgetreten an den Schmied

Heinrich Stark in Hannover. Die Abtretung ist im Grundbuche eingetragen. Für den abgetretenen Betrag ist ein Theilhypothekenbrief hergestellt worden." Gleichzeitig muß auf dem bisherigen Briefe, um dem § 56 GBO. zu entsprechen, der Geldbetrag ersichtlich gemacht werden, auf den er sich noch bezieht. Es geschieht dies dadurch, daß neben die in der Ueberschrift des Briefes enthaltene Angabe des Rechts der Vermerk: „Noch gültig auf (Angabe des Betrages)" gesetzt wird. § 39 Verf. Wurde der Theilbrief von einer anderen Behörde, als von dem Grundbuchamte hergestellt, so muß in dem an den Schluß des bisherigen Briefes zu setzenden Vermerke der Satz „die Abtretung ist im Grundbuch eingetragen" wegbleiben. Diesen Vermerk darf nur das Grundbuchamt, nachdem die Abtretung oder Theilung ins Grundbuch eingetragen ist, dem Briefe hinzufügen. § 62 GBO.

2. Der Theilhypothekenbrief muß als wesentliche Bestandtheile enthalten die Bezeichnung „Theilhypothekenbrief", den Theilbetrag der Hypothek, auf den er sich bezieht, eine beglaubigte Abschrift der im § 56 Satz 2 GBO. vorgesehenen Angaben des bisherigen Briefes und mit der Unterschrift und dem Siegel — s. dazu vorher zu II 6 — versehen sein. Außerdem aber soll er eine beglaubigte Abschrift der sonstigen Angaben des bisherigen Briefes und der auf diesem befindlichen Vermerke enthalten. § 61 Abs. 2 GBO. Das Muster 2 erreicht dies dadurch, daß es unter der Ueberschrift zunächst eine Abschrift des ganzen bisherigen Briefes mit den darauf befindlichen Vermerken, jedoch mit Ausschluß des Vermerkes über die Theilabtretung oder Theilung einfügt. Die Abschrift wird eingeleitet mit den Worten: Der bisherige Brief über die Hypothek von X Mk. lautet, wie folgt: . . . und schließt mit den Worten: Die vorstehende Abschrift stimmt mit der Urschrift überein. Dann folgt der Vermerk über die Theilabtretung oder Theilung, bei dem noch besonders erwähnt wird: „Ueber die Y Mk. ist dieser Theilhypothekenbrief hergestellt worden. Die Herstellung ist auf dem bisherigen Briefe vermerkt." Der Vermerk, daß die Abtretung oder Theilung im Grundbuche eingetragen ist, darf, wie schon zu 1 gesagt ist, nur von dem Grundbuchamte auf den Brief gesetzt werden. War der bisherige Brief ein Gesammthypothekenbrief, so ist das Verfahren das gleiche, nur ist in der Ueberschrift des Theilbriefes der Theilbetrag nach den Grundbuchnummern aller belasteten Grundstücke zu bezeichnen.

3. War mit dem bisherigen Briefe eine Schuldurkunde verbunden, so ist hiervon eine besondere beglaubigte Abschrift herzustellen und diese mit dem Theilhypothekenbriefe zu verbinden.

4. Bei der Verwandlung und Umwandlung von Hypotheken in Grund- oder Rentenschulden oder umgekehrt ist die Aenderung auf dem bisherigen Briefe zu vermerken, wenn nicht die Ertheilung eines neuen Briefes beantragt wird. § 65 GBO. Tritt die Verwandlung oder Umwandlung nur zum Theil ein, so ergiebt sich daraus, daß auch Theilgrundschuld= oder Theilrentenschuldbriefe von Hypothekenbriefen und umgekehrt hergestellt werden können. Denn daß derselbe Brief über Rechte verschiedener Art lauten dürfe, ist nicht anzunehmen, vgl. nachher §§ 74 II und 78 a. E. Bei der Herstellung ist dem Muster 2 entsprechend zu verfahren. War der bisherige Brief ein Hypothekenbrief, von dem ein Theilgrundschuldbrief her-

gestellt werden soll, so muß letzterer jedenfalls die Bezeichnung „Preußischer Theilgrundschuldbrief" erhalten; der Text des Briefes beginnt dann mit den Worten: Der bisherige Brief über die Hypothek von X Mk. lautet wie folgt: — und erfährt auch sonst keine Abänderung von dem vorgeschriebenen Muster. Der Schlußvermerk muß erst die Wandelung im Charakter des Theilrechts ergeben, z. B.: „Von den 9000 Mk. sind auf den Schmied Heinrich Stark in Hannover 5000 (fünftausend) Mk. nebst den Zinsen seit dem 1. Oktober 1904 kraft Gesetzes mit dem Range hinter dem Reste als Grundschuld übertragen. Die Uebertragung ist im Grundbuche eingetragen. Ueber die 5000 (fünftausend) Mk. ist dieser Theilgrundschuldbrief hergestellt worden. Die Herstellung ist auf dem bisherigen Briefe vermerkt." War der bisherige Brief mit einer Schuldurkunde verbunden, so wird dem Theilgrundschuldbriefe eine beglaubigte Abschrift derselben nicht angeheftet.

5. Wird eine Hypothekenforderung oder eine Grund- oder Rentenschuld in verschiedene Theile zerlegt, so können gleichzeitig verschiedene Theilbriefe hergestellt werden, deren jeder den angegebenen Vorschriften entsprechen muß. Auch von einem Theilbriefe läßt sich ein weiterer Theilbrief bilden; der frühere nimmt dann die Stelle des Stammbriefes ein.

6. Sollte sich nachträglich das Recht wieder in einer Hand vereinigen, so bleiben die Theilbriefe zunächst selbständig fortbestehen. Es wird aber auch unter Unbrauchbarmachung der Theilbriefe die Ertheilung eines neuen Briefes über das ganze Recht oder, wenn die Voraussetzungen des § 66 GBO. vorliegen, die Ertheilung eines gemeinschaftlichen Briefes über die einzelnen Theilrechte beantragt werden können.

VII. Nachträgliche Vermerke auf dem Briefe. Die Nachrichten, die der Brief über das verbriefte Recht selber oder über den sonstigen Inhalt des Grundbuchs giebt, sind auch nach seiner Ertheilung noch Aenderungen und Ergänzungen in verschiedener Weise ausgesetzt. Der Brief muß einmal den Inhalt des verbrieften Rechts genau wiedergeben und soll daneben auch die Möglichkeit gewähren, die dingliche Sicherheit des Rechts zu prüfen. Aenderungen am verbrieften Recht aber den in den Brief aufgenommenen Nachrichten aus dem Grundbuche veranlassen deshalb auch abändernde Vermerke auf dem Briefe. Diese haben zum Theil zur Voraussetzung, daß eine Aenderung vorher im Grundbuche eingetragen ist; zum Theil sind sie auch unabhängig von einer solchen Eintragung.

1. Die auf den Brief nachzutragenden Aenderungen im Grundbuche können betreffen:

a) die Nachricht über den Inhalt des verbrieften Rechts selbst. Hier ist vorgeschrieben, daß jede Eintragung, welche bei der Hypothek, Grundschuld oder Rentenschuld selber im Grundbuche vorgenommen wird, auf dem Briefe vermerkt werden muß. Zuständig dazu ist allein das Grundbuchamt; den Vermerk selber muß es mit Unterschrift und Siegel versehen. § 62 GBO. Danach ist die Vorlegung des Briefes beim Grundbuchamte — mit den schon S. 200 erwähnten Ausnahmen — die nothwendige Voraussetzung für jede Eintragung im Grundbuche bei der Hypothek, Grundschuld oder Rentenschuld. §§ 42, 43 GBO.

Die Beibringung des Briefes muß von einer zur Verfügung über denselben berechtigten Person geschehen. Hat das Grundbuchamt den Brief schon aus einer anderen Veranlassung bei seinen Akten, so darf es ihn als auch zu dem neuen Antrage eingereicht nur ansehen, wenn im einzelnen Falle die Annahme begründet ist, daß dies dem Willen des Antragstellers entspricht.

In den Fällen, in denen von Amtswegen ein Widerspruch in das Grundbuch eingetragen werden soll, kann die Eintragung bei einer Hypothek, Grundschuld, Rentenschuld in der Regel auch ohne Vorlegung des Briefes erfolgen. Aber sowohl in diesen Fällen als auch, wenn die Vorlegung des Briefes Voraussetzung der Eintragung des Widerspruchs von Amtswegen ist, hat das Grundbuchamt den Besitzer des Briefes zur Vorlegung anzuhalten, um, gegebenen Falls nachträglich, den Widerspruch darauf zu vermerken. §§ 62 Abs. 2, 54, 42 Abs. 1 GBO. und vorher S. 165, 166. In diesen Fällen wird das Grundbuchamt, wenn es den Brief schon bei seinen Akten hat, befugt sein, denselben ohne weiteres zur Vermerkung des Widerspruchs zu benutzen. Reicht der Briefbesitzer trotz der Aufforderung des Grundbuchamts den Brief nicht ein, so giebt es keine Mittel, ihn dazu zu zwingen.

Die Vermerke, die auf den Brief zu setzen sind, können sehr verschieden sein; sie können betreffen: Abtretungen, Theilabtretungen, Verpfändungen oder Belastungen, Verwandelungen oder Umwandelungen des Rechts, Herabsetzung und Erhöhung der Zinsen oder anderer Nebenleistungen und inhaltliche Aenderungen anderer Art, Einsetzung einer anderen Forderung an Stelle der, für die die Hypothek besteht, Vermerke eines Widerspruchs, Theillöschungen u. s. w. Ist der Brief vorgelegt, um eine nachträgliche Aenderung von Nebenbestimmungen darauf zu vermerken, so läßt der in das Grundbuch eingetragene Vermerk die Abänderung insoweit nicht erkennen, als in der Eintragungsformel bezüglich der Abänderung nur auf die Eintragungsbewilligung Bezug genommen ist. In diesen Fällen ist es unter entsprechender Anwendung des § 57 Z. 3 GBO. erforderlich, den Inhalt der Eintragungsbewilligung neben der Eintragungsformel noch besonders in den Brief aufzunehmen.

b) die Nachrichten über den sonstigen Inhalt des Grundbuchs. Aendert sich der Inhalt des Grundbuchs, so ist auf Antrag des Besitzers des Briefes der in den Brief aufgenommene Auszug aus dem Grundbuch entsprechend zu ergänzen. § 57 Z. 3 GBO. Es sind also danach nachzutragen z. B. Zuschreibungen von Grundstücken als Bestandtheile, die in die Mithaft für das Recht eintreten, Eigenthumsveränderungen, Löschungen und inhaltliche Veränderungen jeder Art bei den im Range vorgehenden und gleichstehenden Eintragungen. Zuständig für die Nachtragung ist allein das Grundbuchamt; die Form für die Nachträge auf dem Briefe ist die in § 62 GBO. vorgeschriebene. Das Muster 1 erwähnt einen Vermerk dieser Art: Feuerversicherungssumme für das Wohnhaus und die Wirthschaftsgebäude im Jahre 1904: 8400 Mk. Dieser Vermerk ist im Muster 1 ebenso mit Unterschrift und Siegel versehen, wie es § 62 anordnet.

2. Die dem Brief nachträglich zugefügten Vermerke können auch solche sein, die nicht vom Grundbuchrichter ausgehen, sondern von Privatpersonen oder anderen Behörden z. B. Gerichtsvollziehern, Vollstreckungsrichtern auf den Brief gesetzt sind. Solche Vermerke sind für den Grundbuchrichter nur insofern von Bedeutung, als er sie bei der Erneuerung des Briefes unter Umständen nicht übergehen darf. § 68 Abs. 2 GBO. Näheres s. nachher bei Erneuerung des Briefes, vgl. § 1140 BGB.

VIII. Aushändigung des Briefes. Die Aushändigung eines Briefes durch das Grundbuchamt kommt in Frage einmal, wenn es einen Brief neu ertheilt, dann wenn es einen bereits ertheilten Brief, der ihm behufs Ergänzung durch Vermerke über Rechtsänderungen oder zur Erneuerung eingereicht war, wieder zurückgiebt.

1. Die GBO. regelt im § 60 nur den Fall der Aushändigung eines neu ertheilten Briefes und unterscheidet hier, ob der Brief gebildet wird gleich bei der ersten Eintragung der Hypothek, Grund- oder Rentenschuld, oder erst nachträglich.

a) Wird der Brief gleich bei der ersten Eintragung gebildet, so ist nach §§ 1117, 1163 Abs. 2 BGB. davon auszugehen, daß der Gläubiger die Hypothek oder Grund- oder Rentenschuld erst erwirbt, wenn ihm der Brief von dem Eigenthümer des Grundstücks übergeben wird, und daß bis zur Uebergabe des Briefes an den Gläubiger dem Eigenthümer die Hypothek, Grund- oder Rentenschuld zusteht. In der Regel ist deshalb der Brief dem Eigenthümer des Grundstücks auszuhändigen; soll abweichend von dieser Bestimmung der Brief dem Gläubiger oder einer dritten Person ausgehändigt werden, so bedarf es dazu einer in den Formen des § 29 Satz 1 GBO. getroffenen Bestimmung. Diese wird, wenn der Brief dem Gläubiger ausgehändigt werden soll, vom Eigenthümer, wenn er einer dritten Person ausgehändigt werden soll, bei entsprechender Anwendung der allgemeinen Vorschrift des § 19 GBO. vom Eigenthümer und dem in der Eintragungsformel genannten Gläubiger erklärt werden müssen.

b) Andererseits ist, wenn der Brief erst nachträglich ertheilt wird, der Rechtszustand der, daß der Gläubiger schon durch die Eintragung die Hypothek, Grund- oder Rentenschuld erworben hat und ihm deshalb nach § 952 Abs. 2 BGB. das Eigenthum an dem zu bildenden Briefe zusteht. Es ist deshalb der Brief im Falle der nachträglichen Ertheilung in der Regel dem Gläubiger auszuhändigen. § 60 GBO. Gläubiger ist zunächst der, welcher sich als solcher aus der Eintragungsformel der Hypothek oder Grundschuld ergiebt; im Falle der Eigenthümergrundschuld, § 1196 BGB., kann es also auch der Eigenthümer des Grundstücks selber sein. Weist der Eigenthümer nach, daß die Hypothek, Grund- oder Rentenschuld inzwischen kraft Gesetzes auf ihn selbst übertragen sei, so ist er im Sinne des § 60 GBO. Gläubiger.

Soll die Aushändigung des Briefes abweichend von der Regel

nicht an den Gläubiger, sondern an eine andere Person erfolgen, so bedarf es dazu, wie im Falle a einer Bestimmung seitens des Berechtigten, welcher hier stets der zeitweilige Gläubiger der Hypothek, Grund- oder Rentenschuld ist. § 60 GBO.

2. Ist ein Brief dem Grundbuchamte eingereicht, um ihn durch Vermerke nachträglich ergänzen oder andere Maßnahmen mit ihm vornehmen zu lassen, so richtet sich die Aushändigung nicht nach § 60 GBO. Grundsätzlich ist in diesen Fällen der Brief demjenigen wieder zurückzugeben, der ihn überreicht hat. Der Besitz des Briefes stellt einem Gläubiger die Vermuthung zur Seite, daß ihm das Recht zusteht. § 1117 Abs. 3 BGB. Eine Abweichung muß besonders beantragt sein. Bei einer Theilabtretung wird die Haupturkunde und die Zweigurkunde dem Cedenten ausgehändigt, wenn Anderes nicht vom Cedenten in der Form des § 29 Satz 1 GBO. bestimmt ist.

3. Nach § 15 des Preuß. Gerichtskosten-Gesetzes kann die Aushändigung der Briefe von vorheriger Zahlung der Kosten und Stempelabgaben abhängig gemacht werden. Die Anordnung hat der Grundbuchrichter zu erlassen. Ueber Erinnerungen gegen eine derartige Anordnung wird im Aufsichtswege entschieden.

IX. Erneuerung des Briefes. Die Erneuerung eines Briefes ist zulässig, sowohl wenn der bisherige Brief noch gültig, als auch, wenn er kraftlos ist. Beide Fälle sind zu unterscheiden:

1. Der bisherige Brief ist noch gültig:

a) Die Erneuerung des Briefes hat vornehmlich den Zweck, einen beschädigten oder verunreinigten oder infolge der auf ihn gesetzten Vermerke unübersichtlich gewordenen Brief durch einen neuen zu ersetzen. Auch ohne daß der äußere Zustand des bisherigen Briefes eine Erneuerung verlangt, ist nach dem Wortlaute des § 67 GBO. einem Antrage auf Erneuerung stattzugeben, selbst wenn der Antragsteller gar kein rechtliches Interesse daran haben sollte. Eine hinreichende Gewähr gegen den Mißbrauch dieser Bestimmung giebt die Pflicht des Antragstellers, die Kosten der Erneuerung zu tragen.

b) Die Erneuerung des Briefes geschieht auch, weil der bisherige Brief den rechtlichen Zustand des verbrieften Rechts nicht klar mehr zur Anschauung bringt; das Gesetz schreibt vor:

α) Eine Erneuerung des Briefes muß von Amtswegen, auch wenn ein Antrag fehlt, vorgenommen werden, wenn eine Gesammthypothek auf die einzelnen Grundstücke vertheilt wird; der alte Brief ist in diesem Falle unbrauchbar zu machen und für jedes Grundstück ein neuer Brief zu ertheilen. § 64 GBO.

β) Auf Antrag ist ein neuer Brief zu ertheilen, wenn 1) nach § 1177 Abs. 1 BGB. sich kraft Gesetzes infolge der Vereinigung der Hypothek mit dem Eigenthum in einer Person die Hypothek in eine Grundschuld verwandelt; 2) nach §§ 1198, 1199, 1203 BGB. eine Hypothek in eine Grund- oder Rentenschuld oder eine Grund- oder Rentenschuld in eine Hypothek umgewandelt wird; 3) an die Stelle einer Forderung, für welche eine Hypothek besteht, nach § 1180 BGB. eine andere Forderung gesetzt wird.

§ 65 GBO. Fehlt in diesen drei Fällen der Antrag auf Erneuerung des Briefes, so ist der bisherige Brief in der Weise umzugestalten, daß die Rechtsänderung darauf vermerkt wird und die mit dem Briefe verbundene Schuldurkunde abgetrennt und dem Ueberreicher des Briefes zurückgegeben wird. § 65 GBO.

2. Der bisherige Brief ist kraftlos. Dies tritt ein, wenn

a) er selbst im Wege das Aufgebotsverfahren für kraftlos erklärt worden ist. § 1162 BGB. Voraussetzung für die Einleitung des Aufgebotsverfahrens ist, daß der Brief abhanden gekommen oder vernichtet worden ist.

b) der Gläubiger des Rechts unbekannt und im Wege des Aufgebotsverfahrens mit seinem Rechte ausgeschlossen ist. Voraussetzung für die Einleitung des Aufgebotsverfahrens ist, daß entweder der Eigenthümer den Betrag der Forderung für den Gläubiger hinterlegt, es sei denn daß er zur Befriedigung des Gläubigers und zur Kündigung überhaupt nicht berechtigt ist, oder seit der letzten sich auf die Hypothek beziehenden Eintragung in das Grundbuch zehn Jahre verstrichen sind und das Recht des Gläubigers nicht innerhalb dieser Frist von dem Eigenthümer anerkannt ist. §§ 1170, 1171 BGB.

Für das Aufgebotsverfahren gelten in beiden Fällen die Bestimmungen der §§ 982 f. CPO. Zuständig dafür ist der Prozeß- nicht der Grundbuchrichter. Das Verfahren endigt mit dem Ausschlußurtheil, welches im Falle des § 1162 die Kraftlosigkeit des Briefes feststellt, in den Fällen der §§ 1170, 1171 BGB. den Erwerb der Hypothek durch den Eigenthümer und zugleich die Kraftlosigkeit des dem Gläubiger ertheilten Hypothekenbriefes bewirkt.

3. Die Erneuerung des Briefes setzt voraus

a) abgesehen von dem Falle der Vertheilung einer Gesammthypothek, § 64 GBO., in dem stets auch ohne Antrag ein neuer Brief zu bilden ist, den Antrag des Berechtigten, der entweder der Gläubiger oder der Eigenthümer des Grundstücks ist. Aber auch wenn er der Gläubiger ist, bedarf es der Zustimmung des Eigenthümers nicht. § 67 GBO.

b) die Vorlegung des bisherigen Briefes, wenn er noch gültig war oder des Ausschlußurtheils, wenn er kraftlos ist.

Der neue Brief ist nach der gegenwärtigen Rechtslage, wie sie sich aus dem Grundbuche oder den auf dem Briefe befindlichen Vermerken oder mit ihm vorgelegten Urkunden darstellt, zu ertheilen.

Es sind deshalb Vermerke, die der alte Brief enthielt, die aber inzwischen infolge von Aenderungen des Rechts unerheblich geworden sind, wegzulassen und in den neuen Brief nur die für die gegenwärtige Rechtslage noch wichtigen Vermerke aufzunehmen. Hierzu gehören auch Vermerke, welche nur der bisherige Brief enthielt, ohne daß sie ins Grundbuch eingetragen sind oder überhaupt eingetragen werden konnten, die aber für das Rechtsverhältniß zwischen dem Eigenthümer und dem Gläubiger inbetracht kommen, z. B. Theilquittungen; gerichtliche Veräußerungsverbote, ein nur hier vermerkter Widerspruch gegen die Richtigkeit des Grundbuchs; Einreden, die dem

Eigenthümer auch gegen einen neuen Gläubiger zustehen. §§ 1140, 1145, 1157 BGB. Alle diese Vermerke haben die Kraft, den guten Glauben an die Richtigkeit des Grundbuchs aufzuheben und sind deshalb auch in den neuen Brief aufzunehmen. § 68 GBO.

Ferner ist zu prüfen, wie sich das zu verbriefende dingliche Recht zur Zeit der Erneuerung des Briefes darstellt. Ist infolge einer Verwandlung oder Umwandlung aus der Hypothek eine Grundschuld oder umgekehrt aus der Grundschuld eine Hypothek geworden, so ist ein dem jetzigen Charakter des Rechts entsprechender neuer Brief zu ertheilen. Vgl. § 69 GBO.

Schließlich ist noch ausdrücklich vorgeschrieben, daß der neue Brief die Angabe enthalten muß, daß er an die Stelle des bisherigen Briefes tritt. Einen solchen Vermerk enthält Muster 4; er gehört an den Schluß des Briefes vor die Unterschrift des Grundbuchamts und lautet z. B.: „Dieser Hypothekenbrief tritt für die Hypothek von 5000 Mark an die Stelle des bisherigen Briefes." Im Falle, daß in den neuen Brief Vermerke vom bisherigen Brief aufzunehmen sind, welche nicht im Grundbuche stehen, wird man diese am besten an jenen Vermerk anschließen, z. B.: „Vom bisherigen Briefe sind folgende Vermerke übertragen: —

Die Ertheilung eines neuen Briefes ist im Grundbuche zu vermerken. Der Vermerk gehört in die Spalten „Veränderungen" zu der ursprünglichen Eintragung und lautet z. B.: Ueber diese Grundschuld ist dem Gläubiger ein neuer Brief ertheilt. Eingetragen am . . .

Der erneuerte Brief hat nicht die Bedeutung einer Abschrift des alten Briefes, ist vielmehr als ein neuer selbständiger Brief anzusehen, der auch das Datum der erneuten Ertheilung zu führen hat.

Hieraus folgt schon, daß die Frage, ob der neue Brief mit der Schuldurkunde zu verbinden ist, genau so zu beantworten ist, als wenn es sich um die erste Ertheilung eines Briefes handelte. Die Verbindung mit der Urkunde wird deshalb als Regel anzusehen sein, wenn ein neuer Hypothekenbrief ertheilt wird und eine Urkunde über die Forderung überhaupt besteht, § 58 GBO., ist aber ausgeschlossen, wenn ein Grund- oder Rentenschuldbrief ertheilt wird. Die zu verbindende Schuldurkunde kann die alte sein. § 69 GBO. erwähnt diesen Fall ausdrücklich, sie wird auch eine erneuerte sein können, wenn überhaupt von der alten Urkunde noch eine neue Ausfertigung der Urkunde beschafft werden kann. War die alte Urkunde gerichtlich oder notariell aufgenommen, so wird dies in der Regel möglich sein; war sie aber privatschriftlich abgefaßt, so kann sie nur, wenn sie noch vorhanden ist, in Ausfertigung noch einmal hergestellt werden. Für die Beibringung der neuen Schuldurkunde hat der Antragsteller zu sorgen.

4. War nur die Schuldurkunde beschädigt, so wird einem Antrage des Berechtigten, eine beigebrachte neue Ausfertigung der Urkunde unter Abtrennung der alten Schuldurkunde mit dem Hypothekenbriefe zu verbinden, stattgegeben werden können.

X. Unbrauchbarmachung des Briefes. Unbrauchbar ist nach § 69 GBO. der Brief zu machen, wenn

1. die Hypothek, Grundschuld, Rentenschuld im Grundbuche völlig gelöscht wird. Wird das Recht nur theilweise gelöscht, so bleibt der Brief erhalten. Der Betrag, für welchen das Recht noch besteht, wird in diesem Falle ebenso wie es auf dem bisherigen Briefe bei der Herstellung eines Theilbriefes geschieht, durch den neben die Ueberschrift zu setzenden Vermerk „Noch gültig auf (Angabe des Betrages)" kenntlich gemacht. § 39 Verf.
2. die Ertheilung des Briefes erst nachträglich ausgeschlossen wird.
3. an Stelle des bisherigen Briefes ein neuer Brief derselben Art oder anderer Art ertheilt wird.

Vor der Unbrauchbarmachung wird auf dem Briefe zunächst die im Grundbuche bewirkte Eintragung, z. B. der Löschungsvermerk, der Vermerk über die nachträgliche Ausschließung der Ertheilung des Briefes u. s. w. vermerkt. Sodann wird der Vermerk über die erste Eintragung des Rechtes durchstrichen — ob mit schwarzer oder rother Tinte, ist hier nicht vorgeschrieben — und der Brief mit Einschnitten versehen. § 42 GBO. War ein Gesammtbrief nach § 59 GBO. durch Verbindung mehrerer besonderer Briefe gebildet und wird der eine davon unbrauchbar gemacht, weil das Recht auf dem betreffenden Grundstücke ganz gelöscht ist, so besteht ein Grund für die Verbindung nicht mehr und wird die Trennung des unbrauchbar gemachten Briefes von dem anderen Briefe erfolgen dürfen. Die Unbrauchbarmachung ergreift niemals die Schuldurkunde. Diese ist vom Briefe zu trennen und demjenigen, welcher den die Unbrauchbarmachung des Briefes veranlassenden Antrag gestellt hat, zurückzugeben, wenn sie nicht mit einem neuen Briefe zu verbinden ist. § 69 GBO.

Der unbrauchbar gemachte Brief selbst ist gleichfalls dem Antragsteller zurückzugeben, sofern nicht aus besonderen Gründen die Zurückbehaltung des Briefes bei den Grundakten angemessen erscheint. § 42 Abs. 2 Verf.

§ 71. Abänderung des Zinssatzes oder anderer Nebenbestimmungen bei Hypotheken, Grundschulden, Rentenschulden.

I. Die Aenderung des Inhalts eines Rechts an einem Grundstücke normirt das BGB., wie schon Seite 64 hervorgehoben ist, nicht als eine Aufhebung des Rechts, sondern nach den für die Begründung des Rechts gegebenen Vorschriften. §§ 877, 873 BGB. Die Aenderung einer Hypothek, Grundschuld, Rentenschuld ist deshalb nach materiellem Rechte, auch wenn sie eine Einschränkung des Rechts enthält, nicht als theilweise Aufhebung des Rechts zu behandeln. Für den Grundbuchverkehr ist im Falle der Eintragung einer Aenderung für die Frage, wessen Recht von der Eintragung betroffen wird, allein der § 19 GBO. maßgebend. Bei allen Eintragungen von Aenderungen des Rechts, bei denen nicht klar ist, ob sie eine Erweiterung oder Einschränkung des Rechts bedeuten, wird deshalb stets die Bewilligung des Eigenthümers des Grundstücks und des Gläubigers des betroffenen Rechts zu erfordern sein. Dieser Fall ist gegeben z. B. bei der Abänderung der Zahlungszeit oder des Zahlungsortes. Andererseits muß die Bewilligung des Eigenthümers genügen, wenn die Aenderung klar eine Erweiterung des Rechts enthält; die Bewilligung des Gläubigers, wenn sie klar eine Einschränkung des Rechts enthält. § 27 Abs. 1 GBO. findet keine Anwendung. Werden z. B. der Zinssatz oder ähnliche Nebenleistungen erhöht, so genügt die Bewilligung des Eigenthümers, werden sie umgekehrt ermäßigt, so genügt die Bewilligung des Gläubigers. Eine Eigenthümerhypothek in Höhe der Ermäßigung entsteht nicht. Wird durch die Aenderung das eingetragene Recht inhaltlich erweitert, so ist grundsätzlich daran festzuhalten, daß auch die gleich- oder nacheingetragenen Berechtigten ihre Eintragungsbewilligung zu erklären haben, denn auch sie werden von der Eintragung betroffen. Doch macht das BGB. hier Ausnahmen. § 1119 BGB. Es bedarf der Zustimmung dieser Berechtigten nicht, oder nach den Begriffen des formellen Grundbuchrechts ausgedrückt, als von der Eintragung betroffen gelten diese Berechtigten nicht, wenn

1. die Forderung unverzinslich oder der Zinssatz niedriger als fünf vom Hundert war und die Erweiterung des Zinssatzes bis zu fünf vom Hundert ins Grundbuch eingetragen werden soll;
2. die Zahlungszeit, d. h. auch die Kündigungsbestimmungen und
3. der Zahlungsort, sowohl des Kapitals, als auch der Zinsen

abgeändert wird.

II. Die Eintragung der Aenderung im Grundbuche hat in allen Fällen als Veränderung bei dem Rechte in den Spalten 5—7 zu erfolgen. § 12 Abs. 2 Verf. Eine Erweiterung des Rechts, zu der die gleich- oder nacheingetragenen Berechtigten zugestimmt haben, erhält den Rang des Rechts. Der Hervorhebung des Rangverhältnisses bedarf es in diesem Falle im Grundbuche nicht. Fehlt jene Zustimmung aber in Fällen, in denen sie erforderlich ist, so kann die Erweiterung des ursprünglichen Rechts nur den Rang hinter der letzten im Grundbuche vorhandenen Eintragung erhalten. Dies ist bei der Buchung besonders zu erwähnen, z. B. der Zinssatz dieser Hypothek ist auf $6^1/_2$ vom Hundert erhöht; vor den letzten $1^1/_2$ vom Hundert steht den unter Nr. 3 und 4 eingetragenen Hypotheken der Vorrang zu.

§ 72. Theilung einer Hypothek, Grundschuld, Rentenschuld.

I. Hypotheken, Grundschulden, Rentenschulden können von vornherein für mehrere Gläubiger derartig eingetragen werden, daß jeder Gläubiger nur zu einem Bruchtheile oder einem bestimmten Antheile berechtigt sein soll. Vgl. S. 97. Dahin gehört auch der in § 51 GBO. vorgesehene Fall der Eintragung einer Hypothek für die Inhaber von Theilschuldverschreibungen. In diesen Fällen wird das Recht schon als eine Mehrheit von Theilrechten begründet und nach der allgemeinen Regel auf Grund der Bewilligung des Eigenthümers eingetragen. Die Theilung des Rechts kann aber auch erst nach der Eintragung vorgenommen werden. Bei einer Hypothek bedeutet die Theilung der Forderung, zu deren Befriedigung sie bestellt ist, stets auch eine entsprechende Theilung des für sie bestehenden Hypothekenrechts. §§ 1151, 1192 BGB.

Betreffend den eingetragenen Gläubiger des Rechts, so kann der ursprünglich eingetragene Gläubiger die Forderung oder die Grund- oder Rentenschuld derartig in Theile zerlegen, daß ihm selbst anstelle des eingetragenen ganzen Rechts nur noch eine Summe von Theilrechten zusteht.

Es ist auch möglich, daß anstelle des ursprünglich eingetragenen Gläubigers für alle oder einzelne Theile des Rechts neue Gläubiger eintreten. In diesem Falle ist mit der Theilung zugleich eine Theilübertragung des Rechts verbunden. Der Eintritt eines neuen Gläubigers ist auch in der Weise möglich, daß an die Stelle eines Theiles der Forderung, für welche die Hypothek besteht, nach § 1180 BGB. eine einem anderen Gläubiger zustehende Forderung gesetzt wird.

Steht das Recht einer Gläubigermehrheit gemeinschaftlich zu — z. B. Gesellschaftern, §§ 718, 719 BGB., oder Miterben, §§ 2032, 2033 BGB. — und sollen fortan die einzelnen Gläubiger nur noch je zu einem bestimmten Bruchtheile berechtigt sein, so tritt gleichfalls eine Theilung des Rechts ein, welche zugleich eine Theilübertragung des Rechts von der Gläubigermehrheit auf einen einzelnen Gläubiger enthält.

II. Forderungen, für welche Hypotheken bestehen, Grundschulden und Rentenschulden sind, da es sich bei diesen Rechten um die Zahlung einer bestimmten Geldsumme handelt, regelmäßig theilbar. Eine Ausnahme machen nur die Hypotheken für Forderungen aus Schuldverschreibungen auf den Inhaber, aus einem Wechsel oder aus einem anderen Papier, das durch Indossament übertragen werden kann. Diese Forderungen sind an sich untheilbar, weil das Papier, welches Träger der Forderung und dessen Unversehrtheit die Voraussetzung des Bestehens der Forderung ist, nicht, ohne selbst zerstört zu werden, getheilt werden kann. Eine Theilung zwar nicht der Forderung, aber doch des dafür bestehenden dinglichen Rechts kann aber bei diesen Forderungen eintreten, wenn der Gläubiger theilweise Befriedigung erlangt. Art. 38, 39 WechsO. Soweit die Forderung erlischt, geht die Hypothek gesetzlich als Grundschuld auf den Eigenthümer über. Das nähere hierüber s. nachher § 75.

Eine Ausnahme anderer Art bildet die Grund- oder Rentenschuld, deren Brief auf den Inhaber lautet. Auf solche finden die Vorschriften über Schuldverschreibungen auf den Inhaber entsprechende Anwendung. § 1195 BGB. Das über Forderungen aus solchen Papieren Gesagte trifft also auch hier zu; nur ist durch die Zulässigkeit, den Grundschuldbrief auf den Inhaber in gesonderte Grundschuldbriefe zu zerlegen, § 70 Abs. 2 GBO., hier die Möglichkeit der Theilung des Papiers und damit des Anspruchs selbst gegeben. Ohne Bildung von Briefen über die Theilrechte ist aber eine Theilung des Anspruchs nicht möglich. Denn da das Gläubigerrecht den Besitz des Briefes voraussetzt, bleibt es vereinigt, solange noch der Grundschuldbrief über das ganze Recht besteht.

Getheilt werden kann der Anspruch auf das Kapital mit den entsprechenden Zinsen; auch kann die Kapitalsforderung von der Zinsenforderung durch Theilung getrennt werden. Bei der Rentenschuld wird man davon auszugehen haben, daß die Theilung der Forderung auf die einzelnen

Rentenbeträge nothwendig auch eine entsprechende Theilung des Rechts auf das Ablösungskapital nach sich zieht. Es folgt dies aus dem Verhältnisse der Renten zu dem Ablösungskapital; erstere sind nicht, wie Zinsen, Früchte des letzteren und der Anspruch auf die Renten ist kein neben dem Anspruche auf das Ablösungskapital selbständig bestehender Nebenanspruch, vielmehr ist das Ablösungskapital der kapitalisirte Betrag der Renten, also dem Gegenstande nach gleich mit diesen und deshalb auch der Anspruch auf die Renten der gleiche, wie der Anspruch auf das Ablösungskapital. Eine Theilung des Anspruchs nur auf die Renten oder nur auf das Ablösungskapital ist deshalb ausgeschlossen. Wird einer der Ansprüche getheilt, so bedeutet dies nothwendig auch eine Theilung des anderen Anspruchs.

III. Die Theilung ist als eine inhaltliche Aenderung des Rechts anzusehen und vollendet sich in der Regel erst mit der Eintragung ins Grundbuch. §§ 877, 873 BGB. Ausnahmen davon sind folgende:

1. Kraft Gesetzes wird in gewissen Fällen ein eingetragenes Recht außerhalb des Grundbuchs nur theilweise übertragen. Diese Uebertragung hat eine Theilung des Rechts zur Folge und bewirkt unter Umständen zugleich eine Verwandelung des Rechts insofern, als ein Theil Hypothek bleibt, ein anderer Grundschuld wird. Näheres s. § 75.
2. Die Theilübertragung von Hypotheken, Grundschulden und Rentenschulden, über die ein Brief ertheilt ist, kann sich außerhalb des Grundbuchs vollziehen. Näheres s. § 73.

In beiden Fällen gelten für die Eintragung der Theilung ins Grundbuch zum Theil besondere, erst in den bezeichneten §§ zu besprechende Regeln. Für alle Arten der Theilung kommen aber folgende allgemeine Grundsätze zur Anwendung:

1. Die Theilung bildet eine Aenderung des Rechts, durch welche die vorhandene dingliche Belastung des Grundstücks nicht vermehrt wird; das Recht des Eigenthümers wird von der Eintragung also nicht betroffen. Es bedarf deshalb dazu nur der Eintragungsbewilligung des Gläubigers der Hypothek, Grundschuld oder Rentenschuld. § 19 GBO.
2. War die Ertheilung eines Briefes ausgeschlossen, so wird die Ertheilung eines solchen auch infolge der Theilung des Rechts nicht erforderlich. War ein Brief ertheilt, so kann die Theilung auf diesem Briefe vermerkt, oder es kann auch für jeden Theil ein Theilbrief hergestellt werden, welcher für den Theil, auf welchen er sich bezieht, an die Stelle des bisherigen Briefes tritt. §§ 1152, 1192 BGB. Nur bei der Grundschuld oder Rentenschuld, deren Brief auf den Inhaber lautet, ist die Theilung ohne Ertheilung eines besonderen Briefes nicht möglich, vgl. vorher zu II. In diesem Falle wird der Inhaber des Briefes zur Bildung der besonderen Briefe der staatlichen Genehmigung ebenso bedürfen, wie der Besteller der Grund- oder Rentenschuld selbst. Die Bewilligung des Eigenthümers zur Ertheilung eines Theilbriefes ist niemals erforderlich. § 1152 BGB.
3. Wird ein im Grundbuche eingetragenes Recht getheilt, so haben grundsätzlich die Theilrechte gleichen Rang. Soll bei der Eintragung der Theilung oder später eine Aenderung der Rangordnung eintreten,

so bedarf es hierzu nicht der Bewilligung des Eigenthümers des Grundstücks. Es genügt allein die Bewilligung des zurücktretenden Theiles. §§ 1151, 1192 BGB., vorher S. 104 zu 3.

§ 73. Uebertragung von Hypotheken, Grundschulden, Rentenschulden durch Rechtsgeschäft.

I. Für die Uebertragung von Hypotheken durch Rechtsgeschäft stellt das BGB. besondere Vorschriften auf, welche zum Theil von der allgemeinen Regel des § 873 BGB. abweichen.

Es geht zunächst davon aus, daß die Uebertragung der Forderung, für welche eine Hypothek besteht, auch den Uebergang der Hypothek auf den neuen Gläubiger zur Folge hat; die Forderung nicht ohne die Hypothek, die Hypothek nicht ohne die Forderung übertragen werden kann. § 1153 BGB.

Bezüglich der Form der Uebertragung der Forderung, für welche eine Hypothek besteht, unterscheidet es sodann, ob es sich um eine Hypothek handelt, bei der die Ertheilung eines Hypothekenbriefes ausgeschlossen, oder über die ein solcher ertheilt ist. § 1154 BGB. Die Abtretung der Forderung bei Hypotheken ersterer Art, also der Buchhypotheken, der gewöhnlichen Sicherungshypotheken und der Maximalhypotheken, geschieht durch die Einigung der Betheiligten über die Abtretung und die Eintragung der Abtretung ins Grundbuch. § 1154 Abs. 3 BGB.

Zur Abtretung der Forderung bei Hypotheken der letzteren Art (also der Briefhypotheken) genügt die Abtretungserklärung in schriftlicher Form und die Uebergabe des Briefes. Der Erwerb vollzieht sich hier also außerhalb des Grundbuchs. Die schriftliche Form der Abtretung kann dadurch ersetzt werden, daß die Abtretung in das Grundbuch eingetragen wird. § 1154 Abs. 1 BGB. Die Nothwendigkeit der Uebergabe des Briefes bleibt aber daneben bestehen.

Einer besonderen Form der Abtretung unterliegen die Forderungen aus einer Schuldverschreibung auf den Inhaber, aus einem Wechsel oder aus einem anderen Papiere, das durch Indossament übertragen werden kann, für welche eine Sicherungshypothek nach § 1187 BGB. besteht. Die Abtretung erfolgt hier nach den gleichen Regeln, welche für die Uebertragung der Forderung aus dem betreffenden Papiere überhaupt gelten; also bei einer Schuldverschreibung auf den Inhaber durch einfache Uebergabe des Inhaberpapiers; bei Wechseln und anderen indossablen Papieren nach den Vorschriften der Art. 9 f. der Wechselordnung und §§ 222, 363 f. des Handelsgesetzbuches durch Indossament (Giro) und Uebergabe des Papiers.

Ist eine Sicherungshypothek in der Weise bestellt, daß nur der Höchstbetrag, bis zu dem das Grundstück haften soll, bestimmt, im Uebrigen die Feststellung der Forderung vorbehalten ist (Maximalhypothek), so kann ausnahmsweise die Forderung nach den für die Uebertragung von Forderungen geltenden allgemeinen Vorschriften — also lediglich durch Vertrag — übertragen werden. §§ 1190 Abs. 3, 398 f. BGB. Geschieht dies, so geht die Hypothek nicht auf den neuen Gläubiger über, wird vielmehr Eigenthümergrundschuld. Vgl. nachher § 75.

Für die Uebertragung einer Grundschuld oder Rentenschuld durch Vertrag ist nach dem Grundsatze des § 1192 BGB. der § 1154 BGB. unbedenklich anwendbar; auch hier ist also zu unterscheiden, ob ein Brief gebildet ist, oder nicht. Eine Besonderheit gilt nur, wenn der Grundschuldbrief oder Rentenschuldbrief auf den Inhaber ausgestellt ist. Die Uebertragung des Gläubigerrechts geschieht dann, wie die einer Forderung aus einer Schuldverschreibung auf den Inhaber, also durch Uebergabe des Briefes.

Forderungen, für die eine Hypothek besteht, Grundschulden oder Rentenschulden können auch nur theilweise übertragen werden. Wie aber schon S. 217 dargelegt ist, sind Theilübertragungen ausgeschlossen bei Hypotheken aus Schuldverschreibungen auf den Inhaber, aus einem Wechsel oder einem anderen indossablen Papier; bei Grund- und Rentenschulden, deren Brief auf den Inhaber lautet, zulässig nur, wenn zugleich ein besonderer Brief über das Theilrecht gebildet wird.

Als Folge des Grundsatzes, daß die Uebertragung der Forderung in der Regel auch den Uebergang der für die Forderung bestehenden Hypothek auf den neuen Gläubiger bewirkt, werden Erklärungen, in denen von der Uebertragung allein der Forderung, oder allein der Hypothek die Rede ist, möglichst in dem Sinne auszulegen sein, daß zugleich Forderung und Hypothek übertragen sein solle. Ergiebt aber eine Erklärung ganz deutlich die Uebertragung gerade nur der Forderung, nicht aber der sie sichernden Hypothek, oder nur der Hypothek, nicht aber der Forderung, für die sie besteht, so entbehrt sie abgesehen von dem Falle der Maximalhypothek der Wirksamkeit und der Grundbuchrichter wird einen darauf gegründeten Eintragungsantrag zurückzuweisen haben.

II. Der Grundbuchrichter hat für die Eintragung einer Uebertragung die allgemeinen Regeln zu beachten. Besonderheiten hat das Gesetz nur für die Hypotheken, Grundschulden, Rentenschulden aufgestellt, für die ein Brief ertheilt ist. Darüber siehe unter III. Ferner gelten Abweichungen bei der Uebertragung von Hypotheken für Forderungen aus indossablen oder Inhaberpapieren und von Grund- und Rentenschuldbriefen auf den Inhaber. Darüber siehe unter IV und V. Hiernach

1. genügt es zur Eintragung der rechtsgeschäftlichen Uebertragung einer Hypothek, Grundschuld, Rentenschuld in allen Fällen, wenn der eingetragene Gläubiger die Umschreibung auf den neuen Gläubiger bewilligt und, sofern ein Brief ertheilt ist, diesen auch einreicht. Die Abtretung wird auf dem Briefe vermerkt. Liegt nur eine Theilabtretung vor, so kann auch diese auf dem Briefe vermerkt, es kann aber auch ein Theilbrief gebildet werden. § 1152 BGB. Vgl. S. 207.
2. Ist die Ertheilung eines Briefes ausgeschlossen, so darf die Umschreibung nur auf Grund der Bewilligung des eingetragenen Gläubigers erfolgen. Die Abtretungserklärung ist hier durch das Gesetz selbst der Eintragungsbewilligung nicht gleichgestellt; denn § 26 GBO. bezieht sich nur auf die Fälle, in denen ein Brief ertheilt ist. Indessen ist die Abtretungserklärung im Verhältnisse zur Eintragungsbewilligung ein plus insofern, als sie den dinglichen Vertrag selbst erbringt.

Vgl. S. 67. Auch eine solche kann der Grundbuchrichter zur Begründung des Umschreibungsantrags für genügend ansehen. Haben verschiedene Uebertragungen stattgefunden, ohne daß die Zwischeninhaber eingetragen worden wären, so braucht der Grundbuchrichter einem Umschreibungsantrage nicht stattzugeben, wenn nicht der die Eintragung bewilligende Gläubiger im Grundbuche eingetragen steht. § 40 GBO. Ob er aber eine Ausnahme von dieser Regel dann zulassen kann, wenn ihm die Uebertragung auf die einzelnen Zwischeninhaber durch eine zusammenhängende, auf den eingetragenen Gläubiger zurückführende Reihe öffentlich beglaubigter Abtretungserklärungen oder Eintragungsbewilligungen nachgewiesen wird, vgl. §§ 26, 40 GBO., § 1155 BGB., ist zweifelhaft. Die Grundsätze der Berichtigung des Grundbuchs kommen jedenfalls nicht in Frage; denn ohne dazukommende Eintragung konnte kein Zwischeninhaber das volle Hypotheken- oder Grundschuldrecht erwerben, § 1154 Abs. 3 BGB.; das Grundbuch enthält deshalb noch keine der Berichtigung bedürfende Unrichtigkeit, wenn es den eingetragenen Gläubiger noch als Inhaber des Rechts nachweist. Dagegen ist zu beachten, daß eine Abtretungserklärung oder Umschreibungsbewilligung dem Cessionar, mag er auch das volle dingliche Recht erst durch dessen Umschreibung auf seinen Namen im Grundbuche erwerben, doch sobald sie gerichtlich oder notariell beurkundet, oder ihm ausgehändigt, also bindend geworden ist, § 873 Abs. 2 BGB., ein Recht auf die Hypothek, Grundschuld, Rentenschuld, ein Recht zur Sache, überträgt, welches er jederzeit durch einen nur von ihm beim Grundbuchamte gestellten Umschreibungsantrag zum vollen dinglichen Recht umgestalten kann.

Daß nicht dieses Recht auf die Hypothek, Grundschuld, Rentenschuld in den Formen der §§ 398 f. BGB. weiter übertragen werden könne, ist nirgends ausgesprochen, vielmehr nach § 413 BGB. unbedenklich anzunehmen. Das Bedenken, daß ebenso wie bei einer Maximalhypothek nach § 1190 Abs. 4 BGB. bei der Buchhypothek die Uebertragung durch Vertrag ohne hinzukommende Eintragung die Uebertragung nur der persönlichen Forderung bewirke, hinsichtlich der Hypothek aber als Verzicht aufzufassen sei, erscheint unbegründet. Im Gegentheil rechtfertigt die ausdrückliche Hervorhebung dieser Folgerung bei der Maximalhypothek, daß das Gesetz bei der Buchhypothek von der entgegengesetzten Auffassung ausgeht und hier an dem Grundsatze der §§ 401, 1153 BGB. festhält, daß mit der Forderung die Hypothek verbunden bleibe.

Sonach wird man auch bei Buchhypotheken, Buchgrund- und rentenschulden den Satz gelten lassen können, daß eine auf den eingetragenen Eigenthümer zurückführende Kette von beglaubigten Abtretungserklärungen den Umschreibungsantrag des letzten Gläubigers genügend begründet. Das Erforderniß der Eintragung bei der Uebertragung dieser Rechte hat dann nur für den Fall praktische Bedeutung, daß der eingetragene Berechtigte das Recht noch ein zweites Mal abgetreten hat, und diese Abtretung durch die Eintragung des neuen Gläubigers im

Grundbuche bereits vollzogen ist. Dann muß der nur durch Uebertragungserklärungen legitimirte Gläubiger vor dem schon eingetragenen neuen Gläubiger zurückstehen und ein von ihm gestellter Umschreibungsantrag abgelehnt werden.

III. Ist über die Hypothek, Grundschuld oder Rentenschuld ein Brief ertheilt, so gelten für die Eintragung der Uebertragung noch die folgenden besonderen Vorschriften:

1. Die Eintragungsbewilligung wird durch die in der Form des § 29 GBO. abgegebene Abtretungserklärung des bisherigen Gläubigers ersetzt, auch wenn sie keine Bewilligung enthält. § 26 GBO. Der Abtretungserklärung gleich steht ein gerichtlicher Ueberweisungsbeschluß und das öffentlich beglaubigte Anerkenntniß einer kraft Gesetzes erfolgten Uebertragung der Forderung oder der Grund- oder Rentenschuld. §§ 1155, 1192 BGB.
2. Die Eintragung des neuen Gläubigers muß erfolgen, auch wenn der abtretende Gläubiger nicht im Grundbuch eingetragen steht. Voraussetzung ist aber, daß der abtretende Gläubiger sich im Besitze des Briefes befindet und sein Gläubigerrecht durch eine zusammenhängende, auf den eingetragenen Gläubiger zurückführende Reihe von öffentlich beglaubigten Abtretungserklärungen nachweist. Den Abtretungserklärungen sind Urkunden, die den Abschluß nur des dinglichen Uebertragungsvertrages ergeben (Eintragungsbewilligungen), gleichzustellen. Gleich stehen ihnen auch gerichtliche Ueberweisungsbeschlüsse und öffentlich beglaubigte Anerkenntnisse einer Uebertragung kraft Gesetzes. § 40 GBO., § 1155 BGB.

Die Umschreibung ist auf dem Hypotheken-, Grundschuld- oder Rentenschuldbriefe zu vermerken, vgl. S. 209. Hat nur eine Theilübertragung stattgefunden, so kann ein Theilbrief gebildet werden, vgl. vorher unter I.

IV. Die Eintragung der Uebertragung einer Hypothek für eine Forderung aus einer Schuldverschreibung auf den Inhaber muß in der Regel für ausgeschlossen gelten. Im Grundbuche steht keine bestimmte Person, sondern nur der Inhaber des Papiers als der Gläubiger eingetragen. Hierin wird durch die Uebergabe des Papiers von einem an einen anderen Gläubiger nichts geändert. Denkbar ist aber die Umschreibung einer auf den Inhaber lautenden Schuldverschreibung auf den Namen eines bestimmten Berechtigten. Eine solche kann nach § 806 BGB. nur durch den Aussteller erfolgen; dieser ist zur Umschreibung nicht verpflichtet. Diese Umschreibung hat nicht die Uebertragung der Inhaber-Schuldverschreibung von einem auf einen anderen Gläubiger zur Voraussetzung, wird aber am einfachsten hier im Anschluß an die Uebertragung besprochen. Die Umschreibung kann unbedenklich auch im Grundbuche kenntlich gemacht werden. Sie bedeutet eine Veränderung der ursprünglichen Eintragung, gehört also in die Spalten 5—7. Die Eintragung setzt die Vorlegung der Schuldverschreibung auf den Inhaber voraus, auch wenn ein Treuhänder nach § 1189 BGB. bestellt ist. § 44 GBO. Zur Begründung des Antrags auf Umschreibung bedarf es der Eintragungsbewilligung des Eigenthümers des Grundstücks nicht, weil die dingliche Belastung durch die Umschreibung nicht betroffen wird. Ebensowenig kann eine Eintragungsbewilligung des etwa früheren Inhabers der Schuldverschreibung in Frage kommen. Als erheblich kann vielmehr nur eine Erklärung des Ausstellers angesehen werden, der aber, weil er das Papier vorzulegen hat, gleichzeitig Inhaber desselben sein muß. Die Erklärung muß in den Formen des § 29 Satz 1 GBO. abgegeben sein. Die Eintragung der Umschreibung ist auf der Schuldverschreibung zu vermerken. Zulässig ist es, die Schuldverschreibung wieder auf den Inhaber umzuschreiben und dementsprechend auch die Eintragung im Grundbuche zu ändern. Dazu bedarf es nach den Grundsätzen des Grundbuchrechts nur der Bewilligung des eingetragenen Berechtigten. § 19 GBO. Die Vertretungsbefugniß eines nach § 1189 BGB. etwa bestellten Vertreters muß, solange der Vertretene bekannt ist und in Person handelt, als aufgehoben gelten. § 44 Abs. 2 GBO. kommt solange nicht zur Anwendung. Der Berechtigte hat die Schuldverschreibung vorzulegen; auf dieser ist die Umschreibung auf den Inhaber wieder zu vermerken. § 44 Abs. 1 GBO.

Die Eintragung der Uebertragung der Hypothek für eine Forderung aus einem Wechsel oder anderen indossablen Papier geschieht nach den gleichen Regeln, wie die Eintragung der Uebertragung einer gewöhnlichen Buchhypothek, nur mit dem Unterschiede, daß die Eintragung, da sie hier kein Erforderniß der Rechtsänderung ist, zur Berichtigung des Grundbuchs geschieht. Die Hypothek war schon bei der Bestellung für einen bestimmten Berechtigten einzutragen. Dieser hat die Umschreibung auf den neuen Gläubiger zu bewilligen. Ist das Papier durch die Hände von verschiedenen Berechtigten gegangen, so genügen privatschriftliche Indossamente zum Nachweise des Gläubigerrechts des letzten Berechtigten vor dem Grundbuchamte nicht; sie müssen vielmehr hierzu den Formen des § 29 Satz 1 GBO. entsprechen. Eine zusammenhängende Kette solcher Indossamente genügt aber hier jedenfalls, um den Umschreibungsantrag des letzten Berechtigten zu begründen. § 1154 Abs. 3 BGB. findet keine Anwendung. § 1187 BGB. Zur Umschreibung ist das Papier vorzulegen und auf dieses ein entsprechender Vermerk zu setzen. § 44 GBO.

V. Wegen der Eintragung der Uebertragung einer Grundschuld oder Rentenschuld, welche für den Inhaber des Grundschuldbriefes bestellt ist, gelten die gleichen Regeln, wie für die Uebertragung von Hypotheken für Forderungen aus Schuldverschreibungen auf den Inhaber. § 1195 BGB., § 43 GBO. Die Abweichung, daß hier die Möglichkeit der Theilübertragung des Gläubigerrechts besteht, ist schon S. 220 besprochen.

VI. Wird eine Gesammthypothek, -grundschuld, -rentenschuld durch Vertrag übertragen, so gelten keine besonderen Regeln; die Uebertragung muß nothwendig alle Hypotheken, Grundschulden, Rentenschulden ergreifen. Ein besonderer Fall liegt nur vor, wenn der neue Gläubiger zugleich der Eigenthümer aller belasteten Grundstücke, oder eines oder mehrerer davon ist. Die damit eintretende Vereinigung des Gläubigerrechts mit dem Eigenthumsrecht steht unter eigenen Regeln, die in den folgenden §§ besprochen werden.

Uebertragung von Hypotheken, Grundschulden, Rentenschulden kraft Gesetzes.

§ 74. I. Allgemeines.

I. Das BGB. kennt in vielen Fällen eine kraft Gesetzes eintretende Uebertragung der Hypotheken, Grundschulden oder Rentenschulden von dem bisherigen auf einen neuen Gläubiger. Hierher gehören zunächst alle Fälle der Gesammtnachfolge, welche unmittelbar den Uebergang von Rechten auf den Nachfolger bewirkt.

Im BGB. kommt aber auch eine gesetzliche Uebertragung nur einzelner Forderungsrechte aus verschiedenen Gründen vor und hat dann zugleich den Uebergang der für die Forderung bestehenden Hypothek zur Folge, §§ 412, 401, 1153 BGB. Auf dem Gebiete des Hypothekenrechts findet vielfach eine gesetzliche Uebertragung der Hypothek auf den Eigenthümer des Grundstücks statt, und zwar in doppelter Weise. Liegt ein Fall vor, in dem kraft Gesetzes die durch die Hypothek gesicherte Forderung auf den Eigenthümer übergeht, so bewirkt dieser Uebergang zugleich den Uebergang der für die Forderung bestehenden Hypothek; sie wird zur Eigenthümerhypothek. In gewissen Fällen geht auch die Hypothek ohne die Forderung auf den Eigenthümer als neuen Gläubiger über, verwandelt sich aber dabei in Uebereinstimmung mit dem aus §§ 1113, 1153 Abs. 2 BGB. zu entnehmenden Grundsatze, daß zum Wesen jeder Hypothek eine Forderung, zu deren Befriedigung sie dienen soll, gehört, und sie durch die Trennung von der Forderung ihr Wesen verliert, in eine Grundschuld. § 1177 BGB. Die Voraussetzung dieser letzteren Uebertragung ist in der Regel das Erlöschen der persönlichen Forderung, so daß nur noch das dingliche Recht übrig bleibt; doch tritt sie auch ein, wenn die Forderung an sich bestehen bleibt, diese aber infolge Verzichts des Gläubigers auf das zu ihrer Sicherheit bestellte Hypothekenrecht von letzterem getrennt wird und ganz aus dem Grundbuche ausscheidet.

Diese gesetzlichen Bestimmungen sind Folgerungen aus den im BGB. durchgeführten Grundsatze, daß ein Vorrücken der Nachhypotheken in der Regel nicht stattfindet, wenn die Forderung, zu deren Befriedigung die Hypothek bestellt ist, nicht entsteht oder erlischt, die Hypothek vielmehr in allen diesen Fällen als für den Eigenthümer bestellte Grundschuld in Geltung bleibt. Eine Abweichung von dieser Regel muß besonders vereinbart sein. Der Eigenthümer kann sowohl dem eingetragenen Gläubiger der Hypothek wie jedem Anderen — z. B. jedem Gläubiger eines nachstehenden Rechts — gegenüber die Verpflichtung übernehmen, die Hypothek löschen zu lassen, wenn sie sich mit dem Eigenthum in einer Person vereinigt. Zur Sicherung dieses Anspruchs auf Löschung kann eine Vormerkung in das Grundbuch eingetragen werden. § 1179 BGB. Die Eintragungsbewilligung hat der Eigenthümer zu erklären.

Der angegebene Grundsatz kommt auch auf Grundschulden und Rentenschulden zur Anwendung. Erlischt der Anspruch des Gläubigers, so geht die Grund- oder Rentenschuld auf den Eigenthümer über. Doch kann auch hier die Löschung für diesen Fall bedungen und durch eine Vormerkung nach § 1179 BGB. gesichert werden. Im übrigen sind die für die Hypothek gegebenen Vorschriften zum Theil für die Grund- und Rentenschulden nicht anwendbar, weil letztere keine Forderung voraussetzen. § 1192 BGB. Inwieweit dies der Fall ist, ist später im einzelnen anzugeben.

In allen Fällen der gesetzlichen Uebertragung eines Rechts vollzieht sich der Rechtserwerb für den neuen Gläubiger allein durch den Eintritt der Thatsache, an die das Gesetz diese Wirkung knüpft; auch Hypotheken, Grundschulden, Rentenschulden, über die ein Brief nicht ertheilt ist, werden also von dem neuen Gläubiger erworben, ohne daß seine Eintragung ins Grundbuch hinzuzukommen brauchte. Er hat deshalb ohne weiteres die Befugniß, über die Post weiter zu verfügen. Die Eintragung der eingetretenen Rechtsänderungen ins Grundbuch fällt sonach unter den Begriff der Berichtigung des Grundbuchs.

II. Die Erfordernisse der Umschreibung im Grundbuche sind folgende:

1. Die Umschreibung kann erfolgen, wenn die allgemeinen Erfordernisse erfüllt sind; es genügt die Eintragungsbewilligung des von der Eintragung Betroffenen und die Beibringung des Briefes, sofern einer ertheilt ist. §§ 19, 40, 42 GBO. Von der Eintragung werden in vielen Fällen neben dem Gläubiger des Rechts auch die oder einige der Eigenthümer der belasten Grundstücke betroffen. Näheres s. im folgenden §.
2. Für Hypotheken, über die ein Brief ertheilt ist, gilt die besondere Vorschrift, daß weder die Eintragungsbewilligung noch die vorgängige Eintragung des Gläubigers erforderlich ist. Die Eintragungsbewilligung wird durch ein öffentlich beglaubigtes Anerkenntniß der kraft Gesetzes erfolgten Uebertragung der Forderung ersetzt. § 26 GBO., § 1155 BGB. Der Nachweis der gesetzlichen Uebertragung der Forderung durch ein solches Anerkenntniß steht der Eintragung des Gläubigers gleich. § 40 Abs. 2 GBO. Zur Begründung des Eintragungsantrags ist danach die Vorlegung des Anerkenntnisses mit dem Briefe ausreichend. Mehrfache gesetzliche Uebertragungen könnten durch eine zusammenhängende Kette von Anerkenntnissen genügend nachgewiesen werden. Doch wird ein solcher Fall kaum vorkommen können. Möglich ist es aber, daß nach der gesetzlichen Uebertragung dieselbe Forderung noch öfter rechtsgeschäftlich, gesetzlich oder richterlich übertragen ist, ohne daß die Zwischeninhaber ins Grundbuch eingetragen wurden. Wird dann dem Grundbuchrichter neben dem Briefe eine zusammenhängende Kette von beglaubigten Abtretungserklärungen, gerichtlichen Ueberweisungsbeschlüssen und Anerkenntnissen der kraft Gesetzes erfolgten Uebertragung vorgelegt, so muß ihm dies zur Begründung des Eintragungsantrags genügen. Diese Vorschriften kommen auch bei Grundschulden und

Rentenschulden, über die ein Brief ertheilt ist, entsprechend zur Anwendung. Die Geltung des § 1155 Satz 3 BGB. auch für diese Rechte anzunehmen erscheint unbedenklich. § 1192 BGB. Dagegen ist die Anwendung der Vorschriften bei Buch- und Sicherungshypotheken, Buchgrund- und -rentenschulden, weil es bei ihnen an einem Briefe fehlt, dem Wortlaute der Bestimmungen, §§ 26, 40 Abs. 2 GBO., § 1155 BGB., nach ausgeschlossen. Der Grundbuchrichter **kann** deshalb zur Umschreibung hier stets verlangen die Eintragungsbewilligung des eingetragenen Gläubigers und, sofern eine weitere Uebertragung stattgefunden hat, vorher die Eintragung des weiter verfügenden Gläubigers. §§ 19, 40 Abs. 1 GBO.

3. Für alle unter 2 genannten Rechte gewinnt der Grundsatz des § 22 GBO., wonach zur Berichtigung des Grundbuchs, die Bewilligung desjenigen, dessen Recht von der Bewilligung betroffen wird, nicht erforderlich ist, wenn die Unrichtigkeit nachgewiesen wird, hier besondere Bedeutung. Gerade auch für die hier in Frage stehenden Fälle der gesetzlichen Uebertragung ist nach der Denkschrift zu § 21 Entw. z. GBO. jener Grundsatz aufgestellt. Der Grundbuchrichter wird sich also der Verpflichtung nicht entziehen können, auf den Antrag eines neuen Gläubigers die Umschreibung vorzunehmen, auch wenn dieser die allgemeinen gesetzlichen Grundlagen des Antrags, insbesondere die Eintragungsbewilligung des eingetragenen Gläubigers nicht beibringt, vielmehr den Nachweis seines Rechtserwerbs auf andere Weise führt. Ob die vorgelegten Urkunden im einzelnen Falle die Uebertragung des Rechts auf den Antragsteller erweisen, hat der Richter selbständig zu prüfen und nach seinen Ermessen zu entscheiden. Für Briefhypotheken, Briefgrund- und -rentenschulden kann deshalb der Nachweis auch durch in den Formen des Grundbuchrechts abgefaßte Urkunden geführt werden, welche nicht unter den Begriff eines Anerkenntnisses fallen, z. B. durch Quittungen oder Verzichterklärungen des bisherigen Gläubigers. Dasselbe ist aber bezüglich der anderen unter 2 genannten Rechte der Fall. Es unterliegt keinem Bedenken, unter Anwendung des § 22 GBO. alle die Urkunden, welche für Briefhypotheken den erforderlichen Nachweis zu erbringen geeignet sind, insbesondere ein vom bisherigen Gläubiger abgegebenes öffentlich beglaubigtes Anerkenntniß über die gesetzliche Uebertragung des Rechts, auch bei diesen Rechten zur Begründung eines Umschreibungsantrags für genügend anzusehen. In den Fällen der §§ 868, 932 CPO. reicht zum Nachweise jedenfalls die Vorlegung der gerichtlichen Entscheidung aus.

III. Die Verschiedenheit der die Uebertragung kraft Gesetzes bewirkenden Ereignisse, auf welche erst im folgenden § näher einzugehen ist, erzeugt auch wesentlich verschiedene Rechtsfolgen. Bald geht die Hypothek auf den Eigenthümer des belasteten Grundstücks, bald auf den persönlichen Schuldner über, sie kann auch auf dritte Personen, die beides nicht sind, übertragen werden; bald dient sie auch in Zukunft nur zur Befriedigung der persönlichen Forderung, für die sie bestellt ist, bald verwandelt sie sich in eine Grundschuld. Tritt nur theilweise eine Uebertragung des Rechtes kraft

Gesetzes ein, so kann es vorkommen, daß ein Theil Hypothek zur Befriedigung der Forderung bleibt, ein anderer Theil Grundschuld wird. Hinsichtlich des Ranges der einzelnen Theilrechte bestimmt das BGB. durchweg, daß die Uebertragung kraft Gesetzes auf den Eigenthümer des Grundstücks nicht zum Nachtheile des Gläubigers der Forderung geltend gemacht werden kann. Für den Grundbuchverkehr folgt daraus, daß das Theilrecht des Gläubigers mit dem Range vor dem Theilrecht des Eigenthümers einzutragen ist, wenn Anderes nicht etwa ausdrücklich bestimmt wird. §§ 1143, 774 Abs. 1, 1164 BGB.

Die verschiedenen Rechtsfolgen der Uebertragung kraft Gesetzes verlangen auch eine verschiedenartige Behandlung des Hypothekenbriefes; bald bleibt er Hypothekenbrief und bedarf nur der Umschreibung auf einen neuen Gläubiger, oder es werden, wenn mehrere Grundstücke belastet sind, einzelne von der Belastung frei und nur die diese Grundstücke betreffenden Mittheilungen sind aus dem Gesammthypothekenbriefe auszuscheiden; bald ist der Hypothekenbrief in einen Grundschuldbrief umzuwandeln oder von einem Hypothekenbrief ein Theilgrundschuldbrief abzuzweigen. Ist der Gläubiger einer Hypothek, Grundschuld, Rentenschuld vollständig befriedigt, so darf der Eigenthümer von ihm die Aushändigung des Briefes und der sonstigen Urkunden verlangen, welche zur Berichtigung des Grundbuchs erforderlich sind; ist die Befriedigung nur theilweise erfolgt, so hat der Gläubiger die Pflicht, diese auf dem Briefe zu vermerken und den Brief zu Berichtigung des Grundbuchs und Herstellung des Theilbriefes für den Eigenthümer dem Grundbuchamte oder dem Notare vorzulegen. §§ 1144, 1145, 1167, 1192, 1199 BGB.

IV. Die Fälle, in denen das materielle Liegenschaftsrecht eine Uebertragung von Hypotheken und Grundschulden außerhalb des Grundbuchs kraft Gesetzes und bei den Hypotheken dabei zugleich meist eine Wandelung im Charakter des Rechtes eintreten läßt, werden sehr häufig sein; bewirkt doch schon jede Auszahlung einer Hypothek, der nicht gleich die Löschung folgt, eine Uebertragung meist mit der angedeuteten Folge. Die in Frage kommenden Fälle sind zugleich so komplizirter Art, daß ihr Verständniß dem größeren Publikum stets verborgen bleiben wird. Trotzdem muß auch auf diesem Gebiete im Wesentlichen mit der abstrakten Eintragungsbewilligung gearbeitet werden, schon deshalb, weil durch andere Urkunden ein dem Grundbuchrichter genügender Beweis schwer erbracht werden kann. Die Eintragungsbewilligung, welche über das zu Grunde liegende Rechtsverhältniß nichts zu ergeben braucht und zudem in vielen Fällen privatschriftlich abgefaßt und nur beglaubigt wird, ohne daß der Notar oder Richter Kenntniß von ihrem Inhalte nehmen darf, Art. 60 A.FG., giebt aber wenig Gewähr, daß die gesetzlichen Wirkungen richtig ins Grundbuch nachgetragen werden. Der persönliche Schuldner einer Hypothekenforderung, der zugleich Eigenthümer des belasteten Grundstücks ist, wird, wenn er den Gläubiger befriedigt und Quittung und Hypothekenbrief bei sich aufbewahrt hat, kaum daran denken, daß er die Post nur noch als Grundschuld weiter cediren darf und der Brief nur noch die Bedeutung eines Grundschuldbriefes hat, obwohl er äußerlich noch als Hypothekenbrief erscheint. Die Gefahr, daß das Grundbuch hinsichtlich der Hypotheken nicht mehr die wirkliche Rechtslage wiedergiebt, ist jedenfalls um so weniger von der Hand zu weisen, je sicherer anzunehmen ist, daß eine große Mehrzahl aller Hypotheken während ihres Bestehens das eine oder andere Mal eine Uebertragung kraft Gesetzes durchmachen wird. Vor dem Grundbuchrichter, dessen Thun stets durch den Inhalt der Eintragungsbewilligung gedeckt ist, wird der Widerspruch seltener zu Tage treten. Um ihm aber die Möglichkeit zu geben, das Grundbuch dem materiellen Liegenschaftsrechte entsprechend umzuschreiben, kann nicht dringend genug empfohlen werden, in allen Fällen, in denen eine Uebertragung kraft Gesetzes eingetreten ist, das zu Grunde liegende Sachverhältniß in der Urkunde genau anzugeben. Sonst könnte es dahin kommen, daß das Liegenschaftsrecht des BGB. auf einem seiner wichtigsten Gebiete, dem des Hypothekenrechts, im Grundbuche eine zuverlässige Grundlage der wirklich bestehenden Rechtsverhältnisse überhaupt nicht mehr bietet, zumal Uebertragungen kraft Gesetzes nicht durch den Glauben an das Grundbuch geschützt sind.

§ 75. II. Die einzelnen Fälle der Uebertragung von Hypotheken, Grundschulden, Rentenschulden kraft Gesetzes.

I. Die Hypothek oder Gesammthypothek ist für eine Forderung bestellt; die Forderung aber nicht zur Entstehung gelangt. Die Hypothek oder Gesammthypothek steht dem Eigenthümer oder den Eigenthümern der belasteten Grundstücke gemeinschaftlich zu und verwandelt sich in eine Grundschuld. Ist die Forderung nur theilweise zur Entstehung gekommen, so steht die Hypothek nur zum Resttheile als Grundschuld dem Eigenthümer zu. §§ 1163, 1172, 1177 BGB. Hierunter fällt es, wenn eine Hypothek für eine Schuldverschreibung auf den Inhaber bestellt wird, das Inhaberpapier aber nicht begeben wird.

Für die Umschreibung gelten die im vorhergehenden § gegebenen Regeln. Das Anerkenntniß eines Darlehnsgläubigers, daß er das Darlehn nicht gegeben habe, wird zur Umschreibung der Hypothek auf den Namen des Eigenthümers ausreichen. Eine entsprechende Anwendung dieser Bestimmungen auf Grund- und Rentenschulden ist ausgeschlossen. § 1192 BGB.

II. Eine Hypothek oder Gesammthypothek, für welche ein Hypothekenbrief ertheilt ist, steht bis zur Uebergabe des Briefes an den Gläubiger dem Eigenthümer und wenn die mit der Gesammthypothek belasteten Grundstücke verschiedenen Eigenthümern gehören, diesen gemeinschaftlich zu. Bis zur Uebergabe des Briefes gilt das Recht als Grundschuld. Die Aushändigung des Briefes vom Eigenthümer an den Gläubiger hat also gesetzlich die Wirkung der Verwandelung der zunächst nur entstandenen Eigenthümergrundschuld in die Hypothek des Gläubigers. §§ 1163 Abs. 2, 1172, 1177 BGB. Nach Lage des Falles ist eine Theilübertragung des Rechtes hier ausgeschlossen.

Für die Umschreibung im Grundbuche gelten die im vorhergehenden § für Briefhypotheken gegebenen Regeln. Der Besitz des Hypothekenbriefes allein reicht schon im Hinblick auf die §§ 1117, 931, 868 BGB. nicht aus, den Antrag des Eigenthümers auf Umschreibung der Hypothek als Grundschuld auf seinen Namen zu begründen. Trotzdem er den Brief noch hat, kann der Gläubiger ihn schon übergeben erhalten haben.

Hat das Eigenthum am Grundstücke gewechselt, ohne daß der Brief an den Gläubiger übergeben ist, so ist davon auszugehen, daß der Eigenthümer, der dies zur Zeit der Eintragung der Hypothek war, sein Recht als Grundschuldgläubiger durch die Veräußerung des Grundstückseigenthums nicht eingebüßt hat; er wird nunmehr die Umschreibung der Hypothek auf seinen Namen beantragen können. Hat einmal der eingetragene Gläubiger auch den Brief im Besitz, so gilt er nach der Vermuthung des § 1117 Abs. 3 BGB. dem Grundbuchrichter gegenüber als der zur Verfügung über das Recht befugte.

Die entsprechende Anwendung dieser Regeln auf Grundschulden und Rentenschulden, über die ein Brief ertheilt ist, unterliegt keinem Bedenken.

III. Erlischt die Forderung, so erwirbt der Eigenthümer die Hypothek oder Gesammthypothek; oder wenn die mit der Gesammthypothek belasteten Grundstücke verschiedenen Eigenthümern gehören, so erwerben diese sie gemeinschaftlich. Die Hypothek verwandelt sich auch hier in eine Grundschuld. §§ 1163, 1172, 1177 BGB. Erlischt die Forderung nur zum Theil, so tritt die Verwandelung der Hypothek in eine Grundschuld nur hinsichtlich dieses Theiles ein. Alle Gründe für das Erlöschen einer Forderung kommen hier inbetracht, Eintritt des Endtermins, Aufhebungs- oder Erlaßvertrag, Verzicht auf die Forderung, Vereinigung von Forderung und Schuld in einer Person u. s. w. Der wichtigste Erlöschungsgrund ist die Befriedigung durch Zahlung, Hinterlegung, durch Aufrechnung (vgl. § 1142 Abs. 2 BGB.), Annahme an Erfüllungsstatt. Dem Erlöschen der Forderung steht es gleich, wenn der Schuldtitel, auf Grund dessen im Wege der Zwangsvollstreckung eine Sicherungshypothek ins Grundbuch eingetragen ist, oder dessen Vollstreckbarkeit durch eine vollstreckbare Entscheidung aufgehoben, oder wenn die Zwangsvollstreckung für unzulässig erklärt oder eingestellt ist. Auch in diesen Fällen erwirbt der Eigenthümer des Grundstücks die Hypothek als Grundschuld. §§ 868, 932 CPO.

Die Befriedigung und die Vereinigung von Schuld und Forderung in einer Person bewirken nicht stets ein Erlöschen der Forderung, lassen diese vielmehr unter Umständen fortbestehen. Die einzelnen Fälle, die vorkommen können, müssen nachher zu IV und V besonders behandelt werden.

Im Uebrigen gelten für die Umschreibung im Grundbuche, die infolge des Erlöschens der Forderung erforderlich wird, die im vorhergehenden § angegebenen Regeln.

IV. Das Erlöschen der Forderung durch Befriedigung. Es kommt darauf an, durch welche Person die Befriedigung erfolgt. Diese kann sein der Eigenthümer des Grundstücks oder nicht der Eigenthümer des Grundstücks; sie kann sein der persönliche Schuldner oder nicht der persönliche Schuldner. Die Befriedigung kann auch aus dem Grundstücke erfolgen. Je nachdem ergeben sich die folgenden Fälle. Diese sind wieder danach zu unterscheiden, ob eine einfache Hypothek oder Gesammthypothek vorliegt. Zum Theil gelten die anzugebenden Regeln auch für Grundschulden oder Rentenschulden.

1. Der persönliche Schuldner, welcher zugleich Eigenthümer des mit der Hypothek belasteten Grundstücks ist, befriedigt den Gläubiger. Infolge der Befriedigung erlischt die Forderung; die Hypothek erwirbt der Eigenthümer; sie verwandelt sich kraft Gesetzes in eine Grundschuld. §§ 1143, 1163, 1177 BGB.

Wird der Gläubiger nur theilweise befriedigt, so erwirbt der Eigenthümer die Hypothek zu dem entsprechenden Theilbetrage und nur insoweit wird sie zur Grundschuld. § 1176 BGB. Als theilweise befriedigt gilt der Gläubiger auch dann, wenn der Eigenthümer ihm Zinsen und andere Nebenleistungen entrichtet, die später als in dem Kalendervierteljahre, in welchem der Gläubiger befriedigt wird, oder dem folgenden Vierteljahre fällig werden. §§ 1145 Abs. 2 BGB.

Die Umschreibung geschieht nach den im vorigen § gegebenen Regeln. Den Nachweis der gesetzlichen Uebertragung der Hypothek als Grundschuld auf den Eigenthümer vermag eine Urkunde nur zu erbringen, wenn sie erkennen läßt, daß der befriedigende Eigenthümer zugleich der persönliche Schuldner war.

Steht dem befriedigten Gläubiger eine Gesammthypothek zu, so ergeben sich keine von den vorstehenden Regeln abweichende Besonderheiten für den Fall, daß die sämmtlichen Grundstücke dem persönlichen Schuldner als Eigenthümer gehören. Dieser erwirbt die Gesammthypothek ganz oder theilweise, die sich dann kraft Gesetzes insoweit in eine Gesammtgrundschuld verwandelt. § 1177 BGB. Besonders liegt der Fall, wenn die Eigenthümer der mit der Gesammthypothek belasteten Grundstücke verschiedene Personen sind. Befriedigt hier der persönliche Schuldner, der zugleich einer der Eigenthümer ist, den Gläubiger, so erlischt regelmäßig die Forderung; der befriedigende Eigenthümer erwirbt die Hypothek an seinem Grundstücke, oder wenn ihm mehrere gehören, an diesen allen; diese Hypothek oder Gesammthypothek verwandelt sich in eine Grundschuld oder Gesammtgrundschuld. Die Hypothek an den den anderen Eigenthümern gehörigen Grundstücken erlischt. § 1173 BGB. Anders gestalten sich die Rechtsfolgen, wenn der befriedigende Eigenthümer von dem Eigenthümer eines der anderen Grundstücke oder einem Rechtsvorgänger Ersatz für die von ihm geleistete Befriedigung verlangen kann. Ein solcher Ersatzanspruch beruht darauf, daß die Forderung des Gläubigers ausnahmsweise nicht erloschen, sondern kraft Gesetzes auf ihn übergegangen ist. Steht z. B. der zahlende Eigenthümer zusammen mit einem der anderen Eigenthümer in einem Gesammtschuldverhältnisse zum Gläubiger, so geht infolge der Zahlung kraft Gesetzes die Forderung des Gläubigers gegen den anderen Eigenthümer auf den zahlenden Eigenthümer in Höhe seines Ersatzanspruchs d. h. in Höhe der Hälfte über. § 426 Abs. 2 BGB. Aehnlich liegt der Fall, wenn der zahlende Eigenthümer Bürge, der andere Eigenthümer Hauptschuldner war. Die Forderung des Gläubigers geht dann auf den Zahlenden in Höhe der Zahlung, bei voller Befriedigung also zum vollen Betrage über. § 774 BGB. Aus diesen Rechtsfolgen ergiebt sich nun zunächst für die vom Eigenthümer an seinem eigenen Grundstücke erworbene Hypothek, daß sie sich nicht in eine Grundschuld verwandelt, sondern Hypothek zur Befriedigung jener Forderung bleibt. Weiter aber bestimmt das Gesetz, daß zur Befriedigung dieser Forderung auch noch dienen sollen die Hypotheken an den Grundstücken der Eigenthümer, gegen die der befriedigende Eigenthümer den Ersatzanspruch hat. Diese Hypotheken gehen gleichfalls auf ihn über, sie bleiben mit der Hypothek an seinem eigenen Grundstücke Gesammthypothek. § 1173 Abs. 2 BGB. Doch gilt dies nur zu dem Betrage, zu dem der Eigenthümer einen Ersatzanspruch hat. Zum Restbetrage bleibt es bei der Regel: der zahlende Eigenthümer erwirbt insoweit die Hypothek als Grundschuld an seinem Grundstücke, an allen anderen Grundstücken erlischt die Hypothek.

Die Umschreibung im Grundbuche vollzieht sich nach den im vorigen § gegebenen Regeln. Dem Grundbuchrichter ist hier der Nachweis zu führen, daß der befriedigende Eigenthümer der persönliche Schuldner des Gläubigers war. Die Löschung der Hypotheken an den Grundstücken der übrigen Eigenthümer setzt stets deren Zustimmung voraus. § 27 Abs. 1 GBO. Einer Bewilligung des zahlenden Eigenthümers zur Umschreibung wird es in der Regel nicht bedürfen, weil sein Recht von der Eintragung nicht betroffen wird; nur wenn es sich um eine Gesammthypothek handelt, wird ohne eine Erklärung von ihm dem Grundbuchrichter nicht der Nachweis geführt werden können, ob eine Ersatzforderung besteht oder nicht. Im Falle der Gesammthypothek wird, wenn verschiedene Eigenthümer in Frage kommen, deshalb die Löschung der erloschenen Hypotheken stets auch die Löschungsbewilligung des zahlenden Eigenthümers, die Eintragung des letzteren als Gläubigers in Höhe der Ersatzforderung stets die Eintragungsbewilligung aller der Eigenthümer voraussetzen, welche Schuldner der Ersatzforderung sind.

Die hier besprochenen Grundsätze finden auf Grund- und Rentenschulden keine Anwendung.

2. Der Eigenthümer des mit der Hypothek belasteten Grundstücks, der aber nicht persönlicher Schuldner ist, befriedigt den Gläubiger. In diesem Falle bleibt die Forderung bestehen; sie geht zugleich mit der für die Forderung bestehenden Hypothek auf den Eigenthümer über. Die Hypothek bleibt zwar Hypothek, wird aber, solange die Vereinigung des Gläubigerrechts mit dem Eigenthum dauert, nach den für eine Grundschuld des Eigenthümers geltenden Vorschriften behandelt. §§ 1143, 1177 Abs. 2, 1197 BGB.

Wird der Gläubiger nur theilweise befriedigt, und dazu gehört auch hier wie im Falle zu 1 die Vorausbezahlung der Zinsen und Nebenleistungen, die erst später, als in dem dem Zahlungstage folgenden Kalendervierteljahre fällig werden, § 1145 Abs. 1, 2 BGB., so erwirbt der Eigenthümer die Forderung mit der Hypothek nur insoweit als Befriedigung erfolgt ist.

Auch Grundschulden und Rentenschulden gehen auf den Eigenthümer über, wenn er den Gläubiger befriedigt. Der Eigenthümer erwirbt das Recht, wie es im Grundbuche eingetragen steht, aber da es keine Forderung voraussetzt, natürlich ohne diese. §§ 1143, 1192 BGB. Auch hier kann nur theilweise ein Erwerb des Eigenthümers stattfinden.

Steht dem befriedigten Gläubiger eine Gesammthypothek zu, so ergeben sich auch hier keine Abweichungen von den vorstehenden Regeln in dem Falle, daß die sämmtlichen belasteten Grundstücke demselben Eigenthümer gehören, soweit als er den Gläubiger befriedigt, geht die gesammte Hypothek mit der Forderung auf ihn über und kann im Grundbuche umgeschrieben werden. Gehören aber die mit der Gesammthypothek belasteten Grundstücke verschiedenen Personen, so bewirkt die Befriedigung den Uebergang der Hypothek mit der Forderung auf den befriedigenden Eigenthümer nur an den ihm selbst gehörenden Grundstücken; an den Grundstücken der übrigen Eigenthümer erlischt die Hypothek. §§ 1173, 1143 Abs. 2 BGB. Die vom Eigenthümer erworbene Hypothek (Gesammthypothek) wird auch hier, solange die Vereinigung des Gläubigerrechts mit dem Eigenthum dauert, nach den für eine Grundschuld des Eigenthümers geltenden Vorschriften behandelt. § 1177 Abs. 2 BGB.

Ebenso, wie im Falle zu 1, ist es aber auch hier möglich, daß dem befriedigenden Eigenthümer ein Ersatzanspruch gegen den Eigenthümer eines der anderen Grundstücke oder einen Rechtsvorgänger dieses Eigenthümers zusteht, z. B. wenn der andere Eigenthümer der persönliche Schuldner und dem zahlenden Eigenthümer aus dem Kaufvertrage, durch den er ihm sein Grundstück verkauft hatte, verpflichtet war, sein Grundstück von der darauf noch lastenden Hypothek zu befreien. Steht dem befriedigenden Eigenthümer ein solcher Ersatzanspruch zu, so geht in dessen Höhe auch die Hypothek an dem Grundstück des Eigenthümers, welcher Schuldner jenes Ersatzanspruchs ist, auf ihn über und bleibt mit der Hypothek an seinem eigenen Grundstücke Gesammthypothek. Die Fälle, an die das Gesetz hier denkt, können nur so liegen, daß der Schuldner des Ersatzanspruchs zugleich auch persönlicher Schuldner des befriedigten Gläubigers ist. Nur so läßt sich die in § 1173 Abs. 2 BGB. vorgeschriebene Gesammthypothek bilden. Der befriedigende Eigenthümer erwirbt nach § 1143 BGB. die Forderung des Gläubigers gegen dessen persönlichen Schuldner; zur Befriedigung dieser Forderung dient fortan die nach § 1173 Abs. 1 und 2 fortbestehende Gesammthypothek. Zu beachten ist dann nur der Fall, daß die Ersatzforderung kleiner ist, als die befriedigte Forderung — der etwa höhere Betrag der Ersatzforderung kommt natürlich in § 1173 nicht in Frage —; die Gesammthypothek des Abs. 2, § 1173 BGB. entsteht dann nur in Höhe der Ersatzforderung; zum etwa höheren Betrage der befriedigten Forderung entsteht nur die Hypothek des Abs. 1 § 1173 BGB. — die aber im Falle, daß dem befriedigenden Eigenthümer mehrere der belasteten Grundstücke gehören, auch selbst noch eine Gesammthypothek sein kann. Die Anwendung des Abs. 2 § 1173 BGB. auf Fälle, in denen der Schuldner des Ersatzanspruchs und der persönliche Schuldner der Forderung verschiedene Personen sind, muß für ausgeschlossen gelten, weil eine Gesammthypothek nicht für zwei verschiedene Forderungen bestehen kann. Für die Umschreibung im Grundbuche ist auf die im vorigen § gegebenen Regeln zu verweisen. Die Urkunde, auf Grund deren sie erfolgen soll, muß ergeben, daß der befriedigende Eigenthümer nicht der persönliche Schuldner war. Soweit die Hypothek an einzelnen Grundstücken erloschen ist, bedarf es zur Löschung der Zustimmung der Eigenthümer dieser Grundstücke. § 27 GBO. Im Falle der Gesammthypothek besteht, wenn die belasteten Grundstücke verschiedenen Eigenthümern gehören, stets die Möglichkeit des

Ersatzanspruchs. Wegen der Erfordernisse der Umschreibung in diesem Falle gilt das gleiche wie zu 1.

Die entsprechende Anwendung der besprochenen Bestimmungen auf Gesammtgrundschulden und Gesammtrentenschulden ist nicht bedenklich, wenn die damit belasteten Grundstücke demselben Eigenthümer gehören; dieser erwirkt durch die Befriedigung des Gläubigers die Gesammtgrund- oder -rentenschuld an allen seinen Grundstücken. §§ 1173, 1192 BGB. Bedenklich ist auch nicht die Folgerung, daß der Eigenthümer eines der belasteten Grundstücke, der den Gläubiger befriedigt, die Grund- oder Rentenschuld an seinem eigenen Grundstücke erwirbt, während die Grund- oder Rentenschuld an den Grundstücken der übrigen Eigenthümer erlischt. § 1173 Abs. 1 BGB. Als ausgeschlossen muß dagegen die Anwendung des § 1173 Abs. 2 BGB. auf Grund- oder Rentenschulden angesehen werden, weil diese Bestimmung neben dem befriedigenden Eigenthümer noch einen anderen Eigenthümer voraussetzt, welcher persönlicher Schuldner ist.

3. Der persönliche Schuldner, welcher nicht Eigenthümer ist des mit der Hypothek belasteten Grundstücks oder eines der mit der Gesammthypothek belasteten Grundstücke, befriedigt den Gläubiger. Die Forderung erlischt in diesem Falle; die Hypothek oder die Gesammthypothek erwirbt der Eigenthümer; sind die Eigenthümer der mit der Gesammthypothek belasteten Grundstücke verschiedene Personen, so erwerben diese sie gemeinschaftlich. Die Hypothek verwandelt sich kraft Gesetzes in eine Grundschuld. §§ 1163, 1172 BGB.

Wird der Gläubiger nur theilweise befriedigt, und dazu gehört auch hier die Vorausbezahlung der Zinsen und anderen Nebenleistungen auf längere Zeit, als für das dem Zahlungstage folgende Kalendervierteljahr, so treten die angegebenen Rechtsfolgen nur, soweit die Befriedigung erfolgt ist, ein. §§ 1176, 1145 Abs. 2, 1167 BGB.

Nicht auf den Eigenthümer, sondern auf den persönlichen Schuldner geht die Hypothek über, wenn letzterer gegen den ersteren aus der Befriedigung des Gläubigers einen Ersatzanspruch hat und dadurch das Erlöschen der Forderung aufgehalten wird. § 1164 BGB. Für Gesammthypotheken gilt derselbe Satz mit der Besonderheit, daß auf den persönlichen Schuldner die Hypothek nur an den Grundstücken derjenigen Eigenthümer oder Rechtsvorgänger solcher Eigenthümer übergeht, gegen die dem persönlichen Schuldner der Ersatzanspruch zusteht, während die Hypothek an den Grundstücken der übrigen Eigenthümer erlischt. § 1174 BGB.

Ist der Ersatzanspruch kleiner als die befriedigte Forderung, so tritt der Uebergang der Hypothek auf den persönlichen Schuldner nur in Höhe des Ersatzanspruchs ein, während zum Restbetrage die Hypothek als Grundschuld auf die Grundstückseigenthümer gemeinschaftlich übertragen wird. §§ 1163, 1172 BGB.

Der Fall des Ersatzanspruchs ist z. B. gegeben, wenn der Erwerber des Grundstücks eine darauf lastende Hypothek in Anrechnung auf den Kaufpreis übernommen hat, der veräußernde persönliche Schuldner aber von der Schuld nicht befreit ist, weil der Gläubiger den Erwerber nicht als neuen Schuldner angenommen hat. Befriedigt der Veräußerer den Gläubiger, so erwirbt er dessen Forderung und kann diese nunmehr gegen den Erwerber verfolgen. § 415 Abs. 3 BGB.

Die auf den persönlichen Schuldner übergehende Hypothek dient zur Befriedigung des Ersatzanspruchs. Dieser muß immer identisch sein mit der Forderung, für welche die Hypothek ursprünglich bestand. Daß der Ersatzanspruch auch eine Forderung anderer Art sein könnte, ist ausgeschlossen. Andernfalls müßte die ursprüngliche Forderung zuvor erloschen sein; eine Uebertragung derselben wäre damit unmöglich. Für die Umschreibung im Grundbuche gelten die im vorigen § angegebenen Regeln. Die Möglichkeit, daß die Hypothek in diesem Falle bald auf den Eigenthümer, bald auf den persönlichen Schuldner übergeht, wird den Grundbuchrichter veranlassen müssen, abgesehen von einer entsprechenden Erklärung des befriedigten Gläubigers (Quittung, Anerkenntniß u. s. w.) stets auch eine zustimmende Erklärung des befriedigenden Schuldners zur Begründung eines Umschreibungsantrags zu verlangen. Auch des letzteren Recht würde von der Eintragung betroffen werden. § 19 GBO. Stimmen beide zu, so kann die Umschreibung des Rechts auf den Eigenthümer, oder den, der von diesem ein Recht erworben hat, geschehen. Verlangt der persönliche Schuldner die Umschreibung auf seinen Namen, so hat er neben der Erklärung des befriedigten Gläubigers noch den Nachweis zu erbringen, daß ihm die Ersatzforderung gegen den Eigenthümer des Grundstücks zusteht. Eine entsprechende Eintragungsbewilligung desselben ist das einfachste Mittel. Erlischt die Hypothek im Falle der Gesammthypothek an einzelnen Grundstücken, so bedarf es zur Löschung der Einwilligung der Eigenthümer derselben. § 27 Abs. 1 GBO.

Die hier besprochenen Bestimmungen können auf Grundschulden und Rentenschulden nicht zur Anwendung kommen, weil diese Rechte, wie sie keine persönliche Forderung voraussetzen, auch keinen persönlichen Schuldner neben dem Eigenthümer des belasteten Grundstücks kennen. §§ 1192, 1164, 1174 BGB. Ertheilt sonach ein Grundschuld- oder Rentenschuldgläubiger eine Löschungsbewilligung oder Quittung, weil er von einer anderen Person als dem Eigenthümer des belasteten Grundstücks befriedigt wurde, so kann, abgesehen von dem unter 4 zu besprechenden Falle, hier doch nie der Fall der §§ 1164, 1174 BGB. eintreten, daß die Grund- oder Rentenschuld auf den befriedigenden Nichteigenthümer übergeht; die Befriedigung bewirkt vielmehr stets die Uebertragung der Grund- oder Rentenschuld auf den Eigenthümer des Grundstücks und nur dementsprechend ist die Umschreibung vorzunehmen. Der befriedigende Nichteigenthümer kann die Grund- oder Rentenschuld nur durch rechtsgeschäftliche Abtretung erwerben.

4. Ein Dritter, welcher weder persönlicher Schuldner noch Eigenthümer des belasteten Grundstücks ist, befriedigt den Gläubiger. Die Befriedigung bewirkt unter Umständen die kraft Gesetzes eintretende Uebertragung der Forderung. Die für den Grundbuchrichter inbetracht kommenden Fälle sind folgende:

a) Sind für eine Forderung neben dem Grundstücke noch bewegliche Sachen verpfändet und befriedigt der Verpfänder derselben, ohne persönlicher Schuldner zu sein, den Gläubiger, so wird auf ihn die Forderung des Gläubigers gegen den persönlichen Schuldner und damit zugleich die für die Forderung etwa bestehende Hypothek kraft Gesetzes übertragen. § 1225 BGB.

b) Betreibt der Gläubiger einer durch Hypothek gesicherten Forderung die Zwangsvollstreckung in das seinem Schuldner gehörige, mit der Hypothek belastete Grundstück, so kann jeder, der Gefahr läuft, ein ihm an dem Grundstücke zustehendes dingliches Recht durch die Zwangsvollstreckung zu verlieren, also z. B. der Gläubiger einer nachstehenden Hypothek oder Grundschuld, den Gläubiger befriedigen; soweit er den Gläubiger befriedigt, geht die Forderung auf ihn über. Damit wird ihm gleichzeitig insoweit die für die Forderung bestehende Hypothek übertragen. §§ 268, 401, 412, 1150, 1153 BGB.

Steht dem die Zwangsvollstreckung betreibenden Gläubiger eine Grundschuld oder Rentenschuld zu, so erwirbt, wie aus dem Wortlaute des § 268 BGB. zu entnehmen ist, der befriedigende Dritte unter den abgegebenen Voraussetzungen die Grundschuld- oder Rentenschuld.

Die Befriedigung kann auch nur theilweise erfolgen. Dann tritt die Uebertragung nur zum entsprechenden Theile ein. Für die Umschreibung im Grundbuche gelten in beiden Fällen die im vorhergehenden § gegebenen Regeln.

5. Der Gläubiger wird aus dem Grundstücke oder den in den §§ 1120—1130 BGB. bezeichneten Gegenständen, auf die sich die Hypothek oder Grund- oder Rentenschuld erstreckt, befriedigt. Diese Art der Befriedigung erfolgt im Wege der Zwangsvollstreckung, § 1147 BGB., und hat die Wirkung, daß die Hypothek, Grundschuld oder Rentenschuld erlischt. §§ 1181, 1192 BGB. Bestand eine Gesammthypothek, Gesammtgrundschuld oder Gesammtrentenschuld, so ist zu unterscheiden, ob die Zwangsvollstreckung in alle oder nicht in alle verhafteten Grundstücke durchgeführt ist. War die Befriedigung durch Zwangsvollstreckung aus dem einen verhafteten Grundstücke oder aus allen verhafteten Grundstücken gesucht, so ergeben sich die nothwendig werdenden Eintragungen im Grundbuche aus dem JZVG. und werden in § 83 besprochen werden. Zu erwähnen ist aber hier der Fall, daß von den mit einer Gesammthypothek, Gesammtgrund- oder rentenschuld belasteten Grundstücken die Befriedigung nur aus einem oder mehreren, jedoch nicht aus allen gesucht worden ist. Erfolgt hier die Befriedigung des Gläubigers, so werden auch die übrigen, nicht mit zur Zwangsvollstreckung gezogenen Grundstücke frei. § 1181 Abs. 2 BGB. d. h. in der Regel ist auch auf diesen Grundstücken das Recht zu löschen. Dazu bedarf es stets der Zustimmung der Eigenthümer der betreffenden Grundstücke. § 27 GBO. Es reicht diese Zustimmung aber mit Rücksicht auf § 1182 BGB. nicht aus. Kann der Eigenthümer der Grundstücke, aus denen der Gläubiger befriedigt ist, von dem Eigenthümer eines der anderen Grundstücke oder einem Rechtsvorgänger dieses Eigenthümers Ersatz verlangen — ein Fall, der hier aus den gleichen Gründen wie zu 1 oder 2 eintreten kann — so erlischt hiernach die Hypothek an diesen Grundstücken nicht, geht vielmehr auf den Eigenthümer, aus dessen Grundstücken der Gläubiger befriedigt ist, über. Die Hypothek dient zur Befriedigung dieser Ersatzforderung, welche wie in den Fällen zu 1 oder 2

nur dieselbe Forderung, wie die ursprüngliche sein kann. Die Ersatzforderung kann einen Theil nur der ursprünglichen Forderung ausmachen; dann tritt die gesetzliche Uebertragung nur in Höhe dieses Theils, im übrigen aber das Erlöschen der Hypothek oder Grund- oder Rentenschuld ein. Die Möglichkeit, daß dem Eigenthümer des Grundstücks, aus denen der Gläubiger befriedigt ist, das Recht kraft Gesetzes ganz oder zum Theil übertragen sein kann, wird den Grundbuchrichter veranlassen, stets auch dessen Einwilligung zu fordern, wenn die Löschung der Hypothek, Grundschuld oder Rentenschuld bei den übrigen Grundstücken beantragt wird.

V. Das Erlöschen der Forderung durch Vereinigung von Forderung und Schuld. Eine solche Vereinigung tritt ein

a) wenn der Gläubiger den persönlichen Schuldner, oder dieser jenen beerbt, § 1922 BGB.,
b) wenn der Gläubiger Erblasser, der Schuldner Erbschaftskäufer, oder umgekehrt dieser Erblasser, der Gläubiger Erbschaftskäufer ist, §§ 2377, 2385 BGB.,
c) wenn dem Schuldner die Forderung abgetreten wird, oder der Gläubiger die Schuld durch Vertrag mit dem Schuldner übernimmt,
d) wenn durch Vertrag der Gläubiger das Vermögen des Schuldners, oder umgekehrt dieser das Vermögen jenes übernimmt, § 419 BGB.

Für das Erlöschen der Forderung durch Vereinigung von Forderung und Schuld gelten dieselben Regeln, wie für den entsprechenden Fall der Befriedigung; auch durch Vereinigung kann eine Forderung nur theilweise erlöschen.

Hiernach finden Anwendung:

1) wenn der persönliche Schuldner zugleich Eigenthümer des mit der Hypothek belasteten Grundstückes ist, die vorher unter IV 1 besprochenen Vorschriften §§ 1163, 1173, 1177 BGB.;
2) wenn der persönliche Schuldner nicht Eigenthümer des mit der Hypothek belasteten Grundstücks ist, die vorher unter IV 3 besprochenen Vorschriften, §§ 1164 Abs. 2, 1174 BGB.

Eine Anwendung der Bestimmungen auf Grundschulden oder Rentenschulden ist durch § 1192 BGB. ausgeschlossen.

VI. Ist der Gläubiger unbekannt, so kann er im Wege des Aufgebotsverfahrens mit seinem Rechte ausgeschlossen werden. Mit der Erlassung des Ausschlußurtheils erwirbt der Eigenthümer die Hypothek. Diese verwandelt sich in eine Grundschuld. §§ 1170 Abs. 2, 1177 BGB.

Ob dem Gläubiger noch die Forderung zusteht, bleibt in diesem Falle also dahingestellt; ausgeschlossen wird er mit seinem dinglichen Rechte am Grundstücke. Für die Umschreibung im Grundbuche gelten an sich die im vorhergehenden § gegebenen Regeln. Indessen wird der Natur der Sache nach hier eine Umschreibungsbewilligung oder eine andere zur Umschreibung genügende Erklärung des eingetragenen Gläubigers nie beizubringen sein; anderenfalls hätte es des Aufgebotsverfahrens nicht bedurft. Die Vorlegung des Ausschlußurtheils wird daher stets als die einzig mögliche Art der Begründung des Antrags auf Berichtigung des Grundbuchs genügen müssen.

Besteht eine Gesammthypothek, so erwirbt, wenn die belasteten Grundstücke einem Eigenthümer gehören, dieser durch den Ausschluß des Gläubigers die Gesammthypothek als Gesammtgrundschuld; gehören aber die belasteten Grundstücke verschiedenen Eigenthümern, so erwerben diese sie gemeinschaftlich. §§ 1175 Abs. 2 BGB.

Das Gesetz berücksichtigt in letztgenannter Vorschrift die Möglichkeit, daß ein Gläubiger auch mit seinem Rechte nur an einem der belasteten Grundstücke ausgeschlossen werden könne. Ist nur dies geschehen, so erlischt die Hypothek an diesem Grundstücke überhaupt und ist mit Zustimmung des Eigenthümers zu löschen.

Der ertheilte Brief wird mit der Erlassung des Ausschlußurtheils kraftlos. § 1170 Abs. 2 BGB. Das Gesetz denkt hier offenbar an den Regelfall, daß wenn der Gläubiger unbekannt ist, auch der Brief nicht auffindbar sein wird. Die Bestimmung bezieht sich aber auch auf den Fall, daß der Brief noch vorgelegt werden könnte.

Auf Grundschulden und Rentenschulden finden die vorgedachten Bestimmungen entsprechende Anwendung.

VII. Verzichtet der Gläubiger auf die Hypothek, so erwirbt sie der Eigenthümer, § 1168 BGB.; sie verwandelt sich in eine Grundschuld. § 1177 BGB.

Dem Verzichte auf die Hypothek steht es gleich, wenn der Gläubiger die Uebernahme der persönlichen Schuld, für welche ihm am Grundstück seines Schuldners Hypothek bestellt ist, seitens eines Dritten genehmigt. Damit trennt sich die Forderung von der Hypothek und letztere wird unter Verwandelung in eine Grundschuld dem Eigenthümer übertragen. §§ 418, 414, 415, 1168, 1177 BGB. Diese Rechtsfolge tritt aber nicht ein, wenn der Eigenthümer des Grundstücks in die Uebernahme der Schuld seitens des Dritten einwilligt. § 418 BGB. In diesem Falle bewirkt die Schuldübernahme keine Veränderung der Hypothek im Grundbuche.

Dem Verzichte auf die Hypothek steht es gleich, wenn eine Maximalhypothek nach den für die Uebertragung von Forderungen geltenden allgemeinen Vorschriften, d. h. also nur durch Vertrag übertragen wird, § 1190 Abs. 4 BGB., oder wenn bei einer solchen Hypothek nur die Hauptforderung ohne die Hypothek gepfändet und an Zahlungsstatt überwiesen wird. § 837 Abs. 3 CPO. In beiden Fällen geht die Hypothek auf den neuen Gläubiger nicht über, wird vielmehr vom Eigenthümer erworben und verwandelt sich dabei kraft Gesetzes in eine Grundschuld. § 1177 BGB.

Die Umschreibung im Grundbuche auf den Eigenthümer geschieht nach den im vorhergehenden § gegebenen Regeln. Jedoch ist zu beachten, daß in dem Falle des § 1168 BGB. die Verzichtserklärung allein nicht ausreicht, die Forderung von der Hypothek zu trennen, vielmehr die Eintragung ins Grundbuch hinzukommen muß. Erst durch die Eintragung des Verzichts wird die Hypothek auf den Eigenthümer als Grundschuld kraft Gesetzes übertragen und ihm die Befugniß erworben, über das Recht weiter zu verfügen. Die Probeeintragung faßt einen Vermerk, der zugleich Verzicht und Uebertragung mittheilt: Diese Hypothek ist infolge Verzichts vom 7. Januar 1910 als Grundschuld für den Bauer Heinrich Schmidt umgeschrieben am 7. Januar 1910. In den Fällen des § 1190 BGB.

und § 837 CPO. vollzieht sich aber die gesetzliche Uebertragung außerhalb des Grundbuchs durch den Abschluß des Vertrages oder die Pfändung und Ueberweisung.

Handelt es sich um eine Gesammthypothek, so gelten keine abweichenden Regeln; je nachdem die belasteten Grundstücke einem oder verschiedenen Eigenthümern gehören, wird die Hypothek von dem Eigenthümer allein oder den Eigenthümern gemeinschaftlich als Grundschuld erworben. §§ 1172, 1175 BGB. Eine Besonderheit gilt nur, wenn der Gläubiger der Gesammthypothek auf die Hypothek nur an einem der belasteten Grundstücke verzichtet. Der Verzicht bewirkt dann ein Erlöschen der Hypothek. Darüber s. näheres vorher S. 106 zu II.

Die entsprechende Anwendung der Bestimmungen auf einen Verzicht, welcher von einem Grundschuld- oder Rentenschuldgläubiger erklärt wird, unterliegt keinem Bedenken.

§ 76. Belastung einer Hypothek, Grundschuld, Rentenschuld mit einem Nießbrauch oder einem Pfandrechte.

I. Die rechtsgeschäftliche Begründung eines Nießbrauchs oder Pfandrechts an einer Hypothek, Grundschuld oder Rentenschuld erfolgt nach den für die Uebertragung des Rechts geltenden Vorschriften. §§ 1069, 1076, 1080, 1274, 1279, 1291 BGB. Die Erfordernisse der Begründung sind also danach verschieden, ob ein Brief ertheilt oder die Ertheilung eines Briefes ausgeschlossen ist. Das nähere darüber S. 219 f. Ein Pfandrecht an einer Hypothek, Grundschuld und Rentenschuld kann auch durch Pfändung begründet werden, vgl. darüber § 85.

Besteht an einer Hypothek, Grundschuld, Rentenschuld ein Pfandrecht, so ist die Bestellung noch anderer Pfandrechte an demselben Rechte durch Vertrag oder Pfändung zulässig. Die Forderung, zu deren Befriedigung das Pfandrecht dient, kann von dem bisherigen Gläubiger auf einen anderen Gläubiger übertragen, oder ihrerseits wieder mit einem Nießbrauch oder Pfandrechte belastet werden.

Besteht aber an einer Hypothek, Grundschuld, Rentenschuld ein Nießbrauch, so ist die Bestellung noch eines anderen Nießbrauchs an dem gleichen Rechte ausgeschlossen; ebenso darf der Nießbraucher sein Recht nicht auf einen Anderen übertragen. Die Uebertragung, Verpfändung, Pfändung des Nießbrauchs nur der Ausübung nach gewährt kein Recht am Nießbrauch selbst und kommt für den Grundbuchverkehr nicht in Frage, vgl. S. 178.

II. Die Eintragung des Pfandrechts oder des Nießbrauchs an der Hypothek, Grundschuld, Rentenschuld im Grundbuche stellt, wenn sie nachträglich erfolgt, eine Veränderung der ursprünglichen Eintragung dar und gehört in die Spalten 5—7 der dritten Abtheilung. Ein Nießbrauch an dem Rechte wird oft schon bei dessen erster Eintragung bestellt und wird dann in den in Spalte 4 gehörenden Vermerk mit aufgenommen.

Die Erfordernisse der Eintragung sind die gleichen, wie bei der Eintragung einer rechtsgeschäftlichen Uebertragung des Rechts. Es genügt die Bewilligung des Gläubigers der Hypothek, Grundschuld, Rentenschuld.

Der Eigenthümer des Grundstücks wird von der Eintragung nicht betroffen, seiner Bewilligung bedarf es also nicht. § 19 GBO. Ist über das Recht ein Brief ertheilt, so wird die Eintragungsbewilligung durch die Verpfändungserklärung des Gläubigers oder die Erklärung desselben, daß er den Nießbrauch bestelle, derartig ersetzt, daß der Grundbuchrichter anstelle dieser Erklärungen die Eintragungsbewilligung nicht verlangen darf. § 26 Abs. 2 GBO. Bei Rechten dagegen, über die ein Brief nicht ertheilt ist, kann der Grundbuchrichter stets die Bewilligung des Gläubigers fordern, er kann aber auch die bezeichneten Erklärungen für genügend ansehen. Die Sache liegt hier ebenso wie S. 220 f. zu II 2 u. III.

Der Gläubiger, welcher das Pfandrecht oder den Nießbrauch bestellt, braucht im Grundbuche nicht schon eingetragen zu sein, wenn er sein Gläubigerrecht in der S. 222 zu III 2 angegebenen Weise nachweist und er sich im Besitze des Briefes befindet. § 40 Abs. 2 GBO. In anderen Fällen kommt die Regel des § 40 Abs. 1 GBO. zur Anwendung.

III. Ausdrücklich zugelassen ist im Gesetze die Eintragung der Uebertragung oder Belastung der **Forderung**, für welche eine Hypothek, Grundschuld oder Rentenschuld als Pfand haftet. § 26 Abs. 2 GBO. Bei einem Nießbrauch kann ein entsprechender Fall nicht vorkommen. Wohl aber muß bei dem Nießbrauch, wie bei der Forderung die Eintragung einer Aenderung des Inhalts des Rechts, z. B. von Einschränkungen auf gewisse Bruchtheile des belasteten Rechts als zulässig angesehen werden. Die Eintragungen gehören als Veränderungen in die Spalten 5—7 der dritten Abtheilung.

Die Eintragung setzt die Bewilligung des Pfandgläubigers oder des Nießbrauchers voraus. Hinsichtlich der Forderung kann auch eine Abtretungserklärung genügen. Die Abtretung der Forderung regelt sich nach den allgemeinen Vorschriften der §§ 398 f. BGB. und hat nach § 401 BGB. den Uebergang des für die Forderung bestehenden Pfandrechts ohne weiteres zur Folge. Die Abtretungserklärung allein beweist deshalb schon die Unrichtigkeit des Grundbuchs. Das gleiche ist der Fall, wenn die Forderung kraft Gesetzes übertragen wird. § 412 BGB. Haben mehrere Abtretungen der Forderung oder Uebertragungen derselben kraft Gesetzes stattgefunden, ohne daß die Zwischeninhaber eingetragen worden sind, so kann nach dem Grundsatze des § 22 GBO. von der Eintragung der Zwischeninhaber abgesehen werden, wenn der seine Eintragung beantragende neue Gläubiger sein Gläubigerrecht durch eine auf den eingetragenen Gläubiger zurückführende, zusammenhängende Kette von, in den Formen des § 29 GBO. erklärten Uebertragungen und gegebenen Falles durch Vorlegung des Briefes (§ 402 BGB.) nachzuweisen vermag. Die Eintragungen im Grundbuche sind auf dem Briefe zu vermerken, wenn ein solcher ertheilt ist.

Die Löschung des Pfandrechts oder Nießbrauchs, mit dem eine Hypothek, Grundschuld, Rentenschuld belastet ist, darf nur mit Zustimmung desjenigen erfolgen, welchem die Hypothek, Grundschuld, Rentenschuld zusteht; dagegen ist für eine Löschung, die zur Berichtigung des Grundbuchs erfolgen soll, die Zustimmung nicht erforderlich, wenn die Unrichtigkeit nachgewiesen wird. § 27 Abs. 2 GBO. Diese Bestimmung ist nach der

Denkschrift zur GBO. zum Schutze des belasteten Gläubigers getroffen. Nach BGB. gilt nämlich das belastende Recht, wenn es mit dem belasteten Rechte in derselben Person zusammentrifft, als nicht erloschen, soweit derjenige, dem das belastete Recht zusteht, ein rechtliches Interesse an der Fortdauer des Pfandrechts oder Nießbrauchs hat. §§ 1063, 1068, 1256, 1273 BGB.

Dieser Möglichkeit wegen soll die nach der allgemeinen Vorschrift des § 19 GBO. sonst zur Löschung genügende abstrakte Löschungsbewilligung des Pfandgläubigers oder Nießbrauchers hier dazu nicht ausreichen; denn sie ergiebt nicht, ob nicht einer der gedachten Fälle der §§ 1063, 1256 BGB. vorliegt. Deshalb wird zur Löschung neben der Löschungsbewilligung auch noch die Zustimmung des belasteten Gläubigers erfordert.

Anders aber liegt der Fall, wenn die Löschung zur Berichtigung des Grundbuchs erfolgen soll, d. h. wenn die zur Begründung des Löschungsantrags beigebrachten Urkunden ergeben, daß das Pfandrecht oder der Nießbrauch außerhalb des Grundbuchs erloschen sind, ohne daß die Möglichkeit der Fortdauer des Pfandrechts oder Nießbrauchs nach §§ 1063, 1256 BGB. besteht. Dann reichen diese Urkunden — mögen sie eine Löschungsbewilligung des Pfandgläubigers oder Nießbrauchers enthalten oder nicht — aus, um den Löschungsantrag zu begründen; einer Zustimmung des belasteten Gläubigers bedarf es nicht. So genügt zur Löschung z. B. der durch die Sterbeurkunde erbrachte Nachweis vom Tode des Nießbrauchers, wenn nicht § 23 GBO. noch entgegensteht, § 1061 BGB., der Nachweis der Aufhebung des Pfandrechts oder Nießbrauchs durch die Vorlegung des Vertrages oder der Verzichterklärung, §§ 1062, 1255 BGB., oder der Nachweis des Erlöschens der Forderung, für die das Pfandrecht bestellt ist, durch Vorlegung der Quittung. § 1252 BGB.

Die gleichen Regeln müssen zur Anwendung kommen, wenn nur eine Theillöschung des Pfandrechts oder Nießbrauchs eingetragen werden soll.

IV. Ist das belastete Recht eine Gesammthypothek-, -grund- oder -rentenschuld, so ergreift die Belastung nothwendig das Gesammtrecht und muß auf allen Blättern der mitverhafteten Grundstücke gleichmäßig eingetragen werden. Während der Dauer der Belastung bedarf es zur Eintragung der Aufhebung des belasteten Rechts durch Rechtsgeschäft der Zustimmung des Gläubigers des belastenden Rechts; das gleiche muß für die Eintragung einer inhaltlichen Aenderung des belasteten Rechts gelten. §§ 876, 877, 1071, 1276 BGB. Zu anderen Veränderungen des belasteten Rechts dagegen, z. B. zu Uebertragungen ist dessen Gläubiger ohne Rücksicht auf das belastende Recht befugt. § 19 GBO.

§ 77. Uebertragung der Hypothek auf eine andere Forderung.

Das BGB. kennt die Einsetzung einer anderen Forderung an die Stelle der Forderung, für welche die Hypothek besteht. Die andere Forderung kann dem bisherigen Hypothekengläubiger oder einer anderen Person zustehen. § 1180 BGB. Im Grundbuche ist die Veränderung in den Spalten 5—7 der dritten Abtheilung einzutragen. In der Probeeintragung ist der Vermerk für den Fall, daß mit der neuen Forderung auch ein neuer Gläubiger eintritt, gefaßt: Umgeschrieben für die Landwirthschaftliche Kreditbank mit der Maßgabe, daß an die Stelle der bisherigen Forderung eine mit fünf vom Hundert jährlich seit dem 1. Oktober 1905 verzinsliche Darlehnsforderung gesetzt ist. Zur Eintragung ist die Bewilligung des bisherigen Hypothekengläubigers sowie des Eigenthümers des Grundstücks stets erforderlich; tritt ein neuer Gläubiger ein, so bedarf es dessen Bewilligung nicht, weil er von der Eintragung nicht betroffen wird. § 19 GBO.

Unbedenklich zulässig ist es, mehrere neue Forderungen an die Stelle der Forderung, für die die Hypothek besteht, oder an die Stelle nur eines Theiles der letzteren Forderung eine neue Forderung zu setzen.

War die bisherige Hypothek eine Briefhypothek, so kann die Ertheilung eines neuen Briefes beantragt werden, andernfalls wird die Eintragung der Rechtsänderung auf dem bisherigen Briefe vermerkt, eine damit verbundene Schuldurkunde abgetrennt und die etwa vorhandene Schuldurkunde über die neue Forderung mit dem Briefe verbunden. §§ 65 Abs. 2, 58 GBO. Wurde nur ein Theil der ursprünglichen Forderung durch die neue Forderung ersetzt, so wird auch dann nach den angezogenen Vorschriften die Bildung eines neuen Briefes verlangt werden dürfen; der alte Brief bleibt in dem Falle für den Rest der bisherigen Hypothek bestehen. Andernfalls wird die Veränderung auf dem bisherigen Briefe vermerkt. Ein neuer Brief muß immer gebildet werden, wenn die eintretende Forderung einem anderen Gläubiger zusteht als die ursprüngliche Forderung, denn einen gemeinschaftlichen Brief kennt § 66 GBO. nur für mehrere Hypotheken desselben Gläubigers. In der Form eines Theilhypothekenbriefes läßt sich die Veränderung darstellen nur, wenn zunächst die ursprüngliche Hypothekenforderung unter Bildung von Theilbriefen getheilt und dann anstelle eines Theiles die neue Forderung gesetzt wird.

Auf Grund- und Rentenschulden finden diese Vorschriften keine Anwendung.

§ 78. Umwandlung einer Hypothek, Grundschuld, Rentenschuld.

Neben der Verwandlung der Hypothek kraft Gesetzes in eine Grundschuld kennt das BGB. die rechtsgeschäftliche Umwandlung des einen Rechts in das andere und umgekehrt. Eine Sicherungshypothek kann in eine gewöhnliche Hypothek, eine gewöhnliche Hypothek in eine Sicherungshypothek; eine Hypothek kann in eine Grundschuld, eine Grundschuld in eine Hypothek; eine Rentenschuld kann in eine gewöhnliche Grundschuld, eine gewöhnliche Grundschuld in eine Rentenschuld umgewandelt werden. §§ 1186, 1198, 1203 BGB. Man wird aus diesen gesetzlichen Vorschriften entnehmen dürfen, daß die Umwandlung einer Sicherungshypothek in eine Grundschuld und umgekehrt oder die Umwandlung einer Rentenschuld in eine Hypothek oder sogar Sicherungshypothek und umgekehrt zulässig ist, ohne daß es zuvor einer Umwandlung in die Zwischenbildungen, dort der in eine gewöhnliche Hypothek, hier der in eine Grundschuld und gewöhnliche Hypothek bedarf. Eine andere Auffassung würde unnöthige

Kosten und überflüssige Schreiberei verursachen, zumal in jedem Falle die Umwandelung erst mit der Eintragung in das Grundbuch vollzogen sein würde. Böhm, Reichsgrundbuchrecht zu § 1186 BGB. Bei der Umwandelung eines anderen Rechtes in eine gewöhnliche Hypothek, Grundschuld oder Rentenschuld ist grundsätzlich ein Brief zu ertheilen, wenn nicht die Ertheilung ausdrücklich ausgeschlossen ist. §§ 1116, 1192 BGB.

Die Eintragung erfolgt als Veränderung bei dem Rechte und setzt die Bewilligung des Gläubigers des Rechtes, sowie des Eigenthümers des Grundstücks voraus, denn beide werden von der Eintragung betroffen. § 19 GBO. Ausdrücklich vorgeschrieben ist aber in den drei citirten §§, daß es der Bewilligung der im Range gleich- oder nachstehenden Berechtigten zur Eintragung der Umwandlung nicht bedarf. Das soll nur heißen, daß die Umwandlung an sich keine Beschränkung des im Range gleich- oder nachstehenden Rechtes bedeutet. Wird bei der Umwandlung auch der Umfang des Rechtes erweitert, z. B. der Zinssatz auf mehr als 5 vom Hundert erhöht, so ist die Bewilligung jener Berechtigten beizubringen. Die Umwandlung kann auch nur hinsichtlich eines Theiles des Rechtes vorgenommen werden. Die Umwandlung ist auf dem bisherigen Briefe zu vermerken; wird ein Recht in eine Grundschuld umgewandelt, so ist eine mit dem Briefe verbundene Schuldurkunde abzutrennen, umgekehrt kann eine Schuldurkunde mit dem Briefe verbunden werden, wenn ein Recht in eine Briefhypothek umgewandelt wird. Es kann auch die Ertheilung eines neuen Briefes beantragt werden. § 65 GBO. Bei der Umwandlung nur eines Theiles des Rechtes wird entweder ein ganz neuer Brief über das Theilrecht, oder aber ein Theilbrief des ursprünglichen Briefes gebildet werden müssen, der dann der Umwandlung entsprechend umzugestalten ist. Die Theilumwandlung auf dem ursprünglichen Briefe selbst zu vermerken, erscheint ausgeschlossen, weil dann der gemeinschaftliche Brief über Rechte verschiedener Art lauten würde, was unzulässig ist. § 66 GBO.

§ 79. Vertheilung einer Gesammthypothek auf die einzelnen verhafteten Grundstücke.

I. Besteht für eine Forderung eine Gesammthypothek, so ist der Gläubiger berechtigt, den Betrag der Forderung auf die einzelnen Grundstücke in der Weise zu vertheilen, daß jedes Grundstück nur für den zugetheilten Betrag haftet. § 1132 Abs. 2 BGB. Das BGB. wendet auf diese Vertheilung den § 875 BGB. an, sieht sie also als eine theilweise Aufhebung des Hypothekenrechts des Gläubigers an jedem der belasteten Grundstücke an. Zur Eintragung ins Grundbuch bedarf es der Bewilligung des Gläubigers, die etwa dahin zu fassen ist, er bewillige, daß das einzelne Grundstück nur noch für einen bestimmten Theilbetrag seiner Hypothek verhaftet sein solle und zum Restbetrage die Hypothek im Grundbuche gelöscht werde. Zur Löschung bedarf es der Zustimmung der Eigenthümer der betroffenen Grundstücke. § 27 GBO. Die Vertheilung wird erst durch die Eintragung der Löschung vollendet. Seitdem steht dem Gläubiger nur noch eine Summe einzelner Hypotheken zu. Der Vermerk der Mithaftung ist deshalb gleichfalls zu löschen. Eine Uebertragung des bei jedem Grundstück frei gewordenen Theiles der Hypothek als Grundschuld auf den Eigenthümer des Grundstücks findet nicht statt, vgl. § 1175 Abs. 1 Satz 2 BGB. Im Grundbuche ist die Vertheilung als Theillöschung einzutragen. Der Brief ist vorzulegen, für jedes Grundstück wird ein neuer Brief ertheilt. § 64 GBO. Die Vorschriften sind auch auf Grundschulden und Rentenschulden anwendbar.

II. Steht eine Gesammthypothek den Eigenthümern der belasteten Grundstücke gemeinschaftlich zu, so kann diese auf die einzelnen Grundstücke im Verhältnisse des Werths derselben vertheilt werden. § 1172 Abs. 2 BGB. Gedacht ist hier an die Fälle, in denen eine Hypothek ohne Veränderung ihres Charakters oder unter Verwandlung in eine Grundschuld kraft Gesetzes auf die Eigenthümer übertragen ist. Zur Umschreibung im Grundbuche bedarf es der Bewilligung der sämmtlichen Eigenthümer, die gemeinschaftlich Gläubiger des Rechtes sind, auch stets dessen, dessen Grundstück im einzelnen Falle entlastet werden soll. Daß die bewilligenden Eigenthümer sich zuvor eintragen lassen, kann der Grundbuchrichter nicht verlangen, wenn ein Brief ertheilt ist, vgl. S. 222 zu 2. Hinsichtlich der Neubildung der Briefe gilt § 64 GBO. Die Vertheilung ist im Grundbuche als Theillöschung zu buchen. Die Vorschriften finden auf Grundschulden und Rentenschulden Anwendung.

§ 80. Die Löschung einer Hypothek, Grundschuld, Rentenschuld.

Als Folge des Grundsatzes, daß in der Regel jede Hypothek für den Fall des Erlöschens oder der Abtrennung der Forderung als für den Eigenthümer bestellte Grundschuld gilt und dieser Grundsatz entsprechend auch für Grundschulden und Rentenschulden Anwendung findet, werden von der Löschung oder Theillöschung eines dieser Rechte im Grundbuche zugleich der Gläubiger und der Eigenthümer betroffen. § 19 GBO. Dieser Rechtslage entsprechend schreibt § 27 Abs. 1 GBO. vor: Eine Hypothek, Grundschuld, Rentenschuld darf nur mit Zustimmung des Eigenthümers gelöscht werden. Der Wortlaut der Vorschrift deutet an, daß die Zustimmung (Bewilligung) des Eigenthümers stets zur Löschung erforderlich sein soll, auch wenn der vorher angegebene Grundsatz im einzelnen Falle nicht zur Anwendung kommt, insbesondere auch dann, wenn dem Grundbuchrichter der Nachweis der Unrichtigkeit des Grundbuchs geführt wird. § 22 GBO.

Die Löschung kann das ganze Recht ergreifen, sie kann aber auch nur eine Theillöschung des Rechtes oder die Löschung einer Veränderung des Rechtes sein. Die Form der Löschung ist die Eintragung eines Löschungsvermerks oder Theillöschungsvermerks, § 47 GBO., welcher in die Spalten 9—11 oder 8 gehört, wenn er das Recht selbst oder nur eine Veränderung betrifft. Eine gelöschte Eintragung wird roth unterstrichen; bei Theillöschungen wird der gelöschte Theil in Spalte 3 von dem Betrage abgeschrieben. §§ 12, 13 Verf. Vgl. auch S. 45, 101. Die Löschung des Rechtes hat die Unbrauchbarmachung des Briefes zur Folge. § 69 GBO.

Elftes Kapitel.

Thätigkeit des Grundbuchrichters bei der Zwangsvollstreckung.

§ 81. Allgemeines. Schuldtitel.

I. Bei der Zwangsvollstreckung wegen Geldforderungen ist zur Vornahme gewisser Vollstreckungsmaßregeln eine Thätigkeit des Grundbuchrichters erforderlich. Er ist hierbei immer nur in seiner Eigenschaft als Grundbuchrichter thätig und niemals Vollstreckungsrichter. Die Zulässigkeit einer Eintragung in das Grundbuch hat er deshalb von dem Gesichtspunkte aus zu prüfen, ob sie nach den Regeln des Grundbuchrechts vorliegt. Einzelne Abweichungen von den allgemeinen Regeln sind durch die besonderen Vorschriften des Zwangsvollstreckungsrechts gegeben.

Zu unterscheiden ist die Zwangsvollstreckung in Grundstücke und diesen gleichstehende Gerechtigkeiten und die Zwangsvollstreckung in die im Grundbuche eingetragenen dinglichen Rechte.

In Thätigkeit gesetzt wird der Grundbuchrichter auf Antrag des Gläubigers oder auf Ersuchen einer Behörde, insbesondere des Vollstreckungsgerichts. Im letzteren Falle beschränkt sich seine Prüfungspflicht darauf, ob die allgemeinen Voraussetzungen des § 39 GBO., vgl. S. 80, vorliegen; eine weitere Prüfung des Ersuchens steht ihm nicht zu, wie ihm auch die das Ersuchen begründenden Entscheidungen oder Anordnungen in der Regel nicht vorgelegt zu werden brauchen. Im ersteren Falle hat er auch noch zu prüfen, ob der Antrag durch die vorgelegten Urkunden begründet wird. Wie im einzelnen noch anzugeben sein wird, hat die Eintragung bald die Bedeutung einer Berichtigung des Grundbuchs, bald die eines nothwendigen Erfordernisses zur Herbeiführung der Rechtsänderung. Danach bestimmt sich auch die Bedeutung der beiliegenden Urkunden; bald dienen sie nur zum Nachweise der Unrichtigkeit des Grundbuchs, bald zum Ersatz der Bewilligung des von der Eintragung Betroffenen. §§ 22, 19 GBO.

Die Urkunden, um die es sich handelt, sind meist Urtheile, Beschlüsse und andere Entscheidungen und Anordnungen von Gerichten oder Verwaltungsbehörden. Diese genügen als Grundlage für einen Akt der Zwangsvollstreckung nur, wenn sie in der Form der Ausfertigung vorliegen. Auch vor dem Grundbuchamte reicht deshalb die Form der öffentlichen Beglaubigung (§ 29 Satz 1 GBO.) nicht aus. Zweifelhaft ist aber, in welcher Form der Nachweis einer Sicherheitsleistung oder des Vorliegens einer anderen Voraussetzung der Zwangsvollstreckung, für welchen die CPO. jetzt auch eine nur öffentlich beglaubigte Urkunde genügen läßt, §§ 726, 731, 756 CPO., vor dem Grundbuchamte zu führen ist. Nach § 29 Satz 2 GBO. wird an der Form der öffentlichen Urkunde festzuhalten sein.

Inbezug auf die allgemeinen Voraussetzungen einer Eintragung gelten durchweg die gleichen Regeln, wie bei allen Eintragungen; dies gilt insbesondere für die Frage, ob der Schuldner im Grundbuche eingetragen sein muß oder nicht und, für den Inhalt des Antrags, der insbesondere hier das Grundstück genau anzugeben hat, da es in dem beiliegenden Schuldtitel oft nicht genannt ist, aber stets privatschriftlich gestellt sein kann. Als Besonderheit ist nur zu beachten, daß während der Dauer des Konkursverfahrens zu Gunsten einzelner Konkursgläubiger in Ansehung der zur Konkursmasse gehörigen Grundstücke oder der für den Gemeinschuldner eingetragenen Rechte Eintragungen im Wege der Zwangsvollstreckung oder zur Vollziehung von Arresten sowie von Vormerkungen aus einstweiligen Verfügungen verboten und nichtig sind. § 14 KO. Das Verbot gilt aber nur gegen Konkursgläubiger, nicht gegen andere Personen z. B. Aus- oder Absonderungsberechtigte.

II. Der Beginn der Zwangsvollstreckung setzt einen vollstreckbaren Schuldtitel voraus. Es sind dies die folgenden. Dabei ist anzugeben, welche Voraussetzungen vorliegen müssen, ehe der Grundbuchrichter auf Grund des Schuldtitels die Zwangsvollstreckungsmaßregel vornehmen darf.

1. Die Endurtheile deutscher Gerichte, welche rechtskräftig oder für vorläufig vollstreckbar erklärt sind. Dahin gehören auch die Vollstreckungsurtheile, welche die Zulässigkeit der Zwangsvollstreckung aus einem ausländischen Urtheile oder einem Schiedsspruche (§§ 722, 723, 1042 CPO.) aussprechen. Als Endurtheile gelten hinsichtlich der Zwangsvollstreckung die im Urkunden- und Wechselprozeß unter Vorbehalt der Rechte und die unter Vorbehalt der Entscheidung über die Aufrechnung ergangenen Urtheile. §§ 302 Abs. 2, 519 CPO.

Einen Akt der Zwangsvollstreckung darf der Grundbuchrichter aus einem Urtheile nur vornehmen, wenn er vorher geprüft hat,

a) ob die ihm vorzulegende Ausfertigung des Urtheils mit der Vollstreckungsklausel versehen ist. Sie ist stets auch neben dem Rechtskraftatteste nöthig und entweder vom Gerichtsschreiber selbständig oder auf Anordnung des Vorsitzenden des Prozeßgerichts zu ertheilen; letzteren Falls ist die Anordnung in der Klausel zu erwähnen. §§ 724, 730, 731 CPO. Eine Nachprüfung der Rechtmäßigkeit der ertheilten Vollstreckungsklausel steht dem Grundbuchrichter nicht zu. Das Vorhandensein der Klausel überhebt ihn auch der Prüfung, ob die Thatsache eingetreten ist, wenn die Vollstreckung des Urtheils seinem Inhalte nach von dem vom Gläubiger zu beweisenden Eintritte einer anderen Thatsache, als einer ihm obliegenden Sicherheitsleistung abhängt. Denn die Vollstreckungsklausel durfte nur nach Führung des Beweises vom Eintritte der Thatsache ertheilt werden. § 726 Abs. 1 CPO. Dem Grundbuchrichter liegt aber trotz der schon vorhandenen Vollstreckungsklausel noch eine selbständige Prüfung in folgenden Fällen ob:

α) Ist die Geltendmachung des Anspruchs von dem Eintritte eines Kalendertages abhängig, so muß der Tag schon abgelaufen sein, ehe der Richter einen Vollstreckungsakt vornehmen darf. § 751 Abs. 1 CPO.

β) Hängt die Vollstreckung von einer dem Gläubiger obliegenden Sicherheitsleistung ab, so muß dem Richter, bevor er einen Vollstreckungsakt vornehmen darf, nachgewiesen sein, daß die Sicherheit geleistet sei. Vgl. vorher unter I. § 751 Abs. 2 CPO.

γ) Soll gegen eine aktive Militärperson des Heeres oder der Marine vollstreckt werden, so muß dem Richter durch Vorlegung der von der Militärbehörde ertheilten Bescheinigung nachgewiesen sein, daß diese die vorgeschriebene Anzeige erhalten hat. § 752 CPO.

δ) Hängt die Vollstreckung von einer Zug um Zug zu bewirkenden Leistung des Gläubigers an den Schuldner ab, so wird die Vollstreckungsklausel in der Regel ertheilt, ohne daß vorher geprüft wird, ob schon der Gläubiger den Schuldner befriedigt, oder in Annahmeverzug versetzt hat. Die Vollstreckung selbst darf aber erst beginnen, wenn dies schon geschehen ist. Der Beweis, daß es geschehen sei, kann im Grundbuchverkehr nicht anders als durch öffentliche Urkunden geführt werden, s. vorher zu I. §§ 756, 765 CPO. Nur in einem Falle bedarf es keines anderen Nachweises für den Grundbuchrichter, als des Vorhandenseins der Vollstreckungsklausel. Besteht nämlich die dem Schuldner Zug um Zug obliegende Leistung lediglich in der Abgabe einer Willenserklärung — z. B. einer Eintragungsbewilligung —, so muß zunächst die Befriedigung des Schuldners durch den Gläubiger, oder seine Versetzung in Annahmeverzug nachgewiesen sein, ehe die Vollstreckungsklausel ertheilt werden darf. Die Vorlegung der Vollstreckungsklausel überhebt deshalb in diesem Falle den Grundbuchrichter jeder weiteren Prüfung. § 726 Abs. 2 CPO.

b) Ob die Zustellung richtig erfolgt ist. Vor Beginn der Vollstreckung muß das Urtheil zugestellt sein, oder gleichzeitig zugestellt werden. Im Grundbuchverkehr wird nur die erstere Möglichkeit inbetracht kommen. § 750 Abs. 1 CPO. Die Vollstreckungsklausel bedarf in der Regel keiner vorgängigen Zustellung; nur dann muß sie vor Beginn der Vollstreckung zugestellt sein, wenn für oder gegen eine andere Person vollstreckt werden soll, als im Urtheil benannt ist, oder wenn sie ertheilt ist erst, nachdem der Gläubiger den Eintritt der Thatsache, von der die Vollstreckung abhing, nachgewiesen hat. § 750 Abs. 2 CPO. Zugestellt sein vor Beginn der Vollstreckung müssen schließlich die Urkunden, die Voraussetzung des Nachweises zur Ertheilung der Vollstreckungsklausel oder des Beginns der Zwangsvollstreckung sind. §§ 750 Abs. 2, 751, 756 CPO.

Die Zustellung erfolgt an den im Urtheil genannten Prozeßbevollmächtigten; wo ein solcher fehlt, oder wenn sein Aufenthalt unbekannt ist, mit Einwilligung des Prozeßgerichts, an den Zustellungsbevollmächtigten oder den Gegner selbst. §§ 171 f., 176, 177 CPO. Soll in den Fällen, in denen nicht dem Prozeßbevollmächtigten zuzustellen ist, die Vollstreckung gegen eine andere, als die im Urtheil genannte Person vorgenommen werden, so bedarf es einer Wiederholung der bereits an den im Urtheil benannten Schuldner erfolgten Zustellung nicht. Nur die Zustellung der Vollstreckungsklausel und der schon genannten Urkunden ist an die anderen Personen erforderlich.

c) Für und gegen welche Personen die Vollstreckung stattfinden darf. Die Personen, für und gegen welche sie stattfinden soll, müssen im Urtheil oder in der Vollstreckungsklausel namentlich bezeichnet sein. § 750 Abs. 1 CPO. In der Regel sind dies die schon im Urtheil bezeichneten Personen; in der Klausel können aber auch andere Personen benannt sein. Es beruht dies darauf, daß das Urtheil unter bestimmten Voraussetzungen auch Wirksamkeit für und gegen andere Personen hat; so für und gegen die Rechtsnachfolger des im Urtheile bezeichneten Gläubigers oder Schuldners; bei dinglichen Klagen für und gegen die Person, auf welche die im Streit befangene Sache übergegangen ist; für und gegen den Nacherben, wenn das Urtheil gegenüber dem Vorerben, für und gegen den Erben, wenn es gegenüber dem Testamentsvollstrecker ergangen ist; gegen den Uebernehmer eines ganzen Vermögens durch Vertrag und gegen den Erwerber eines Handelsgeschäfts unter Lebenden, wenn die Schuld gegen den Veräußerer rechtskräftig festgestellt war. §§ 727—729 CPO. Die Vollstreckungsklausel kann ertheilt sein gegen den Nießbraucher an einem Vermögen oder einer Erbschaft hinsichtlich der dem Nießbrauche unterliegenden Gegenstände, wenn sein Recht erst nach der rechtskräftigen Feststellung der Schuld des Bestellers oder Erblassers entstanden ist, anderenfalls müßte er selbst zur Duldung der Zwangsvollstreckung verurtheilt sein, §§ 737, 738 CPO.; für oder gegen den Ehemann, wenn bei Eintritt des Güterstandes der Verwaltungs-, Errungenschafts-, Fahrnißgemeinschaft oder allgemeinen Gütergemeinschaft der Rechtsstreit für oder gegen die Ehefrau anhängig war und demnächst in Ansehung des eingebrachten Vermögens oder Gesammtguts vollstreckt werden soll, § 742 CPO.; umgekehrt gegen die Ehefrau, wenn das Urtheil gegen diese vollstreckt werden soll nach Beendigung der allgemeinen Gütergemeinschaft, der Fahrniß- oder Errungenschaftsgemeinschaft, nachdem der Rechtsstreit von dem Ehemann in Ansehung des Gesammtgutes anhängig gemacht war. § 744 CPO. Aehnlich liegt der Fall, wenn nach Beendigung der fortgesetzten Gütergemeinschaft vollstreckt werden soll, nachdem der Rechtsstreit während des Bestehens derselben gegen den überlebenden Ehegatten anhängig gemacht war. § 745 Abs. 2 CPO. Die Klausel kann schließlich für oder gegen den Testamentsvollstrecker ertheilt sein, wenn das Urtheil für oder gegen den Erblasser ergangen war. § 749 CPO.

d) Soll wegen Geldforderungen gegen den Fiskus, eine Körperschaft, Stiftung oder Anstalt des öffentlichen Rechts oder eine unter der

Verwaltung einer öffentlichen Behörde stehende Körperschaft oder Stiftung — und dazu gehören auch die kirchlichen Gemeinden und Anstalten — vollstreckt werden, so ist dem Grundbuchrichter, soweit er auf Antrag des Gläubigers thätig wird, als besondere Voraussetzung der Zwangsvollstreckung auch die Zustimmung der Regierung, des Kreis- oder Bezirksausschusses oder des Justizministers vorzulegen, welche ergiebt, ob und inwieweit die Zwangsvollstreckung gegen die Korporation oder Stiftung zulässig ist. § 15 Z. 3 EG. z. CPO., Anh. § 153 zu § 45 AGO. I 24. Wird der Grundbuchrichter auf Ersuchen einer Behörde thätig, so hat die ersuchende Behörde jene Voraussetznng der Zwangsvollstreckung selbständig zu beobachten.

2. Die in § 794 CPO. aufgezählten vollstreckbaren Urkunden, für welche die zu 1 genannten Regeln gelten, bis auf die nachher genannten besonderen Ausnahmen und folgende allgemeine Ausnahme: Soweit bei Urtheilen die Verurtheilung eines Betheiligten zur Duldung der Zwangsvollstreckung erforderlich ist, wird sie bei den hier erwähnten Schuldtiteln dadurch ersetzt, daß der Betheiligte in einer gerichtlichen oder notariellen Urkunde die sofortige Zwangsvollstreckung in die seinem Rechte unterworfenen Gegenstände bewilligt. § 794 Abs. 2, vgl. §§ 737, 739, 743, 745 Abs. 2, 748 Abs. 2 CPO.

Die Schuldtitel sind folgende:

a) Vergleiche, die nach Erhebung der Klage zur Beilegung des Rechtsstreits vor einem deutschen Gerichte abgeschlossen sind.

b) Vergleiche, welche vor einem Amtsgericht zum Zwecke eines Sühneversuchs abgeschlossen sind. Vgl. § 510 CPO.

c) Entscheidungen, welche mit dem Rechtsmittel der einfachen oder sofortigen Beschwerde anfechtbar sind; es sind dies entweder Urtheile über einen Zwischenstreit oder Beschlüsse. Hierher gehören Entscheidungen z. B. nach §§ 102, 103, 124, 125, 127, 380, 390, 409, 619 CPO., vor allem aber die Kostenfestsetzungsbeschlüsse nach § 105 CPO., bezüglich welcher die Besonderheit gilt, daß der Schuldtitel mindestens einen Tag vor dem Beginn der Zwangsvollstreckung zugestellt sein muß. § 798 CPO.

d) Vollstreckungsbefehle im Mahnverfahren. § 700 CPO. Diese bedürfen einer Vollstreckungsklausel nur, wenn die Zwangsvollstreckung für oder gegen andere als die im Befehl bezeichneten Personen erfolgen soll. § 796 CPO. Die Zwangseintragung einer Sicherungshypothek findet auf Grund eines Vollstreckungsbefehls nicht statt. § 866.

e) Gerichtlich oder notariell aufgenommene Urkunden über Ansprüche auf Zahlung einer bestimmten Geldsumme, in denen sich der Schuldner der sofortigen Zwangsvollstreckung unterworfen hat. Als Anspruch auf Zahlung einer bestimmten Geldsumme gilt auch der Anspruch aus einer Hypothek, Grundschuld oder Rentenschuld. Der Eigenthümer eines Grundstücks kann sich in Ansehung einer darauf lastenden Hypothek, Grundschuld, Rentenschuld der sofortigen Zwangsvollstreckung in der Weise unterworfen haben, daß sie gegen den jeweiligen Eigenthümer zulässig sein soll. In diesem Falle setzt die Vollstreckung gegen einen späteren Eigenthümer voraus, daß die Unterwerfung unter die sofortige Zwangsvollstreckung im Grundbuche eingetragen steht. § 800 CPO. Die Eintragung erfolgt nach den allgemeinen Regeln schon gleich bei Eintragung des Rechts selber, oder auch später als Veränderung des Rechts. In der Probeeintragung der Verf. ist die Wendung gebraucht: Die Eigenthümer haben sich der sofortigen Zwangsvollstreckung in der Weise unterworfen, daß sie gegen den jeweiligen Eigenthümer zulässig sein soll. Die Vollstreckung setzt eine mit Vollstreckungsklausel versehene Ausfertigung der Urkunde voraus, welche vom Gericht, Notar oder, wenn sich die notarielle Urkunde schon in der Verwahrung einer Behörde befindet, von dieser ertheilt wird. § 797. Die Vollstreckung darf erst beginnen, wenn der Schuldtitel mindestens einen Tag vorher zugestellt ist. § 798.

3. Die vom Konkursgericht ertheilte Ausfertigung der Eintragung in die Konkurstabelle; aus dieser können die nicht befriedigten Gläubiger, deren Forderungen festgestellt und nicht von dem Gemeinschuldner im Prüfungstermin ausdrücklich bestritten sind, nach Aufhebung oder Einstellung des Konkursverfahrens die Zwangsvollstreckung gegen den Schuldner nach §§ 724—793 CPO. betreiben. §§ 164, 206, 144, 145 KO.

4. Die vom Konkursgericht ertheilte Ausfertigung des rechtskräftig bestätigten Zwangsvergleichs. § 194 KO. Die Zwangsvollstreckung erfolgt unter entsprechender Anwendung der §§ 724—793 CPO.

5. Die vollstreckbare Ausfertigung der vom Konkursgericht erlassenen Entscheidung, nach welcher eine Vorschuß-, Zusatz- oder Nachschußberechnung über die von den Mitgliedern einer eingetragenen Genossenschaft im Falle des Konkurses zur Deckung des Fehlbetrages der Bilanz zu leistenden Beiträge für vollstreckbar erklärt ist. Der Entscheidung muß ein Auszug aus der Berechnung in Ausfertigung beiliegen. §§ 109, 106, 113, 114 Gen. Ges. in der Fassung v. 20. Mai 1898. Die Zwangsvollstreckung gegen den Genossen erfolgt nach der CPO.

6. Die die Vollstreckung einer Geldstrafe aussprechende Entscheidung des Vorstandes der Anwaltskammer und die die Kosten festsetzende Verfügung derselben Behörde. Die Vollstreckung betreibt der Schriftführer auf Grund einer von ihm ertheilten mit Bescheinigung der Vollstreckbarkeit versehenen beglaubigten Abschrift der Entscheidungsformel nach den Vorschriften der CPO., § 97 RAO. v. 1. Juli 1878.

7. Rechtskräftige oder für vorläufig vollstreckbar erklärte Endurtheile der Gewerbegerichte und vor dem Gerichte nach Erhebung der Klage geschlossene Vergleiche. Die Zwangsvollstreckung erfolgt nach den Vorschriften der CPO. Die beim Mangel eines Gewerbegerichts vor dem Gemeindevorsteher geschlossenen Vergleiche oder die von ihm erlassenen vollstreckbaren Entscheidungen können auf sein Ersuchen durch die Ortspolizeibehörde nach den Vorschriften über das Verwaltungszwangsverfahren vollstreckt werden. §§ 56, 73 RGes. v. 29. Juli 1890 betr. die Gewerbegerichte.

8. Die Entscheidung des Strafgerichts, welche eine durch Pfand geleistete Sicherheit zur Verschonung eines Beschuldigten von der Untersuchungshaft als der Staatskasse verfallen erklärt. Die Entscheidung wirkt

gegen Diejenigen, welche Sicherheit geleistet haben, wie ein Endurtheil des Civilrichters. § 122 StPO.

9. Die Entscheidung des Strafgerichts, welche eine Vermögensstrafe oder eine Buße festsetzt. Die Vollstreckung erfolgt nach den Vorschriften über die Vollstreckung der Urtheile der Civilgerichte. § 495 StPO. Antragsberechtigt ist wegen Geldstrafen: die Strafvollstreckungsbehörde, welche zu ermessen hat, ob neben der Zwangsvollstreckung in bewegliche körperliche Sachen überhaupt noch eine andere Art der Zwangsvollstreckung versucht werden soll. § 43 Z. 9 der Kassen-Ordn. v. 31. März 1900. Wegen Vollstreckung einer Buße ist antragsberechtigt der Privat- oder Nebenkläger. Vorzulegen ist eine mit der Bescheinigung der Vollstreckbarkeit versehene beglaubigte Abschrift der Urtheilsformel. Löwe, Anm. 3 zu § 495 StPO. vgl. dagegen RG. Bd. 1 S. 233.

10. Die Entscheidung des Strafgerichts, nach welcher zur Deckung der einen abwesenden Angeschuldigten möglicherweise treffenden höchsten Geldstrafe und der Kosten des Verfahrens einzelne Vermögensstücke des Angeschuldigten mit Beschlag belegt sind. Die Entscheidung hat die Wirkung eines dinglichen Arrestes; die Vollziehung erfolgt nach den Vorschriften der Vollziehung von Arresten auf Antrag der Strafvollstreckungsbehörde unter Beifügung einer mit der Bescheinigung der Vollstreckbarkeit versehenen beglaubigten Abschrift der Formel der Entscheidung. § 325 StPO.

11. Die durch rechtskräftigen Beschluß bestätigte vorgängige Vereinbarung oder Auseinandersetzung in Ansehung eines Nachlasses oder eines ehelichen Gesammtguts. Auf die Zwangsvollstreckung finden die Vorschriften der §§ 795—797 CPO. Anwendung. §§ 98, 99 FG.

12. Die rechtskräftig vom Amtsgericht bestätigte Dispache. § 158 Abs. 2 FG. Die Zwangsvollstreckung erfolgt nach den Vorschriften der CPO.

13. Die vollstreckbare Ausfertigung des Beschlusses, durch welchen der Zuschlag in einem Zwangsversteigerungsverfahren ertheilt ist zur Vollstreckung der Kaufgeldforderung gegen den nicht zahlenden Ersteher und die Mitverhafteten. In der Vollstreckungsklausel ist der Berechtigte sowie der Betrag seiner Forderung anzugeben; der Zustellung einer Urkunde, daß ihm die Forderung auf das Kaufgeld übertragen sei, bedarf es nicht. § 132 ZVG.

14. Die Beschlüsse eines ordentlichen Gerichts, wodurch gegen eine Person Ordnungsstrafen festgesetzt sind, § 33 FG., z. B. des Vormundschaftsrichters nach § 1837 BGB, des Registerrichters in Handelssachen nach §§ 132—140 FG., des Nachlaßrichters nach § 83 FG., des Prozeßgerichts nach § 181 GVG. im Falle einer Ungebühr. Die Ansicht des Kammergerichts (Entsch. Bd. XIII S. 130), daß die Beitreibung im Verwaltungszwangsverfahren erfolge, scheint dem § 14 A.CPO. zu widersprechen. Die Vollstreckung erfolgt vielmehr unter entsprechender Anwendung des § 495 StPO., vgl. vorher unter 9. Strafvollstreckungsbehörde ist das die Strafe festsetzende Gericht. Vgl. Jastrow, Rechtsgrundsätze S. 207.

An landesrechtlichen Schuldtiteln sind zu erwähnen

15. Die vom Schiedsmann — oder in den Fällen der §§ 726 und

727 CPO. auf Anordnung des zuständigen Amtsgerichts — ertheilten Ausfertigungen der vor dem Schiedsmann geschlossenen Vergleiche. § 32 Schiedsm.O. v. 29. März 1879, Art. 3 A. zur Civilprozeßnovelle. Ueber den nothwendigen Inhalt des Vergleichs vgl. § 25 SchO. und RG. bei Gruchot Bd. 32 S. 1103. Die Vorschriften der CPO. über die Zwangsvollstreckung aus notariellen Urkunden finden entsprechende Anwendung.

16. Die vor den Vergleichskammern der Kgl. Gewerbegerichte der Rheinprovinz geschlossenen Vergleiche. § 10 Abs. 7 G. v. 11. Juli 1891. Der § 56 RGes. v. 29. Juli 1890 findet Anwendung, vgl. vorher Nr. 7.

17. Die Ausfertigungen der Erkenntnisse und Beschlüsse der Rheinschifffahrtsgerichte; sind sie von einem deutschen Gerichte ergangen, so wird nach Maßgabe des § 161 GVG. nach Vorschrift der CPO. vollstreckt; sind sie von einem außerdeutschen Gerichte ergangen, so wird auf Grund einer vom Oberlandesgericht in Cöln kostenfrei ertheilten Vollstreckungsklausel vollstreckt. § 12 Ges. v. 8. März 1879.

18. Die Ausfertigungen der Entscheidungen der Elbzollgerichte; elbzollgerichtliche Entscheidungen deutscher Gerichte werden nach Vorschrift der CPO. nach Maßgabe des § 161 GVG. vollstreckt, solche außerdeutscher Gerichte bedürfen einer Vollstreckungsklausel, welche jedes Landgericht ertheilen kann, zu dessen Bezirk ein Elbzollgericht gehört. § 9 Ges. v. 9. März 1879.

19. Die vollstreckbare Ausfertigung eines im Auseinandersetzungsverfahren ergangenen Urtheils oder anderer in diesem Verfahren errichteten Urkunden, aus denen die Zwangsvollstreckung stattfindet. Sie wird ausschließlich von der Generalkommission (Regierung) ertheilt. Die Vollstreckungsklausel ist von dem Vorsitzenden der Behörde zu unterschreiben und mit deren Siegel zu versehen. Als Vollstreckungsgerichte sind die in der CPO. bezeichneten ordentlichen Gerichte zuständig. §§ 84, 85, 89 Ges. v. 18. Febr. 1880 in der Fassung der Bekanntmachung vom 10. Okt. 1899. Eine Ausnahme regelt § 86 Ges. für die Beitreibung von Geldforderungen, deren Einziehung zur Ausführung einer Auseinandersetzung oder zur Ausgleichung unter den dabei Betheitigten erforderlich ist; diese erfolgt im Wege des Verwaltungszwangsverfahrens; Vollstreckungsbehörde ist die Generalkommission (Regierung).

20. Die in Sachen der freiwilligen Gerichtsbarkeit erlassenen gerichtlichen Kostenfestsetzungsbeschlüsse. Art. 14 A.FG. Die Zwangsvollstreckung findet nach den Vorschriften der CPO. statt.

21. Die von der Verwaltungsbehörde abgefaßten motivirten Beschlüsse über die Defekte an öffentlichem oder privatem Vermögen, welche bei öffentlichen Kassen oder anderen öffentlichen Verwaltungen entdeckt sind. Der Beschluß ist vollstreckbar, wenn er von einer Zentral- oder Provinzialbehörde ausgeht, sonst erst, wenn er von einer solchen Behörde genehmigt ist. Die Behörde kann das Gericht um Vornahme von Vollstreckungsmaßregeln ersuchen, V. v. 24. Januar 1844 §§ 1 f., 14; V. v. 23. Sept. 1867 § 1 Nr. 8, welche jene V. in den neuen Landestheilen einführt. Nach Art. 91 EG. kann nur noch die Eintragung einer Hypothek verlangt werden, welche als Sicherungshypothek einzutragen ist.

22. Entscheidungen und Anordnungen von Verwaltungsbehörden — vgl. nachher § 84.

23. Die unter Umständen auf Anordnung des Amtsgerichts ertheilten vollstreckbaren Ausfertigungen der von einem zum Richteramte befähigten Beamten einer öffentlichen landschaftlichen Kreditanstalt aufgenommenen Urkunden. §§ 2, 10 Ges. v. 3. August 1897 und Art. 5 A.CPO.Novelle.

Thätigkeit des Grundbuchrichters bei der Zwangsvollstreckung in Grundstücke.

§ 82. I. Bei der Zwangseintragung.

I. Die Eintragung einer Sicherungshypothek für die Forderung ist eine Art der Zwangsvollstreckung in Grundstücke wegen Geldforderungen. Ihr unterliegen neben Grundstücken die diesen gleichstehenden Gerechtigkeiten; auf letztere finden die nachfolgenden Sätze sämmtlich entsprechende Anwendung. In den Bruchtheil eines Grundstücks ist die Zwangsvollstreckung nur zulässig, wenn der Bruchtheil in dem Antheil eines Miteigenthümers besteht, oder sich der Anspruch des Gläubigers auf ein Recht gründet, mit welchem der Bruchtheil als solcher belastet ist. Dieser Fall liegt vor, wenn ein Miteigenthum nicht mehr besteht, aber ein früherer Miteigenthümer den Bruchtheil besonders belastet hatte. §§ 864, 865, 870 CPO. Die Zwangseintragung kann verlangt werden, auch wenn daneben bereits eine andere Art der Zwangsvollstreckung in das Grundstück betrieben wird. Ganz ausgeschlossen ist die Eintragung einer Sicherungshypothek auf Grund eines Vollstreckungsbefehls im Mahnverfahren. Danach ist aus einem solchen Schuldtitel auch die Eintragung einer Vormerkung untersagt, denn aus § 866 CPO. ist die Eintragung einer solchen überhaupt nicht für zulässig anzusehen. Ausgeschlossen ist ferner die Eintragung einer Sicherungshypothek für eine Forderung, welche den Betrag von 300 Mk. nicht übersteigt. § 866 CPO. Ob dies der Fall ist, bestimmt sich nach den §§ 4, 5 CPO. Danach ist für den Werth die Hauptforderung entscheidend; Zinsen und Kosten bleiben unberücksichtigt, wenn sie als Nebenforderungen geltend gemacht sind. Mehrere Ansprüche werden zusammengerechnet; jedoch nicht der Gegenstand der Klage und der Widerklage.

II. Die Eintragung setzt den Antrag des Gläubigers voraus. Der vollstreckbare Titel ist dem Antrage beizufügen, ebenso alle die Urkunden, welche zu dem Nachweise erforderlich sind, daß die Zwangsvollstreckung beginnen könne. Sind die Voraussetzungen erfüllt, so verfügt der Richter die Eintragung. Mit der Eintragung entsteht die Hypothek, auf welche alle Regeln von Sicherungshypotheken zur Anwendung kommen. Die Hypothek muß also im Grundbuche als Sicherungshypothek bezeichnet werden; ein Hypothekenbrief wird nicht gebildet. Die Eintragung muß aber auf dem vollstreckbaren Titel vermerkt werden. Eingetragen wird die Forderung mit den Zinsen, wie der Schuldtitel sie ergiebt, doch muß Anfangstag und Zinsfuß feststehen, weil sonst die Höhe der Belastung des Grundstücks nicht erkennbar ist. Die dem Schuldner zur Last fallenden Kosten der Eintragung selber bedürfen nicht der Eintragung, weil für sie ohnehin das Grundstück haftet. § 867 CPO. Die Kosten des Rechtsstreits können nur auf Grund eines ihren Betrag angebenden Kostenfestsetzungsbeschlusses eingetragen werden, wenn nicht der Betrag der Kosten schon in dem Urtheile festgesetzt ist. § 103 CPO. In letzterem Falle werden die Kosten als Nebenforderungen gelten müssen, die bei der Berechnung des Werths des Streitgegenstandes nicht mitzurechnen sind. § 4 CPO. Im ersteren Falle sind sie wohl eine besondere Hauptforderung, die nur eingetragen werden kann, wenn sie 300 Mk. übersteigt. Die Kosten der Zwangsvollstreckung selbst können auch ohne Festsetzung eingetragen werden und sind stets als Nebenforderung anzusehen. § 788 CPO. Aus Vollstreckungsurtheilen für ausländische Urtheile ist die Eintragung nur vorzunehmen, wenn die einzutragenden Geldbeträge in Reichswährung angegeben sind. § 28 GBO.

Sollen mehrere Grundstücke des Schuldners mit der Hypothek belastet werden, so darf die Eintragung nur in der Weise geschehen, daß der Betrag der Forderung auf die einzelnen Grundstücke vertheilt wird. Maßgebend für die Größe der Theile ist allein die Bestimmung des Gläubigers, welche er nach seiner Willkür treffen kann. In diesem Falle darf auf das einzelne Grundstück ein Betrag von weniger als 300 Mk. eingetragen werden.

Die eingetragene Sicherungshypothek kann ebenso wie jede andere Sicherungshypothek Veränderungen erfahren oder gelöscht werden. Sie geht, wie jene, auf den Eigenthümer des Grundstücks kraft Gesetzes über, wenn die Forderung wegfällt. Doch gilt hier noch die Besonderheit, daß auch der Wegfall der Vollstreckbarkeit schon diese Wirkung hat. § 868 CPO. bestimmt: Wird durch eine vollstreckbare Entscheidung die zu vollstreckende Entscheidung oder ihre vorläufige Vollstreckbarkeit aufgehoben, oder die Zwangsvollstreckung für unzulässig erklärt, oder deren Einstellung angeordnet, so erwirbt der Eigenthümer die Hypothek. Das Gleiche gilt, wenn durch eine gerichtliche Entscheidung die einstweilige Einstellung der Vollstreckung und zugleich die Aufhebung der erfolgten Vollstreckungsmaßregeln angeordnet wird, oder wenn die zur Abwendung der Vollstreckung nachgelassene Sicherheitsleistung oder Hinterlegung erfolgt. In allen diesen Fällen tritt der Erwerb der Hypothek für den Eigenthümer des Grundstücks schon kraft Gesetzes mit dem Erlasse der Entscheidung und für den letztgedachten Fall schon mit der Hinterlegung oder Sicherheitsleistung ein.

§ 83. II. Bei der Zwangsversteigerung.

Die Thätigkeit des Grundbuchrichters bei der Zwangsversteigerung eines Grundstücks beschränkt sich auf folgendes.

I. Bei Beginn des Verfahrens. Der Grundbuchrichter hat auf Antrag dem betreibenden Gläubiger ein Zeugniß darüber auszustellen, daß der Schuldner als Eigenthümer des Grundstücks eingetragen ist. § 17 ZVG. Der Gläubiger wird dem Richter durch Vorlegung des Schuldtitels ausreichend nachweisen, daß er ein berechtigtes Interesse an der Kenntniß der Grundbucheintragung hat. § 11 GBO. Ergeht nach Anordnung der Zwangsversteigerung vom Vollstreckungsgericht das Ersuchen um Eintragung der Anordnung, so hat der Grundbuchrichter dem Ersuchen nach Maßgabe der S. 80 besprochenen Grundsätze ohne Verzug Folge zu geben. Die Frage, ob der Eintragung Anstände entgegenstehen, ist nach den Regeln nur des Grundbuchrechts zu entscheiden. Ergeben sich Anstände, so hat der Grundbuchrichter davon dem Vollstreckungsgericht schleunige Mittheilung zu machen. Andernfalls verfügt er zugleich mit der Eintragung und der Nachricht von der Eintragung die Anfertigung und Uebersendung der in § 19 Abs. 2 ZVG. bezeichneten Mittheilungen an das ersuchende Gericht. Das sind zunächst eine beglaubigte Abschrift des Grundbuchblattes und der Urkunden, auf welche in einer Eintragung Bezug genommen ist; ferner eine Benachrichtigung darüber, was bei dem Grundbuch über Wohnort und Wohnung der eingetragenen Betheiligten und deren Vertreter, insbesondere auch ihrer Zustellungsbevollmächtigten (§ 5 Ges.), bekannt ist. Die beglaubigte Abschrift des Grundbuchblattes muß immer ertheilt werden; die Abschrift der Urkunden kann aber durch Uebersendung der Urkunden selbst oder der Grundakten ersetzt werden. Ist das Grundstück mit einem Erbbaurecht oder einer anderen Gerechtigkeit belastet, für welche ein besonderes Grundbuchblatt angelegt ist, so wird die Ertheilung einer beglaubigten Abschrift auch dieses Grundbuchblattes erforderlich sein. Vgl. nachher unter IV.

II. Während des Verfahrens. Die Beschlagnahme des Grundstücks hat die Wirkung eines Veräußerungsverbots nach § 135 BGB. Jede Veräußerung oder Belastung des Grundstücks ist den Interessenten der Zwangsversteigerung gegenüber unwirksam, sofern der Erwerber Kenntniß von dem Versteigerungsantrage hat oder die Zwangsversteigerung wegen des Anspruchs aus einem eingetragenen Rechte angeordnet wird. §§ 23, 26 ZVG. Von dem Eingange des Ersuchens um Eintragung des Versteigerungsvermerks bei dem Grundbuchamt und noch vielmehr von der Eintragung des Vermerks selber an, gilt stets die Beschlagnahme dem Erwerber als bekannt. Für den Grundbuchrichter ergeben sich folgende Regeln. Ist das Ersuchen um Eintragung des Versteigerungsvermerks bereits eingegangen, so hat er den Erwerber, sofern es den Umständen nach möglich ist, auf die Beschlagnahme hinzuweisen. Wird trotzdem auf Auflassung oder Eintragung der Belastung bestanden, so hat der Grundbuchrichter, soweit sich nicht noch andere Anstände aus dem Grundbuche ergeben, dem Verlangen Folge zu leisten. Die Beschlagnahme macht eine spätere Auflassung oder Eintragung nicht nichtig, entzieht ihr nur die Wirkung bestimmten Personen gegenüber; anderen Personen gegenüber behält sie aber ihre Wirkung. § 10 Z. 4, 6 ZVG., § 888 Abs. 2 BGB.

III. Nach Beendigung des Verfahrens.

1. Ist das Verfahren ohne Versteigerung aufgehoben, so ist der Versteigerungsvermerk nur auf Grund des Ersuchens des Vollstreckungsgerichts zu löschen. § 34 ZVG. Auf Antrag eines Interessenten darf der Grundbuchrichter die Löschung nicht vornehmen.

2. Ist das Grundstück versteigert, der Zuschlag rechtskräftig und der Theilungsplan ausgeführt, oder aber der Versteigerungserlös außergerichtlich

nach §§ 143, 144 ZVG. vertheilt, so hat das Vollstreckungsgericht das Grundbuchamt um Eintragung der durch den Zuschlag herbeigeführten Rechtsveränderungen an dem Grundstücke zu ersuchen. Die Beifügung einer Ausfertigung der Entscheidung über den Zuschlag oder des Protokolls über die Ausführung des Theilungsplanes ist im ZVG. nicht vorgeschrieben und auch nach den Vorschriften der GBO. nicht für erforderlich zu halten. Das Ersuchen bietet für sich die genügende Grundlage der Eintragungen. Ihm müssen die Briefe über die Hypotheken, Grundschulden und Rentenschulden, soweit sie dem Vollstreckungsgerichte vorgelegt sind, beiliegen. Ist ein Recht nur theilweise erloschen, so muß dies auf dem Briefe vermerkt sein; ist ein Recht ganz erloschen, so muß der Brief darüber unbrauchbar gemacht sein, bedarf aber keines besonderen Vermerks. § 127 ZVG. Die Eintragung selbst hat zum Theil die Bedeutung der Berichtigung des Grundbuchs (Eintragung des Erstehers, Löschung der erloschenen Rechte), weil insofern die Rechtsänderung schon außerhalb des Grundbuchs eingetreten ist, theils erst der Vollziehung der Rechtsänderung (Eintragung der Sicherungshypotheken, § 128 Abs. 3 Satz 1 ZVG.). Das Ersuchen ergeht dahin:

a) Den Ersteher als neuen Eigenthümer ins Grundbuch einzutragen. Der Ersteher ist derjenige, dem der Zuschlag ertheilt ist. Es kann sein der Meistbietende, oder der, welchem dieser das Recht aus dem Meistgebote abgetreten oder für welchen dieser geboten hat. §§ 81, 87 f., 90 ZVG. Der Eintragungsvermerk lautet: Auf Grund des Zuschlagsbeschlusses des Königlichen Amtsgerichts vom . . . eingetragen am . . .

b) Den Versteigerungsvermerk zu löschen.

c) Die durch den Zuschlag erloschenen Rechte zu löschen. Hierher gehören, soweit nicht abweichende Versteigerungsbedingungen festgesetzt sind, alle Rechte der zweiten und dritten Abtheilung des Grundbuchs, welche außerhalb des geringsten Gebotes liegen. Diese Rechte werden entweder durch das Meistgebot mitgedeckt, oder sie fallen aus; zu löschen sind sie aber in jedem Falle. § 52 ZVG. Soweit es sich um die Löschung einer Hypothek, Grundschuld oder Rentenschuld handelt, ist die Vorlegung des etwa ertheilten Briefes nicht erforderlich. § 131 ZVG. Ist er aber vorgelegt worden, so ist er mit dem Löschungs- oder Theillöschungsvermerk zu versehen und auch sonst nach den Vorschriften der GBO. zu behandeln. Von der Löschung ausgenommen sind nur die in den §§ 912—917 bezeichneten Ueberbau- und Nothweg-Renten und die in Art. 6 A.ZVG. bezeichneten Rechte. Dies sind die der Eintragung nicht bedürfenden gesetzlichen Vorkaufsrechte in Fällen der Enteignung oder der Grundabtretung zu Zwecken des Bergbaubetriebs; die bergrechtlichen Gebrauchs- und Nutzungsrechte nach §§ 8, 142 Allgem. Berggeſ.; die Rentenbank- und Domänenamortisationsrenten, Art. 22 A.BGB.; ferner die in § 45 des Grundbuchgesetzes für Kassel v. 29. Mai 1873 erwähnten Darlehne der Landeskreditkasse und die in § 1 des Ges. v. 29. Mai 1874 behandelten Grundlasten und Geldansprüche in den vormals Bayerischen Landestheilen. Schließlich sind es, sofern das Erlöschen des Rechtes nicht Versteigerungsbedingung ist, die vor dem Tage, an dem das Grundbuch als angelegt gilt, begründeten und eingetragenen Leibgedinge-, Leibzuchts-, Altentheils- oder Auszugsrechte und alle an jenem Tage bestehenden Grunddienstbarkeiten mit Ausnahme der der Eintragung bedürfenden Grundgerechtigkeiten im Bereiche des Gesetzes v. 29. Mai 1873 für Kassel. Alle die genannten Rechte bleiben, auch wenn sie bei der Feststellung des geringsten Gebotes nicht berücksichtigt sind, im Grundbuche stehen. Art. 2, 9 EG. z. ZVG., Art. 6 A.ZVG.

d) Die Eintragung der Sicherungshypotheken für die Forderung gegen den Ersteher, oder wenn ein Dritter im Zuschlagsurtheile anstelle dieses für zahlungspflichtig erklärt ist, für die Forderung gegen diesen (§§ 134, 61 ZVG.) zu bewirken. In verschiedenen Fällen wird der Theilungsplan dadurch ausgeführt, daß einem Berechtigten statt einer Baarzahlung aus dem Versteigerungserlöse ein Theil der Forderung gegen den Ersteher oder den Dritten auf Zahlung des Erlöses übertragen wird. Zunächst steht diese Forderung dem bisherigen Eigenthümer des Grundstücks zu; ein anderer Betheiligter kann sie nur insoweit geltend machen, als sie auf ihn übertragen wird. Die Uebertragung erfolgt nach Maßgabe des festgestellten Theilungsplanes durch eine Anordnung des Vollstreckungsgerichts, Denkschrift zu § 108 ZVG. Sie ist nöthig:

α) soweit das Baargebot nicht berichtigt wird, oder Zahlungsfristen festgesetzt sind. §§ 118, 60 ZVG.;

β) wenn der Anspruch des Berechtigten aufschiebend bedingt und der Betrag nicht gezahlt ist; in diesem Falle muß zugleich angegeben sein, an wen die Forderung übergehen soll, wenn die Bedingung nicht eintritt; die Uebertragung hat für jeden unter der entsprechenden Bedingung zu erfolgen. §§ 119, 120 ZVG.;

γ) wenn als Ersatz für das Erlöschen eines Nießbrauchs, einer beschränkten persönlichen Dienstbarkeit oder einer Reallast von unbestimmter Dauer ein Betrag in den Theilungsplan aufgenommen und der Betrag nicht gezahlt ist; hier muß ebenso wie im Falle zu β angegeben sein, an wen die Forderung übergeht, wenn das Recht des Berechtigten erlischt, auch die Uebertragung für jeden unter der entsprechenden Bedingung erfolgen. §§ 121, 92 Abs. 2 ZVG.;

δ) soweit auf einen Anspruch, für den auch ein anderes Grundstück haftet, der zugetheilte Betrag nicht gezahlt wird; in diesem Falle muß angegeben sein, an wen die Forderung gegen den Ersteher oder den Dritten nach § 61 ZVG. unter der Bedingung übertragen sei, daß das Recht des zunächst Berechtigten auf Befriedigung aus dem zugetheilten Betrage nach Maßgabe der besonderen Vorschriften über die Gesammthypothek erlischt, § 123 ZVG.;

ε) wenn ein Widerspruch gegen den Theilungsplan erhoben und der Betrag nicht gezahlt ist, oder soweit bezüglich eines vollstreckbaren Anspruchs die Ausführung des Theilungsplans einstweilen unterbleibt. Hier muß ebenso wie im Falle zu β angegeben sein, an wen die Forderung übergeht, wenn der Widerspruch für berechtigt erklärt ist, oder der Theilungsplan bezüglich des Anspruchs überhaupt nicht zur Ausführung kommt, §§ 124, 115 Abs. 4, 120 ZVG.;

ζ) wenn der Ersteher außer dem durch Zahlung zu berichtigenden Theile des Meistgebots noch einen weiteren Betrag zu zahlen hat, weil ein bei der Feststellung des geringsten Gebots berücksichtigtes Recht nicht besteht, der Betrag aber nicht gezahlt wird. In diesem Falle ist die Forderung gegen den Ersteher dem nächsten Berechtigten zu übertragen und zwar, wenn streitig ist, ob der weitere Betrag zu zahlen sei, unter der entsprechenden Bedingung, §§ 125, 50, 51 ZVG.;

η) wenn die Person des Berechtigten unbekannt, insbesondere bei einer Hypothek, Grundschuld oder Rentenschuld der Brief nicht vorgelegt ist. Es muß zugleich angegeben sein, auf wen die Forderung übergeht, wenn der Berechtigte nicht ermittelt wird. § 126 ZVG.

In allen diesen Fällen der Uebertragung der Forderung gegen den Ersteher ist für die Forderung eine Sicherungshypothek an dem Grundstücke mit den aus der Uebertragung ersichtlichen Bedingungen in das Grundbuch einzutragen, und zwar mit dem Range, in dem der betreffende Anspruch an dem Verfahren betheiligt war. Die Vorlegung des etwa ertheilten Briefes über das Recht ist zur Eintragung des Vorrangs einer Sicherungshypothek nicht erforderlich. Die Eintragung der Hypothek erfolgt für alle nicht baar gezahlten Ansprüche, deshalb auch für die in § 10 Z. 1—3 ZVG. genannten bevorrechtigten Forderungen, sie erfolgt auch bezüglich desjenigen Theils der Forderung, welcher zur Deckung von Zinsen, Beitreibungskosten und anderen Nebenansprüchen aus sonst bestehen bleibenden Rechten übereignet ist. War ein Recht nach dem Inhalte des Grundbuchs mit dem Rechte eines Dritten belastet, so ist dieses Recht als Recht an der Forderung miteinzutragen. § 128 ZVG.

Bleibt noch ein Theil des Erlöses unvertheilt übrig, wird aber nicht baar bezahlt, so ist in Höhe dieses Betrages eine Sicherungshypothek für denjenigen einzutragen, welcher zur Zeit des Zuschlags Eigenthümer des Grundstücks war.

Bei der Eintragung der Hypotheken soll im Grundbuche ersichtlich gemacht werden, daß sie auf Grund eines Zwangsversteigerungsverfahrens erfolgt ist. § 128 ZVG. Diese Bestimmung enthält eine Abweichung von § 1115 BGB. Der Eintragungsvermerk selbst muß jene Mittheilung ergeben, etwa in folgender Fassung: 500 Mk. Sicherungshypothek für eine im Zwangsversteigerungsverfahren übertragene Forderung gegen den Ersteher auf Zahlung von fünfhundert Mark für den . . . unter Bezugnahme auf das Ersuchen des Kgl. Amtsgerichts in . . . vom . . . eingetragen am . . .

Auf die Hypotheken kommen alle Regeln der Sicherungshypotheken zur Anwendung; insbesondere sind darüber Hypothekenbriefe nicht zu ertheilen. §§ 128, 129, 130 ZVG. Die Befriedigung der Gläubiger wirkt nicht wie die Befriedigung aus dem Grundstücke; diese haben sie schon durch die Uebertragung der Forderung erlangt. § 118 ZVG. Die Befriedigung bewirkt deshalb gesetzlich den Uebergang der Sicherungshypotheken nach den S. 229 f. besprochenen Regeln auf den Eigenthümer oder den befriedigenden Nichteigenthümer. Eine Befriedigung der letzteren Art liegt immer vor, wenn der nach § 61 für zahlungspflichtig erklärte Dritte nachträglich zahlt.

e) Die Rechte im Grundbuche zu löschen, die bei der Feststellung des geringsten Gebotes berücksichtigt sind, von denen sich aber ergeben hat, daß sie nicht zur Entstehung gelangt oder erloschen sind. §§ 130 Abs. 2, 50, 51 ZVG. Ist über ein hiernach zu löschendes Recht ein Brief ertheilt, so muß der Brief nach den Regeln der GBO. vorgelegt werden.

f) Eine Sicherungshypothek für die Forderung des nach § 61 ZVG. für zahlungspflichtig erklärten Dritten gegen den Ersteher einzutragen, wenn der Dritte seiner Zahlungspflicht im Vertheilungstermine richtig nachgekommen ist. § 134 ZVG.

g) Der Ersteher kann, bevor er als Eigenthümer im Grundbuche eingetragen wird, bereits die Eintragung eines Rechts an dem versteigerten Grundstücke bewilligt haben. Die Bewilligung kann bei dem Grundbuchrichter eingereicht, oder vor ihm oder auch vor dem Vollstreckungsrichter in der Verhandlung über die Ausführung des Theilungsplanes erklärt sein. In letzterem Falle hat derselbe die Erklärung an das Grundbuchamt zu übermitteln und zwar unter Beifügung einer Ausfertigung des über die Bewilligung aufgenommenen Protokolls. Bezüglich aller dieser Bewilligungen gilt die Regel, daß eine Eintragung auf Grund derselben nicht erfolgen darf, bevor das Ersuchen des Vollstreckungsrichters um Eintragung der Folgen der Zwangsversteigerung erledigt ist. § 130 Abs. 3 ZVG. Diese Vorschrift enthält offenbar eine Ausnahme von den Regeln des § 46 GBO. Das Ersuchen des Vollstreckungsrichters soll stets als das beim Grundbuchamte früher eingegangene angesehen werden. Erst bezüglich der daneben noch vom Ersteher erklärten Bewilligungen tritt das gemeine Grundbuchrecht in Kraft. Ihr Rang richtet sich lediglich nach dem Zeitpunkte des Eingangs beim Grundbuchamte. Der Eingang beim Vollstreckungsrichter ist in der Beziehung unerheblich.

IV. Die Zwangsversteigerung eines Erbbaurechts unterliegt keinen Besonderheiten. Die nothwendig werdenden Eintragungen sind stets auf dem für das Recht angelegten besonderen Grundbuchblatte vorzunehmen; sollte ein solches noch nicht bestehen, so wird es schon lediglich zu dem Zwecke, um die Anordnung der Zwangsversteigerung einzutragen, angelegt werden müssen. § 7 GBO. Ist aber ein zur Zwangsversteigerung kommendes Grundstück mit einem Erbbaurechte belastet, für welches ein besonderes Grundbuchblatt angelegt ist, so erlischt dies Recht, ebenso wie alle anderen das Grundstück belastenden Rechte, wenn es nicht innerhalb des geringsten Gebotes liegt, oder sein Fortbestehen besonders ausbedungen ist. §§ 91, 52 ZVG. Das Erlöschen hat die Löschung des Rechts im Grundbuche und damit auch aller das Recht belastenden Rechte auf dem besonderen Grundbuchblatte und die Schließung dieses Blattes zur Folge — vgl. näheres S. 255 zu c.

Das Ersuchen des Vollstreckungsrichters nach § 130 ZVG. wird auch auf Löschung dieser Rechte gerichtet sein müssen. Wird der Theil des Erlöses, welcher nach dem Theilungsplan dem Berechtigten des Erbbaurechts zu zahlen ist, § 92 ZVG., nicht berichtigt, so ist, wenn das Recht mit Hypotheken oder anderen Rechten belastet war, nach § 128 Abs. 1 Satz 2 ZVG. zu verfahren. Die Sicherungshypothek ist jedenfalls auf dem Grundbuchblatte des versteigerten Grundstücks einzutragen; es wird aber auch nöthig sein, zugleich hier alle Rechte neu einzutragen, die, wie sie bisher das Erbbaurecht belasteten, jetzt die Sicherheitshypothek belasten. Wollte man dies nicht thun, sich vielmehr mit einem Hinweise auf das besondere Grundbuchblatt des erloschenen Erbbaurechts begnügen, so käme man zu der vom Gesetz gemißbilligten Folgerung, daß ein besonderes Grundbuchblatt für eine Sicherungshypothek fortbesteht. Richtiger ist deshalb auch in diesem Falle, alle Rechte auf dem besonderen Grundbuchblatte zu löschen und dieses zu schließen.

V. Die Wiederversteigerung des Grundstücks bietet für den Grundbuchrichter keine Besonderheiten; sie ist als neues Verfahren gegen den Ersteher gedacht. §§ 132, 133 ZVG.

§ 84. III. Bei der Zwangsverwaltung.

Bei dem Verfahren der Zwangsverwaltung von Grundstücken oder diesen gleichstehenden Gerechtigkeiten hat der Grundbuchrichter zunächst die gleiche Thätigkeit auszuüben, welche im vorhergehenden § unter I und II besprochen ist. Der von ihm in das Grundbuch einzutragende Vermerk lautet hier, daß die Zwangsverwaltung des Grundstücks oder der Gerechtigkeit angeordnet sei. Die Löschung des Vermerks erfolgt nur auf Ersuchen des Vollstreckungsgerichts, wenn das Verfahren aufgehoben ist. §§ 146, 161, 17, 19, 34 ZVG. So oft im Laufe des Verfahrens ein Berechtigter durch Zahlungen auf das Kapital einer Hypothek oder Grundschuld oder auf die Ablösungssumme einer Rentenschuld Befriedigung erlangt hat, hat das Vollstreckungsgericht das Grundbuchamt um die Löschung des Rechts zu ersuchen. Dem Ersuchen ist eine Ausfertigung des Protokolls beizulegen; die Vorlegung des über das Recht ertheilten Briefes ist zur Löschung nicht erforderlich. Wird er beigefügt, so muß nach § 127 ZVG. er unbrauchbar gemacht sein oder, wenn das Recht nur zum Theil erloschen ist, einen entsprechenden Vermerk enthalten. § 158 ZVG. Der Brief ist sodann noch mit dem Löschungs- oder Theillöschungsvermerk zu versehen.

§ 85. Thätigkeit des Grundbuchrichters bei der Zwangsvollstreckung in Hypothekenforderungen, Grundschulden, Rentenschulden, Reallasten und andere im Grundbuche eingetragene Rechte.

I. Die Zwangsvollstreckung in Forderungen geschieht durch Pfändung, welche durch Zustellung eines vom Vollstreckungsgericht erlassenen Pfändungsbeschlusses bewirkt wird. §§ 828 f. CPO. Besteht für die Forderung eine

Hypothek, so wird zur Bewirkung der Pfändung unter Umständen eine Thätigkeit des Grundbuchrichters erforderlich. §§ 830 f. CPO. Durch § 857 Abs. 6 CPO. sind für die Zwangsvollstreckung in eine Reallast (gemeint sein kann nur die Personalreallast), Grundschuld, Rentenschuld die Vorschriften über die Zwangsvollstreckung in eine Forderung, für welche eine Hypothek besteht, für entsprechend anwendbar erklärt worden. Es gelten also auch für diese Rechte die nachfolgenden Regeln. Indessen ist zu beachten, daß eine Reallast nur insoweit überhaupt der Pfändung unterliegt, als sie übertragbar ist. §§ 1110, 1111 BGB., §§ 851, 857 CPO. Vgl. S. 183 zu III.

II. Die Pfändung. 1. Ist ein Hypothekenbrief gebildet, so vollzieht sich die Pfändung der Hypothekenforderung außerhalb des Grundbuchs; sie wird bewirkt durch Aushändigung des gerichtlichen Pfändungsbeschlusses und die Uebergabe des Briefes an den Pfändungsgläubiger. Die Uebergabe gilt schon als erfolgt, wenn der Gerichtsvollzieher bei Vornahme der Zwangsvollstreckung den Brief zum Zwecke der Ablieferung an den Gläubiger wegnimmt. § 830 CPO. Die Eintragung der vollzogenen Pfändung in das Grundbuch ist zulässig; sie geschieht zur Berichtigung des Grundbuchs auf Antrag des Gläubigers; dem Antrage ist der Nachweis des Vollzugs der Pfändung beizufügen — also Pfändungsbeschluß in Ausfertigung und Hypothekenbrief; der vorherigen Zustellung des Pfändungsbeschlusses bedarf es nicht. Die Pfändung hat die gleichen Wirkungen, wie eine Verpfändung der Hypothek. Bezüglich der inbetracht kommenden Regeln ist hier auf S. 238 zu verweisen. Für solche Grundschulden und Rentenschulden, über welche ein Brief gebildet ist, gelten die gleichen Regeln.

2. Ist die Ertheilung des Hypothekenbriefs ausgeschlossen, so wird die Eintragung der Pfändung in das Grundbuch zur Bewirkung derselben erforderlich. Die Eintragung setzt den Antrag des Gläubigers voraus; beizulegen ist ihm der Pfändungsbeschluß in Ausfertigung; die Zustellung an Schuldner oder Drittschuldner braucht noch nicht erfolgt zu sein. Die Eintragung geschieht auf Grund des Pfändungsbeschlusses. Diese Regeln gelten auch für Reallasten und für solche Grund- oder Rentenschulden, für die ein Brief nicht ertheilt ist. Ist die Pfändung eingetragen, so regeln sich die möglichen Veränderungen und Löschungen nach denselben Grundsätzen, wie im Falle der Verpfändung. Vgl. S. 238.

3. Forderungen aus einem Wechsel oder anderen Papier, das durch Indossament übertragen werden kann, können nur in der Weise gepfändet werden, daß der Gerichtsvollzieher die Papiere in Besitz nimmt. § 831 CPO. In gleicher Weise wird die Pfändung von Forderungen aus Schuldverschreibungen auf den Inhaber bewirkt. §§ 808, 821—823 CPO., §§ 1292—1296 BGB. Auf beide Arten von Forderungen kommen die Regeln unter 1 und 2 nicht zur Anwendung. § 830 Abs. 3 CPO. Das Pfändungspfandrecht entsteht hier stets außerhalb des Grundbuchs, auch wenn für die Forderung nach § 1187 BGB. eine Sicherungshypothek besteht; zur Bewirkung der Pfändung bedarf es der Eintragung nicht. Wohl aber wird sie zur Berichtigung des Grundbuchs unter Umständen zulässig sein. Zunächst erscheint dies unbedenklich bei Forderungen aus Wechseln oder anderen indossablen Papieren. Der Nachweis der Pfändung wird dem

Grundbuchrichter genügend erbracht durch Vorlegung des Schuldtitels, auf Grund dessen gepfändet ist, des Pfändungsprotokolls des Gerichtsvollziehers, welches die Pfändung des Papiers ergiebt, und des gepfändeten Papiers selber. § 44 GBO. Letzteres kann, solange nicht das Papier dem Gläubiger überwiesen ist, nur vom Gerichtsvollzieher vorgelegt werden und ist ihm nach der Eintragung auch wieder zurückzugeben. Der Eintragung der Pfändung von Forderungen aus Schuldverschreibungen auf den Inhaber stehen die schon bei der Frage der Eintragung einer rechtsgeschäftlichen Uebertragung einer solchen Forderung S. 222 zu IV erwähnten Bedenken entgegen. Wohl aber wird man sie für zulässig ansehen können, wenn die Umschreibung der Schuldverschreibung auf den Namen eines bestimmten Berechtigten nach § 806 BGB. im Grundbuche nachgetragen ist. In diesem Falle wird auch die Pfändung der Forderung aus dem Papiere zur Berichtigung des Grundbuchs eingetragen werden können. Der Nachweis der Pfändung ist von dem Pfändungsgläubiger in der gleichen Weise zu führen, wie bei Forderungen aus Wechseln. Das Papier ist hier aber in allen Fällen dem Gerichtsvollzieher zurückzugeben, weil nur dieser zu dessen Verwerthung berechtigt ist. §§ 821 f. CPO.

III. Die Ueberweisung. Die gepfändete Geldforderung ist dem Gläubiger nach seiner Wahl zur Einziehung oder an Zahlungsstatt zum Nennwerthe zu überweisen. § 835 CPO. Die Ueberweisung kann mit der Pfändung in einem Beschlusse verbunden sein.

1. Die Ueberweisung zur Einziehung giebt dem Gläubiger an der gepfändeten Forderung keine weiteren Rechte, als welche er infolge der Pfändung bereits hat. Ihre Eintragung neben der schon eingetragenen Pfändung ist überflüssig, ohne Eintragung der Pfändung unzulässig.

2. Die Ueberweisung an Zahlungsstatt bewirkt den Uebergang der gepfändeten Forderung auf den Gläubiger. § 835 Abs. 2 CPO. Besteht für die Forderung eine Hypothek, so ist die Eintragung der Ueberweisung in das Grundbuch deshalb ebenso zulässig, wie die der Uebertragung einer Forderung durch Rechtsgeschäft.

a) Ist ein Hypothekenbrief ertheilt, so geschieht die Uebertragung der Forderung durch die Ueberweisung allein schon durch die Aushändigung des Ueberweisungsbeschlusses an den Gläubiger, also außerhalb des Grundbuchs; der Zustellung des Beschlusses an den Drittschuldner bedarf es nicht. § 837 CPO. Soll demnächst zur Berichtigung des Grundbuchs die Ueberweisung eingetragen werden, so genügt dazu neben dem Antrage des Gläubigers die Vorlegung des Ueberweisungsbeschlusses und des Hypothekenbriefes, welcher sich schon infolge der Pfändung der Forderung im Besitze des Gläubigers befinden muß. Für Grundschulden und Rentenschulden, über welche ein Brief ertheilt ist, gelten die gleichen Regeln.

b) War aber die Ertheilung eines Hypothekenbriefs ausgeschlossen, so wird die Ueberweisung erst durch ihre Eintragung in das Grundbuch vollendet; letztere ist also hier nothwendiges Erforderniß der Rechtsänderung. § 837 CPO. Der Gläubiger hat den ihm ausgehändigten Ueberweisungsbeschluß, der auch in diesem Falle noch nicht zugestellt zu sein braucht, dem Grundbuchrichter mit dem Eintragungsantrage vorzulegen. Die Eintragung erfolgt auf Grund des Ueberweisungsbeschlusses. Die gleichen Regeln gelten für Grundschulden und Rentenschulden, bei denen die Ertheilung eines Briefes ausgeschlossen ist, und bei allen Reallasten, über die ein Brief überhaupt nicht ertheilt werden kann.

3. Besonderheiten gelten hinsichtlich einzelner Sicherungshypotheken.

a) Bei den Forderungen aus Schuldverschreibungen auf den Inhaber findet eine Ueberweisung überhaupt nicht statt. Inhaberpapiere gelten bei der Zwangsvollstreckung als körperliche Sachen und werden wie solche verwerthet. §§ 821 f., 837 Abs. 2 CPO., s. auch vorher unter II 3. Die Eintragung einer Ueberweisung bei der für eine solche Forderung bestellten Sicherungshypothek kann also überhaupt nicht vorkommen. Besteht die Sicherungshypothek für die Forderung aus einem Wechsel oder anderen indossablen Papiere, so ist die Ueberweisung der Forderung die Voraussetzung ihrer Verwerthung für den Pfandgläubiger. Die Ueberweisung wird durch die Zustellung des Ueberweisungsbeschlusses an den Drittschuldner bewirkt; geschieht also außerhalb des Grundbuchs. §§ 837 Abs. 2, 835 CPO. Ist dem Pfandgläubiger die Forderung zur Einziehung überwiesen, so hat dies hier insofern Bedeutung für den Grundbuchrichter, als er nach Eintragung der Pfändung der Forderung im Grundbuche den Wechsel oder das Papier nicht an den Gerichtsvollzieher zurückgiebt, sondern dem Gläubiger aushändigt. Vgl. vorher zu II 3. Eintragungsfähig ist aber nur die Ueberweisung der Forderung an Zahlungsstatt; sie geschieht zur Berichtigung des Grundbuchs und setzt neben dem Antrage des Gläubigers die Vorlegung des Ueberweisungsbeschlusses mit Zustellungsurkunden, des Wechsels oder anderen indossablen Papiers und des Pfändungsprotokolls des Gerichtsvollziehers voraus.

b) Eine Sicherungshypothek der im § 1190 BGB. bezeichneten Art (Maximalhypothek) kann wie gewöhnliche Buchhypotheken in der S. 260 u. 261 besprochenen Weise gepfändet und überwiesen werden, ohne daß Besonderheiten gelten. Die Pfändung und Ueberweisung an Zahlungsstatt kann aber auch mit der Wirkung erfolgen, daß nur die Forderung, nicht auch die dafür bestehende Hypothek gepfändet und überwiesen wird. § 837 Abs. 3 CPO. Die Pfändung und Ueberweisung der Forderung geschieht dann in den Formen der §§ 829, 835 CPO., mithin ohne Eintragung in das Grundbuch. Die Ueberweisung in dieser Art bewirkt aber kraft Gesetzes eine Trennung der Hypothek von der Forderung und den Uebergang der Hypothek auf den Eigenthümer des Grundstücks als Grundschuld. Dieser kann durch Vorlegung des Ueberweisungsbeschlusses seine Eintragung als Gläubiger der Grundschuld zur Berichtigung des Grundbuchs beantragen. Vgl. S. 237 zu VII.

IV. Die Vorschriften zu II und III finden keine Anwendung auf die Pfändung und Ueberweisung von Forderungen auf Rückstände von Zinsen oder von anderen Nebenleistungen und auf Erstattung der Kosten der Kündigung oder der die Befriedigung aus dem Grundstücke bezweckenden Rechts=

verfolgung. §§ 1159, 1118 BGB. Solche Forderungen können gepfändet und überwiesen werden nur nach den allgemeinen Regeln der §§ 829, 835 CPO. Eine Eintragung der Pfändung oder Ueberweisung in das Grundbuch ist unzulässig. §§ 830 Abs. 3, 837 Abs. 2 CPO.

V. Die Zwangsvollstreckung in andere im Grundbuche eingetragene dingliche Rechte erfolgt gleichfalls durch Pfändung; für sie gilt die allgemeine Regel, daß sie insoweit der Pfändung unterliegen, als sie übertragbar sind. §§ 851, 857 CPO. Nicht übertragbar sind der Nießbrauch und die beschränkte persönliche Dienstbarkeit. §§ 1059, 1092 BGB. Doch kann die Ausübung des Rechts beim Nießbrauch regelmäßig, bei der beschränkten persönlichen Dienstbarkeit unter Umständen einem Anderen überlassen werden; insoweit sind nach besonderer Vorschrift beide Rechte auch der Pfändung unterworfen. § 857 Abs. 3 CPO. Diese Pfändung gewährt aber kein dingliches Recht am Nießbrauche selber und ist deshalb der Eintragung im Grundbuche nicht fähig. Vgl. S. 178. Das Vorkaufsrecht ist ausnahmsweise übertragbar und kann deshalb auch insoweit Gegenstand der Zwangsvollstreckung sein. Der Eintragung der Pfändung des Rechts im Grundbuche stehen Bedenken nicht entgegen. Eine Ueberweisung des Rechts an Zahlungsstatt erscheint ausgeschlossen, weil es keinen Nennwerth hat. Die begrifflich stets mit einem herrschenden Grundstück verbundenen Grunddienstbarkeiten sind nicht übertragbar und der Pfändung deshalb entzogen.

§ 86. Thätigkeit des Grundbuchrichters bei der Vollziehung von Arresten und einstweiligen Verfügungen.

I. Arrestbefehle und einstweilige Verfügungen sind in der Regel sofort vollstreckbar; einer Vollstreckungsklausel bedürfen sie nur, wenn die Vollziehung für oder gegen eine andere, als die in der Entscheidung bezeichnete Person erfolgen soll. Die Vollziehung ist vor der Zustellung der Entscheidung an den Schuldner zulässig. Soll auf Grund eines Arrestbefehls eine Eintragung ins Grundbuch vorgenommen werden, so gehört diese Eintragung zur Vollziehung des Arrestbefehls und ist unzulässig, wenn am Tage des Einganges des Antrags beim Grundbuchamte seit der Verkündung oder der Zustellung des Befehls an den Gläubiger bereits zwei Wochen verstrichen sind. §§ 929, 932 Abs. 1, 3 CPO. Bei einstweiligen Verfügungen soll es genügen, wenn nur deren Zustellung an den Gegner des Antragstellers binnen der zwei Wochen erfolgt ist; die thatsächliche Durchführung des Angeordneten kann auch noch später geschehen. RG. Entsch. Bd. 21 S. 416 und Joh. u. K. Bd. 13 S. 102.

II. Arreste. Die Vollziehung des Arrestes in ein Grundstück oder eine gleichstehende Berechtigung erfolgt durch Eintragung einer Sicherungshypothek für die Forderung. § 932 CPO. Die Eintragung setzt den Antrag des Gläubigers und die Vorlegung des Arrestbefehls voraus. Mit der Eintragung entsteht die Hypothek. Auf die Zwangseintragung aus Arrestbefehlen kommen die S. 252 besprochenen Regeln der Zwangseintragung aus anderen Schuldtiteln mit folgenden Ausnahmen zur Anwendung. §§ 929, 932 Abs. 2 CPO. Zunächst darf aus einem Arrestbefehle eine Sicherungshypothek auch für eine den Betrag von 300 Mk. nicht übersteigende Hauptforderung eingetragen werden. § 866 Abs. 3 ist in § 932 Abs. 2 CPO. nicht für anwendbar erklärt. Sodann ist die Sicherungshypothek aus Arrestbefehlen stets Maximal- (Ultimat-) Hypothek im Sinne des § 1190 BGB. Als der Höchstbetrag, für welchen das Grundstück oder die Berechtigung haftet, ist der im Arrestbefehl nach § 923 CPO. angegebene Geldbetrag einzutragen, durch dessen Hinterlegung die Vollziehung des Arrestes gehemmt und der Schuldner zu dem Antrage auf Aufhebung des vollzogenen Arrestes berechtigt wird.

Die Vollziehung des Arrestes in Hypotheken, Grundschulden, Rentenschulden und andere eingetragene Rechte am Grundstücke wird durch Pfändung bewirkt, welche nach den schon S. 260 besprochenen Regeln erfolgt. Eine Ueberweisung des gepfändeten Rechts ist auf Grund eines Arrestbefehls unzulässig.

III. Einstweilige Verfügungen. Durch solche können Eintragungen aller Art in ein Grundbuch angeordnet werden. Vornehmlich jedoch bilden sie die Grundlage für die Eintragung von Vormerkungen und Widersprüchen gegen die Richtigkeit des Grundbuchs — vgl. §§ 885, 899 Abs. 2 BGB., 942 Abs. 2 CPO. —, z. B. der Vormerkung zur Sicherung des Anspruchs auf Einräumung einer Sicherungshypothek für Bauunternehmer nach § 648 BGB.

Der Eintragungsantrag kann von dem, zu dessen Gunsten die Eintragung erfolgen soll, unmittelbar bei dem Grundbuchamte gestellt werden und ist durch Beilegung der einstweiligen Verfügung zu begründen. Das die einstweilige Verfügung anordnende Gericht ist aber auch befugt, das Grundbuchamt selbst um die Eintragung zu ersuchen. § 941 CPO. Dem Ersuchen hat der Grundbuchrichter nach Vorschrift des § 39 GBO. Folge zu leisten; die einstweilige Verfügung braucht demselben nicht beizuliegen. Wird die einstweilige Verfügung durch eine vollstreckbare Entscheidung aufgehoben, so kann bei deren Vorlegung der Grundstückseigenthümer, ohne daß es der Bewilligung des Berechtigten bedürfte, die Löschung der Vormerkung oder des Widerspruchs beantragen, welche auf Grund derselben eingetragen sind. § 25 GBO. War aber auf Grund der einstweiligen Verfügung eins der in § 894 BGB. genannten Rechte oder eine Verfügungsbeschränkung eingetragen, so begründet die aufhebende Entscheidung genügend den Nachweis der Unrichtigkeit des Grundbuchs und kann die Eintragung deshalb nach § 22 GBO. gleichfalls allein auf den Antrag des Grundstückseigenthümers hin gelöscht werden; der Antrag kann auch auf Umschreibung auf den Namen des Eigenthümers lauten, wenn auf Grund der einstweiligen Verfügung eine Hypothek, Grundschuld, Rentenschuld eingetragen war, die infolge Aufhebung des Rechts des Berechtigten kraft Gesetzes auf den Eigenthümer überging. Vgl. § 868 CPO. u. S. 66.

§ 87. Thätigkeit des Grundbuchrichters bei dem Verwaltungszwangsverfahren.

I. Dem Verwaltungsverfahren unterliegt die Beitreibung aller Geldbeträge, welche durch die Entscheidung oder Anordnung einer Verwaltungsbehörde, einer Auseinandersetzungsbehörde, eines Verwaltungsgerichts oder eines mit dem Zwangsvollstreckungsrecht ausgestatteten Instituts festgesetzt sind. Das Verfahren regelt sich nach der Kgl. Verordnung v. 15. November 1899 (GS. S. 545). § 5 Abs. 2 AG. z. CPO. Vollstreckungsbehörden sind diejenigen Behörden und Beamten, denen die Einziehung der beizutreibenden Geldbeträge zusteht. §§ 1, 4 V. v. 15. Nov. Ihnen liegt die Anordnung und Leitung des Zwangsverfahrens ob. Welche Behörden in Frage kommen, ist im einzelnen Falle zu prüfen. Das Zwangsverfahren kann gegen Dritte, insbesondere Erben, Ehegatten, Eltern oder Nießbraucher betrieben werden. Die Anordnung des Zwangsverfahrens tritt dann an die Stelle des nach CPO. erforderlichen vollstreckbaren Titels. § 3 V. v. 15. Nov. Für den Grundbuchrichter kommt inbetracht nur das Zwangsverfahren im Grundstücke, in Forderungen, für welche eine Hypothek besteht, Grundschulden, Rentenschulden und andere im Grundbuche eingetragene Rechte.

1. Das Zwangsverfahren in Grundstücke und diesen gleichstehende Gerechtigkeiten geschieht durch Zwangseintragung, Zwangsversteigerung und Zwangsverwaltung. Letztere beiden Arten der Zwangsvollstreckung erfolgen auf Antrag der Vollstreckungsbehörde durch das ordentliche Gericht. Die erforderlichen Eintragungen in das Grundbuch hat der Grundbuchrichter deshalb auch nur auf Ersuchen des Gerichts vorzunehmen. Besonderheiten gelten nicht. Der Antrag auf Zwangseintragung ist gleichfalls durch die Vollstreckungsbehörde zu stellen. Die Vollstreckbarkeit der Forderung und die Zulässigkeit der Zwangsvollstreckung überhaupt unterliegt nicht der Beurtheilung des Gerichts oder Grundbuchamts. § 51 Abs. 3 V. v. 15. Nov. Der Antrag ist demnach nach den Grundsätzen über das Ersuchen zuständiger Behörden zu behandeln. Vgl. S. 80. Wegen der Eintragung selbst gelten die schon vorher S. 252 besprochenen Regeln ohne Besonderheiten.

2. Das Zwangsverfahren in Forderungen, für welche eine Hypothek besteht, in Grundschulden, Rentenschulden und andere im Grundbuche eingetragene Rechte erfolgt durch Pfändung. Die Vollstreckungsbehörde erläßt den Pfändungsbeschluß und spricht die Ueberweisung der gepfändeten Geldforderung zur Einziehung für denjenigen aus, für dessen Rechnung die Zwangsvollstreckung erfolgt. §§ 36, 37, 39 V. v. 15. Nov. Eine Ueberweisung an Zahlungsstatt ist diesem Verfahren unbekannt. Im Grundbuche ist deshalb nur die Pfändung eintragbar. Die Eintragung erfolgt auf Antrag der Vollstreckungsbehörde genau nach den schon vorher S. 259 mitgetheilten Regeln je nachdem ein Brief über das Recht ertheilt ist, oder nicht. §§ 36, 37, 49 V. v. 15. Nov., § 830 CPO.

3. Soweit zur Sicherung der Zwangsvollstreckung wegen einer im Verwaltungszwangsverfahren beizutreibenden Geldforderung ein Arrest zu-

lässig ist, ist die Vollziehung des Arrestes der vollstreckenden Verwaltungsbehörde überlassen. Nur auf deren Antrag kann also die Eintragung einer Sicherungshypothek im Grundbuche geschehen. § 53 V. v. 15. Nov.

II. Zwangsweise Einziehung der Gerichtskosten. Wegen einer Kostenforderung ist die Zwangsversteigerung von Grundstücken oder Gerechtigkeiten unzulässig. § 16 Preuß. GKG. Abgesehen hiervon erfolgt die zwangsweise Einziehung der Gerichtskosten, insbesondere die Eintragung im Grundbuche wegen einer solchen Forderung im Wege des Verwaltungszwangsverfahren. § 16 GKG. Maßgebend für das Verfahren ist die Ordnung für die Verwaltung der Kassen bei den Justizbehörden vom 31. März 1900.

Danach steht die Anordnung des Verwaltungszwangsverfahrens dem Rendanten der Kasse zu. Dem Kurator der Kasse ist jedoch gestattet, die Funktionen der Vollstreckungsbehörde selbst zu übernehmen. § 33 Z. 1 KO. Dem Antrage auf Eintragung einer Kostenforderung in ein Grundbuch ist, soweit thunlich, eine beglaubigte Abschrift der Kostenrechnung beizufügen. Eingetragen wird eine Sicherungshypothek. Der Antrag ist nur dann zulässig, wenn die Forderung ohne Nebenkosten den Betrag von 300 Mk. übersteigt. § 42 KO.

Von den Gerichtskassen werden eingezogen Gerichtsgebühren, Stempelbeträge, baare Auslagen, Gebühren für Katasterauszüge und Fortschreibungen, Transportkosten, Kosten der Civil-, Untersuchungs- und Strafhaft, — letztere jedoch nur, wenn sie schon erwachsen sind, Joh. u. K. Bd. 3 S. 141, — soweit sie zur Staatskasse fließen, und überhaupt die Kosten der Strafvollstreckung auch dann, wenn die Strafanstalt dem Minister des Innern untersteht. §§ 8, 22 KO. Wird die Einziehung der Kosten eines Strafverfahrens jedoch mit der Beitreibung einer gerichtlich erkannten Geldstrafe verbunden, so erfolgt auch sie nach Vorschrift der CPO., vgl. S. 250 zu 9 u. 14, § 4 Abs. 2 V. v. 15. Nov. Auch die Einziehung der beim Reichsgericht erwachsenen Gerichtskosten und auf Ersuchen der zuständigen Behörde der Gerichtskosten eines anderen Bundesstaats haben die Gerichtskassen zu besorgen. § 40 KO. Wird für die Kasse des Reichsgerichts oder eines anderen Bundesstaats eine Zwangshypothek eingetragen, so soll in der Eintragungsformel auch die Preußische Kasse erwähnt werden, welcher die Vertretung obliegt. § 41 KO. Die Wiedereinziehung der an Beamte, Zeugen, Sachverständige und Transportführer etwa zuviel gezahlten Beträge liegt gleichfalls den Gerichtskassen ob. § 5 KO., § 141 P.GKG.

Die Kosten werden von dem Gerichtsschreiber desjenigen Gerichts berechnet und festgestellt, bei welchem die Rechtsangelegenheit anhängig war, auch wenn die Kosten bei einem ersuchten Gericht entstanden sind; von dem Sekretär der Staatsanwaltschaft nur soweit, als dieser Behörde die Strafvollstreckung obliegt oder ihr die Anlegung und Aufbewahrung der betreffenden Akten zusteht. § 12 KO., § 14 P.GKG.

Zwölftes Kapitel.

Die Behandlung der unter Sonderrecht stehenden Grundstücksarten im Grundbuche.

§ 88. Behandlung der Bahneinheit im Grundbuche.

Die landesgesetzlichen Vorschriften über die Bahneinheit sind aufrecht erhalten. Art. 112 EG. Inbetracht kommen für Preußen das Gesetz betreffend das Pfandrecht an Privateisenbahnen und Kleinbahnen und die Zwangsvollstreckung in dieselben v. 19. August 1895 (GS. S. 499) und die dazu erlassene Verfügung des Justiz-Ministers v. 19. September 1895 (JMBl. S. 286). Das genannte Gesetz wird in diesem § einfach als Ges. citirt.

I. Bahneinheiten kennt das Gesetz v. 19. August 1895 nur bei den nach Maßgabe des Eisenbahngesetzes vom 3. November 1838 genehmigten Privatbahnen und den Kleinbahnen, deren Unternehmer zum Betriebe der Bahn verpflichtet ist. Die gesammte Bahnanlage einer solchen Bahn mit allen dem Bahnunternehmen gewidmeten Vermögenswerthen bildet die Bahneinheit und als solche rechtlich ein einheitliches Ganzes, welches zum unbeweglichen Vermögen gehört. Jede besondere Genehmigung für ein Bahnunternehmen schafft in der Regel eine selbständige Bahneinheit; ist eine später genehmigte Privateisenbahn jedoch nach den Bestimmungen der Genehmigung einheitlich mit einer anderen bereits bestehenden Privateisenbahn (Stammbahn) zu betreiben, so bilden beide eine einzige Bahneinheit. §§ 1, 2 Ges.

II. Für die Bahneinheiten werden besondere Bahngrundbücher geführt, welche in Abtheilung I, II, III dem allgemeinen Formular entsprechen, jedoch anstelle des Bestandsverzeichnisses einen Titel nach besonderem Formular erhalten, welches in der Verfügung des Justiz-Ministers v. 19. September 1895 vorgeschrieben ist. Bei dieser Verfügung behält es auch jetzt sein Bewenden. § 65 Verf. Hiernach zerfällt der Titel selbst zunächst in die Ueberschrift, welche Band und Nummer des Blattes angiebt, sodann in 6 Abschnitte; in Abschnitt I gehört die Bezeichnung der Bahn; in Abschnitt II die Beschreibung des Bahnunternehmens; hier muß angegeben werden, ob die Bahn eine Privatbahn oder eine Kleinbahn ist, ferner der Anfangs- und Endpunkt der Bahn und der übrige wesentliche Inhalt der Genehmigung, insbesondere eine etwaige Begrenzung der Zeitdauer für das Bahnunternehmen; was als wesentlicher Inhalt der Genehmigung in den Titel aufzunehmen sei, wird in jedem einzelnen Falle von der Bahnaufsichtsbehörde anzugeben sein. War bei der Anlegung des Grundbuchblattes die Genehmigung zur Eröffnung des Betriebes noch nicht ertheilt, so ist ein dies mittheilender Vermerk einzutragen, welcher zu löschen ist, sobald von der Bahnaufsichtsbehörde die Ertheilung der Genehmigung dem Grundbuchamt mitgetheilt wird.

In Abschnitt III ist die Länge der Bahnstrecken zu vermerken mit der Unterscheidung, ob sie a) auf eigenem Grund und Boden oder b) auf fremdem Grund und Boden belegen sind. Abschnitt IV ist bestimmt für die Mittheilung der zur Bahneinheit gehörenden Fonds in zwei Hauptspalten: Bezeichnung der Fonds und Veränderungen und Löschungen. Abschnitt V soll anzeigen die Bestimmungen über das Antheilverhältniß an Gegenständen, welche mehreren Bahnunternehmungen gewidmet sind, in 6 Spalten; in Spalte 1 und 2 werden der Gegenstand, in Spalte 3 die betheiligten Bahnen bezeichnet und in Spalte 4 das Antheilsverhältniß angegeben; Spalte 5 und 6 enthalten die Veränderungen und Löschungen. Abschnitt VII schließlich, 6 Spalten enthaltend, dient zum Verzeichniß der zur Bahneinheit gehörigen Grundstücke, deren Widmung für das Bahnunternehmen nicht äußerlich erkennbar ist; in Spalte 1 und 2 wird die nähere Bezeichnung des Grundstücks, in Spalte 3 und 4 die Bezeichnung nach dem Kataster; in Spalte 6 die Bezeichnung nach dem Grundbuche oder sonstigen gerichtlichen Buche angegeben; Spalte 5 enthält das Amtsgericht, bei dem das Grundbuch über das Grundstück geführt wird; Spalte 7 den Tag der Eintragungen und Spalte 8 die Vermerke über Abschreibungen. §§ 11, 10 Ges., § 1 Verf. v. 19. Sept. In den Abschnitten IV, V, VI erfolgen die Eintragungen unter fortlaufender Nummer.

III. Das Bahngrundbuch wird bei dem Amtsgericht geführt, in dessen Bezirk die Hauptverwaltung des Bahnunternehmens ihren Sitz hat; liegt dieser außerhalb Preußens, so bestimmt der Justizminister das Grundbuchamt. § 10 Abs. 2 Ges.

Jede Bahneinheit erhält in der Regel ein Grundbuchblatt; unter den Voraussetzungen des § 4 GBO., nämlich, daß die mehreren selbständigen Bahneinheiten demselben Eigenthümer gehören, kann, solange Verwirrung nicht zu besorgen ist, für dieselben ein gemeinschaftliches Grundbuchblatt angelegt werden. Zulässig ist auch, wenn die Bahnaufsichtsbehörde solche Veränderungen der Einheit genehmigt hat, die Zuschreibung einer Bahneinheit als Bestandtheils zu einer anderen, oder die Vereinigung von mehreren, früher selbständigen Bahneinheiten zu einer Einheit im Grundbuche; doch wird auch hier die Voraussetzung gelten, daß Verwirrung hiervon nicht zu besorgen sei. § 5 GBO., § 10 Ges. In allen den Fällen der Zusammenschreibung mehrerer Bahneinheiten wird ein gemeinschaftliches Grundbuchblatt nur in Abtheilung I, II, III geführt; das Titelblatt wird diesem Blatte so oft vorgeheftet, als Bahneinheiten zusammengeschrieben werden; die Eintragungen für jede einzelne Bahneinheit erfolgen gesondert je auf einem besonderen Titelblatt. Die Bezeichnung der Bahneinheiten ist hier mit einer fortlaufenden, in Abschnitt I der einzelnen Titel einzutragenden Nummer und, wenn eine Zuschreibung als Bestandtheil oder eine Vereinigung vorliegt, durch einen dies Verhältniß erkennbar machenden Vermerk zu versehen, z. B. Bestandtheil von Nr. 1 oder: vereinigt mit Nr. 1. Zu der Nummer des Grundbuchblattes in der Ueberschrift der Titel der zweiten und der folgenden Bahneinheiten wird ferner das Wort „Fortsetzung" hinzugefügt, um anzudeuten, daß es sich um eine Fortsetzung des ersten Titels handle. § 3 Verf. v. 19. Sept.

Verschieden hiervon ist der Fall, daß eine zweite Bahneinheit gleich nur als ein Theil einer schon bestehenden Stammbahn ins Leben tritt. § 2 Ges. Vgl. vorher unter I. In diesem Falle werden die erforderlich werdenden Eintragungen auf dem Titel der Stammbahn bewirkt; in Abschnitt II ist die Erweiterung des Bahnunternehmens einzutragen. § 4 Verf. v. 19. Sept.

IV. Die Anlegung des Bahngrundbuchs geschieht auf Ersuchen der Bahnaufsichtsbehörde. Dieser Behörde steht also auch die Bestimmung zu, welches Amtsgericht als zur Führung des Grundbuchs zuständig anzusehen ist. Die Anlegung kann schon erfolgen, sobald die Genehmigung für das Bahnunternehmen ertheilt ist. §§ 2, 19 Ges. v. 28. Juli 1892, § 8 Ges. Das Ersuchen muß mindestens die Person des Bahneigenthümers und die Angaben enthalten, welche in den Abschnitt I und II des Titels gehören. Die übrigen Angaben sind nicht wesentlich. Dem Ersuchen müssen beiliegen die Genehmigungsurkunde in Urschrift oder in beglaubigter Abschrift, sowie die beglaubigten Abschriften und Auszüge, durch die der Nachweis geführt wird, daß ein in Abschnitt VI des Titels einzutragendes Grundstück dem Bahneigenthümer gehört — vgl. nachher unter IX. Für alle Eintragungen sowie für alle Aenderungen und Löschungen von Eintragungen auf dem Titel, z. B. auch für die zu III erwähnten Zuschreibungen gilt die Regel, daß sie nur erfolgen dürfen auf Ersuchen der Bahnaufsichtsbehörde. Direkte Anträge des Bahneigenthümers sind abzulehnen. Eine Nachprüfung der Richtigkeit der Angaben des Ersuchens steht dem Grundbuchrichter nur bezüglich der in Abschnitt VI des Titels einzutragenden Grundstücke zu; die anderen Angaben werden in den Titel lediglich auf Grund des Ersuchens aufgenommen; einer Beifügung der Beweisurkunden bedarf es deshalb hier nicht. §§ 12, 13 Ges.

V. Grundakten. Für jedes einzelne Bahngrundbuchblatt werden besondere Grundakten in zwei Bänden angelegt. Der eine Band dient ausschließlich zur Aufnahme derjenigen Schriftstücke, welche den Betrag des zur Anlage und Ausrüstung der Bahn verwendeten Kapitals (Baukapitals) ergeben oder die fortlaufenden Mittheilungen über den Betrag der Betriebseinnahmen und Betriebsausgaben eines jeden Geschäftsjahres nebst der Bescheinigung der Bahnaufsichtsbehörde (§ 13 Abs. 3 Ges.) enthalten. Auf diesen Schriftstücken ist zu vermerken, wo sich die auf sie bezüglichen Uebersendungsschreiben und Verfügungen in dem anderen Bande der Grundakten befinden, welcher zur Aufnahme dieser und aller sonst zu dem Grundbuchblatt eingehenden Schriftstücke bestimmt ist. § 5 Verf. v. 19. Sept. Nothwendig muß eine beglaubigte Abschrift der Genehmigungsurkunde zu diesem Bande der Grundakten genommen werden, § 11 Abs. 1 Ges.; aufzubewahren sind hier die beglaubigten Abschriften der Grundbuchblätter der zur Bahneinheit gehörigen Grundstücke oder andere deren dingliche Rechtsverhältnisse nachweisende Urkunden, § 12 Ges., auch eine Ausfertigung des rechtskräftig bestätigten Gläubigerbeschlusses nach § 30 Ges. ist zu diesen Grundakten zu bringen.

In dem zuerst genannten besonderen Bande der Grundakten ist der Betrag des Baukapitals und der Betrag der Betriebseinnahmen und der Betriebsausgaben eines jeden Geschäftsjahres zu verzeichnen. § 11 Abs. 3 Ges. Die Verfügung des Justizministers, § 5 Verf. v. 12. Sept., spricht nur von einem dem Bande vorauszuschickenden Inhaltsverzeichnisse. Das in § 11 Abs. 3 Ges. angeordnete Verzeichniß, für welches ein Formular nicht vorgeschrieben ist, wird aber außerdem noch vom Grundbuchrichter hinter dem Inhaltsverzeichnisse besonders zu führen sein. Die ersten Angaben, sowie Aenderungen derselben und die jährlichen Mittheilungen über die Einnahmen und Ausgaben des Betriebes sind nur auf Ersuchen der Bahnaufsichtsbehörde in das Verzeichniß aufzunehmen. § 13 Abs. 2 Ges.

VI. 1. Veräußerungen und Belastungen der Bahneinheit, die erst nach Eintragung derselben in das Bahngrundbuch zulässig sind, § 8 Ges., geschehen ohne Mitwirkung der Bahnaufsichtsbehörde; für sie gelten die Bestimmungen der GBO. mit folgenden Besonderheiten. § 16 Ges.

2. Die Uebertragung des Eigenthums der Bahneinheit geschieht durch Auflassung; letztere darf erfolgen, ohne daß die Beibringung einer Genehmigung der Bahnaufsichtsbehörde zum Erwerbe nothwendig wäre. Die Bahneinheit besteht trotz der Veränderung in der Person des Unternehmers fort. Ob die Aufsichtsbehörde demnächst infolge der Veräußerung Anlaß hat, die Genehmigung zurückzunehmen oder für erloschen zu erklären, hat der Grundbuchrichter bei der Auflassung nicht zu beachten. §§ 3, 14, 16 Ges., §§ 23 f. Ges. v. 28. Juli 1892.

Anders liegt der Fall, wenn die Genehmigung für das Unternehmen bereits erloschen und dessen Zwangsliquidation eingeleitet ist. Die Auflassung der noch vorhandenen Bestandtheile der Bahneinheit als Einheit an einen neuen Unternehmer ist dann nur zulässig, wenn letzterer die Genehmigung zum Fortbetriebe des Unternehmens vorlegen kann; um an ihn aufzulassen, muß der Liquidator die Zustimmung des Ausschusses der Bahnpfandgläubiger und des Bahneigenthümers, oder an dessen Stelle des Konkursverwalters beibringen. § 55 Ges.

3. Von einer Theilveräußerung der Bahneinheit als solcher kann nur dann die Rede sein, wenn die auf einem Grundbuchblatte eingetragene Bahneinheit durch die Bahnaufsichtsbehörde unter Einschränkung der früher ertheilten Genehmigung und unter Ertheilung neuer Genehmigungen in zwei oder mehrere Bahneinheiten für verschiedene Unternehmer zerlegt ist. Um diese Aenderung im Grundbuche kenntlich zu machen, bedarf es einer Abänderung der Angaben des Titels; die Umschreibung erfolgt also nach § 13 Ges. auf Ersuchen der Bahnaufsichtsbehörde; einer Auflassung bedarf es nicht, weil kein Uebergang des Eigenthums an der Bahneinheit, sondern die Neuschaffung von Bahneinheiten stattgefunden hat. Die Ertheilung der besonderen Genehmigung brachte ein von der ursprünglichen Bahneinheit völlig unabhängiges Rechtsobjekt neu zur Entstehung, welches auch nicht mehr als Theil von ihr erscheint und der Belastung überhaupt erst zugänglich wird, nachdem es selbst im Bahngrundbuch eingetragen ist. Die Trennung hat deshalb auch nicht kraft Gesetzes die Mithaft der abgetrennten Bahneinheit für die in der zweiten und dritten Abtheilung des Grundbuchs eingetragenen Belastungen zur Folge. Wohl aber kann die Verpfändung derselben für die auf der zurückbleibenden Einheit haftenden Lasten besonders verabredet sein. Ohne ein besonders darauf gerichtetes Ersuchen hat der Grundbuchrichter die Lasten des alten Blattes jedenfalls auf die der neuen Bahneinheiten nicht zu übertragen.

Die Theilveräußerung einer Bahneinheit liegt nicht vor, wenn einzelne dazu gehörige Vermögensstücke — z. B. dazu gehörige Häuser, Theilstrecken — veräußert werden, ohne daß sie für sich eine Bahneinheit bleiben. Einer Auflassung beim Bahngrundbuch bedarf es in diesen Fällen jedenfalls niemals, weil hier nur das Eigenthum an der Bahneinheit als solcher, nicht aber das an den einzelnen dazu gehörigen Vermögensstücken nachgewiesen wird, § 16 Ges. auch nur vom Erwerb von Eigenthum an der „Bahneinheit" spricht.

Der Eigenthumsübergang vollzieht sich außerhalb des Bahngrundbuchs. Ist ein Grundstück veräußert, so bedarf es dazu der Auflassung bei dem für dasselbe bereits angelegten besonderen Grundbuchblatte, oder der Eigenthumsübertragung nach den Grundsätzen für buchungsfreie Grundstücke. Art. 27 A.BGB., § 90 GBO. Vgl. nachher unter IX. Die Veräußerung hat nothwendig das Ausscheiden des Grundstücks aus der Bahneinheit zur Folge; eine Löschung auf dem Titel des Bahngrundbuchblatts bewirkt dies aber nur dann, wenn es hier in Abschnitt VI besonders bezeichnet war, andernfalls wird irgend eine Eintragung hier nicht erforderlich. Die Löschung, welche im Formular des Titels fälschlich Abschreibung genannt wird, erfolgt auf Ersuchen der Bahnaufsichtsbehörde. § 13 Ges. Eine Abschreibung im Sinne der Theilung der Bahneinheit liegt nicht vor; die Bahneinheit besteht ungetheilt fort. Deshalb gehen auch Belastungen der II. und III. Abtheilung des Bahngrundbuchblatts, welche auf den einzelnen Sachen überhaupt nicht haften, auch nicht mit auf die ausscheidenden Grundstücke über.

4. a) Hypotheken und Grundschulden (Bahnpfandschulden) können auch ohne Bezeichnung des Gläubigers eingetragen werden. Voraussetzung ist, daß die Schuld in Theile zerlegt und die landesherrliche Genehmigung zur Ausstellung der Theilschuldverschreibungen auf den Inhaber dem Grundbuchrichter vorgelegt wird. Die Genehmigung eines anderen Bundesstaates genügt hier nicht. § 795 BGB., Art. 112 EG. Die Eintragungsformel hat neben dem Gesammtbetrage die Theilschuldverschreibungen nach Anzahl, Bezeichnung und Betrag anzugeben; bezüglich der Zahlungsbedingungen kann auf den zu den Grundakten zu nehmenden Tilgungsplan — sofern ein solcher vorhanden ist, verwiesen werden. Die Vorlegung einer Schuldurkunde ist auch dann nicht erforderlich, wenn der Schuldgrund bei der Eintragung angegeben wird. Die Eintragung der Theilschulden ist öffentlich bekannt zu machen, s. unter X. Ein Hypotheken- oder Grundschuldbrief wird nicht gebildet; die Ausfertigung der Theilschuldverschreibungen hat das Grundbuchamt nicht zu besorgen. §§ 20, 22 Ges. Jeder Inhaber einer Theilschuldverschreibung ist selbständiger, von den anderen Inhabern unabhängiger Pfandgläubiger, der auch für sein Recht Aenderungen, Vorrangseinräumungen u. s. w. bewilligen darf.

Die Löschung von Theilschulden geschieht auf Antrag des Eigenthümers auf Grund einer von ihm beizubringenden gerichtlichen oder notariellen Urkunde über die durch ihn erfolgte Vernichtung der Theilschuldverschreibungen und der dazu gehörigen Zinsscheine über noch nicht verjährte Zinsforderungen; war eine Theilschuldverschreibung für kraftlos erklärt, so ist außerdem die Löschungsbewilligung desjenigen erforderlich, der das Ausschlußurtheil erwirkt hat. Die Beibringung der genannten Urkunden wird durch den Nachweis der unter Verzicht auf Zurücknahme erfolgten Hinterlegung des Betrages der fälligen Theilschuld oder des Zinsscheins ersetzt. Soweit noch nicht verjährte Zinsscheine als vernichtet nicht nachgewiesen werden können, oder durch den hinterlegten Betrag nicht gedeckt werden, sind sie selbst vorzulegen. Die Löschung der Theilschuld ist öffentlich bekannt zu machen, sofern der Löschungsantrag ganz oder zum Theil auf Hinterlegung gestützt war. §§ 24—26 Ges., Art. 31 A.GBO.

Ausnahmsweise kann ein Mehrheitsbeschluß der Gläubiger einer bestimmten Bahnpfandschuld mit Wirkung gegen alle Gläubiger der Schuld die Rechte der Gläubiger einschränken. Zur gänzlichen oder theilweisen Aufgabe des Pfandrechts, zur Einräumung eines Vorrangs, zur Ermäßigung des Zinsfußes ist dann ein Mehrheitsbeschluß der Gläubiger der Bahnpfandschuld erforderlich; der Beschluß bedarf der Bestätigung durch das Amtsgericht, bei dem das Bahngrundbuch geführt wird, die Bestätigung unterliegt der sofortigen Beschwerde nach CPO. Die Eintragung ins Grundbuch geschieht erst nach Rechtskraft des Beschlusses auf Grund desselben. Die Vorlegung der Theilschuldverschreibungen oder der Nachweis ihrer Vernichtung ist nicht dazu erforderlich. Die endgültige Eintragung ist öffentlich bekannt zu machen. §§ 27—31 Ges. Die Aufgabe des Pfandes bewirkt nach allgemeinen Regeln den Uebergang des Pfandrechts als Grundschuld auf den Bahneigenthümer. § 16 Ges.

b) Eine ursprünglich für einen bestimmten Gläubiger eingetragene Bahnpfandschuld kann in eine solche für den Inhaber der Theilschuldverschreibungen zerlegt werden. Erforderlich ist dazu die Beibringung der landesherrlichen Genehmigung; die Zustimmung des eingetragenen Eigenthümers der Bahneinheit, die Bewilligung des Gläubigers und die Vorlegung des etwa gebildeten Hypotheken- oder Grundschuldbriefes. Die Eintragung erfolgt als Veränderung in den betreffenden Spalten des Grundbuchblattes; der eingereichte Brief wird vernichtet. Theilabtretungen einer für einen bestimmten Gläubiger eingetragenen Bahnpfandschuld ohne Bezeichnung des Erwerbers sind unzulässig. § 23 Ges.

c) Allgemein gilt die Regel, daß die Eintragung einer Grundschuld an einer Privateisenbahn (im Gegensatze zur Kleinbahn) die Vorlegung der Genehmigung des Ministers der öffentlichen Arbeiten voraussetzt. § 17.

d) Das Kündigungsrecht eines Gläubigers der Bahnpfandschuld — also nicht des Schuldners — kann über die Dauer von 30 Jahren hinaus ausgeschlossen werden. § 18 Ges.

e) Um Anlegung eines Grundbuchblattes für eine Bahn, welche vor dem Inkrafttreten des Gesetzes v. 19. August 1895 im Betriebe war, hat die Bahnaufsichtsbehörde das Grundbuchamt von Amtswegen zu ersuchen, wenn Theilschuldverschreibungen auf den Inhaber, bei denen eine vorzugsweise Haftung der Bahn nicht ausgeschlossen ist, ausgegeben waren. Auf Ersuchen der Aufsichtsbehörde sind zugleich diese Theilschuldverschreibungen als Bahnpfandschulden einzutragen und zwar in der durch die Zeit der Entstehung der Forderungen bestimmten Reihenfolge mit dem jeder Eintragung von Amtswegen hinzuzufügenden Vermerke, daß sich das Rangverhältniß der Gläubiger zu einander nach dem vor der Eintragung zwischen ihnen begründeten Verhältnisse bestimmen. §§ 62, 63 Ges.

VII. Die Zwangsvollstreckung in eine Bahneinheit unterliegt den Regeln über die Zwangsvollstreckung in Grundstücke mit folgenden Besonderheiten. §§ 32 f., 58 Ges. § 871 CPO. Art. 47 A.ZVG.

1. Wird der Antrag auf Eintragung einer vollstreckbaren Forderung gestellt, ohne daß ein Bahngrundbuchblatt bereits angelegt wäre, so hat der Grundbuchrichter den Antrag der Bahnaufsichtsbehörde mitzutheilen, welche von Amtswegen das Ersuchen um Anlegung des Grundbuchblatts zu stellen hat. Bei dessen Anlegung erfolgt zugleich die Eintragung der vollstreckbaren Forderung auf Grund des früher gestellten Antrags mit dem Range, der sich aus dem Zeitpunkt des ersten Eingangs des Antrags ergiebt. § 33 Ges.

2. Wird im Laufe eines Zwangsversteigerungs- oder Zwangsverwaltungsverfahrens das Bahngrundbuch angelegt, so ist der Vermerk über Anordnung der Zwangsversteigerung oder Zwangsverwaltung bei der Anlegung von Amtswegen einzutragen. Der Grundbuchrichter erhält vom Vollstreckungsrichter zu dem Zwecke jedesmal Mittheilung von der Einleitung eines solchen Verfahrens. Dasselbe hat an sich nicht ohne weiteres die Anlegung eines Bahngrundbuchs zur Folge; nur wenn rückständiges Kaufgeld als Sicherungshypothek einzutragen ist — §§ 128, 130 ZVG. — ist auf Ersuchen des Vollstreckungsrichters das Grundbuchblatt anzulegen und zugleich die Hypothek einzutragen. Bei der Anlegung wird in den Titel nur die in den Abschnitt II gehörige Beschreibung des Bahnunternehmens aufgenommen, welche der Vollstreckungsrichter unter Einreichung einer Ausfertigung der Genehmigungsurkunde in seinem Ersuchen mitzutheilen hat. Die Anlegung ist vom Grundbuchrichter der Bahnaufsichtsbehörde mitzutheilen, welche die Aufnahme der in die übrigen Abschnitte des Titels gehörenden Angaben zu veranlassen hat. §§ 34, 11, 13 Ges.

3. Soll eine noch nicht im Grundbuche eingetragene Bahnanlage nach §§ 21 und 47 des Ges. v. 3. Nov. 1838 öffentlich versteigert werden, so hat die Bahnaufsichtsbehörde zugleich mit der Stellung des Versteigerungsantrags um Anlegung des Grundbuchblatts zu ersuchen. § 46 Ges.

VIII. Schließung des Bahngrundbuchblattes. Ist die Genehmigung für das Bahnunternehmen erloschen, so hat die Bahnaufsichtsbehörde dem Grundbuchamte davon Kenntniß zu geben. Sind auf dem Blatte der Bahneinheit keine Pfandrechte eingetragen, so hat dieses das Blatt sodann ohne weiteres zu schließen. Sind aber Pfandrechte eingetragen, so ist zunächst nur im Abschnitt II des Titels und zwar hier ausnahmsweise ohne besonderes Ersuchen der Bahnaufsichtsbehörde, vgl. vorher unter IV, das Erlöschen der Genehmigung zu vermerken und vom Grundbuchamte öffentlich bekannt zu machen. Sobald demnächst die eingetragenen Pfandrechte gelöscht sind oder das Zwangsliquidationsverfahren beendet ist, oder ein Antrag auf Einleitung dieses Verfahrens bis zum Ablauf von 6 Monaten seit der öffentlichen Bekanntmachung des Erlöschens der Genehmigung nicht oder nicht mehr gestellt, oder ein während der Frist gestellter Antrag nach Ablauf derselben erledigt ist, so ist die Schließung zu bewirken. Um dies nicht zu versäumen, wird sich der

Grundbuchrichter die Akten von Zeit zu Zeit wieder vorlegen lassen müssen, um über die Einleitung und den Fortgang des Zwangsliquidationsverfahrens, welches bei demselben Amtsgerichte zu führen ist, Nachricht einzuziehen.

IX. Besonderer Besprechung bedarf noch die Behandlung der zur Bahneinheit gehörigen Grundstücke.

1. Die Aufnahme eines Grundstücks in Abschnitt VI des Titels des Bahngrundbuchs auf Ersuchen der Aufsichtsbehörde — vgl. vorher IV — geschieht nur, wenn dessen Zugehörigkeit zur Bahneinheit nicht durch den Zusammenhang mit dem Bahnkörper oder sonst äußerlich erkennbar ist; sie darf nur erfolgen, wenn dem Grundbuchrichter, welchem in diesem Falle allein die Prüfung obliegt, nachgewiesen wird, daß das Grundstück dem Bahneigenthümer gehört und frei von Pfandrechten ist. Belasten andere dingliche Rechte das Grundstück, so darf die Aufnahme in den Titel nur stattfinden, wenn die Bahnaufsichtsbehörde bescheinigt hat, daß diese Rechte mit der Betriebsfähigkeit des Bahnunternehmens vereinbar sind. Der Nachweis wird dem Grundbuchrichter durch ihm mit dem Eintragungsersuchen vorzulegende beglaubigte Abschriften der über das Grundstück geführten Grundbuchblätter maßgebend geführt; fehlt es an einem Grundbuche, so liegt es in seinem Ermessen, inwieweit er den Nachweis durch ihm gleichfalls vorzulegende beglaubigte Auszüge aus anderen Büchern für geführt ansehen will; er kann in diesem Falle von der Bahnaufsichtsbehörde auch noch die Beibringung einer Bescheinigung von dem Ortsvorstande oder einer sonst berufenen Behörde über die dinglichen Rechtsverhältnisse des Grundstücks verlangen; kann sogar selbst eine öffentliche Aufforderung zur Anmeldung von Ansprüchen erlassen. § 12 Ges.

2. Für ein im Bahngrundbuch verzeichnetes Grundstück wird das bestehende Grundbuchblatt oder andere gerichtliche Buch weitergeführt. Es ist aber in diesen Büchern eine Verfügungsbeschränkung — im Grundbuch in der zweiten Abtheilung des Blattes, § 11 Z. 2 Verf., einzutragen des Inhalts, daß das Grundstück zur Bahneinheit zugehöre. Die Verfügungsbeschränkung wird gelöscht nach Aufhören der Bahneinheit, d. h. nach Schließung des Bahngrundbuchblattes. Die Eintragung und Löschung geschieht, soweit die Grundstücke auf dem Titel des Bahngrundbuchblatts vermerkt sind, auf das von Amtswegen zu erlassende Ersuchen des Bahngrundbuchamts, andernfalls auf Antrag des Bahneigenthümers. Wird für ein Grundstück erst nachträglich ein eigenes Grundbuchblatt angelegt, so ist die Zugehörigkeit zur Bahneinheit von Amtswegen zu vermerken. So sagt das Gesetz; in welcher Weise aber der Grundbuchrichter Kenntniß von dieser Zugehörigkeit erlangen soll, darüber giebt das Gesetz keine Auskunft. Auf bloße Vermuthungen hin Nachforschungen anzustellen, erscheint er nicht verpflichtet. Gemeint kann nur sein, daß der Vermerk von Amtswegen, d. h. auch ohne Antrag, einzutragen ist, wenn der Grundbuchrichter schon sichere Kenntniß von der Zugehörigkeit hat. Andernfalls tritt die Pflicht des Bahneigenthümers in Kraft, den Antrag auf Eintragung zu stellen. § 15 Abs. 1 u. 2 Ges.

Vor dem Aufhören der Bahneinheit darf der Vermerk auf Antrag des Bahneigenthümers nur gelöscht werden, wenn er die Zustimmung der

Bahnaufsichtsbehörde oder im Falle der Zwangsliquidation des Liquidators beibringt.

3. Die Zugehörigkeit eines Grundstücks zur Bahneinheit bewirkt, daß es von den Veräußerungen, welche die Bahneinheit erlitten hat, mitbetroffen wurde. Hört die Bahneinheit auf und wird deshalb die Verfügungsbeschränkung zu 2 gelöscht, so muß gleichzeitig auch im Grundbuche des Grundstücks die Person als Eigenthümer eingetragen werden, welcher zu jener Zeit die Bahneinheit gehört. Die Eintragung ist wie im Falle zu 2 auf Ersuchen des Bahngrundbuchamts oder auf Antrag des Bahneigenthümers zu bewirken. § 15 Abs. 1 u. 2 Ges.

4. Solange das Grundstück zur Bahneinheit gehört, sind Veräußerungen oder Belastungen des einzelnen Grundstücks ungültig, soweit nicht die Bahnaufsichtsbehörde bescheinigt, daß durch die Verfügung die Betriebsfähigkeit des Bahnunternehmens nicht beeinträchtigt wird. Ohne Beibringung einer solchen Bescheinigung sind deshalb bezügliche Anträge abzulehnen. Entbehrlich ist diese Bescheinigung, wenn urkundlich nachgewiesen wird, daß die Genehmigung für das Unternehmen bereits erloschen ist; in diesem Falle und wenn die Bescheinigung beigebracht wird, kann über das Grundstück nach den allgemeinen Regeln des Liegenschaftsrechts vorbehaltlich der sich aus der Verfügungsbeschränkung ergebenden Rechte der Bahngläubiger verfügt werden. Als zur Verfügung befugter Eigenthümer gilt der Bahneigenthümer, nicht der eingetragene Eigenthümer des Grundstücks. Die Verfügungsbefugniß ist deshalb jedesmal noch durch eine Bescheinigung des Bahngrundbuchamts nachzuweisen. §§ 5, 19 Ges. Der Eintragung des neuen Eigenthümers, um auflassen oder anderweit über das Grundstück verfügen zu können, bedarf es jedenfalls nicht erst.

Scheidet im Falle der Auflassung das einzelne Grundstück aus der Bahneinheit aus, so liegt der zu 2 erwähnte Fall der Löschung der Verfügungsbeschränkung vor Aufhören der Bahneinheit vor. Eine Mitübertragung der Bahnpfandschulden auf das Grundbuchblatt des einzelnen aus der Bahneinheit ausscheidenden Grundstücks findet kraft Gesetzes nicht statt, kann aber besonders verabredet sein. Vgl. vorher zu VI 3.

5. Nach § 2 der Verfügung v. 19. September 1895 soll das Grundbuchamt, welches das besondere Grundbuch über ein in Abschnitt VI des Bahngrundbuchs aufgenommenes Grundstück führt, solche Veränderungen in den Eintragungen, welche die Angaben im Bahngrundbuche berühren, zu diesen kostenfrei mittheilen, damit das Bahngrundbuchamt die Veränderungen im Bahngrundbuche kostenfrei nachtrage. Diese Verfügung widerspricht dem § 13 Ges., nach welchem Angaben auf dem Titel nur auf Ersuchen der Bahnaufsichtsbehörde geändert werden dürfen, ist auch insofern, wenigstens soweit es sich um Eintragungen in den Spalten 2—4 und 8 handelt, nicht unbedenklich, als eine Aenderung der Angaben in diesen Spalten auch eine Aenderung des Grundstücks selber und somit des Umfangs der Bahneinheit in sich schließen kann, während die Schaffung der Bahneinheit nach dem Gesetze ausschließlich in den Händen der Bahnaufsichtsbehörde liegen soll. Der Grundbuchrichter wird deshalb gut thun, vor jeder Aenderung einer Eintragung in den Spalten 2—4 und 8 des Abschnitt VI zunächst mit der Bahnaufsichtsbehörde Rücksprache zu nehmen.

6. Soll im Falle der Zwangsliquidation ein einzelnes zur Bahneinheit gehörendes Grundstück aus freier Hand aufgelassen werden, so muß der Liquidator zur Auflassung die Genehmigung des Ausschusses der Bahnpfandgläubiger und die Zustimmung des Bahneigenthümers oder an dessen Stelle des Konkursverwalters vorlegen. § 54 Ges.

X. Ist eine öffentliche Bekanntmachung vorgeschrieben, so ist die Anzeige mindestens einmal in dem Anzeiger des Amtsblattes zu veröffentlichen; nach dem Ablaufe von zwei Tagen seit der Ausgabe der ersten Anzeige gilt sie als bekannt gemacht. Auch in den Blättern, welche in den Ausgabebedingungen von Theilschuldverschreibungen besonders bestimmt sind, ist die Anzeige zu veröffentlichen. § 61 Ges.

§ 89. Behandlung der Bergwerke und Kohlenabbaugerechtigkeiten im Grundbuche.

I. 1. Die Vorschriften, welche dem Bergrechte angehören und die Kohlenabbaugerechtigkeiten in den vormals Sächsischen Landestheilen betreffen, unterliegen auch nach dem 1. Januar 1900 noch der Landesgesetzgebung. Art. 67, 68 EG. In Preußen sind die geltenden Vorschriften namentlich auch bezüglich der Behandlung der fraglichen Rechte beim Grundbuche durch Art. 37, 38 A.BGB., Art. 21—27, 33 A.GBO., Art. 5—22 A.JZVG. dem Reichsrechte angepaßt worden. Hiernach sollen grundsätzlich auf das Bergwerkseigenthum, die unbeweglichen Kuxe und die Kohlenabbaugerechtigkeiten die sich auf Grundstücke beziehenden Vorschriften des BGB. Anwendung finden und dementsprechend für diese Rechte auch die sich auf Grundstücke beziehenden Vorschriften der GBO. gelten. Art. 22 A.GBO., § 22 Verf. Doch sind im Folgenden einzelne Besonderheiten zu besprechen.

2. Zunächst anlangend die Uebergangsbestimmungen, so ergiebt sich für Bergwerke folgender Rechtszustand:

a) Für alle Bergwerke gelten vom 1. Januar 1900 ab die die Anlegung des Grundbuchs betreffenden Vorschriften. Sie erhalten ein Grundbuchblatt von Amtswegen. Art. 34 Abs. 1 A.GBO., §§ 82, 3 GBO.

b) Für solche Bergwerke, die seit dem 1. Januar 1900 verliehen sind, gelten ferner von diesem Zeitpunkte ab die sich auf Grundstücke beziehenden Vorschriften der GBO. und alle bezüglichen Vorschriften des A.GBO. §§ 34 Abs. 2, 22—26 A.GBO.

c) Für die schon vor dem 1. Januar 1900 verliehenen Bergwerke gilt abgesehen von den zu 1 erwähnten Vorschriften das neue Recht erst von dem Tage, an welchem das Grundbuch für den betreffenden Bezirk als angelegt anzusehen ist. Art. 34 Abs. 1 A.GBO., § 82 GBO.

II. Für Bergwerke nach neuerem Rechte wird ein Grundbuchblatt nach dem allgemeinen Formular angelegt. Für die im Bezirke eines Grundbuchamts belegenen Bergwerke ist ein besonderes Grundbuch einzurichten. In die Aufschrift des Blattes ist eine Beschreibung aufzunehmen, welche den wesentlichen Inhalt der Verleihungsurkunde oder des sonstigen Berechtigungstitels angiebt. Die dem Bergwerke zugeschriebenen Grundstücke werden im Verzeichnisse der Grundstücke in derselben Weise verzeichnet, wie dies vorher S. 40 f. dargestellt ist. Doch können diese Grundstücke nicht untereinander zu einem Grundstücke vereinigt oder eins dem andern zugeschrieben werden, weil sie als selbständige Grundstücke nicht anzusehen sind, vielmehr sämmtlich schon mit dem Bergwerke zusammen eine rechtliche Einheit bilden. §§ 22—24 Verf.

Die Bergwerke mit unbeweglichen Antheilen (Kuxen) behalten das in § 6 Abs. 3 der Preuß. Grundbuchordnung v. 5. Mai 1872 vorgeschriebene sogenannte Formular III mit den im § 25 Verf. vorgeschriebenen Maßgaben. Es besteht danach aus einem Titel und drei Abtheilungen. Der Titel giebt an neben der Bezeichnung des Bergwerks: im Abschnitt I die Beschreibung des generellen Eigenthums, im Abschnitt II die dem Bergwerke als Bestandtheil zugeschriebenen Grundstücke, in einem neu eingeschobenen Abschnitte III die mit dem Bergwerkseigenthume verbundenen Rechte, im Abschnitte IV (früher III) die dauernden Lasten, Beschränkungen des Eigenthums und dinglichen Rechte, welche auf dem ganzen Bergwerke haften. In die Abtheilung I des Grundbuchblattes werden die Miteigenthümer des Bergwerks unter laufender Nummer und Angabe der Anzahl der Kuxe, welche sich im Eigenthum eines jeden Gewerken befinden, eingetragen. Die im Formular vorkommende Spalte: Primordialnummer weist auf die Nummer hin, welche ein Bergwerksantheil bei seiner ersten Eintragung erhalten hatte. Gehörten z. B. dem unter laufender Nr. 1 eingetragenen Gewerken 64 Kuxe und veräußert er 30 davon an einen unter laufender Nummer 3 einzutragenden Gewerken, so wird neben Nr. 3 in Spalte: laufende Nr. in die Spalte „Primordialnummer" die Nr. 1 eingetragen, um anzuzeigen, daß der neue Antheil 3 ein Theil des ursprünglichen Antheils 1 sei. Die Abtheilungen II und III sind bestimmt zur Eintragung der dauernden Lasten und Einschränkungen des Eigenthums, sowie der Hypotheken, Grundschulden und Rentenschulden, welche auf den einzelnen Antheilen der Gewerken lasten. Der belastete Antheil wird durch einen Hinweis auf die Nr. des Antheils und die Primordialnummer in je einer besonderen Spalte bezeichnet. § 25 Verf.

Das besondere Grundbuchformular, welches durch das Gesetz über das Grundbuchwesen in dem Bezirke des Justizsenats zu Ehrenbreitstein v. 30. Mai 1873 für die Hütten in der Grafschaft Sayn-Altenkirchen vorgeschrieben ist, wird für diese Hütten beibehalten. Doch ist der Titel des Formulars in gleicher Weise, wie der des alten Preußischen Formulars III zu ändern. § 26 Verf.

Die Grundakten eines Bergwerks erhalten neben der Bezeichnung des Grundbuchs nach Bezirk, Band und Blatt den Zusatz „Bgw." § 7 Z. 4 Gesch.Anw.

III. 1. Das Bergwerkseigenthum wird als besonderes Rechtsobjekt begründet durch Verleihung seitens des Oberbergamts. §§ 22 f. des Berggesetzes vom 24. Juni 1865 (im Folgenden mit BG. citirt). Zwei oder mehrere Bergwerke können zu einem einheitlichen Ganzen vereint werden (Konsolidation). Die Bestätigung der Konsolidation seitens des Oberbergamts bewirkt, wie die Verleihung, ein neues Bergwerkseigenthum. §§ 41 f. BG. Bei der Konsolidation gehen die auf den einzelnen Bergwerken haftenden Hypotheken und andern Rechte entweder auf das konsolidirte Werk als Ganzes in einer mit den Realgläubigern vereinbarten Rangordnung oder auf den ideellen Antheil über, welcher dem einzelnen eintretenden Bergwerk an dem konsolidirten Werke entspricht. §§ 43—48. Die reale Theilung des Feldes eines Bergwerks in selbständige Felder oder der Austausch von Feldestheilen zwischen angrenzenden Bergwerken unterliegt gleichfalls der Bestätigung des Oberbergamts, welche auch hier ein neues Bergwerkseigenthum begründet. Für den Fall der realen Theilung bleibt es bezüglich der grundbuchmäßigen Behandlung der Hypotheken und anderen Realrechte bei den allgemeinen Regeln; soweit sie nicht zu löschen sind, oder nicht durch besondere Vereinbarung Anderes bestimmt ist, bleiben sie deßhalb auf den Theilen haften, wie vorher auf dem Ganzen; im Falle des Austausches von Feldestheilen tritt der hinzutretende Feldestheil ohne Weiteres in die Verbindlichkeit für die auf dem Bergwerk lastenden Realrechte, und wird von seiner früheren dinglichen Belastung befreit. § 51 BG.

In allen den genannten Fällen tritt der Grundbuchrichter fortan nur noch auf Ersuchen des Oberbergamts in Thätigkeit; dieses hat ihn um die Bewirkung der erforderlichen Eintragung zu ersuchen und hat dem Grundbuchamt dabei eine beglaubigte Abschrift der Verleihungsurkunde oder eine Ausfertigung des bestätigten Konsolidations-, Theilungs- oder Austauschaktes mitzutheilen. Art. 23 A.GBO. Wird die Verleihungsurkunde geändert, § 35 Abs. 4 BG., so geschieht die Eintragung der Aenderung in das Grundbuch gleichfalls auf Ersuchen des Oberbergamts, welches die Urkunde oder die Aenderung mitzutheilen hat. Art. 24 A.GBO.

2. Die Aufhebung des Bergwerkseigenthums wird durch einen Beschluß des Oberbergamts ausgesprochen, § 160 BG., und hat die Wirkung, daß mit der Aufhebung das Bergwerk als besonderes Rechtsobjekt untergeht und alle Ansprüche auf das Bergwerk erlöschen, von welcher Art sie auch sein mögen. § 160 BG. Die Aufhebung kann auch nur einzelne Theile eines Feldes betreffen. § 162 BG. Gleiche Wirkung hat die Aufhebung der Verleihungsurkunde durch das Oberbergamt. § 35 Abs. 4 BG.

Die Aufhebung hat die Schließung des über das Bergwerk geführten Grundbuchblattes zur Folge; das Oberbergamt hat unter Mittheilung einer Ausfertigung des Aufhebungsbeschlusses das Grundbuchamt darum zu ersuchen. Bei der Schließung sind die eingetragenen Belastungen von Amtswegen zu löschen. Grundstücke, die dem Bergwerke als Bestandtheil zugeschrieben waren, werden abgeschrieben und als selbständige Grundstücke in das über die Grundstücke ihres Bezirks geführte Grundbuch eingetragen; alle Belastungen des früheren Bergwerks, für die auch die Grundstücke hafteten, werden auf das neue Grundbuchblatt für die Grundstücke mit übertragen. Art. 25 A.GBO.

3. Für alle zu 1 u. 2 vorgenannten Fälle gilt die Regel, daß Eintragungen, von denen Hypotheken, Grundschulden, Rentenschulden betroffen werden, auf Ersuchen des Oberbergamts zu erfolgen haben, auch wenn die ertheilten Briefe, Schuldverschreibungen auf den Inhaber, Wechsel oder anderen indossablen Papiere nicht vorgelegt werden. Das Grundbuchamt hat aber den Besitzer des Hypotheken-, Grundschuld- oder Rentenschuld-

briefes zur Vorlegung anzuhalten, um nachträglich darauf die entsprechenden Vermerke zu setzen, oder im Falle der Löschung den Brief unbrauchbar zu machen. Schuldverschreibungen auf den Inhaber, Wechsel und andere indossable Papiere werden aber nicht nachträglich eingefordert. Art. 26 A.GBO.

IV. 1. Eigenthümer eines Bergwerks können sein eine Einzelperson oder mehrere Personen zu ideellen Antheilen, auch Gesellschaften, insbesondere Aktiengesellschaften. Ist nicht eine andere Regelung besonders getroffen, so bilden Mitbetheiligte eines Bergwerks eine Gewerkschaft. §§ 94, 133 BG.

Bergbeamte des Staates, deren Frauen und unter elterlicher Gewalt stehende Kinder dürfen im Bezirke ihrer Verwaltung Bergwerke oder Kuxe durch Rechtsgeschäfte unter Lebenden nur mit Genehmigung des Handelsministers erwerben. § 195 BG. Auf Erwerbungen von Todeswegen bezieht sich die Vorschrift nicht. Die Genehmigungsurkunde ist eintretenden Falls dem Grundbuchrichter vorzulegen.

2. Für das Eigenthum der Gewerkschaft gilt folgendes:

Bei den zur Zeit der Einführung des allgemeinen Berggesetzes v. 24. Juni 1865 bestehenden Gewerkschaften in den rechtsrheinischen Landestheilen sind die einzelnen Gewerken Eigenthümer ihrer Kuxe und werden als solche in das Grundbuch eingetragen. Die Gewerken können ihre Kuxe ebenso wie Grundstücke veräußern oder verpfänden; bei einer Theilveräußerung ist aber zu beachten, daß Kuxe nur noch in Zehntheile getheilt werden dürfen. Durch Mehrheitsbeschluß darf das ganze Bergwerk nur dann verpfändet werden, wenn die einzelnen Kuxe nicht mit Hypotheken, Grundschulden oder Rentenschulden belastet sind. Ist dies der Fall, so ist Einstimmigkeit dazu erforderlich. §§ 226 f. BG.

3. Bei den unter dem BG. entstandenen Gewerkschaften ist die Gewerkschaft als juristische Person Eigenthümer des Bergwerks. Das Bergwerk wird auf den Namen der Gewerkschaft in das Grundbuch eingetragen und kann nur als Ganzes und nur von der Gewerkschaft mit Hypotheken und anderen dinglichen Lasten beschwert werden. §§ 95—100 BG. Die Gewerkschaft wird dem Grundbuchrichter gegenüber durch den Repräsentanten oder Grubenvorstand vertreten, welcher aber, sofern das Statut nichts Anderes bestimmt, im Falle der Veräußerung, Verpfändung oder Belastung des Bergwerks eines besonderen Auftrags der Gewerkenversammlung bedarf und diesen vorzulegen hat. Die Versammlung darf Geschäfte der genannten Art nur mit einer Mehrheit von drei Viertheilen aller Kuxe beschließen. §§ 114, 117, 119, 120, 124 BG. Die Gewerkschaft kann unter ihrem Namen Eigenthum und andere dingliche Rechte an Grundstücken oder Bergwerken erwerben. § 96 BG.

4. Eine Gewerkschaft älteren Rechts kann in eine solche neueren Rechts umgewandelt werden. §§ 235 f. BG., Ges. v. 9. April 1873.

Wird dem Grundbuchamt eine Ausfertigung des notariell oder gerichtlich aufgenommenen Protokolls der Gewerkenversammlung, in welcher die Umwandlung beschlossen ist, eingereicht, so hat dieses in den Abschnitt IV (früher III) des Titels des Grundbuchblattes eine entsprechende Verfügungsbeschränkung einzutragen und die Eintragung auch dem Oberbergamt mitzutheilen. Der Vermerk wird auf Antrag dieser Behörde gelöscht. § 235 b Ges. v. 1873. Wird dem Grundbuchamt der von dem Oberbergamt bestätigte Umwandlungsbeschluß mit einem entsprechenden Antrag des Repräsentanten oder Grubenvorstandes vorgelegt, so werden die in der zweiten und dritten Abtheilung des Grundbuchs über das Bergwerk eingetragenen Hypotheken- und anderen Realrechte wörtlich mit ihrem Range in die Kuxscheine übertragen, welche an die Stelle der verpfändeten Antheile getreten sind und das alte Grundbuchblatt nach dem beibehaltenen alten Formular III geschlossen. Zugleich wird ein neues Grundbuchblatt nach dem neu eingeführten Formular angelegt; in dieses werden die Gewerkschaft als Eigenthümerin und alle auf dem ganzen Bergwerk haftenden Hypotheken und dinglichen Lasten übertragen. Einer Auflassung bedarf es nicht, weil die Umwandlung keine Eigenthumsübertragung bedeutet. Die Kuxscheine werden, sofern an den Antheilen, an deren Stelle sie getreten sind, nur ein Hypotheken- oder Grundschuldgläubiger betheiligt war, diesem ausgehändigt, andernfalls beim Grundbuchamt aufbewahrt. Die Löschung und Umschreibung der Vermerke auf den Kuxscheinen erfolgt jetzt nach den allgemeinen Regeln der GBO. § 236 Abschn. 3 BG. Nachdem die Preußische Grundbuchordnung durch Art. 33 Z. 1 A.GBO. ausdrücklich aufgehoben ist, ist ihre Geltung auch für die Pfand- und Realrechte an den Kuxscheinen beseitigt, sodaß man, obgleich es sich hier um bergrechtliche Bestimmungen handelt, doch in Ermangelung anderer Vorschriften auf die GBO. zurückgreifen muß. Art. 32 A.GBO. Solange Antheile einzelner Gewerken mit Pfandrechten, die anstelle seitheriger Hypotheken getreten sind, belastet sind, hat das Grundbuchamt die Kuxscheine auszufertigen und das Gewerkenbuch zu führen, dessen Führung sonst dem Repräsentanten oder Grubenvorstand obliegt. §§ 239, 121 BG. Das Gewerkenbuch bezeichnet die Eigenthümer der Kuxe. § 106 BG. Ueber das Verfahren bei Führung desselben ist die Instruktion v. 19. November 1866 erlassen; diese schreibt ein Formular vor, welches die Uebersicht der Betheiligung eines Gewerken bei der ersten Anlegung des Gewerkenbuches, sowie jeder späteren Zu- und Abschreibung ermöglicht. Die Instruktion bestimmt auch die Formulare für die Kuxscheine.

V. Hülfsbaue gelten als Bestandtheile des berechtigten Bergwerks oder der berechtigten Bergwerke. § 60 Abs. 3 BG. in der Fassung des Art. 37 A.BGB. Sie bedürfen, wenn der Hülfsbauberechtigte den Besitz erlangt hat, gegenüber dem öffentlichen Glauben des Grundbuchs nicht der Eintragung. Erbstollengerechtigkeiten werden nach § 223 BG. seit der Geltung dieses Gesetzes nicht mehr verliehen. Freikuxberechtigungen und Privatzehntrechte konnten von dem gleichen Zeitpunkte an nicht mehr entstehen. Soweit einzelne damals schon bestehende Rechte dieser Art der Eintragung in das Grundbuch bedurften, mußten sie zur Erhaltung ihrer Wirkung gegen Dritte bis zum 1. Oktober 1873 eingetragen sein. Nicht Dritten gegenüber bestanden sie auch ohne Eintragung als dingliche Rechte fort. In diesen Beziehungen ist nichts geändert.

VI. 1. Die vom Eigenthum am Grundstücke getrennten Kohlenabbaugerechtigkeiten gelten als selbständige Gerechtigkeiten. Art. 22 A.GBO. Sie werden zunächst auf dem Blatte des belasteten Grundstücks eingetragen. Die Anlegung eines besonderen Grundbuchblattes gesch iehtin den Fällen des § 7 GBO. Art. 27 A.GBO. Das besondere Grundbuchblatt wird nach dem neueingeführten allgemeinen Formular angelegt. In die Aufschrift des Blattes ist eine Beschreibung aufzunehmen, welche den wesentlichen Inhalt der Bestellungsurkunde angiebt. Die der Gerechtigkeit zugeschriebenen Grundstücke werden in derselben Weise, wie dies vorher im S. 40 f. dargelegt ist, im Verzeichnisse der Grundstücke eingetragen. § 24 Verf. und vorher zu II.

Alle auf dem Grundbuchblatte des belasteten Grundstücks eingetragenen Belastungen, welche sich auf die anstehenden Kohlen mitbeziehen, sind auf das neue Grundbuchblatt mitzuübertragen, soweit nicht Haftentlassung der Gerechtigkeit oder nur antheilige Haftung der Gerechtigkeit und des Grundstücks vereinbart ist.

2. Die Kohlenabbaugerechtigkeit kann bestellt werden für einen Dritten oder für den Grundeigenthümer. Die Bestellung stellt dar die Belastung eines Grundstücks mit einem dinglichen Rechte; es gelten dafür alle die Eintragung eines solchen Rechts im Grundbuche regelnden Vorschriften der GBO., jedoch mit folgenden Ausnahmen.

Bei der Bestellung für einen Dritten muß vor dem Grundbuchamte die Einiguug des Grundeigenthümers und des Erwerbers über die Bestellung bei gleichzeitiger Anwesenheit beider Theile erklärt sein, ehe die Eintragung erfolgen darf. Zur Eintragung der Bestellung für den Grundeigenthümer genügt dessen Eintragungsbewilligung oder materiell die Erklärung gegenüber dem Grundbuchamte, daß die Gerechtigkeit für ihn in das Grundbuch eingetragen werden solle. § 84 GBO. Art. 38 A.BGB., §§ 2—3 Ges. v. 22. Februar 1869. Dem Antrage auf Eintragung soll in allen Fällen ein von einem konzessionirten Markscheider oder Feldmesser angefertigter, die Feldesgrenzen, die zur Orientirung erforderlichen Tagesgegenstände und den Meridian angebender Situationsriß beiliegen. § 4 Ges.

3. Ist einmal die selbständige Gerechtigkeit entstanden, so gilt sie als ein Grundstück und kann nur nach den für ein solches geltenden Vorschriften veräußert oder belastet werden. Die Uebertragung des Eigenthums an der Gerechtigkeit setzt also Auflassung und die Berichtigung des Grundbuchs durch Eintragung des Berechtigten dessen Zustimmung voraus. §§ 20, 22 Abs. 2, 84 GBO., § 5 Ges., Art. 68 EG. Besonderheiten gelten nur noch hinsichtlich der Zuschreibung und Vereinigung mehrerer Kohlenabbaugerechtigkeiten und der Löschung einer solchen im Grundbuche.

Eine Kohlenabbaugerechtigkeit darf nur dann einer anderen als Bestandtheil zugeschrieben oder mit ihr vereinigt werden, wenn die Gerechtigkeiten mit ihren Feldern aneinandergrenzen und zu einem einheitlichen Baue zusammengefaßt sind und wenn außerdem die auf den einzelnen Gerechtigkeiten haftenden Belastungen auf Grund einer die Rangordnung regelnden Einigung mit den Berechtigten auf das aus den Gerechtigkeiten gebildete Ganze übertragen werden. § 7 Ges.

Ist das Kohlenfeld vollständig abgebaut, so kann die Kohlenabbau-Gerechtigkeit im Grundbuche gelöscht werden. Antragsberechtigt ist jeder betheiligte Grundeigenthümer und jeder, welchem ein Recht an dem Grundstücke zusteht. Der Antrag ist durch ein Zeugniß der Bergbehörde darüber zu begründen, daß das Kohlenfeld gänzlich abgebaut sei und auf dem Felde Gebäude oder sonstige zur Grube gehörende unbewegliche Bestandtheile nicht mehr vorhanden seien. Auf Grund des Zeugnisses schließt das Grundbuchamt das für die Gerechtigkeit angelegte Blatt und löscht die auf diesem eingetragenen Rechte. Zur Löschung einer Hypothek, Grundschuld oder Rentenschuld ist die Vorlegung des Briefes nicht erforderlich; doch hat das Grundbuchamt den Besitzer des Briefes zur Vorlegung anzuhalten, um nachträglich die Löschung auf dem Briefe zu vermerken. § 8 Ges. Auch auf dem Blatte des belasteten Grundstücks ist die Gerechtigkeit auf Grund des Zeugnisses zu löschen.

§ 90. Behandlung der Familienfideikommisse, Lehen und Stammgüter im Grundbuche.

I. Die landesgesetzlichen Vorschriften über Familienfideikommisse, Lehen und Stammgüter sind nach Art. 59—61 EG. unberührt geblieben. Die Grundsätze für die Eintragungen im Grundbuche sind in den Art. 15—19 A.GBO. neu aufgestellt worden.

II. Familienfideikommisse. Für F. gilt die Besonderheit, daß über mehreren zu einem F. gehörende Grundstücke auch dann ein gemeinschaftliches Grundbuchblatt geführt werden kann, wenn die Grundstücke in den Bezirken mehrerer Grundbuchämter liegen. Das zuständige Grundbuchamt wird nach § 20 A.GVG. bestimmt. Art. 37 Kgl. V. Die Eintragungen und Löschungen im Grundbuche setzen meist eine Thätigkeit der Fideikommißbehörde, d. h. der Behörde voraus, welche zur Beaufsichtigung des Fideikommisses gesetzlich oder stiftungsgemäß bestellt ist. Stiftungsmäßig kann für alle seit dem 1. Januar 1900 errichteten F. nur das Oberlandesgericht zur F.-Behörde bestellt werden; für früher errichtete F. können noch andere staatliche Behörden diese Funktion haben. Art. 17 A.GBO. Gesetzlich ist im Geltungsbereiche des Ges. v. 5. März 1855 das Oberlandesgericht, in dessen Bezirke der Stifter oder wenigstens einer von mehreren Stiftern bei Errichtung des F. seinen Wohnsitz hatte, § 49 A.GVG., F.-Behörde. In Neuvorpommern und Rügen ist das Oberlandesgericht in Stettin stets zuständig für die erforderliche Mitwirkung bei Familienschlüssen und bei der Verschuldung von Fideikommißgütern. § 2 Ges. v. 12. Juli 1896. F.-Behörde ist in Hannover das Amtsgericht der belegenen Sache, § 14 Abs. 1 Einf.Ges. v. 28. Mai 1873, in den vormals Großherzoglich Hessischen Gebietstheilen das zuständige Amtsgericht. § 21 Abs. 2 Grundbuchges. v. 19. August 1895. Andere gesetzliche F.-Behörden giebt es in Preußen nicht. Hinsichtlich der Güter des Landesherrn und der Mitglieder der landesherrlichen Familie, des vormaligen Hannoverschen, Kurhessischen und Nassauischen Fürstenhauses, sowie der vormals reichsständischen und ihnen gleichgestellten Familien sind die Hausverfassungen in Geltung geblieben. Art. 57, 58 EG. Die Kgl. Preuß. Haus-Fideikommißgüter werden von dem Ministerium des Kgl. Hauses verwaltet. Die im

Folgenden besprochenen Besonderheiten gelten nicht für diese Güter, sondern nur für die eigentlichen Familien-Fideikommisse.

1. Die Eintragung und Löschung der Fideikommißeigenschaft bei einem Grundstücke im Grundbuche hat folgende Voraussetzungen:

a) Steht das F. unter der Aufsicht einer F.-Behörde, so hat diese von Amtswegen für die Eintragung zu sorgen. § 64 II 4 ALR. Die Eintragung geschieht auf Ersuchen der F.-Behörde. Die Löschung der Fideikommißeigenschaft erfolgt auf Antrag des F.-Besitzers auf Grund einer Bescheinigung der F.-Behörde, daß die Eigenschaft erloschen sei, oder auf Grund eines von der F.-Behörde bestätigten Familienschlusses über die Aufhebung der Eigenschaft des Grundstücks. Art. 16 A.GBO.

b) Fehlt es an einer F.-Behörde, so erfolgt die Eintragung oder Löschung der Fideikommißeigenschaft im Grundbuche auf Antrag des F.-Besitzers auf Grund des urkundlich zu führenden Nachweises der Entstehung oder Endigung der F.-Eigenschaft des Grundstücks. Art. 18 A.GBO.

c) Die Regeln zu a und b gelten auch, wenn nachträglich ein Grundstück zum F. hinzu erworben wird. Wird in einem Auseinandersetzungsverfahren ein Grundstück dem F. als Abfindung zugewiesen, so ist die Auseinandersetzungsbehörde zu dem Ersuchen um Eintragung der F.-Eigenschaft zuständig.

d) Die Fideikommißeigenschaft wird als Verfügungsbeschränkung in die zweite Abtheilung des Grundbuchblattes eingetragen, Art. 15 A.GBO., § 11 Z. 2 Verf., außerdem ist es praktisch, das Grundstück schon in der Aufschrift als Fideikommißgut zu bezeichnen.

e) Der Grundbuchrichter ist verpflichtet, ein beglaubigtes Verzeichniß der zum Fideikommiß gehörigen Pertinenz- und Inventarienstücke, welches ihm einzureichen ist, bei den Grundakten aufzubewahren. § 71 II 4 ALR.

2. Die Eintragung des Fideikommißbesitzers, des F.-Folgers und der F.-Anwärter. F.-Besitzer ist der jeweilig zu Besitz und Nutzung Berechtigte; auf dessen Namen wird das F.-Gut im Grundbuche eingetragen. Art. 15 A.GBO. Der erste F.-Besitzer ist der Eigenthümer des Gutes zur Zeit der Errichtung des Fideikommisses oder der sonst durch Vertrag oder letztwillige Verfügung Benannte. Dieser ist, wenn er den von der F.-Behörde bestätigten Errichtungsakt vorlegt, auf Antrag ins Grundbuch als solcher einzutragen. Die Eintragung des F.-Folgers geschieht

a) bei Fideikommissen, die unter Aufsicht einer F.-Behörde stehen auf Grund einer Bescheinigung derselben über die Berechtigung des F.-Folgers. Art. 16 A.GBO.

b) in Ermangelung einer F.-Behörde auf Grund der Bescheinigung des Amtsgerichts über die Berechtigung des F.-Folgers; zuständig ist das Amtsgericht, bei welchem das Grundbuch über den Gegenstand des F. geführt wird, und wenn dies von mehreren Amtsgerichten geschieht, das nach § 20 A.GBG. bestimmte Amtsgericht. Art. 18 A.GBO.

In beiden Fällen finden auf die Bescheinigung der F.-Behörde oder des Amtsgerichts die für den Erbschein geltenden Vorschriften entsprechende Anwendung.

Auch die zur Zeit der Errichtung des Fideikommisses bekannten Anwärter sind unter Angabe ihres Namens und der Art ihrer Verwandtschaft zu dem Stifter im Grundbuche einzutragen. In gleicher Weise sind auch die Anwärter einzutragen, welche erst später die Eigenschaft eines solchen erwerben.

Die Eintragung hat die gleichen Voraussetzungen, wie die der F.-Folger. Art. 16 u. 18 A.GBO. muß insoweit auch auf die Anwärter bezogen werden. §§ 65, 67 II 4 ALR. Die Eintragung der Anwärter geschieht in den Spalten 1—3 der zweiten Abtheilung des Grundbuchblattes.

3. Gehört eine Hypothek, Grundschuld, Rentenschuld zum Verbande eines F., so ist das Recht im Grundbuche auf den Namen des zu Besitz und Nutzung Berechtigten einzutragen; auch muß erkennbar sein, daß dieser in der Verfügung über das Recht durch dessen F.-Eigenschaft beschränkt sei. Die Eintragung oder Löschung der F.-Eigenschaft, sowie die Eintragung der F.-Folger hat die gleichen Voraussetzungen wie dieselbe Eintragung bei F.-Gütern. Eine Eintragung der Anwärter findet nicht statt. Ist der Nachfolger eines eingetragenen F.-Besitzers im Grundbuche noch nicht eingetragen, während die Uebertragung oder Aufhebung des Rechts oder eine andere Eintragung bei demselben nachgesucht wird, zu deren Begründung ein bestätigter Familienschluß vorgelegt ist oder zutreffenden Falls eine von der F.-Behörde aufgenommene Urkunde über die Zustimmung zweier Anwärter (vgl. § 15 Ges. v. 15. Febr. 1840) oder ein gegen den Fideikommißbesitzer allein oder unter Zuziehung zweier Anwärter erlassener vollstreckbarer Titel, so kann die nachgesuchte Eintragung erfolgen, ohne daß zuvor der F.-Folger im Grundbuche vermerkt wird. Art. 15 Abs. 2 A.GBO., § 41 Abs. 1 GBO.

4. Die F.-Eigenschaft hindert die Veräußerung des Fideikommisses durch den F.-Besitzer. Indessen steht dieser Grundsatz nicht Abschreibungen entgegen, welche die Folge einer Enteignung oder eines Auseinandersetzungsverfahrens sind. Auch infolge einer Zwangsversteigerung, welche wegen Substanzschulden zulässig ist, II 4 § 110 ALR., kann das Fideikommiß als freies Eigenthum auf den Erwerber übergehen. Die Eintragungen in diesen Fällen erfolgen auf Ersuchen der für das Verfahren zuständigen Behörde. Sonst setzt die Verfügung über die Substanz des Fideikommisses in der Regel einen von der F.-Behörde bestätigten und dem Grundbuchrichter vorzulegenden Familienschluß voraus. § 1 Ges. v. 15. Februar 1840. Ausnahmsweise genügt eine von der F.-Behörde aufgenommene Verhandlung über die Zustimmung der beiden nächsten Anwärter in den Fällen des § 15 Ges. v. 15. Febr. 1840, insbesondere zum Austausch einzelner Gutsparzellen gegen andere Grundstücke, wenn letztere in der gleichen oder unmittelbar angrenzenden Feldmark belegen sind, oder zur Veräußerung einzelner Gutsparzellen zum Zwecke der Erwerbung anderer innerhalb der gleichen Grenzen. Die Pfandentlassung solcher Theile des F.-Gutes kann durch das Unschädlichkeitszeugniß ersetzt werden. Art. 20 A.GBO. Die Auflassung erklärt der F.-Besitzer.

5. Für Belastungen des Familien-Fideikommisses gelten im Gebiete des ALR. und in Neuvorpommern und Rügen nach dem Gesetze v. 12. Juli 1896 folgende Besonderheiten.

Zu unterscheiden sind:

a) die Substanzschulden. Hypotheken, Grundschulden, Rentenschulden, welche die Substanz des F. betreffen, dürfen im Grundbuche nur auf Grund eines die Belastung genehmigenden Familienschlusses eingetragen werden, welcher in Ausfertigung vorzulegen ist und von der F.-Behörde bestätigt sein muß. §§ 1, 2, 14 Ges. v. 15. Februar 1840.

b) Schulden, welche nur die Revenuen belasten. Hier sind wieder zu unterscheiden

α) die Schulden, welche die Revenuen nur für die Lebenszeit des gegenwärtigen Besitzers oder darüber hinaus auch für die Lebenszeit bestimmter F.-Folger belasten. § 226 II 4 ALR. Die Eintragung der Hypothek (Revenuen-, Grund- oder Rentenschulden kennt das Gesetz nicht) geschieht auf Grund der Bewilligung des F.-Besitzers und gegebenen Falls der betreffenden Nachfolger, muß aber erkennen lassen, daß sie nur die Revenuen belaste, und für welche Zeit sie wirksam ist. Nach dem Eintritt des Endtermins kann das Grundbuch durch Löschung der Eintragung unter Anwendung der §§ 23, 24 GBO. berichtigt werden.

β) Die Schulden, welche die Revenuen unabhängig von der Lebenszeit des Besitzers oder bestimmter Nachfolger belasten. Diese Schulden entstehen bei der Aufnahme nothwendiger Darlehen und setzen die Regulirung des Darlehnsgeschäfts durch die F.-Behörde und die Zuziehung zweier Anwärter bei der Aufnahme und Regulirung des Darlehns voraus. Zur Eintragung der Hypothek ist die Vorlegung einer Ausfertigung der Regulirungsverhandlung der F.-Behörde und der Verhandlung der F.-Behörde über die Zustimmung der beiden Anwärter, sowie die Bewilligung des F.-Besitzers erforderlich. Der Eintragungsvermerk muß ergeben, daß die Belastung nur die Revenuen ergreife. Die Löschung erfolgt nach den allgemeinen Regeln.

Wird in den Fällen zu a und b die persönliche Forderung getilgt, von der Hypothek getrennt oder auf die Hypothek vom Gläubiger verzichtet, so tritt eine Verwandlung der Hypothek in eine Grundschuld und eine Uebertragung der letzteren kraft Gesetzes jedenfalls nicht ein, wenn die Hypothek eine Revenuenhypothek war. Denn Revenuengrundschulden erkennt das Gesetz nicht an. Wohl aber muß man nach den allgemeinen Grundsätzen eine solche Verwandlung und Uebertragung bei Substanzhypotheken annehmen. Diese gehen auf die Familie als die Eigenthümerin des Gutes über. Der jeweilige Besitzer wird über sie deshalb nur unter den gleichen Beschränkungen verfügen dürfen, wie über zum Fideikommiß gehörige Hypotheken. Vgl. nachher zu 6.

c) Die Eintragung von Sicherungshypotheken auf Grund vollstreckbarer Schuldtitel und Arreste oder von Vormerkungen auf Grund von einstweiligen Verfügungen ist als zulässig anzusehen. Ob aber die Belastung als auf der Substanz oder nur auf den Revenuen und zwar letzteren Falls für eine bestimmte Zeit oder ohne Zeitbeschränkung haftend einzutragen sei, hängt von dem Wortlaut des Titels ab.

Lautet er nur gegen den F.-Besitzer, so können für die Judikatsforderung nur die Revenuen während der Besitzzeit des gegenwärtigen F.-Besitzers belastet werden. Soll das einzutragende Recht die Substanz ergreifen, so muß der Titel auf Bezahlung aus dem Fideikommisse selbst lauten. Letzteres muß in diesem Falle im Prozesse durch den F.-Besitzer und die zwei nächsten Anwärter vertreten gewesen sein. II 4 §§ 117 f. ALR. Der vollstreckbare Titel ersetzt die sonst erforderliche Bewilligung des F.-Besitzers, die Zustimmung der Anwärter und die Mitwirkung der F.-Behörde.

d) Lasten, welche in die zweite Abtheilung des Grundbuchblattes gehören, wie Vorkaufsrechte, Grundgerechtigkeiten können nur die Substanz des F. betreffen und deshalb nur bei Erfüllung der unter a genannten Formen ins Grundbuch eingetragen werden. Andere Lasten, wie Reallasten, Nießbrauch u. s. w. würden auch in der Weise bestellt werden können, daß sie nur die Revenuen belasten. Da indessen die Beschränkung der Haftung auf die Revenuen eine Singularität ist, welche gesetzlich nur für Hypotheken gestattet ist, muß eine entsprechende Ausdehnung dieser Haftungsbeschränkung auf andere dingliche Rechte für ausgeschlossen gelten. Auch sie können deshalb nur als Substanzlasten unter den zu a besprochenen Formen begründet werden.

6. Das Verfügungsrecht des F.-Besitzers über zum Fideikommiß gehörige Hypotheken, Grundschulden, Rentenschulden ist gleichfalls beschränkt. Die Verfügung über die Substanz, d. h. Abtretung, Belastung, Verpfändung, Einziehung, Neuanlegung setzt die Zustimmung der beiden nächsten Anwärter voraus, welche in einer vorzulegenden, von der F.-Behörde aufgenommenen Verhandlung erklärt sein, muß.

III. 1. Lehen-, Meier-, Erbzins- Erbleihe-, Erbpachtgüter, sowie die nach dem Großherzogl. Hessischen Gesetze v. 11. September 1858 errichteten landwirthschaftlichen Erbgüter sind, ebenso wie Familienfideikommisse auf den Namen des jeweilig zu Besitz und Nutzung Berechtigten, die Eigenschaft des Gutes ist als Verfügungsbeschränkung in die II. Abtheilung des Grundbuchblattes einzutragen. Gehören zum Verbande des Gutes Hypotheken, Grundschulden, Rentenschulden, so finden diese Vorschriften entsprechende Anwendung. Art. 15 A.GBO.

2. Die Neuerrichtung von Lehen ist nicht mehr zulässig. Der Erwerb von Grundstücken zum Lehen ist danach auch verboten; nur in dem unter II zu 1 c genannten Falle kann die Eintragung der Lehnseigenschaft noch vorkommen; für die Löschung der Lehnseigenschaft und die Eintragung des Lehnsfolgers gelten die vorher unter II zu 1 a und 2 a besprochenen Regeln, nur daß anstelle der Fideikommißbehörde die Lehnsbehörde tritt. Art. 19 A.GBO. Diese bilden in der Regel die Oberlandesgerichte, ausnahmsweise die Landgerichte. §§ 49, 41 A.GVG. Das materielle Lehnrecht ist provinziell verschieden. In der Regel wirkt die Veräußerung oder die Verschuldung des Lehns selber nur dann gegen die Lehnsfolger, wenn die aus dem Grundbuche bekannten Agnaten ihre Zustimmung erklärt haben. Aber auch ohne diese Zustimmung kann der Grundbuchrichter die Vornahme der Auflassung oder die Eintragung einer Hypothek nicht ablehnen, wenn der Lehnsbesitzer darauf besteht. Doch

ist der Mangel des Konsenses bei der Eintragung ausdrücklich zu vermerken, §§ 328 f. I 18 ALR. Im Falle der Auflassung ohne den Konsens ist der Erwerber der Revokationsklage der Lehnsagnaten unterworfen. Die Hypothek wird infolge des Mangels des Konsenses nicht wirkungslos, sondern ergreift jedenfalls die Revenuen des Grundstücks.

3. Auf die Löschung der Stammgutseigenschaft und die Eintragung des Stammgutsnachfolgers finden die vorstehend unter II zu 1 b und 2 b erwähnten Vorschriften Anwendung. Bei Erbstammgütern nach Bremischem Ritterrechte kann die Eintragung und Löschung auch auf Antrag des Präsidiums der Bremischen Ritterschaft erfolgen. Art. 19 A.GBO. Wer nach § 41 des Großherz. Hessischen Gesetzes v. 11. September 1858 Einsitzrechte oder Alimentationsreichnisse auf landwirthschaftliche Erbgüter zu beanspruchen hat, kann die Eintragung dieser Rechte in die zweite Abtheilung des Grundbuchs verlangen. § 22 Ges. v. 19. August 1895.

§ 91. Behandlung der Rentengüter im Grundbuche.

I. Die nach Art. 62 EG. z. BGB. unberührt bleibenden landesgesetzlichen Vorschriften über Rentengüter finden sich in dem Gesetz betreffend die Beförderung deutscher Ansiedelungen in den Provinzen Westpreußen und Posen v. 26. April 1886, welches durch Gesetz v. 20. April 1898 in einigen für das Grundbuchrecht nicht interessirenden Punkten abgeändert ist, ferner in dem Gesetz über die Rentengüter v. 27. Juni 1890 und in dem Gesetz betreffend die Beförderung der Errichtung von Rentengütern v. 7. Juli 1891. Durch den Art. 12 betreffend die Beurkundung von Grundstücksveräußerungen und den Art. 29 betreffend das Wiederkaufsrecht bei Rentengütern hat das A.BGB. das Recht der Rentengüter im Hinblick auf das Reichsrecht in einzelnen Beziehungen neu geregelt. Die bezeichneten Gesetze werden im Folgenden nur nach der Jahreszahl citirt werden.

II. Nach dem Ges. v. 1886 kann die Ansiedelungskommission in Westpreußen und Posen die aus angekauften oder sonst dem Staate gehörenden Grundstücken errichteten neuen Stellen von größerem oder kleinerem Umfange zu Eigenthum gegen Uebernahme einer festen Rente (Rentengut) überlassen. §§ 1, 2 Ges. Die eigenthümliche Uebertragung eines Grundstücks gegen Uebernahme einer festen Rente (Rentengut) ist dann durch das Gesetz von 1890 im Gebiete der ganzen Monarchie allgemein für zulässig erklärt worden, kann also von Privatpersonen, oder auch vom Staate ausgehen. § 1 Ges.

Im letzteren Falle kann aber die Begründung des Rentenguts auf Antrag eines Betheiligten auch durch Vermittelung der Generalkommission erfolgen. § 12 Ges. v. 1891.

Für den Ueberlassungsvertrag genügt bei den nach den Ges. von 1886 und 1891 vom Staate ausgegebenen oder durch Vermittelung der Generalkommission begründeten — nicht aber bei den nach dem Ges. von 1890 von Privatpersonen errichteten — Rentengütern die einfache schriftliche Form. Art. 12 § 1 A.BGB. Andere Besonderheiten sind folgende:

1. Bei der Eintragung der Rente im Grundbuche eines nach den Gesetzen von 1886 oder 1890 errichteten Rentenguts müssen ausdrücklich die

Abreden über die Unablösbarkeit der Rente, soweit nicht beide Theile der Ablösung zustimmen, über die Feststellung des Ablösungsbetrages und der Kündigungsfrist vermerkt werden, andernfalls gilt die Rente Dritten gegenüber als solche, die von dem Verpflichteten nach sechsmonatlicher Kündigung mit dem 20fachen Betrage abgelöst werden kann. Ebenso wie feste Geldrenten können auch feste Abgaben in Körnern, welche nach dem jährlichen, unter Anwendung der Ablösungsgesetze ermittelten Marktpreise in Geld abzuführen sind, ausbedungen sein und eingetragen werden. Bei der Veräußerung eines Grundstücks gegen eine Rente kann zu Gunsten des Rentenberechtigten eine Verfügungsbeschränkung des Erwerbers dahin verabredet sein, daß die Zulässigkeit einer Zertheilung des Grundstücks oder der Abveräußerung von Theilen desselben von der Zustimmung des Rentenberechtigten abhängig sein soll. Auch diese Beschränkung ist eintragungsfähig. Sie gehört ebenso, wie die Rente, welche trotz ihrer Aehnlichkeit mit der Rentenschuld des BGB. auch unter dem neuen Recht als Reallast aufzufassen ist, in die Abtheilung II des Grundbuchblattes. Die Eintragungsformel kann nach § 874 BGB. sehr kurz gefaßt werden. Ueber das dingliche Wiederkaufsrecht s. nachher unter III. Die vom Erwerber des Rentenguts etwa übernommene Verpflichtung, die wirthschaftliche Selbständigkeit des Guts durch Erhaltung der Gebäude oder eines bestimmten Inventars oder andere Leistungen zu sichern, darf vom 1. Januar 1900 ab nicht mehr ins Grundbuch eingetragen werden, weil dadurch ein dingliches Recht, z. B. eine Reallast für den Veräußerer am Grundstücke nicht begründet wird; die einzelnen Leistungen werden diesem nicht geschuldet. Art. 179 EG. §§ 3—7 Ges. v. 1886, §§ 1—5 Ges. v. 1890. Die Sicherstellung der Verpflichtung wird aber durch Eintragung einer Sicherungshypothek geschehen können.

2. Für die nach dem Gesetze von 1890 gebildeten Rentengüter gilt noch die wichtige Regel, daß Grundstücke, welche von anderen Grundstücken abgetrennt sind, nur unter der Voraussetzung Rentengut oder Theile eines Rentenguts werden dürfen, daß sie aus der Haftverbindlichkeit für die Hypotheken und Grundschulden des Stammgrundstücks entlassen sind. Es genügt dazu ein Unschädlichkeitsattest der Auseinandersetzungsbehörde. Der Grundbuchrichter darf die Auflassung nicht gestatten, wenn nicht diese Voraussetzung erfüllt ist. § 1 Abs. 4, 5 Ges. v. 1890. Die Bestimmung bezieht sich nicht auf die Lasten der zweiten Abtheilung; findet auch nicht Anwendung, wenn ein ganzes Grundstück Rentengut wird.

3. Auf Rentengütern haftende Renten, deren Ablösbarkeit nicht von der Zustimmung beider Theile abhängig ist, können schon bei Begründung des Rentenguts oder erst nachträglich durch Vermittelung der Rentenbank abgelöst werden. Der Rentengutsbesitzer hat zur Tilgung der Abfindung eine Rentenbankrente zu übernehmen. Demselben kann zur Einrichtung des Rentenguts von der Rentenbank außerdem ein Darlehn gewährt werden, zu dessen Tilgung er gleichfalls eine Rentenbankrente zu übernehmen hat. Auf Ersuchen der Generalkommission ist im Grundbuche zu vermerken, daß das Grundstück als Rentengut der Rentenbank rentenpflichtig sei; in den Eintragungsvermerk ist der Betrag der Rentenbankrente, sowie deren Tilgungszeit aufzunehmen. §§ 1, 2, 6 Z. 6 Ges. v. 1891. Gleichfalls auf Er-

suchen der Generalkommission ist die abgelöste Geldrente im Grundbuche zu löschen. § 18 Rentenbankges. v. 2. März 1850, § 6 Ges. v. 1891.

4. Eine nur mit Zustimmung beider Theile ablösbare Geldrente kann von der Rentenbank übernommen werden. Dadurch tritt der Staat ein in alle Rechte des Rentenberechtigten; auf sein Verlangen ist die Rente in eine Rentenbankrente umzuwandeln. § 10 Ges. v. 1891. Diese Vorgänge stellen Veränderungen bei der ursprünglich eingetragenen Rente dar und sind deshalb als solche in den Spalten 4—6 der zweiten Abtheilung auf Ersuchen der Generalkommission zu vermerken.

5. Wird ein Rentengut durch Vermittelung der Generalkommission begründet, so bedarf der Eigenthumsübergang auf den Rentengutsbesitzer keiner Auflassung. Die Eintragung desselben geschieht auf das von der Generalkommission an den Grundbuchrichter zu stellende Ersuchen um Umschreibung des Eigenthums; dem Ersuchen muß der von der Generalkommission bestätigte Rentengutsvertrag beiliegen. § 12 Ges. v. 1891. Schon vorher hat die Generalkommission, sobald sie einen Antrag auf Begründung des Rentenguts für zulässig hält, den Grundbuchrichter um Eintragung einer Vormerkung zu ersuchen, daß die Begründung des Grundstücks als Rentenguts eingeleitet sei. Diese Vormerkung ist mit der Eintragung des Eigenthumsüberganges von Amtswegen im Grundbuche zu löschen. § 12 Ges. v. 1891. Alle infolge der Begründung des Rentenguts oder der Uebernahme der Rentenbankrente nach dem Ges. v. 1891 erforderlich werdenden Eintragungen im Grundbuche erfolgen auf Ersuchen der Generalkommission. § 12 Z. 2 Ges. v. 1891, vgl. dazu Joh. u. K. Bd. 13 S. 188, Bd. 15 S. 152, 155.

III. Das Rentengut kann zu Gunsten des Veräußerers in der Weise belastet werden, daß dieser dem Eigenthümer gegenüber zum Wiederkaufe berechtigt ist; Art. 29 A.BGB. Das Wiederkaufsrecht kann auch zu Gunsten des jeweiligen Eigenthümers eines Grundstücks des Veräußerers bestellt und darf dann nicht von dem Eigenthum an diesem Grundstücke getrennt werden. Ein subjektiv persönlich begründetes Wiederkaufsrecht darf andererseits nicht in ein subjektiv dingliches umgewandelt werden. §§ 1, 10. Die Belastung eines Bruchtheils des Rentenguts mit dem Recht ist nur zulässig, wenn er in dem Antheil eines Miteigenthümers besteht. § 2. Inhaltlich beschränkt sich das Wiederkaufsrecht auf die Fälle, daß der Eigenthümer das Rentengut verkauft oder sich durch einen sonstigen Vertrag zur Uebertragung des Eigenthums verpflichtet oder daß das Gut im Wege der Zwangsversteigerung veräußert wird; es kann auch für die Fälle bestellt werden, daß der Eigenthümer stirbt oder eine im Rentengutsvertrage festgesetzte Verpflichtung nicht erfüllt. § 3. Für die Eintragung und Löschung des Wiederkaufsrechts gelten die allgemeinen Regeln; insbesondere kommt auf ein subjektiv dingliches Wiederkaufsrecht auch der § 8 GBO. zur Anwendung; indessen geschehen, soweit die Generalkommission die Errichtung der Rentengüter vermittelt hat, die Eintragungen und Löschungen auf Ersuchen der Generalkommission. Ein subjektiv persönliches Wiederkaufsrecht kann auf Antrag des Eigenthümers gelöscht werden, wenn er ein Ausschlußurtheil vorlegt, nach welchem der Berechtigte mit seinem Rechte ausgeschlossen ist. § 11. Dritten gegenüber wirkt das Wiederkaufsrecht wie eine Vormerkung zur Sicherung des durch die Ausübung des Rechtes entstehenden Anspruchs auf Uebertragung des Eigenthums. § 5 Abs. 2.

§ 92. Behandlung der unter Anerbenrecht stehenden Landgüter im Grundbuche, Landgüterrolle, Höferolle.

Die Gesetzgebung Preußens über das Anerbenrecht wird durch das Reichsrecht nicht berührt. Art. 64 EG.

I. Landgüterordnungen. Inbetracht kommen die Landgüterordnung für die Provinz Brandenburg v. 10. Juli 1883, für die Provinz Schlesien v. 24. April 1884, für die Provinz Schleswig-Holstein mit Ausnahme des Kreises Herzogthum Lauenburg v. 2. April 1886 und für den Regierungsbezirk Cassel mit Ausnahme des Kreises Rinteln v. 1. Juli 1887. Die Gesetze stimmen im wesentlichen überein, es werden deshalb zunächst die Bestimmungen der LGO. für Brandenburg und dann die Abweichungen der anderen Gesetze besprochen werden. Zu den einzelnen LGO. sind fast wörtlich gleichlautende Verfügungen des Justizministers ergangen, durch welche das gleiche Formular zur Landgüterrolle überall eingeführt und das Verfahren näher geregelt ist. Es sind dies die Allgem. V. v. 6. August 1883 (Brandenburg, JMBl. 280); v. 15. Mai 1884 (Schlesien, JMBl. 98); v. 10. Mai 1886 (Schleswig-Holstein, JMBl. 110); v. 18. August 1887 (Cassel, JMBl. 198).

1. Brandenburg.

a) Gegenstand des Gesetzes sind Landgüter, d. h. die zum Betriebe der Land- und Forstwirthschaft bestimmten und mit einem Reinertrage von mindestens 75 Mk. zur Grundsteuer veranlagten Besitzungen, welche in der Landgüterrolle des zuständigen Amtsgerichts eingetragen sind. Die Eintragung und Löschung in der Rolle erfolgt auf Antrag des Eigenthümers, welcher über das Landgut letztwillig verfügen kann. Der Antragsberechtigte bestimmt sich also nach den §§ 2064, 2229 f., 2265 f. BGB. Weder Vater, noch Vormund, noch Pfleger können den Antrag für den Eigenthümer stellen; im Falle des Miteigenthums ist der Antrag sämmtlicher Miteigenthümer erforderlich. Daß dies Absicht des Gesetzes sei, wird durch § 4 LGO. für Cassel deklarirt. Unterliegt das Landgut einem Auseinandersetzungsverfahren, so ist die Generalkommission berechtigt, das Amtsgericht um Eintragung in die Rolle zu ersuchen. § 2 Ges. v. 11. Juli 1891.

Vor der Eintragung in die Rolle hat, wenn der Antrag vom Eigenthümer ausgeht, der Richter zu prüfen, ob die Voraussetzungen für ein Landgut nach § 1 Abs. 2 Ges. vorhanden sind. § 4 LGO. Für die Form der Anträge gelten die allgemeinen Bestimmungen der GBO. §§ 1, 5, 6 LGO.

b) Nach dem Formular für die Landgüterrolle erhält das einzelne Blatt der Rolle eine Ueberschrift, welche die Nummer des Blattes und den Namen des Landgutes mit dem Kreise, in dem es liegt, angiebt. Die

Rolle selbst zerfällt in verschiedene Spalten; Spalte 1 enthält die fortlaufende Nummer der zum Landgut gehörigen Grundstücke; die folgenden Spalten sind überschrieben mit: Grundbuch; Bezeichnung der einzelnen Grundstücke; Reinertrag; Eintragungen; Löschungen. Dazu ist folgendes zu bemerken:

Die Landgüterrolle wird gemeindeweise der Eintheilung des Grundbuchs entsprechend geführt und angelegt, sobald die Eintragung eines Landguts im Bezirke beantragt wird (Bezirksrolle).

Jedes Landgut erhält in der Rolle des Bezirks ein eigenes Blatt; die Blätter werden mit fortlaufender Nummer versehen. Hierzu dient die Ueberschrift des Rollenblattes.

Die zum Landgute gehörigen, unter fortlaufender Nummer einzutragenden Grundstücke werden in der Rolle nach den Angaben des Grundbuchs oder des Grundsteuerkatasters bezeichnet. In der Spalte: „Grundbuch" wird das Grundbuchblatt des Grundstücks nach Gemarkung und Nummer oder aber angegeben, daß das Grundstück im Grundbuche noch nicht eingetragen sei; in die Spalte: „Bezeichnung der einzelnen Grundstücke" werden, wenn das Grundstück ein Grundbuchblatt hat, die Angaben aus dem Bestandsverzeichnisse des letzteren ohne weitere Spezialisirung; wenn für das Grundstück aber ein Grundbuchlatt nicht angelegt ist, die Bezeichnungen des Grundstücks nach dem Grundsteuerkataster aufgenommen. Nur in dem letzteren Falle bedarf es der Vorlegung eines entsprechenden Auszugs aus dem Steuerbuche. In die Spalte „Reinertrag" wird der Betrag des Grundsteuerreinertrages des betreffenden Grundstücks eingetragen, wie er sich aus dem Grundbuche oder dem Steuerbuchsauszuge ergiebt.

Die Spalte „Eintragungen" dient zur Angabe des Tages, an welchem ein Grundstück auf das Blatt der Rolle eingetragen, und ob dies von Amtswegen oder auf wessen Antrag es geschehen ist. Die erste Eintragung kann nur auf Antrag oder Ersuchen erfolgen; werden aber demnächst dem zum Landgute gehörenden Grundstücke im Grundbuche Parzellen zugeschrieben, so ist diese Zuschreibung, wenn der Eigenthümer seine entgegengesetzte Absicht nicht ausdrücklich erklärt, von Amtswegen und kostenfrei auch auf dem Blatte der Rolle zuzuschreiben. § 8 LGO.

In die Spalte „Löschungen" sind Eintragungen nur dann zu machen, wenn Theile des Landguts veräußert werden. Wird das ganze Landgut veräußert, so behält die Eintragung ihre Wirkung, bis der Eigenthümer die Löschung in der Rolle beantragt. § 7 LGO. Die Löschung in der Rolle kann auch infolge Begründung des Guts als Anerbenguts auf Ersuchen von Behörden erfolgen. § 40 Ges. v. 8. Juni 1896, vgl. nachher unter IV. Trifft bei der Veräußerung eines Theils des Landguts für den veräußerten Theil die unter a angegebene Voraussetzung für ein Landgut nicht mehr zu, so ist er in der Rolle als Landgut von Amtswegen zu löschen; trifft aber jene Voraussetzung auch für den veräußerten Theil zu, so ist er auf dem Blatte zwar abzuschreiben und zu löschen, gleichzeitig aber auf einem neuen Blatte der Rolle als neues Landgut einzutragen. Die Uebertragung eines von einem Rollenblatte abgeschriebenen Theils auf ein bereits angelegtes anderes Rollenblatt wird erforderlich, wenn das veräußerte Theilgrundstück im Grundbuche einem Grundbuchblatte zugeschrieben ist, welches für ein zu einem anderen Landgute gehöriges Grundstück bereits angelegt ist. Die Uebertragung in diesem Falle ist aber nach dem Sinne des § 8 LGO. nur als Löschung und Zuschreibung in der Rolle zu buchen.

Die kostenfreie Einsicht der Rolle ist jedem gestattet, der nach dem Ermessen des Amtsgerichts ein rechtliches Interesse dabei hat. § 9 LGO.

Die Rollen können zunächst in Mappen aufbewahrt, sollen aber demnächst zusammengebunden werden; die Rollen mehrerer Bezirke dürfen in einem fortlaufend zu numerirenden und mit einem Titelblatt zu versehenden Bande vereinigt werden; auf dem Titel sollen in einem vom Amtsrichter zu unterschreibenden Vermerke die im Bande enthaltenen Bezirksrollen und die Seitenzahl des Bandes angegeben werden. § 4 Verf. v. 6. Aug. 1883.

Ferner ist für jeden Band ein nach den Bezirken geordnetes Verzeichniß anzulegen, in welchem die Landgüter mit Angabe der Seite der Rolle aufgeführt werden. § 4 Verf. v. 6. Aug. 1883.

Für jedes Landgut sind über die Verhandlungen zur Landgüterrolle besondere Landgüterakten anzulegen. § 7 Verf. v. 6. Aug. 1883.

c) Zuständig zur Führung der Landgüterrolle ist das Amtsgericht, in dessen Bezirke die das Landgut bildenden Grundstücke liegen, und bei diesem Gerichte derjenige Amtsrichter, welcher das Grundbuch für den betreffenden Bezirk führt. Liegen die Grundstücke im Bezirke verschiedener Amtsgerichte, so hat das Oberlandesgericht zu bestimmen, welches Gericht das Landgut in seine Rolle aufzunehmen hat. § 2 LGO., § 2 Verf. v. 6. Aug. 1883.

Die Verfügungen in Sachen der Landgüterrolle werden von dem Richter ebenso wie in Grundbuchsachen erlassen und von dem Grundbuchführer ausgeführt. Die Einschreibungen in die Rolle sind von beiden Beamten zu unterzeichnen. § 6 Verf. v. 6. Aug.

Von den Eintragungen und Löschungen ist der Eigenthümer des Landguts zu benachrichtigen. §§ 6 Abs. 2, 19 Abs. 1 LGO. Besondere Bestimmungen über ein Beschwerderecht gegen Verfügungen des Amtsgerichts kennt das Gesetz nicht; an der Anwendbarkeit der Art. 4—7 des A.FG. wird nicht zu zweifeln sein, nachdem in den einleitenden Bemerkungen zur Begründung des Entwurfs zu diesem Gesetze die Führung der Landgüter- und Höferollen ausdrücklich zu den Angelegenheiten der freiwilligen Gerichtsbarkeit gerechnet worden ist.

Für jede Eintragung und Löschung in der Rolle einschließlich der Mittheilung an den Eigenthümer wird eine Gerichtsgebühr von 3 Mk. erhoben. Die Anträge zur Rolle sind gebühren- und stempelfrei. § 19 Verf. v. 6. Aug.

d) Auf den Grundbuchblättern über die zu einem Landgute gehörenden Grundstücke ist die Nummer des Rollenblattes kostenfrei von Amtswegen zu vermerken. Der Vermerk gehört in die Aufschrift und ist zugleich mit der Eintragung des Grundstücks in die Landgüterrolle zu verfügen. Wird das Grundbuch bei einem anderen Amtsgericht geführt, so ist dieses um die Eintragung des Vermerks zu ersuchen. Der Vermerk hat die Bedeutung, den Grundbuchrichter daran zu erinnern, alle Vorgänge beim Grundbuche, also namentlich Zuschreibungen oder Abschreibungen von Parzellen und Veränderungen in der Bezeichnung der Grundstücke im Bestandsverzeichnisse, welche in der Rolle zu Eintragungen Anlaß geben, dahin anzuzeigen. Andererseits muß behufs Löschung des Vermerks im Grundbuche auch die Löschung eines Grundstücks in der Rolle zu den Grundakten mitgetheilt werden. Die Akten des Blattes der Landgüterrolle sieht die Verf. als Beistücke der betreffenden Grundakten an; sie sollen auf diesen als solche bezeichnet werden. § 3 Ges., §§ 5, 7 Verf. v. 6. Aug.

2. Die Abweichungen in den Landgüterordnungen für Schlesien, Schleswig-Holstein und Kassel sind folgende:

Der Begriff des Landguts wird insofern anders festgesetzt, als erfordert wird für Schlesien, Schleswig-Holstein und Kassel eine mit einem Wohnhause versehene Besitzung; diese muß zum Betriebe der Landwirthschaft, oder in Schlesien und Kassel zur Landwirthschaft oder Forstwirthschaft bestimmt und in Schlesien auch zur Grundsteuer mit einem Reinertrage von mindestens 60 Mk. veranlagt sein.

Nach der LGO. für Kassel sollen auf dem Blatte der Rolle auch diejenigen Grundstücke als nicht zum Landgute gehörig — am richtigsten wohl in der Spalte Löschungen — vermerkt werden, welche der Eigenthümer bei Grundstückserwerbungen ausdrücklich davon ausgenommen hat. § 5 Abs. 3. In Schleswig-Holstein und Kassel ist zuständig das Amtsgericht, in dessen Bezirk das Wohnhaus der Besitzung liegt. Für die Landgüter, deren Grundbuch nach § 32 A.GVG. vom Amtsgericht in Kiel geführt wird, führt dieses Amtsgericht auch die Landgüterrolle; es hat dafür eine besondere Rolle anzulegen. § 2 LGO.; § 1 Verf. dazu.

II. Demselben Zwecke, wie die Landgüterrolle dient in Hannover und Lauenburg die Höferolle. Sie ist eingeführt durch die Gesetze betreffend das Höferecht in Hannover vom 2. Juni 1874 und in Lauenburg vom 21. Februar 1881. Dazu ist ergangen die allgemeine Verfügung des Justizministers vom 30. September 1874 (JMBl. S. 261), welche die Einrichtung der Höferolle und das Verfahren bei Eintragungen in dieselbe vorgeschrieben hat.

Nach den genannten Gesetzen kann in die Höferolle eingetragen werden jede landwirthschaftliche, mit einem Wohnhause versehene Besitzung. Nicht eintragungsfähig sind in Lauenburg landtagsfähige Rittergüter. Ges. v. 24. Febr. 1880 und 20. Febr. 1884, Ges. v. 1881 § 5. Die Eintragung und Löschung in der Höferolle geschieht auf Antrag des Eigenthümers, welcher über die Besitzung letztwillig verfügen kann. Die Generalkommission ist befugt, um Eintragung in die Rolle zu ersuchen, wenn die Hofstelle einem Auseinandersetzungsverfahren unterliegt. § 2 Ges. v. 11. Juli

1891. Die Anträge werden beim Amtsgericht mündlich angebracht, oder in einer gerichtlich oder notariell beglaubigten Schrift eingereicht. Zuständig zur Führung der Höferolle ist das Amtsgericht, in dessen Bezirk das Wohnhaus der Besitzung liegt. §§ 5, 7 Ges. v. 1874; §§ 5, 6 Ges. v. 1881. Die Höferolle wird gemeindeweise angelegt; jeder Hof erhält ein besonderes Blatt, welches nach einem vorgeschriebenen Formular mit folgenden Spalten anzulegen ist:

1. laufende Nummer;
2. Nummer der obrigkeitlichen Häuserliste;
3. Grundbuchblatt;
4. Bezeichnung des Hofes (Vollhof, Halbhof u. s. w.);
5. Zeitpunkt der Eintragung und Löschung des Hofes, sowie Namen des Hofeigenthümers oder der Behörde, vgl. § 40 Ges. v. 8. Juni 1896, nachher unter IV, auf deren Antrag die Eintragung und Löschung erfolgt;
6. Bemerkungen; hier sind namentlich die Erklärungen des Eigenthümers über den Bestand des Hofes anzugeben; derselbe umfaßt in Hannover alle auf demselben Grundbuchblatte eingetragenen Grundstücke, welche nicht besonders ausgenommen sind, § 11 Ges. v. 1874, in Lauenburg und in Hannover, solange ein Grundbuchblatt noch nicht angelegt ist, den gesammten, herkömmlich zum Hofe gerechneten, oder wirthschaftlich zu ihm gehörenden Grundbesitz des Eigenthümers, wenn nicht der Hof in der Höferolle besonders bezeichnet ist. § 11 Ges. v. 1874; § 10 Ges. v. 1881.

Die Höfe werden nach der Zeitfolge des Eingangs der Eintragungsanträge unter laufender Nummer in die Rolle der Gemeinde eingetragen, zu welcher das Wohnhaus des Hofes gehört. Jede Eintragung und Löschung in der Höferolle ist vom Amtsrichter zu unterschreiben; bei den Einschreibungen in die Höferolle kann er sich der Mitwirkung eines Gerichtsschreibers bedienen. Von den Eintragungen und Löschungen erhält der Eigenthümer Nachricht. Für jeden Hof werden besondere Höfe-Akten mit den Anträgen und Erklärungen zur Höferolle angelegt und gemeindeweise gesammelt. Die Rollen mehrerer Gemeinden werden in einem Bande vereinigt und mit einem die Höfe nachweisenden Verzeichnisse versehen. Die Höferolle ist öffentlich; ihre Einsicht ist kostenfrei gestattet. Für jede Eintragung oder Löschung in der Rolle einschließlich der Benachrichtigung des Eigenthümers wird eine Gebühr von 3 Mk. erhoben; die Anträge zur Höferolle sind stempelfrei. Verf. v. 30. Sept. 1874. §§ 7, 8, 22 Ges. v. 1874. §§ 6, 7, 21 Ges. v. 1881. Irgend welche Vermerke im Grundbuche sind im Gesetz nicht vorgeschrieben.

III. Das Gesetz v. 2. Juli 1898 betreffend das Anerbenrecht in der Provinz Westfalen und in den Kreisen Rees, Essen (Land), Essen (Stadt), Duisburg, Ruhrort und Mühlheim a. d. Ruhr, d. h. den zum Oberlandesgerichtsbezirk Hamm gehörenden Theilen der Rheinprovinz bedarf besonderer Besprechung. Jedes in diesem Bezirke liegende Landgut, welches seinem Hauptzwecke nach zum Betriebe der Land- oder Forstwirthschaft bestimmt und zur selbständigen Nahrungsstelle geeignet mit einem, wenn auch räumlich von ihm getrennten Wohnhause versehen ist, wird durch Eintragung der Anerbengutseigenschaft im Grundbuche Anerbengut und verliert diese Eigenschaft durch die Löschung jener Eintragung. §§ 1, 5 Ges. v. 2. Juli

1898. Auf Fideikommisse, Lehen- und Stammgüter sowie Anerbengüter im Sinne des Ges. v. 8. Juni 1896 — vgl. nachher unter IV — findet dies Gesetz keine Anwendung. Es hat die Landgüterordnung für den gleichen Bezirk vom 30. April 1882 aufgehoben und bestimmt, daß bei den in der Landgüterrolle eingetragenen Landgütern, welche den Erfordernissen dieses Gesetzes entsprechen, bis zum 1. Januar 1900 die Anerbengutseigenschaft im Grundbuche auf Ersuchen des Spezialkommissars einzutragen ist. Aendert sich dadurch die Reihenfolge der zu Anerben Berufenen, so soll der Eigenthümer bei der Benachrichtigung von der Eintragung auf die Aenderung hingewiesen werden. §§ 46, 48 Ges. v. 1898.

Abgesehen von dieser Uebergangsbestimmung erfolgt die Eintragung und Löschung der Anerbengutseigenschaft im Grundbuche in der Regel auf das von Amtswegen zu erlassende Ersuchen des Spezialkommissars. §§ 3, 5, 8 Ges. Bei Landgütern jedoch, deren Wohnhaus in bestimmten, in § 11 Ges. einzeln aufgeführten Gerichts- und Gemeindebezirken liegt, erfolgt die Eintragung und Löschung der Eigenschaft auf Antrag derjenigen, welche über das Grundstück letztwillig verfügen können. Voraussetzung der Eintragung ist, daß eine Bescheinigung des Spezialkommissars entweder gleich mit vorgelegt oder auf Anfrage des Grundbuchrichters ertheilt wird, daß die Grundstücke ein Landgut im Sinne des § 2 Ges. v. 1898 darstellen. Soll die Eigenschaft bei einzelnen zum Landgut gehörenden Grundstücken gelöscht werden, so bedarf es der Bescheinigung, daß die übrigen Theile noch ein Landgut bilden. Zur Löschung der Eigenschaft bei allen Grundstücken des Landguts genügt letzteren Falls gleichfalls der Antrag. § 11 Ges.

Die Eintragung der Anerbengutseigenschaft im Grundbuche ist durch die allgem. Verfügung des Justizministers v. 22. Januar 1900 (JMBl. S. 34) besonders geregelt. Vgl. § 43 Verf. Die sich auf die Anerbengutseigenschaft beziehenden Eintragungen erfolgen bei Grundbuchblättern, welche nach dem neuen Formular eingerichtet sind, in der Aufschrift nach einem in der Verfügung vorgeschriebenen Formular. Danach befindet sich unter der gewöhnlichen Aufschrift von dieser durch einen wagerechten Strich getrennt „das Verzeichniß der Grundstücke mit Anerbengutseigenschaft nach dem Gesetze v. 2. Juli 1898“. Darin ist anzugeben, zu welchem Anerbengute die Grundstücke gehörig sind, und auf welchen anderen Grundbuchblättern Theile desselben Anerbengutes eingetragen stehen. Darunter durch einen wagerechten Strich abgetrennt verlaufen senkrecht 4 Spalten, je 2 die Eintragungen und die Löschungen angebend. Reicht der Raum in der Aufschrift für die Eintragungen nicht, so sind diese am Schlusse des Grundbuchblattes hinter der dritten Abtheilung fortzusetzen. In der Spalte 1 sind die laufenden Nummern der von der Eintragung betroffenen Grundstücke nach dem Bestandsverzeichnisse des Grundbuchblattes einzeln aufzuführen; betrifft die Eintragung eine größere Anzahl von Grundstücken, so ist eine Zusammenfassung der Nummern z. B. 1—14, 18—30 zulässig. In Spalte 2 ist zu vermerken, an welchem Tage bei dem in Spalte 1 bezeichneten Grundstücke die Anerbengutseigenschaft eingetragen ist. Z. B. „Eingetragen am 6. Juni 1902.“ Der Vermerk ist vom Grundbuchrichter und Grundbuchführer zu unterschreiben. Der Tag der Löschung der Anerbengutseigenschaft wird in Spalte 4 in gleicher Weise vermerkt; z. B.

„gelöscht am 4. Dezember 1912," in Spalte 3 ist auf die Grundstücke zu verweisen, auf welche sich der Löschungsvermerk bezieht. Die Nummer der gelöschten Grundstücke ist in Spalte 1 gleichzeitig roth zu unterstreichen.

Sollen Grundstücke mehrerer Anerbengüter auf demselben Grundbuchblatte eingetragen werden, so ist auch der durch wagerechte Striche eingeschlossene Raum des Formulars durch eine entsprechende Anzahl von senkrechten Strichen zu theilen; in jede der somit hergestellten Spalten sind die zu dem einzelnen Anerbengute gehörigen Grundstücke mit ihrer Nummer aus dem Bestandsverzeichnisse aufzuführen. Die Spalten Eintragungen und Löschungen nehmen dann die Vermerke zu allen diesen Grundstücken auf und bleiben unberührt.

Entsprechend dem Grundbuchblatte ist auch die Tabelle in den Grundakten einzurichten. Reicht der Raum auf der Aufschrift der Tabelle nicht, so kann für die Fortsetzung der Eintragungen eine dahinter einzufügende Einlage verwendet werden.

Die Anerbengutseigenschaft wird auf den Grundbuchblättern aller Grundstücke eingetragen, welche zum Anerbengute gehören. Zuschreibungen zu den Grundstücken im Grundbuche, welche stets auf Antrag des Eigenthümers erfolgen dürfen, erlangen die Anerbengutseigenschaft, auch wenn die zugeschriebenen Grundstücke außerhalb des Geltungsbereichs des Ges. v. 1898 liegen. §§ 3, 4. Werden Theile des Anerbenguts vom Grundbuchblatte abgeschrieben, ohne daß gleichzeitig eine Eigenthumsveränderung eintritt, so bleiben sie Anerbengut; die Anerbengutseigenschaft ist auf dem neuen Blatt einzutragen. Geht aber das Eigenthum an den Theilen auf einen Anderen über, so erlischt die Anerbengutseigenschaft und ist dann bei Eintragung des neuen Eigenthümers von Amtswegen zu löschen. § 6.

Im übrigen ist das Verfügungsrecht des Eigenthümers über das Landgut unbeschränkt; es behält bei Veräußerung im Ganzen die Anerbengutseigenschaft. Für einen einzelnen Erbfall kann aber der Eintritt des Anerbenrechts ausgeschlossen werden und ist der Grundbuchrichter verpflichtet, eine öffentlich beglaubigte Erklärung des Verfügungsberechtigten dieses Inhalts kostenfrei zu den Grundakten zu nehmen. § 12.

Die Eintragung des Anerben als Eigenthümers der zum Landgute gehörenden Grundstücke im Grundbuche setzt die Einwilligung der Miterben und des überlebenden Ehegatten voraus. Erforderlich dazu ist also Vorlegung des Testaments oder des Erbscheins und der Einwilligung der Betheiligten in beglaubigter Form. Ein Verkauf des Anerbenrechts ist ungültig. § 22 Ges.

Zugleich mit der Eintragung des Anerben sind auf Grund von dessen Bewilligung, welche besonders oder in der beizufügenden Ausfertigung der Auseinandersetzungsverhandlung erklärt sein kann, die sonst erforderlichen Eintragungen ins Grundbuch vorzunehmen. Es sind dies die Abfindungsrenten für die an der Auseinandersetzung Betheiligten, welche ebenso wie der Anspruch der Geschwister des Anerben und des überlebenden Ehegatten auf Unterhalt auf dem Anerbengute und wie das Vorkaufsrecht der Anerbenberechtigten, §§ 29, 35, 36, 33, 37 Ges., in die zweite Abtheilung des Grundbuchblattes gehört. Zweifelhaft kann sein, in welcher Form der bedingte Anspruch der Betheiligten auf nachträgliche Theilung des dem Anerben von dem Werthe des Landguts gewährten Voraus als Erbmasse unter sie einzutragen sei. §§ 32, 26, 37 Ges. Die dingliche Sicherung dieses Anspruchs wird nach BGB. nur durch Eintragung einer Maximal-Hypothek nach § 1190 BGB. erreicht werden können, indem der Betrag des dem Anerben gewährten Voraus als der Höchstbetrag, für den das Grundstück haften soll, angesehen wird.

Erhält der Eigenthümer eines Anerbenguts zur Ablösung einer eingetragenen Abfindungsrente von der Westfälischen Landschaft oder einer öffentlichen mit Korporationsrechten versehenen Grundkreditanstalt ein Darlehn, so kann die Hypothek für das Darlehn, soweit sie den noch zu tilgenden Betrag des Ablösungskapitals nach Maßgabe der Eintragungen im Grundbuche nicht übersteigt, ohne Zustimmung der im Range gleich- oder nachstehenden Berechtigten mit dem Range der Rente in der dritten Abtheilung eingetragen werden, während die Rente in der zweiten Abtheilung des Grundbuchblattes gelöscht wird. § 31 Ges.

Die Eintragung und Löschung der Anerbengutseigenschaft, sowie die Uebertragung der Theile eines Anerbenguts von mehreren Grundbuchblättern auf ein Blatt geschieht kostenfrei.

IV. Die durch Vermittelung der Generalkommission oder vom Staate begründeten sowie die von der Ansiedelungskommission ausgegebenen Rentengüter (Gesetze v. 7. Juli 1891, 27. Juni 1890 und 26. April 1886) — vgl. den vorhergehenden § über Rentengüter — können nach dem Gesetze v. 8. Juni 1896 Anerbengüter werden, indem die Anerbengutseigenschaft im Grundbuche eingetragen wird. Die Eintragung und Löschung erfolgt auf das von Amtswegen zu erlassende Ersuchen der zuständigen Behörde. Diese ist für die Eintragung die Generalkommission, oder die Behörde, die den Staat bei Errichtung des Rentengutes vertreten hat, oder die Ansiedelungskommission; für die Löschung stets die Generalkommission. §§ 2, 5 Ges. v. 1896. Dieselben Behörden haben zu veranlassen, daß die etwa in Landgüter- oder Höferollen eingetragenen Anerbengüter in diesen Rollen und zugleich die Vermerke über diese Eintragungen im Grundbuche kostenfrei gelöscht werden. § 40 Ges. v. 1896. Die Anerbengutseigenschaft wird in der zweiten Abtheilung des Grundbuchblatts, nicht wie nach dem Gesetze von 1898 — vgl. vorher unter III — in der Aufschrift eingetragen. Jedes Anerbengut erhält ein besonderes Grundbuchblatt nach dem gewöhnlichen Formular; die Führung eines gemeinschaftlichen Grundbuchblattes ist untersagt. § 3 Ges. v. 1896. In Spalte 7 des Verzeichnisses der Grundstücke ist einzutragen: Anerbengut Nr. X (Angabe der Hausnummer in der Gemeinde). § 21 Verf. Zuschreibungen zum Anerbengute im Grundbuche können auf Antrag des Eigenthümers erfolgen und erlangen durch die Zuschreibung Anerbengutseigenschaft. § 4.

Der Eigenthümer eines nach dem ersten Oktober 1896 — oder im Gebiete der Stadt Frankfurt nach dem Tage, an dem dort das Gesetz von 1896 Geltung erlangte — begründeten Rentenguts bedarf der dem Grundbuchrichter eintretenden Falls vorzulegenden Genehmigung der Generalkommission, wenn er das Gut im Ganzen an einen Anderen, als einen seiner Nachkommen, Geschwister, deren Nachkommen oder seine Ehefrau unter Lebenden veräußert, oder es durch Verfügung von Todeswegen oder unter

Lebenden zertheilt oder durch Abveräußerung von Theilen verkleinert. §§ 7, 41 Ges. v. 1896. Genehmigt die Generalkommission die Abschreibung von Theilen vom Anerbengute, so hat der Eigenthümer gleichzeitig deren Erklärung beizubringen, ob mit dem Trennstück die Anerbengutseigenschaft übertragen werden soll. Die Uebertragung darf der Grundbuchrichter nur dann unterlassen, wenn die Generalkommission hierin eingewilligt hat. § 8 Ges.

Von der Eintragung und Löschung der Anerbengutseigenschaft, von Zuschreibungen und Abschreibungen auf dem Blatte des Anerbenguts ist den Betheiligten, sowie der Behörde, die die Eintragung und Löschung nachgesucht hat, und stets der Generalkommission Nachricht zu geben. § 9 Ges.

Zur Eintragung des Anerben ist auch hier die Einwilligung der Miterben und des überlebenden Ehegatten, §§ 14, 30 Ges., erforderlich. Ein Verkauf des Anerbenrechts ist unzulässig. § 14 Abs. 3 Ges. Mit dem Anerben können Abfindungsrenten der Miterben und eine Maximalhypothek zur Sicherung des Anspruchs der Miterben auf das Voraus eingetragen werden. §§ 21, 26, 30, 31 Ges. Eine Eintragung des gesetzlichen Vorkaufsrechts der Miterben ist in diesem Gesetze nicht vorgesehen. § 27 Ges. Vgl. im übrigen vorher zu III.

Die Abfindungsrenten können von der Rentenbank übernommen werden. Auf Ersuchen der Generalkommission hat der Grundbuchrichter bei der eingetragenen Erbabfindungsrente vorzumerken, daß das Uebernahmeverfahren eingeleitet sei, und nach Einstellung des Verfahrens den Vermerk zu löschen; demnächst hat er auf Ersuchen derselben Behörde in die II. Abtheilung des Grundbuchs einzutragen, daß das Anerbengut der Rentenbank rentenpflichtig sei; in die Eintragungsformel hat er den Betrag der Rentenbankrente, des ihr entsprechenden Kapitals und Beginn und Dauer der Tilgung aufzunehmen. Die Rentenbankrente erhält den Rang, welchen die Abfindungsrente, an dessen Stelle sie tritt, zur Zeit der Eintragung der Vormerkung einnahm. Dies ist bei der Eintragung kenntlich zu machen; man wird die Rentenbankrente ohne Bedenken als Veränderung bei der Abfindungsrente eintragen dürfen. § 23 Ges.

Die Eintragungen und Löschungen der Anerbengutseigenschaft geschehen kostenfrei. § 38 Ges.

Dreizehntes Kapitel.

Kosten und Stempel in Grundbuchsachen.

§ 93. Armenrecht. Besondere Vorschriften.

I. Nach Art. 1 A.FG. und § 14 FG. kann in Grundbuchsachen das Armenrecht bewilligt werden. Hierauf finden die Vorschriften der §§ 114f. CPO. u. §§ 34—36 der RAO. entsprechende Anwendung. Danach erlangt in Grundbuchsachen ein Betheiligter durch die Bewilligung des Armenrechts die einstweilige Befreiung von der Berichtigung der rückständigen und der künftig erwachsenden Gerichtskosten, der sonstigen baaren Auslagen, sowie der Stempelsteuer. § 115 CPO. Zur Unterzeichnung der Beschwerdeschrift behufs Einlegung der weiteren Beschwerde, § 80 GBO., ist dem zum Armenrechte zugelassenen Betheiligten ein Rechtsanwalt zu bestellen. § 115 Z. 3 CPO. Auch soweit eine Vertretung durch einen Rechtsanwalt nicht geboten ist, kann einem Betheiligten zur vorläufig unentgeltlichen Wahrnehmung seiner Rechte ein Rechtsanwalt beigeordnet werden. § 34 RAO. Das Gesuch um Bewilligung des Armenrechts ist in der Regel bei dem Grundbuchamt; wenn es sich um Einlegung einer Beschwerde handelt, aber bei dem Gerichte, das über die Beschwerde zu entscheiden hat, anzubringen. Dem Gesuche muß ein von der obrigkeitlichen Behörde des Betheiligten ausgestelltes Zeugniß beiliegen, in welchem das Unvermögen zur Bestreitung von Gerichtskosten ausdrücklich bezeugt wird. In dem Gesuche ist das Sachverhältniß darzulegen, um dem Richter die Prüfung zu ermöglichen, ob der beabsichtigte Antrag in Grundbuchsachen nicht muthwillig oder aussichtslos erscheint. §§ 118, 114 CPO. Die Bewilligung des Armenrechts ist, wenn diese Voraussetzungen zutreffen, durch Beschluß auszusprechen; sie erfolgt für jede Instanz besonders. § 119 CPO. Das Armenrecht kann, sobald eine Voraussetzung seiner Bewilligung wegfällt, jeder Zeit wieder entzogen werden. § 121 CPO.

Zur Nachzahlung der Gerichtskosten und Stempelbeträge ist der Betheiligte verpflichtet, sobald er ohne Beeinträchtigung des für ihn und seine Familie nothwendigen Unterhalts dazu im Stande ist. § 125 CPO. Gegen den Beschluß, durch welchen das Armenrecht verweigert oder entzogen oder die Nachzahlung von Kosten angeordnet wird, findet die Beschwerde nach §§ 19f. FG. statt.

II. Hinsichtlich der Entrichtung der Gerichtskosten oder Stempelsteuer enthalten die neuen Reichs- oder Landesgesetze folgende besondere Bestimmungen:

1. Wird in Folge der nach den Art. 45—58 A.BGB. eintretenden Aenderung des Güterstandes das Grundbuch unrichtig, so werden für die Berichtigung des Grundbuchs Gerichtsgebühren und Stempel nicht erhoben. Art. 59 § 2 A.BGB.

2. Wird auf Antrag eine Grunddienstbarkeit ins Grundbuch eingetragen, welche zu der Zeit besteht, zu welcher das Grundbuch als an-

gelegt anzusehen ist, so sind die Kosten von demjenigen (dem Berechtigten oder dem Eigenthümer) zu tragen und vorzuschießen, welcher die Eintragung verlangt. Art. 187 EG.

3. Die Eintragung und Löschung des vom Konkursgerichte erlassenen allgemeinen Veräußerungsverbots, sowie der Eröffnung des Konkursverfahrens im Grundbuche erfolgt gebührenfrei. § 15 KO.

§ 94. Stempel in Grundbuchsachen.

Maßgebend für die Erhebung der Stempelsteuer ist das Preuß. Gesetz v. 31. Juli 1895. Dazu ist ergangen eine Verfügung des Finanzministers v. 14. Februar 1896 „Dienstvorschriften betreffend die Ausführung des Stempelsteuergesetzes" im Centralblatt der Preuß. Abgaben-Gesetzgebung und Verwaltung und eine Verfügung des Finanz- und Justizministers v. 29. Februar 1896 (JMBl. S. 63) über „Gerichtliches Stempelwesen". Der Stempel wird nach dem Stempeltarif des Ges. v. 31. Juli 1895 berechnet; der Mindestbetrag beträgt 50 Pf. und steigt in Abstufungen von je 50 Pf., wobei überschießende Stempelbeträge auf 50 Pf. abgerundet werden. § 11 Ges. Der Stempel muß in der Regel binnen 2 Wochen nach der Ausstellung der Urkunde verwendet sein. §§ 15, 16 Ges. Die Strafe wegen Zuwiderhandelns gegen die Verpflichtung zur Entrichtung der Stempelsteuer besteht in dem vierfachen Betrage des hinterzogenen Stempels, mindestens aber 3 Mk. Eine Geldstrafe zum 10fachen Betrage des hinterzogenen Stempels und mindestens von 30 Mk. tritt ein, wenn bei Auflassungserklärungen und Umschreibungsanträgen ein geringerer Werth als der gesetzlich zu berechnende Werth der Gegenleistungen angegeben oder eine Urkunde vorgelegt wird, welche das Rechtsgeschäft nicht so enthält, wie es verabredet ist. § 17 Ges.

Für stempelpflichtige Urkunden, welche bei den Gerichten aufgenommen werden, wird bei den Gerichten Stempelmaterial nicht verwendet, die Stempelabgaben werden vielmehr nach den für Gerichtsgebühren geltenden Vorschriften eingezogen. § 30 Preuß. GKG.

Dieselbe Vorschrift findet entsprechende Anwendung bei gewissen, in § 31 Preuß. GKG. ausdrücklich erwähnten Urkunden. Werden diese, obwohl sie stempelpflichtig sind, ohne vorschriftsmäßig gestempelt zu sein, eingereicht, so wird auch bei ihnen der Stempel als Gerichtsgebühr erhoben. Dahin gehören zum Gebrauche bei Gericht bestimmte Vollmachten und die Urkunden über das einer Auflassung oder Eintragung ins Grundbuch zu Grunde liegende Rechtsgeschäft. Eine Stempelstrafe ist in diesen Fällen nicht verwirkt, wenn die Einreichung der Urkunde bei Gericht binnen der für die Verwendung des Urkundenstempels sonst vorgeschriebenen Frist erfolgt. § 31 Abs. 2 Preuß. GKG.

Als für Grundbuchsachen besonders wichtig ist folgendes aus dem Tarif zum Stempelsteuergesetz hervorzuheben:

1. Für Auflassungen wird ein Stempel im Betrage von 1 vom Hundert des Werthes des veräußerten Gegenstandes erhoben, falls der Eigenthumsübergang im Grundbuche vermerkt worden ist. Die Auflassungs-

erklärung ist dem Werthstempel nicht unterworfen, wenn spätestens binnen zwei Wochen von der Aufforderung zur Zahlung der Gerichtskosten an die das Veräußerungsgeschäft enthaltende Urkunde vorgelegt wird. Wird die Urkunde erst nach der Zahlung des Auflassungsstempels vorgelegt, so wird auf den dazu erforderlichen Stempel der Auflassungsstempel angerechnet.

Kauf-, Tausch- und andere lästige Veräußerungsverträge über unbewegliche Sachen und diesen gleichgeachtete Rechte unterliegen einem Werthstempel von 1 vom Hundert vom Preise unter Hinzurechnung des Werthes der ausbedungenen Leistungen und vorbehaltenen Nutzungen. Enthalten sie zugleich die Uebertragung des Eigenthums an beweglichen Sachen, so ist vom Preise für dieselben noch $^1/_3$ vom Hundert als Stempel zu entrichten. Beurkundungen über Uebertragungen der Rechte aus solchen Verträgen sind ebenso stempelpflichtig, wie der Vertrag selbst. Einem Stempel von nur 1,50 Mk. unterliegen Kauf- und Tauschverhandlungen zwischen Theilnehmern an einer Erbschaft zum Zweck der Theilung. Befreit von einer Stempelabgabe sind Verträge, durch welche unbewegliche Sachen oder diesen gleichgeachtete Rechte von Ascendenten an Descendenten übertragen werden; für Beurkundungen von Uebertragungen der Rechte aus einem solchen Vertrage an andere Personen wird ein Stempel von 1,50 Mk. erhoben. Wird im Falle der Auflassung eines Grundstücks oder der Bestellung und Uebertragung eines Erbbaurechts die Einigung der Betheiligten durch Bevollmächtigte erklärt, so ist die Vollmacht stempelfrei. wenn das zu Grunde liegende Rechtsgeschäft von einem Notar beurkundet und die Vollmacht in der Urkunde ertheilt ist. § 31 GBO.

Aus § 313 BGB. folgt, daß Veräußerungsverträge über Grundstücke, welche nur privatschriftlich abgefaßt sind, auch hinsichtlich der mit verkauften beweglichen Sachen zunächst völlig stempelfrei sind, wenn sie nicht etwa gleichzeitig andere, mit der Grundstücksveräußerung in keinem Zusammenhange stehende Geschäfte enthalten. Die wegen Formmangels ungültigen Verträge werden jedoch gültig und stempelpflichtig, sobald die Auflassung und Eintragung erfolgt ist. Werden die Vertragsurkunden dem Gerichte vorgelegt, so ist der Kaufstempel zu den Gerichtskosten zu vereinnahmen. Unterbleibt die Vorlegung der Urkunden bei Gericht, so muß der Kaufstempel in Natur von den Ausstellern innerhalb zwei Wochen beigebracht werden, welche mit der Benachrichtigung der Betheiligten von der Eintragung im Grundbuche oder, wenn sie darauf verzichtet haben, mit dem Tage der Eintragung beginnt.

Mit Rücksicht auf diese Rechtslage, welche der Finanzminister in einer Verfügung v. 12. Februar 1900 an die Provinzial-Steuer-Direktoren dargelegt hat, hat der Justizminister durch Verfügung v. 2. März 1900 (JMBl. S. 63) die Grundbuchämter angewiesen, bei Auflassungen die Betheiligten darauf aufmerksam zu machen, daß ein etwa vorhandener privatschriftlicher Vertrag über die Veräußerung des Grundstücks durch die Auflassung stempelpflichtig werde, sodaß es sich empfehle, ihn baldigst zu den Grundakten einzureichen, und sie zu belehren, daß wenn sie den Vertrag nicht binnen 14 Tagen einreichen, sie selbst den Stempel zur Vermeidung der Stempelstrafe zu verwenden haben.

Die Anweisung des Justizministers, daß der Grundbuchrichter in allen

Fällen, in denen ein Veräußerungsgeschäft entweder vom Stempel befreit oder doch mit einer geringeren Stempelsteuer, wie die Auflassungsverhandlung, belegt ist, die Betheiligten unter Hinweis auf die Folgen, welche ein Unterlassen der Einreichung der Urkunde über das Geschäft nach sich zieht, zu fragen habe, ob sie die Urkunde vorlegen wollen, und die Erklärung der Betheiligten auf diese Frage ebenso wie die Erklärung derselben über den Werth des Grundstücks in das Auflassungsprotokoll aufnehmen soll, ist unter dem neuen Rechte zwar nicht ausdrücklich wiederholt, wird aber als noch gültig anzusehen sein. Verf. v. 12. Mai 1873, 18. Jan. 1876 (JMBl. 1873 S. 155; 1876 S. 15).

2. Für die Beurkundung der Abtretung von Rechten, soweit sie nicht schon zu 1 genannt ist, wird ein Stempel von $^1/_{50}$ des Werthes der Gegenleistung oder, wenn eine solche in der Urkunde nicht enthalten ist, des Geldbetrages oder des Werthes des abgetretenen Rechts, mindestens aber 1 Mk. erheben. Derselbe Stempel liegt auf dem Antrage auf Eintragung der Abtretung einer Hypothek oder Grundschuld, sobald die Eintragung erfolgt ist; er wird hier aber stets vom Betrage der Hypothek oder Grundschuld berechnet. Von dem Antrage wird die Abgabe nicht erhoben, wenn spätestens 2 Wochen nach der Aufforderung zur Zahlung der Gerichtskosten die Urkunde über die Abtretung vorgelegt wird. Betrifft der Antrag eine Gesammthypothek oder Gesammtgrundschuld, so wird die Abgabe nur einmal entrichtet. Wird nach Zahlung der Abgabe die Urkunde über die Abtretung vorgelegt, so wird der für den Eintragungsantrag gezahlte Stempel auf den Stempel für die Urkunde angerechnet.

3. Schuldverschreibungen sind in der Regel einer Stempelabgabe von $^1/_{12}$ des Kapitalbetrages der Schuldverschreibung unterworfen. Die gleiche Stempelabgabe wird von dem Antrage auf Eintragung einer Hypothek oder Grundschuld oder einer wiederkehrenden Geldleistung, sowie dem Antrage auf Eintragung der Verpfändung eines dieser Rechte im Grundbuche erhoben. Der Stempel wird nach der einzutragenden Summe oder dem Kapitalswerthe der Geldleistung berechnet; bei einer Verpfändung nach der Summe, für die die Post verpfändet wird, wenn sie geringer ist als die Summe oder der Werth der verpfändeten Post, sonst nach der Summe oder dem Werthe der letzteren Post. Im übrigen gilt auch hier das zu 2 gesagte.

4. Vorrangseinräumungen unterliegen einem Stempel von 1,50 Mk.

§ 95. Gerichtskosten in Grundbuchsachen.

I. Die Berechnung und Einziehung der Gerichtskosten in Grundbuchsachen erfolgt auf Grund des Preußischen Gerichtskostengesetzes, welches in neuer Fassung am 6. Oktober 1899 (GS. S. 326 f.) bekannt gemacht ist. Die besonderen Vorschriften für die Gebühren in Grundbuchsachen werden nachher unter II wörtlich gegeben. Daneben bleiben für die Anlegung des Grundbuchs noch in Kraft die §§ 69—72 des alten Gerichtskostengesetzes vom 25. Juni 1895 und die besonders aufrecht erhaltenen Vorschriften über die Kosten in den §§ 72 Abs. 2, 74—76 des Grundbuchges.

für Frankfurt a. M. v. 19. Aug. 1895 und in den §§ 59 Abs. 2 und 61 des Grundbuchgesetzes für Lauenburg v. 8. Juni 1896. Art. 30 I und 33 Z. 11, 12 A.GBO.

Zur Zahlung der Kosten ist, soweit Anderes nicht bestimmt ist, derjenige verpflichtet, durch dessen Antrag die Thätigkeit des Gerichts veranlaßt ist, oder wessen Interesse bei einem von Amtswegen betriebenen Geschäfte wahrgenommen ist. § 1. Neben dem Verpflichteten haftet als Gesammtschuldner für die Kosten, welcher sie in einer dem Gerichte abgegebenen Erklärung übernommen hat. § 4. Mehrere in Rechtsgemeinschaft stehende Personen haften nach Verhältniß ihrer Antheile oder, soweit ein solcher nicht zu ermitteln ist, nach Kopftheilen. Mehrkosten, welche durch besondere Anträge eines Betheiligten entstanden sind, fallen diesem allein zur Last. § 2.

Die Gerichte sind befugt, Gerichtsgebühren, welche durch eine unrichtige Behandlung der Sache ohne Schuld der Betheiligten entstanden sind, niederzuschlagen und für abweisende Bescheide, sowie im Falle der Zurücknahme eines Antrags, wenn der Antrag auf nicht anzurechnender Unkenntniß der Verhältnisse oder auf Unwissenheit beruht, Gebührenfreiheit zu gewähren. § 7 Abs. 2.

Der *Werth* des Gegenstandes des Geschäfts wird vom Gerichte nach freiem Ermessen unter Beobachtung der Vorschriften der §§ 20, 21 Ges. festgesetzt. § 19. Die Werthfestsetzung zur Berechnung des Auflassungsstempels ist jedoch auch beim Ansatze der Gerichtskosten maßgebend. § 18. Bei der Berechnung des Werthes einer Sache ist nur der gemeine Werth derselben in Betracht zu ziehen; handelt es sich um einen Verkauf derselben so ist als Werth der Betrag des vereinbarten Kaufpreises mit Hinzufügung des Werthes der vorbehaltenen Nutzungen und ausbedungenen Leistungen in Ansatz zu bringen. Der Werth eines Pfandrechts oder der Sicherstellung einer Forderung richtet sich nach dem Betrage der Forderung; hat der Gegenstand des Pfandrechts einen geringeren Werth, so ist dieser maßgebend, soweit nicht die besonderen Vorschriften für Eintragungen im Grund- oder Hypothekenbuche (§ 65) entgegenstehen. Bei Vorrangseinräumungen richtet sich der Werth nach dem Betrage der vortretenden Post und, wenn der Betrag der zurücktretenden Post der geringere ist, nach diesem. Der Werth einer Grunddienstbarkeit wird durch den Werth, welchen dieselbe für das herrschende Grundstück hat, und wenn der Betrag, um welchen sich der Werth des dienenden Grundstücks durch die Dienstbarkeit mindert, größer ist, durch diesen Betrag bestimmt. Der Werth des Rechts auf wiederkehrende Nutzungen oder Leistungen wird nach den Vorschriften der §§ 15 bis 19 des Erbschaftssteuergesetzes in der Fassung der Bekanntmachung v. 24. Mai 1891 (GS. S. 78) mit der Maßgabe berechnet, daß bei immerwährenden Nutzungen oder Leistungen das Fünfundzwanzigfache des einjährigen Betrages maßgebend ist. Steht der Zeitpunkt des Anfalls nicht fest, so tritt an dessen Stelle der Zeitpunkt der Begründung des Bezugsrechts. § 21 Z. 1, 3, 4, 5 Ges.

An baaren Auslagen werden erhoben u. a. die Schreibgebühren für Ausfertigungen und Abschriften für die Seite mit 10 Pf. auch wenn sie auf mechanischem Wege hergestellt ist, und die Postgebühren, einschließlich der Telegraphengebühren. Bei den Schreibgebühren wird jede angefangene Seite für voll berechnet. Die Seite soll mindestens 20 Zeilen von durchschnittlich 12 Silben enthalten. §§ 113, 114 Ges. Die Postgebühren, welche als baare Auslagen in die Kostenrechnung aufzunehmen sind, werden schon bei der Entgegennahme einer Schrift auf derselben bemerkt. Ist der Absender einer mit Eingangsporto beschwerten Sendung zur Frankirung verpflichtet, so ist der Briefumschlag behufs Einziehung des Portos der Post zurückzugeben. § 5 Z. 4 Gesch. Anw.

Der Mindestbetrag einer Gerichtsgebühr ist 20 Pf., soweit nicht ein anderer Mindestbetrag bestimmt ist. Pfennigbeträge, welche ohne Bruch nicht durch 10 theilbar sind, werden auf den nächst höheren durch 10 theilbaren Betrag abgerundet.

II. Die besonderen Vorschriften über die Gebühren in Grundbuchsachen sind im dritten Abschnitte des Ges. enthalten. Dieser lautet, wie folgt:

§ 57. In Grundbuchsachen beträgt, sofern nicht Ausnahmen vorgesehen sind, die volle Gebühr

	bei einem Werthe des Gegenstandes	nach dem Satze A Mark	nach dem Satze B Mark
1.	bis 20 Mark einschließlich	0,40	0,20
2.	von mehr als 20 bis 60 Mark einschl.	0,70	0,40
3.	„ „ „ 60 „ 120 „ „	1	0,60
4.	„ „ „ 120 „ 200 „ „	1,50	1
5.	„ „ „ 200 „ 300 „ „	2	1,40
6.	„ „ „ 300 „ 450 „ „	2,60	1,90
7.	„ „ „ 450 „ 650 „ „	3,20	2,40
8.	„ „ „ 650 „ 900 „ „	4	2,90
9.	„ „ „ 900 „ 1 200 „ „	4,80	3,40
10.	„ „ „ 1 200 „ 1 600 „ „	6	4
11.	„ „ „ 1 600 „ 2 100 „ „	7,20	4,60
12.	„ „ „ 2 100 „ 2 700 „ „	8,40	5,40
13.	„ „ „ 2 700 „ 3 400 „ „	9,60	6,20
14.	„ „ „ 3 400 „ 4 300 „ „	11	7,20
15.	„ „ „ 4 300 „ 5 400 „ „	12,60	8,20
16.	„ „ „ 5 400 „ 6 700 „ „	14,40	9,40
17.	„ „ „ 6 700 „ 8 200 „ „	16,20	10,60
18.	„ „ „ 8 200 „ 10 000 „ „	18	12
19.	„ „ „ 10 000 „ 12 000 „ „	20,40	13,80
20.	„ „ „ 12 000 „ 14 000 „ „	22,80	15,60
21.	„ „ „ 14 000 „ 16 000 „ „	25,20	17,40
22.	„ „ „ 16 000 „ 18 000 „ „	27,60	19,20
23.	„ „ „ 18 000 „ 20 000 „ „	30	21
24.	„ „ „ 20 000 „ 22 000 „ „	32,40	22,80
25.	„ „ „ 22 000 „ 24 000 „ „	34,80	24,60
26.	„ „ „ 24 000 „ 26 000 „ „	37,20	26,40
27.	„ „ „ 26 000 „ 28 000 „ „	39,60	28,20

bei einem Werthe des Gegenstandes							nach dem Satze A Mark	nach dem Satze B Mark
28.	von mehr als	28000	bis	30000	Mark	einschl.	42	30
29.	" " "	30000	"	35000	"	"	47	34
30.	" " "	35000	"	40000	"	"	52	38
31.	" " "	40000	"	50000	"	"	60	45
32.	" " "	50000	"	60000	"	"	66	51
33.	" " "	60000	"	70000	"	"	72	57
34.	" " "	70000	"	80000	"	"	78	63
35.	" " "	80000	"	90000	"	"	84	69
36.	" " "	90000	"	100000	"	"	90	75

Die ferneren Werthklassen steigen um je 10000 Mk. und die Gebühren bei beiden Gebührensätzen je um 6 Mk.

§ 58. 1. Für die Eintragung des Eigenthümers einschließlich der Entgegennahme der Auflassungserklärung oder der Beurkundung des Antrags auf Eintragung, sowie einschließlich der vorkommenden Nebengeschäfte, insbesondere der gleichzeitig beantragten Eintragung des Erwerbsgrundes und des Erwerbspreises, des Schätzungswerths und der Feuerversicherungssumme, sowie der Uebertragung des Grundstücks und der auf dasselbe bezüglichen Eintragungen auf ein anderes Blatt wird der Gebührensatz A erhoben.

2. Für die Eintragung des Eigenthums von Abkömmlingen des bisherigen Eigenthümers, sofern sie auf Grund der Erbfolge oder eines Uebertragsvertrags oder der Erbauseinandersetzung erfolgt, ohne Unterschied, ob die Erben inzwischen im Grundbuch eingetragen waren oder nicht, für die nachträgliche Eintragung des Miteigenthums eines Ehegatten oder von Kindern an Grundstücken, welche zur ehelichen Gütergemeinschaft oder zur fortgesetzen Gütergemeinschaft gehören, ingleichen für die Umschreibung der Grundstücke, welche einem Ehegatten oder den Erben eines solchen bei der Auseinandersetzung einer aufgelösten Gütergemeinschaft überwiesen, oder welche einem Ehegatten nach Auflösung der Gütergemeinschaft kraft Gesetzes zugefallen sind, einschließlich der bei diesen Geschäften vorkommenden Nebengeschäfte werden fünf Zehntheile des Gebührensatzes A erhoben.

3. Wenn nach § 90 der Grundbuchordnung ein Eigenthumserwerb unter Ausscheiden des Grundstücks aus dem Grundbuche stattfindet, wird der Gebührensatz A erhoben.

4. Erfolgt die Eintragung eines Eigenthümers auf Grund eines gleichzeitig gestellten Antrags bei mehreren Grundstücken, welche im Bezirke desselben Amtsgerichts belegen sind, so werden die vorstehend bestimmten Gebühren nur einmal nach dem zusammenzurechnenden Werthe der Grundstücke erhoben. Ist eine Aufforderung des Gerichts, ein Grundstück, für welches ein besonderes Blatt besteht, auf ein für ein anderes Grundstück bestehendes Blatt übertragen zu lassen, erfolglos geblieben, so werden die Gebühren für dieses Grundstück besonders berechnet.

5. Hinsichtlich der im Geltungsbereiche des Rheinischen Rechtes belegenen Grundstücke kommen folgende Bestimmungen zur Anwendung:

Für die Entgegennahme der Auflassungserklärung wird auch dann, wenn dieselbe vor einem anderen Gericht erfolgt, eine Gebühr nicht erhoben.

Die an einen Notar für die Beurkundung einer Auflassung gezahlte Gebühr wird von der für die Eintragung des Eigenthümers zu entrichtenden Gebühr in Abzug gebracht. Diese Bestimmung kommt jedoch nicht zur Anwendung, wenn eine notarielle Beurkundung des zu Grunde liegenden Vertrags stattgefunden hat.

6. Die Entgegennahme der Auflassung und, wenn diese nicht vor dem Grundbuchrichter erfolgt, die Eintragung des neuen Eigenthümers im Grundbuche kann nach dem Ermessen des Gerichts von einer vorgängigen Sicherstellung der Staatskasse wegen der Kosten der Eintragung und des Stempels für die Auflassung oder das zu Grunde liegende Rechtsgeschäft abhängig gemacht werden. Ueber Erinnerungen gegen derartige Anordnungen wird im Aufsichtswege entschieden.

§ 59. Für jede Eintragung der Belastung des Grundstücks mit einem Rechte einschließlich der dabei vorkommenden Nebengeschäfte wird der Gebührensatz B erhoben. Als Belastungen des Grundstücks gelten auch das Recht des Nacherben, die Lehns- oder Fideikommißeigenschaft, ein bedingtes Recht auf Eigenthumserwerb sowie die Zugehörigkeit zu einer Wassergenossenschaft, einer Bahneinheit oder einer sonstigen mit Beschränkungen des Eigenthümers verbundenen Vermögensmasse und die nach § 1010 des BGB. eingetragenen Bestimmungen oder Ansprüche.

§ 60. Für die Eintragungen von Veränderungen aller Art, Vormerkungen, Widersprüchen und Verfügungsbeschränkungen werden fünf Zehntheile des Gebührensatzes B erhoben.

§ 61. Für die Eintragungen, welche die Zurückführung des Grundbuchs auf die Steuerbücher zum Gegenstande haben oder zum Zwecke der Erhaltung der Uebereinstimmung zwischen dem Grundbuch und den Steuerbüchern erfolgen, sind weder Gebühren noch Auslagen zu erheben. Gebührenfrei ist die nach § 54 der Grundbuchordnung erfolgende Eintragung.

Wird ein Antrag zurückgewiesen, nachdem nach § 18 der GBO. eine Vormerkung oder ein Widerspruch eingetragen war, so wird nur die Gebühr für diese Eintragung erhoben.

§ 62. Für alle Eintragungen, welche unter keine der vorstehend (§§ 58 bis 61) getroffenen Bestimmungen fallen, insbesondere für die Vermerke, welche durch die ohne Veränderung des Eigenthümers stattfindende Theilung von Grundstücken oder Uebertragung derselben auf ein anderes Blatt veranlaßt werden, für die nachträglich beantragte Eintragung des Schätzungswerths, der Feuerversicherungssumme, des Erwerbsgrundes oder des Erwerbspreises, für die Eintragung des Verzichts auf das Eigenthum am Grundstücke, für die Eintragung der nachträglichen Ausschließung der Ertheilung eines Briefes oder der Aufhebung dieser Ausschließung, für die Anlegung eines Blattes für ein noch nicht in das Grundbuch eingetragenes oder aus dem Grundbuche ausgeschiedenes Grundstück, für das Ausscheiden eines Grundstücks aus dem Grundbuche, falls nicht gleichzeitig eine Eigenthumsveränderung eingetragen wird, für den Vermerk von Rechten, welche dem jeweiligen Eigenthümer zustehen, werden drei Zehntheile des Gebührensatzes B erhoben.

Auf die Berechnung des Werthes findet die Vorschrift des § 23 Abs. 1 entsprechende Anwendung.

§ 63. Für jede Löschung einschließlich der dabei vorkommenden Nebengeschäfte werden fünf Zehntheile der vorstehend für die Eintragungen bestimmten Sätze erhoben.

Die hiernach zu erhebenden Kosten bleiben insoweit außer Ansatz, als solche bei der Eintragung zugleich für die künftige Löschung entrichtet worden sind.

§ 64. Wird eine Eintragung oder Löschung bei mehreren Grundstücken auf Grund einer Bewilligung oder sonstigen Urkunde vorgenommen, so werden die in den §§ 59, 60, 62, 63 bezeichneten Sätze nur für die erste Eintragung oder Löschung, dagegen für jede folgende Eintragung oder Löschung nur fünf Zehntheile derselben erhoben. Die gleiche Herabsetzung der Gebühren findet statt, wenn einzelne Grundstücke in die Mithaft für eine Forderung eintreten oder aus der Mithaft entlassen werden.

Erfolgt die Eintragung oder Löschung bei mehreren Grundstücken desselben Eigenthümers auf Grund eines gleichzeitig gestellten Antrags, so werden die Eintragungs- oder Löschungsgebühren nur einmal erhoben, wenn die Grundstücke in demselben Amtsgerichtsbezirke belegen sind und eine erfolglose Aufforderung des Gerichts, die Vereinigung derselben auf einem Blatte zu beantragen, nicht ergangen ist. Im Sinne dieser Bestimmung gelten Grundstücke, welche Eheleuten oder welche dem überlebenden Ehegatten und den Kindern des Verstorbenen im Falle der fortgesetzten Gütergemeinschaft oder Verwaltungsgemeinschaft gehören, als Grundstücke eines Eigenthümers.

§ 65. Bei der Eintragung oder Löschung von Hypotheken oder Grundschulden ist der Betrag der Forderung oder der Grundschuld, bei Rentenschulden der Betrag der Ablösungssumme für die Gebührenberechnung maßgebend; soweit nach § 64 Abs. 1 nur fünf Zehntheile der Gebühr zu erheben sind, ist jedoch der Werth des Grundstücks, falls derselbe der geringere ist, als Maßstab anzunehmen.

§ 66. 1. Für die Ertheilung eines Hypotheken-, Grundschuld- oder Rentenschuldbriefs werden vier Zehntheile der in § 33 bestimmten Gebühr, für die Ertheilung eines neuen Briefes einschließlich des über die Ertheilung im Grundbuch einzutragenden Vermerkes, für die Ergänzung des Auszugs aus dem Grundbuch sowie für die Herstellung eines Theilbriefs zwei Zehntheile der in § 33 bestimmten Gebühr erhoben. Die Vorschriften der §§ 64, 65 finden entsprechende Anwendung.

2. Für die Ertheilung beglaubigter Abschriften werden drei Zehntheile der in § 33 bestimmten Gebühr erhoben, wenn eine Abschrift des vollständigen Grundbuchblatts ertheilt wird, und zwei Zehntheile, wenn die Abschrift nur einen Theil des Grundbuchblatts betrifft. Wird die Abschrift von mehreren Grundbuchblättern desselben Eigenthümers auf Grund eines gleichzeitig gestellten Antrags ertheilt, so wird die Gebühr nur einmal nach dem zusammenzurechnenden Werthe der Grundstücke erhoben. Die Bestimmung im § 64 Absatz 2 letzter Satz findet auch hier Anwendung.

3. Für Bescheinigungen des Grundbuchrichters über den Inhalt des

Grundbuchs oder für Vermerke desselben auf dem Hypotheken-, Grundschuld- oder Rentenschuldbriefe, welche nicht ein gebührenfreies Nebengeschäft bilden, werden zwei Zehntheile der in § 33 bestimmten Gebühr erhoben.

4. Die Einsicht des Grundbuchs ist gebührenfrei.

§ 67. Die vorstehend für Grundstücke gegebenen Vorschriften sind auf Bergwerke und andere Berechtigungen, für welche die sich auf Grundstücke beziehenden Vorschriften gelten, entsprechend anzuwenden. Dabei wird jedoch der Gebührensatz A nur zur Hälfte erhoben, wenn die anderweite Eintragung eines Eigenthümers durch die Konsolidation mehrerer Bergwerke, welche bis dahin verschiedenen Eigenthümern (Gewerkschaften) gehörten, veranlaßt wird.

Wird ein Bergwerk mit unbeweglichen Antheilen der Gewerken in Ausführung eines gemäß § 235a des Allgemeinen Berggesetzes gefaßten Beschlusses auf den Namen der Gewerkschaft eingetragen, so wird für diese Eintragung einschließlich des vorläufigen Vermerkes des Beschlusses im Grundbuche, der Anlegung des Gewerkenbuchs und der Ausfertigung und Aufbewahrung der Kuxscheine, der Gebührensatz A erhoben. Für die Umschreibung eines Kuxes in dem vom Gerichte geführten Gewerkenbuche auf einen neuen Erwerber, einschließlich der dabei vorkommenden Nebengeschäfte wird der Gebührensatz B erhoben. Für die Eintragung von Veränderungen bei den auf Kuxscheinen eingetragenen Pfandrechten sowie für Löschungen werden dieselben Gebühren erhoben wie für Eintragung von Veränderungen und Löschungen im Grundbuche.

§ 68. Die hinsichtlich der Grundbücher bestehenden Gebührenbestimmungen sind auf die Bahngrundbücher entsprechend anzuwenden. Es werden erhoben für die Anlegung und für die Schließung des Bahngrundbuchs der Satz des § 62 und für den Vermerk des Erlöschens der Genehmigung, einschließlich der öffentlichen Bekanntmachung des Vermerkes, der Satz des § 60. Die Eintragung des in Folge einer Veräußerung der Bahn eingetretenen Eigenthumswechsels in dem über ein Bahngrundstück geführten gerichtlichen Buche erfolgt gebührenfrei.

Die Kosten der Anlegung des Bahngrundbuchs sowie der Vermerke der Zugehörigkeit eines Grundstücks zur Bahneinheit trägt der Bahneigenthümer; die bezeichneten Kosten fallen jedoch, wenn ein Gläubiger durch den Antrag auf Eintragung einer vollstreckbaren Forderung die Anlegung des Bahngrundbuchs veranlaßt, diesem Gläubiger und, wenn die Anlegung im Zwangsversteigerungsverfahren auf Ersuchen des Vollstreckungsgerichts erfolgt, dem Ersteher zur Last.

§ 69. Neben den in diesem Abschnitte bestimmten Gebühren werden noch die für Auflassungen, Eintragungsanträge und Kuxscheine bestimmten Stempel erhoben.

§ 70. Wenn Urkunden, deren Vorlegung zur Erwirkung von Einschreibungen nothwendig war, von den Betheiligten ohne Uebergabe einer für die Grundakten bestimmten Abschrift zurückgefordert werden, so werden für die auf Anordnung des Grundbuchrichters zu fertigenden Abschriften Schreibgebühren erhoben. Die Beglaubigung der von den Betheiligten überreichten Abschriften erfolgt gebührenfrei.

Aus dem neunten Abschnitte des Gesetzes sind noch folgende Vorschriften hervorzuheben:

§ 109. 1. Die Auf- und Annahme von Gesuchen, Anträgen oder Beschwerden erfolgt gebührenfrei. In Grundbuchsachen findet ... diese Vorschrift bezüglich derjenigen Anträge keine Anwendung, welche zur Herbeiführung einer Eintragung oder Löschung in beglaubigter Form gestellt werden müssen ...

2. Soweit nicht besondere Vorschriften getroffen sind, ist im Falle der Zurücknahme eines Antrags, bevor auf denselben eine Entscheidung erlassen ist oder die beantragte Verhandlung stattgefunden hat, sowie für die Zurückweisung unbegründeter oder unzulässiger Anträge eine Gebühr zu erheben, deren Höhe sich nach der Gebühr, welche für die beantragte Verhandlung oder Entscheidung zu erheben gewesen wäre, richtet, und zwar werden erhoben im Falle der Zurücknahme drei Zehntheile dieser Gebühr, jedoch höchstens 6 Mk., für die Zurückweisung fünf Zehntheile, jedoch höchstens 10 Mk.

3. Für die Entscheidung in der Beschwerdeinstanz einschließlich des vorangegangenen Verfahrens wird, wenn die Beschwerde als unbegründet oder unzulässig verworfen wird, dieselbe Gebühr, welche für die beantragte Verhandlung oder Entscheidung zu erheben gewesen wäre, jedoch mindestens 1 Mk. und höchstens 20 Mk. erhoben.

Hierher gehört noch die Vorschrift des Art. IV Ges. betr. Aenderungen des GVG. und der StPO. v. 17. Mai 1898:

Wird gemäß § 79 Abs. 2 GBO. die weitere Beschwerde von dem Landesgerichte dem Reichsgerichte vorgelegt, so bleiben in Ansehung der Gerichtskosten die Vorschriften maßgebend, welche Anwendung finden, wenn eine solche Beschwerde bei den Landesgerichten erledigt wird. Die erhobenen Kosten fließen jedoch in die Reichskasse.

Amtsgericht Lobau.

Grundbuch

von

Buchhain, Kreis Seefeld.

Band I Blatt Nr. 12.

I. Verzeichniß der

Laufende Nummer der Grundstücke.	Bisherige lfde. Nr. der Grundstücke.	Gemarkung.	Flurbuch. Kartenblatt (Flur)	Flurbuch. Parzelle	Grundsteuermutterrolle.	Gebäudesteuerrolle.	Wirthschaftsart und Lage.	Größe.			Grundsteuerreinertrag.		Gebäudesteuernutzungswerth.
			Nr.	Nr.	Art.	Nr.		ha	a	qm	Thlr.	1/100	Mk.
1.	2.	3.	4.		5.	6.	7.	8.			9.		10.
1.*)	—	Buchhain.	—	—	3	27	Bauerhof Nr. 8.	41	67	09	373	29	136
2.	—	Buchhain.	2	110	—	—	Garten im Dorfe.	—	34	86	7	68	—
3.	1 mit 2.	Buchhain.	—	—	3	27	Bauerhof Nr. 8.	42	01	95	380	97	136
4.	—	Buchhain.	5	90	24	—	Acker im Mittelfelde.	2	18	90	19	83	—
5.	—	Brühl.	3	20	15	—	Holzung in den Fichten.	1	31	66	10	31	—
6.	Rest von 4.	Buchhain.	5	419/90	24	—	Acker im Mittelfelde.	—	60	75	6	30	—
7.	—	Buchhain.	5	17	—	—	Acker im Mittelfelde.	—	73	40	7	60	—
8.	6,7.	Buchhain.	5	419/90, 17	24	—	Acker im Mittelfelde.	1	34	15	13	90	—

*) Die punktirten Linien bedeuten rothe Striche.

Grundstücke.

Bestand und Zuschreibungen.		Abschreibungen.	
Zur laufenden Nummer der Grundstücke.		Zur laufenden Nummer der Grundstücke.	
11.	12.	13.	14.
1.	Bei Anlegung des Grundbuchs eingetragen am 3. August 1901. Fischer Neumann	4.	Von Nr. 4 die Parzelle $\frac{420}{90}$ übertragen nach Band II Blatt Nr. 50 am 18. Oktober 1908. Rest: laufende Nr. 6. Fischer Neumann
1, 2, 3.	Nr. 2 nach Abschreibung von Band I Blatt Nr. 20 der Nr. 1 als Bestandtheil zugeschrieben und Nr. 1 mit Nr. 2 unter Nr. 3 neu eingetragen am 24. Februar 1903. Fischer Neumann	5.	Uebertragen nach Band III Blatt Nr. 117 des Grundbuchs von Brühl am 3. Mai 1910. Fischer Neumann
4.	Von Band I Blatt Nr. 17 hierher übertragen am 4. August 1904. Fischer Neumann		
5.	Von Band IV Blatt Nr. 29 des Grundbuchs von Brühl hierher übertragen am 12. Juni 1908. Fischer Neumann		
6, 7, 8.	Nr. 7 von Band II Blatt Nr. 32 hierher übertragen und in Folge Vereinigung mit Nr. 6 unter 8 als ein Grundstück eingetragen am 3. Mai 1910. Fischer. Neumann		

II. Verzeichniß der mit dem Eigenthume verbundenen Rechte.

Laufende Nummer der Eintragung.	Laufende Nummer des betheiligten Grundstücks.	Bezeichnung des Rechtes.	Veränderungen.	Löschungen.
1.	2.	3.	4.	5.
1.	1.	Die auf dem Grundstücke Buchhain Kartenblatt 10 Parzelle 5 (Band I Blatt Nr. 15) in Abtheilung II Nr. 3 eingetragene jährliche Rente von 200 Mark hier vermerkt am 10. September 1901. Fischer Neumann		Nr. 2 gelöscht am 15. Oktober 1904. Fischer Neumann
2.	2.	Das auf dem Grundstücke Buchhain Kartenblatt 2 Parzelle 114 (Band I Blatt Nr. 37) in Abtheilung II Nr. 1 eingetragene Wegerecht bei der Zuschreibung von Nr. 2 hier vermerkt am 24. Februar 1903. Fischer Neumann		

Erste Abtheilung.

Eigenthümer.	Laufende Nummer der Grundstücke.	Grund des Erwerbes. Verzicht.	Erwerbspreis. Werth. Feuerversicherungssumme.
1.	2.	3.	4.
Landwirth Friedrich Gerber in Buchhain.	1.	Bei der Anlegung des Grundbuchs auf Grund des Kaufvertrags vom 20. September 1895 eingetragen am 3. August 1901. Fischer Neumann	Zu Nr. 1: 51 500 Mark Kaufpreis vom 20. September 1895 eingetragen am 3. August 1901. Fischer Neumann
	2.	Aufgelassen und Band 1 Blatt Nr. 20 eingetragen am 30. Januar 1902, hierher übertragen am 24. Februar 1903. Fischer Neumann	
Bauer Heinrich Schmidt in Buchhain.	3.	Aufgelassen und eingetragen am 5. April 1904. Fischer Neumann	Zu Nr. 3: Wohnhaus und Wirthschaftsgebäude am 30. April 1904 versichert mit 8400 Mark. Eingetragen am 5. Mai 1904. Fischer Neumann
	4.	Aufgelassen und eingetragen am 4. August 1904. Fischer Neumann	
Die Ehefrau des Heinrich Schmidt, Sophie geborene Busse, als Miteigenthümerin kraft ehelicher Gütergemeinschaft.	3, 4.	Auf Grund des Zeugnisses des Königlichen Amtsgerichts zu Lobau vom 7. November eingetragen am 23. November 1907. Fischer Neumann	
	5.	Die Ehefrau Schmidt auf Grund des Erbscheins vom 5. Februar 1908, der Ehemann kraft ehelicher Gütergemeinschaft eingetragen am 12. Juni 1908. Fischer Neumann	
	7.	Aufgelassen am 2. und eingetragen am 3. Mai 1910. Fischer Neumann	

Zweite

Laufende Nummer der Eintragung	Laufende Nummer der belasteten Grundstücke	Lasten und Beschränkungen.	Zur laufenden Nummer der Eintragung.
1.	2.	3.	4.
1.	1.	Ein Altentheil für Anton Siegert in Buchhain nach Maßgabe des Kaufvertrags vom 20. September 1895 bei der Anlegung des Grundbuchs eingetragen am 3. August 1901. Fischer Neumann	2.
2.	3.	Ein lebenslängliches Wohnungsrecht für den Landwirth Friedrich Gerber in Buchhain nach Maßgabe der Bewilligung vom 30. März 1904. Der Höchstbetrag des Ersatzes für den Fall des Erlöschens durch den Zuschlag ist auf eintausend Mark festgesetzt. Zur Löschung des Rechtes soll der Nachweis des Todes des Berechtigten genügen. Vorbehalten ist der Vorrang für eine später einzutragende Hypothek von dreitausend Mark nebst fünf vom Hundert Zinsen. Eingetragen am 5. April 1904. Fischer Neumann	5.
3.	4.	Ein Vorkaufsrecht für den Gastwirth Wilhelm Schröder in Seefeld unter Bezugnahme auf die Bewilligung vom 3. März 1906 eingetragen am 4. April 1906. Fischer Neumann	
4.	5.	Widerspruch gegen die Eintragung des Eigenthums des Bauers Heinrich Schmidt und seiner Ehefrau zu Gunsten des Kaufmanns Felix Busse in Grünbusch auf Grund der einstweiligen Verfügung des Königlichen Landgerichts zu N. vom 25. September eingetragen am 3. Oktober 1908. Fischer Neumann	
5.	8.	Ein Erbbaurecht nach Maßgabe der Bewilligung vom 15. August 1910 für den Gastwirth Wilhelm Schröder in Seefeld eingetragen am 17. August 1910. Fischer Neumann	

Abtheilung.

Veränderungen.		Löschungen.	
Eintragung.	Löschung.	Zur laufenden Nummer der Eintragung.	
5.	6.	7.	8.
Der vorbehaltene Vorrang vor diesem Rechte ist der in Abtheilung III Nr. 4 eingetragenen Hypothek eingeräumt. Eingetragen am 16. Oktober 1905. Fischer Neumann		1.	Gelöscht am 5. April 1904. Fischer. Neumann
		4.	Gelöscht am 5. Juli 1909. Fischer Neumann
Für das Erbbaurecht ist das Blatt Nr. 86 in Band III dieses Grundbuchs angelegt. Eingetragen am 5. Februar 1912. Fischer Neumann		3.	Gelöscht am 17. August 1910. Fischer Neumann

Dritte

Laufende Nummer der Eintragung.	Laufende Nummer der belasteten Grundstücke.	Betrag. Mark.	Pf.	Hypotheken, Grundschulden, Rentenschulden.	Zur laufenden Nummer der Eintragung.	Betrag. Mark.	Pf.
1.	2.	3.		4.	5.	6.	
1.	1.	9 000 −4 000 5 000 −2 000 3 000	— — — — —	Neuntausend Mark Darlehen mit fünf vom Hundert jährlich seit 1. April 1896 verzinslich und sechs Monate nach Kündigung rückzahlbar für den Schankwirth Wilhelm Peters in Schwarzbach bei der Anlegung des Grundbuchs eingetragen am 3. August 1901. Fischer Neumann	2.	2 800	—
2.	3.	3 300 − 500 2 800	— — —	Sicherungshypothek für eine am 1. April 1904 zahlbare Kaufgeldforderung von dreitausenddreihundert Mark für den Maschinenfabrikanten Karl Franck in Lobau eingetragen am 12. Juni 1903. Fischer Neumann	1.	5 000	—
3.	3, 4.	500	—	Vormerkung zur Sicherung des Anspruchs auf Einräumung einer Hypothek im Betrage von fünfhundert Mark für den Kaufmann Karl Müller in Seefeld unter Bezugnahme auf die einstweilige Verfügung des Königlichen Landgerichts zu N. vom 1., eingetragen am 3. Februar 1905. Fischer Neumann Umgeschrieben in eine Hypothek für eine Kaufgeldforderung von fünfhundert Mark nebst vier vom Hundert jährlichen Zinsen seit dem 1. Mai 1905 für den Kaufmann Karl Müller in Seefeld unter Bezugnahme auf das rechtskräftige Urtheil des Königlichen Landgerichts zu N. vom 6. Juni 1905 eingetragen am 12. Juli 1905. Fischer Neumann	1. 2.	5 000 2 800	— —
4.	3.	3 000	—	Dreitausend Mark Darlehen mit fünf vom Hundert jährlich seit dem 1. Oktober 1905 verzinslich, für die Landwirthschaftliche Kreditbank, Aktiengesellschaft, in Hannover. Die Eigenthümer haben sich der sofortigen Zwangsvollstreckung in der Weise unterworfen, daß sie gegen den jeweiligen Eigenthümer zulässig sein soll. Unter Bezugnahme auf die Bewilligung vom 24. September 1905 eingetragen mit dem Vorrange vor dem in Abtheilung II Nr. 2 eingetragenen Wohnungsrecht am 16. Oktober 1905. Fischer Neumann	1. 2. 4.	5 000 2 800 3 000	— — —

Abtheilung.

Veränderungen.		Löschungen.			
Eintragung.	Löschung.	Zur laufenden Nummer der Eintragung.	Betrag. Mark.	Pf.	
7.	8.	9.	10.		11.
Der Restbetrag von zweitausendachthundert Mark umgewandelt in eine gewöhnliche Hypothek für ein mit fünf vom Hundert jährlich seit dem 1. April 1904 verzinsliches Darlehen für den Fabrikbesitzer Karl Franck in Lobau eingetragen am 4. April 1904. Fischer Neumann		2.	500	—	Fünfhundert Mark gelöscht am 4. April 1904. Fischer Neumann
		1.	4 000	—	Viertausend Mark Resthypothek des Wilhelm Peters gelöscht am 6. Januar 1905. Fischer Neumann
Fünftausend Mark mit dem Vorrange vor dem Reste nebst den Zinsen seit dem 1. Oktober 1904 abgetreten an den Schmied Heinrich Stark in Hannover. Eingetragen am 24. Oktober 1904. Fischer Neumann		3.	500	—	Gelöscht am 16. Oktober 1905. Fischer Neumann
		1.	2 000	—	Zweitausend Mark gelöscht am 10. Dezember 1907. Fischer Neumann
} Umgeschrieben für die Landwirthschaftliche Kreditbank, Aktiengesellschaft, in Hannover mit der Maßgabe, daß an die Stelle der bisherigen Forderungen eine mit fünf vom Hundert jährlich seit dem 1. Oktober 1905 verzinsliche Darlehnsforderung gesetzt ist. Die Eigenthümer haben sich der sofortigen Zwangsvollstreckung in der Weise unterworfen, daß sie gegen den jeweiligen Eigenthümer zulässig sein soll. Unter Bezugnahme auf die Bewilligung vom 24. September eingetragen am 16. Oktober 1905. Fischer Neumann		6.	1 000	—	Gelöscht am 4. April 1912. Fischer Neumann
		7.	2 500	—	Zweitausendfünfhundert Mark Ablösungssumme und einhundertzehn Mark jährliche Rentenschuld gelöscht am 16. Oktober 1916. Fischer Neumann
} Ueber diese Hypotheken ist der Gläubigerin ein gemeinschaftlicher Brief ertheilt. Eingetragen am 20. Oktober 1905. Fischer Neumann					

Dritte

Laufende Nummer der Eintragung.	Laufende Nummer der belasteten Grundstücke.	Betrag. Mark	Pf.	Hypotheken, Grundschulden, Rentenschulden.	Zur laufenden Nummer der Eintragung.	Betrag. Mark	Pf.
1.	2.	3.		4.	5.	6.	
5.	3.	500	—	Sicherungshypothek zum Höchstbetrage von fünfhundert Mark für den Zimmermeister Hermann Zander in Seefeld eingetragen am 4. März 1908. Fischer Neumann	6.	1 000	—
6.	3.	1 000	—	Eintausend Mark Grundschuld mit sechs vom Hundert jährlich seit dem 1. April 1908 verzinslich und drei Monate nach Kündigung zahlbar für den Rentier Friedrich Klein in Hannover. Die Ertheilung eines Briefes ist ausgeschlossen. Eingetragen am 7. April 1908. Fischer Neumann			
7.	3.	6 000 —2 500 3 500	— — —	Zweihundertfünfundachtzig Mk. v. 1. April 1912 an jährlich am 1. April zahlbare Rentenschuld, ablösbar mit sechstausend Mk., für die Kirchengemeinde in Hochdorf mit dem Vorrange vor den unter Nr. 5 eingetragenen fünfhundert Mark eingetragen am 4. April 1912. Fischer Neumann	5. 5.	500 500	— —

Abtheilung.

Veränderungen.		Löschungen.			
Eintragung.	Löschung.	Zur laufenden Nummer der Eintragung.	Betrag.		
			Mark.	Pf.	
7.	8.	9.	10.		11.
Mit den Zinsen seit 1. Oktober 1909 abgetreten an den Bankier Karl Scholz in Hannover und umgewandelt in eine Hypothek für eine vom 1. Oktober 1909 an jährlich mit sechs vom Hundert verzinsliche, sechs Monate nach Kündigung rückzahlbare Darlehnsforderung. Die Ausschließung der Ertheilung eines Briefes ist aufgehoben. Das Grundstück Buchhain Kartenblatt 2 Parzelle 25 (Band III Blatt Nr. 22) haftet mit. Eingetragen am 3. Oktober 1909. Fischer Neumann					
Diese Hypothek ist in Folge Verzichts des Gläubigers vom 7. Januar 1910 als Grundschuld für den Bauer Heinrich Schmidt in Buchhain und seine Ehefrau Sophie, geborene Busse, umgeschrieben am 7. Januar 1910. Fischer Neumann					
Vor dieser Grundschuld ist der unter Nr. 7 eingetragenen Rentenschuld der Vorrang eingeräumt. Eingetragen am 4. April 1912. Fischer Neumann					

Muster 1.

(Adler.)

Preußischer Hypothekenbrief

über

die in dem Grundbuche von Buchhain (Kreis Seefeld) Band I Blatt Nr. 12 Abtheilung III Nr. 1 eingetragenen 9000 Mark.

Noch gültig auf 4000 Mark.

Lobau, den 24. Oktober 1904.

(Unterschriften.)*

Inhalt der Eintragung:

Nr. 1: 9000 (neuntausend) Mark Darlehen, mit fünf vom Hundert jährlich seit dem 1. April 1896 verzinslich und sechs Monate nach Kündigung rückzahlbar, für den Schankwirth Wilhelm Peters in Schwarzbach eingetragen am 3. August 1901.

Belastetes Grundstück:

Der im Bestandsverzeichniß unter Nr. 1 verzeichnete, in der Gemarkung Buchhain belegene Bauerhof Nr. 8 von 41 ha 67 a 09 qm mit 373,29 Thlr. Grundsteuerreinertrag und 136 Mark Gebäudesteuernutzungswerth; Grundsteuermutterrolle Art. 3, Gebäudesteuerrolle Nr. 27.

Kaufpreis im Jahre 1895: 51500 Mark.

Eigenthümer:

Landwirth Friedrich Gerber in Buchhain.

Vorgehende oder gleichstehende Eintragungen:

Abtheilung II: Nr. 1 ein Altentheil mit gleichem Range;
Abtheilung III: keine.

Lobau, den 6. August 1901.

Königliches Amtsgericht.

(Siegel.) (Unterschriften.)**

---

*) Wird im Falle des § 39 Abs. 2 der Allgemeinen Verfügung zur Ausführung der Grundbuchordnung der dort vorgeschriebene Vermerk nicht von dem Grundbuchamte, sondern von einem anderen Amtsgericht oder einem Notar auf den Brief gesetzt, so genügt die Unterschrift des Richters oder des Notars.

**) Eine über die Forderung ausgestellte Urkunde ist mit dem Briefe durch Schnur und Siegel zu verbinden. Erstreckt sich der Inhalt der Urkunde auch auf andere Angelegenheiten, so genügt ein öffentlich beglaubigter Auszug.

Dem jeweiligen Eigenthümer des im Bestandsverzeichniß unter Nr. 1 bezeichneten Grundstücks steht die auf dem Grundstücke Buchhain Kartenblatt 10 Parzelle 5 (Band I Blatt Nr. 15) in Abtheilung II Nr. 3 eingetragene jährliche Rente von 200 Mark zu. Diese Rente ist auf dem Blatte des erstgenannten Grundstücks am 10. September 1901 vermerkt worden.

Dem im Bestandsverzeichniß unter Nr. 1 verzeichneten belasteten Grundstück ist am 24. Februar 1903 der ebenda unter Nr. 2 verzeichnete, im Dorfe Buchhain belegene Garten Kartenblatt 2 Parzelle 110 von 34 a 86 qm mit 7,68 Thlr. Grundsteuerreinertrag als Bestandtheil zugeschrieben und vermerkt worden, daß dem jeweiligen Eigenthümer des Gartens das auf dem Grundstücke Buchhain Kartenblatt 2 Parzelle 114 (Band I Blatt Nr. 37) in Abtheilung II Nr. 1 eingetragene Wegerecht zusteht. In Folge der Zuschreibung ist das belastete Grundstück unter Nr. 3 des Bestandsverzeichnisses, wie folgt, neu eingetragen worden:

Der in der Gemarkung Buchhain belegene Bauerhof Nr. 8 von 42 ha 01 a 95 qm mit 380,97 Thlr. Grundsteuerreinertrag und 136 Mark Gebäudesteuernutzungswerth; Grundsteuermutterrolle Art. 3, Gebäudesteuerrolle Nr. 27.

Lobau, den 3. März 1904.

Königliches Amtsgericht.

(Siegel.) (Unterschriften.)

Feuerversicherungssumme für das Wohnhaus und die Wirthschaftsgebäude im Jahre 1904: 8400 Mark.

Lobau, den 5. Mai 1904.

Königliches Amtsgericht.

(Siegel.) (Unterschriften.)

Von den vorstehenden 9000 Mark sind 5000 (fünftausend) Mark mit dem Vorrange vor dem Reste nebst den Zinsen seit dem 1. Oktober 1904 abgetreten an den Schmied Heinrich Stark in Hannover. Die Abtretung ist im Grundbuch eingetragen. Für den abgetretenen Betrag ist ein Theilhypothekenbrief hergestellt worden.

Lobau, den 24. Oktober 1904.

Königliches Amtsgericht.

(Siegel.) (Unterschriften.)*)

---

*) Wird der Theilhypothekenbrief nicht von dem Grundbuchamte, sondern von einem anderen Amtsgericht oder einem Notar hergestellt, so ist der Vermerk über die Herstellung des Hypothekenbriefs nur von dem Richter oder dem Notar zu unterschreiben.

Muster 2.

(Adler.)

Preußischer Theilhypothekenbrief

über

5000 Mark Theilbetrag der in dem Grundbuche von Buchhain (Kreis Seefeld) Band I Blatt Nr. 12 Abtheilung III Nr. 1 eingetragenen 9000 Mark.

Der bisherige Brief über die Hypothek von 9000 Mark lautet, wie folgt:

(folgt Abschrift des bisherigen Briefes und der auf diesem befindlichen Vermerke mit Ausschluß des Vermerkes über die Theilabtretung.)

Die vorstehende Abschrift stimmt mit der Urschrift überein.

Von den 9000 Mark sind dem Schmied Heinrich Stark in Hannover 5000 (fünftausend) Mark nebst den Zinsen seit dem 1. Oktober 1904 mit dem Vorrange vor dem Reste abgetreten. Die Abtretung ist im Grundbuch eingetragen.

Ueber die 5000 (fünftausend) Mark ist dieser Theilhypothekenbrief hergestellt worden. Die Herstellung ist auf dem bisherigen Briefe vermerkt.

Lobau, den 26. Oktober 1904.

Königliches Amtsgericht.

(Siegel.) (Unterschriften.)*)

---

*) Ist mit dem bisherigen Briefe eine Schuldurkunde verbunden, so ist eine beglaubigte Abschrift der Urkunde nicht in den Theilhypothekenbrief aufzunehmen, sondern mit ihm durch Schnur und Siegel zu verbinden. Vgl. wegen der Unterschriften die Anmerkung auf S. 322.

Muster 3.

(Adler.)

Preußischer Hypothekenbrief

über

Noch gültig auf 6 000 Mark. Lobau, den 25. März 1913. (Unterschriften.)

die in dem Grundbuche von Buchhain (Kreis Seefeld) Band I Blatt Nr. 17 Abtheilung III Nr. 1 und ebenda Blatt Nr. 26 Abtheilung III Nr. 3 sowie in dem Grundbuche von Seefeld (Kreis Seefeld) Band VI Blatt Nr. 35 Abtheilung III Nr. 6 eingetragene Gesammthypothek von 7000 Mark.

Inhalt der Eintragung:

7000 (siebentausend) Mark Kaufpreis mit viereinhalb vom Hundert jährlichen, am 1. April und 1. Oktober zu entrichtenden Zinsen seit dem 1. April 1908, zahlbar sechs Monate nach Kündigung, die nur zum 1. April und 1. Oktober, dem Gläubiger im Falle pünktlicher Zinszahlung frühestens zum 1. April 1913 gestattet ist, für den Landwirth Karl Friedrich in Buchhain eingetragen am 5. April 1908.

Belastete Grundstücke:

1. Buchhain Bd. I Bl. Nr. 17:

a) Das im Bestandsverzeichniß unter Nr. 1 verzeichnete, im Dorfe Buchhain belegene Wohnhaus mit Hofraum Kartenblatt 2 Parzelle $\frac{152}{67}$ von 6 a 17 qm mit 36 Mark Gebäudesteuernutzungswerth; Grundsteuermutterrolle Art. 63, Gebäudesteuerrolle Nr. 61; Feuerversicherungssumme im Jahre 1902: 4200 Mark.

b) Der im Bestandsverzeichniß unter Nr. 3 verzeichnete, in der Gemarkung Buchhain in der großen Huben belegene Acker Kartenblatt 1 Parzelle 46 von 22 ha 18 a 40 qm mit 89,94 Thlr. Grundsteuerreinertrag; Grundsteuermutterrolle Art. 63.

2. Buchhain Bd. I Bl. Nr. 26: Das im Bestandsverzeichniß unter Nr. 7 verzeichnete, im Oberfelde der Gemarkung Buchhain belegene Stück Acker, Wiese und Weide, Kartenblatt 2 Parzellen $\frac{146}{27}$, $\frac{147}{28}$, 29 von 3 ha 08 a 91 qm mit 16,13 Thlr. Grundsteuerreinertrag, Grundsteuermutterrolle Art. 63.*)

3. Seefeld Bd. VI Bl. Nr. 35: Der im Bestandsverzeichniß unter Nr. 4 verzeichnete, in der Gemarkung Seefeld an der Feldmark Greben belegene Acker Kartenblatt 5 Parzelle 76 von 3 ha 12 a 10 qm mit 10,15 Thlr. Grundsteuerreinertrag, Grundsteuermutterrolle Art. 32.

---

*) Bei dem Grundstücke Nr. 2 bilden die aufgeführten Katasterparzellen ein Grundstück. Würde es sich bei jeder von ihnen um ein selbständiges Grundstück handeln, so wäre wie bei Nr. 1 zu verfahren.

Eigenthümer:

Zu Nr. 1, 2: Schankwirth Karl Zimmermann in Buchhain.
Zu Nr. 3: derselbe und seine Ehefrau Marie Luise Zimmermann, geborene Schulze, in Buchhain, je zur Hälfte.

Vorgehende oder gleichstehende Eintragungen:

Auf Nr. 1a:
Abtheilung II: Nr. 1 ein Altentheil mit gleichem Range.
Auf Nr. 1b:
keine.
Auf Nr. 2:
Abtheilung II: Nr. 2 ein Wegerecht, } im Range
Abtheilung III: Nr. 2 500 (fünfhundert) Mark, } vorgehend.
Auf Nr. 3:
keine.

Lobau, den 7. April 1908.

Königliches Amtsgericht.

(Siegel.) (Unterschriften.)

1000 (eintausend) Mark sind gelöscht worden. Der Rest von 6000 (sechstausend) Mark ist mit den Zinsen seit dem 1. Januar 1913 dem Kaufmann Emil Kuntze in Seefeld abgetreten. Die Abtretung ist im Grundbuch eingetragen.

Lobau, den 25. März 1913.

Königliches Amtsgericht.

(Siegel.) (Unterschriften.)

Die Hypothek ist auf dem oben unter Nr. 2 aufgeführten Grundstück in dem Grundbuche von Buchhain Band I Blatt Nr. 26 gelöscht, nachträglich aber auch im Grundbuche von Seefeld Band VII Blatt Nr. 42 Abtheilung III Nr. 1 eingetragen worden. Dieses neubelastete Grundstück ist die im Bestandsverzeichniß unter Nr. 3 verzeichnete in der Gemarkung Seefeld an der Feldmark Greben belegene Holzung Kartenblatt 5 Parzelle 77 von 2 ha 71 a 30 qm mit 6,33 Thlr. Grundsteuerreinertrag, Grundsteuermutterrolle Art. 67.

Eigenthümer des neu belasteten Grundstücks: Schankwirth Karl Zimmermann und seine Ehefrau Marie Luise Zimmermann, geborene Schulze, in Buchhain je zur Hälfte.

Vorgehende oder gleichstehende Eintragungen sind auf dem neu belasteten Grundstücke nicht vorhanden.

Lobau, den 10. Oktober 1916.

Königliches Amtsgericht.

(Siegel.) (Unterschriften.)

Muster 4.

(Adler.)

Preußischer Hypothekenbrief

über

die in dem Grundbuche von Buchhain (Kreis Seefeld) Band I Blatt Nr. 12 Abtheilung III Nr. 1, 2, 4 eingetragenen 5000, 2800 und 3000, zusammen 10800 Mark.

Noch gültig auf 3000, 2800 und 3000, zusammen 8800 Mark.

Lobau, den 10. Dezbr. 1907.

(Unterschriften.)

Inhalt der Eintragungen:

Nr. 1: 5000 (fünftausend) Mark Restbetrag der am 3. August 1901 eingetragenen 9000 Mark.

Nr. 2: 2800 (zweitausendachthundert) Mark Restbetrag der am 12. Juni 1903 eingetragenen 3300 Mark.

Die Hypotheken Nr. 1, 2 sind am 16. Oktober 1905 für die landwirthschaftliche Kreditbank, Aktiengesellschaft, in Hannover mit der Maßgabe umgeschrieben, daß an die Stelle der bisherigen Forderungen eine Darlehnsforderung von gleichem Betrage gesetzt ist.

Nr. 4: 3000 (dreitausend) Mark Darlehen für die Landwirthschaftliche Kreditbank, Aktiengesellschaft, in Hannover eingetragen am 16. Oktober 1905.

Die Darlehen (Nr. 1, 2, 4) sind mit fünf vom Hundert jährlich seit dem 1. Oktober 1905 in halbjährigen, am 1. April und 1. Oktober zahlbaren Beträgen verzinslich und sechs Monate nach Kündigung rückzahlbar. Die Kündigung ist nur zum 1. April und 1. Oktober gestattet. Werden die Zinsen pünktlich, d. h. spätestens am 10. April und 10. Oktober gezahlt, so kann die Gläubigerin nicht früher als zum 1. Oktober 1910 kündigen. Erfolgt die Zinszahlung nicht pünktlich, so sind die Darlehen sofort fällig; für diesen Fall haben sich die Eigenthümer der sofortigen Zwangsvollstreckung in der Weise unterworfen, daß sie gegen den jeweiligen Eigenthümer zulässig sein soll.

Belastetes Grundstück:

Der im Bestandsverzeichniß unter Nr. 3 verzeichnete in der Gemarkung Buchhain belegene Bauerhof Nr. 8 von 42 ha 01 a 95 qm mit 380,97 Thlr. Grundsteuerreinertrag und 136 Mark Gebäudesteuernutzungswerth; Grundsteuermutterrolle Art. 3, Gebäudesteuerrolle Nr. 27.

Kaufpreis für den Bauerhof ohne den ihm zugeschriebenen, im Bestandsverzeichniß unter Nr. 2 verzeichneten Garten im Jahre 1895: 51500 Mark.

Feuerversicherungssumme im Jahre 1904: 8400 Mark.

Eigenthümer:

Bauer Heinrich Schmidt und seine Ehefrau Sophie Schmidt, geborene Busse, in Buchhain in ehelicher Gütergemeinschaft.

Vorgehende oder gleichstehende Eintragungen:

Keine.

Dieser Hypothekenbrief tritt für die in Abtheilung III Nr. 1 eingetragene Resthypothek von 5000 Mark an die Stelle des bisherigen Briefes.

Lobau, den 20. Oktober 1905.

Königliches Amtsgericht.

(Siegel.) (Unterschriften.)

Von den in Abtheilung III Nr. 1 noch eingetragenen 5000 Mark sind 2000 (zweitausend) Mark gelöscht worden.

Lobau, den 10. Dezember 1907.

Königliches Amtsgericht.

(Siegel.) (Unterschriften.)

Muster 5.

(Adler.)

Preußischer Grundschuldbrief

über

die in dem Grundbuche von Seefeld (Kreis Seefeld) Band VI Blatt Nr. 25 Abtheilung III Nr. 7 eingetragenen 2000 Mark.

Inhalt der Eintragung:

Nr. 7: 2000 (zweitausend) Mark Grundschuld, mit fünf vom Hundert jährlich seit dem 1. Oktober 1903 in halbjährigen, am 1. April und 1. Oktober zahlbaren Beträgen verzinslich, drei Monate nach Kündigung, die jedem Theil nur zu dem Schlusse eines Kalendervierteljahres zusteht, zahlbar, für den Rentier Wilhelm Korn in Grünbusch eingetragen am 11. Oktober 1903. Das Kapital und die Zinsen sind am jeweiligen Wohnsitze des Gläubigers zu zahlen.

Belastetes Grundstück:

Das im Bestandsverzeichniß unter Nr. 5 verzeichnete, im Dorfe Seefeld belegene Wohnhaus mit Hofraum und Garten Kartenblatt 2 Parzelle $\frac{150}{67}$, $\frac{151}{67}$ von 28 a 79 qm mit 1,11 Thlr. Grundsteuerreinertrag und 90 Mark Gebäudesteuernutzungswerth; Grundsteuermutterrolle Art. 4, Gebäudesteuerrolle Nr. 65.

Eigenthümer:

Schlächtermeister Heinrich Krause in Seefeld.

Vorgehende oder gleichstehende Eintragungen:

Abtheilung II:	Nr. 2 ein lebenslängliches Wohnungsrecht	im Range vorgehend.
Abtheilung III:	Nr. 5 500 (fünfhundert) Mark, Nr. 6 1000 (eintausend) Mark	

Lobau, den 13. Oktober 1903.

Königliches Amtsgericht.

(Siegel.) (Unterschriften.)

Die Grundschuld von 2000 Mark ist mit den Zinsen seit dem 1. April 1906 abgetreten an den Kaufmann Hermann Funke in Hannover und umgewandelt in eine Hypothek für eine vom 1. April 1906 an jährlich mit fünfeinhalb vom Hundert verzinsliche, sechs Wochen nach Kündigung rückzahlbare Darlehnsforderung von 2000 Mark; die Kündigung ist nur zu dem ersten Tage eines Kalendervierteljahrs gestattet. Die Abtretung und die Umwandlung sind im Grundbuch eingetragen.

Lobau, den 6. April 1906.

Königliches Amtsgericht.

(Siegel.) (Unterschriften.)

Muster 6.

(Adler.)

Preußischer Rentenschuldbrief.

über

die im Grundbuche von Buchhain (Kreis Seefeld) Band I Blatt Nr. 12 Abtheilung III Nr. 7 eingetragene Rentenschuld von 285 Mark.

Noch gültig auf 175 Mk. Rentenschuld, ablösbar mit 3500 Mk.
Lobau, den 16. Oktober 1916.
(Unterschriften.)

Inhalt der Eintragung:

Nr. 7: 285 (zweihundertfünfundachtzig) Mark vom 1. April 1912 an jährlich am 1. April zahlbare Rentenschuld, ablösbar mit sechstausend Mark, für die Kirchengemeinde in Hochdorf eingetragen am 4. April 1912.

Belastetes Grundstück:

(wie in Muster 4).

Eigenthümer:

(ebenso).

Vorgehende und gleichstehende Eintragungen:

Abtheilung II: ein lebenslängliches Wohnungsrecht;		im Range vorgehend.
Abtheilung III:	Nr. 1 3000 (dreitausend) Mark,	
	Nr. 2 2800 (zweitausendachthundert) Mark,	
	Nr. 4 3000 (dreitausend) Mark,	

Lobau, den 6. April 1912.

Königliches Amtsgericht.

(Siegel.) (Unterschriften.)

110 (einhundertzehn) Mark jährliche Rentenschuld mit einer Ablösungssumme von 2500 (zweitausendfünfhundert) Mark sind gelöscht worden.

Lobau, den 16. Oktober 1916.

Königliches Amtsgericht.

(Siegel.) (Unterschriften.)

Quellenregister.

I. Gesetze und Kgl. Verordnungen nach der Zeitfolge.

Die Zahlen ohne Zusatz geben die Seiten des Buches an.

1899

II. Ministerialverfügungen und Anweisungen nach der Zeitfolge.

Sachregister.

Die Zahlen weisen auf die Seiten hin.

A.

B.

C.

D.

E.

F.

H.

J.

K.

L.

M.

N.

O.

P.

Q.

R.

S.

T.

U.

V.

W.

Lippert & Co. (G. Pätz'sche Buchdruckerei), Naumburg a. S.

Grundriß
des
Prozeß- u. Zwangsvollstreckungs-Verfahrens
nach der Deutschen Civilprozeßordnung
mit Beispielen
von
Willenbücher,
Oberlandesgerichtsrath.

Zweite, umgearbeitete Auflage.

1900. Gr. Oktav. 432 Seiten. Gut kartonnirt M. 8.

Die nothwendig gewordene neue Auflage ist nach der Civilprozeßordnung in ihrer neuen Fassung, in der sie am 1. Januar 1900 in Kraft getreten ist, ausgearbeitet. Das Ziel der Arbeit ist das der ersten Auflage geblieben. Das Werk soll ein kurzgefaßtes, die korrekte Handhabung des praktischen Dienstes ins Auge fassendes Lehrbuch des Prozeßverfahrens darstellen und insbesondere den in die Praxis tretenden jungen Juristen als Rathgeber zur Seite stehen.

Urtheil über die 1. Auflage.

„Der Herr Verfasser gehört bereits durch frühere Werke über „das Kostenfestsetzungsverfahren und die Deutsche Gebührenordnung für Rechtsanwälte“, sowie die Kommentare zur „Grundbuchordnung“ und „Reichskonkursordnung“ zu den im besten Sinne bekannten Schriftstellern; seine nunmehr vorliegende neueste Arbeit reiht sich würdig den vorgenannten an. Dieselbe bezweckt nach dem Vorwort: „eine Veranschaulichung des Verfahrens, wie sich dasselbe in der Praxis gestaltet, ein Hilfsmittel für die sichere Handhabung dieses Verfahrens“ zu bieten; und sie darf in erster Reihe den jüngeren Rechtsbeflissenen warm empfohlen werden, denen sie im Vorbereitungsdienste als ein zuverlässiger Rathgeber treu zur Seite stehen wird. Aber auch am Sitzungs- und Arbeitstische des Richters und Anwaltes dürfte durch das treffliche Buch einem vielfach empfundenen Mangel Abhilfe werden, da dasselbe durch Klarlegung des oft verwickelten Verfahrens dessen Verständniß vermittelt und dadurch zugleich zur Beschäftigung mit demselben anregt. Entsprechend dem Plane und der Darstellungsart seines „Kostenfestsetzungsverfahrens“ hat der Herr Verfasser auch hier zuerst die Grundlehre im Zusammenhange vorgetragen und daran in derselben Ordnung eine Reihe von Beispielen geknüpft, welche, die Anwendung der gegebenen Sätze enthaltend, eine deutliche Anschauung des Verfahrens ermöglichen und als nützliche Anleitung allen betheiligten Personen zu dienen vermögen.

Die Beispiele sind nicht etwa den bekannten Formularbüchern entlehnt, sondern eigens für das vorliegende Werk unter sorgfältiger Beachtung des Gesetzes und der einschlagenden Ausführungsverordnungen in mustergültiger Art entworfen und eine reichhaltige, sehr werthvolle Beigabe des Buches.

Das Werk bezeugt die große Belesenheit und reiche Erfahrung des Verfassers. Neben der Gesetzgebung im weitesten Sinne werden die Entscheidungen der Gerichte sowohl, wie die neuesten Forschungen der Rechtswissenschaft mit weiser Beschränkung, aber trotzdem erschöpfend, klar und wohl ausnahmlos zutreffend gewürdigt.“

Kammerger.-R. **Strützki** (Jur. Litteraturblatt).

Preußisches Ausführungsgesetz

zum

Bürgerlichen Gesetzbuche.

Vom 20. September 1899.

Mit Erläuterungen von

Adolf Hodler,

Amtsrichter, Mitglied des Hauses der Abgeordneten.

1900. gr. 8°. 430 Seiten. Gut kartonnirt Mk. 8.

Als Mitglied der Kommission des Abgeordnetenhauses für die Vorberathung des Entwurfs zu diesem Gesetze hat sich der Verfasser mit dessen Vorschriften eingehend zu beschäftigen gehabt. Das Ergebniß dieser Thätigkeit ist dann zu den Erläuterungen des vorstehenden Kommentars erweitert worden.

Das Werk hat nachstehende Beurtheilungen erfahren:

„Im Gegensatz zu den vorgedachten Ausgaben des preuß. Ausführungsgesetzes vom 20. September 1899 stellt sich dieses Buch als ein großer Kommentar von wissenschaftlicher Bedeutung dar, dessen Umfang schon erkennen läßt, mit welcher Gründlichkeit hier die Motive und sonstigen Materialien des Gesetzes bearbeitet sind. Dadurch, daß bei den einzelnen Vorschriften ihr Zusammenhang mit dem neuen Reichsrecht einerseits und dem geltenden Landesrecht andererseits nachgewiesen werden sollte, wurde es nöthig, vielfach die Bestimmungen des BGB. und anderer in Bezug genommener Gesetze mitabzudrucken, was allerdings ein mühsames Nachschlagen in anderen Gesetzen entbehrlich macht, aber auch den Umfang des Buches hat anschwellen lassen. Da jedoch das Zuviel bei einem solchen Werke eigentlich kein Fehler ist und z. B. für die Art. 44 ff. die Reichhaltigkeit der Anmerkungen gerade als ein Vorzug des Buchs gelten muß, so können wir diese sehr gediegene Arbeit jedem Juristen warm empfehlen."

Eichhorn, Kammergerichtsrath (im Jurist. Litteraturblatt).

„Die gesetzgeberischen Materialien, insbesondere die dem preußischen Landtage zugegangene Begründung des Gesetzentwurfs, sowie der bezügliche Kommissionsbericht des Abgeordnetenhauses, sind mit großer Ausführlichkeit in dem Buche berücksichtigt worden. Die bis gegen Ende 1899 erschienenen einschlägigen Verordnungen und ministeriellen Erlasse, so namentlich die Verordnung zur Ausführung des Bürgerlichen Gesetzbuchs vom 16. November 1899 sowie die Ministerialverfügungen v. 15., 17., 18. u. 19. Dezbr. 1899 zur Ausführung der Art. 18 und 85 des Ausführungsgesetzes z. BGB. sind mit abgedruckt. Das Buch ist zur richtigen Erkennung der Tragweite der einzelnen Vorschriften des Ausführungsgesetzes ein kaum entbehrliches Hilfsmittel."

(Deutscher Reichsanzeiger.)

Kolibri 360 GmbH
Ferdinand-Jühlke-Straße 7
99095 Erfurt, Deutschland
produktsicherheit@kolibri360.de